Elisabeth Benz

Ein halbes Leben für die Revolution
Fritz Rück (1895–1959)

Eine politische Biografie

*Lieber Gerd,
zu Deinem 70. Geburtstag
die besten Wünsche, Gesundheit
Kraft, Mut und langes Leben
wünscht von ganzem Herzen
Rosi und Udo*

KLARTEXT

*Für
Michael*

Elisabeth Benz

Ein halbes Leben für die Revolution
Fritz Rück (1895–1959)

Eine politische Biografie

Veröffentlicht mit finanzieller Unterstützung des

Vereins der Freunde des Historischen Instituts der Universität Stuttgart,

der NaturFreunde Deutschlands

und des Bürgerprojekts „Die Anstifter"

Zugl.: Stuttgart, Univ., Diss., 2014
D 93

1. Auflage Oktober 2014
Satz und Gestaltung: Klartext Medienwerkstatt GmbH, Essen
Umschlaggestaltung: Volker Pecher, Essen
Druck und Bindung: BBL Druck- und Medienservice UG, Ellhofen
ISBN 978-3-8375-1293-9
Alle Rechte vorbehalten
© Klartext Verlag, Essen 2014

www.klartext-verlag.de

Inhalt

1. **Einleitung** 9
   1.1 Biografische Fragestellung und Methode 9
   1.2 Quellenlage 12
   1.3 Forschungsstand 15
   1.4 Formale Hinweise 17
   1.5 Dank 17

2. **Jugend In Stuttgart 1895–1914** 19
   2.1 Vom Weingärtnerdorf in die Arbeitervorstadt 19
   2.2 Die SPD im Aufwind 21
   2.3 Ein sozialdemokratisches Elternhaus 23
   2.4 Jugendzeit zwischen Marx und Pickelhaube 27
   2.5 Der Streit um den Ersten Mai 33
   2.6 Stuttgart: eine Hochburg der Linken 36
   2.7 Aufbruchstimmung in der Arbeiterjugend 38
   2.8 Erste Gesellenwanderung nach Holland 43
   2.9 Winter in Dresden 46
   2.10 Zweite Gesellenwanderung nach Wien 47
   2.11 August 1914: „Eine tiefe Erbitterung" 51

3. **1914–1918: Radikaler Kriegsgegner** 54
   3.1 Einstieg in die Pressearbeit für Stuttgarter Linke 54
   3.2 Warten auf den Kriegsdienst 57
   3.3 Von der Kaserne ins Lazarett 62
   3.4 Unüberbrückbare Gegensätze innerhalb der SPD 70
   3.5 Linke Kriegsgegner: unterdrückt und dezimiert 74
   3.6 Redakteur unter strenger Zensur 76
   3.7 Gotha 1917: Erster großer Redeauftritt 80
   3.8 Verhaftung nach Waldspaziergang 87
   3.9 Vier Monate Haft im „Langen Bau" 88
   3.10 Verbindungsmann zur Spartakusgruppe Berlin 93
   3.11 Revolutionäre Hoffnungen 96
   3.12 Differenzen und Querelen 98

4.	Rück und die Novemberrevolution	102
	4.1 Die Revolution rückt näher	102
	4.2 Die Revolution wird vorbereitet	107
	4.3 Wortführer der Stuttgarter Arbeiter	115
	4.4 Verhaftung in der Eisenbahn	123
	4.5 Ablehnung eines Ministeramts	125
	4.6 Rückzug am 10. November	127
	4.7 Der „geisteskranke" Fanatiker	132
	4.8 Lyrik eines Revolutionärs	135
5.	Die Jahre der Weimarer Republik	140
	5.1 Wandernder KPD-Aktivist	140
	5.2 Verwirrende Suche nach einer neuen Partei	197
6.	1933–1937 Exil in der Schweiz	222
	6.1 Schwieriges Exilland Schweiz	222
	6.2 Auf der Suche nach Unterstützung	227
	6.3 Kommunistische Vergangenheit in Dossier gespeichert	230
	6.4 Permanente Polizeikontrolle	232
	6.5 Das Ende seiner Ehe	234
	6.6 Eine neue Partnerin	236
	6.7 Autor von Gedichten, Kriminalromanen und Spielstücken	239
	6.8 Journalistische Tätigkeit	244
	6.9 Ausreise aus der Schweiz	249
7.	1937–1949 Schweden	252
	7.1 Das Exilland Schweden	252
	7.2 „Ein schönes Land und eine herrliche Stadt!"	255
	7.3 Brotberuf: „Tidningsman" (Zeitungsmann)	257
	7.4 Vater von fünf Kindern	259
	7.5 Autor von sieben Büchern	265
	7.6 Die Sowjetunion verliert ihre Faszination	270
	7.7 Die deutsche Emigrantenszene wird aktiv	275
	7.8 Kontroversen in der Exilgewerkschaft	277
	7.9 Mit dem Blick nach Deutschland	281
	7.10 Denkanstöße des Exils	283
	7.11 Rückkehr	285

8.	**Die fünfziger Jahre in Stuttgart**	289
	8.1 Politischer Gewerkschaftsfunktionär	289
	8.2 Eigenwilliges SPD-Mitglied	331
	8.3 Bundesvorstand des Touristenvereins „Die Naturfreunde"	336
	8.4 Rückblick auf den November 1918	350
	8.5 Abschied	352
9.	**Epilog**	355
	9.1 „Wer schreiben kann, kann auch zeichnen"	355
	9.2 Dichter und Schriftsteller	356
	9.3 „Ohne Scheu vor Fürstenthronen"	357
	9.4 Ein „Vertreter der alten Garde"	359
	9.5 Abwendung vom Kommunismus	361
	9.6 Ausblick	363

Stationen seines Lebens 365

Abkürzungen 368

Quellenverzeichnis 371
   Archive 371
   Mitteilungen, schriftlich (s) und mündlich (m) 373
   Zeitungen und Zeitschriften 374

Bibliografie Fritz Rück 377
   Bücher und Broschüren 377
   Unveröffentlichte autobiografische Schriften 379
   Aufsätze und Artikel 380
   Gedichte, Gedichtsammlungen, Stücke 397
   Posthum veröffentlichte Gedichte 401

Literaturverzeichnis 402
   Biografische und bibliografische Hilfsmittel, Handbücher, Lexika 402
   Quellensammlungen, Chroniken, Protokolle, Adressbücher 403
   Erinnerungsschriften, Briefe, zeitgenössische Schriften 406
   Sekundärliteratur 408

Abstract 431
Personenregister 433
Abbildungsnachweis 440

1. Einleitung
1.1 Biografische Fragestellung und Methode

Auch wenn Fritz Rück kein herausragender revolutionärer Parteiführer war und nicht zu den intellektuellen Leitfiguren des Sozialismus gezählt wird, ist er doch ein bekannter Akteur in der Geschichte der Arbeiter- und Gewerkschaftsbewegung. Seit 1917 war er als Redakteur und Redner, als Schriftsteller und Ideengeber aktiv. Insbesondere bei der jungen Generation, die in der autoritär verkrusteten Gesellschaft der Nachkriegszeit nach neuen Wegen und nach einer neuen Traditionskultur suchte, erweckten sowohl Rücks Persönlichkeit als auch sein außergewöhnlicher Lebenslauf Interesse. Schon früh engagierte er sich für seine sozialistischen Überzeugungen, zu Beginn der Novemberrevolution 1918 trat er als selbstbewusster junger Mann von 23 Jahren in Stuttgart als begeisterter Spartakist auf und verhandelte im Auftrag des ersten Stuttgarter Arbeiter- und Soldatenrats mit dem letzten königlich-württembergischen Innenminister Ludwig von Köhler. In Kontakt mit führenden Spartakisten in Berlin trieb er den Umsturz der alten monarchischen Ordnung in Württemberg voran.[1] Sehr wenig wussten Rücks Zeitgenossen darüber, wie er als Funktionär der Kommunistischen Partei Deutschlands (KPD) seine Aktivitäten in der Zeit der Weimarer Republik fortsetzte. Mehrmals im Laufe seines Lebens änderte er seine politische Position und wechselte dementsprechend die Partei. Aus dem enthusiastischen Revolutionär wurde in den zwanziger Jahren ein doktrinärer Kommunist. Vor den Nationalsozialisten musste er fliehen, lange Jahre des Exils in der Schweiz und in Schweden folgten. Nach seiner Remigration 1951 unterwarf er sich keiner Parteilinie mehr. So kämpfte er in den fünfziger Jahren als Gewerkschaftsredakteur und Bundesvorsitzender des Touristenvereins „Die Naturfreunde" (TVdN) gegen die Wiederaufrüstung und für gewerkschaftliche und kulturelle Interessen der Arbeitnehmer.

Sein Lebenslauf ist eng verwoben mit den wichtigen historischen Ereignissen des 20. Jahrhunderts. Ziel und Aufgabe der Untersuchung ist es, den persönlich-individuellen Lebenslauf von Rück in den zeitgeschichtlichen Kontext einzubinden.[2] Besonders der Kriegsausbruch 1914, die Novemberrevolution 1918, die Etablierung des nationalsozialistischen Regimes 1933 und das Kriegsende 1945 markierten tiefe Zäsuren in seiner Biografie. Krieg, Diktatur und Exil warfen

---

1 Stuttgart spielte eine wesentliche Rolle in der Vorgeschichte der Novemberrevolution. Vgl. dazu Wolfgang Benz: Süddeutschland in der Weimarer Republik. Ein Beitrag zur deutschen Innenpolitik 1918–1923 (Beiträge zu einer historischen Strukturanalyse Bayerns im Industriezeitalter; Bd. 4), Berlin 1970, S. 27
2 Zur Methode einer wissenschaftlichen Biografie vgl. Jürgen Kocka: Struktur und Persönlichkeit als methodologisches Problem der Geschichtswissenschaft, in: Michael Bosch (Hrsg.): Persönlichkeit und Struktur in der Geschichte. Historische Bestandsaufnahme und didaktische Implikationen, Düsseldorf 1977, S. 153 ff.; Margit Szöllösi-Janze: Lebens-Geschichte – Wissenschafts-Geschichte. Vom Nutzen der Biographie für Geschichtswissenschaft und Wissenschaftsgeschichte, in: Berichte zur Wissenschaftsgeschichte; Bd. 23, H. 1 (März 2000), S. 20

ihn wiederholt aus der Bahn. Auch mit der Geschichte der sozialdemokratischen und der kommunistischen Parteien ist Rücks Lebenslauf eng verbunden.

Doch in Rücks Biografie soll nicht die Gesellschafts-, Staats- und Parteigeschichte, sondern seine ausgeprägte Individualität im Mittelpunkt stehen. Diese darf keinesfalls hinter den sozialen und politischen Strukturen verschwinden.[3] Rücks Persönlichkeit wurde stark geprägt und geformt durch sein sozialdemokratisches Elternhaus, durch das Arbeitermilieu des Stuttgarter Ostens und durch das Gemeinschaftserlebnis in der Freien Jugendorganisation Stuttgart (FJO). Diese Erfahrungen waren für sein ganzes Leben bestimmend. Sein Charakter und seine Ideen treten klar hervor in den von ihm verfassten Gedichten und in seinen autobiografischen Schriften. In den zwanziger Jahren jedoch, als er für die KPD aktiv war, verschwand seine Persönlichkeit hinter parteikonformem Dogmatismus.

Sowohl die individuell-persönliche als auch die historisch-strukturelle Untersuchungsperspektive lässt viele Fragen unbeantwortet. Um die Entwicklung Rücks zu verstehen, bedurfte es einer weiteren Perspektive. Deshalb wurden inhaltliche Leitfragen formuliert, die Erklärungsmuster und Sinnzusammenhänge herstellen, um dadurch der Lebensgeschichte eine gewisse Kohärenz zu verleihen. Diese Methode ist nicht unumstritten: Siegfried Kracauer kritisierte schon 1930 diese Vorgehensweise als eine der Romankomposition entlehnte Methode, der eine unzulässige Harmonisierungstendenz zugrunde liege.[4] Auch der französische Soziologe Pierre Bourdieu warnte davor, einem Lebenslauf in der Rückschau eine logische Ordnung zu geben und Einzelereignisse vom Ende her mit einem Sinn auszustatten.[5]

Die Verfasserin ist sich dieser Risiken bewusst. Widersprüchliches Verhalten in Rücks Lebenslauf wurde herausgestellt und beschrieben, konnte aber nicht immer zweifelsfrei erklärt werden. So trat er dreimal in die Sozialdemokratische Partei Deutschlands (SPD) ein, zweimal trat er wieder aus, diese Partei war für ihn zuerst Hoffnung, dann Enttäuschung, Ärgernis und lange Zeit sogar politischer Feind. Im Exil näherte sich Rück wieder der Sozialdemokratie an und wurde Mitglied. Wie ein roter Faden zieht sich das Thema SPD durch sein ganzes Leben. Die Suche nach einer Erklärung für dieses schwierige Verhältnis führt zurück zum Sommer des Jahres 1914, als er grenzenlose Enttäuschung und Wut über die Zustimmung der SPD-Fraktion im Reichstag zu den Kriegskrediten empfand. Auch in der Zeit von Rücks Mitgliedschaft in der KPD gibt es rätselhafte und schwer zu deutende Phasen. Schon 1920 protestierte er auf dem 5. Parteitag der KPD gegen die Unterordnung unter die bevormundende Linie der Kommunistischen Internationale (Komintern) und betonte, dass die deutschen Kommunisten einen eigenständigen Weg zum Kommunismus gehen müssten. Obwohl sich die KPD immer mehr den Direktiven aus Moskau

---

3   Vgl. Hans Erich Bödeker: Biographie. Annäherungen an einen gegenwärtigen Forschungs- und Diskussionsstand, in: Ders. (Hrsg.): Biografie schreiben (Göttinger Gespräche zur Geschichtswissenschaft; Bd. 18), Göttingen 2003, S. 16 f.
4   Vgl. Siegfried Kracauer: Die Biographie als neubürgerliche Kunstform, o. J. [1930], in: Ders.: Das Ornament der Masse, Frankfurt 1977, S. 76
5   Vgl. Pierre Bourdieu: Die biographische Illusion, in: BIOS, H. 1 (1990), S. 75 ff.

unterwarf, unterstützte er diese Partei auch noch nach seinem Austritt. In einer 1948 entstandenen Schrift nannte er als Grund für seinen Austritt aus der KPD die Erkenntnis, dass die Partei, für die er zehn Jahre treu gearbeitet hatte, zur Hilfstruppe der Sowjets degradiert sei.[6] Über den langen Weg der Trennung von der KPD gab er keinerlei Informationen oder Hinweise. Schwer zu erklären ist sein widersprüchliches Verhalten nach der formalen Trennung von der KPD. Weshalb machte er 1932 den aussichtslosen Versuch, die Sozialistische Arbeiterpartei (SAP) auf einen kommunistischen Kurs zu bringen? Weshalb stellte er im Juni 1932 einen ebenso aussichtslosen Antrag auf Wiederaufnahme in die KPD?

Im März 1933 konnte er sich dem lebensbedrohlichen Zugriff der neuen Machthaber in Deutschland entziehen und fuhr über die Grenze nach Basel. In der Schweiz war er als Flüchtling einer restriktiven Behandlung unterworfen und wurde ständig bespitzelt und überwacht. Als er fürchten musste, des Landes verwiesen und der Geheimen Staatspolizei (Gestapo) übergeben zu werden, bemühte er sich um eine Einreise nach Schweden. Im Jahr 1937 fand er dort eine neue Heimat, gründete eine Familie und baute sich eine tragfähige Existenz auf. In den vierziger Jahren, nach intensiver Beschäftigung mit der Geschichte der Sowjetunion (SU), verblasste allmählich der Mythos der Oktoberrevolution. Das Exil zwang ihn zu einer persönlichen und politischen Neuorientierung.

Rücks letzter Lebensabschnitt in Stuttgart waren neun arbeitsreiche Jahre als Funktionär der Industriegewerkschaft Druck und Papier, der SPD und des TVdN. Allerdings konnte er in dem antikommunistischen Klima der jungen Bundesrepublik nicht in voller Offenheit über seine Vergangenheit sprechen.[7] Auch die Erfahrungen von Flucht und Exil ließ Rück nur sehr zurückhaltend und vorsichtig in seine Presseartikel und Reden einfließen, man begegnete den Remigranten nach 1945 mit großen Vorurteilen und Ressentiments.[8] Trotzdem verschwieg er nicht, dass er Kommunist gewesen war.[9] Schweden bezeichnete er immer wieder als ein für die Arbeiterbewegung ideales Land, deshalb wurde er oft als der „schwedische Schwabe"[10] bezeichnet.

Rück äußerte sich während seiner langen Tätigkeit als Journalist zu einer Fülle von Themen, die Biografin musste eine thematische Auswahl treffen. Neben politischen, gewerkschaftlichen und kulturellen Themen fanden sich auch ökologische Stellungnahmen, deren Bedeutung und Aktualität sich erst viel später erwiesen. Dabei galt es sich bewusst zu machen, dass immer auch

---

6 Fritz Rück: Züricher Spaziergänge, 13.3.1948, S. 6. in: ARAB, NL Fritz Rück, Vol. 10 [Im Folgenden weggelassen]
7 So wurde er im Deutschen Gewerkschaftsbund (DGB) in einer internen Personalstatistik als Mitglied des Internationalen Sozialistischen Kampfbundes (ISK) bezeichnet, dem er nie angehört hatte. Vgl. Rainer Kalbitz: Die Ära Otto Brenner in der IG Metall (Schriftenreihe der Otto-Brenner-Stiftung; Nr. 77), Frankfurt 2001, S. 93
8 Vgl. Sigrid Schneider: „Im Bestreben, unerwünschten Zuzug fernzuhalten" – Carl Mischs verhinderte Rückkehr aus dem Exil, in: Thomas Koebner/Erwin Rotermund (Hrsg.): Rückkehr aus dem Exil. Emigranten aus dem Dritten Reich in Deutschland nach 1945. Essays zu Ehren von Ernst Loewy, Marburg 1990, S. 83
9 Vgl. Interview der Verfasserin mit Lilo Weindl am 18.2.1999 in Aachen
10 Franz Osterroth: Biographisches Lexikon des Sozialismus, Bd. 1: Verstorbene Persönlichkeiten, Hannover 1960, S. 250

der politische Standort und der aktuelle Erfahrungshorizont den Blick der Biografin bestimmen.[11]

1.2 Quellenlage

Diese politische Biografie Rücks stützt sich in erster Linie auf die große Zahl seiner gedruckten Artikel und Schriften von 1917 bis 1959. Diese erschienen in deutschen, schweizerischen und schwedischen Zeitungen, dazu kommen Broschüren und Bücher zu damals aktuellen Problemen. Die Publikationen Rücks geben Auskunft über die Entwicklung seines politischen Denkens vom radikalen Jungredakteur des linken Stuttgarter *Sozialdemokrat* bis zum erfahrenen Leitartikler der IG Druck und Papier. Weniger zahlreich, dafür aber umso aussagekräftiger sind die autobiografischen Zeugnisse, die ein Bild seiner Persönlichkeit vermitteln. Seine persönliche Stimmungslage während der Zeit des Ersten Weltkriegs fand ihren Niederschlag in Briefen an Jugendfreunde, vor allem an Emil Birkert, viele davon sind im Original erhalten.[12] Eine weitere Quelle, die Einblick in Rücks Denken und Fühlen in der aufwühlenden Zeit vor und nach 1918 gibt, ist seine Lyrik, zusammengefasst in zwei schmalen Gedichtbändchen von 1918 und 1920.[13] Deren Analyse stützt sich auf biografische und politische Aspekte.

Ein weiteres autobiografisches Zeugnis für Rücks politische Entwicklung bis zum 9. November 1918 ist sein in russischer Sprache erschienenes „Tagebuch eines Spartakisten", das er 1926 während eines Aufenthalts in Moskau schrieb.[14] Der Begriff des Tagebuchs ist irreführend, denn es wurde nicht zeitnah und auch nicht für private Zwecke geschrieben. Rück wollte mit der Darstellung der zur Novemberrevolution führenden Ereignisse seine Linientreue gegenüber den Bolschewiki zum Ausdruck bringen. So stellte er fest, dass der Sieg der Bolschewiki einen Aufschwung für die revolutionären Kräfte in Deutschland gebracht habe, gegen die gemäßigte Unabhängige Sozialistische Partei Deutschlands (USPD) polemisierte er heftig, er nannte sie „Menschewiki-Partei".[15] Dieses Tagebuch ist ein Zeugnis für Rücks moskautreue Haltung in seiner KPD-Lebensphase. Abgesehen von der eindeutigen Grundtendenz finden sich in dieser Schrift auch authentische und unverfälschte Kriegs- und Lazaretterlebnisse.

Wichtige Quellen für Rücks Lebenslauf sind weiter die unveröffentlichten autobiografischen Manuskripte in seinem Nachlass, den er selbst 1957 dem Stockholmer Arbetarrörelsens Archiv (ARAB) übergab. In diesen Aufzeichnungen beschrieb er seine Kindheit und Jugend und seine Erlebnisse während des Ersten Weltkriegs. Das genaue Entstehungsdatum dieser umfangreichen Schriften ist unbekannt. Schon in den zwanziger Jahren hatte er begonnen, seine Kriegserlebnisse

---

11 Vgl. Bödeker 2003 (Anm. 3), S. 53
12 In: SAPMO-BArch, NL Wilhelm Eildermann, NY 4251/58, Bl. 188 ff.
13 Fritz Rück: Kerkerblumen. Gedichte aus der Kriegszeit, Stuttgart 1918; Fritz Rück: Feuer und Schlacken. Gedichte aus Krieg und Revolution, Stuttgart 1920
14 ФРИЦ РЮКК: ИЗ ДНЕВНИКА СПАРТАКОВЦА, МОСКВА ЛЕЛАТЕЛБСТВО 1926
15 Ebd., S. 33 ff. (Die Seitenzahlen beziehen sich auf den russischen Originaltext.)

1.2 Quellenlage

aufzuschreiben. Im Juli 1929, kurz vor seinem Austritt aus der KPD, veröffentlichte er in dem kommunistischen Zentralorgan *Die Rote Fahne* neun Folgen einer autobiografischen „Erzählung aus der Kriegszeit". Dichtung und Wahrheit sind in diesen Texten eng verwoben, die zentrale Figur ist der Schriftsetzer Eugen, der auf seine Einberufung wartet und sich gegen nationalistisches Gedankengut wehrt. Vermutlich setzte Rück im Exil sein autobiografisches Schreiben fort. Die maschinenschriftlichen Texte sind nicht einheitlich und fortlaufend gegliedert, es gibt zwei Versionen dieser „autobiografischen Skizzen". Die ersten Manuskripte enthalten langatmige fiktive Szenen, die den gesellschaftlichen Hintergrund seiner Jugendjahre im Kaiserreich verdeutlichen sollen. So erfand er eine Szene, bei der sich schwäbische Studenten mit „Skål" zuprosten, was als Hinweis auf die Abfassung des Textes in Schweden gedeutet werden kann. In seinem zweiten Manuskript verzichtete Rück auf den romanhaften Erzählstil und kürzte den Text.[16] Vielleicht hatte er ihn für eine spätere Veröffentlichung vorgesehen. Gemeinsam ist allen autobiografischen Schriften die Hauptfigur des Erzählers, dem Rück den Namen Otto Bessinger gab.[17] Dieser war von Geburt an mit einem guten Selbstbewusstsein ausgestattet, er ging zielstrebig und optimistisch seinen Weg, erlebte dabei auch Niederlagen und Blamagen. Rück bearbeitete seine Lebensgeschichte immer wieder neu, dies beweisen die zahlreichen Überschneidungen und Wiederholungen. Der Quellenwert dieser Manuskripte ist kritisch zu bewerten, sie sind Produkte seiner Selbstreflexion während der Zeit ihrer Abfassung im Exil und müssen in diesem Zusammenhang interpretiert werden. Er befand sich zu jenem Zeitpunkt in einem langwierigen Ablöseprozess vom dogmatischen Parteikommunismus. Indem er sich auf seine Kindheit und Jugend besann, konnte er die Entstehung der eigenen Individualität rekonstruieren, die stärker war als die Bindung an eine Partei.[18] Leider enden Rücks Aufzeichnungen mit der Beschreibung der Massendemonstration in Friedrichshafen Ende Oktober 1918. Der letzte Satz klingt zuversichtlich: „Eine breite, leuchtende Straße tut sich auf. Wie gut ist es nun, dass man auch auf dieser Front durchgehalten hat."[19]

Zum 4. November 1918, dem Tag seiner spektakulärsten revolutionären Aktivität, schwieg Rück lange Zeit. Jedoch ließ ihn das Thema Novemberrevolution bis zu seinem Lebensende nicht mehr los. Im Jahr 1958, als die zeitliche Distanz groß genug war, schrieb er während eines Krankenhausaufenthalts aus Anlass des 40. Jahrestags die in der Forschungsliteratur häufig zitierte, aber erst 1978 gedruckte Broschüre „November 1918".[20] Sie beginnt mit seiner Kindheit im Stuttgarter Osten und endet mit seinem Rückzug aus dem Arbeiter- und Soldatenrat am Abend des 10. November 1918. Ausdrücklich wandte er sich gegen die gehässigen Verleumdungen der SPD-

---

16   Fritz Rück: Autobiographische Skizzen, o. O. und o. J. (Typoskript), S. 1–71, in: ARAB, NL Fritz Rück, Vol. 8 [Im Folgenden weggelassen]
17   Dieses Pseudonym benutzte Rück von 1936 bis 1942 auch für Zeitungsartikel in der Schweiz und in Schweden.
18   Vgl. Michael Rohrwasser: Der Stalinismus und die Renegaten. Die Literatur der Exkommunisten, Stuttgart 1991, S. 95
19   Peter Wedding (i. e. Fritz Rück): Otto Bessinger. Skizzen von der Jahrhundertwende. II Der Sturm bricht los, o. O. und o. J. (Typoskript), S. 75, in: ARAB, NL Fritz Rück, Vol. 8 [Im Folgenden weggelassen]
20   Fritz Rück: November 1918. Die Revolution in Württemberg, Stuttgart 1958

Politiker Wilhelm Blos und Wilhelm Keil. Die Angaben Rücks zu den Novemberereignissen sind aus der Distanz von vier Jahrzehnten erstaunlich genau und werden bestätigt durch die Berichte der Städtischen Polizeidirektion Stuttgart.[21] Sie fanden Beachtung in den Werken vieler Historiker wie Eberhard Kolb und Klaus Schönhoven,[22] Manfred Scheck[23] und Sylvia Neuschl.[24]

Für das auf die Novemberrevolution folgende Jahrzehnt ist die Quellenlage extrem dürftig. Rück hat sich schriftlich nie über seine Erfahrungen als KPD-Aktivist in der Zeit der Weimarer Republik geäußert, viele persönliche Dokumente gingen in den Jahren nach 1933 verloren. Sein Leben und seine politische Entwicklung mussten deshalb bruchstückhaft aus dem Inhalt von Artikeln, Broschüren und Parteitagsreden rekonstruiert werden. Bisweilen half ein Vergleich mit anderen Zeitgenossen, deren Leben in der betreffenden Phase analog verlief.[25] Nachforschungen bei Meldeämtern und in Adressbüchern ergaben den Nachweis seiner Heirat mit Dora Hofmann und Angaben zu seinen verschiedenen Wohnorten von Stuttgart über Leipzig, Jena, Augsburg, Chemnitz und Berlin.[26]

Für die Zeit seines Exils in der Schweiz sind die Überwachungsberichte der eidgenössischen Fremdenpolizei eine äußerst ergiebige Quellenbasis. Rück wurde aufmerksam von der Behörde beobachtet, die Ergebnisse sind sorgfältig in einer umfangreichen Akte dokumentiert.[27] Sogar seine private Korrespondenz wurde kopiert und von den Beamten mit Kommentaren versehen. Doch es gibt aus dieser Zeit auch persönliche Quellen. So hat Rück seine meist bedrückenden Erlebnisse als Emigrant in Gedichten und Spielstücken verarbeitet. Er übergab sie seinem Freund, dem Redakteur und Kommunalpolitiker Walter Bringolf, sie werden im Stadtarchiv Schaffhausen aufbewahrt.[28] Rücks Aufenthalt in Schweden hinterließ ebenfalls amtliche Spuren. In seiner umfangreichen Einbürgerungsakte im Reichsarchiv in Stockholm (RAS) sind seine äußeren Lebensumstände exakt dokumentiert, er musste alles offenlegen bis hin zu seinem Einkommen.[29]

An einem Wendepunkt seines Lebens im Jahr 1948 schrieb Rück wieder eine persönliche autobiografische Skizze, in der er handschriftlich seine Überlegungen zu der schwierigen Frage einer Remigration darlegte.[30] Auf zwölf Seiten blickte er zurück auf die Jahre des Exils und äußerte Zufriedenheit mit seinem gegenwärtigen Leben in Schweden. Trotzdem kehrte er nach Deutschland zurück, wo er allerdings nicht mehr die nötige Ruhe und Besinnung für persönliche Auf-

---

21 Beispielsweise der Polizeibericht vom 5.11.1918, in: HStAS, E 150 Bü 2051 III, Q 798
22 Eberhard Kolb/Klaus Schönhoven (Bearb.): Regionale und lokale Räteorganisationen in Württemberg (Quellen zur Geschichte der Rätebewegung in Deutschland 1918/19; Bd. 2), Düsseldorf 1976
23 Manfred Scheck: Zwischen Weltkrieg und Revolution. Zur Geschichte der Arbeiterbewegung in Württemberg 1914–1920, Köln/Wien 1981, S. 18 und passim
24 Sylvia Neuschl: Zur Geschichte Geschichte der USPD in Württemberg oder Über die Unmöglichkeit einig zu bleiben, Esslingen 1983, S. 14 und passim
25 Vgl. Bödeker 2003 (Anm. 3), S. 60
26 Für Jena und Chemnitz gibt es keine städtischen Einwohnerlisten aus jener Zeit.
27 Personalbogen (Fiche) Fritz Adam Rück in: BAR, E 4320(B) 1991/243, Bd. 31, C.13.22
28 StadtASch, NL Walter Bringolf, D IV 01.08
29 RAS, Medborgarsakt Mb/1946
30 Fritz Rück: Züricher Spaziergänge, 13.3.1948, S. 1–12

zeichnungen fand. So mussten wieder für die Zeit nach 1950 Rücks politische Positionen als Gewerkschafter, Naturfreund und SPD-Mitglied aus seinen zahlreichen Artikeln rekonstruiert werden. Von großer Wichtigkeit waren für diesen Zeitraum die Aussagen zahlreicher Weggefährten, allen voran seiner Tochter Mona Mayer sowie seiner engen Mitarbeiterinnen bei der IG Druck und Papier Lilo Weindl und Ruth von Hagen-Torn.

Trotz aller wissenschaftlichen Distanz war es ein wichtiges Anliegen der Biografin, Rücks bewegtes Leben zu erzählen und dabei konkrete Lebensumstände hervortreten zu lassen. Rück selbst schilderte in seinen autobiografischen Erinnerungen viele scheinbar nebensächliche, aber für ihn wichtige Details seines alltäglichen Lebens. Wir erfahren beispielsweise, wie die SPD in Stuttgart vor 1914 ihre Feste feierte, was der junge Schriftsetzergeselle auf der Wanderschaft erlebte und wie Krieg, Kaserne, Lazarett und Gefängnis sein Leben veränderten. Diese Perspektive „von unten" ist unverzichtbar für eine Biografie aus dem Bereich der Arbeiterbewegung. Leider versiegt diese Quelle Ende 1918. Erst für die Zeit nach 1933 gab es wieder Hinweise aus Schilderungen und Berichten von Zeitzeugen.

1.3 Forschungsstand

Rücks Biografie war bisher noch nie Gegenstand einer zusammenhängenden wissenschaftlichen Analyse. Der Gewerkschafter und Schwedenemigrant Ulrich Cohn begann 1969 mit der Recherche zu Rücks Leben. Er trat in Kontakt mit Zeitzeugen und befragte Rücks ehemalige Partnerin Jenny Grimm, die damals in England lebte.[31] Doch dieses Projekt scheiterte, die Gründe dafür sind nicht bekannt.

Rücks Lebenslauf findet in mehreren Lexika und Handbüchern Erwähnung. Schon ein Jahr nach seinem Tod erschien ein Eintrag in dem Nachschlagewerk „Biografisches Lexikon des Sozialismus" von Franz Osterroth.[32] Dieser hatte Rück persönlich gekannt, er hob seine dichterische und rhetorische Begabung hervor. Seine KPD-Mitgliedschaft erwähnte Osterroth nicht, er übernahm die damals noch gängige Version, dass Rück in den zwanziger Jahren „Parlamentsberichterstatter" gewesen sei. Dieser „weiße Fleck" der Weimarer Jahre wurde erst 1969 geschlossen, als Hermann Weber für eine Kurzbiografie neue Erkenntnisse über diesen Lebensabschnitt Rücks gewann.[33] Jedoch nicht alle Angaben Webers halten einer Überprüfung durch die vorhandenen Quellen stand.[34] Weber stützt sich auf Interviews, die er in den sechziger Jahren mit Rücks Weggefährten wie Susanne Leonhard, Emil Birkert und Fritz Lamm gemacht hatte. Dabei hätten sich,

---

31 Vgl. schriftliche Mitteilung Jenny Grimm vom 17.7.1969 an Uli [Cohn], in: PA Elisabeth Benz
32 Vgl. Osterroth 1960 (Anm. 10), S. 250f.
33 Vgl. Hermann Weber: Die Wandlung des deutschen Kommunismus. Die Stalinisierung der KPD in der Weimarer Republik, Bd. 2, Frankfurt 1969, S. 266
34 Rück wurde nicht im Jahr 1921, sondern schon zwei Jahre zuvor verhaftet und im sogenannten Spartakistenprozess freigesprochen. Im Jahr 1925 war Rück nicht mehr Wanderredner, sondern ließ sich in Berlin-Wedding nieder. Auch gibt es keinen Nachweis für eine Beteiligung Rücks an der Gründung der *Proletarischen Feuilleton-Korrespondenz*.

wie Weber in einem Brief an die Verfasserin für möglich hielt, gewisse Ungenauigkeiten ergeben können.[35] Trotzdem übernahm Weber den Eintrag von 1969 unverändert in das 2004 in erster Auflage erschiene „Biographische Handbuch deutscher Kommunisten", das er zusammen mit Andreas Herbst herausgab.[36] Alle folgenden enzyklopädischen Kurzbiografien Rücks gründen sich auf dieses Werk. Erst das „Biographische Handbuch der deutschsprachigen Emigration" von Werner Röder und Herbert A. Strauss von 1980 übernahm nur überprüfte, korrekte Fakten und erstellte eine nahezu vollständige Liste von Rücks Publikationen.[37] Dieses Werk ist Ergebnis einer Personaldatenerhebung des Münchner Instituts für Zeitgeschichte (IfZ). Der Eintrag von Boris Schwitzer in der Neuen Deutschen Biographie liefert ebenfalls zuverlässige Daten zu Rücks Leben.[38]

Auch in Nachschlagewerken der Deutschen Demokratischen Republik (DDR) wurde Rück erwähnt. Dort galt er als „aktiver Kämpfer gegen den imperialistischen Krieg" und als „Vorsitzender des Stuttgarter Arbeiter- und Soldatenrats". Aber „fehlendes Vertrauen in die Kraft der Arbeiterklasse und Unverständnis für die Strategie und Taktik des revolutionären Kampfes der Partei" ließen ihn nach DDR-Lesart zum Renegaten werden. Positiv hervorgehoben wurden seine Ablehnung der atomaren Aufrüstung der Bundeswehr und sein Widerstand gegen den „borntierten Antikommunismus der Rechtsextremisten in der SPD- und DGB-Führung".[39]

Verdienstvoll ist die Kurzbiografie von Marvin Chlada und Wolfgang Haible von 1999, die sich auf Rücks wichtigste Lebensdaten stützt und diese in den historischen Rahmen einordnet.[40] In diesem Band finden sich auch Gedichte sowie drei Broschüren aus Rücks Feder. Es wurden dafür die beiden dogmatischen Propagandaschriften ausgewählt, die er im Auftrag der KPD verfasste[41] sowie die wichtige Schrift zur Novemberrevolution aus dem Jahr 1958. Chronisten des TVdN unternahmen ebenfalls einen Versuch, das Leben ihres verstorbenen Bundesvorsitzen-

---

35 Vgl. schriftliche Mitteilung Hermann Weber vom 20.8.1998 an die Verfasserin
36 Vgl. Hermann Weber/Andreas Herbst: Deutsche Kommunisten. Biographisches Handbuch 1918 bis 1945, Berlin 2004, S. 634 ff.
37 Vgl. Werner Röder/Herbert A. Strauss (Hrsg.): Biographisches Handbuch der deutschsprachigen Emigration nach 1933, Bd. 1: Politik, Wirtschaft, Öffentliches Leben, München/New York/London/Paris 1980, S. 624 f. Ein identischer Eintrag findet sich in Walther Killy/Rudolf Vierhaus (Hrsg.): Deutsche Biographische Enzyklopädie, Bd. 8: Plett – Schmidseder, München 1998, S. 444
38 Vgl. Boris Schwitzer: Fritz Rück, in: Neue Deutsche Biographie, Bd. 22: Rohmer – Schinkel, Berlin 2005, S. 207 f.
39 Lexikon sozialistischer deutscher Literatur. Von den Anfängen bis 1945. Monographisch-biographische Darstellungen, Leipzig 1964², S. 437
40 Marvin Chlada/Wolfgang Haible (Hrsg.): Fritz Rück und die Revolution 1918. Berichte und Gedichte aus bewegten Zeiten, Aschaffenburg 1999
41 Fritz Rück: Vom 4. August bis zur russischen Revolution. Ein Beitrag zur kommunistischen Bewegung in Deutschland, Stuttgart 1920; ders.: Von Bismarck bis Hermann Müller. Vom Sozialistengesetz zur Koalitionsregierung. Der Weg der deutschen Sozialdemokratie vom Sozialistengesetz zum Panzerkreuzer A 1878–1928, Berlin 1928

den zu erforschen,[42] doch das Vorhaben scheiterte, da die Quellen zu weit verstreut und schwer zugänglich waren.

1.4 Formale Hinweise

Auszüge aus den Schriften, Artikeln und Gedichten Rücks wurden in die Biografie Rücks eingefügt, sie sollen sein sprachliches und stilistisches Audrucksvermögen veranschaulichen. Die Originalschreibweise nach den alten Rechtschreibregeln wurde beibehalten, dies gilt auch für Titel und Namen. Offensichtliche orthografische Fehler wurden stillschweigend entsprechend der alten Rechtschreibung korrigiert. Auslassungen oder ergänzende Hinweise in den Zitaten sind durch eckige beziehungsweise runde Klammern gekennzeichnet, die Erklärung der Pseudonyme findet sich in runden Klammern. Aus Platzgründen wurde in den Anmerkungen auf den Hinweis „Ebenda" verzichtet, wenn aus dem Zusammenhang klar wird, dass dieselbe Quelle zweimal nacheinander zitiert wird.

Alle Zeitungen und Zeitschriften, in denen namentlich gekennzeichnete Artikel von Rück zu finden sind, werden – versehen mit Untertitel oder kurzer Charakteristik – im Quellenverzeichnis aufgezählt. Die Bibliografie Fritz Rück im Anhang enthält eine chronologisch gegliederte Liste aller Artikel, die Rück verfasste und veröffentlichte. Die Überschriften seiner Artikel werden nur an dieser Stelle genannt. Bisweilen hat Rück selbst seine Artikel ausgeschnitten und aufbewahrt, ohne Titel, Erscheinungsjahrgang und Nummer der Zeitung oder Zeitschrift zu vermerken. In diesen Fällen wurde der Fundort des Artikels im Stockholmer Nachlass angegeben. Sein erstes Pseudonym als junger Redakteur war Bambino, in der KPD-Presse nannte er sich bis 1923 Juvenis. Im Exil verwendete er für seine Publikationen die Pseudonyme Peter Wedding, Leo Kipfer, Otto Benninger und Otto Bessinger.

1.5 Dank

All denjenigen möchte ich meinen Dank aussprechen, die mich bei der Informationssuche und der Abfassung dieser Biografie unterstützt und ermutigt haben. Die Beratung durch Prof. Dr. Axel Kuhn (Leonberg) war für die Idee und den Fortgang der Arbeit von großer Bedeutung. Prof. Dr. Theodor Bergmann (Stuttgart) hat durch die Übersetzung der schwedischen Texte und durch die kritische Durchsicht des Manuskripts wertvolle Hilfe geleistet. Auch Dr. Wolfgang Haible (Stuttgart) und Dr. Helga Baumgarten (Jerusalem) verdanke ich wichtige Anregungen und Korrekturen. Hilfreich waren die Hinweise von Ottokar Luban (Berlin) und die Recherchen von Dr. Andrej Doronin und Dr. Alexander Varlin (beide Moskau) im Kominternarchiv (Rossiski Gosudarstwenny Archiv Sozialnoi-polititscheskoi Istorii). Prof. Dr. Helmut Müssener sowie Dr. Klaus Misgeld (beide Stockholm) unterstützten mich mit ihrem Wissen über das deutschsprachige Exil

---

42 Vgl. schriftliche Mitteilung Rudi Klug vom 14.6.2004 an die Verfasserin

in Schweden, Manfred Scholze (Kungsängen) konnte zahlreiche nützliche Kontakte zu Zeitzeugen herstellen. Von großem Wert war auch die fachliche Kompetenz von Dr. Rüdiger Zimmermann (Bonn). Mein besonderer Dank gilt den ehemaligen Jugendfunktionären der Naturfreunde Fritz Amann (Karben), Kurt Albrecht (Ostfildern), Walter Buckpesch (Offenbach), Rudi Klug (Hertlingshausen) und Bruno Klaus Lampasiak (Berlin), die mit ihren Erinnerungen den letzten Lebensabschnitts Rücks lebendig werden ließen. Mein größter Dank gebührt indessen meinem Mann Dr. Michael Benz, denn ohne seinen langjährigen und kompetenten Beistand sowie sein geduldiges Drängen wäre diese Biografie nicht zustande gekommen.

2. Jugend in Stuttgart 1895–1914
2.1 Vom Weingärtnerdorf in die Arbeitervorstadt

Wirtshäuser waren wichtig für das politische und gesellige Leben der frühen Arbeiterbewegung, als Versammlungsorte waren sie nach Ansicht von Karl Kautsky „das einzige Bollwerk der politischen Freiheit des Proletariers, das ihm nicht so leicht konfisziert werden kann."[1] Gewerkschafter und Sozialdemokraten hatten noch keine eigenen Häuser, die Hinterzimmer von Gastwirtschaften waren deshalb wichtige Treffpunkte. Die Wiege Fritz Rücks stand in Gaisburg im Dachgeschoss der Gaststätte „Am Berg" in der Hornbergstraße 7, in der damals jede Woche Mitgliederversammlungen des sozialdemokratischen Vereins und der Gewerkschaften stattfanden. Die Hornbergstraße war so eng und steil, dass sie vom Klingenbachtal her mit Fuhrwerken nicht befahren werden konnte.[2] Gaisburg, heute ein östlicher Vorort von Stuttgart, war bis weit ins 19. Jahrhundert hinein ein kleines, selbstständiges Winzerdorf mit Kirche, Rathaus, Kelter sowie zahlreichen Wirtschaften.[3] Die Stuttgarter spazierten gern durch die Gaisburger Weinberge und Obstgärten, in den Gasthäusern konnte man in fröhlicher Runde den Feierabend verbringen, Feste feiern oder das Vereinsleben pflegen. Immer wieder klagten protestantische Pfarrer über das lebhafte, ausgelassene Treiben in den Wirtshäusern, das am meisten besuchte Lokal mit einem gläsernen Tanzsaal befand sich genau gegenüber der Kirche. Dass der junge Rück sich Gedanken über das fröhliche Treiben und seine Nachwirkungen machte, zeigt ein fiktiver Dialog, den er in seine autobiografischen Erinnerungen einfügte. Zwei junge Arbeiterinnen unterhalten sich darüber, welche Probleme es nach einem Ausflug in ein solches Lokal geben könnte zu einer Zeit, als Verhütungsmittel noch kaum bekannt waren:

> „Alles hängt ja noch in dieser Zeit von der Geistesgegenwart und dem guten Willen der Männer ab, an die man gerät, und obwohl sie alle Stein und Bein schwören und ihre Zuverlässigkeit beteuern, kommt es immer wieder vor, dass ein so junges Ding mit einem dicken Bauch in die Fabrik laufen muß, bis die schadenfrohen Blicke der anderen und die Bemerkungen eines Meisters, oder des Fabrikanten selbst, daß so etwas in seinem Betrieb

---

1 Zit. nach: Gerhard A. Ritter/Klaus Tenfelde: Arbeiter im Deutschen Kaiserreich 1871–1914 (Geschichte der Arbeiter und der Arbeiterbewegung in Deutschland seit dem Ende des 18. Jahrhunderts; Bd. 5), Bonn 1992, S. 660
2 Der Anstieg wurde „Katzenbuckel" genannt. Vgl. schriftliche Mitteilung Ulrich Gohl vom 22.10.2001 an die Verfasserin. Die Mehrzahl der Häuser auf dem Katzenbuckel wurde bei einem der ersten Bombenangriffe auf Stuttgart am 24./25.8.1940 zerstört. Vgl. mündliche Auskunft von Elmar Blessing am 25.1.2008 an die Verfasserin
3 Vgl. Elmar Blessing: Chronik Gaisburg. Vom Weingärtnerdorf zum Arbeiterwohnort. Festschrift der Raichberg-Realschule, Stuttgart 1989, S. 39 ff.

nicht gehe, sie zwingen, sich zu Hause oder bei irgend einer Tante zu verkriechen, und dem Unheil seinen Lauf zu lassen."[4]

Die Industrialisierung veränderte im letzten Drittel des 19. Jahrhunderts das Ortsbild von Gaisburg und brachte einen tiefen gesellschaftlichen Umbruch. Wichtige Industriebetriebe waren die Gasfabrik, der städtische Schlachthof, die Strickwarenfabrik Kübler und die Daimler-Motoren-Gesellschaft in Cannstatt.[5] Zahlreiche Männer und Frauen standen dort in Lohn und Brot. Die Einwohnerzahl von Gaisburg wuchs im Laufe des 19. Jahrhunderts um das Zehnfache von 433 auf 4.764, die Nachfrage nach Wohnungen wurde immer größer. So erlebte der Stuttgarter Osten seit dem Ende des 19. Jahrhunderts einen gewaltigen Wohnungsbauboom. Der jüdische Bankier und Textilindustrielle Eduard von Pfeiffer gründete 1890 den sozialreformerischen „Verein für das Wohl der arbeitenden Klassen" und ließ auf freiem Feld, der Flur Schwarenberg, die sogenannte Kolonie Ostheim errichten. Drei Kilometer von Stuttgart entfernt entstand damals die größte Wohnsiedlung des Königreichs Württemberg.[6] Namhafte Architekten entwarfen die Gebäude, die Bewohner des neuen Stadtviertels waren nicht elende Proletarier, sondern etwas besser situierte Arbeiter, Handwerker und Beamte.[7] Die Gebäude wurden für zwei bis drei Familien gebaut, die Mieten waren erschwinglich. So zog Rücks Familie wenige Jahre nach seiner Geburt von Gaisburg in die Kolonie Ostheim und wohnte in der Parterrewohnung im Haus Schwarenbergstraße 59.[8] Die Stadtplaner hatten auch an den zahlreichen Nachwuchs der Bewohner gedacht, ein Kinderspielplatz, ein Kinderhort und eine Schule wurden gebaut. Vermutlich besuchte Rück bis 1909 die im Mai 1903 eingeweihte Ostheimer Volksschule, allerdings erwähnte er nie den Namen seiner Schule.[9] Ebenso unwichtig war für ihn die 1899 fertig gestellte evangelische Lukaskirche, wo er zehn Jahre später konfirmiert wurde, er war einer von 139 Konfirmanden.[10]

---

4 Peter Wedding (i. e. Fritz Rück): Otto Bessinger. Skizzen von der Jahrhundertwende. A Der Vater war Möbelschreiner, o. O. und o. J. (Typoskript), S. 6
5 Vgl. Werner Skrentny/Rolf Schwenker/Sybille und Ulrich Weitz (Hrsg.): Stuttgart zu Fuß. 20 Stadtteil-Streifzüge durch Geschichte und Gegenwart, Tübingen 2005, S. 164, S. 202 und S. 212. Im Jahr 1904 zog die Daimler-Motoren-Gesellschaft nach Untertürkheim.
6 Vgl. ebd., S. 218
7 Vgl. Peter Wedding (i. e. Fritz Rück): Otto Bessinger. Skizzen von der Jahrhundertwende. C Anfänge, o. O. und o. J. (Typoskript), S. 1. Rück erwähnte den „Verein für das Wohl der arbeitenden Klassen", ohne den Namen Pfeiffers zu nennen.
8 Vgl. Adreß- und Geschäftshandbuch der Königlichen Haupt- und Residenzstadt Stuttgart für das Jahr 1900, Stuttgart, S. 322
9 Es existieren keine Schulakten aus jener Zeit. Vgl. schriftliche Mitteilung Elmar Blessing vom 20.1.2008 an die Verfasserin
10 Im Pfarrarchiv der Lukaskirche konnte die Liste der 139 Konfirmanden gefunden werden.

2.2 Die SPD im Aufwind

Im Zuge des Sozialistengesetzes von 1878 wurde der Gaisburger Bezirksverein der Sozialistischen Arbeiterpartei Deutschlands (SAPD) aufgelöst.[11] Doch die Verfolgung im Königreich Württemberg ließ schon 1881 nach und im Jahr 1889, ein Jahr vor der Aufhebung des Sozialistengesetzes, wurde in Gaisburg wieder ein sozialdemokratischer Bezirksverein gegründet.[12] Das Erstarken der Sozialdemokratie im Osten Stuttgarts äußerte sich auch in einem lebendigen und vielfältigen Vereinswesen. Nach der Aufhebung des Sozialistengesetzes entstanden neue Arbeitervereine wie der „Männergesangverein Aurora 1884" und der „Arbeiterturnverein Gaisburg".[13] Die ausschließlich von Männern besuchten Vereine förderten die Geselligkeit und brachten kulturelle Bereicherung und Abwechslung, auch für Frauen und Kinder. Rück hielt in seinen späteren Aufzeichnungen fest: „Ich erinnere mich noch, wie für uns als Kinder das Sommerfest des sozialdemokratischen Bezirksvereins und die Weihnachtsfeier des Gesangsvereins ‚Vorwärts' Höhepunkte des geselligen Lebens waren."[14] 1910 wurde das Waldheim Gaisburg gebaut, die sozialdemokratischen Arbeiter schufen damit eine eigene Stätte der Erholung und Bildung und mussten sich nicht mehr in Hinterzimmern von Gasthäusern versammeln.

Da die Repression in den Jahren des Sozialistengesetzes im Königreich Württemberg weniger stark war als in den anderen Ländern des Kaiserreichs, fanden viele in Norddeutschland als sogenannte Agitatoren ausgewiesene Sozialdemokraten in Stuttgart Zuflucht.[15] Auch Rücks Vater, der aus Hessen stammende aktive Sozialdemokrat und Gewerkschafter Johannes Rück, war in der Zeit der Verfolgung wegen seiner politischen Einstellung lange Zeit arbeitslos, deshalb verlegte er in jener Zeit seinen Wohnsitz nach Württemberg. Rück berichtete, dass man – auch in der SPD – seinem Vater immer wieder sagte, dass er ein „Preuß" sei, also kein richtiger Schwabe.[16] Der Zuzug brachte Stuttgart großen Gewinn, so ließ sich der aus Hamburg ausgewiesene Verleger J. H. W. Dietz 1881 in Stuttgart nieder und brachte die Parteiverlagszentrale und die Buchdruckerei der SAPD mit. Wichtige Parteizeitungen erschienen damals in Stuttgart, beispielsweise das *Schwäbische Wochenblatt* (Vorläuferin der *Schwäbischen Tagwacht*), das humoristisch-satirische Wochenblatt *Der Wahre Jacob* und die von Karl Kautsky redigierte *Neue Zeit*. Beliebt und bekannt war

---

11   Diese Partei war 1875 in Gotha als Zusammenschluss der Lassalleaner und der Anhänger von August Bebel und Wilhelm Liebknecht (sogenannte Eisenacher) gegründet worden.
12   Vgl. Blessing 1989 (Anm. 3), S. 59. In den anderen östlichen Vororten Stuttgarts (Stöckach, Gablenberg, Ostheim und Berg) entstanden ebenfalls sozialdemokratische Vereine, damals Bezirke genannt.
13   Vgl. Elmar Blessing: „Man soll im übrigen den Gaisburgern nicht drohen." Zum 100. Jahrestag der Eingemeindung Gaisburgs nach Stuttgart, Stuttgart 2001, S. 22 f.
14   Fritz Rück: November 1918. Die Revolution in Württemberg, Stuttgart 1958, S. 7
15   Vgl. Maja Christ-Gmelin: Die württembergische Sozialdemokratie 1890–1914. Ein Beitrag zur Geschichte des Reformismus und Revisionismus in der deutschen Sozialdemokratie, Diss. Stuttgart 1976, S. 37 ff.; Siegfried Bassler (Hrsg.): Mit uns für die Freiheit. 100 Jahre SPD in Stuttgart, Stuttgart/Wien 1987, S. 36
16   Vgl. Peter Wedding (i. e. Fritz Rück): Otto Bessinger. Skizzen von der Jahrhundertwende. B Das neue Jahrhundert, o. O. und o. J. (Typskript), S. 5

die *Gleichheit*, eine Wochenzeitung für Arbeiterinnen, deren Redaktion von 1892–1917 in den Händen von Clara Zetkin lag.[17]

Nach Aufhebung des Sozialistengesetzes erholte sich die SAPD sehr schnell, seit 1891 nannte sie sich Sozialdemokratische Partei Deutschlands (SPD). Bei den Reichstagswahlen am 20. Februar 1890 erhielt sie knapp 1,5 Millionen Stimmen, fast doppelt so viele wie 1887, gestärkt kehrte die Arbeiterbewegung in die Legalität zurück. Im Erfurter Parteiprogramm von 1891 wurde der Marxismus als weltanschauliche Grundlage festgelegt, es war der Durchbruch der SPD auf dem Weg zur Massenbewegung.[18] Dies faszinierte viele Zeitgenossen,[19] aber immer noch war die SPD bei der konservativen Elite als Partei des Umsturzes verfemt und die sozialdemokratischen Arbeiterzeitungen mussten sich gegen Strafanzeigen zur Wehr setzen.[20] Die sozialdemokratischen Vereine Württembergs schlossen sich zu einer Landesorganisation zusammen, gaben sich ein Statut und gründeten eine eigene Parteizeitung. Im September 1890 erschien in Stuttgart die erste Ausgabe des Parteiorgans *Schwäbische Tagwacht*. Der Drechsler Wilhelm Keil erhielt 1896 eine Stelle in der Redaktion, er musste einen anderen Redakteur ersetzen, der wegen Gotteslästerung verurteilt worden war.[21]

Im Geburtsjahr Rücks 1895 gelang es den württembergischen Sozialdemokraten zum ersten Mal, einen eigenen Kandidaten in den Landtag zu entsenden, den Tischler und Gewerkschafter Karl Kloß.[22] Da die linksliberale Fortschrittliche Volkspartei (FVP) mit der SPD konkurrierte, blieb Kloß fünf Jahre lang alleiniger Landtagsabgeordneter seiner Partei.[23] Sein Auftreten als Abgeordneter wurde von allen Seiten aufmerksam beobachtet. Doch er benützte das Parlament nicht als Agitationsbühne für sozialistische Parteiziele. Er kooperierte mit der Regierung des

---

17   Vgl. Kurt Koszyk/Gerhard Eisfeld: Die Presse der deutschen Sozialdemokratie. Eine Bibliographie, Bonn 1980, S. 188f.
18   Jens Flemming: Der 1. Mai und die deutsche Arbeiterbewegung. Politische Demonstration und sozialistische Festtagskultur, in: Uwe Schultz (Hrsg.): Das Fest. Eine Kulturgeschichte von der Antike bis zur Gegenwart, München 1988, S. 343
19   Vgl. Peter Steinbach: Die Entwicklung der deutschen Sozialdemokratie im Kaiserreich im Spiegel der historischen Wahlforschung, in: Gerhard A. Ritter (Hrsg.): Der Aufstieg der deutschen Arbeiterbewegung. Sozialdemokratie und Freie Gewerkschaften im Parteiensystem und Sozialmilieu des Kaiserreichs (Schriften des Historischen Kollegs; Bd. 18), München 1990, S. 1
20   Vgl. Dieter Rossmeissl: „Revolutionäre ohne Revolution". Sozialdemokratie, in: Wolfgang Ruppert (Hrsg.): Die Arbeiter. Lebensformen, Alltag und Kultur von der Frühindustrialisierung bis zum „Wirtschaftswunder", München 1986, S. 395
21   Vgl. Wilhelm Keil: Erlebnisse eines Sozialdemokraten, Bd. 1, Stuttgart 1947, S. 155. Die Anwendung von Strafgesetzen gegen sozialdemokratische Veröffentlichungen war auch nach 1890 keine Seltenheit. Vgl. Georg Fülberth: Proletarische Partei und bürgerliche Literatur. Auseinandersetzungen in der deutschen Sozialdemokratie der II. Internationale über Möglichkeiten und Grenzen einer sozialistischen Literaturpolitik, Neuwied/Berlin 1972, S. 20
22   Vgl. Christ-Gmelin 1976 (Anm. 15), S. 74
23   Vgl. Merith Niehuss: Die Stellung der Sozialdemokratie im Parteiensystem Bayerns, Württembergs und Badens, in: Gerhard A. Ritter (Hrsg.): Der Aufstieg der deutschen Arbeiterbewegung. Sozialdemokratie und Freie Gewerkschaften im Parteiensystem und Sozialmilieu des Kaiserreichs (Schriften des Historischen Kollegs; Bd. 18), München 1990, S. 113

wegen seiner Volksnähe beliebten württembergischen König Wilhelm und selbst seine politischen Gegner bescheinigten ihm sachliches Auftreten.[24] Bei den nächsten Landtagswahlen im Dezember 1900 konnten bereits fünf sozialdemokratische Kandidaten in den Halbmondsaal des Stuttgarter Landtags einziehen. Einzelne Sozialdemokraten fanden gesellschaftlichen Zugang zu sogenannten höheren bürgerlichen Kreisen und empfanden dies als persönlichen Erfolg.[25]

2.3 Ein sozialdemokratisches Elternhaus

Am 15. April 1895, einem Ostermontag, wurde Friedrich Adam Rück geboren, es war eine Hausgeburt. Seine Eltern waren überzeugte Sozialdemokraten, das Wohnumfeld war sozialdemokratisch geprägt, Parteileben umgab ihn, wie bereits beschrieben, seit frühester Kindheit.

Die Geburt in der Dachkammer war nicht leicht, die Hebamme musste einen Arzt holen. Rück schilderte den Beginn seines Lebens in dramatischen und pathetischen Bildern:

> „Nun hält der Vater das neugeborene Wesen, seinen Sohn, auf dem Arm. Ein leichtes Bündel, von der Hebamme vorsichtig in Windeln gehüllt. Auf dem runden Schädel, der die Mutter beinahe das Leben gekostet hätte, sprossen wenige Härchen, das Gesicht ist noch faltig und zerknittert, als hätte es schon viele Sorgen mit in diese Welt gebracht. Aber dieses Gesicht wird jetzt schon beherrscht von großen, blauen Augen, und obwohl sie in der schwach beleuchteten Stube nichts sehen können und so ganz nach innen gerichtet sind, wo noch ungeformt und ungestaltet die Kräfte sich regen, die aus diesem kleinen Tier einen Menschen machen sollen, ist ihr Ausdruck doch so ernsthaft und klug, als wüßten sie bereits viel mehr von dieser Welt, in die man sie geschickt hat, als für das kleine Kerlchen gut wäre."[26]

Wenn das Neugeborene ein Tier ist, so hat es noch eine weite Entwicklung vor sich.[27] Dabei scheinen Ernsthaftigkeit, Klugheit und Willensstärke für Rück wichtige Charaktereigenschaften gewesen zu sein. Die „schwach beleuchtete Stube" kann als Indiz für das ärmliche Wohnumfeld verstanden werden. Die Besitzerin der Wirtschaft spendete der geschwächten Wöchnerin eine kräftige Fleischbrühe, hochwertige Nahrungsmittel waren für die Familie nicht selbstverständlich. Friedrich Adam war der erste und einzige Sohn der Familie, seine beiden Schwestern Louise[28] und

---

24 Vgl. Hannelore Schlemmer: Die Rolle der Sozialdemokratie in den Landtagen Badens und Württembergs und ihr Einfluss auf die Entwicklung der Gesamtpartei zwischen 1890 und 1914, Diss. Freiburg 1953, S. 46
25 Vgl. Keil 1947 (Anm. 21), S. 277 ff.
26 Peter Wedding (i. e. Fritz Rück): Otto Bessinger. Skizzen von der Jahrhundertwende. A Der Vater war Möbelschreiner, o. O. und o. J. (Typoskript), S. 4
27 Rück beschäftigte sich – wie auch sein Vater – mit der Evolutionstheorie von Charles Darwin.
28 Louise Rück heiratete 1922 Richard Janus, der mit ihrem Bruder Fritz eng befreundet war.

Anna[29] waren fünf bzw. sechs Jahre älter, zehn Jahre später kam noch seine Schwester Hedwig auf die Welt. Die Schwestern näherten sich neugierig dem Brüderchen und fragten nach seiner Herkunft. Als sie am Märchen vom Storch, mit dem man sie abspeisen wollte, Zweifel äußerten, wurden sie vom Vater barsch zurechtgewiesen. Rück schrieb: „Diese Szene hinterläßt eine Wunde in ihrem Gedächtnis, die an ihrem Vertrauen zu den Eltern lange weiterfressen wird."[30] Sicher hat auch er selbst unter der damals allgemein herrschenden Prüderie gelitten.

Der Vater Johannes Rück, geboren am 1. Mai 1860, stammt aus dem an den nördlichen Stadtrand von Frankfurt grenzenden Bad Vilbel.[31] Er war geistig rege und wissbegierig und wäre gerne Lehrer geworden. Seine Eltern jedoch ließen ihn nur eine Lehre als Schreiner machen, sicherlich aus finanziellen Gründen. Die Lehrzeit bedeutete für ihn „drei qualvolle Jahre".[32] Als er in der Zeit der Sozialistengesetze nach Württemberg kam, beteiligte er sich 1883 an einem großen Schreinerstreik, der sechs Wochen dauerte und in ganz Deutschland aufmerksam verfolgt wurde.[33] Er war Vertrauensmann der Gewerkschaft und zeitweise Vorsitzender eines Bezirksvereins der Stuttgarter SPD.[34] Die lokalen Funktionsträger in dieser Zeit übten ihre Tätigkeit ehrenamtlich und nebenberuflich aus, einen bürokratischen Apparat gab es noch nicht.[35]

Die Partei des Vaters war für den jungen Rück eine faszinierende Sache, in lebendiger Erinnerung blieb ihm folgende Szene:

> „Am schönsten jedoch ist es, wenn der Vater am Sonntagabend guter Laune ist und den gelben Koffer öffnet, der gewöhnlich verschlossen in einer Ecke der Stube steht. Um diesen gelben Koffer kreisen viele seiner Gedanken. Schon daß er immer verschlossen ist und daß der Schlüssel auf der großen Wanduhr liegt, wohin selbst der Vater nur gelangen kann, wenn er auf einen Stuhl steigt, gibt ihm etwas Geheimnisvolles. Er ist angefüllt mit Büchern, alten Zeitungen und Heften mit blauem Schutzumschlag, in die etwas hineingeschrieben ist. Gewöhnlich nimmt der Vater nur die zwei zuoberst liegenden illustrierten Jahrgänge einer alten Zeitschrift heraus und zeigt den Kindern Bilder von seltsamen

---

29 Anna Rück wurde am 24.9.1890 in Kleiningersheim im Kreis Ludwigsburg, dem Geburtsort ihrer Mutter, geboren und arbeitete später als Rechtsanwaltsgehilfin. Nach ihrer Hochzeit hieß sie Anna Bernert und lebte in Basel.
30 Peter Wedding (i. e. Fritz Rück): Otto Bessinger. Skizzen von der Jahrhundertwende. A Der Vater war Möbelschreiner, o. O. und o. J. (Typoskript), S. 16
31 Vgl. mündliche Auskunft von Sina Janus (Nichte von Fritz Rück) am 17.3.2008 an die Verfasserin; schriftliche Mitteilung Benno Bernert vom 3.10.1993 an die Verfasserin. Der Großvater von Rück starb hochbetagt unmittelbar nach einem Gottesdienstbesuch.
32 Peter Wedding (i. e. Fritz Rück): Otto Bessinger. Skizzen von der Jahrhundertwende. A Der Vater war Möbelschreiner, o. O. und o. J. (Typoskript), S. 12
33 Vgl. Bassler 1987 (Anm. 15), S. 37; Ulrich Weitz: Salonkultur und Proletariat. Eduard Fuchs – Sammler, Sittengeschichtler, Sozialist (Kulturwissenschaftliche Bibliothek, hrsg. von Dieter Schütz; Bd. 2), Stuttgart 1991, S. 20
34 Die Tätigkeit von Rücks Vater als Bezirksvereinsvorsitzender der SPD konnte nicht nachgewiesen werden. Vgl. schriftliche Mitteilung Ulrich Gohl vom 22.10.2001 an die Verfasserin
35 Vgl. Fülberth 1972 (Anm. 21), S. 34

2.3 Ein sozialdemokratisches Elternhaus

Blumen, von wilden Tieren und aufregenden Jagdszenen. Einmal, als ein alter Kamerad von ihm zu Besuch kommt, greift er tiefer und bringt einen Stapel abgegriffener und vergilbter Zeitungen zum Vorschein. Es sind Nummern des Sozialdemokraten, die unter dem Sozialistengesetz im Auslande gedruckt und in Deutschland illegal von den Mitgliedern der Partei unter der Arbeiterschaft verbreitet worden sind.[36] Für Ottos Vater sind es Erinnerungen an die Heldenepoche der Partei, als er selbst als junger Arbeiter Freiheit und Existenz aufs Spiel gesetzt hat, um der Idee zu dienen, die er mit großer Überzeugung und Begeisterung in sich aufgenommen hat." [37]

Das seltsam erscheinende Verhalten des Vaters erklärt sich als ein spätes Nachwirken der Zeit der Illegalität. Damals musste Gedrucktes sorgfältig vor polizeilichen Nachforschungen versteckt werden. Die harmlosen Blumen- und Tierbilder dienten als Tarnung der „roten" Schriften am Grunde des gelben Koffers, die der Vater nicht den Kindern, sondern nur dem ehemaligen mitverschworenen Genossen zeigte.

Die politischen und gewerkschaftlichen Aktivitäten des Schreiners Rück waren seinem Arbeitgeber in der Möbelfabrik Schöttle in der Stuttgarter Eberhardstraße bekannt, er war kleinlichen Schikanen ausgesetzt und musste ständig mit Entlassung rechnen.[38] Seine Arbeitszeit war überlang, sie betrug 12 bis 13 Stunden täglich,[39] der Lohn war bescheiden: pro Woche 22 Mark (1895), später 25 Mark (1900).[40] Trotz Geldknappheit scheint es den Eltern Rück gelungen zu sein, ihren Kindern ein sorgloses Heranwachsen zu ermöglichen.

Rück beschrieb seinen Vater als schmächtig und unterernährt, Bekannte nannten ihn oft den „Schulmeister". Einmal sei er in der Fabrik fast von einem umfallenden Möbelstück erschlagen worden. Zum Glück waren zwei Kollegen zur Stelle und konnten das Unheil abwenden, indem sie das schwere Stück an seinen richtigen Platz stellten. Sein Meister sagte einmal zu ihm, er hätte aufgrund seines Körperbaus nicht Schreiner, sondern „Tintenkleckser" werden sollen.[41] In seinem Bekanntenkreis hätte man ihm sogar den Beruf eines Professors oder die Tätigkeit eines Reichstagsabgeordneten zugetraut.[42] Er las gerne Bücher, hielt Vorträge, beispielsweise über den

---

36 Der *Sozialdemokrat* wurde in Zürich gedruckt und war offizielles Parteiorgan der deutschen Sozialdemokratie während der Verfolgung. Vgl. Björn-Erik Lupp: Von der Klassensolidarität zur humanitären Hilfe. Die Flüchtlingspolitik der politischen Linken 1930–1950, Zürich 2006, S. 30
37 Peter Wedding (i. e. Fritz Rück): Otto Bessinger. Skizzen von der Jahrhundertwende. C Anfänge, o. O. und o. J. (Typskript), S. 31 f.
38 Vgl. mündliche Auskunft von Sina Janus am 29.9.1995 an die Verfasserin
39 Die Arbeitszeit in der württembergischen Industrie betrug 1905 durchschnittlich „nur" 10 Stunden, die Bosch-Arbeiter hatten bereits den 8-Stunden-Tag.
40 Wilhelm Keil, bekam 1896 als Redakteur der *Schwäbischen Tagwacht* einen Wochenlohn von 30 Mark, der nach ein paar Monaten sogar noch erhöht wurde. Vgl. Keil 1947 (Anm. 21), S. 152
41 Peter Wedding (i. e. Fritz Rück): Otto Bessinger. Skizzen von der Jahrhundertwende. A Der Vater war Möbelschreiner, o. O. und o. J. (Typskript), S. 12
42 Peter Wedding (i. e. Fritz Rück): Otto Bessinger. Skizzen von der Jahrhundertwende. B Das neue Jahrhundert, o. O. und o. J. (Typskript), S. 6

Deutschen Bauernkrieg oder über die Abstammungslehre von Charles Darwin.[43] Seine Frau habe seine Bildung sehr bewundert, so die Wahrnehmung des Sohnes. Der Holzstaub in der Möbelfabrik schadete seiner Lunge, er litt unter starkem Asthma. Ein Jahr vor der Geburt seines Sohnes erkrankte der 34-Jährige an Tuberkulose und war dadurch körperlich geschwächt.[44]

Rücks Mutter Friedericke[45] stammte aus dem schwäbischen Kleiningersheim im Kreis Ludwigsburg. Ihr Sohn schilderte sie als typische Proletarierfrau, blass, stets müde und überarbeitet, geschwächt durch Krankheiten und mindestens fünf Geburten, der vor Fritz Rück geborene Sohn starb früh. Sie musste als Wäscherin in sogenannten besseren Familien arbeiten, um die Familienkasse aufzubessern. In seinen Jugenderinnerungen bezeichnete Rück seine Mutter als „Lasttier", als „geduldiges, immer optimistisches Arbeitstier". Sie sei eine Frau, die nichts von Politik verstehe, ganz auf ihre Familie beschränkt.[46] Diese Einschätzung des Sohnes entspricht dem Frauenbild jener Zeit, das sowohl in bürgerlichen als auch in proletarischen und sozialdemokratischen Kreisen vorherrschend war.[47] Obwohl die Erwerbsarbeit der Frau für das Haushaltseinkommen existenziell wichtig war, nahm sie neben dem Mann eine untergeordnete Position ein. Der in sozialistischen Kreisen hoch angesehene August Bebel kritisierte die patriarchalischen Strukturen in den Arbeiterfamilien, doch an der Unterordnung der Frau änderte sich im 19. Jahrhundert nichts.[48] Auch die SPD blieb lange eine von Männern dominierte Organisation. In Württemberg waren im Jahr 1909 nur knapp 2 % der Mitglieder Frauen, Politik galt als Männersache.[49]

An einer einzigen Stelle seiner autobiografischen Schriften ließ Rück seine Mutter ausführlich zu Wort kommen, als nach einer Parteiveranstaltung im Bekanntenkreis darüber diskutiert wurde, ob Rücks Vater Johannes ein geeigneter Kandidat für den Posten des SPD-Bezirksvereinsvorsitzenden sei. Viele Gründe sprachen für ihn, einziges Gegenargument eines Bekannten war, er sei ein „Preuß". Und da setzte Friedericke Rück zu einer – für ihre Verhältnisse langen – Verteidigungsrede auf ihren Mann an:

> „Er ist ja gar kein Preuß. [...] Er kommt aus dem Hessischen, und das ist gar nicht so weit von hier. Ich bin selbst einmal dort gewesen. Gleich hinter Frankfurt ist seine Heimat,

---

43 Viele lernbegierige Facharbeiter zu jener Zeit interessierten sich für die Lehre Darwins. Vgl. Franz Walter: Die SPD. Vom Proletariat zur Neuen Mitte, Berlin 2002, S. 19
44 Tuberkulose wurde schon von den Zeitgenossen als Proletarierkrankheit eingeschätzt. Eine Untersuchung in den 1890er Jahren in Stuttgart weist nach, dass in hohem Maße Arbeiter, Dienstboten und Tagelöhner daran erkrankten. Vgl. Ritter/Tenfelde 1992 (Anm. 1), S. 654
45 Friedericke Rück, geb. Hettich, lebte von 1867 bis 1943.
46 Vgl. Peter Wedding (i. e. Fritz Rück): Otto Bessinger. Skizzen von der Jahrhundertwende. A Der Vater war Möbelschreiner, o. O. und o. J. (Typoskript), S. 3
47 Vgl. Christ-Gmelin 1976 (Anm. 15), S. 136
48 Erst 1908 wurde Frauen durch ein Reichsgesetz die Mitgliedschaft in einer Partei und die Teilnahme an öffentlichen Veranstaltungen erlaubt.
49 Vgl. Adelheid von Saldern: Wer ging in die SPD? Zur Analyse der Parteimitgliedschaft in wilhelminischer Zeit, in: Gerhard A. Ritter (Hrsg.): Der Aufstieg der deutschen Arbeiterbewegung. Sozialdemokratie und Freie Gewerkschaften im Parteiensystem und Sozialmilieu des Kaiserreichs (Schriften des Historischen Kollegs; Bd. 18), München 1990, S. 180

und die Menschen dort sind alle so nett und gar nicht so grob wie hier. Aber in der Partei sollte das keine Rolle spielen. [...] In den Versammlungen reden sie alle davon, daß alle Arbeiter zusammenstehen sollen und daß sie Brüder seien, sogar die Italiener und die Franzosen, aber wenn einer kein richtiger Schwab ist, muß er das immer wieder auf dem Löffel essen."[50]

Auch in anderen Situationen erwies sich Rücks Mutter keineswegs als unpolitisch. Eng mit der SPD verbunden, unterstützte sie die politischen Aktivitäten ihres Mannes und später diejenigen ihrer Kinder. Als ihre Tochter Anna im Jahr 1917 illegale Flugschriften aus Berlin zugeschickt bekam, übernahm die Mutter trotz hoher persönlicher Risiken deren Verteilung.[51] Selbst als Witwe besuchte sie noch Veranstaltungen der SPD.[52]

2.4 Jugendzeit zwischen Marx und Pickelhaube

Im Wohnzimmer der Familie Rück hing über dem Sofa ein Porträt des bärtigen Karl Marx, umrahmt von Szenen der Verfolgung während der Zeit des Sozialistengesetzes. Besonders anrührend war für den jungen Fritz das Bild eines Familienvaters, der während des Weihnachtsfestes unter dem Christbaum verhaftet wurde.[53]

Bücher waren damals in Arbeiterfamilien nur beschränkt vorhanden, wurden aber intensiv und mehrmals gelesen.[54] Spezielle Lektüre für Arbeiterkinder, die ihnen sozialdemokratische Werte vermitteln konnte, gab es nicht, die Kinder lasen die Bücher, Zeitungen und Zeitschriften, die auch Lesestoff der Erwachsenen waren.[55] Der geheimnisvolle gelbe Koffer war dem Vater vorbehalten, nur wenn er gute Laune hatte, holte er alte Zeitungen oder ein Buch von Darwin heraus[56] und zeigte es den Kindern. Rück legte seiner Mutter folgende Worte in den Mund, die Loyalität und Bewunderung für ihren Mann ausdrücken:

---

50 Peter Wedding (i. e. Fritz Rück): Otto Bessinger. Skizzen von der Jahrhundertwende. B Das neue Jahrhundert, o. O. und o. J. (Typskript), S. 20 f.
51 Vgl. Bericht der Städtischen Polizeidirektion vom 18.6.1917, in: HStAS, E 150, Bü 2048, Q 231
52 Vgl. mündliche Auskunft von Sina Janus am 29.9.1995 an die Verfasserin
53 Vgl. Peter Wedding (i. e. Fritz Rück): Otto Bessinger. Skizzen von der Jahrhundertwende. C Anfänge, o. O. und o. J. (Typskript), S. 5
54 Vgl. Michael Seyfart-Stubenrauch: Erziehung und Sozialisation in Arbeiterfamilien, Frankfurt 1985, S. 696. Seit 1893 gab es in Stuttgart eine umfangreiche sozialdemokratische Bibliothek. Bücher über Sexualität und Verhütung waren dort sehr viel stärker nachgefragt als die Werke von August Bebel und Wilhelm Blos. Vgl. Christ-Gmelin 1976 (Anm. 15), S. 186
55 Vgl. Margarete Flecken: Arbeiterkinder im 19. Jahrhundert. Eine sozialgeschichtliche Untersuchung ihrer Lebenswelt, Weinheim/Basel 1981, S. 166 ff.
56 Die Evolutionslehre Darwins wurde im Kaiserreich als unchristlich bekämpft und in Arbeiterkreisen als Argument gegen die christliche Schöpfungsgeschichte gebraucht, sie verstärkte die Hoffnungen auf eine bessere Zukunft. Vgl. Hans-Josef Steinberg: Sozialismus und deutsche Sozialdemokratie. Zur Ideologie der Partei vor dem 1. Weltkrieg, Bonn-Bad Godesberg 1972, S. 53 ff.

„Er hat ja so viele Bücher gelesen und sogar Vorträge gehalten über den Bauernkrieg und über ein Buch, wo drinsteht, daß der Mensch vom Affen abstammt. Ich will ja nichts von solchen Sachen wissen, und das Buch ist auch im Koffer verschlossen, daß es die Kinder nicht in die Hand bekommen. Die Mädchen gehen nun bald in die Kinderlehre."[57]

Sicherlich wurde in der Familie Rück auch die aktuelle Parteipresse vorgelesen und diskutiert, so entstand bei dem Sohn ein frühes Interesse für Bücher und Zeitungen. Im Bücherschrank eines Nachbarn fand Rück das Buch von Wilhelm Zimmermann über den Deutschen Bauernkrieg, besonders eingeprägt haben sich dem Jungen realistische Darstellungen der Hinrichtungsszenen.[58] Die Lektüre war für ein Arbeiterkind eine wichtige Möglichkeit, den engen Wohn- und Lebensverhältnissen zu entfliehen.[59] Und konnte nicht der Erwerb von Bildung und Wissen dazu dienen, später einmal aus der bedrückenden Armut aufzusteigen? Der Vater hatte es nicht geschafft, aber vielleicht würde es dem Sohn gelingen? Es liegt nahe, den Kunstnamen (Otto) Bessinger, den Rück in seinen autobiografischen Schriften als Pseudonym verwendete, in dieser Weise zu deuten.

Über den Erziehungsstil der Eltern erfahren wir in den Erinnerungsschriften Rücks sehr wenig. Er berichtet zwar von „körperlichen Züchtigungen" zu Hause, die ihn „bis in die letzten Wurzeln seiner Existenz"[60] erschütterten und ihn zum Widerstand reizten. Gewalt gegenüber Kindern gehörte damals zum alltäglichen Erziehungsstil.[61] In den engen Wohnungen, unter ständiger Aufsicht und Kontrolle des Hauswirts und nörgelnder Nachbarn, erschöpft von der Arbeit und von Geldsorgen geplagt, fehlte den proletarischen Eltern die Kraft, partnerschaftliche Beziehungen zu ihren Kindern aufzubauen.[62] Das Wort „spielen" kommt in den Aufzeichnungen von Rück nur ein einziges Mal vor.[63] Doch selbstverständlich war das Spielen mit der großen Schar

---

57 Peter Wedding (i. e. Fritz Rück): Otto Bessinger. Skizzen von der Jahrhundertwende. B Das neue Jahrhundert, o. O. und o. J. (Typoskript), S. 21
58 Es handelt sich um das von Wilhelm Blos herausgegebene Buch: Großer deutscher Bauernkrieg, Illustrierte Volksausgabe, Stuttgart 1891. Zimmermanns Buch war in Arbeiterhaushalten weit verbreitet. Vgl. Dirk Hoffmann: Sozialismus und Literatur. Literatur als Mittel politisierender Beeinflussung im Literaturbetrieb der sozialistisch organisierten Arbeiterklasse des Deutschen Kaiserreiches 1876–1918, Bd. 1, Diss. Münster 1978, S. 65
   Unverständlich bleibt, weshalb Rück dieses Buch nicht zu Hause gelesen hat, denn sein Vater beschäftigte sich mit diesem historischen Thema und hielt auch Vorträge darüber. Vgl. Peter Wedding (i. e. Fritz Rück): Otto Bessinger. Skizzen von der Jahrhundertwende. B Das neue Jahrhundert, o. O. und o. J. (Typoskript), S. 21
59 Vgl. Flecken 1981 (Anm. 55), S. 166
60 Fritz Rück: Autobiographische Skizzen, o. O. und o. J. (Typoskript), S. 41
61 Vgl. Flecken 1981 (Anm. 55), S. 86. In den Arbeiterautobiografien finden sich nur ganz wenige Ausnahmen von dieser Prügelpädagogik.
62 Vgl. Edwin Hoernle: Grundfragen proletarischer Erziehung, hrsg. von Lutz von Werder und Reinhart Wolff, Darmstadt 1969, S. 62 f.
63 Peter Wedding (i. e. Fritz Rück): Otto Bessinger. Skizzen von der Jahrhundertwende. C Anfänge, o. O. und o. J. (Typoskript), S. 9

2.4 Jugendzeit zwischen Marx und Pickelhaube

der Gleichaltrigen in der freien Natur, am Rand der großen Stadt – es gab Weinberge, Gärten, ein Flusstal und einen Bach.

Auch in den Arbeitersiedlungen im Stuttgarter Osten gab es soziale Unterschiede, die diskriminierenden Auswirkungen erlebte der junge Rück innerhalb des Mietshauses. Er berichtet beispielsweise, dass es der Tochter des Buchhalters vom ersten Stock des Hauses in der Schwarenbergstraße nicht erlaubt wurde, mit ihm, dem gleichaltrigen Schreinersbub aus der Wohnung im Parterre zu spielen.[64] Die im zweiten Stock wohnende Familie stand auf der sozialen Stufenleiter ebenfalls über der Familie des Schreiners Rück, sie konnte nach jahrzehntelangen Zahlungen das Haus erwerben.[65] Trotzdem waren die Barrieren nicht unüberwindlich. Rück berichtet, dass er manchmal die dunklen Treppen hochgeklettert sei, um sich von dem Nachbarsjungen einen Indianer oder einen Soldaten zeichnen zu lassen und das einzige Buch zu betrachten, das dort im Schrank stand. Sein Wissensdrang und seine Neugier waren stärker als die sozialen Schranken.[66] Zweimal wechselte die Familie Rück innerhalb der Kolonie Ostheim die Wohnung, 1907 zog sie in den ersten Stock des Hauses im Kanonenweg 178,[67] heute ist dies die Haussmannstraße.[68] 1910 erfolgte der vorerst letzte Umzug in das Haus Schwarenbergstraße 73, ebenfalls im ersten Stock.[69]

Da auch Rücks Mutter arbeitete, mussten die beiden älteren Schwestern sich um den kleinen Bruder kümmern, eine äußerst lästige Pflicht für die beiden Mädchen. Nur der Sonntag blieb für gemeinsame Unternehmungen mit den Eltern. Aber zunächst musste die Mutter die liegen gebliebene Hausarbeit erledigen, die Kinder, aber auch der Vater halfen mit, das erwähnt Rück beiläufig.[70] Gegen Abend ging man gemeinsam aus in Lokale, wo der Vater Bekannte oder Parteifreunde traf und mit ihnen Ereignisse diskutierte, welche die Kinder nicht verstanden.

Die Feste der SPD waren in der Zeit des Kaiserreichs wichtige Gelegenheiten, die Partei nach außen zu präsentieren und die Solidargemeinschaft nach innen zu stärken. Auch Frauen

---

64 Vgl. ebd., S. 2
65 Vgl. ebd. Laut Adreß- und Geschäftshandbuch der Königlichen Haupt- und Residenzstadt Stuttgart mit der Vorstadt Berg, der Karlsvorstadt Heslach und dem Vorort Gablenberg für das Jahr 1905, Stuttgart, S. 383 wohnte die Familie Rück mit den Familien Otto Eberspächer (Buchhalter) und Friedrich Hintermeier (Klavierschreiner in der Pianofabrik Schiedmayer) in diesem Haus zusammen.
66 Immer wieder berichtete Rück von der sozialen Diskriminierung und vom arroganten Umgangston der Beamten im wilhelminischen Obrigkeitsstaat.
67 Vgl. Adreß- und Geschäftshandbuch der Königlichen Haupt- und Residenzstadt Stuttgart mit dem Stadtbezirk Cannstatt, der Vorstadt Berg, der Karlsvorstadt Heslach, den Vororten Gablenberg und Gaisburg, der Vorstadt Untertürkheim und dem Vorort Wangen für das Jahr 1907, Stuttgart, S. 500
68 Eva Walter/Thomas Pfündel: Die Stuttgarter Straßennamen, hrsg. vom Presse- und Informationsamt der Landeshauptstadt Stuttgart, Stuttgart 1992, S. 100
69 Vgl. Adreß- und Geschäftshandbuch der Königlichen Haupt- und Residenzstadt Stuttgart mit dem Stadtbezirk Cannstatt, dem Stadtteil Ostheim, der Vorstadt Berg, der Karlsvorstadt Heslach, den Vororten Gablenberg und Gaisburg, der Vorstadt Untertürkheim und den Vororten Wangen und Degerloch für das Jahr 1910, Stuttgart, S. 528
70 Vgl. Peter Wedding (i. e. Fritz Rück): Otto Bessinger. Skizzen von der Jahrhundertwende. A Der Vater war Möbelschreiner, o. O. und o. J. (Typoskript), S. 4

und Kinder wurden durch entsprechende Darbietungen angesprochen.[71] In lebendigen Farben schildert Rück seine Erinnerungen:

> „Den stärksten Eindruck macht auf Otto das alljährliche Sommer- und Kinderfest, an dem die Kinder aller Mitglieder teilnehmen und eine rote Wurst geschenkt bekommen, die sie ganz allein aufessen dürfen.[72] Mit dem Sommerfest ist auch immer ein Festzug verbunden, an dem eine Reihe von Wagen mit kostümierten Gruppen teilnehmen. Eine Gruppe stellt Schneewittchen mit den sieben Zwergen dar. [...] Auf einem anderen Wagen steht eine Freiheitsgöttin mit der roten Jakobinermütze und Transparenten, auf die Aussprüche von Karl Marx gemalt sind. [...] Der Festzug mit dem Wagen landet gewöhnlich auf einer Wiese, wo die Familien im Gras lagern und die Männer anfangen, Bier aus großen Krügen zu trinken, während die Kinder Karussell fahren, Marionettentheater betrachten, und sich furchtbar langweilen, wenn der Festredner so lange spricht und man während dieser Zeit still bei der Mutter sitzen muss. [...] Wenn es dunkel wird, wird ein kleines Feuerwerk abgebrannt, und dann haben die Mütter die undankbare Aufgabe, die ermüdeten Kinder und die oft etwas zu angeregten Väter nach Hause zu lotsen."[73]

Diese SPD-Feste verbanden sozialistische und fortschrittlich-bürgerliche Elemente, eingefügt in einen traditionell kirmesähnlichen Rahmen. Der Vergnügungscharakter erschwerte es den Polizeibehörden, solche Veranstaltungen aus politischen Gründen zu verbieten. Die Teilnehmer erlebten diesen Tag als ein hervorgehobenes, bewegendes Ereignis, dabei entstanden wichtige emotionale Bindungen.[74] Die politische Funktion der Feiern wird in Rücks Erinnerungen deutlich sichtbar, es waren für ihn beeindruckende Zeugnisse der mobilisierenden und organisierenden Kraft der Arbeiterbewegung.

Die Haltung des Vaters zu religiösen Fragen war ambivalent. Er ließ seine Kinder taufen und konfirmieren, ging aber selbst nicht in die Kirche.[75] Auch der heranwachsende Fritz fand den wöchentlich in der Kirche stattfindenden Konfirmandenunterricht langweilig. Später drückte er in einem Gedicht sein Unbehagen so aus: „Man setzte sie in Kirchenstühle/zum Konfirmanden-

---

71 Vgl. Ritter/Tenfelde 1992 (Anm. 1), S. 834; Weitz 1991 (Anm. 33), S. 21
72 Wahrscheinlich mussten sich die Kinder einer Arbeiterfamilie normalerweise eine rote Wurst teilen. Erstaunlich ist, dass Rück noch im Jahr 1958 in seiner Schrift über die Novemberrevolution diese rote Wurst erwähnte. Vgl. Rück 1958 (Anm. 14), S. 7
73 Peter Wedding (i. e. Fritz Rück): Otto Bessinger. Skizzen von der Jahrhundertwende. C Anfänge, o. O. und o. J. (Typoskript), S. 5
74 Vgl. Peter Friedemann: „Wie munter und ordentlich wir unsere Feste zu feiern verstehen." Gewerkschaftsfeste vor 1914, in: Dieter Düding/Peter Friedemann/Paul Münch (Hrsg.): Öffentliche Festkultur. Politische Feste in Deutschland von der Aufklärung bis zum Ersten Weltkrieg, Reinbek 1988, S. 382
75 Diese vorsichtige Haltung des Vaters gegenüber den Kindern zeigte sich bereits bei dem Problem Darwin: Das Buch wurde vor den Kindern weggeschlossen, aber der Vater hielt Vorträge zu diesem Thema.

2.4 Jugendzeit zwischen Marx und Pickelhaube

unterricht./Doch manche hatten schon Gefühle,/darin belehrte man sie nicht."[76] Als der Junge den Unterricht schwänzte, machte der Pfarrer einen Hausbesuch und informierte den Vater. Zur Rede gestellt, rechtfertigte der Junge sein Verhalten und sagte keck: „Ich glaube nicht an Gott!" Doch der Vater schickte ihn in den Unterricht zurück mit der Begründung, dass ein 13-jähriger Junge sich noch kein eigenes Urteil über Glauben und Religion erlauben könne.[77] Rück entwickelte dann zwar einen gewissen Eifer, die christliche Lehre zu verstehen, aber seine kritische, prüfende Veranlagung hinderte ihn daran, sich diese voll anzueignen.

Rück durchlief die achtjährige Ostheimer Volksschule.[78] Er war ein guter und begabter Schüler, der gern und schnell lernte. Nicht ohne Stolz schrieb er darüber: „Er gehört auch nicht zu den Jungen in der Klasse, die jeden Morgen, wenn sie den Bibelspruch aufsagen sollen, den man zu Hause lernen sollte, Hiebe bekommen, da sie regelmäßig stecken bleiben."[79] Die Volksschule vermittelte nur die elementarsten Kenntnisse, der kulturelle Rückstand der Kinder der unteren Schichten war groß und die Grenzen der sozialen Herkunft unüberwindbar. Rück hat schon sehr früh diese gesellschaftlichen Schranken wahrgenommen:

> „Aus Gesprächen mit Jungen, die in ein Gymnasium oder in die Realschule gehen, hat Otto auch erfahren, dass man dort nur den dritten Teil der Religionsstunden hat wie in der Volksschule, dafür lernt man dort andere interessante Dinge, zu denen ihm der Zugang versperrt bleibt."[80]

Damals bestand noch die kirchliche Schulaufsicht, der Hauptakzent des Unterrichts lag in der Volksschule auf der religiösen Unterweisung. Ein weiteres Ziel der Erziehung war die Heranbildung von treuen und willigen Untertanen, die Kinder mussten die lange Liste der Heldentaten der Hohenzollernkönige und -kaiser auswendig aufsagen. Rück erinnerte sich 1914 bei Kriegsbeginn an ein Bild in seinem Klassenzimmer, das drei Husaren zeigte, die ihre Pferde sattelten zum Aufbruch in den Kampf, darunter die Liedzeile: „Bald wird die Trompete blasen, dann muß ich mein Leben lassen."[81] Ein Erlass Wilhelms II. von 1889 befahl die Einbeziehung der Schulen in

---

76 Peter Wedding (i. e. Fritz Rück): Der Reichstag brennt. Verse eines deuschen Emigranten, 1935 (Typoskript), 8. Gedicht: „Ein Deutscher", in: StadtASch, NL Walter Bringolf, D IV 01.08
77 Vgl. Peter Wedding (i. e. Fritz Rück): Otto Bessinger. Skizzen von der Jahrhundertwende. C Anfänge, o. O. und o. J. (Typoskript), S. 9. Bei der Schilderung dieser Episode aus seiner Jugend fehlt der Hinweis auf die Haltung der Mutter, die ja traditionsgemäß in Fragen der religiösen Erziehung wichtig ist. Sicherlich machte auch Rücks Mutter in dieser Situation ihren Einfluß geltend, doch der Sohn hielt dies nicht der Erwähnung wert.
78 Vgl. Elmar Blessing: Chronik 400 Jahre Schulgeschichte. 50 Jahre Realschule Ostheim, Stuttgart 1987, S. 35
79 Peter Wedding (i. e. Fritz Rück): Otto Bessinger. Skizzen von der Jahrhundertwende. C Anfänge, o. O. und o. J. (Typoskript), S. 8
80 Ebd.
81 Fritz Rück: Autobiographische Skizzen, o. O. und o. J. (Typoskript), S. 13

die Bekämpfung „sozialdemokratischer Irrthümer und Einstellungen".[82] Ob Rück als Sohn eines sozialdemokratischen Vaters darunter zu leiden hatte, wissen wir nicht, aber sein Widerspruchsgeist wurde in der Schule angefacht, ihn erfüllte ein „unbewußter Hass gegen jede Autorität und ein unbändiger Widerstand gegen die Mächte seiner Umgebung".[83]

Ein aufmerksamer Lehrer erkannte Rücks Begabung und machte dem Vater, der damals allein erziehungsberechtigt war, den Vorschlag, ihn auf eine höhere Schule zu schicken, aber die Kosten für Schulgeld und Bücher waren zu hoch. Im Alter von 14 Jahren musste Rück in das Berufsleben treten, eine weitere Bildungschance gab es für ihn nicht. Aber er war befähigt, lebenslang kontinuierlich weiterzulernen und sich selbst ein umfassendes Wissen anzueignen.[84]

Rück machte auf Wunsch des Vaters eine vierjährige Lehre als Schriftsetzer bei der Deutschen Verlags-Anstalt (DVA). Seine wöchentliche Arbeitszeit betrug 53 Stunden, täglich 9,5 und samstags 5,5 Stunden, ohne einen einzigen Tag Urlaub. Ganz sicher war dies nicht sein Traumberuf, die Tätigkeit war unbefriedigend und das Verhalten seiner Kollegen wirkte abstoßend auf ihn:

> „Die Arbeit war streng und eintönig und interessierte ihn nicht, sie ließ der Phantasie keinen Spielraum und forderte nichts anderes als manuelle Geschicklichkeit, die nicht seine starke Seite war. [...] Dass man sich für die Bücher, die man herzustellen hatte, auch interessierte, wirkte nur störend bei ihrer Produktion. Die erwachsenen Arbeiter waren Tyrannen, die auf die Lehrlinge drückten, weil auf sie selbst von Faktor[85] und Geschäftsleitung gedrückt wurde und deren größtes Vergnügen darin zu bestehen schien, sich ab und zu gründlich vollzutrinken. Die anderen Lehrlinge trieben Sport, außerdem versuchten sie, sich so rasch wie möglich zu akklimatisieren und die Unsitten und Anschauungen der Arbeiter zu übernehmen."[86]

Trotzdem erlernte Rück diesen anspruchsvollen Beruf und bekam täglich Zugang zu Gedrucktem.[87] Schriftsetzer waren damals selbstbewusste und gesuchte Fachkräfte, nicht so stark von der

---

82 Vgl. Berthold Michael/Heinz-Hermann Schepp (Hrsg.): Politik und Schule von der Französischen Revolution bis Gegenwart. Eine Quellensammlung zum Verhältnis von Gesellschaft, Schule und Staat im 19. und 20. Jahrhundert, Bd. 1, Frankfurt 1973, S. 409
83 Fritz Rück: Autobiographische Skizzen, o. O. und o. J. (Typoskript), S. 40 f.
84 Zu Beginn des 20. Jahrhunderts wurde auf Grund der verbesserten Volksschulbildung gerade bei jugendlichen Arbeitern das Bedürfnis nach Bildung und Lektüre geweckt; dieser Bildungshunger war bei älteren Arbeitern nicht so stark ausgeprägt. Vgl. Rolf Engelsing: Analphabetentum und Lektüre. Zur Sozialgeschichte des Lesens in Deutschland zwischen feudaler und industrieller Gesellschaft, Stuttgart 1973, S. 136
85 Abteilungsleiter und technischer Leiter einer Druckerei.
86 Fritz Rück: Autobiographische Skizzen, o. O. und o. J. (Typoskript), S. 41
87 Vgl. Seyfart-Stubenrauch 1985 (Anm. 54), S. 532. Im Beruf der Schriftsetzer war der sozialdemokratische und gewerkschaftliche Organisationsgrad außerordentlich hoch.

2.5 Der Streit um den Ersten Mai

zunehmenden Mechanisierung bedroht wie die Drucker.[88] Nach Abschluss seiner Lehre trat Rück 1913 dem Buchdruckerverband bei.[89]

2.5 Der Streit um den Ersten Mai

Die über 100-jährige Geschichte des Ersten Mai ist begleitet von hochgespannten Erwartungen und tiefen Enttäuschungen. Ursprünglich von der Zweiten Sozialistischen Internationale zum allgemeinen, die Völker verbindenden Kampftag erklärt, sollte er die Arbeiterschaft aufrütteln und ihrer Forderung nach dem Achtstundentag Nachdruck verleihen. Die scharfen Abwehrreaktionen der Unternehmer zeigten, dass auch sie den Ersten Mai als Kampfansage betrachteten.

1898 gestattete die württembergische Regierung als erste in Deutschland den Gewerkschaften und der SPD einen Maifestumzug durch die Stadt Stuttgart, allerdings mit der Auflage, auf sozialistische Symbole wie die rote Fahne zu verzichten. Außerdem fiel der Erste Mai in diesem Jahr auf einen Sonntag; das erleichterte der Regierung die Genehmigung des Umzugs.[90]

Der junge Rück erlebte die Mai-Demonstrationen sowohl als politische Kundgebung wie auch als Festveranstaltung für die ganze Familie.[91] Er berichtete ausführlich darüber:

> „Es gibt auch noch ein [...] Fest, das auf den Knaben [scil. ihn selbst/die Verf.] einen unauslöschlichen Eindruck macht: die Maifeier mit der Maidemonstration. Schon daß der Vater, ohne krank zu sein, an einem gewöhnlichen Werktag nicht zur Arbeit geht, ist ein Ereignis. Gegen Mittag geht er dann in seinem Sonntagsanzug aus, das rote Maibändel demonstrativ am Rockkragen befestigt, und die Mutter stellt sich mit den Kindern an einer Straßenkreuzung auf, an der der Demonstrationszug vorüberkommen muß.[92] Schließlich hört man die Musik, die Arbeiter kommen anmarschiert, nach Gewerkschaften geordnet, unter roten Fahnen, mit ernsten Gesichtern. [...] Die Maifeier ist um diese Zeit noch ein Kampftag, dem oft genug für große Teile der Feiernden Wochen der Aussperrung oder Arbeitslosigkeit folgen. Man demonstriert mehr für eine Idee als für

---

88 Allerdings brachte die Einführung der Setzmaschine (Linotype) auch eine Mechanisierung der Schriftsetzerei und damit verbunden eine Degradierung des Berufsstandes. Vgl. Jürgen Kocka: Arbeitsverhältnisse und Arbeiterexistenzen. Grundlagen der Klassenbildung im 19. Jahrhundert (Geschichte der Arbeiter und der Arbeiterbewegung in Deutschland seit dem Ende des 18. Jahrhunderts; Bd. 2), Bonn 1990, S. 390
89 Vgl. Brief Fritz Rück vom 25.11.1939 an die Flüchtlingshilfe Stockholm, in: ARAB, Arbetarrörelsens Flyktingshjälp, Gr. 603
90 Vgl. Christ-Gmelin 1976 (Anm. 15), S. 93; Keil 1947 (Anm. 21), S. 166
91 Vgl. Wolfgang Ruppert: „Heute soll Sonne sein. Heute soll ruhen die Hand". Das Arbeiterfest des 1. Mai, in: Ders. (Hrsg.): Die Arbeiter. Lebensformen, Alltag und Kultur von der Frühindustrialisierung bis zum „Wirtschaftswunder", München 1986, S. 240
92 Bemerkenswert ist die Zuschauerrolle der Frauen.

die praktischen Losungen, die auf den Transparenten stehen; der alte Kampfgeist und Kampfcharakter flammt wieder auf."[93]

Doch diese kämpferischen Maidemonstrationen passten nicht mehr in die veränderten Verhältnisse nach der Jahrhundertwende. Die Einführung der gesetzlichen Kranken-, Unfall-, Invaliden- und Altersversicherung in den achtziger Jahren des 19. Jahrhunderts, das Ansteigen der Reallöhne und die Verbesserung der Arbeitsbedingungen stärkten die gemäßigten, reformistischen Kräfte in der Arbeiterbewegung.[94] So beschlossen die Stuttgarter Gewerkschaften in Jahr 1904, keine Maifeier mehr durchzuführen.

Rücks Vater war mit dieser Entwicklung nicht einverstanden. Er selbst hatte in der Zeit der Verfolgung mit hohem persönlichem Einsatz für die sozialistischen Ziele gekämpft. Und nun erlebte er, wie sich in Partei und Gewerkschaften hauptamtliche Funktionäre – damals Beamte genannt – breitmachten und die einfachen Mitglieder verdrängten.[95] Die Politik des Reformismus sah er als Zeichen von Nachgiebigkeit und Rückgratlosigkeit, seiner Ansicht nach waren die Gewerkschaften Bremser des Klassenkampfes geworden. Dem Vorsitzenden des SPD-Bezirks Ostheim unterstellte er Karrierestreben, allerdings war er selbst nicht bereit, für diesen Posten zu kandidieren.[96]

Innerhalb der SPD gab es ein heftiges Ringen um die Maifeier, auf dem Parteitag von 1909 in Leipzig wurden insgesamt 15 Anträge zu diesem Thema gestellt. Die Bandbreite reichte von Forderungen nach einer Intensivierung der Aktivitäten bis zur völligen Abschaffung des Ersten Mai.[97] Die Parteileitung überließ die Entscheidung über die Durchführung einer „unerlaubten" Arbeitsruhe den regionalen Organisationen und so entstanden an der Basis heftige Diskussionen über die Frage, ob es sinnvoll sei, eine Konfrontation mit den Unternehmern zu wagen und die Aussperrung von Arbeitern in Kauf zu nehmen.

Im Königreich Württemberg setzten sich die Gemäßigten durch und so wurde am Ersten Mai in der Regel gearbeitet,[98] die Maifeiern verlegte man auf den Abend. Aus der Machtdemons-

---

93 Peter Wedding (i. e. Fritz Rück): Otto Bessinger. Skizzen von der Jahrhundertwende. C Anfänge, o. O. und o. J. (Typoskript), S. 5 f.
94 Vgl. Gerhard A. Ritter: „Der lange Weg". Die Anfänge des Wohlfahrtsstaates in Deutschland, in: August Nitschke et al. (Hrsg.): Jahrhundertwende. Der Aufbruch in die Moderne 1880–1930, Bd. 1, Reinbek 1990, S. 141
95 Vgl. Christ-Gmelin 1976 (Anm. 15), S. 107
96 Rück gab ihm den Namen Bechhauser. Vgl. Peter Wedding (i. e. Fritz Rück): Otto Bessinger. Skizzen von der Jahrhundertwende. B Das neue Jahrhundert, o. O. und o. J. (Typoskript), S. 4 ff. Ein SPD-Vereinsvorsitzender mit dem Namen Bechhauser konnte nicht gefunden werden. Sozialdemokratische Ortsvereine hatten kein eigenes Archiv, es existieren keine Listen mit Parteiämtern. Vgl. schriftliche Mitteilung Ulrich Gohl vom 22.10.2001 an die Verfasserin
97 Vgl. Edith Lerch: Die Maifeiern der Arbeiter im Kaiserreich, in: Düding/Friedemann/Münch 1988 (Anm. 74), S. 359. Die Gemäßigten um August Bebel und Wilhelm Liebknecht plädierten für den Verzicht auf Arbeitsruhe.
98 Demonstrationen gab es in Stuttgart nur in den Jahren 1906, 1907 und 1912. Vgl. Christ-Gmelin 1976 (Anm. 15), S. 127

2.5 Der Streit um den Ersten Mai

tration der Arbeiterschaft wurden im Laufe der Zeit gesellige Veranstaltungen, deren Programmablauf bürgerlichen Gepflogenheiten entsprach, mit ein paar sozialistischen Tupfern garniert.[99]
Rück beschrieb, wie sein Vater diese tiefe Enttäuschung erlebte und verarbeitete:

> „Schon einige Wochen vor dem Ersten Mai gibt es zu Hause erbitterte Diskussionen. [...] Äußerst aufgeregt kommt er von einigen Versammlungen der Gewerkschaft nach Hause. In der Partei werden Protestresolutionen gegen die Nachgiebigkeit der Gewerkschaftsinstanzen angenommen, in der Zeitung stehen Artikel für und gegen die Maidemonstrationen, über die während des Abendessens vom Vater und dem Bruder der Mutter diskutiert wird.[100] Schließlich kommt der große Tag heran und Otto ist tief enttäuscht, als der Vater mit verkniffenem Gesicht in den Werktagskleidern zur Arbeit geht, sowohl aus Rücksicht auf die Familie wie aus Disziplin unterwirft er sich dem Mehrheitsbeschluß der Belegschaft. [...] Am Abend geht der Vater aus, und als Otto spät in der Nacht an einem lebhaften Wortwechsel der Eltern erwacht, sieht er den Vater zum ersten Mal in angetrunkenem Zustand. Er bekommt Angst und verkriecht sich unter seiner Bettdecke. Von diesem Tag an zieht sich der Vater noch mehr von der Partei und der Gewerkschaft zurück, er geht selten in eine Versammlung, sitzt meistens zu Hause und liest Romane von Emile Zola. Otto, der mit seinen zwölf Jahren bereits schärfer beobachtet, merkt, wie er bald gebückter zur Arbeit geht, müder wirkt und rasch alt wird."[101]

Es ist die einzige Stelle der Kindheitserinnerungen von Rück, wo er vom Gefühl der Angst berichtete. Dem Beispiel seines ohnmächtigen Vaters, der 1907 einen Sieg der reformistischen Linie erlebte und daran zerbrach, wollte der Sohn nicht folgen. Sein Verhältnis zum Vater wurde distanziert, er beobachtete ihn mit geschärftem Blick.

Im Jahr 1907 fand in Stuttgart ein stark beachtetes Großereignis statt, der Internationale Sozialistenkongress. Weltbekannte sozialistische Politiker waren in der Hauptstadt des Königreichs Württemberg zu sehen und zu hören. Ob Rück, damals ein 12-jähriger Schuljunge, auf dem Cannstatter Wasen die Reden von Jean Jaurès und Rosa Luxemburg miterlebt hat? In seinen Erinnerungen spricht er lediglich von der beeindruckenden Persönlichkeit von Bebel, dem „alten Feuerkopf", der mit einer Rede in der festlich geschmückten Liederhalle die innerparteilichen Richtungskämpfe einzudämmen versuchte.[102] Auf Drängen von Wladimir I. Lenin und Luxemburg wurde eine Resolution verabschiedet, die vorsah, alles aufzubieten, um den Ausbruch eines

---

99 Vgl. Lerch 1988 (Anm. 97), S. 370
100 Es ist unwahrscheinlich, dass Rücks Mutter bei diesen Diskussionen geschwiegen hat und den Männern die Entscheidung überließ.
101 Peter Wedding (i. e. Fritz Rück): Otto Bessinger. Skizzen von der Jahrhundertwende. C Anfänge, o. O. und o. J. (Typoskript), S. 7 f. Wenn die Altersangabe, nämlich zwölf Jahre, korrekt ist, muß man annehmen, dass Rücks Vater im Jahr 1907 nicht an der Maidemonstration teilgenommen hat.
102 Vgl. Peter Wedding (i. e. Fritz Rück): Otto Bessinger. Skizzen von der Jahrhundertwende. D Wanderschaft, o. O. und o. J. (Typoskript), S. 31. Bebel war eine Art Volksheld. Wenn er auf öffentlichen Plätzen redete,

Krieges zu verhindern, aber auf einen Massenstreik im Falle eines drohenden Krieges wollte sich die Mehrheit der Delegierten nicht festlegen.[103]

2.6 Stuttgart: eine Hochburg der Linken

Die SPD vor dem Ersten Weltkrieg bot ein Bild „innerer Zerrissenheit".[104] In Württemberg war es nicht der Revisionismusstreit, der die Linken in der Sozialdemokratie herausforderte, sondern die reformorientierte Politik der SPD-Landtagsabgeordneten. Im Jahr 1907 stimmten sie zum ersten Mal dem Haushalt der königlichen Regierung zu und hofften, auf diese Weise die reibungslose Durchführung des Internationalen Sozialistenkongresses zu ermöglichen.[105] Vor allem im linken Stuttgarter Ortsverein hagelte es Proteste.[106] Auch die Monarchiehuldigungen der SPD-Abgeordneten bei den jährlichen Parlamentseröffnungen und die Teilnahme an höfischen Zeremonien wurden von den Linken als Zeichen mangelnder Distanz zum „Klassenfeind" gewertet.[107] Es kam zu einer heftigen Grundsatzdebatte über die reformistische Politik der Mandatsträger, die auch auf zentralen Parteitagen ausgetragen wurde. Die von Luxemburg im Jahr 1906 publizierte Broschüre „Massenstreik, Partei und Gewerkschaften" löste eine lange und intensive Diskussion innerhalb der SPD aus, die sogenannte Massenstreikdebatte. Die Linkssozialisten setzten sich dafür ein, dieses Kampfmittel gegen das reaktionäre preußische Dreiklassenwahlrecht anzuwenden und befürworteten revolutionäre Aktionen außerhalb der Parlamente. Auf dem Magdeburger Parteitag 1910 jedoch erhielt ihre Massenstreikresolution keine Mehrheit.[108]

Im Mittelpunkt der sogenannten Stuttgarter Linken stand Zetkin, eine von allen anerkannte Autorität. Ende 1904 wurde der dynamische und redegewandte Friedrich Westmeyer als Redakteur der *Schwäbischen Tagwacht* nach Stuttgart berufen, er brachte Unruhe und Bewegung in die träge gewordene SPD.[109] Er schloss sich dem marxistischen Kreis um Zetkin an, zu dem Arthur Crispien, Edwin Hoernle, Jacob Walcher, Otto Krille, Ferdinand Hoschka, Franz Engelhardt und

---

wurden die Kinder hochgehalten. Vgl. Michael Stürmer: Das ruhelose Reich. Deutschland 1866–1919 (Die Deutschen und ihre Nation; Bd. 3), Berlin 1983, S. 305

103 Vgl. Axel Kuhn: Die deutsche Arbeiterbewegung, Stuttgart 2004, S. 130 f.
104 Vgl. ebd., S. 125
105 Vgl. Wolfgang Benz: Süddeutschland in der Weimarer Republik. Ein Beitrag zur deutschen Innenpolitik 1918–1923 (Beiträge zu einer historischen Strukturanalyse Bayerns im Industriezeitalter; Bd. 4), Berlin 1970, S. 26
106 Vgl. Christ-Gmelin 1976 (Anm. 15), S. 146 ff.; Keil 1947 (Anm. 21), S. 240 ff.
107 Im Jahr 1909 kritisierten die Linken den sozialdemokratischen Abgeordneten Hugo Lindemann als „Hofgänger", weil er einer Einladung König Wilhelms gefolgt war. Vgl. Wolfgang Haible: Debatte: Linke Kommunalpolitik, in: Sozialismus, Jg. 21, H. 9 (September 1994), S. 20
108 In dieser Diskussion um den Massenstreik zeichnete sich bereits das Eindringen des Rätegedankens ab. Vgl. Walter Tormin: Zwischen Rätediktatur und sozialer Demokratie. Die Geschichte der Rätebewegung in der deutschen Revolution 1918/19 (Beiträge zur Geschichte des Parlamentarismus und der politischen Parteien; Bd. 4), Düsseldorf 1954, S. 24
109 Vgl. Theodor Bergmann: Friedrich Westmeyer in der Stuttgarter Arbeiterbewegung, in: BzG, Jg. 40 (1998), H. 2, S. 100. Westmeyer wurde auf Empfehlung von Keil nach Stuttgart geholt.

2.6 Stuttgart: eine Hochburg der Linken

das Ehepaar Käte und Hermann Duncker gehörten.[110] Hinter dieser kleinen Gruppe standen vor allem die Metallarbeiter der Firmen Bosch und Daimler sowie die Arbeiter der Lederindustrie.[111]

Ende 1911 übernahmen Crispien, Hörnle und Walcher die Redaktion der *Schwäbischen Tagwacht*, dies stärkte die Position des linken Stuttgarter Parteiflügels. Sie machten diese Zeitung zu einem erfolgreichen radikalen Parteiblatt, die Zahl der Abonnenten stieg an.[112] Im Jahr 1912 wurde Westmeyer hauptamtlicher Sekretär der Stuttgarter SPD und versuchte in dieser Funktion, eine prinzipienfeste marxistische Linie durchzusetzen.[113] Bei den Wahlen im Herbst 1912 zog er mit den linken Parteigenossen Engelhardt und Hoschka in den württembergischen Landtag ein, dort wurde nun die Auseinandersetzung zwischen Reformisten und Radikalen in aller Öffentlichkeit ausgetragen.[114] Durch sein rhetorisches Geschick und seine kämpferische Schärfe stand Westmeyer im Mittelpunkt der Debatten, er war sozusagen „Hecht im Karpfenteich", wie Walcher in seinen Erinnerungen schrieb.[115] Auch Rück, damals noch in der Jugendorganisation, bewunderte ihn:

> „Wir mögen an ihm aussetzen, was wir wollen, aber es ist doch eine Tatsache, dass er eine Führernatur ist und glühenden Idealismus besitzt. [...] Westmeyer hat mich immer interessiert, er ist eben einer von den Menschen, an denen man nicht vorbeigeht, ohne Stellung zu ihnen genommen zu haben."[116]

In den Jahren vor Kriegsausbruch holte Westmeyer immer wieder führende Vertreter der SPD-Linken als Redner und Referenten nach Stuttgart. Sicherlich erlebte der junge Rück damals Auftritte von Karl Liebknecht, Paul Levi und Luxemburg.[117] Die politischen Gegensätze innerhalb der württembergischen SPD verschärften sich. Der reformistische Flügel, gestützt auf die

---

110 Walcher und Crispien hatten beide die Parteischule der SPD in Berlin besucht und waren Schüler von Luxemburg und Anhänger ihrer Ideen. Auch in Göppingen gab es eine linkssozialistische Gruppe um August Thalheimer und Karl Radek.
111 Vgl. Rück 1958 (Anm. 14), S. 7. Zahlreiche Metallarbeiter waren Anhänger der Westmeyer-Gruppe. Vgl. Manfred Scheck: Zwischen Weltkrieg und Revolution. Zur Geschichte der Arbeiterbewegung in Württemberg 1914–1920, Köln/Wien 1981, S. 49
112 Vgl. Jacob Walcher: Mein Lebensweg. Biographie-Zeitabschnitt: 1887–1920, o. O. und o. J. [Wain 2004], S. 20
113 Vgl. Sylvia Neuschl: Geschichte der USPD in Württemberg oder Über die Unmöglichkeit einig zu bleiben, Esslingen 1983, S. 45
114 Den ersten Eklat gab es, als die Linken die Eröffnungsfeierlichkeiten des neu gewählten Landtags am 9.1.1913 boykottierten. Vgl. Hartmut Henicke: Der Kampf der Stuttgarter Linken gegen die opportunistische Zersetzung der deutschen Sozialdemokratie in den Jahren 1910–1914, Diss. Berlin (Ost) 1985, S. 185
115 Walcher 2004 (Anm. 112), S. 193
116 Brief Fritz Rück vom 11.6.1915 an Emil Birkert, in: SAPMO-BArch, NY 4251/58, Bl. 194f.
117 Luxemburg war im Oktober 1911 und im Februar 1914 in Stuttgart, Liebknecht im Februar 1913, Levi im Juli 1914. Vgl. Theodor Bergmann: Friedrich Westmeyer – einer aus dem Kreis um Rosa Luxemburg, in: Narihiko Ito/Annelies Laschitza/Ottokar Luban: Rosa Luxemburg im internationalen Diskurs. Internationale Rosa-Luxemburg-Gesellschaft in Chicago, Tampere, Berlin und Zürich (1998–2000), Berlin 2002, S. 107

ländlichen Wahlbezirke und der radikale Flügel bekämpften sich heftig. Der Umgangston zwischen den beiden Lagern war rau,[118] oft wurden Streitigkeiten tätlich „mit Stuhlbeinen"[119] ausgetragen, manchmal endeten sie sogar vor Gericht.[120] Rück erinnerte sich an „Gereiztheit und Verbitterung" bei den Linken, an „engstirnige Borniertheit und spießige Niedertracht"[121] bei den Reformisten. Seine Sympathien brachte er durch diese Wortwahl klar zum Ausdruck.

2.7 Aufbruchstimmung in der Arbeiterjugend

Als Rück um die Jahrhundertwende aufwuchs, war die deutsche Gesellschaft so jung wie nie zuvor und danach; der Anteil der Jugendlichen an der Gesamtbevölkerung war sehr hoch, besonders in den Großstädten.[122] Junge Arbeiter und Lehrlinge stellten um 1905 knapp ein Drittel der gesamten Arbeiterschaft.[123] Die Jugendlichen aller Gesellschaftsschichten waren erfüllt von Aufbruchsstimmung und Emanzipationsstreben, die verbindenden Ziele der um die Jahrhundertwende entstehenden Jugendbewegung waren die Flucht aus der von der Industrie geprägten Zivilisation, das Wandern in freier Natur und das Erleben von Gemeinschaft. Gymnasiasten und Studenten, von denen die Bewegung ausging,[124] hatten genügend Ferien, für junge Lehrlinge und Arbeiter dagegen, die samstags arbeiten mussten, war Freizeit sehr knapp.

Nach den bürgerlichen Jugendgruppen entstanden seit 1904 auch sozialdemokratische Jugendorganisationen, die von den kaiserlichen Vereinsgesetzen oft an den „Rand der Illegalität"[125] gedrängt wurden. Auch bis weit hinein in die SPD gab es Vorbehalte gegenüber der Bildung von Jugendgruppen.[126] Auf dem Bremer Parteitag 1904 erhielten die Vorschläge von Liebknecht zur Durchführung antimilitaristischer Agitation unter der Jugend eine Abfuhr. Seine Widersacher, darunter auch Bebel, waren der Meinung, es bestehe die Gefahr, dass die zur Armee eingezogenen jungen Kriegsgegner zu Unbesonnenheit getrieben würden und mit der Militärgerichtsbarkeit in Konflikt kommen könnten.[127]

---

118 Keil 1947 (Anm. 21), S. 243 schrieb nachgerade gehässig: „Ich beobachtete das Treiben dieser Wühlmäuse zunächst [...] nicht, musste aber später feststellen, dass ich sie fast zu lange hatte gewähren lassen."
119 Fritz Rück: Vom 4. August zur russischen Revolution. Ein Beitrag zur kommunistischen Bewegung in Deutschland, Stuttgart 1920, S. 8
120 Vgl. Theodor Bergmann (Hrsg.): Klassenkampf und Solidarität – Geschichte der Stuttgarter Metallarbeiter, Hamburg 2007, S. 24
121 Rück 1920 (Anm. 119), S. 9
122 Vgl. Detlev J. K. Peukert: „Mit uns zieht die neue Zeit...". Jugend zwischen Disziplinierung und Revolte, in: Nitschke et al. 1990 (Anm. 94), S. 184 ff.
123 Vgl. Karl Heinz Jahnke: „Wach auf!": 1904 – Gründung der ersten Arbeiterjugendvereine in Deutschland, Rostock 2004, S. 9
124 Vgl. Reinhard Preuß: Verlorene Söhne des Bürgertums. Linke Strömungen in der deutschen Jugendbewegung 1913–1919 (Edition Archiv der deutschen Abeiterbewegung; Bd. 8), Köln 1991, S. 62 ff.
125 Peukert 1990 (Anm. 122), S. 191
126 Vgl. Hartmut Schneider: Die sozialistische Jugendbewegung: Ihre Geschichte, ihr Wesen, ihre Ziele und ihre Formen, Diss. Köln 1952, S. 24
127 Vgl. Annelies Laschitza: Die Liebknechts. Karl und Sophie – Politik und Familie, Berlin 2007, S. 104

2.7 Aufbruchstimmung in der Arbeiterjugend

Erst auf dem Mannheimer Parteitag der SPD im Jahr 1906 hatte Liebknecht Erfolg mit dem Antrag, Jugendorganisationen zu gründen. Ludwig Frank, ein junger badischer Rechtsanwalt und Reichstagsabgeordneter, ergriff sofort die Initiative.[128] Im Anschluss an den Parteitag fand am 30. September 1906 die erste Generalversammlung des „Verbandes der jungen Arbeiter (Süd-) Deutschlands" statt.[129] Vor 52 Delegierten aus 37 Ortsvereinen hielt Frank ein Referat über die kapitalistische Ausbeutung der Jugend und Liebknecht sprach über den Militarismus.[130] Die Herausgabe einer Zeitung wurde beschlossen, es war die *Junge Garde*, sie wurde von Frank redigiert und erschien in Mannheim.[131] Wichtigstes Thema der Zeitung war der Kampf gegen den drohenden Krieg, aber auch die betriebliche Situation der Lehrlinge[132] sowie Fragen der Bildung und der gesunden Lebensführung wurden behandelt.[133] In Stuttgart fand am 18. November 1906 die erste öffentliche Versammlung der sozialdemokratischen Arbeiterjugend im Sängersaal des Gewerkschaftshauses statt. Der junge Otto Krille, Arbeiterdichter und Feuilletonredakteur der *Schwäbischen Tagwacht*, trat sehr selbstbewusst auf und konnte zahlreiche Jungen und Mädchen zu einem Beitritt in die neue Jugendorganisation bewegen.[134] In Süddeutschland war es damals Jugendlichen unter 18 Jahren noch erlaubt, sich politisch zu betätigen.

Ein Jahr später erhielt die Stuttgarter Jugendgruppe neuen Schwung und neue Mitglieder. Unmittelbar nach dem Internationalen Sozialistenkongress 1907 in Stuttgart schlossen sich auch die sozialistischen Jugendorganisationen aus 13 Ländern zusammen. Leiter der neugegründeten Sozialistischen Jugendinternationale (SJI) in Wien wurde Liebknecht.[135] Die Hochachtung und Verehrung, die Rück auch später für Liebknecht hatte, entstand in jener Zeit.[136]

Ein Jahr, bevor Rück in die Arbeiterjugendorganisation eintrat, verschlechterten sich die Bedingungen für die Arbeiterjugendlichen. Im April 1908 wurde das Reichsvereinsgesetz verabschiedet, das besonders die süddeutsche Arbeiterjugend hart traf und deshalb als „kleines

---

128 Vgl. Schneider 1952 (Anm. 126), S. 20
129 Vgl. Jahnke 2004 (Anm. 123), S. 28; Dieter Fricke: Handbuch zur Geschichte der deutschen Arbeiterbewegung 1869 bis 1917, Bd. 1, Berlin (Ost) 1987, S. 572
130 Vgl. Karl Korn: Die Arbeiterjugendbewegung. Einführung in ihre Geschichte. Erster Teil, Berlin 1922, S. 82 ff.
131 Die erste Nummer war bereits am 1.4.1906 erschienen und wurde schnell eine erfolgreiche Zeitschrift der Arbeiterjugend. Vgl. Schneider 1952 (Anm. 126), S. 22. Im Juli 1907 hatte die Zeitung bereits 6.500 Abonnenten. Vgl. Laschitza 2007 (Anm. 127), S. 112
132 Lehrherren hatten damals noch das Recht, ihre Lehrlinge körperlich zu züchtigen. Vgl. Roland Gröschel: Ein Jahrhundert sozialistische Jugendinternationale (SJI). Wie die SJI entstand, in: Mitteilungen. Archiv der Arbeiterjugendbewegung, Jg. 25 (2007), H. 2, S. 7
133 Vgl. Hoffmann 1978 (Anm. 58), S. 241
134 Vgl. Wolfgang Arlt/Manfred Heinze/Manfred Uhlemann (Bearb.): Deutschlands junge Garde. Erlebnisse aus der Geschichte der Arbeiterjugendbewegung von den Anfängen bis zum Jahre 1945, Berlin (Ost) 1959, S. 20
135 Vgl. Willi Münzenberg: Die sozialistische Jugendorganisation vor und während des Krieges, Berlin 1919, S. 48 ff.; Gröschel 2007 (Anm. 132), S. 8. Liebknecht wurde kurz darauf zu 18 Monaten Festungshaft verurteilt und konnte sein Amt nicht wahrnehmen. Vgl. Laschitza 2007 (Anm. 127), S. 115
136 Auch für andere Jugendliche war Liebknecht ein großes Vorbild. Vgl. Fritz Globig: ...aber verbunden sind wir mächtig. Aus der Geschichte der Arbeiterjugendbewegung, Berlin (Ost) 1958, S. 5

Sozialistengesetz"[137] bezeichnet wurde. Es übertrug das in Preußen bereits bestehende Verbot politischer Betätigung von Jugendlichen unter 18 Jahren auf das ganze Reich, die Polizei erhielt weitgehende Befugnisse zur Überwachung und Auflösung von Versammlungen.[138] Die Einschränkung des Aktionsraums für die Arbeiterjugendgruppen kam vielen SPD-Funktionären nicht ungelegen. Auf dem Parteitag 1908 in Nürnberg wurden die sozialdemokratischen Jugendorganisationen offiziell wieder aufgelöst. Um eine Einbindung der Jugend in die Partei- und Gewerkschaftsarbeit zu sichern, wurden lokale Jugendausschüsse gebildet, die zu je einem Drittel aus Vertretern der SPD, der Gewerkschaften und den Vertrauensleuten der Jugend bestanden. In derselben Zusammensetzung entstand im Dezember 1908 in Berlin eine „Zentralstelle für die arbeitende Jugend" unter dem Vorsitz von Friedrich Ebert, der dieses Amt bis 1918 ausübte.[139] An der Spitze des württembergischen Bezirksjugendausschusses stand der Drechsler Wilhelm Schwab, der dem linken SPD-Flügel angehörte, er ermöglichte es dem Stuttgarter Jugendverein, seine bisherige Tätigkeit fortzusetzen.[140] 1909 trat Rück im Alter von 14 Jahren der Stuttgarter Freien Jugendorganisation (FJO) bei,[141] der von ihm sehr geschätzte Walcher leitete damals diese Jugendgruppe.[142]

Während seiner Lehrzeit bei der DVA in Stuttgart von 1909 bis 1913 blieb Rück engagiertes Mitglied der sozialistischen Jugend. Er schloss enge Freundschaft mit dem gleichaltrigen Emil Birkert, der ebenfalls Setzerlehrling war.[143] Gemeinsam besuchten sie im dritten und vierten Lehrjahr am Abend die Gewerbeschule und die Buchdruckerfachschule. Die Hälfte der 32 Schüler ihrer Klasse waren Mitglieder der FJO. Dieses günstige Kräfteverhältnis ausnützend, wagten es die Schüler immer wieder, ihrem streng konservativen Lehrer zu widersprechen.[144]

Rück und Birkert besuchten wöchentlich die Gruppenabende der FJO, wo in fröhlicher und ungezwungener Atmosphäre über Tagesfragen diskutiert wurde. Dabei war die gleichberechtigte Teilnahme von Jungen und Mädchen selbstverständlich.[145] Die Jugendlichen waren äußerst

---

137 Alexander J. Schwitanski: Die Kautskys und die Arbeiterjugendbewegung, in: Mitteilungen des Archivs der Arbeiterjugendbewegung, Jg. 29 (2011), H. 2, S. 5
138 Vgl. Ritter/Tenfelde 1992 (Anm. 1), S. 647; Ottokar Luban: Die Auswirkungen der Jenaer Jugendkonferenz 1916 und die Beziehungen der Zentrale der revolutionären Arbeiterjugend zur Führung der Spartakusgruppe, in: Archiv für Sozialgeschichte, Bd. 11, Hannover 1971, S. 186f.
139 Sprachrohr der Zentralstelle war die von Korn redigierte Zeitschrift *Arbeiter-Jugend*. Vgl. dazu Martin Stadelmaier: Zwischen Langemark und Liebknecht. Arbeiterjugend und Politik im 1. Weltkrieg (Schriftenreihe des Archivs der Arbeiterjugendbewegung; Bd. 10), Bonn 1986, S. 35
140 Vgl. Scheck 1981 (Anm. 111), S. 47
141 Im Jahr 1912 gab es in Württemberg 40 Ortsgruppen mit über 3.000 Mitgliedern. Vgl. Theodor Bergmann/ Wolfgang Haible/Galina Iwanowa: Friedrich Westmeyer. Von der Sozialdemokratie zum Spartakusbund – eine politische Biographie, Hamburg 1998, S. 47
142 Der Metallarbeiter und Gewerkschafter Walcher (1887–1970) stammte aus dem oberschwäbischen Wain und war von 1908–1910 Vorsitzender der Stuttgarter FJO. Vgl. Arlt/Heinze/Uhlemann 1959 (Anm. 134), S. 19ff.
143 Birkert (1895–1985) hatte eine Lehrstelle bei der Stuttgarter Firma Stähle & Friedel. Vgl. Emil Birkert: Am Rande des Zeitgeschehens, Stuttgart 1983, S. 12
144 Vgl. ebd., S. 25
145 Vgl. Gröschel 2007 (Anm. 132), S. 7

2.7 Aufbruchstimmung in der Arbeiterjugend

pflichtbewusst. Sie waren „extreme Abstinenzler und Nikotingegner",[146] weil sie glaubten, dass diese Zivilisationsgifte sie im Klassenkampf schwächen könnten. Groß war das Bedürfnis, die kümmerliche Volksschulbildung zu erweitern und sich neues Wissen anzueignen.[147] Der junge Rück hatte damals das Gefühl, in eine neue geistige Welt zu treten:

> „Die starre mechanische Welt der festgenagelten Autoritäten und eingefrorenen Werturteile und Moralbegriffe löste sich auf im Proceß einer Entwicklung. [...] Der Zauberschlüssel, mit dem das Tor in die Zukunft aufgeschlossen werden konnte und mußte, war die Theorie, genauer gesagt, die marxistische Theorie. [...] In keinem Jesuitenseminar wurden eifriger die Lehren der Meister studiert und eingesogen als in diesen kleinen Zirkeln junger Arbeiter, die nach einem zehnstündigen Arbeitstag in den Nebenzimmern von Gasthäusern oder anderen Versammlungsplätzen zusammenkamen, um in die Geheimnisse der sozialistischen Weltanschauung einzudringen."[148]

Unter Leitung Walchers, der in Berlin die Zentrale Parteischule der SPD, in der auch Luxemburg als Dozentin wirkte, durchlaufen hatte, studierte ein kleiner Zirkel von Jugendlichen die Schriften der Altmeister des Sozialismus Ferdinand Lassalle, Karl Marx und Friedrich Engels, auch die Lehre von Darwin wurde besprochen. Sozialdemokratische Tageszeitungen wie die *Leipziger Volkszeitung* und die *Neue Zeit* mit den Leitartikeln von Franz Mehring waren tägliche Lektüre und wurden leidenschaftlich diskutiert.[149] Rücks Bildungshunger war groß, der begabte Arbeiterjunge entwickelte einen besonderen Eifer und vermerkte mit Stolz, dass seine kritischen Anmerkungen „über den Horizont" des Kursleiters hinausgingen und „beinahe an die Autorität des Verfassers rüttelten".[150]

Leseabende, Konzerte und Museumsbesuche wurden organisiert. Beliebt waren auch die sonntäglichen Wanderungen ins Remstal oder zu den Fossilienfundstätten bei Holzmaden auf der Schwäbischen Alb.[151] Es ist bemerkenswert, dass Rück – wie auch seine politischen Freunde – Werke aus dem klassischen bürgerlichen Bildungskanon rezipierte. Dies entsprach einer Empfehlung von Mehring, der als Mitglied des Zentralbildungsausschusses der SPD riet, Werke des aufstrebenden, aufbegehrenden Bürgertums zu lesen, denn die deutsche Arbeiterbewegung sei die Erbin der klassischen deutschen Philosophie.[152] Es wurden Dichterabende veranstaltet mit Werken von Friedrich Schiller, Johann Wolfgang von Goethe, Heinrich Heine und Max Eyth.

---

146 Birkert 1983 (Anm. 143), S. 14
147 Vgl. Rück 1958 (Anm. 14), S. 8
148 Fritz Rück: Autobiographische Skizzen, o. O. und o. J. (Typoskript), S. 42
149 Vgl. *Mitteilungen für Funktionäre der Industriegewerkschaft Druck und Papier*, Jg. 1, H. 8 (November 1957), S. 18
150 Fritz Rück: Autobiographische Skizzen, o. O. und o. J. (Typoskript), S. 43
151 Vgl. ebd., S. 15. Globig, der sich 1911 in Stuttgart aufhielt, schilderte sehr anschaulich die Wanderungen der Arbeiterjugend. Vgl. Globig 1958 (Anm. 136), S. 96 ff.
152 Vgl. Kuhn 2004 (Anm. 103), S. 253; Fülberth 1972 (Anm. 21), S. 47 f.

Eine „Literaturkommission" bereitete die Gruppenabende und Lesungen vor.[153] Man sang und rezitierte Gedichte und Lieder von Ferdinand Freiligrath und Georg Herwegh, auch der Einfluss der Wandervogelromantik ist unverkennbar.[154] Zur Stuttgarter Jugendgruppe gehörten mehrere Dichter wie Otto Krille, Bruno Schönlank, Oskar Wöhrle und Max Barthel.[155] Diese sogenannten Arbeiterdichter standen zwar nicht lebenslang in einer Fabrik, schrieben jedoch im Namen der Industriearbeiterschaft und strebten danach, ihren sozialen Status zu verbessern.[156] Birkert, der wie Rück diesem Kreis angehörte, beschrieb die emotionale Wirkung der Gedichte auf die Jugendlichen:

> „Die Verse und Lieder dieser Zeitgenossen gaben dem Sehnen und Drängen, den Nöten und Sorgen der Arbeiterjugend mit hinreißenden und anfeuernden Worten Ausdruck und erfüllten sie mit Begeisterung, Hoffnung und zukunftsträchtigem Glauben. Sie vermittelten ihnen ein Bild von der Welt wie sie war, wie sie sein sollte und wie sie sein könnte."[157]

Auch Rücks Begeisterung hatte schwärmerische und romantische Züge, er schrieb später, dass der Sozialismus ihm „Lebensevangelium"[158] geworden sei. Eine Bereicherung für die Jugendorganisation waren wandernde Mitglieder, die von auswärts kamen und Anschluss suchten. Manche wurden auch sesshaft und knüpften Beziehungen, die von Dauer waren. So kam Richard Janus aus Berlin nach Stuttgart, als Metallarbeiter fand er eine Stelle bei Daimler in Untertürkheim. Er deklamierte Gedichte von Heinrich Heine und Detlev von Liliencron und trug Szenen aus Shakespeare-Dramen vor. Sein großstädtisches und genießerisches Auftreten machte Eindruck in der Provinz, er speiste einmal wöchentlich im Ratskeller und bestellte eine Flasche Wein, darauf hatte er die ganze Woche gespart.[159] Janus wurde der Schwager von Rück, er heiratete 1922 dessen Schwester Louise.

Das von der SPD auf Initiative Westmeyers im Jahr 1909 gebaute Waldheim Sillenbuch bot auch den Jugendlichen Raum für Aktivitäten. Mit 16 Jahren übernahm Rück in der Jugendorga-

---

153   Vgl. Michael Hugh Fritton: Literatur und Politik in der Novemberrevolution 1918/1919, Frankfurt/Bern/New York 1986, S. 39
154   Vgl. Interview Fritz Schindler mit Emil Birkert und Wilhelm Kohlhaas, Erstsendung am 14.11.1978 im Süddeutschen Rundfunk Stuttgart, Prod. Nr. 7830590000
155   Vgl. Fritton 1986 (Anm. 153), S. 318, Anm. 8. Zu diesen Autoren vgl. Simone Barck et al. (Hrsg.): Lexikon der sozialistischen Literatur. Ihre Geschichte in Deutschland bis 1945, Stuttgart/Weimar 1994, passim
156   Vgl. Christoph Rülcker: Ideologie der Arbeiterdichtung 1914–1933. Eine wissenssoziologische Untersuchung, Stuttgart 1970, S. 22 und S. 26. Barthel war Modellfall für einen aus dem Mittelstand stammenden Schriftsteller, er wurde von Zetkin gefördert. Vgl. Frank Trommler: Sozialistische Literatur in Deutschland. Ein historischer Überblick, Stuttgart 1976, S. 426
157   Emil Birkert: Erinnerungen an Fritz Rück, o. O. und o. J. (Typskript), zit. nach: Fritton 1986 (Anm. 153), S. 7
158   *Der Sozialdemokrat*, Jg. 5, Nr. 46, 20.11.1918
159   Vgl. Birkert 1983 (Anm. 143), S. 25

nisation Verantwortung. Zunächst wurde er Schriftführer, später dann zweiter Vorsitzender der FJO Stuttgart.[160] Als an seiner Arbeitsstelle in der Druckerei bekannt wurde, dass der Lehrling Rück dieser als radikal geltenden Organisation angehörte, gab es heftige Diskussionen mit den zum rechten Parteiflügel gehörenden Gesellen. 1913 trat Rück im Alter von 18 Jahren zum ersten Mal in die SPD ein, betätigte sich aber weiterhin in der Stuttgarter Arbeiterjugend.

2.8 Erste Gesellenwanderung nach Holland

Ein sozialistischer Arbeiterjugendlicher auf Wanderschaft, das scheint ungewohnt und nachgerade anachronistisch zu sein. Handwerkliche Traditionen hatten in Deutschland ein zähes Leben, besonders in den nicht-preußischen Ländern. Auch nach Einführung der Gewerbefreiheit in den 1860er Jahren wurden alte Zunfttraditionen wie die Gesellenwanderung in der neu entstehenden Arbeiterklasse gepflegt.[161] Schon in den frühen radikalen Bewegungen des Vormärz waren wandernde Gesellen Träger demokratischer, sozialistischer und revolutionärer Ideen.[162]

Mit Sicherheit waren es Reise- und Abenteuerlust, die Rück nach viereinhalbjähriger Lehr- und Gesellenzeit 1913 den Entschluss fassen ließen, auf Wanderschaft zu gehen. Er war enttäuscht vom alltäglichen Trott an seinem Arbeitsplatz, durch das Familienleben in der engen Wohnung fühlte er sich stark eingeschränkt. Die Zerstrittenheit der Stuttgarter SPD war belastend und auch die Atmosphäre in der Jugendgruppe empfand er zunehmend als eng und spießig. In seinem Streben nach persönlicher Freiheit und nach Erweiterung des politischen Horizonts wurde er bestärkt durch Barthel, der schon ein Jahr lang ein freies Wanderleben führte, weder Geld noch Beruf hatte und danach strebte, sich einen Namen als Arbeiterdichter zu machen.[163] Gemeinsam machten sich die beiden auf den Weg, die Begeisterung war groß, der Geldbeutel klein. Rück kündigte seine Stelle in der Buchdruckerei, sein Faktor zeigte Verständnis für die Reiselust des jungen Mannes.

Die Eltern ließen ihn ungern ziehen, vorwurfsvoll beobachteten sie seine Reisevorbereitungen, seine Mutter hatte Tränen in den Augen. Hätte er nicht nach Abschluss seiner Lehrzeit mit seinem Lohn die Familie finanziell unterstützen können? Aber seine eigenen Pläne waren ihm wichtiger als Rücksichten auf die Eltern, eine unsichtbare Nabelschnur schien gerissen zu sein.

---

160 Vgl. Jacob Walcher: Die Sozialdemokratie in Stuttgart (1906–1915). Aus der Geschichte der linken Sozialdemokraten Stuttgarts und des übrigen Württemberg, o. O. und o. J. (Typoskript), S. 14, in: PA Karl Walcher
161 Vgl. Jürgen Kocka: Einführung und Auswertung, in: Ulrich Engelhardt (Hrsg.): Handwerker in der Industrialisierung. Lage, Kultur und Politik vom späten 18. bis ins frühe 20. Jahrhundert (Industrielle Welt. Schriftenreihe des Arbeitskreises für moderne Sozialgeschichte, hrsg. von Werner Conze; Bd. 37), Stuttgart 1984, S. 467
162 Vgl. Kocka 1990 (Anm. 88), S. 341
163 In seinen autobiografischen Schriften nennt Rück ihn Eugen Barfuß. Barthel, geboren 1893 in Dresden-Loschwitz, bereiste ab 1912 mehrere europäische Länder und hielt sich dichtend und bettelnd über Wasser.

Im Juli 1913 war es soweit: Mit zwei Freunden verließ der 18-jährige Rück seine Heimatstadt, berauscht vom Gefühl der Freiheit.[164] Das Bargeld in der gemeinsamen Kasse war schon nach einer Woche verbraucht, sie mussten jetzt um Unterstützung durch den Buchdruckerverband bitten, das war eine Mark pro Tag.[165] Auf die anfängliche Hochstimmung des freien Wanderlebens folgte die Ernüchterung. Die Burschen fanden keine Arbeit, sie sparten und hungerten. Auf der Landstraße lernten sie die verschiedenartigsten Menschentypen kennen, darunter auch Vagabunden und Kriminelle.

Nach zwei Wochen Wanderschaft waren die Freunde in Köln angekommen, mit leerem Magen lagen sie am Ufer des Rheins – es blieb nur geistige Nahrung: Rück las den ersten Teil von Goethes Faust. Zum Glück gab es noch einmal Geld von zu Hause und im Versammlungslokal der Kölner Arbeiterjugend fühlte er sich sehr wohl. Barthel, der weitgereiste, machte den Vorschlag, auf einem Frachtdampfer nach Holland zu fahren. Obwohl es dort keine Verbandsunterstützung gab, machten sie sich auf den Weg, für den jungen Rück die erste Auslandsreise. In jugendlichem Übermut kletterte er auf das Kajütendach, sang Wanderlieder und deklamierte Gedichte von Goethe, Hebbel und Freiligrath.[166] Er beschrieb seine romantischen Stimmungen: „Ein silberner Abend sinkt in den Schoß einer warmen Sommernacht", das Ruhrgebiet, an dem sie vorbeifuhren, wurde ebenfalls poetisch verklärt als „gewaltiger Rhythmus dumpf brüllender Dampfhämmer".[167] Er schmiedete hochfliegende literarische Pläne und träumte sogar davon, die historisch-materialistische Philosophie von Marx und Engels fortzuentwickeln mit einer eigenen Abhandlung über die Rolle der Persönlichkeit in der Geschichte. In Rücks Bericht gibt es auch Passagen, die Humor und Selbstironie erkennen lassen. Er erinnerte sich an den Schlafsaal der Herberge, wo seine romantischen Träume von Schnarchtönen aus 18 Betten begleitet wurden.

Bei seiner Ankunft in Rotterdam erlebte Rück einen Hafenarbeiterstreik. Seine Eindrücke schilderte er in dunklen, bedrückenden Bildern: „Die klobigen Gestalten der Hafenarbeiter in ihren schmutzigen Arbeitskitteln, sie hausen in alten, halbverfallenen Häusern, die in Jahrhunderten immer neuen Schmutz angesetzt haben."[168] Immer wieder gab es auch Diskussionen um die richtige sozialistische Politik. Ein holländischer Schiffer kritisierte die Politik der deutschen Sozialisten als angepasst und unterwürfig, doch Rück verteidigte die SPD, indem er auf die Massenstreikdebatte und die Antikriegsdemonstrationen verwies.

---

164 Vgl. dazu ausführlich Peter Wedding (i. e. Fritz Rück): Otto Bessinger. Skizzen von der Jahrhundertwende. D Wanderschaft, o. O. und o. J. (Typoskript), S. 3 ff.
165 Dieser sogenannte Viatikumsanspruch war Teil eines gut ausgebauten Unterstützungssystems. Die Buchdruckergehilfen galten im 19. Jahrhundert als „Aristokraten der Landstraße". Vgl. Gerhard Beier: Schwarze Kunst und Klassenkampf, Bd. 1: Vom Geheimbund zum königlich-preußischen Gewerkverein (1830–1890) (Geschichte der Industriegewerkschaft Druck und Papier und ihrer Vorläufer seit dem Beginn der modernen Arbeiterbewegung), Frankfurt/Wien/Zürich 1966, S. 101
166 Der Dichter Ferdinand Freiligrath (1810–1876) genoss in der Sozialdemokratie große Verehrung, er galt als „Trompeter der Revolution" von 1848.
167 Peter Wedding (i. e. Fritz Rück): Otto Bessinger. Skizzen von der Jahrhundertwende. D Wanderschaft, o. O. und o. J. (Typoskript), S. 8
168 Ebd., S. 13 f.

2.8 Erste Gesellenwanderung nach Holland

Nach einem langen Fußmarsch erreichten die Wanderburschen die Stadt Amsterdam. Sie staunten über das geschäftigen Treiben im jüdischen Viertel und die geschickten Hände der Diamantschleifer. Obwohl die gemeinsame Reisekasse leer war und Barthel schweren Herzens seine Ledermappe verkaufen musste, die er als wichtiges Zeichen seines hervorgehobenen Status als Dichter verstand, leisteten sie sich einen Besuch im 1910 gegründeten Kolonialmuseum und in den berühmten Gemäldesammlungen des Rijksmuseums. Die Nachtwache von Rembrandt und das Bildnis der Saskia faszinierten Rück, er beschäftigte sich mit dem Leben dieses Malers und suchte nach Gründen für dessen mangelnden Erfolg bei den reichen Amsterdamer Bürgern, den „Pfeffersäcken".[169] Gerne hätte Rück noch das Wohnhaus des genialen Malers in der Breetstraat besucht, aber dazu reichte das Geld nicht mehr.

Als alle Geldquellen versiegt waren, wandten sich die ausgehungerten Tippelbrüder an den deutschen Konsul, der sie voll Arroganz als „Proletenpack" beschimpfte, mit der Polizei drohte, ihnen aber schließlich Gutscheine gab für drei Übernachtungen und drei warme Mahlzeiten. Endlich, als alle Überlebenskünste erschöpft waren, überwand Rück seinen Stolz und bat seine Schwester telegrafisch um Geld. Er erhielt zehn Mark und kaufte sich davon eine Fahrkarte bis zur deutschen Grenze, den Rest des Geldes teilte er mit seinen Kameraden.

Bei Rheine in Westfalen überschritt er die Grenze und wanderte nach Osnabrück, wo er wieder Verbandsunterstützung bekam. Nach all den schmutzigen und elenden Herbergen, in denen die Bettwäsche höchst selten gewaschen wurde, genoss er die gemütlich-behagliche Atmosphäre des dortigen Buchdruckerheimes: „Auf dem Tisch liegen Decken, vor den Fenstern hängen freundliche Gardinen."[170] Er hatte neue Erfahrungen gemacht und seinen Horizont erweitert; rückblickend auf seine Reise schrieb er: „Das Leben hatte ihn ins Feuer seiner Widersprüche gejagt und härtete ihn."[171]

Er saß gerade in der Wirtsstube des Heims in Osnabrück und las Hölderlins Hymnen an Diotima,[172] als ein Kollege mit einem Extrablatt aus der Stadt zurückkam, das die Nachricht vom Tod des SPD-Vorsitzenden Bebel enthielt. Rück war tief betroffen, er schilderte diesen Tag im August 1913 in allen Einzelheiten, die verschiedenen Reaktionen der Menschen, ihre Erschütterung und ihre Besorgnis.[173] Er erzählte den anderen, dass schon sein Vater in der Zeit des Sozialistengesetzes Bebel gekannt habe; ein wenig Stolz auf den Vater schwang hier mit.

Anschließend wanderte Rück von Osnabrück nach Bremen und nahm dort an einer Versammlung der sozialistischen Jugendorganisation teil, er fühlte sich wie zu Hause.[174] Und wei-

---

169 Ebd., S. 23 f. An dieser Stelle taucht zum ersten Mal Rücks Interesse für die Malerei auf.
170 Ebd., S. 30
171 Ebd., S. 29
172 Das Buch hatte ihm Barthel zum Abschied in Amsterdam geschenkt.
173 Von vielen wurde der Tod Bebels als das Ende einer Ära empfunden. Vgl. Peter Nettl: Rosa Luxemburg, Köln/Berlin 1967, S. 449
174 In Bremen gab es vor 1914 – wie in Stuttgart – eine starke linke Jugendbewegung. Vgl. Gerhard Engel: Rote in Feldgrau. Kriegs- und Feldpostbriefe junger linkssozialdemokratischer Soldaten des Ersten Weltkriegs, Berlin 2008, S. 21

ter ging die Reise über Hamburg,[175] Berlin und Leipzig nach Dresden. Sachsen, der damals am stärksten industrialisierte deutsche Staat, das sogenannte rote Königreich, war eine der ältesten Hochburgen der SPD, dort wollte er den Winter verbringen. Weshalb Rück nach Dresden wanderte, darüber äußerte er sich nicht. Barthel stammte aus dieser Stadt, vermutlich wollte er in dessen Nähe sein.[176]

2.9 Winter in Dresden

Der Landstraße müde und überdrüssig, fand Rück in Dresden Quartier und Arbeit in einer Druckerei und trat der Ortsgruppe des dortigen Buchdruckerverbandes bei.[177] Erneut klagte er über die stumpfsinnige und eintönige Tätigkeit, er verfasste – obwohl es streng verboten war – während der Arbeit Gedichte.[178] Statt die Gedanken und Einfälle anderer zu drucken, wollte er lieber seine eigenen Texte schreiben. Bei einer sozialdemokratischen Zeitung in Dresden unternahm er den ersten Versuch, seine Gedichte zu verkaufen. Der zuständige Redakteur kritisierte sie als zu „überschwenglich", nahm aber doch ein Herbstgedicht an, für das er fünf Mark ausbezahlte, es war Rücks erstes Autorenhonorar.[179]

Auch über sein privates Leben gab Rück in seinem autobiografischen Bericht Auskunft. Er lebte solide, trank keinen Alkohol, interessierte sich nicht für Fußball, auch an erotischen Gesprächen beteiligte er sich nicht. In der Dresdener sozialdemokratischen Jugendgruppe fand er sofort Anschluss, war aber mit dem dort gebotenen unpolitischen Programm nicht einverstanden. Anstatt Vorträge über Fixsterne zu hören oder Volkstänze zu proben, schlug er die Beschäftigung mit anderen Themen vor: Thomas Münzer, die Französische Revolution oder die Schriften von Engels. Der Vorstand der Ortsgruppe wurde auf den rebellischen Schwaben aufmerksam und wehrte ihn als Revolutionsromantiker ab.

Rück sammelte einige gleichgesinnte Jugendliche um sich und verabredete mit ihnen einen Sonntagsspaziergang in die Heide. Obwohl alle jämmerlich froren, hielt Rück im Freien einen Vortrag über die Pariser Kommune. Dabei fiel ihm auf, dass ein Mädchen nicht von seiner Seite wich. Sie bat ihn am Abend, ihr in seinem Zimmer noch ein paar Bücher zu zeigen. Es war ihm bewusst, dass das Mädchen dies nur als Vorwand benutzte, um ihn zu verführen, aber er konnte

---

175 Im Hamburger Gewerkschaftshaus bekam er eine Terrine Erbsen mit Speck für 30 Pfennige. Vgl. *Druck und Papier*, Jg. 8, Nr. 4, 15.2.1956, S. 65
176 Birkert berichtete, dass er nach seiner Ankunft in Dresden zur Mutter von Barthel ging und dort Rück und den Gefreiten Albert Schreiner traf. Vgl. Birkert 1983 (Anm. 143), S. 39
177 Vgl. Brief Fritz Rück vom 14.12.1939 an den Vorstand des Schwedischen Typografenverbandes Stockholm, in: ARAB, NL Fritz Rück, Vol 25
178 Das Gedicht ist eine kurze literarische Form und ermöglicht es auch Arbeitern, ihrem Gefühl und ihrem Klassenbewusstsein Ausdruck zu verleihen. Vgl. Bernd Witte: Arbeiterautobiographien, in: Arbeiterdichtung. Analysen-Bekenntnisse-Dokumentationen, hrsg. von der Österreichischen Gesellschaft für Kulturpolitik, Wuppertal 1973, S. 37
179 Vgl. Peter Wedding (i. e. Fritz Rück): Otto Bessinger. Skizzen von der Jahrhundertwende. E Auf eigenen Füßen, o. O. und o. J. (Typoskript), S. 7

nicht widerstehen.¹⁸⁰ Rück und das Mädchen saßen eng umschlungen auf dem Sofa, als der Ortsvorsitzende an die Tür klopfte und das Liebespaar auseinanderriss. Das Mädchen „stöckelte" die Treppe hinunter und Rück begriff, dass er in eine Falle geraten war. Der ältere Genosse machte ihm Vorwürfe wegen unmoralischen Verhaltens, Rück fühlte sich schuldig, aber gleichzeitig auch ungerecht bespitzelt. Enttäuscht zog er sich vom Leben der Jugendorganisation zurück und vergrub sich in seine Bücher; er beackerte das „Kapital" von Marx und andere historische Werke.¹⁸¹

Anfang 1914 musste Rück zum ersten Mal wegen einer schmerzhaften Nierenentzündung im Krankenhaus behandelt werden. In den langen Fiebernächten kreisten seine Gedanken um den Tod, Erinnerungen an die Kindheit wurden wach, er gestikulierte wild, als ob er vor einer großen Volksversammlung reden müsste. Als er aus dem Krankenhaus entlassen wurde, stand sein Entschluss fest, wieder heimzukehren. Am Karfreitag 1914 kam er nach neun Monaten Abwesenheit in Stuttgart an.

2.10 Zweite Gesellenwanderung nach Wien

In der Heimat setzte Rück mit Feuereifer die schwieriger gewordene politische Arbeit fort. Die Kluft zwischen Radikalen und Gemäßigten innerhalb der Partei hatte sich seit seiner Abreise vertieft und die polizeiliche Überwachung der Jugendgruppen wurde rigoros durchgeführt.

Ein unvergessliches Erlebnis war für Rück das internationale Jugendtreffen an Pfingsten 1914 in Stuttgart, bei dem der Kampf um den Frieden im Mittelpunkt stand. Eine Delegation aus der Schweiz unter Leitung von Willi Münzenberg war angereist,¹⁸² 54 Gäste wurden privat untergebracht, dadurch entstanden manche Freundschaften. Die Schweizer überbrachten den Gastgebern 100 Exemplare der in Deutschland verbotenen Broschüre Liebknechts „Militarismus und Antimilitarismus". Es gelang den Jugendlichen, die Polizeibehörden zu täuschen. Während eine Schutzmannschaft alle Kräfte in der Nähe des Waldheims Sillenbuch zusammenzog, marschierten etwa 1.500 Jugendliche ungehindert in einem Demonstrationszug unter Absingen der Internationale durch die Stadt. Im überfüllten Saalbau der Brauerei Dinkelacker hielt Münzenberg eine Rede, in der er die Kampfbereitschaft und die internationale Verbundenheit der Jugend betonte, seine Zuhörer waren begeistert.¹⁸³ Die Ernüchterung folgte auf dem Fuße: Am 1. Juni 1914 erfolgte das Verbot der FJO Stuttgart, Versammlungen durften nur noch im Freien stattfinden und wurden von der Polizei bespitzelt.¹⁸⁴

---

180 Auch in anderen Arbeiterbiographien werden ähnliche amouröse Abenteuer erzählt. Vgl. Ludwig Turek: Ein Prolet erzählt. Lebensschilderung eines deutschen Arbeiters, Halle/Leipzig 1985, S. 61 ff.
181 Vgl. Peter Wedding (i. e. Fritz Rück): Otto Bessinger. Skizzen von der Jahrhundertwende. E Auf eigenen Füßen, o. O. und o. J. (Typoskript), S. 10 ff.
182 Vgl. Birkert 1983 (Anm. 143), S. 22. Der spätere Medienorganisator Münzenberg (1889–1940) kam 1918 nach seiner Ausweisung aus der Schweiz nach Stuttgart.
183 Vgl. Arlt/Heinze/Uhlemann 1959 (Anm. 134), S. 66; Scheck 1981 (Anm. 111), S. 47
184 Vgl. Fricke 1987 (Anm. 129), S. 483

Rück befand sich im Sommer 1914 in einer schwierigen persönlichen Lage. Schon nach wenigen Monaten verlor er seine Arbeitsstelle, zu finanziellen Problemen kam noch Ärger innerhalb der Familie dazu. Auch die innerparteilichen Auseinandersetzungen in der SPD waren für den jungen Mann unerfreulich. Heftig in eine 17-jährige Jugendgenossin verliebt, beschloss er trotzdem im Juni 1914, wieder auf Wanderschaft zu gehen, dieses Mal mit seinem Freund Birkert. Ihre Reiseroute war weitgespannt. Sie planten, durch Böhmen über Prag, Ungarn und Wien nach Italien zu reisen und schließlich in Zürich anzukommen, wo sie die schweizerischen Freunde wieder treffen wollten, um an Pfingsten 1915 erneut einen internationalen Jugendtag zu organisieren.[185]

Rück fuhr mit der Bahn nach Dresden, wo er seinen Freund Barthel besuchte und als Gast bei dessen Mutter aufgenommen wurde. Birkert kam zu Fuß nach Dresden und Barthel begleitete die beiden Stuttgarter noch ein Stück elbeaufwärts durch die Sächsische Schweiz, vorbei an der Hubertusburg bei Wermsdorf, wo sie sich an Bebel erinnerten, der hier 1874 eine Haftstrafe absitzen musste. An der österreichisch-ungarischen Grenze verabschiedete sich Barthel von ihnen und kehrte nach Dresden zurück.

Bei der Wanderung durch das idyllische Sudetenland im Juli 1914 erlebten Rück und Birkert unbeschwerte Sommertage, sie schauten nicht in die Zeitungen.[186] In der Stadt Prag angekommen, bemerkten sie eine deutschfeindliche Stimmung, in der Herberge wurde von einem möglichen Krieg geredet, ein Österreicher prophezeite das Ende der Doppelmonarchie. Birkert sah dies jedoch nicht so pessimistisch, er schrieb in seinen Erinnerungen: „Den Gedanken an einen Krieg hielt ich für absurd. Ich pochte auf die Bekenntnisse, Treueschwüre und Beschlüsse der internationalen sozialistischen Bewegung."[187] Trotzdem leicht verunsichert, marschierten Rück und Birkert am nächsten Tag weiter, „richtige Wanderlust und Entdeckerfreude wollte nicht mehr aufkommen".[188] Birkert berichtete, dass sie in Linz Vertreter der noch jungen Naturfreundebewegung trafen, es handelte sich um wandernde Handwerksburschen, die „den Aposteln gleich"[189] die Naturfreunde-Idee in andere Städte und Länder trugen. In der Buchdruckerherberge Linz erfuhren Rück und Birkert von der Kriegserklärung Österreich-Ungarns an Serbien vom 28. Juli 1914. Dieser Moment grub sich tief in Rücks Gedächtnis ein. In einer Erzählung, die er im Juli 1927 im KPD-Zentralorgan *Die Rote Fahne* veröffentlichte, beschrieb er seine Reaktion, als die Nachricht von ersten österreichisch-serbischen Feindseligkeiten überbracht wurde:

> „Eugen (i. e. Fritz Rück) wollte aufspringen, aber seine Beine versagten den Dienst. Er wollte schreien, die Worte formten sich in seinem Gehirn, er wollte sagen, dass alle Arbeiter Brüder seien, aber seine Lippen bewegten sich kaum. Da hörte er auch schon, wie aus

---

185 Vgl. Fritz Rück: Autobiographische Skizzen, o. O. und o. J. (Typoskript), S. 1
186 Ebd., S. 5
187 Birkert 1983 (Anm. 143), S. 41
188 Fritz Rück: Autobiographische Skizzen, o. O. und o. J. (Typoskript), S. 6
189 Zit. nach: Emil Birkert: Von der Idee zur Tat. Aus der Geschichte der Naturfreundebewegung, Heilbronn o. J. [1970], S. 29

2.10 Zweite Gesellenwanderung nach Wien

weiter Ferne die Worte eines anderen an sein Ohr drangen. Der Schriftsetzer Pinkerl hatte sich auf den Tisch gestellt und sprach:
‚Kollegen, so haben wir uns den Verlauf unserer heutigen Feier nicht gedacht. Es liegt nicht in unserer Hand, die Geschicke der Völker zu dirigieren. [...] Erst wenn die Arbeiter zu entscheiden hätten über Krieg und Frieden, würde es keinen Krieg mehr geben. Kein Konflikt würde mehr so frevelhaft vom Zaune gebrochen wie der, in den wir jetzt alle mit hineingezogen werden.'
Hier wurde die Rede durch den Herbergsvater unterbrochen, der hinter seinem Bierausschank hervorgekrochen kam und sagte: ‚Herr Pinkerl, ich dulde hier keine aufrührerischen Redensarten!'
Aber Pinkerl ließ sich nicht aus dem Konzept bringen: ‚Ich spreche hier das letzte Mal als freier Mann zu euch. [...] Aber das eine weiß ich: Aus dem Boden, der jetzt durch Granaten umgewühlt, vom Tod beackert und mit Blut gedüngt wird, werden eines Tages so viel aufrührerische Männer aufstehen, dass auch der dickste Gastwirt der Welt sich vor ihnen hinter seinem Schanktisch zurückziehen wird. Aus diesem Krieg wird ein anderes Europa, wird eine andere Welt hervorgehen.'"[190]

Diese düsteren Prophezeiungen und die kühnen Hoffnungen auf einen Volksaufstand legte Rück zu einem späteren Zeitpunkt der fiktiven Person Pinkerl in den Mund. Das volle Ausmaß der Katastrophe des Krieges und auch die darauf folgende Revolution konnte er 1914 noch nicht vorhersehen. Immer noch hofften die beiden jungen Sozialisten, dass die viel beschworene internationale Solidarität der Arbeiter einen Kriegsausbruch verhindern würde.

Aber ihre Erlebnisse stimmten sie nachdenklich. In der Stadt beobachtete Rück eine nationalistisch aufgepeitschte Menge, die einen Mann, der als serbischer Spion verdächtigt wurde, auf offener Straße lynchte. Auch gut gekleidete Bürger beteiligten sich an der Gräueltat, ein hilfloser österreichischer Polizist stand achselzuckend daneben. Das weltgeschichtliche Ereignis warf die Pläne der beiden jungen Männer durcheinander. Aus der Erinnerung schieb Rück, dass ihn plötzlich „eine große Müdigkeit und Niedergeschlagenheit"[191] befallen habe.

Wien war die letzte Station ihrer Reise, dort erfuhren sie, dass auch der Zar seine Armee mobilisierte. Sie beobachteten das Ansteigen der nationalistischen Stimmung, lasen in den Zeitungen die Hetz- und Kriegspropaganda gegen Serbien und Russland. In einem Aufsatz von 1927 fand Rück ein eindrucksvolles Bild für diesen tiefen Einschnitt in sein junges Leben:

„Noch lief das Karussell sommerlicher Freuden weiter, aber es quietschte in den Speichen, machte seine letzten Umdrehungen und stand dann mit einem Ruck still. Und ein anderes Karussell begann sich zu drehen, seine Fahrgäste waren ein ganzes Volk, waren alle großen

---

190 *Die Rote Fahne*, Jg. 10, Nr. 178, 31.7.1927
191 Fritz Rück: Autobiographische Skizzen, o. O. und o. J. (Typoskript), S. 9 ff.

Völker Europas, unter den Klängen des Deutschmeister- und Radetzkymarsches, im Takt der Marseillaise und der Zarenhymne, unter der Wacht am Rhein und God save the King begann es seine todbringenden Umdrehungen. [...] Fahrgeld brauchte nicht entrichtet zu werden, der Preis für die Tour war ein höherer: das Leben!"[192]

Als die Verbandsunterstützung durch die Wiener Buchdrucker eingestellt wurde, packten die Wanderburschen ihre Rucksäcke und zogen zum Bahnhof. Fahrkarten brauchten sie nicht, das Vorweisen eines Passes genügte. Der Schnellzug nach Deutschland war total überfüllt, vor allem Männer waren unterwegs. Das Chaos und die Massenhysterie jener Tage prägte sich Rück tief ein:

„Der Bahnhofswartesaal ist voll Reservisten und Mobilisierter, die sich zu ihren Truppenteilen begeben. Einige sind betrunken, andere schauen schweigend vor sich hin. In der Ecke rechts hat sich eine Gesangsgruppe zusammengefunden. Sie erinnern sich an Soldatenlieder. [...] Im bleichen Morgenlicht ragen die Bayrischen Alpen auf. Zwischen München und Ulm findet im Zug eine Kontrolle statt. Alle Ausländer steigen aus. [...] Wie hat sich zu Hause alles verändert! Und ich war doch nur sechs Wochen abwesend. Alle sitzen um den Tisch und erzählen. Beim Nachbar war Haussuchung, sie haben einen großen Gaskessel durchlöchert. Die Zeitungen berichten von französischen Fliegern, die Bomben auf Nürnberg geworfen haben."[193]

Die nationalistisch aufgeheizte Stimmung in Stuttgart dokumentiert der zur Besonnenheit mahnende Dienstbefehl des städtischen Polizeidirektors vom 5. August 1914:

„Schutzleute! Die Einwohnerschaft fängt an, verrückt zu werden. Die Straßen sind von alten Weibern beiderlei Geschlechts [sic!] erfüllt, die sich eines unwürdigen Treibens befleißigen. Jeder sieht in seinem Nebenmenschen einen russischen oder französischen Spion und meint, die Pflicht zu haben, ihn und den Schutzmann, der sich seiner annimmt, blutig zu schlagen, mindestens aber unter Verursachung eines großen Auflaufs ihn der Polizei zu übergeben."[194]

---

192 *Die Rote Fahne*, Jg. 10, Nr. 178, 31.7.1927
193 Fritz Rück: Autobiographische Skizzen, o. O. und o. J. (Typoskript), S. 13
194 Zit. nach: Bergmann/Haible/Iwanowa 1998 (Anm. 141), S. 160

2.11 August 1914: „Eine tiefe Erbitterung"

Im Jahr 1914 hatten die sozialistischen Freien Gewerkschaften 2,5 Millionen Anhänger, die Mitgliederzahl der SPD überschritt erstmals die Millionengrenze.[195] Die Partei bot ihren Anhängern eine feste politische Orientierung, aber in der Frage eines möglichen Krieges fand sie zu keiner einheitlichen und entschlossenen Haltung, Rück verglich das Proletariat mit einem „untätigen Riesen".[196]

Liebknecht, im Jahr 1911 in den Reichstag gewählt, enthüllte dort die Machenschaften der Militärs und der Rüstungsindustrie, damals noch unterstützt von seinem württembergischen Fraktionskollegen Keil.[197] In Stuttgart warnte Westmeyer sowohl bei den Etatberatungen im Stuttgarter Landtag als auch bei seinen öffentlichen Auftritten vor einem drohenden Krieg.[198] Seine Rede vom 13. November 1912 liest sich wie eine exakte Vorhersage der Bündniskonstellation des Krieges und der Leiden, die auf die Bevölkerung zukamen:

> „Ohne Einverständnis der deutschen Regierung würde Österreich kaum wagen, die Kriegsgefahr zu steigern; allein könne es einen Krieg gegen Rußland und die Balkanstaaten nicht wagen. Als buntes Völkergemisch würde es im Ernstfall die slawischen Völkerschaften in den eigenen Grenzen kaum im Zaum halten können. Italien, zwar offiziell im Dreibund, aber mit Österreich verfeindet, komme als Bundesgenosse nicht in Betracht. Dann stehe Deutschland allein den drei stärksten Mächten Europas – Frankreich, England und Russland – gegenüber. Es würde ein Verzweiflungskampf werden, würde ungeheure Opfer an Menschen und an Gütern fordern ..."[199]

Dass er selbst Opfer dieses Krieges werden sollte, gehört zur Tragik dieses kritischen SPD-Rebellen. Auf dem Landesparteitag am 25./26. Juli 1914 in Esslingen – vier Wochen nach den Schüssen von Sarajewo – war die Stimmung noch auf Anti-Kriegs-Linie, der Antrag Zetkins „Das Proletariat fordert den Frieden" wurde einstimmig angenommen. Nach dem Parteitag riefen Vertreter des rechten wie des linken Flügels noch ein letztes Mal auf Kundgebungen zum Widerstand gegen den Krieg auf.[200]

---

195 Die Stuttgarter SPD hatte 1914 über 9.000 Mitglieder, sie war der größte sozialdemokratische Verein in Württemberg. Vgl. Neuschl 1983 (Anm. 113), S. 26
196 Fritz Rück: Autobiographische Skizzen, o. O. und o. J. (Typoskript), S. 10
197 Vgl. Laschitza 2007 (Anm. 127), S. 206
198 Vgl. Hartmut Henicke: Die Stuttgarter Parteiorganisation als Zentrum der Linken im Kampf gegen den Krieg 1911 bis 1914, in: BzG, Jg. 27 (1985), H. 6, S. 804
199 Zit. nach: Bergmann/Haible/Iwanowa 1998 (Anm. 141), S. 154
200 Vgl. Sylvia Greiffenhagen: Die württembergischen Sozialdemokraten im Ersten Weltkrieg und in der Weimarer Republik (1914–1933), in: Jörg Schadt/Wolfgang Schmierer (Hrsg.): Die SPD in Baden-Württemberg und ihre Geschichte. Von den Anfängen der Arbeiterbewegung bis heute (Schriften zur politischen Landeskunde Baden-Württembergs; Bd. 3), Stuttgart/Berlin/Köln/Mainz 1979, S. 161 f.

Jedoch in Geheimverhandlungen zwischen dem Reichskanzler Theobald von Bethmann-Hollweg und den SPD-Führern Hugo Haase und Otto Braun war vor dem 1. August 1914 vereinbart worden, dass die SPD sich im Kriegsfall „vaterländisch", d. h. kooperativ verhalten und ihre Antikriegspropaganda nur in geschlossenen Räumen abhalten werde.[201] So wurden die Straßendemonstrationen eingestellt, bereits gedruckte kriegskritische Flugblätter durften nicht mehr verteilt werden, einige SPD-Parteizeitungen stimmten in den Chor der Hurrapatrioten ein. Am 4. August 1914 gaben die 110 SPD-Abgeordneten, die größte Fraktion des Reichstags, ihre Zustimmung zu den Kriegskrediten, sogar der Antimilitarist Liebknecht beugte sich an diesem Tag der Fraktionsdisziplin.[202] Die SPD-Führung übernahm – trotz der Verletzung der belgischen Neutralität – die kaiserliche Propagandabehauptung von der Landesverteidigung und unterwarf sich dem Belagerungszustand.

Rücks Enttäuschung über das Verhalten der sozialdemokratischen Führung bei dieser Abstimmung war grenzenlos. Er schrieb 1920 in einer Broschüre, die dieses für ihn einschneidende Datum im Titel trägt:

> „Das hatte man doch nicht erwartet. Wie der zum Tod Verurteilte auf die Begnadigung wartet, starrten immer noch viele Tausende nach Berlin, nach jenem Reichstag, wo so oft die Donnerworte proletarischer Empörung erklungen waren, die Gesten sozialistischer Internationalität auf der Rednertribüne sich gezeigt hatten, [...] nichts als ein hilfloses Gestammel hatten diese 110 zu verkünden. [...] Eine tiefe Erbitterung fraß sich in die Herzen der Getreuen ein. [...] Von diesem Tag an war es für revolutionär empfindende Arbeiter keine Ehre mehr, deutscher Sozialdemokrat zu heißen."[203]

Auch andere Mitglieder der radikalen Jugendbewegung berichteten ebenfalls von dieser bitteren Enttäuschung.[204] Für Rück war es unfassbar, dass die Ideale der internationalen Solidarität, bekräftigt auf zahlreichen Kongressen – so 1907 in Stuttgart und 1912 in Basel – im entscheidenden Augenblick sich nicht durchsetzen konnten und dass sich nur wenige sozialistische Parteien in den kriegführenden Ländern der Kriegshysterie entzogen.[205] Er begann sogar an seiner sozialistischen Grundüberzeugung zu zweifeln:

---

201 Vgl. Laschitza 2007 (Anm. 127), S. 231 f.; Kuhn 2004 (Anm. 103), S. 127 f.
202 Vgl. Susanne Miller: Burgfrieden und Klassenkampf. Die deutsche Sozialdemokratie im Ersten Weltkrieg (Beiträge zur Geschichte des Parlamentarismus und der politischen Parteien; Bd. 53), Düsseldorf 1974, S. 69. Bei der Vorabstimmung in der Fraktion am 3.8.1914 gab es 14 Neinstimmen gegen die Kriegskredite. Vgl. Kuhn 2004 (Anm. 103), S. 129
203 Rück 1920 (Anm. 119), S. 12 f.
204 Vgl. Erich Eberts: Arbeiterjugend 1904–1945. Sozialistische Erziehungsgemeinschaft. Politische Organisation, Frankfurt 1980, S. 44
205 Vgl. Wolfgang Abendroth: Sozialgeschichte der europäischen Arbeiterbewegung, Frankfurt 1965, S. 81 ff.

2.11 August 1914: „Eine tiefe Erbitterung"

„Das schöne Gebäude einer idealistischen Weltanschauung, von ihm und den Kameraden seiner Generation aus Büchern und heroischen Gedanken aufgebaut, wankte in allen Fugen. Jetzt spürte er (i. e. Fritz Rück), wie ernst und gläubig er die vielen Reden und Artikel in sich aufgenommen hatte, in denen versichert wurde, die Kraft der internationalen Solidarität der Arbeiterklasse werde keinen Krieg mehr zulassen."[206]

Noch deutlicher beschrieb er diese tiefe Krise in seinem in Russland verfassten „Tagebuch eines Spartakisten" von 1926:

„Die Welterschütterungen bewirken einen völligen Umschwung in unserem inneren Zustand, Sanftheit, Feinfühligkeit und der Glaube an einer höhere kulturelle Entwicklung [...] ging in Scherben. Gewalt! – das ist die Parole des heutigen Tages [scil. der 4. August 1914/die Verf.]. Gewalt! – tief prägt es sich in unser Bewusstsein ein."[207]

Es bedeutete für Rück eine schmerzliche Enttäuschung, dass die Arbeiterjugendorganisationen gespalten waren, eine beträchtliche Anzahl ihrer Mitglieder meldete sich 1914 als Freiwillige. Frank, Mitbegründer der Arbeiterjugend in Mannheim, zog als 40-Jähriger freiwillig und in der Hoffnung auf einen „unabsehbaren Fortschritt"[208] in den Krieg. Sein Schritt veranlasste viele proletarische Jugendliche zur Nachahmung, bei anderen wiederum – so bei Rück – rief diese Haltung „Scham und Zorn"[209] hervor.

---

206 Fritz Rück: Autobiographische Skizzen, o. O. und o. J. (Typoskript), S. 9
207 ФРИЦ РЮКК: ИЗ ДНЕВНИКА СПАРТАКОВЦА, МОСКВА ЛЕЛАТЕЛЬСТВО 1926, S. 18
208 Brief Ludwig Frank vom 31.8.1914 an den Reichstagsabgeordneten Albrecht Südekum, zit. nach: Lothar Steinbach: Lebenslauf, Sozialisation und „erinnerte Geschichte", in: Lutz Niethammer (Hrsg.): Lebenserfahrung und kollektives Gedächtnis. Die Praxis der „Oral History", Frankfurt 1980, S. 297
209 Rück 1920 (Anm. 119), S. 12

3. 1914–1918: Radikaler Kriegsgegner
3.1 Einstieg in die Pressearbeit für Stuttgarter Linke

Der von Kaiser Wilhelm II. am 31. Juli 1914 proklamierte Burgfriede war ein Ausnahmezustand, das preußische Gesetz über den Belagerungszustand von 1851 trat nun in Kraft. Es unterstellte die zivilen Behörden der exekutiven Gewalt der Militärbefehlshaber, dem Stellvertretenden Generalkommando des XIII. (Königl. Württ.) Armeekorps, das alle Bereiche der Gesellschaft kontrollierte.[1] Mit Publikations- und Versammlungsverboten wurden die Aktionen der Kriegsgegner überwacht und unterdrückt.[2] Die Gerichte verhängten wegen geringfügigen Verstößen gegen die Zensurbestimmungen lange Gefängnis- und Zuchthausstrafen. Rück stellte fest, dass die Zeitungen überall Kriegshetze verbreiteten und das nationalistische Delirium formten und steuerten. Er notierte in seinen Aufzeichnungen:

> „Zum ersten Mal in seinem Leben bekam Otto Bessinger einen Begriff davon, was die Macht der Presse im modernen Gesellschaftsleben bedeutete. Als Schriftsetzer hatte er schon vorher in die Maschinerie hineingesehen, in der die öffentliche Meinung fabriziert wird."[3]

Auch die Gewerkschaften beteiligten sich an der Verbreitung nationalistischer Propaganda, sie hofften auf eine breite Solidarität, eine neue Volksgemeinschaft, die durch den Verteidigungskrieg entstehen würde.[4] Texte von deutschen Kriegsgegnern konnten nur dank der Fürsprache des Schweizer Sozialdemokraten Robert Grimm in zwei in der Schweiz gedruckten Zeitungen, der *Berner Tagwacht* und dem Züricher *Volksrecht*, veröffentlicht werden.[5]

Die Bewilligung der Kriegskredite durch die SPD-Reichstagsfraktion wurde nun auch vom württembergischen Landesvorstand unterstützt. Wilhelm Keil sprach in einer Rede in Ulm am 8. Oktober 1914 von einem Verteidigungskrieg, der verhindern solle, dass die „russische Barbarei" ausgedehnt werde auf das deutsche Volk".[6] Der Stuttgarter Ortsverein sowie die Redaktion der

---

1 Das Generalkommando des Königl. Württ. XIII. Armeekorps war an die Front abgerückt. Vgl. Anita Raith/Bernhard Theil (Bearb.): Stellvertretendes Generalkommando XIII. (Königl. Württ.) Armeekorps. Inventar des Bestandes M 77/1 im Hauptstaatsarchiv Stuttgart (Veröffentlichungen der Staatlichen Archivverwaltung Baden-Württemberg; Bd. 41), Stuttgart 1993, S. 11
2 Vgl. Kurt Koszyk: Deutsche Pressepolitik im Ersten Weltkrieg, Düsseldorf 1968, S. 21
3 Fritz Rück: Autobiographische Skizzen, o. O. und o. J. (Typoskript), S. 11
4 Vgl. Fritz Opel: Der Deutsche Metallarbeiter-Verband während des Ersten Weltkriegs und der Revolution (Schriftenreihe der Otto-Brenner-Stiftung, Nr. 20), Köln 1980, S. 48
5 Grimm, geb. 1881, war Redakteur der *Berner Tagwacht* und während des Weltkriegs aktiv in der Zimmerwalder Bewegung der internationalen Kriegsgegner. Vgl. Annelies Laschitza: Die Liebknechts. Karl und Sophie – Politik und Familie, Berlin 2007, S. 242.
6 Zit. nach: Manfred Scheck: Zwischen Weltkrieg und Revolution. Zur Geschichte der Arbeiterbewegung in Württemberg 1914–1920, Köln/Wien 1981, S. 52

Schwäbischen Tagwacht hatten eine vollkommen andere Position, die alten Differenzen zwischen linkem und rechtem Parteiflügel kamen verschärft zum Vorschein. Am 21. September 1914 sollte Karl Liebknecht, der „entschiedenste und aktivste Exponent einer Opposition gegen die allgemeine und gegen die innerparteiliche Burgfriedenspolitik"[7] auf einer öffentlichen Versammlung der SPD in Stuttgart sprechen. Aber da die oberste Polizeibehörde Stuttgarts ein Versammlungsverbot verhängte, durfte nur eine Sitzung von SPD-Vertrauensmännern einberufen werden, um mit Liebknecht über das Abstimmungsverhalten der 110 SPD-Abgeordneten am 4. August 1914 zu beraten.[8] In einer lebhaften Debatte wurde Liebknecht der Vorwurf gemacht, sich bei dieser Entscheidung der Fraktionsdisziplin unterworfen zu haben.[9] Dieser Vorwurf war Liebknecht zuvor noch von niemandem gemacht worden.[10] Rück schrieb über diese Versammlung:

„Hier [scil. in Stuttgart/die Verf.] war es auch, wo er [scil. Liebknecht/die Verf.] das feierliche Versprechen abgab, er werde sich nie mehr Beschlüssen der Partei oder einer ihrer Körperschaften unterwerfen, die gegen die sozialistischen Prinzipien gingen. Im Dezember 1914 löste er dieses Versprechen ein und richtete durch die Ablehnung der Kriegskredite im Reichstag die Standarte der internationalen Solidarität wieder auf."[11]

Tatsächlich durchbrach Liebknecht am 2. Dezember 1914 den Fraktionszwang und stimmte als einziger Abgeordneter gegen die Kriegskredite. Seine schriftliche Begründung wurde nicht in das amtliche Protokoll des Reichstags aufgenommen, es wurde im Dezember als illegales Flugblatt verbreitet.[12]

Die seit Kriegsbeginn verschärften Auseinandersetzungen innerhalb der Stuttgarter SPD führten zu einem regelrechten Machtkampf um die Redaktion der *Schwäbischen Tagwacht*. Die antimilitaristischen Redakteure Arthur Crispien, Edwin Hoernle und Jacob Walcher schwenkten nicht auf die Linie der Kriegsbefürworter ein und veröffentlichten keine Siegesnachrichten, wie die Zensur es verlangte, sondern Gefallenenmeldungen.[13] Ein heftiger Streit entwickelte sich um die Linie des Blattes, worauf der Landesvorstand eigenmächtig am 4. November 1914 Keil als neuen Chefredakteur einsetzte. Entsprechend den Bestimmungen der Pressestatuten war der Landesvorstand dazu nicht befugt, die Pressekommission und die Redaktion hätten zustimmen

---

7   Susanne Miller: Burgfrieden und Klassenkampf. Die deutsche Sozialdemokratie im Ersten Weltkrieg (Beiträge zur Geschichte des Parlamentarismus und der politischen Parteien; Bd. 53), Düsseldorf 1974, S. 88
8   Vgl. Walter Bartel: Die Linken in der deutschen Sozialdemokratie im Kampf gegen Militarismus und Krieg, Berlin (Ost) 1958, S. 195
9   Vgl. Erinnerungen Crispiens, in: AdsD, NL Arthur Crispien, Mappe 1/ACAA000006, S. 25
10 Vgl. Institut für Marxismus-Leninismus beim ZK der SED (Hrsg.): Dokumente und Materialien zur Geschichte der deutschen Arbeiterbewegung. Reihe II: 1914–1918, Bd. 2, Berlin (Ost) 1958, S. 16; Theodor Bergmann: Friedrich Westmeyer in der Stuttgarter Arbeiterbewegung, in: BzG, Jg. 40 (1998), H. 2, S. 108 f.
11 Fritz Rück: Autobiographische Skizzen, o. O. und o. J. (Typoskript), S. 22
12 Vgl. Peter Nettl: Rosa Luxemburg, Köln/Berlin 1967, S. 590; Heinz Wohlgemuth: Karl Liebknecht. Eine Biographie, Berlin (Ost) 1973, S. 264
13 Vgl. Fritz Rück: November 1918. Die Revolution in Württemberg, Stuttgart 1958, S. 10

müssen. Crispien, Hoernle und Walcher verließen unter Protest die Redaktionsräume in der Hauptstätter Straße in Stuttgart.[14] Die beiden zur Schlichtung angereisten Parteivorstandsmitglieder Otto Braun und Friedrich Ebert scheuten den Konflikt und gaben Keil pro forma die Empfehlung, von seiner neuen Stelle zurückzutreten. Aber da sie keinerlei Sanktionen ankündigten, blieb dieser auf seinem Posten und den gefeuerten Redakteuren blieb nur der ohnmächtige Protest gegen den „Gewaltstreich" mithilfe einer illegal hergestellten Broschüre.

Jetzt waren Rücks Fachkenntnisse als Schriftsetzer gefragt. In einer Nacht im November 1914 wurde er in eine kleine Druckerei in Degerloch gerufen.[15] Dort arbeiteten bereits drei Setzer in der Wohnung des SPD-Genossen Karl Friedrich Häring an einer Broschüre, in der die drei *Tagwacht*-Redakteure über ihre Entlassung informierten.[16] Der Druck erfolgte in der Nacht ohne Zustimmung des Druckereibesitzers. In der Nähe der Druckerei waren Posten aufgestellt, die vor der Polizei warnen sollten.[17] Rück beschrieb seinen Einsatz folgendermaßen:

> „Schnell bewaffne ich mich mit einem Winkelhaken und mit einem Lineal; einige Blätter einer Handschrift liegen vor mir, und die angestrengte Arbeit beginnt. Wir setzen die ganze Nacht ununterbrochen. Am kommenden Morgen ist die Broschüre über den Parteikonflikt fertig."[18]

Diese Arbeit machte ihm Spaß, er freute sich über die „typographisch saubere"[19] Broschüre. Damit war er in die Pressearbeit des linken Parteiflügels eingestiegen, zunächst als Schriftsetzer, 1917 wurde er Redakteur der neuen linken Zeitung *Der Sozialdemokrat*.

Dieser sogenannte Tagwachtkonflikt und die anschließende Auseinandersetzung beschleunigten die organisatorische Trennung der Stuttgarter Linken von der rechten württembergischen Landesorganisation, die spätere Spaltung der SPD in den Jahren 1916/17 kündigte sich Ende 1914 an.[20]

---

14 Vgl. Sylvia Neuschl: Geschichte der USPD in Württemberg oder Über die Unmöglichkeit einig zu bleiben, Esslingen 1983, S. 53f.
15 Vgl. Jacob Walcher: Mein Lebensweg. Biographie-Zeitabschnitt: 1887–1920, o. O. und o. J. [Wain 2004], S. 37; Emil Birkert: Am Rande des Zeitgeschehens, Stuttgart 1983, S. 155
16 Arthur Crispien/Edwin Hörnle/Jacob Walcher (Hrsg.): Im Kampf um unsere Grundsätze. Tatsachenmaterial zum Gewaltstreich des Landesvorstandes der Sozialdemokraten Württembergs gegen die politische Redaktion der Schwäbischen Tagwacht, Stuttgart 1914
17 Vgl. Bericht Walchers, in: SAPMO-BArch, NL Jacob Walcher, NY 4087, Bl. 595
18 ФРИЦ РЮКК: ИЗ ДНЕВНИКА СПАРТАКОВЦА, МОСКВА ЛЕЛАТЕЛЬСТВО 1926, S. 18
19 Fritz Rück: Autobiographische Skizzen, o. O. und o. J. (Typoskript), S. 26
20 Vgl. Maja Christ-Gmelin: Die württembergische Sozialdemokratie 1890–1914. Ein Beitrag zur Geschichte des Reformismus und Revisionismus in der deutschen Sozialdemokratie, Diss. Stuttgart 1976, S. 180; Sylvia Greiffenhagen: Die württembergischen Sozialdemokraten im Ersten Weltkrieg und in der Weimarer Republik (1914–1933), in: Jörg Schadt/Wolfgang Schmierer (Hrsg.): Die SPD in Baden-Württemberg und ihre Geschichte. Von den Anfängen der Arbeiterbewegung bis heute, (Schriften zur politischen Landeskunde Baden-Württembergs; Bd. 3), Stuttgart/Berlin/Köln/Mainz 1979, S. 164

3.2 Warten auf den Kriegsdienst

Rück, der bei Kriegsbeginn 19 Jahre alt war, wurde mit zeitlicher Verzögerung rekrutiert und militärisch ausgebildet. Im November 1914 erhielt er seinen Stellungsbefehl, im Januar 1915 wurde er gemustert. Erst vier Monate später musste er in der Kaserne antreten, auf den großen Ansturm an Kriegsfreiwilligen waren die militärischen Stellen nicht vorbereitet.[21] Es gab in der preußisch-deutschen Militärelite die Furcht vor der Einberufung von städtischen Jugendlichen, sie galten als „sozialdemokratisch infiziert".[22]

Für Rück war bereits im September 1914 deutlich zu erkennen, dass der Krieg lange dauern würde:

> „Der Siegeszug der deutschen Heere setzte sich inzwischen nicht in gleichem Tempo fort wie in den ersten Wochen. Der Glaube an die Rückkehr der Truppen zu Weihnachten schmolz langsam dahin. Durch schweizerische und holländische Zeitungen sickerten die Nachrichten über den Ausgang der Marneschlacht allmählich in die Heimat durch. Die Verwundetenlisten wurden dicker, die Züge mit den Opfern der Schlachten kamen häufiger. Auf den Strassen sah man immer mehr schwarze Kleider, die Arbeitslosen verschwanden. Sie verschwanden in den Kasernen, wo man im Eiltempo Nachschub einexerzierte und sie verschwanden in den Betrieben, die jetzt auf die Produktion von Munition und Heeresartikel umgestellt wurden."[23]

Rücks Enttäuschung über die Haltung der Kriegskreditbewilliger innerhalb der SPD war groß. Als die von der kaiserlichen Regierung im Dezember 1914 vorgelegte zweite Kriegskreditvorlage im Reichstag von der SPD-Fraktion gebilligt wurde, schrieb er an Emil Birkert:

> „Es ist zum Verzweifeln, wenn man sich überlegt, dass diese Kerle, die uns jahrzehntelang Grundsätze gepredigt haben, nun in dem Augenblick, da es gilt, solche zu zeigen, vollständig versagen. Wohl wird wieder eine hochtrabende Erklärung abgegeben werden, aber der Lump wird noch kein anständiger Mensch, wenn er mit dem Kittel eines solchen angezogen ist."[24]

In der schwierigen Zeit nach dem 4. August 1914 gab ihm die klare politische Einschätzung von Hoernle eine wichtige Orientierung. Dieser war als Sohn eines Missionspfarrers in Indien auf-

---

21 Vgl. Gudrun Fiedler: Jugend im Krieg. Bürgerliche Jugendbewegung, Erster Weltkrieg und sozialer Wandel 1914–1923 (Edition Archiv der deutschen Jugendbewegung; Bd. 6), Köln 1989, S. 38
22 Vgl. Wolfram Wette: Militarismus in Deutschland. Geschichte einer kriegerischen Kultur, Frankfurt 2008, S. 70 f.
23 Fritz Rück: Autobiographische Skizzen, o. O. und o. J. (Typskript), S. 23
24 Brief Fritz Rück vom 2.12.1914 an Emil Birkert, in: SAPMO-BArch, NL Wilhelm Eildermann, NY 4251/58, Bl. 188

gewachsen und hatte einen realistischen Blick für weltpolitische Zusammenhänge. Der Kriegseintritt Englands war für Hoernle ein Hinweis auf einen mehrjährigen Krieg. Damit nahm er Rück seine auch in linken SPD-Kreisen verbreiteten Illusionen über eine schnelle Beendigung des Krieges.[25]

Der Kriegsfreiwillige Ludwig Frank fiel bereits am 3. September 1914 an der Westfront, er war der einzige SPD-Reichstagsabgeordnete, der seinen Kampfeinsatz mit dem Leben bezahlte, der Redakteur Friedrich Stampfer verklärte in der von der SPD herausgegebenen Zeitung *Arbeiter-Jugend* dessen Tod als Heldentat.[26] Rück kündigte empört sein Abonnement.[27]

Als in der Stuttgarter Jugendgruppe die ersten Einberufungsbefehle eintrafen, reagierten die Mitglieder mit Trauer und Resignation. Im Waldheim Sillenbuch trafen sie sich noch einmal zu einer ergreifenden Abschiedsfeier. Rück schrieb: „Manchen Rednern standen die Tränen in den Augen, die ganze Versammlung schluchzte auf."[28] Auch Walcher berichtete in seinen Erinnerungen von dieser Feier zur Verabschiedung von Max Hammer, dem Vorsitzenden der FJO, der zu den ersten gehörte, die einrücken mussten. Die Jugendlichen waren sehr bewegt und legten ein kollektives Gelöbnis ab, auch als Soldaten noch internationale Sozialisten zu bleiben.[29]

Ein Gedicht Rücks mit dem Titel „Rekrutenabschied" gibt seiner Wehmut Ausdruck:

„Und nun ade ihr stillen Täler,/du grüner Wald dort auf der Höh!/Die Trommel ruft mich zur Kaserne,/verlöscht ihr Jugendsterne,/verlöscht in bittrem Weh./
Versinkt ihr sonnenhellen Träume,/ihr könnt nicht mit der Trommel ziehn!/Die Fackel, die verwegen brannte,/durchs Dunkel ihre Brücke spannte,/sie muß jetzt in sich selbst verglühn./
So lebt denn wohl ihr stillen Täler,/du grüner Wald dort auf der Höh!/ruft auch die Trommel zur Kaserne,/mein Herz bleibt euch, ihr Silbersterne,/die scheidend ich verlöschen seh."[30]

---

25 Vgl. Fritz Rück: Autobiographische Skizzen, o. O. und o. J. (Typoskript), S. 16 und S. 21; Dieter Groh: Negative Integration und revolutionärer Attentismus. Die deutsche Sozialdemokratie am Vorabend des Ersten Weltkriegs, Frankfurt/Berlin/Wien 1973, S. 694 und 714
26 Vgl. Rück 1926 (Anm. 18), S. 19
27 Die Zahl der Abonnenten in Württemberg sank von August 1914 bis Juni 1916 von 1.243 auf 77. Vgl. Siegfried Scholze: Die Entwicklung der revolutionären Arbeiterjugendbewegung von der Jenaer Osterkonferenz 1916 bis zum Internationalen Jugendtag im September 1916, Diss. Greifswald 1968, S. 195; Hartmut Schneider: Die sozialistische Jugendbewegung. Ihre Geschichte, ihr Wesen, ihre Ziele und ihre Formen, Diss. Köln 1952, S. 46
28 Fritz Rück: Vom 4. August zur russischen Revolution. Ein Beitrag zur kommunistischen Bewegung in Deutschland, Stuttgart 1920, S. 12
29 Vgl. Walcher 2004 (Anm. 15), S. 15
30 Fritz Rück: Kerkerblumen. Gedichte aus der Kriegszeit, Stuttgart 1918, S. 20

3.2 Warten auf den Kriegsdienst

Rück blieben bis zu seiner Einberufung noch ein paar Monate Zeit, deshalb arbeitete er von Oktober 1914 bis Mai 1915 als Setzer in Schorndorf.[31] Wichtig war für ihn die Arbeit in der Jugendorganisation. Die Jugendlichen trafen sich fast täglich im Waldheim, sie lasen und diskutierten. Mit großer Aufmerksamkeit wurden oppositionelle Schriften gelesen: die *Gleichheit* Clara Zetkins, die *Lichtstrahlen* des Berliners Julian Borchardt, eine Broschüre des Hamburger Kriegsgegners Heinrich Laufenberg[32] und die *Berner Tagwacht*.[33] Individuelle Aktionen, wie z. B. die Verweigerung des Wehrdiensts, lehnten sie ab. Schon vor Kriegsausbruch hatte die Polizei die württembergische Jugendorganisation aufgelöst; die Jugendlichen machten Erfahrungen im Umgang mit polizeilichen Repressionen. Selbstbewusst meinte Rück, dass diese Tatsache mit dazu beitrug, „dass die Jugendbewegung in einigen der wichtigsten Städte des Reiches zur Hauptstütze des Kampfes gegen den Krieg wurde."[34]

Unmittelbar nach Kriegsbeginn wurde vorübergehend für ein paar Wochen eine freie Jugendarbeit wieder zugelassen. Offensichtlich wollte das Stellvertretende Generalkommando die Arbeiterjugendlichen für die geplanten Jugendwehren gewinnen.[35] Doch um die Jahreswende 1914/1915 wurden Bespitzelung und Zensur wieder verschärft, Rekrutenabschiedsfeiern durften nicht mehr abgehalten werden.[36] Um ihrem Protest und ihrer Trauer Ausdruck zu verleihen, planten die Jugendlichen eine eigene Zeitung zu publizieren und gaben ihr den bezeichnenden Titel *Marterpfahl*. Das sechsköpfige Redaktionskomitee bestand aus drei jungen Frauen – Anna Rück, Charlotte Crispien, Anna Rödel – und drei jungen Männern, nämlich Max Barthel, Birkert und Rück.[37] Die Autoren gaben sich exotisch klingende Pseudonyme wie Fratello (i. e. Barthel), Bambino (i. e. Rück), Aurikel, Amico und Graziella (i. e. Anna Rück). Doch die Zeitung hatte nur kurzen Bestand, schon nach ihrem ersten Erscheinen wurde sie beschlagnahmt und verboten. Enttäuscht berichtete Rück seinem Freund Birkert, dass auch sein beim *Vorwärts* eingeschicktes Gedicht wegen „Pessimismus" abgelehnt worden sei.[38]

Das durch den Krieg veränderte Leben in der Jugendgruppe beobachtete Rück aufmerksam:

---

31 Vgl. Bericht der Polizeibehörde Augsburg an die Polizeidirektion Stuttgart vom 22.7.1922, in: StadtAA, Familienbogen Rück. In seinem autobiografischen Bericht gibt Rück der Stadt Schorndorf den Namen Hornlingen. Vgl. Peter Wedding (i. e. Fritz Rück): Otto Bessinger. Skizzen von der Jahrhundertwende. F Krieg, o. O. und o. J. (Typoskript), S. 89
32 Borchardt (1868–1932) und Laufenberg (1872–1932) hatten schon vor 1914 die bürokratische Erstarrung der SPD kritisiert und propagierten den Austritt aus Partei und Gewerkschaft. Vgl. Hans Manfred Bock: Geschichte des ‚linken Radikalismus' in Deutschland. Ein Versuch, Frankfurt 1976, S. 84 f.
33 Rück 1920 (Anm. 28), S. 18
34 Fritz Rück: Autobiographische Skizzen, o. O. und o. J. (Typoskript), S. 19
35 Vgl. Rück 1920 (Anm. 28), S. 17
36 Vgl. Scheck 1981 (Anm. 6), S. 96 f.
37 Vgl. Birkert 1983 (Anm. 15), S. 48 und S. 97
38 Vgl. Brief Fritz Rück vom 19.5.1915 an Emil Birkert, in: SAPMO-BArch, NL Wilhelm Eildermann, NY 4251/58, Bl. 193

„So mancher, der bisher passiv beiseite gestanden hatte, erwies sich nun unter dem Zwang der Verhältnisse als wertvolle Kraft. Die eingespielten Leiter, auf deren Worte man immer gelauscht hatte, [...] waren nicht mehr da. Aber andere begannen zu denken, zu handeln und neue Fähigkeiten zu entwickeln. Die jüngeren Altersklassen rückten auf und die Mädchen zeigten sich plötzlich sehr aktiv und übernahmen wichtige Funktionen."[39]

Allerdings war er diesbezüglich sehr skeptisch, denn er schätzte die Fähigkeiten von Mädchen und Frauen nicht sehr hoch ein. In einem Brief an Birkert schrieb Rück ein Jahr später, als er im Lazarett lag:

„Charlotte Crispien sagte mir einmal, als ich nach Dir fragte, Deine Briefe seien in der letzten Zeit immer so philosophisch. Ich wollte ihr klarmachen, dass man beim Kommiss unwillkürlich zum Philosophen werden muss, wenn man nicht versumpfen will, aber sie schien das nicht zu begreifen. Es ist ja klar, ein junges, lebenslustiges Mädchen, das trotz etwaiger innerer Teilnahme dem Ganzen doch ziemlich fern steht, wird das nie begreifen. Es ist zweifellos auch ein Grund für die Oberflächlichkeit eines Teils unserer Genossinnen, dass sie persönlich die Konflikte, die an uns jetzt herantreten, nicht kennen."[40]

Rück betrachtete den Krieg damals als „Männersache". Er selbst wurde Leiter der FJO in Stuttgart-Ost. Als das Stellvertretende Generalkommando die jungen Arbeiter dazu aufrief, sich an einem freiwilligen Hilfsdienst zu beteiligen, lehnte Rück dies ab. Die Stuttgarter Jugendlichen protestierten gegen die „Zentralstelle für die arbeitende Jugend" unter ihrem Vorsitzenden Ebert, der von ihnen die Eingliederung in die sogenannte vaterländische Front verlangte. Es gab „erbitterte Redeschlachten"[41] mit den Vertretern des rechten Flügels der SPD. Rück konstatierte dabei einen Wandel seines Redestils. Während er früher in „feurigen Ansprachen" an Gefühle appelliert und mit pathetischen Gedichtversen geschlossen habe, sei sein Redestil nun, „nüchtern und kühl, aber mit größerer Entschlossenheit".[42] Obwohl die Kriegsereignisse immer näher heranrückten, reagierte er äußerlich gelassen:

„Wir erhalten die ersten Listen der Verwundeten. Bald sind in ihnen bekannte Namen enthalten. Der Ehemann meiner Schwester ist gefallen, ein naher Freund schwer verwundet. Ich empfinde keinen Schmerz bei dieser Nachricht. Sie rufen in mir nur eine Art stumpfes Unverständnis hervor."[43]

39 Fritz Rück: Autobiographische Skizzen, o. O. und o. J. (Typoskript), S. 19. Tatsächlich übernahmen in dieser Zeit Mädchen und Frauen mehr Verantwortung für das Vereinsleben. Vgl. Fiedler 1989 (Anm. 21), S. 73
40 Brief Fritz Rück vom 3.7.1915 an Emil Birkert, in: SAPMO-BArch, NL Wilhelm Eildermann, NY 4251/58, Bl. 196
41 Fritz Rück: Autobiographische Skizzen, o. O. und o. J. (Typoskript), S. 20
42 Ebd.
43 Rück 1926 (Anm. 18), S. 18

3.2 Warten auf den Kriegsdienst

Er trennte sich von einer Freundin, er fühlte sich durch ihre Anhänglichkeit bedrängt und eingeengt. Er nahm wieder seine Klassiker zur Hand und studierte das „Kapital" von Karl Marx. Es machte ihn ruhiger und kühler und wappnete ihn gegen den Ansturm widersprüchlicher Gefühle.[44]

Eine Zusammenarbeit der Stuttgarter Linken mit Kriegsgegnern aus anderen Städten begann, auch Rück war in dieses Netzwerk eingebunden. Daraus entstand im April 1915 die Gruppe „Internationale". An der internationalen Jugendkonferenz in Bern an Ostern 1915, zu der Willi Münzenberg eingeladen hatte, konnte Rück allerdings nicht teilnehmen. Als Vertreter der Stuttgarter FJO reiste Friedrich Notz in die Schweiz und wurde in das neu gegründete internationale Jugendsekretariat gewählt.[45]

In Stuttgart gab es am Ersten Mai 1915 den ersten öffentlichen Protest in Deutschland gegen den Krieg. Um für eine als Frühlingsfeier getarnte Maifeier zu werben, wurden in der vorausgehenden Nacht Flugblätter an Plakatwände und Hauswände geklebt, eine nicht ungefährliche Aktion, die von Mitgliedern der Jugendorganisation durchgeführt wurde.[46] Unter der Überschrift „Genug des Krieges" standen die Parolen:

> „Gebt den Völkern Frieden! Neun Monate Krieg haben unerhörte Opfer an Gut und Blut gefordert! [...] Nur die kleinen Kreise der Kriegslieferanten, die Millionen einsacken und dem Volk die Lebensmittel verteuern, hetzen und schüren den Krieg. Die Völker wollen Frieden!"[47]

Auch Rück war in dieser Nacht mit Leimtopf und Pinsel aktiv, er schrieb an Birkert: „Das Zettelankleben hat gut funktioniert, bloß hat die Polizei zu bald wieder abgewaschen."[48]

Bei der öffentlichen Maifeier in der Arbeiterhalle in der Heusteigstraße sollte der linke Reichstagsabgeordnete Hugo Haase sprechen, aber die Veranstaltung wurde verboten. Trotzdem versammelten sich, von Polizeispitzeln beobachtet, etwa 130 Gäste im Wirtschaftsgarten des Arbeiterheims.[49] Friedrich Westmeyer erläuterte das Versammlungsverbot und forderte die Anwesenden auf, noch eine Weile zusammenzubleiben. Einige gingen in den Garten hinter der Halle, wo Crispien und Rück die Gedichte von Ferdinand Freiligrath „Trotz alledem" und „Die

---

44 Vgl. *Rote Fahne* Jg. 12, Nr. 130, 21.7.1929
45 Aus diesem Grund wurde Notz als Soldat eingezogen. Vgl. Wolfgang Arlt/Manfred Heinze/Manfred Uhlmann (Bearb.): Deutschlands Junge Garde. Erlebnisse aus der Geschichte der Arbeiterjugendbewegung von den Anfängen bis zum Jahre 1945, Berlin (Ost) 1959, S. 69
46 Vgl. Rück 1926 (Anm. 18), S. 24
47 Die Einladung zu dieser Versammlung hat Rück aufbewahrt, in: ARAB, NL Fritz Rück, Vol. 7
48 Brief Fritz Rück vom 5.5.1915 an Emil Birkert, in: SAPMO-BArch, NL Wilhelm Eildermann, NY 4251/58, Bl. 191
49 Vgl. Neuschl 1983 (Anm. 14), S. 94

Revolution" zitierten.⁵⁰ Es wurde gesungen und „erstaunt rissen die Spießer ihre Fenster auf und lauschten den ungewohnten Tönen".⁵¹

Am 5. Mai wurde im *Sozialdemokrat* zum ersten Mal ein Gedicht von Rück unter dem Pseudonym Caro Bambino gedruckt, die Stimmung war verzweifelt:

> „Nun ist der Mai gekommen/Mit Blumen ohne Zahl/Und schüttet alle, alle/In diese Welt der Qual./
> Kehr um du frecher Bursche/Mit deinem frischen Strauß,/Verpönt ist ja die Freude/In einem Totenhaus./
> Nimm einen festen Spaten/Und schaff dich wacker ab./Die Menschheit braucht nicht Blumen,/Sie braucht ein tiefes Grab."⁵²

3.3 Von der Kaserne ins Lazarett

Im Januar 1915 musste Rück zur Musterung erscheinen. In einer „schlecht geheizten Turnhalle"⁵³ wurde er von einem Oberarzt begutachtet, der die Menschen „wie ein Fleischer seine Ware einschätzt, nur nicht so gründlich und gewissenhaft". Keine fünf Minuten dauerte die Untersuchung, Rück fühlte sich und die anderen jungen Männer abgefertigt „wie Schafe zum Abschlachten."⁵⁴ Wie die meisten der gemusterten Männer wurde Rück der Infanterie zugeteilt und war von diesem Zeitpunkt an dem Kriegsgesetz unterworfen. Seine Uniform empfand er als unfreiwillige Karikatur, die Jacke war zu lang, die Hose zu breit:

> „Etwas komisch sehen sie zunächst aus, in den Uniformen, die von der Kleiderkammer ausgegeben werden.

Abb. 1: *In der verhassten Uniform*

---

50 Vgl. Brief Emil Birkert vom 4.5.1915 an [Gustav] Seiter, zit. nach: Wilhelm Eildermann: Jugend im Ersten Weltkrieg. Tagebücher, Briefe, Erinnerungen, Berlin (Ost) 1972, S. 190
51 Brief Fritz Rück vom 3.5.1915 an Emil Birkert, in: SAPMO-BArch, NL Eildermann, NY 4251/58, Bl. 189 f.
52 *Der Sozialdemokrat*, Jg. 2, Nr. 21, 5.5.1915
53 Dieses Detail unterstreicht die kalte, unmenschliche Atmosphäre der Musterung.
54 Rück 1926 (Anm. 18), S. 25

3.3 Von der Kaserne ins Lazarett

[...] Für die Ausbildung ist auch speckiges und heruntergerissenes Zeug gut genug, zum Marsch ins Feld wird man sie dann neu einkleiden. ‚Damit jeder seinen eigenen Sarg bekommt', erklärt ein Witzbold der Kompanie. Es dauert nur wenige Tage, und sie glauben, der eingefressene Dreck in Hosen und Waffenröcken sei eigener Dreck."[55]

Der Briefverkehr war für den Zusammenhalt der verstreuten Jugendgenossen sehr wichtig.[56] Obwohl die Briefe teilweise die Zensur passieren mussten, sind sie ein wichtiges Zeugnis für Rücks persönliche Stimmungslage und seine politische Einstellung. Zehn Tage vor Dienstantritt beschrieb er dem Freund seine hoffnungslose Lage als kleiner Soldat in dem großen weltgeschichtlichen Ringen:

„Das Weltbild sieht ganz verzweifelt aus. Italien treibt seinen störrischen Maulesel immer näher an die große Schlacht heran, die, wenn Gott und der Kaiser will, auch unser allerschönstes junges Leben verschlingen wird. Auf der östlichen Seite unseres Planeten drückt Japan immer energischer seinen Kommißstiefel in die chinesische Magengrube und es wird wohl nicht mehr lange dauern, dann geht auch dort die allgemeine Rauferei los."[57]

Am 5. Mai 1915 schrieb er pathetisch: „Noch wohnt in unserm Arm die Kraft/der Stolz des roten Bluts./Noch ist in uns die Leidenschaft/des kecken Jugendmuts."[58] Weshalb er das Wort „noch" doppelt hervorhob? War es schon eine dunkle Ahnung, wie sehr dieser Krieg in ihr Leben eingreifen würde?

Am 20. Mai 1915, drei Tage vor Pfingsten, musste Rück in das württembergische Grenadier-Regiment Nr. 119 in die große Infanteriekaserne in Cannstatt einrücken.[59] Gerne wäre er zu dem schon im Jahr zuvor geplanten Pfingsttreffen der Jugend nach Zürich gefahren, aber er erhielt Ausgehverbot.[60] Rück berichtete, dass seine ganze Abteilung an Pfingsten unter Hausarrest gestellt wurde, weil der Leutnant sich weigerte, mit Rekruten auf die Straße zu gehen, die die militärische Ehrenbezeigung noch nicht gelernt hatten. Er resignierte: „Zwischen mir und der Vergangenheit erhob sich unerbittlich eine steinerne, unzerstörbare Kasernenmauer."[61] Der ungewohnte solda-

---

55 Peter Wedding (i. e. Fritz Rück): Otto Bessinger. Skizzen von der Jahrhundertwende. F Krieg, o. O. und o. J. (Typoskript), S. 26
56 Vgl. Gerhard Engel: Rote in Feldgrau. Kriegs- und Feldpostbriefe junger linkssozialdemokratischer Soldaten des Ersten Weltkriegs, Berlin 2008, S. 39 ff.
57 Brief Fritz Rück vom 10.5.1915 an Emil Birkert, in: SAPMO-BArch, NL Wilhelm Eildermann, NY 4251/58, Bl. 192
58 Birkert 1983 (Anm. 15), S. 70
59 Das 1. württembergische Grenadierregiment trug den Namen der Königin Olga. Vgl. Daniel Kirn: Soldatenleben in Württemberg 1871–1914. Zur Sozialgeschichte des deutschen Militärs (Krieg in der Geschichte; Bd. 46), Paderborn/München/Wien/Zürich 2009, S. 359
60 Vgl. Rück 1926 (Anm. 18), S. 26
61 Ebd.

Abb. 2: *Rück und Birkert als Rekruten*

3.3 Von der Kaserne ins Lazarett

tische Drill und die schweren Gepäckmärsche schwächten seine Gesundheit, größer war jedoch die psychische Belastung:

> „Wir werden wohl noch hinauskommen ins Feld. Aber ich habe weniger Angst vor einer Kugel als vor zwei Jahren Dienstzeit. Die körperlichen Strapazen sind nicht das Schlimmste, sondern die seelische Niedergedrücktheit. Man wehrt sich fortwährend gegen die innere Demütigung."[62]

Tiefe Abneigung gegen seine Ausbilder kommt in einem anderen Brief zum Ausdruck: „So ein krummes Aas von einem Unteroffizier [...] Brr! Sechs Schritt vom Leibe!"[63] Nach sechs Wochen hatte Rück sich an das harte Leben gewöhnt, aber dann trat eine Änderung ein:

> „An den Abenden fühle ich mich schlapp und zerschlagen und fühle Schmerzen in der linken Seite. Während eines Fußmarsches falle ich um, ein Unteroffizier begleitet mich ins Revier, dort findet man nichts und schickt mich zur Untersuchung ins Krankenhaus. Der Stabsarzt schreibt auf meinen Schein ‚Nierenkrank' und nach zwei Wochen schickt man mich zurück zur Kompanie: tauglich zum Kriegsdienst."[64]

Er fühlte, dass etwas nicht in Ordnung war, wollte sich aber nicht krankmelden, um nicht als Drückeberger zu gelten und mit Putzdienst bestraft zu werden. Auf einem Fußmarsch von 40 Kilometern Länge, der in voller Ausrüstung zurückzulegen war, bekam er rasende Schmerzen.[65] Wieder in Begleitung eines Unteroffiziers fuhr er in die Kaserne zurück, wo er stundenlang mit hohem Fieber lag, seine Kameraden kümmerten sich nicht um ihn, sie waren mit dem Reinigen ihrer Uniformen, Tornister und Gewehre beschäftigt.[66] Auf einem Röntgenbild fand man einen dicken Nierenstein, er war dem Tode nahe. Im Haueisen-Lazarett in Cannstatt wurde er im November 1915 von Oberstabsarzt Dr. Grosse viereinhalb Stunden lang operiert. Neun Monate lag er in seinem Feldbett, geplagt von Schmerzen, Fieber und Nervenerschütterungen.

> „Besonders furchtbar sind die Nächte. Ein großer Saal mit 100 Betten sieht aus wie eine Totenkammer, in der man lebendige Leute beerdigt hat; sie stöhnen und atmen unruhig im Schlaf. [...] Irgendeiner ruft mit ausgestreckten Armen seine Frau und nennt sie beim

---

62 Brief Fritz Rück vom 11.6.1915 an Emil Birkert, in: SAPMO-BArch, NL Wilhelm Eildermann, NY 4251/58, Bl. 194f.
63 Brief Fritz Rück vom 24.10.1915 an Emil Birkert, in: SAPMO-BArch, NL Wilhelm Eildermann, NY 4251/58, Bl. 202
64 Rück 1926 (Anm. 18), S. 29
65 Die Soldaten mussten oft von Stuttgart nach Münsingen marschieren, wo sich ein Exerzierplatz für die Schießübungen befand. Vgl. Kirn 2009 (Anm. 59), S. 322
66 Vgl. Rück 1926 (Anm. 18), S. 29. Mit diesem Hinweis wollte Rück auf die abstumpfende Wirkung des Militärdienstes hinweisen.

Namen. Am folgenden Morgen, als man ihn fragt, was er geträumt hat, da kommt er zu sich und schluchzt laut auf, nachdem er unter der Decke das amputierte Bein gefühlt hat. Ein junger Soldat, der neben mir liegt, springt jede Nacht auf und kommandiert mit Donnerstimme. [...] Eine solche donnernde Stimme habe ich am Tage noch nie bei ihm gehört."[67]

Obwohl der Krieg vielen Soldaten schwere Wunden schlug, körperliche und seelische, behielten die meisten ihre nationale Begeisterung:

„Von Zeit zu Zeit trifft ein Transport ein von der Front – die Arbeit belebt sich. Einmal kam eine ganze Gruppe Gardeschützen vom Hartmannsweilerkopf an.[68] In unseren Saal kommen Schwer- und Leichtverwundete. Sie sind alle Kerle mit richtiger Berliner Mundart – jeder von ihnen gibt sich so, als ob er persönlicher Sekretär Wilhelms in ‚kleinster Ausgabe' ist. In politischen Fragen sind sie naiv, wie kleine Kinder: sie glauben alles das, was die Zeitungen schreiben. Dass die Deutschen siegen werden, das ist für sie selbstverständlich und ruft keinerlei Zweifel hervor. Wilhelm selbst hat das gesagt und er muß es ja wissen."[69]

Er selbst versteckte in dieser Lage seine Gesinnung nicht, er berichtete von Konflikten mit frommen Krankenschwestern:

„Nur wenige [scil. Schwestern/die Verf.] arbeiten ohne das gewöhnliche religiöse patriotische Wortgeprassel. Meine Beziehungen zur Oberschwester wurden dadurch verdorben, dass sie erfuhr, dass ich so ein [...] Roter bin. Einige Tage nach der Operation fragte sie mich, welcher Choral beim Abendgebet gesungen werden soll. [...] Ich habe 39,5 Temperatur, zähle zu den Todeskandidaten. Auf meine Antwort, dass es mich nicht interessiert, was gesungen wird, entfernt sie sich beleidigt und von Zeit zu Zeit gibt sie mir mit kleinen Sticheleien zu verstehen, dass ihre besten Gefühle gekränkt worden sind. Einmal, als erneut ein Gardeschütze, der mit einem von einer ‚patriotischen' Kugel durchschossenen rechten Bein gebracht worden war, begann, den Kaiser und den Krieg enorm zu loben, beginne ich, im Bette liegend, lauter und deutlicher meine Meinung zu sagen, als sich dies für einen Soldaten gehört, von diesem Moment an stehe ich auf der schwarzen Liste bei der Mehrheit der Schwestern."[70]

---

67 Ebd.
68 Bei den verlustreichen Kämpfen am Hartmannsweilerkopf in den Vogesen wurde tatsächlich seit 1915 ein Garde-Schützen Bataillon eingesetzt. Vgl. www.vogesenkaempfe14-18.de/hwk.htm-28k, download am 11.6.2008
69 Rück 1926 (Anm. 18), S. 31
70 Ebd.

3.3 Von der Kaserne ins Lazarett

Am 6. Februar 1916 beschrieb er seine labile Seelenlage in einem Brief an Birkert:

> „Genauso wie mein körperlicher Zustand hin und her schwankt, so auch der geistige. Heute spiele ich mit seltener Ausdauer den ganzen Tag Karten, um morgen an einem hochgelehrten Buch herumzudösen. [...] Ich lebe in den Tag hinein wie ein blödsinniger Hammel."[71]

Doch seine Wunde wollte nicht heilen und er verbrachte im Sommer 1916 zehn Wochen in dem hessischen Kurort Bad Wildungen, wo er sich erholen sollte.

> „In Wildungen lebt Otto Bessinger wieder auf. Das Zimmer teilt er mit einem anderen Soldaten, Essen gibt es reichlich und gut. Sie gehen unter den Klängen einer Militärkapelle am Brunnen spazieren, trinken das vorgeschriebene Quantum Mineralwasser und können den Tag über anfangen, was sie wollen. Ein kurzer Rückfall mit Fieber geht auch vorüber, er kann wieder gerade gehen und beginnt zu schreiben. Rasch ist der Entwurf zu einem Drama fertig, er schreibt Gedichte und beginnt einen umfangreichen Briefwechsel nach allen Seiten."[72]

Zurückgekehrt nach Stuttgart, wurde er einem Ersatzbataillon zugewiesen. Doch die Besserung war nicht von Dauer, die Nieren eiterten weiter und die Ärzte rieten zu einer zweiten Operation. In einem Brief an Birkert, der an der Westfront war, schrieb er: „Daß Ihr draußen wie in der Hölle lebt, glaube ich. So eine Art Fegefeuer haben wir ja hier."[73] Auch seine Verzagtheit verschwieg er nicht: „Man wird müde, so ganz langsam, man kapituliert vor dem Leben, das man zwingen wollte."[74] Wehmütig beschrieb Rück seine Erinnerungen an die Wanderzeit, wo er bei einem Sonnenuntergang „das höchste Glück des Menschentums erfahren" habe.[75] Und „die höchste Lebensfreude gibt der künstlerische Genuß. Das habe ich erst diese Woche wieder empfunden, als ich in Felix Hollenbergs Atelier kam."[76] Hollenberg war ein freischaffender Landschaftsmaler in Stuttgart, zum zweiten Mal erwähnte der junge Rück Interesse für bildende Kunst. Er beschäftigte sich auch mit Dichtung (Wilhelm Busch, Victor Scheffel und Johann Wolfgang von Goethe), Philo-

---

71 Brief Fritz Rück vom 6.2.1916 an Emil Birkert, in: SAPMO-BArch, NL Wilhelm Eildermann, NY 4251/58, Bl. 211
72 Peter Wedding (i. e. Fritz Rück): Otto Bessinger. Skizzen von der Jahrhundertwende. F Krieg, o. O. und o. J. (Typoskript), S. 31
73 Brief Fritz Rück vom 8.6.1916 an Emil Birkert, in: SAPMO-BArch, NL Wilhelm Eildermann, NY 4251/58, Bl. 210
74 Brief Fritz Rück vom 24.10.1915 an Emil Birkert, in: SAPMO-BArch, NL Wilhelm Eildermann, NY 4251/58, Bl. 202
75 Brief Fritz Rück vom 15.10.1915 an Emil Birkert, in: SAPMO-BArch, NL Wilhelm Eildermann, NY 4251/58, Bl. 200
76 Brief Fritz Rück vom 24.10.1915 an Emil Birkert, in: SAPMO-BArch, NL Wilhelm Eildermann, NY 4251/58, Bl. 202

sophie (Friedrich Nietzsche, Oswald Spengler), marxistischer Theorie und Naturwissenschaft. In einem Brief vom 8. Juni 1916 sprach er von eigenen literarischen Arbeiten, einem „großen Drama", sowie einigen mehr oder weniger umfangreichen Romanen".[77] Trotz aller Melancholie gab es auch optimistische Töne: „Morgen ist Ostern, und die Sonne kommt und die Rosen blühn."[78] Mit stoischer Gelassenheit formulierte er: „Leben heißt [...] aus hundert Wunden bluten. Aber Leben heißt auch noch im Tode Sieger zu sein."[79] Sogar zu einer religiös-märtyrerhaften Haltung steigerte er sich: „Du sollst Dich lieber ans Kreuz schlagen lassen, als zu Kreuze kriechen."[80]

Obwohl er als Soldat strenger militärischer Aufsicht unterworfen war, konnte er gelegentlich das Lazarett verlassen. Während eines Urlaubs bei den Eltern referierte er am 20. Oktober 1916 bei einem illegalen Treffen der verbotenen sozialistischen Jugend in einer Gastwirtschaft in der Stuttgarter Möhringerstraße 27, er trug noch Uniform.[81] Die Versammlung wurde aufgelöst und die Polizei beschlagnahmte Rücks Papiere: ein Gedicht, ein Schreiben an den Präsidenten des Kriegsernährungsamtes, ein Exemplar der Zeitung *Freie Jugend*[82] und die Notizen für den geplanten Vortrag. Der Polizeibericht fasste den Vorgang folgendermaßen zusammen:

„Die Inhaltsangabe des Vortrags beweist deutlich, dass es sich um eine Zusammenkunft der früheren Jugendorganisation handelte. [...] Der Grenadier Rück erklärte, dass er am Sonntag, den 15.10. 1916 im Waldheim Sillenbuch von dem Jugendgenossen Karl Mink aufgefordert worden sei, am 20. Oktober in die Wirtschaft von Reichert zu kommen. Er habe sich freiwillig erboten, einen Vortrag über die Jugendbewegung zu halten. [...] Seiner Meinung nach handle es sich aber nicht um eine Zusammenkunft der früheren Jugendorganisation, sondern um ein geselliges Beisammensein untereinander gut bekannter Jugendlicher. Die Angaben des Rück sind durchaus unglaubhaft. Wenn er auch seit Mai 1915 eingerückt ist, kann mit Sicherheit angenommen werden, dass er über die Jugendorganisation immer auf dem Laufenden geblieben ist, zumal seine Schwester eine führende Rolle in [...] der Jugendorganisation eingenommen hat."[83]

---

77 Brief Fritz Rück vom 8.6.1916 an Emil Birkert, in: SAPMO-BArch, NL Wilhelm Eildermann, NY 4251/58, Bl. 210
78 Brief Fritz Rück vom 14.4.1916 an Emil Birkert, in: SAPMO-BArch, NL Wilhelm Eildermann, NY 4251/58, Bl. 207
79 Brief Fritz Rück vom 17.3.1916 an Emil Birkert, in: SAPMO-BArch, NL Wilhelm Eildermann, NY 4251/58, Bl. 206
80 Brief Fritz Rück vom 22.4.1916 an Emil Birkert, in: SAPMO-BArch, NL Wilhelm Eildermann, NY 4251/58, Bl. 208 f.
81 Vgl. Bericht Städtische Polizeidirektion vom 23.10.1916, in: HStAS, E 150 Bü 2048, Q 196
82 Diese Zeitung der revolutionären Arbeiterjugend wurde 1916 nach nur zwei Nummern verboten. Vgl. Ottokar Luban: Die Auswirkungen der Jenaer Jugendkonferenz 1916 und die Beziehungen der Zentrale der revolutionären Arbeiterjugend zur Führung der Spartakusgruppe, in: Archiv für Sozialgeschichte, Bd. 11, Hannover 1971, S. 202
83 Bericht Städtische Polizeidirektion vom 23.10.1916, in: HStAS, E 150 Bü 2048, Q 196

3.3 Von der Kaserne ins Lazarett

Die Polizei war also gut informiert über Rück und seine Familie, beurteilte aber dieses Ereignis als „nicht sehr bedeutend" und verzichtete auf gerichtliche Schritte.

In diesem Polizeibericht findet sich ein Hinweis auf Rücks zukünftige Frau. Die gleichaltrige, aus Leipzig stammende Jugendgenossin Dora Hofmann befand sich an diesem Abend unter seinen Zuhörerinnen und Zuhörern, die alle namentlich aufgezählt wurden.[84] In einem Gedicht mit dem Titel „Arbeiterliebe" drückte er aus, was er damals für ein Mädchen empfand:

> „Ich will in dich mein Innerstes versenken/und neue Kraft soll mir aus dir entstehn,/ich will an dich mein Heiligstes verschenken/und stark und froh in Dir mich selber sehn./ An deinen jungen Gliedern bricht mein Sehnen/und stürzt und brandet stolz in dich hinein./Wenn unsre Herzen fiebernd sich versöhnen,/dann reift in uns des Lebens tiefstes Sein./ Und stark und froh,/so wie wir uns gefunden,/so schreiten wir, dem Ganzen eingereiht,/ als Suchende dem Ziel verbunden/zum Kampfe, dem wir uns geweiht."[85]

War dieses Gedicht Dora Hofmann gewidmet? Oder dachte Rück an Charlotte Crispien? In einem Brief vom Februar 1917 an Birkert deutete er vage eine zu Ende gegangene Liebesbeziehung zu der Tochter von Crispien an. Er beklagte sich, dass Charlotte nicht mehr in die Versammlungen der Jugend komme und sich „dämlich"[86] benehme.

Zunächst musste sich Rück damit begnügen, von Lazarettschwestern gepflegt zu werden, neun Monate lang. Seine Befreiung vom Kriegsdienst durchlief „im Schneckentempo eine unzählige Menge von Instanzen."[87] Am 11. Dezember 1916 wurde er „nach einer peinlich genauen Untersuchung durch ein Ärztekollegium"[88] als „zeitig kriegsunbrauchbar", aber „arbeitsverwendungsfähig"[89] mit einer monatlichen Rente von 13 Mark aus dem Heer entlassen. Rücks Erkrankung während seiner Rekrutenausbildung könnte als psychosomatisches Zeichen seiner als krisenhaft erlebten Lage gedeutet werden.[90] Niedergedrückt schrieb er im Februar 1917:

---

84 Vgl. Bericht Städtische Polizeidirektion vom 21.10.1916, in: HStAS, E 150 Bü 2048, Q 195. In diesem Bericht wird der Familienname von Dora fälschlicherweise „Hoffmann" geschrieben. Dora Hofmann wurde am 29.9.1895 in Leipzig-Gohlis geboren und wohnte 1916 in der Weberstr. 82 in Stuttgart, sie wurde hier als „berufslos" bezeichnet.
85 Rück 1918 (Anm. 30), S. 14
86 Brief Fritz Rück vom 7.2.1917 an Emil Birkert, in: SAPMO-BArch, NL Wilhelm Eildermann, NY 4251/58, Bl. 212.
87 Rück 1926 (Anm. 18), S. 32
88 Fritz Rück: Autobiographische Skizzen, o. O. und o. J. (Typoskript), S. 51
89 Brief Fritz Rück vom 7.2.1917 an Emil Birkert, in: SAPMO-BArch, NL Wilhelm Eildermann, NY 4251/58, Bl. 212
90 Unzutreffend ist die Feststellung, dass Rück wegen einer „Dienstverletzung" aus dem Heeresdienst entlassen wurde. Vgl. Hermann Weber/Andreas Herbst: Deutsche Kommunisten. Biographisches Handbuch 1918 bis 1945, Berlin 2008², S. 755

„Es ist ja schändlich, wie wir um unsere besten Jugendjahre bestohlen werden. Die einen krank und schlapp in der Heimat, die anderen im Feld. [...] Allerdings glaub ich, dass wir diesen Sommer noch zum Frieden kommen. Aber was für ein Friede wird das sein und wie viel werden bis dahin noch ins Gras beißen müssen."[91]

Nur wenige Tage arbeitete er in der Buchbinderei Speck in der Urbanstraße in Stuttgart, das stundenlange Stehen war körperlich zu anstrengend für ihn. Seinem Freund Birkert teilte er mit: „Mit der Schriftsetzerei muß ich wohl umstecken. Servus Winkelhaken und Setzlatte."[92] Aber schon bald fand er eine neue Aufgabe und begann seine zweite Laufbahn als Journalist. Diesen Beruf wählte er selbst und übte ihn sein ganzes Leben lang aus.

3.4 Unüberbrückbare Gegensätze innerhalb der SPD

Für die meisten Sozialdemokraten war die Spaltung ihrer Partei ein unvorstellbarer Gedanke. Die Einheit wurde als hohes Gut betrachtet, diszipliniertes, geschlossenes und solidarisches Verhalten der Mitglieder war selbstverständlich.[93] Walcher schrieb im Vorwort zu Rücks Erinnerungsschrift „Aus dem Tagebuch eines Spartakisten", dass auch „die Mehrheit der Radikalen die Spaltung der Partei fürchtete."[94]

Seit Kriegsbeginn kam es in den württembergischen Ortsvereinen zu heftigen Auseinandersetzungen über die Politik des Landesvorstands, der eng mit den königlich-württembergischen Behörden zusammenarbeitete. Keil brachte in der *Schwäbischen Tagwacht*, deren Schriftleitung er 1914 übernommen hatte, sogar Sympathie für den König zum Ausdruck:

„Träte in Württemberg morgen die Republik an die Stelle der Monarchie, so hätte, wenn alle Bürgerinnen und Bürger zu entscheiden hätten, kein Anwärter mehr Aussicht, an die Spitze des Staates gestellt zu werden, als der jetzige König."[95]

Rück schrieb in einer Broschüre im Jahr 1920, dass durch persönliche Angriffe und gehässige Beleidigungen zwei Weltanschauungen, zwei Parteien entstanden seien, von denen die eine die Sprache der anderen nicht mehr verstand. „Es gab nichts anderes mehr als reinliche Scheidung."[96] Ein tiefer Riss ging durch die Arbeiterbewegung. Vertreter der Linken griffen die Gewerkschaften

---

91 Brief Fritz Rück vom 7.2.1917 an Emil Birkert, in: SAPMO-BArch, NL Wilhelm Eildermann, NY 4251/58, Bl. 212
92 Ebd.
93 Vgl. Volker Ullrich: Vom Augusterlebnis zur Novemberrevolution. Beiträge zur Sozialgeschichte Hamburgs und Norddeutschlands im Ersten Weltkrieg 1914–1918, Bremen 1999, S. 36
94 Jacob Walcher: Vorwort zu: Rück 1926 (Anm. 18), S. 12
95 Zit. nach: Wilhelm Kohlhaas: Chronik der Stadt Stuttgart 1913–1918 (Veröffentlichungen des Archivs der Stadt Stuttgart; Bd. 16), Stuttgart 1967, S. 139
96 Rück 1920 (Anm. 28), S. 16

3.4 Unüberbrückbare Gegensätze innerhalb der SPD

an und warfen diesen eine arbeiterfeindliche Politik vor.[97] Rück war ebenfalls der Meinung, die Gewerkschaftsbürokratie habe ihren Organisationsapparat „skrupellos zur Agitation gegen die radikalen Kreise ausgenutzt."[98] Heftige Streitereien gab es um Mitgliedsbeiträge und die Ausgabe von neuen (blauen) Beitragsmarken durch den gemäßigten württembergischen Landesvorstand[99], der radikale sozialdemokratische Verein hatte die üblichen roten Beitragsmarken. Rück nannte dies „bürokratische Kinkerlitzchen."[100] Die Rechten, die in Stuttgart in der Minderheit waren, gründeten neue Ortsvereine und eine eigene Jugendorganisation.[101] Im Juli 1915 wurden die drei linken Abgeordneten Friedrich Westmeyer, Franz Engelhardt und Ferdinand Hoschka aus der sozialdemokratischen württembergischen Landtagsfraktion gedrängt und gründeten eine eigene parlamentarische Gruppe, die „Sozialistische Vereinigung". Sie war die erste SPD-Parlamentsfraktion in Deutschland, die sich abspaltete.

Am 15. April 1915 erschien die erste Nummer der Zeitschrift *Internationale. Monatsschrift für Theorie und Praxis des Marxismus*, die von Rosa Luxemburg im Gefängnis geschrieben worden war. Die linken Sozialdemokraten, die sich um diese Zeitschrift gruppierten, nannten sich deshalb Gruppe „Internationale". In Deutschland wurde die Zeitung schon nach dem Erscheinen des ersten Hefts verboten, aber die von dem Schweizer Sozialdemokraten Grimm besorgten Exemplare konnten in Deutschland illegal verbreitet werden. Rück muss sie gekannt haben, denn später – im Jahr 1920 – lobte er diese „glänzend geschriebene wuchtige Abrechnung mit dem sogenannten marxistischen Zentrum, in erster Linie dessen Theoretiker Karl Kautsky."[102] Obwohl auch Luxemburg noch nicht an eine Spaltung der Partei dachte, bezeichnete Rück ihre Position in seinen späteren Schriften als eine für ihn wichtige ideologische Klärung. Er stellte fest, dass die erste Nummer der *Internationale* eine „scharfe Trennung vom parlamentarischen Sumpf des Patriotismus" gebracht habe, sie sei ein „kühner Schuss in die muffige Atmosphäre"[103] gewesen. Wieder stimmte Liebknecht am 21. Dezember 1915 gegen die Kriegskredite, mit ihm 18 sozialdemokratische Reichstagsabgeordnete. Bei den Stuttgarter Arbeiterjugendlichen hatte er hohes Ansehen, für sie und für andere linke Kriegsgegner wurde er zur „Ikone des Widerstands."[104]

---

97 Vgl. Scheck 1981 (Anm. 6), S. 56
98 Rück 1920 (Anm. 28), S. 8
99 Vgl. Siegfried Bassler (Hrsg.): Mit uns für die Freiheit. 100 Jahre SPD in Stuttgart, Stuttgart/Wien 1987, S. 80
100 Rück 1920 (Anm. 28), S. 16
101 Vgl. Gabriele Schumacher: Die Entwicklung der Stuttgarter Linken im Kampf gegen den imperialistischen Krieg und die „Burgfriedenspolitik" der Opportunisten (1914–1917), Diss. Berlin (Ost) 1987, S. 82
102 Rück 1920 (Anm. 28), S. 21
103 Rück 1926 (Anm. 18), S. 24. Die Bezeichnung „Sumpf" wurde von Luxemburg in polemischer Absicht verwendet, um das sogenannte marxistische Zentrum der Vorkriegs-SPD unter Kautsky zu kritisieren. Vgl. Hermann Weber (Hrsg.): Die Gründung der KPD. Protokoll und Materialien des Gründungsparteitags der Kommunistischen Partei Deutschlands 1918/19, Berlin 1993, S. 11, Anm. 8
104 Ralf Hoffrogge: Richard Müller. Der Mann hinter der Novemberrevolution (Geschichte des Kommunismus und Linkssozialismus, hrsg. von Klaus Kinner; Bd. 7), Berlin 2008, S. 28

Rück, der schwerkrank im Lazarett lag, hoffte auf schnelle Veränderungen. In einem Brief an Birkert beklagte er sich im Januar 1916:

> „Dass es im übrigen Teil Deutschlands so langsam geht, während wir in Stuttgart vor Ungeduld schier vergehen. [...] Wir müssen immer im Auge behalten, dass die Entscheidung in den Industriezentren fällt und nicht in Stuttgart. Wenn Berlin, das Ruhrgebiet, Leipzig, Hamburg usw. sich regen, wenn dort die Arbeiter aufwachen, dann wird die Regierung anders reagieren, als wenn bloß immer aus Stuttgart der Rummel kommt."[105]

Am 2. Januar 1916 fand in Berlin eine illegale Reichskonferenz der Gruppe „Internationale" statt. Man traf sich in den Räumen der Rechtsanwaltskanzlei der Brüder Theodor und Karl Liebknecht in der Chausseestraße 121, das beruflich genützte Büro sollte die Konferenzteilnehmer vor polizeilichen Zugriffen schützen. Liebknecht, damals noch Armierungssoldat, hätte nach den Militärgesetzen an keiner politischen Zusammenkunft teilnehmen dürfen, aber er setzte sich über dieses Verbot hinweg. Die Anwesenheit Rücks wird in mehreren Geschichtsdarstellungen erwähnt, auch Hermann Weber in seinem Standardwerk über die Gründung der KPD zählt Rück zu den Konferenzteilnehmern.[106] Zu den jüngeren Teilnehmern dieser Konferenz gehörten u. a. Fritz Globig[107], Rudolf Lindau[108] und Georg Schumann[109]. Die Einbeziehung von jüngeren Genossen in den Kampf gegen den Krieg war ein wichtiges Anliegen Liebknechts. Jedoch an einer Anwesenheit Rücks sind Zweifel angebracht. Er hatte kurz zuvor, im November 1915, eine schwere Nierenoperation überstanden, von der er sich nur langsam erholte, eine anstrengende Fahrt nach Berlin zu Beginn seines neunmonatigen Lazarettaufenthalts ist sehr unwahrscheinlich. Zudem gab er selbst in seinen autobiografischen Schriften, in denen er über die Reisen zu den Reichskonferenzen der Unabhängigen Sozialdemokratischen Partei (USPD) nach Berlin berichtete, keinen Hinweis auf dieses Treffen. Auch Globig, der als Augenzeuge diese „konstituierende Spartakuskonferenz" in seinen Memoiren beschrieb, nannte Rücks Namen nicht.[110] Berta Thalheimer aus Cannstatt war Vertreterin der Stuttgarter Gruppe, weitere Konferenzteilnehmer waren u. a. Hugo Eberlein, Ernst Meyer, Franz Mehring und Käte Duncker (alle Berlin), Johann Knief (Bremen), Otto Rühle (Dresden), August Thalheimer (Braunschweig) und Heinrich Brandler (Chemnitz).

---

105 Brief Fritz Rück vom 13.1.1916 an Emil Birkert, in: SAPMO-BArch, NL Wilhelm Eildermann, NY 4251/58, Bl. 205
106 Vgl. Weber 1993 (Anm. 103), S. 17. Rücks Teilnahme erwähnen auch Luban 1971 (Anm. 82), S. 214; Heinz Wohlgemuth: Die Entstehung der Kommunistischen Partei Deutschlands. Ein Überblick, Berlin (Ost) 1978, S. 129; Scheck 1981 (Anm. 6), S. 96; Laschitza 2007 (Anm. 5), S. 290
107 Fritz Globig (1892–1970) kam aus der Leipziger sozialistischen Jugend.
108 Rudolf Lindau (1888–1977) war sozialdemokratischer Redakteur in Hamburg.
109 Georg Schumann (1886–1945) war auf der SPD-Parteischule Schüler von Luxemburg, dann Redakteur der *Leipziger Volkszeitung*.
110 Vgl. Fritz Globig: ...aber verbunden sind wir mächtig. Aus der Geschichte der Arbeiterjugendbewegung, Berlin (Ost) 1958, S. 138

Diese radikalen linken Kriegsgegner wollten in der SPD verbleiben, doch es war ihnen wichtig, sich von den gemäßigten „Zentristen" abzugrenzen. Sie diskutierten ein von Luxemburg entworfenes Grundsatzprogramm und verabschiedeten es unter dem Namen „Leitsätze".[111] Auf dieser Grundlage wurden Rundbriefe verfasst, der erste war mit „Spartacus" unterzeichnet. Dieser Name setzte sich schnell durch, aus der Gruppe „Internationale" wurde die „Spartakusgruppe".

An Ostern 1916 fand eine illegale Jugendkonferenz statt, als Vertreter der Stuttgarter Gruppe fuhr nicht Rück, sondern Hoernle und Notz nach Jena.[112] Liebknecht hielt das Hauptreferat.[113] Eine provisorische Zentrale wurde eingesetzt, es entstand eine enge Zusammenarbeit mit der linken Stuttgarter Arbeiterjugend. Viele Jugendliche beteiligten sich an der schwierigen Aufgabe des Vervielfältigens und Verschickens der illegalen Flugblätter und leisteten so einen wichtigen Beitrag für die Arbeit der Spartakusgruppe. Bei Haussuchungen in Stuttgart fand die Polizei immer wieder illegale Schriften der Kriegsgegner.[114]

Im Jahr 1916 spaltete sich die sozialdemokratische Reichstagsfraktion. 18 Dissidenten lehnten den von der Regierung vorgelegten Notetat ab und wurden am 24. März ausgeschlossen.[115] Formal noch zur SPD gehörend, bildeten sie nun eine eigene Fraktion, die Sozialdemokratische Arbeitsgemeinschaft (SAG) unter der Leitung von Wilhelm Dittmann, Hugo Haase, Georg Ledebour und Ewald Vogtherr.[116] Das Parteiorgan *Vorwärts* wurde im Oktober handstreichartig auf die Linie der rechten Parteimehrheit gebracht, oppositionelle Redakteure erhielten ihre Entlassung.[117] Jetzt konnten Kriegsgegner nur noch in wenigen Zeitungen zu Wort kommen, so z. B. in der *Leipziger Volkszeitung*, im Braunschweiger *Volksfreund* und im Stuttgarter *Sozialdemokrat*.

Obwohl es große Differenzen zwischen den gemäßigt-pazifistischen Parlamentariern der SAG und den revolutionären Aktivisten der Spartakusgruppe gab, fand am 7. Januar 1917 eine gemeinsame Konferenz der beiden Gruppierungen im Reichstagsgebäude statt.[118] Als Vertreter der Stuttgarter Gruppe fuhr Westmeyer nach Berlin, Rück war soeben erst aus der Armee entlassen worden.[119]

---

111 Abgedruckt in: Paul Frölich: 10 Jahre Krieg und Bürgerkrieg, Bd. 1: Der Krieg, Berlin 1924, S. 224 ff.
112 Vgl. Siegfried Scholze: Karl Liebknecht und die Jenaer Jugendkonferenz Ostern 1916, in: ZfG, Jg. 19 (1971), H. 8, S. 1022; Scheck 1981 (Anm. 6), S. 99
113 Vgl. Scholze 1968 (Anm. 27), S. 67 ff.; Luban 1971 (Anm. 82), S. 197 f.
114 Vgl. Neuschl 1983 (Anm. 14), S. 116
115 Entsprechend der parteipolitischen Perspektive ist auch die Rede von einem „Austritt" aus der Fraktion. Vgl. Protokoll über die Verhandlungen des Gründungs-Parteitags der U.S.P.D. vom 6. bis 8. April 1917 in Gotha, hrsg. von Emil Eichhorn, Berlin 1921, S. 3
116 Vgl. Hartfrid Krause: USPD. Zur Geschichte der Unabhängigen Sozialdemokratischen Partei Deutschlands (Studien zur Gesellschaftstheorie), Frankfurt/Köln 1975, S. 64
117 Vgl. Eugen Prager: Geschichte der USPD. Entstehung und Entwicklung der Unabhängigen Sozialdemokratischen Partei Deutschlands, Berlin 1921, S. 81
118 Vgl. Neuschl 1983 (Anm. 14), S. 123; Dieter Fricke: Handbuch zur Geschichte der deutschen Arbeiterbewegung 1869 bis 1917, Bd. 1, Berlin (Ost) 1987, S. 394 f.
119 Vgl. Theodor Bergmann/Wolfgang Haible/Galina Iwanowa: Friedrich Westmeyer. Von der Sozialdemokratie zum Spartakusbund – eine politische Biographie, Hamburg 1998, S. 190

3.5 Linke Kriegsgegner: unterdrückt und dezimiert

Im Juni 1916 fand vor einem Kriegsgericht der Prozess gegen Liebknecht statt, der am Ersten Mai auf dem Potsdamer Platz nach dem Ruf „Nieder mit dem Krieg! Nieder mit der Regierung!" verhaftet worden war. Dafür wurde er von einem Militärgericht zu vier Jahren Zuchthaus und sechs Jahren Ehrverlust verurteilt. In Berlin traten zahlreiche Arbeiter für die Freilassung Liebknechts in den Streik, sie folgten zum ersten Mal einem Aufruf der Revolutionären Obleute,[120] einer oppositionellen Gruppe von Mitgliedern der Metallarbeitergewerkschaft.[121]

Auch in Stuttgart kam es am 26. Juni 1916 zu einer Großkundgebung gegen die Verurteilung Liebknechts, auf die das Stellvertretende Generalkommando mit aller Schärfe reagierte. Es folgten zahlreiche Verhaftungen (Berta Thalheimer, Hoernle, Crispien u. a.). Rück erfuhr durch eine Lazarettschwester von diesen Vorgängen:

> „Waren das Ihre Freunde, die gestern Abend auf dem Charlottenplatz herumkrakeelt haben?' fragt sie mit spitzer Betonung. [...] ‚Geschrien haben sie ‚Hoch Liebknecht' und anderes konfuses Zeug. Aber es ist ihnen schlecht bekommen. Prügel hat es gegeben von der Polizei und die Rädelsführer sind alle verhaftet worden. Jetzt können sie im Langen Bau über ihre Heldentaten nachdenken.'"[122]

Am 19. Juli 1916 wurde die FJO verboten.[123] Eine Schließung der Waldheime wurde angedroht, falls es dort „Zusammenrottungen" geben sollte.[124] Um in der Umgebung von Stuttgart illegale Versammlungen zu überwachen, bildete die Polizei sogenannte Waldpatrouillen, verdächtige Post wurde kontrolliert und beschlagnahmt.[125] Wegen Verteilung illegaler Flugblätter und Schriften kam es zu einer Verhaftungswelle unter den linken Kriegsgegnern. Wilhelm Schwab, seit 1912 im Stuttgarter Gemeinderat, wurde zu zwei Jahren Zuchthaus verurteilt.[126] Wegen Teilnahme an einer Solidaritätsdemonstration für Liebknecht erhielt Crispien eine Haftstrafe von drei Monaten, Hoernle musste einen Monat ins Gefängnis.[127] Ein weiteres – oft tödliches – Disziplinie-

---

120 Vgl. Ottokar Luban: Rosa Luxemburgs Demokratiekonzept. Ihre Kritik an Lenin und ihr politisches Wirken 1913–1919 (Rosa-Luxemburg-Forschungsberichte; Bd. 6), Leipzig 2008, S. 133
121 Vgl. Walter Tormin: Zwischen Rätediktatur und sozialer Demokratie. Die Geschichte der Rätebewegung in der deutschen Revolution 1918/19 (Beiträge zur Geschichte des Parlamentarismus und der politischen Parteien; Bd. 4), Düsseldorf 1954, S. 37
122 Peter Wedding (i. e. Fritz Rück): Otto Bessinger. Skizzen von der Jahrhundertwende. F Krieg, o. O. und o. J. (Typoskript), S. 31
123 Vgl. Scheck 1981 (Anm. 6), S. 102
124 Vgl. Neuschl 1983 (Anm. 14), S. 122
125 Vgl. Bergmann/Haible/Iwanowa 1998 (Anm. 119), S. 174 und S. 198
126 Vgl. Fritz Rück: Autobiographische Skizzen, o. O. und o. J. (Typoskript), S. 51; Siegfried Scholze: Karl Liebknecht und die revolutionäre Arbeiterjugendbewegung in den Jahren des ersten Weltkriegs, in: BzG, Jg. 14 (1972), H. 1, S. 23
127 Vgl. Neuschl 1983 (Anm. 14), S. 115

3.5 Linke Kriegsgegner: unterdrückt und dezimiert

rungsmittel waren Einberufungsbefehle, jüngere wie auch ältere Männer wurden eingezogen, viele kehrten nicht mehr zurück.[128] Die Vertreter der SPD, die den Kriegskurs unterstützten, waren vom lebensgefährlichen Frontdienst freigestellt. Keil wurde vom Militärdienst befreit und durfte als Reichstagsabgeordneter 1917 an die Westfront reisen, wo er mit hochrangigen Militärs Gespräche führte und im Offizierskasino Champagner trank.[129] Stellungsbefehle erhielten u. a. Engelhardt (37 Jahre), Hoschka (44 Jahre), Hoernle (33 Jahre) und Crispien (41 Jahre).[130] Auch Westmeyer (44 Jahre) wurde trotz körperlicher Behinderung und trotz Landtagsmandat in die Uniform gezwungen.[131] Im Februar 1917 erhielt er in einer Kaserne in Ulm eine kurze „Ausbildung" und wurde dann an die Westfront geschickt. Schon wenige Monate später erkrankte er an Typhus und starb am 14. November 1917 in einem Lazarett in Frankreich, ein schwerer Verlust für die Linken. Die Beamten der Stuttgarter Polizeidirektion stellten erleichtert fest, dass nun die Radikalen einen ihrer einflussreichsten Führer verloren hätten.[132] Die Trauerfeier am 2. Dezember stand unter strenger Kontrolle des Stellvertretenden Generalkommandos. Rück wurde als Redner abgelehnt, die zugelassenen Begräbnisredner mussten ihre Ansprachen von der Zensurbehörde genehmigen lassen.[133] Durch diese harten Maßnahmen kam die Arbeit der linken württembergischen Sozialdemokraten in der zweiten Kriegshälfte „weitgehend zum Erliegen".[134] In dieser schwierigen Situation traten junge, noch unerfahrene Kräfte – auch Frauen und Jugendliche – in den Vordergrund. Auch Rück, Ende 1916 aus dem Militärdienst entlassen, musste und wollte Verantwortung übernehmen.

Das Kriegsjahr 1917 bedeutete für die Deutschen eine Fortsetzung des Massensterbens an der Front, eine Verschärfung der Versorgungsschwierigkeiten und rücksichtslose Eingriffe der Militärdiktatur in das staatliche und wirtschaftliche Leben. Das „Vaterländische Hilfsdienstgesetz" vom Dezember 1916 war ein tiefer Eingriff der staatlichen Gewalt in den wirtschaftlichen und sozialen Bereich. Die freie Wahl des Arbeitsplatzes wurde beschränkt, um alle verfügbaren Arbeitskräfte in die Kriegswirtschaft einzugliedern.[135] Besondere Verärgerung und Empörung

---

128 Vgl. Gunther Mai: Kriegswirtschaft und Arbeiterbewegung in Württemberg 1914–1918 (Industrielle Welt; Bd. 35), Stuttgart 1983, S. 129. Schon am 16.10.1914 berichtete die *Schwäbische Tagwacht*, dass die als radikal bekannte württembergische Partei besonders stark von Einberufungen betroffen sei. In Groß-Berlin waren es 16 % der Mitglieder, in Württemberg dagegen 61 %. Vgl. Bergmann/Haible/Iwanowa 1998 (Anm. 119), S. 165
129 Vgl. Wilhelm Keil: Erlebnisse eines Sozialdemokraten, Bd. 1, Stuttgart 1947, S. 383 und S. 391
130 Vgl. Neuschl 1983 (Anm. 14), S. 130. Crispien war verheiratet und hatte drei Töchter.
131 Zur Ausschaltung linker Kriegsgegner durch Verhaftungen und Militärdienst vgl. Scheck 1981 (Anm. 6), S. 89 ff.; Bergmann/Haible/Iwanowa 1998 (Anm. 119), S. 191. Sylvia Greiffenhagen gibt das Alter des 1873 geborenen Westmeyer fälschlicherweise mit 55 Jahren an. Vgl. Greiffenhagen 1979 (Anm. 20), S. 174
132 Vgl. Neuschl 1983 (Anm. 14), S. 145
133 Vgl. Peter Wedding (i. e. Fritz Rück): Otto Bessinger. Skizzen von der Jahrhundertwende. G Auf Vorposten, o. O. und o. J. (Typoskript), S. 66
134 Eberhard Kolb/Klaus Schönhoven (Bearb.): Regionale und lokale Räteorganisationen in Württemberg (Quellen zur Geschichte der Rätebewegung in Deutschland 1918/19; Bd. 2), Düsseldorf 1976, S. XLIII
135 Vgl. Ernst Schulin: Der Erste Weltkrieg und das Ende des alten Europa, in: August Nitschke et al. (Hrsg.): Jahrhundertwende. Der Aufbruch in die Moderne 1880–1930, Bd. 1, Reinbek 1990, S. 388

entstand durch die ungleiche Verteilung der knappen Verbrauchsgüter. Das aufreizend luxuriöse Leben der Reichen und die steigenden Gewinne vieler Produzenten und Händler ließen das nationale Gemeinschaftsgefühl der ersten Kriegsmonate schwinden.[136] Bezeichnend ist eine Parole, die illegal im Winter 1916/1917 in Berlin geklebt wurde: „Gleicher Lohn und gleiches Fressen, dann wäre der Krieg schon längst vergessen."[137] Diese Ungerechtigkeit empörte auch Rück:

> „Der dritte Kriegswinter ging zu Ende. [...] Deutschland hatte den uneingeschränkten U-Bootkrieg begonnen, der Eintritt Amerikas in die Reihen seiner Gegner war nur noch eine Frage von Tagen oder Wochen. [...] An der inneren Front nagte der Hunger, ein wachsender Gegensatz zwischen der grauen Armee des Elends und einer schamlosen Horde von Kriegsgewinnlern und Schiebern untergrub den Willen zum Durchhalten auch bei denen, die keine politischen Überlegungen anstellten."[138]

Die allgemeine Unzufriedenheit der Bevölkerung entlud sich in einer wachsenden Anzahl von Streiks im Jahr 1917,[139] in Württemberg allerdings verhielt sich die Arbeiterschaft ruhig. Doch eine große Zahl von SPD-Mitgliedern wandte sich von ihrer Partei ab, die von 1914 bis 1917 über drei Viertel ihrer Mitglieder verlor.[140]

3.6 Redakteur unter strenger Zensur

Seit 1914 schrieb Rück gelegentlich Artikel für die von Zetkin redigierte Frauenzeitschrift *Gleichheit*.[141] Diese erfahrene Politikerin und Redakteurin überarbeitete Rücks Artikel, wobei er auch Kritik einstecken musste: „Was er [scil. Rück/die Verf.] schrieb, kam aus dem Krankenzimmer der durch menschliche und politische Enttäuschungen niedergebrochenen Frau in so veränderter Form zurück, dass er an seiner Eignung für den Beruf des Journalisten ernsthaft zu zweifeln begann."[142]

Schon vor Beginn seiner Rekrutenausbildung schrieb Rück an Birkert, dass er unter Anleitung von Westmeyer und Zetkin kleinere Artikel für den *Sozialdemokrat* geschrieben und sich um die

---

136 Vgl. Jürgen Kocka: Klassengesellschaft im Krieg. Deutsche Sozialgeschichte 1914–1918 (Kritische Studien zur Geschichtswissenschaft; hrsg. von Helmut Berding et al.; Bd. 8), Göttingen 1978, S. 37
137 Karl Retzlaw: Spartakus. Aufstieg und Niedergang. Erinnerungen eines Parteiarbeiters, Frankfurt 1972², S. 51
138 Fritz Rück: Autobiographische Skizzen, o. O. und o. J. (Typoskript), S. 54
139 Vgl. Kocka 1978 (Anm. 136), S. 51 f.
140 Im Reich schrumpfte die Mitgliederzahl der SPD von 1.086.000 im Jahr 1914 auf 243.000 im Jahr 1917, in Württemberg war der Rückgang noch stärker, nämlich von 39.930 auf 6.667 Mitglieder. Vgl. Bergmann/Haible/Iwanowa 1998 (Anm. 119), S. 250
141 Vgl. Dirk Hoffmann: Sozialismus und Literatur. Literatur als Mittel politisierender Beeinflussung im Literaturbetrieb der sozialistisch organisierten Arbeiterklasse des Deutschen Kaiserreiches 1876–1918, Bd. 2, Diss. Münster 1978, S. 18
142 Fritz Rück: Autobiographische Skizzen, o. O. und o. J. (Typoskript), S. 52

3.6 Redakteur unter strenger Zensur

Verschickung der Zeitung gekümmert habe.[143] Die erste Nummer dieses sogenannten Mitteilungsblattes für die Mitglieder des linken sozialdemokratischen Vereins Stuttgart war bereits am 14. November 1914 erschienen, kurz nach dem Hinauswurf der drei linken Redakteure aus der *Schwäbischen Tagwacht*.[144] Ab der fünften Nummer Mitte Januar 1915 trug die Zeitung den Titel *Der Sozialdemokrat*. Um unabhängig zu sein, wurde eine Druckereigesellschaft gegründet, ein Arbeiterpresse-Verein, für den man Anteilscheine ausgab.[145] Borchardt, Herausgeber der Zeitschrift *Lichtstrahlen. Zeitschrift für internationalen Kommunismus* gab dem Verein die stattliche Summe von 4.500 Mark,[146] der Drucker Matthäus Herrmann war mit einer Einlage von 500 Mark beteiligt.[147] Im März 1917 konnte sich der Verein eine eigene Druckmaschine beschaffen, sie stand in der „Süddeutschen Volksbuchdruckerei" in der Arminstraße 39, wo sich auch die Redaktion befand.[148] Das Blatt war relativ erfolgreich, es erschien wöchentlich am Samstag, kostete 10 Pfennig und konnte über 2.000 Abonnenten in ganz Deutschland gewinnen.[149]

Häufig wechselten die Redakteure, bis Juli 1916 war Crispien verantwortlich. Als er eine Gefängnisstrafe absitzen musste, übernahm Westmeyer die Redaktion – bis zu seiner Einberufung im Februar 1917. Nun wurde Rück aufgefordert, die Nachfolge Westmeyers anzutreten und neuer hauptamtlicher Leiter der Zeitung zu werden. Außer ihm gab es niemand, der diese Tätigkeit hätte übernehmen können.[150] Es war eine schwierige Aufgabe für den jungen und unerfahrenen Rück, der auch gesundheitlich angeschlagen war. Sein Vater warnte ihn:

„'Lass die Finger aus der Politik', sagt der Vater, als Otto die Nachricht nach Hause bringt. ,Sie taugt nichts als Beruf und Du taugst erst recht nicht dafür. Man braucht harte Ellbogen, ein weites Gewissen und die Kunst, andere auszunützen und zu benützen, wenn man es in ihr zu etwas bringen will. Geh auf die Handelsschule und bilde dich noch im

---

143 Vgl. Brief Fritz Rück vom 5.5.1915 an Emil Birkert, in: Birkert 1983 (Anm. 15), S. 71 f.
144 Vgl. Neuschl 1983 (Anm. 14), S. 54. Der gewählte Name sollte anknüpfen an die SPD-Zeitung *Sozialdemokrat*, die in der Zeit des Sozialistengesetzes in der Schweiz herausgegeben und über die Grenze geschmuggelt worden war.
145 Moritz Thalheimer, der Vater von August Thalheimer, beteiligte sich mit einem „ansehnlichen Betrag". Vgl. Theodor Bergmann: Die Thalheimers. Geschichte einer Familie undogmatischer Marxisten, Hamburg 2004, S. 71
146 Vgl. Fricke 1987 (Anm. 118), S. 629 f. Im November 1916 bat Borchardt um die Rückzahlung des Geldes, erhielt aber von Westmeyer eine abschlägige Antwort. Vgl. Neuschl 1983 (Anm. 14), S. 101
147 Vgl. Anklageschrift vom 24.7.1917 gegen Rück, in: SAPMO-BArch, NL Emil Eichhorn, NY 4131/22, Bl. 122
148 Vgl. Scheck 1981 (Anm. 6), S. 103; Neuschl 1983 (Anm. 14), S. 130
149 Vgl. Anklageschrift gegen Rück vom 24.7. 1917, in: SAPMO-BArch, NL Emil Eichhorn, NY 4131/22, Bl. 125; Walcher: Vorwort zu: Rück 1926 (Anm. 18), S. 10
150 Vgl. Rück 1926 (Anm. 18), S. 32. Nach der Einberufung Westmeyers übernahm seine Frau Amalie für kurze Zeit die Redaktion. Vgl. Neuschl 1983 (Anm. 14), S. 123. Rück erwähnte diese Tatsache in keiner seiner autobiografischen Schriften.

Kaufmännischen aus, dann kannst Du auf Deinem Beruf eine Bürostelle bekommen. Jetzt ist die beste Gelegenheit dazu."[151]

Aber Rück wollte nicht mehr als Schriftsetzer oder gar als Kaufmann arbeiten. Ohne zu zögern begann er seinen neuen Berufsweg als Journalist, den er bis zu seinem Tod ausübte. Diese Tätigkeit war in der SPD mit einem gewissen Prestige verbunden.[152] Rück beruhigte seinen Vater, indem er ihm versicherte, dass es seine Pflicht sei, den leer gewordenen Posten auszufüllen, denn alle anderen Genossen seien schließlich eingezogen. Als Westmeyer sich von ihm in der Redaktion verabschiedete, sagte er zu seinem jungen, eifrigen Nachfolger: „Nun wirst Du ja Gelegenheit haben, deinen Offensivgeist im Kampf mit den Herren von der Zensur zu erproben. Ich habe genug davon."[153] Im Lazarett hatte Rück in einem Brief an Birkert noch gewisse Vorbehalte gegen Westmeyer geäußert, er schrieb am 8. Juni 1916: „In der Partei gab es wieder persönliche Streitereien. Aber es ist doch endlich erreicht worden, dass die Westmeyerbande aus der Parteileitung ausgeschieden ist."[154] Wahrscheinlich handelt es sich bei dieser Äußerung um eine vorübergehende Meinungsverschiedenheit, denn Westmeyer hatte als Politiker und als Journalist für Rück eine Vorbildfunktion.[155]

Mit großem Eifer und starkem Selbstbewusstsein machte er sich an die Arbeit. In der elterlichen Wohnung in der Schwarenbergstraße richtete er sich ein Arbeitszimmer ein. Die Schreibmaschine stellte ihm die Partei, auch ein geringes Gehalt von monatlich 150 Mark wurde ihm bezahlt.[156] Für das Feuilleton schrieb er Gedichte,[157] sein erster Leitartikel beschäftigte sich mit der Frage, ob die württembergische Opposition, wie auch die Spartakusgruppe der neu zu gründenden USPD (dem sogenannten Parteisumpf) beitreten sollte.[158]

Doch sein jugendlicher Tatendrang wurde sehr schnell gebremst. Das Stellvertretende Generalkommando hatte den kriegskritischen *Sozialdemokrat* unter strenge Vorzensur gestellt, das bedeutete, dass das erste fertig gedruckte Exemplar einem Beamten der Politischen Polizei übergeben werden musste. Die Zensurstelle nahm dann Streichungen vor und erst 24 Stunden später kam die gekürzte Zeitung wieder zurück. Die Zensurbehörde duldete keine Schwächung des Durchhaltewillens der Bevölkerung, nicht einmal Anfragen und Parlamentsreden der linksra-

---

151 Peter Wedding (i. e. Fritz Rück): Otto Bessinger. Skizzen von der Jahrhundertwende. G Auf Vorposten, o. O. und o. J. (Typoskript), S. 33
152 Vgl. Kurt Koszyk/Gerhard Eisfeld: Die Presse der deutschen Sozialdemokratie. Eine Bibliographie, Bonn 1980, S. 5
153 Peter Wedding (i. e. Fritz Rück): Otto Bessinger. Skizzen von der Jahrhundertwende. G Auf Vorposten, o. O. und o. J. (Typoskript), S. 35
154 Brief Fritz Rück vom 8.6.1916 an Emil Birkert, in: SAPMO-BArch, NL Wilhelm Eildermann, NY 4251/58, Bl. 210. Zu den Querelen in der Stuttgarter Parteiorganisation vgl. Scheck 1981 (Anm. 6), S. 99 f.
155 Vgl. Brief Fritz Rück vom 11.6.1915 an Emil Birkert, in: SAPMO-BArch, NY 4251/58, Bl. 194 f.
156 Vgl. Anklageschrift gegen Rück vom 24.7. 1917, in: SAPMO-BArch, NL Emil Eichhorn, NY 4131/22, Bl. 123
157 Vgl. *Der Sozialdemokrat*, Jg. 4, Nr. 14, 7.4.1917
158 Vgl. *Der Sozialdemokrat*, Jg. 4, Nr. 40, 6.10.1917

3.6 Redakteur unter strenger Zensur

dikalen Abgeordneten durften gedruckt werden.[159] Rück beschrieb die Enttäuschung der engagierten Redakteure:

> „Auf der ersten Seite war der Leitartikel ganz gestrichen. Er hatte sich mit dem drohenden Eintritt Italiens in den Krieg beschäftigt und zum Schluss darauf hingewiesen, dass an ein baldiges Kriegsende nicht zu denken sei. Auf derselben Seite fiel die Untersuchung einer holländischen Zeitung über die bisherige Höhe der Kriegsopfer dem Zensurstift zum Opfer. Aus einer Artikelserie, die sich mit der Stellung der Zweiten Internationale zum Kriege auseinandersetzte, waren alle Resolutionen gestrichen, die die Stellungnahme der internationalen Kongresse wiedergaben. Gestrichen war eine kleine Anfrage Liebknechts im Reichstag und Zitate aus der Frankfurter Zeitung, aus denen die Riesenprofite der Munitionsindustrie zu ersehen waren. ‚Und so ein Blatt sollen wir unseren Genossen in die Hand geben?' jammerte Gallecher (i. e. Crispien), der seine mühsame und sorgfältige Arbeit so zerstört sah."[160]

Wie Rück berichtete, wurden anfangs Sonderdrucke von nicht zensierten Exemplaren an einzelne Vertrauenspersonen verschickt.[161] Da aber ein Verbot des *Sozialdemokrat* zu befürchten war, stellte man dieses Verfahren wieder ein. So erschienen die Zeitungen mit großen weißen Flecken, die Leser wurden deutlich darauf hingewiesen, dass der „Burgfriede" mit der Schere durchgesetzt worden war. Später galten der Militärbehörde sogar diese Zensurflecken als gefährlich, sie befahl, die Spuren der Streichungen für die Leser unsichtbar zu machen.[162]

Rücks Mitarbeiter waren der Setzer Max Zschocher[163] und die junge Leipzigerin Dora Hofmann, die als Bürogehilfin tätig war.[164] Sie wurde 1920 seine Ehefrau. Seine fehlende Routine und Gelassenheit kompensierte Rück mit Fleiß und Enthusiasmus. Zufrieden zog er in seinen autobiografischen Erinnerungen Bilanz über den Einstieg in seinen neuen Beruf:

> „Mit großer Liebe und Sorgfalt arbeitet Otto an der Zusammenstellung des Blattes, dem man bald anmerkt, dass ein neuer, frischer Geist hier eingezogen ist. Die skeptischen Stimmen, die es zunächst noch gegeben hat, verstummen nach den ersten Nummern. Nur im Feuilleton brechen noch manchmal seine lyrischen Neigungen durch. Die Zensur

---

159 Vgl. Städtische Polizeidirektion vom 26.5.1918, in: HStAS, E 150 Bü 2051 III, Q 715
160 Fritz Rück: Autobiografische Skizzen, o. O. und o. J. (Typoskript), S. 31
161 Vgl. Peter Wedding (i. e. Fritz Rück): Otto Bessinger. Skizzen von der Jahrhundertwende. G Auf Vorposten, o. O. und o. J. (Typoskript), S. 35
162 Vgl. Rück 1926 (Anm. 18), S. 23
163 Seine Frau Margarete Zschocher war ebenfalls politisch aktiv, sie beteiligte sich zusammen mit Berta Thalheimer an einer sogenannten Hungerdemonstration am 6.11.1915 in Stuttgart.
164 Dora Hofmann war die Schwester von Margarete Zschocher, sie wohnte 1918 bei ihr in der Torstraße 23 in Stuttgart. Vgl. Bericht des Königl.-Württ. Landespolizeiamts vom 26.8.1918, in: HStAS, E 150 Bü 2051 III, Q 742

verstümmelt manche Artikel grauenhaft. Es dauert nicht lange und er hat auch die Kunst gelernt, vieles zwischen den Zeilen zu sagen."[165]

Wie wichtig der *Sozialdemokrat* für den Zusammenhalt der linken Kriegsgegner war, beweisen Briefe von Jugendgenossen aus französischen Schützengräben. So schrieb Notz an Birkert: „Muntert Rück auf, auf der beschrittenen Bahn weiter zu gehen. Rücksichtslos nach links und rechts, vorwärts zum Kampf, zum Sieg."[166]

In diesen Frühjahrstagen 1917 kam aus St. Petersburg die Nachricht vom Sturz des Zaren Nikolaus II., für Rück eröffneten sich völlig neue Perspektiven, er war begeistert:

„Das Bild des Erdballs wandelte sich. Millionen begannen wieder zu hoffen. Die unermüdliche Maulwurfsarbeit der Tausende, die in allen Ländern an der inneren Front des Kampfes gegen den Krieg standen, bekam einen neuen Impuls, ein nahes, greifbares Ziel. Der Anfang vom Ende war signalisiert. Nach drei Jahren Widerstand und Opfern hatte sich der eiserne Ring der Kriegsorganisationen eng und immer enger um die zusammengeschmolzenen Scharen geschlossen. [...] Jetzt brach der Ring an seiner schwächsten Stelle. Und man spürte: er wird nie wieder ein Ganzes bilden. Diese Gewissheit steigerte die Kräfte und hob den Elan."[167]

3.7 Gotha 1917: Erster großer Redeauftritt

Nach dem zermürbenden Kohlrübenwinter 1916/17 entlud sich im Frühjahr die Erbitterung der Arbeiterschaft in Streiks in Berlin und Leipzig, an denen sich über 200.000 Arbeiter beteiligten. Dabei zeigte es sich, dass Gewerkschaften und rechte SPD den Kontakt zu den unzufriedenen Massen verloren hatten.[168]

Im Jahr 1917 zerbrach die Parteieinheit endgültig, die Kriegsgegner schufen sich eine eigene Organisation. Die SAG-Reichstagsfraktion ergriff die Initiative und lud ein zu einer Konferenz, die vom 6. bis 8. April 1917 in Gotha stattfand, einer Stadt, in der sich 1875 die Eisenacher mit den Lassalleanern vereinigt hatten.[169] Geplant war zunächst eine Zusammenfassung der im ganzen Land verstreuten Oppositionsgruppen der Kriegsgegner. Zetkin, Crispien und Westmeyer waren bis zum Frühjahr 1917 sehr zurückhaltend, wenn es darum ging, sich endgültig von der SPD zu

---

165 Peter Wedding (i. e. Fritz Rück): Otto Bessinger. Skizzen von der Jahrhundertwende. G Auf Vorposten, o. O. und o. J. (Typoskript), S. 36
166 Brief Friedrich Notz vom 30.3.1917 an Emil Birkert, zit. nach: Engel 2008 (Anm. 56), S. 197
167 Fritz Rück: Autobiographische Skizzen, o. O. und o. J. (Typoskript), S. 56
168 Vgl. Miller 1974 (Anm. 7), S. 292; Hoffrogge 2008 (Anm. 104), S. 45
169 Vgl. Horst Bartel (Hrsg.): Sachwörterbuch der Geschichte Deutschlands und der deutschen Arbeiterbewegung, Bd. 1: A-K, Berlin (Ost) 1969, S. 751

3.7 Gotha 1917: Erster großer Redeauftritt

trennen.[170] Doch Rück war überzeugt von der Notwendigkeit eine neue Organisation zu gründen, er orientierte sich dabei an den „Rundschreiben der Zentrale", d. h. an den Spartakusbriefen:

> „Die Spaltung der Sozialdemokratischen Partei dehnt sich auf das ganze Reich aus. Eines der ersten Schriftstücke, die auf den Redaktionstisch Otto Bessingers flattern, ist die Einladung zu einer Reichskonferenz der gesamten Opposition. Es gibt zwei Richtungen dieser Opposition: die linksradikale Richtung Liebknecht und die sogenannte Arbeitsgemeinschaft, die sich um eine Gruppe von Parlamentariern mit Haase und Ledebour schart. Ottos erster Leitartikel beschäftigt sich mit der Frage, ob die entschiedene Linke, die Spartakusgruppe, zu der sie sich zählen, an dieser Konferenz teilnehmen und in die neue Partei eintreten soll, die man gründen will."[171]

Luxemburg forderte in mehreren, im Gefängnis geschriebenen Artikeln eine Mitarbeit der Spartakisten in der neu zu gründenden oppositionellen Partei.[172] Sie vertrat die Ansicht, dass man gegenwärtig keine eigene spartakistische Partei gründen könne, die Anhängerschaft sei zahlenmäßig zu klein und ihre leitenden Mitglieder befänden sich in den Gefängnissen. Unter dem schützenden Dach der neuen Partei könnten die Kriegsgegner die illegale Arbeit fortsetzen und die Massen gewinnen.[173]

Als Nachfolger Westmeyers war Rück nun auch Vorsitzender der Landeskommission des sozialdemokratischen Vereins Württemberg und zusammen mit Christian Haug (Esslingen) und Gottfried Kinkel (Göppingen) reiste er am Karfreitag 1917 nach Gotha.[174] Er hatte hohe Erwartungen und klare Ziele:

> „Freudig erregt, neugierig und stolz darauf, dass er mit seinen 22 Jahren eine der ältesten und stärksten Hochburgen der sozialistischen Linken auf der Konferenz vertreten durfte, formulierte Otto Bessinger noch im Zuge einige Anträge zum Programm und zur Statutenberatung. Einer davon verlangte die Urabstimmung aller Mitglieder der neuen Partei in wichtigen Fragen der Taktik und Organisation. Man musste den Führern besser auf die Finger schauen. [...] Die Erfahrung des 4. August hatte das Misstrauen geschärft, durch erweiterte demokratische Einrichtungen sollten Seitensprünge und verräterische Handlungen [...] verhindert werden."[175]

---

170 Vgl. Kolb/Schönhoven 1976 (Anm. 134), S. XLIII; Neuschl 1983 (Anm. 14), S. 127
171 Peter Wedding (i. e. Fritz Rück): Otto Bessinger. Skizzen von der Jahrhundertwende. G Auf Vorposten, o. O. und o. J. (Typoskript), S. 36
172 Luxemburg war am 10.7.1916 ohne Anklage und Prozess in „Schutzhaft" genommen worden. Vgl. Max Gallo: Rosa Luxemburg. Eine Biographie, Zürich 1993, S. 298
173 Auch Leo Jogiches und Franz Mehring glaubten, dass unter den Bedingungen des Belagerungszustandes die Zugehörigkeit zu einer Partei die politische Arbeit erleichtern könne. Vgl. Krause 1975 (Anm. 116), S. 111
174 Vgl. Scheck 1981 (Anm. 6), S. 103
175 Fritz Rück: Autobiographische Skizzen, o. O. und o. J. (Typoskript), S. 56 f.

Die negativen Erfahrungen Rücks und der linken Stuttgarter SPD-Mitglieder mit dem auf Disziplin und Unterordnung pochenden Führungsstil der SPD kommen in diesen Zeilen klar zum Ausdruck.

Von Anfang an gab es in Gotha große Differenzen zwischen Radikalen und Gemäßigten. Rück bezeichnete die SAG abwertend als „Parteisumpf", seine Vorbehalte waren groß:

> „Gegen die pazifistische Orientierung der Arbeitsgemeinschaft betonten die Linksradikalen die Notwendigkeit revolutionärer Massenaktionen zum Sturz der herrschenden Klasse, an die Stelle der Parole des Friedensschlusses durch Verständigung und Verhandlungen [...] setzten sie die Losung eines Friedens [...] durch revolutionäre Aktion der Arbeiterklasse."[176]

Zudem gab es Auseinandersetzungen zwischen den Spartakisten und den norddeutschen Radikalen, die auf organisatorischer Selbständigkeit beharrten und der neuen Partei nicht beitreten wollten.[177] Rück berichtete, dass es auf einer Vorkonferenz der Linken in einer kleinen Wirtshausstube in Gotha zu einem heftigen Wortgefecht kam:

> „Die Delegierten von der Wasserkante, aus Bremen und Hamburg – Johann Knief und Erna Halbe – die temperamentvolle Rosi Wolfstein von Duisburg, Fritz Heckert von Chemnitz und andere waren [...] gegen den Zusammenschluss [...] zu einer gemeinsamen Partei. Sie propagierten die Schaffung einer eigenen linksradikalen Partei in Form der politisch-gewerkschaftlichen Einheitsorganisation. [...] Zum ersten Mal wurde es Otto Bessinger bewusst, dass es auch in diesem Kreise der Linksradikalen Unterschiede und Gegensätze gab. Den Namen Lenin hörte er hier zum ersten Mal."[178]

Rück konnte den Ideen der Radikalen eine gewisse Konsequenz nicht absprechen, aber er befürwortete wie auch die beiden mitgereisten süddeutschen Delegierten die Schaffung einer einheitlichen Partei der sozialistischen Kriegsgegner.

> „Auch Otto Bessinger unterstützte die Parole des Anschlusses. Er wusste aus den Erfahrungen der letzten Jahre, die ihm auch im Lazarett vermittelt worden waren und die er aus den Diskussionen der letzten Wochen kannte, wie schwer es für eine kleine intransigente

---

176 Peter Wedding (i. e. Fritz Rück): Otto Bessinger. Skizzen von der Jahrhundertwende. G Auf Vorposten, o. O. und o. J. (Typoskript), S. 37

177 Es war eine kleine Gruppe, deren Sprachrohr die in Bremen erscheinende *Arbeiterpolitik* war. Sie wurde von Lenin für ihre Entschiedenheit gelobt. Vgl. Nettl 1967 (Anm. 12), S. 629

178 Fritz Rück: Autobiographische Skizzen, o. O. und o. J. (Typoskript), S. 58. Zu Knief vgl. Karin Kuckuk: Im Schatten der Revolution, Bremen 2009, S. 47 f.

3.7 Gotha 1917: Erster großer Redeauftritt

Gruppe war, sich unter dem Belagerungszustand zu rühren und den Kontakt mit den Arbeitern in den Betrieben zu halten."[179]

Die Diskussion am Vorabend der Konferenz wurde kontrovers und heftig geführt. Rück berichtete, dass Heckert[180] ihm Inkonsequenz vorgeworfen habe, weil er trotz seiner kritischen Haltung gegenüber den Pazifisten der SAG sich mit ihnen zusammenschließen wolle. Auch die „schwarzhaarige Rosi aus Duisburg"[181] habe ihn „angefaucht",[182] aber er verteidigte sich temperamentvoll. Ernst Meyer, der selbst kein Mandat zur Hauptkonferenz hatte, nahm als Vertreter der Spartakusführung an der Vorbesprechung und an der Konferenz teil und übermittelte die Position von Luxemburg. Am nächsten Tag erlebte Rück den Auftritt Haases, der als führender Kopf der SAG galt, er beschrieb ihn mit einer gewissen Anerkennung:

„Hugo Haase begann sein Referat. In großen Strichen umriss er die politische Situation, würzte seine Auseinandersetzung mit den Bewilligern der Kriegskredite durch zahlreiche, unbekannte Einzelheiten aus dem langwierigen Kampf hinter den Kulissen der Reichstagsfraktion und des Parteivorstandes, legte die Schuld an der Spaltung denen zur Last, die den alten Kampfboden des Sozialismus verlassen hatten."[183]

Jedoch die Rede Dittmanns über Organisationsfragen verspottete er in jugendlichem Übermut:

„Er redete mit dem trockenen Schwung des geborenen Bürokraten, der sich an den Tabellen des Mitgliederstandes berauscht. Seine tiefe Stimme war von Ernsthaftigkeit und Verantwortungsbewusstsein geschwellt, wie das lebendig gewordene Gewissen eines langweiligen Pastors ragte sein Vollbart in den Saal."[184]

Zu diesen beiden Referaten der Vertreter der rechten Mehrheit sollte Rück als Vertreter der Gruppe „Internationale" ein Koreferat halten.[185] Meyer, der im Hintergrund wirkte und von Rück als Spiritus Rector seiner Gruppe bezeichnet wurde, hatte den jungen Schwaben für diese

---

179 Fritz Rück: Autobiographische Skizzen, o. O. und o. J. (Typoskript), S. 60
180 Heckert hatte vor dem Krieg die SPD-Parteischule besucht, seine Lehrerin war Luxemburg. Vgl. Fricke 1987 (Anm. 118), S. 692
181 Gemeint ist die Luxemburg-Schülerin Rosi Wolfstein (1888–1987), später verheiratet mit Paul Frölich.
182 Fritz Rück: Autobiographische Skizzen, o. O. und o. J. (Typoskript), S. 61 f.
183 Ebd.
184 Ebd., S 62
185 Vgl. ebd. Ebenfalls als Vertreter der Gruppe „Internationale" hielt Heckert das Koreferat zu Ledebour, er polemisierte gegen die von der SAG vertretene Politik schrittweiser demokratischer Reformen. Vgl. Miller 1974 (Anm. 7), S. 165; Willibald Gutsche (Hrsg.): Deutschland im Ersten Weltkrieg, Bd. 2: Januar 1915 bis Oktober 1917, Berlin (Ost) 1968, S. 671

Aufgabe vorgeschlagen.[186] Unbekümmert willigte er ein, als erster nach den beiden Reichstagsabgeordneten Haase und Dittmann zu sprechen:[187]

> „Otto war etwas schwummerig[188] dabei, aber er nahm an mit derselben Selbstverständlichkeit, mit der er eine Diskussionsrede in der Jugendorganisation seiner Ortsgruppe übernommen hätte. [...] Er machte sich noch einige Notizen, da klingelte es schon von der Präsidentenbühne. Hell und klar drang die Stimme des jungen Arbeiters durch den Saal, etwas zu laut, fanden die in seiner Nähe Sitzenden. Seine Sätze waren scharf zugespitzt und angriffslustig formuliert."[189]

Während sein Vorredner Dittmann das gemeinsame Ziel der Opposition betonte, „die Beendigung des Krieges und die Aufrüttelung der Massen durchzuführen",[190] hob Rück die Gegensätze zwischen linken und rechten Kriegsgegnern hervor und lehnte jede Unterwerfung unter eine zentrale Führung ab:

> „Wir sind mit der Politik der Arbeitsgemeinschaft nicht einverstanden. Wir stehen vielmehr auf dem Boden der Grundsätze der Junius-Broschüre. [...] (Redner verliest die Leitsätze der Junius-Broschüre).[191] Dann fordern wir, dass den einzelnen Bezirken ihre Haltung nicht von der Zentrale vorgeschrieben werden darf. Es kann sich immer nur um ein Kartellverhältnis handeln. Man hat gesagt, die Gruppe Internationale wird sich nach dem Kriege von der Arbeitsgemeinschaft doch wieder trennen. Aber wir werden uns nur dann trennen, wenn Ihre Politik nicht nach den Grundsätzen der Gruppe Internationale geführt wird."[192]

Die Mehrheit sollte der Minderheit volle Freiheit gewähren, so forderte es Rück:

> „Die Minderheit darf nicht mehr mundtot gemacht werden, wir müssen das Recht haben, uns regen zu dürfen. [...] Wir fordern Schutz vor Vergewaltigung durch die Mehrheit. Wir wollen weiter Aktionsfreiheit der Bezirke. [...] Den lokalen Organisationen muß weitestgehende Aktionsfreiheit gewährt werden. [...] Es dürfen nicht mehr die Instanzen

---

186 Vgl. Fritz Rück: Autobiographische Skizzen, o. O. und o. J. (Typoskript), S. 61
187 Vgl. Wilhelm Dittmann: Erinnerungen, bearb. und eingel. von Jürgen Rojahn (Quellen und Studien zur Sozialgeschichte; Bd. 14/2), Frankfurt/New York 1995, S. 499
188 Schwäbischer Ausdruck für: schwindelig
189 Fritz Rück: Autobiographische Skizzen, o. O. und o. J. (Typoskript), S. 62. Die vollständige Rede Rücks ist abgedruckt in: Protokoll Gründungs-Parteitag 1917 (Anm. 115), S. 19–23
190 Protokoll Gründungs-Parteitag 1917 (Anm. 115), S. 16
191 Die 1916 veröffentlichte Junius-Broschüre schrieb Luxemburg im April 1915 während einer Gefängnishaft. Es war eine umfassende Abrechnung mit der Politik der rechten SPD.
192 Protokoll Gründungs-Parteitag 1917 (Anm. 115), S. 20

3.7 Gotha 1917: Erster großer Redeauftritt

entscheiden, den Arbeitern selbst muß Gelegenheit gegeben werden, eine andere Taktik, eine revolutionäre Taktik einzuschlagen."[193]

Nach den bitteren Erfahrungen der linken Stuttgarter SPD-Opposition wollte Rück die Rechte der neu zu schaffenden Parteizentrale radikal einschränken. Auch in finanziellen Fragen forderte er größere Selbständigkeit der Bezirke, er beantragte, den an die Zentralleitung abzuführenden Anteil der Mitgliedsbeiträge von den vorgesehenen 20 % auf 5 % abzusenken:

„Wir verlangen, dass 5 % abgeführt werden sollen. Württemberg kann wahrscheinlich gar nichts abführen. Das Blatt, das wir unter dem Kriegszustand geschaffen haben, muß gehalten werden. Wir müssen deshalb unser Geld dafür geben und können nicht mehr als 5 % abführen. 5 % müssen auch genügen."[194]

Dieser Antrag wurde nicht angenommen, doch in der Frage der Durchführung von Urabstimmungen bei den Mitgliedern und der Aktionsfreiheit für die regionalen und lokalen Gliederungen konnte sich die Gruppe „Internationale" durchsetzen.[195] Die gemäßigte Parteitagsmehrheit musste diese Konzession an die Linken machen, sonst wäre es zu keiner Zusammenarbeit gekommen.[196] Ohne Respekt und voller Angriffslust kritisierte Rück die parlamentarischen und pazifistischen Illusionen der Arbeitsgemeinschaft. Seine Grundüberzeugung formulierte er klar: „Wir müssen uns an die Arbeiter in den Fabriken wenden. [...] Wir haben die Pflicht, die Arbeiter aufzurütteln."[197] Diese Aussage spitzte er noch zu, indem er fortfuhr: „Wenn [...] die parlamentarische Vertretung vollkommen verschwände, so würde das auch kein Schaden sein; es würde aufklärend, anfeuernd auf die Massen wirken."[198] Dieser radikale Angriff gegen die Parlamentsarbeit war zu heftig, Rück wurde durch minutenlange stürmische Zwischenrufe unterbrochen.[199] Er merkte, dass er Öl ins Feuer gegossen hatte, auch seine Genossen waren „mit dem jungen Draufgänger"[200] nicht zufrieden.

Bemerkenswert ist noch sein Vorstoß zugunsten der Frauen. Folgende Ideen und Vorschläge stammen vielleicht von Zetkin, mit der er ja in engem Kontakt stand:

---

193 Ebd., S. 22
194 Ebd., S. 23
195 Vgl. Miller 1974 (Anm. 7), S. 163
196 Hans Manfred Bock sieht in der Rede Rücks in Gotha ein Zeugnis seiner syndikalistischen Ideen. Vgl. Hans Manfred Bock: Syndikalismus und Linkskommunismus von 1919–1923. Ein Beitrag zur Sozial- und Ideengeschichte der frühen Weimarer Republik, Darmstadt 1993, S. 61. Aber erst im Februar 1918 vertrat Rück deutlich syndikalistische Ziele.
197 Protokoll Gründungs-Parteitag 1917 (Anm. 115), S. 22
198 Ebd., S. 21
199 Vgl. Fritz Rück: Autobiographische Skizzen, o. O. und o. J. (Typskript), S. 62 f. In seinem Tagebuch von 1926 (Anm. 18), S. 38 dramatisierte er die Reaktionen: „Es erhob sich ein unvorstellbarer Lärm, die Parlamentarier schrien wie von Sinnen."
200 Fritz Rück: Autobiographische Skizzen, o. O. und o. J. (Typskript), S. 60

„Den Frauen muß eine gewisse Selbständigkeit und Aktionsfreiheit gegeben werden. Bisher sind die Frauen in der Partei zu kurz gekommen. Die Genossinnen müssen mehr zum selbständigen Denken erzogen werden. Sie waren bisher von den Männern zu stark beeinflußt."[201]

Nachdem seine Redezeit von einer Stunde abgelaufen war, verließ er die Tribüne. Leicht zerknirscht und selbstkritisch kommentierte er diesen Redeauftritt:

„Nach einer Stunde gehe ich von der Tribüne herab. Meine Rede strahlte nicht durch rhetorischen Glanz, sie ließ auch viel in Hinsicht auf die Harmonie der Gedanken zu wünschen übrig und trug den offensichtlichen Stempel der Improvisation. [...] Irgendwas war unglücklich formuliert worden."[202]

Meyer, der die Konferenz von einer Galerie aus verfolgte, beruhigte ihn und lobte seinen Auftritt: „Jeder im Saale spürte wenigstens, dass Sie mit ganzer Überzeugung bei dem sind, was Sie sagten. Das ist manchmal mehr wert als geschickte Technik."[203]

Der Parteitag verabschiedete das von Kautsky entworfene Gründungsmanifest der USPD und ein Parteistatut, das eine zentrale Leitung einsetzte.[204] Als Vorsitzender wurde Ledebour gewählt, nur ein einziger Vertreter der radikalen Linken kam in den Parteivorstand.[205] Für Rück – wie auch für die spartakistische Zentrale – war die Parteigründung ein taktischer Schachzug und jederzeit widerrufbar.[206]

Neugierig beobachtete Rück bekannte sozialdemokratische Persönlichkeiten. Über Eduard Bernstein schrieb er, dass er „linker" geworden sei und nun den Versuch mache, „mit pazifistischem Rosenöl"[207] die stürmischen Wogen des Weltkriegs zu dämpfen. Anerkennend äußerte er sich über Ledebour, er sei ein „ehrlicher Revolutionär, er ist bereit, auf den Barrikaden zu sterben".[208]

---

201 Protokoll Gründungs-Parteitag 1917 (Anm. 115), S. 23. Eigentlich waren die Frauen durch die Kriegslage bereits aktiviert und konnten darauf verzichten, von Parteigenossen dazu „erzogen" zu werden.
202 Rück 1926 (Anm. 18), S. 38
203 Peter Wedding (i. e. Fritz Rück): Otto Bessinger. Skizzen von der Jahrhundertwende. G Auf Vorposten, o. O. und o. J. (Typoskript), S. 46
204 Bei der Schlussabstimmung über das Manifest der Partei gab es nur eine einzige Gegenstimme. Krause 1975 (Anm. 116), S. 90 vermutete, dass dies Rück gewesen sein könnte. Doch in seinen Erinnerungsschriften gibt es keinen Hinweis darauf.
205 Vgl. Ottokar Luban: Rosa Luxemburg, Spartakus und die Massen. Vier Beispiele zur Taktik der Spartakusgruppe bzw. des Spartakusbundes, in: Theodor Bergmann/Wolfgang Haible (Hrsg.): Reform – Demokratie – Revolution. Zur Aktualität von Rosa Luxemburg. Supplement der Zeitschrift *Sozialismus*, H. 5 (1997), S. 13
206 Vgl. Rück 1926 (Anm. 18), S. 35 f.
207 Ebd.
208 Ebd., S. 34

3.8 Verhaftung nach Waldspaziergang

Wie sollten die Stuttgarter Sozialdemokraten über die Gothaer Konferenz informiert werden? Verbote, Verhaftungen, Prozesse und Gefängnisstrafen verhinderten die politischen Aktivitäten der Kriegsgegner in Stuttgart, illegale Zusammenkünfte konnten nur heimlich und unter freiem Himmel stattfinden. So wanderten am Sonntag, dem 29. April 1917 etwa 100 Personen[209] in kleinen Gruppen über die Höhenrücken bei Stuttgart und trafen sich wie zufällig in der Wirtschaft „Zum Kranen" in Feuerbach. Dann zerstreute sich die Gesellschaft und traf in einem Wald zwischen Feuerbach und Zuffenhausen wieder zusammen. Rund um den Versammlungsplatz wurden Männer mit Spazierstöcken als Posten aufgestellt. Den weiteren Verlauf schilderte Rück folgendermaßen:

> „Selbst hier, wo man sich vor den Spitzeln und Schergen der Militärdiktatur verbergen musste, wurden die parlamentarischen Regeln eingehalten. Der Vorsitzende [scil. des radikalen sozialdemokratischen Vereins Matthäus Herrmann/die Verf.] eröffnete die Versammlung, teilte mit, wozu man zusammengekommen sei und gab dann das Wort dem Genossen Bessinger, der Bericht erstatten sollte von der Gothaer Konferenz.
> Während Otto sich seiner Aufgabe widmete, vielleicht mit etwas zu lauter Stimme, [...] ging ein Sergeant der benachbarten Garnison mit einem Dienstmädel im Walde spazieren. Er hörte den Redner und ging neugierig näher. Da kamen einige Männer auf ihn zu, Stöcke in der Hand, und bedeuteten ihm, er solle sich gefälligst weiterscheren. Der Sergeant ging, gegen die Übermacht konnte er doch nichts ausrichten und setzte am Abend einen Bericht über sein Erlebnis auf. Aus einigen halben Sätzen, die er gehört hatte, und seinen eigenen Gedanken darüber, braute er ein Gemisch zusammen, das furchtbar gefährlich wirkte. Der Sergeant gab diesen Bericht seinem Vorgesetzten, der leitete ihn an die Kommandantur und diese übertrug der politischen Polizei die Aufklärung der Angelegenheit."[210]

Am 8. Mai 1917 wurde Rück in aller Frühe von zwei Kriminalpolizisten aus dem Bett geholt, beim Anziehen gelang es ihm noch, Nietzsches „Zarathustra" einzustecken und einen kleinen Bleistift in der Stiefelkappe verschwinden zu lassen. Seine erschrockene Mutter beruhigte er, dass er bald wieder zurück sei, die beiden Beamten lächelten höflich. In seiner Gefängniszelle im Stuttgarter Polizeipräsidium hörte er durch einen Luftschacht den vertrauten Jugendpfiff. Es war Herrmann, der ebenfalls nach der Waldversammlung verhaftet worden war. Endlich erfuhr er den doppelten Grund seiner Haft: Teilnahme an einer unangemeldeten Versammlung und Aufruf zu einem

---

209 Vgl. Rück 1926 (Anm. 18), S. 40
210 Fritz Rück: Autobiographische Skizzen, o. O. und o. J. (Typoskript), S. 65

Streik der Munitionsarbeiter. Er habe gegen die Bestimmungen des Belagerungszustandes verstoßen, dies wurde als Landesverrat gewertet. Der Sergeant hatte zu Protokoll gegeben, Rück habe

> „auf der Versammlung im Wald von den sozialdemokratischen Brüdern in Russland gesprochen. Auch die deutschen Genossen sollten sich ein Beispiel an diesen nehmen. [...] Die Rüstungsarbeiter sollten keine Granaten und Bajonette mehr machen, die unsere Soldaten den anderen Brüdern in die Brust stoßen."[211]

Nach dem ersten Verhör erließ der Amtsrichter einen Haftbefehl und Rück wurde in das Untersuchungsgefängnis beim Landgericht überführt.

3.9 Vier Monate Haft im „Langen Bau"

Zum ersten Mal machte Rück Bekanntschaft mit einem Gefängnis, er nahm dabei alle Einzelheiten wahr:

> „Später führte man Otto Bessinger zum Gefangenenwagen. Er erinnerte sich plötzlich an die merkwürdige Scheu, die sie als Kinder gehabt hatten, wenn dieser Wagen auf der Straße vorüberfuhr. Damals bedeutete es eine große Schande, in ihn verfrachtet zu werden. Auch dies wurde anders, viele brave Genossen und ehrliche Arbeiter hatten schon vor ihm diese Fahrt vom Polizeipräsidium nach dem Untersuchungsgefängnis durch die belebten Strassen machen müssen. Im Untersuchungsgefängnis wurde er in eine Badewanne gesteckt. Ein Aufseher suchte inzwischen seine Kleider gründlich durch. Das Buch wurde ihm weggenommen, Proteste nützten nichts. Erst musste der Untersuchungsrichter die Erlaubnis zum Lesen geben. Alles war hier auf einen anderen Ton gestimmt, kürzer, energischer, brutaler. Über eiserne Treppen und schmale Gänge, von denen aus man den ganzen Innenraum von drei Stockwerken übersehen konnte, wurde er in seine Zelle geführt."[212]

Später bekam er seinen „Zarathustra" wieder zurück, er vertiefte sich intensiv in dieses Werk, er schrieb: „Nun kennt er es bald auswendig und das Pathos der gefeilten Sprache und die zugespitzten Formulierungen erfüllen ihn manchmal wie ein sanfter Rausch."[213] Mit dem Bleistiftstummel, den er durch die doppelte Kontrolle gerettet hatte, schrieb er Gedichte auf die leere Umschlagseite des Buches, ein kleiner Triumph für ihn, da man ihm das Schreiben verboten hatte. Durch die erzwungene Untätigkeit ließ er sich nicht mürbe machen, denn „das Rezept verfängt bei diesem

---

211 Anklageschrift gegen Rück, in: SAPMO-BArch, NL Emil Eichhorn, NY 4131/22, Bl. 129 f.
212 Peter Wedding (i. e. Fritz Rück): Otto Bessinger. Skizzen von der Jahrhundertwende. G Auf Vorposten, o. O. und o. J. (Typoskript), S. 54
213 Ebd., S. 55

3.9 Vier Monate Haft im „Langen Bau" 89

Gefangenen nicht, denn der füllt mit seinen eigenen Gedanken, Träumen und Plänen die ganze Zelle aus".[214]

Aber es gab für ihn auch deprimierende Stimmungslagen:

> „Untersuchungshaft ist eine grausame Strafe. [...] Mancher, der draußen an der Sonne spazieren geht, sagt beschwichtigend: ‚Es ist immer noch besser, im Gefängnis zu sitzen, als im Schützengraben zu sein.' Sie sagen es zu der verstörten Mutter, die einmal in der Woche von dem, was sie sich zu Hause abgedarbt haben, dem Sohn zu essen bringen darf. Die Gefängniskost ist kaum genießbar, der Staat spart an denen, die sich gegen seine Gesetze vergangen haben. [...] Otto nimmt sich immer wieder vor, die Zusatzkost von außen einzuteilen für die ganze Woche und wenn der Abend des ersten Tages der Woche vorbei ist, sind alle Tüten und Teller leer."[215]

Widerstand gegen die Gefängnisregeln wurde mit harten Disziplinierungsmaßnahmen gebrochen:

> „In der ersten Zeit bricht manchmal der Wille zur Freiheit in plötzlichen Äußerungen der Rebellion durch. Er hämmert mit den Fäusten gegen die dicken Bohlen der Türe, so wie es viele der Gefangenen in plötzlichen Ausbrüchen tun. Der Oberaufseher kommt und seine barsche Ankündigung, dass man ihn in die Dunkelzelle sperren würde, ernüchtert Otto. Wenn sie im Hofe spazieren gehen, eine Viertelstunde jeden Tag, immer im Kreise, einer hinter dem andern her, ohne dass ein Wort gesprochen werden darf, wandern scheue Blicke zur Dunkelzelle hinauf. Wenn der dicke, gepolsterte Laden geschlossen ist, [...] sitzt wieder einer dort. Manchmal, mitten in der Nacht, wachen die Gefangenen auf, wilde Schreie hallen durch den Bau, man hört Schlüsselklirren und die barschen Stimmen einiger Aufseher. Jetzt wird wieder einer geprügelt, bevor sie ihn in die Dunkelzelle werfen, man weiß das ganz genau und ist bis ins Tiefste erschüttert."[216]

Als er endlich Papier und Tinte erhielt, war die Phase der Untätigkeit vorbei und er begann sofort zu schreiben, 40 Gedichte verfasste er in einer Woche. In seinem Kopf entstanden nächtliche Träume, sie stiegen auf „wie aus einem tiefen Brunnen".[217] Das Gedicht „Zarathustra", Ergebnis seiner philosophischen Lektüre, ist in den beiden Sammelbänden von 1918 und von 1920 abgedruckt:

---

214 Ebd.
215 Ebd., S. 56
216 Ebd.
217 In Rück 1918 (Anm. 30) und in Fritz Rück: Feuer und Schlacken. Gedichte aus Krieg und Revolution, Stuttgart 1920 sind einige dieser Gedichte abgedruckt. Die Titel lauten: „Lied eines Sträflings", „Der Tod als Freund", „Hinter Mauern", „Ein Blick aus dem Zellenfenster", „Vorwärts", „Tod", „Frühling im Kerker", „Stimmung", „Krank"

„Der die heil'ge Flamme/froh behütend trug,/
durchs Gestrüpp der Zeiten/breite Bahnen schlug,/
sich aus Nacht und Nebel/Mut und Kraft gebar,/
wie die ew'gen Sterne/ernst und wissend war,/
sendet seine Tiere,/die verwegen spähn,/
ob noch keine Jünger/seine Pfade gehen."[218]

Als Rück die Erlaubnis zum Bücherlesen bekam, entlieh man aus der nahe liegenden Württembergischen Landesbibliothek die von ihm gewünschte Literatur: das vierbändige Hauptwerk von Arthur Schopenhauer „Die Welt als Wille und Vorstellung", die „Preußischen Jahrbücher" von Hans Delbrück[219] und das Kriegsbuch des Carl von Clausewitz. Sein Hunger auf klassische philosophische und historische Bildung war groß, er war bestrebt, seine mangelhafte Volksschulbildung auszugleichen. Eine kritische Auseinandersetzung Rücks mit diesem Gedankengut fand nicht statt.[220] Er las auch den vierbändigen Briefwechsel von Marx und Engels sowie einen kunstgeschichtlichen Band von Wilhelm Hausenstein: „Der nackte Mensch in der Kunst aller Zeiten". Dieses Buch wäre fast von einem misstrauischen Beamten konfisziert worden.[221] Damit er über die aktuelle Lage informiert blieb, schickte man ihm täglich die *Leipziger Volkszeitung* in die Zelle.[222] Er schrieb einen Artikel über die vom Internationalen Sozialistischen Büro (ISB) der Kriegsgegner vorgeschlagenen Stockholmer Konferenz,[223] der von der Gefängniszensur nicht beanstandet wurde. Eines Abends hörte er den Jugendpfiff von der „Weiberseite" des Gefängnisses. Es war seine Schwester Anna. Die junge Frau hatte den Vorsitz des Wandervereins übernommen, der als Nachfolger der aufgelösten Jugendorganisation gebildet worden war.[224] Weil sie an Pfingsten 1917 einen Ausflug dieser Gruppe an den Ebnisee im Schwäbischen Wald geleitet hatte, wurde sie verhaftet.[225] Es war Rück nicht erlaubt, sich mit seiner Schwester durch das Fenster über den Hof hinweg mit Pfiffen und Zurufen zu verständigen, er wurde deshalb in eine andere, abgelegene Zelle verlegt.

---

218 Rück 1918 (Anm. 30), S. 66 und Rück 1920 (Anm. 217), S. 13
219 Der liberal-konservative Historiker Delbrück (1848–1929) lehnte den deutschen Militarismus und Nationalismus ab.
220 Dies entsprach der Praxis der SPD in dieser Zeit. Vgl. Axel Kuhn: Die deutsche Arbeiterbewegung, Stuttgart 2004, S. 253 f.
221 Vgl. *Druck und Papier*, Jg. 4, Nr. 2, 15.1.1952, S. 33
222 Die *Leipziger Volkszeitung* war von April 1917 bis September 1922 Organ der USPD. Vgl. Koszyk/Eisfeld 1980 (Anm. 152), S. 151
223 Diese Konferenz fand im September 1917 in Stockholm statt. Ein Manifest rief dazu auf, den Krieg durch revolutionäre Aktionen zu beenden.
224 Vgl. Scheck 1981 (Anm. 6), S. 107
225 Vgl. Mitteilung Staatsanwaltschaft Stuttgart an den Oberreichsanwalt in Leipzig vom 5.7.1917, in: SAPMO-BArch, R 3003/J 399/17, Bl. 43. Wegen Vergehens gegen den Belagerungszustand wurde Anna Rück zu einem Monat und 15 Tagen Gefängnis verurteilt. Sie wurde im Juli unter Anrechnung der vierwöchigen Untersuchungshaft wieder entlassen. In seinen Erinnerungen schrieb Rück etwas übertreibend, dass seine Schwester zu sechs Monaten verurteilt worden sei. Vgl. Rück 1926 (Anm. 18), S. 42

3.9 Vier Monate Haft im „Langen Bau"

Bei den Vernehmungen sagte Rück aus, dass er im April bei der Waldversammlung lediglich über die Gothaer Konferenz informiert habe, denn die Berichterstattung im *Sozialdemokrat* sei durch die Zensur verhindert worden. Im Übrigen stehe er voll zu seinen Ausführungen, doch er bestritt, die Rüstungsarbeiter zu einem Streik aufgerufen zu haben.[226] Seine Überlegungen waren pragmatisch: „Unnütze Opfer nützen der Bewegung nichts, große Gesten sind einem Landgerichtsrat und seinem Schreiber gegenüber überflüssig, draußen wird jeder Mann gebraucht und man muss sehen, so rasch wie möglich wieder herauszukommen."[227]

Vor der Strafkammer des Landgerichts Stuttgart wurden zwar Mängel in der Beweisführung festgestellt, trotzdem erhielt Rück eine Gefängnisstrafe von drei Monaten wegen Durchführung einer unerlaubten Versammlung, das Gericht wertete dies als Verstoß gegen das Gesetz über den Belagerungszustand. Herrmann musste für zwei Monate ins Gefängnis. Als das Urteil am 24. Oktober 1917 gefällt wurde, war Rücks Strafe durch die bereits vier Monate dauernde Untersuchungshaft mehr als abgegolten.[228] Schon im September 1917 hatte das Reichsgericht Leipzig seine Entlassung in einem Telegramm angeordnet. An die Bilder und Eindrücke dieses Tages erinnerte Rück sich genau:

> „Schnell räumt Otto seine Bücher zusammen. Als sich das eiserne Tor hinter ihm schließt, schaut er noch einmal erstaunt zurück und geht dann mit benommenem Kopf, trunken von der frischen Luft, nach Hause.
> Die Mutter macht die Tür auf und bricht in Tränen aus, als sie den Sohn mit bleichem Gesicht draussen stehen sieht. Dann führt sie ihn ins Schlafzimmer. Der Vater liegt im Bett und wie er seinen Jungen erblickt, laufen auch ihm die Tränen über die Wangen. Sein Vater und weinen? Fragt sich Otto verwundert, als er ihm die Hand gibt. Da sieht er erst das merkwürdig verzerrte Gesicht und merkt, dass der auf einer Seite gelähmte Mann, der im Bett liegt, nur mit größter Anstrengung einige Worte sagen kann."[229]

Der erst 57-jährige Vater, gesundheitlich geschwächt und in Sorge über die Verhaftung seiner beiden Kinder, hatte einen Gehirnschlag erlitten. „Jeden Bissen, den wir Euch ins Gefängnis gebracht haben, mussten wir uns am Munde absparen",[230] sagte die Mutter vorwurfslos, aber seufzend. Rück erfuhr nun, dass der Arzt des Vaters ein Telegramm an den Oberreichsanwalt in Leipzig geschickt und dadurch an seiner Entlassung mitgewirkt hatte. Anna hatte ihre Stellung als Kontoristin gleich nach ihrer Verhaftung verloren und musste eine neue Arbeit suchen. Daraufhin

---

226 Vgl. Anklageschrift gegen Rück, in: SAPMO-BArch, NL Emil Eichhorn, NY 4131/22, Bl. 131
227 Peter Wedding (i. e. Fritz Rück): Otto Bessinger. Skizzen von der Jahrhundertwende. G Auf Vorposten, o. O. und o. J. (Typoskript), S. 55
228 Vgl. Brief Stellv. Generalkommando vom 1.11.1918 an die Städt. Polizeidirektion, in: HStAS, E 150 Bü 2048, Q 513
229 Peter Wedding (i. e. Fritz Rück): Otto Bessinger. Skizzen von der Jahrhundertwende. G Auf Vorposten, o. O. und o. J. (Typoskript), S. 60
230 Ebd., S. 61

nahm Rück zwei Wochen Urlaub im Heimatdorf seines Vaters bei seinen hessischen Verwandten, er genoss die Ruhe und verarbeitete die bedrückenden Gefängnismonate durch körperliche Arbeit – er half bei der Kartoffelernte mit – und durch das Malen von Aquarellen.

Der Vater wäre gerne mit ihm gefahren, aber der Arzt riet ihm von der Reise ab. „Nun läuft er in der Wohnung herum, immer ein Staunen in den Augen, dass er nicht in die Fabrik gehen muss und ein Wissen darum, dass man ihn zu nichts mehr braucht." Im November erlitt er einen zweiten, tödlichen Gehirnschlag.

> „In der Nacht schläft Otto allein mit dem Toten in der Wohnung, die Mutter ist mit den Schwestern in die Bühnenkammer gegangen. In seinem Traum steht der gestorbene Vater in schärfster Deutlichkeit vor ihm, mit dem blassen Totengesicht und den geschlossenen Augen. Alles Gespannte und Gedrückte ist aus dem Gesicht verschwunden. [...] Er hat sein Pensum abgedient und seine Pflicht immer erfüllt, jetzt sollen andere ihr Teil beitragen. Der breite Abgrund zwischen zwei Generationen verschwindet plötzlich. [...] Otto versteht den Vater und weiß zugleich, dass er einen anderen Weg gehen muss als die steinige Straße der Sorge für eine Familie und der Aufzucht einer neuen Generation."[231]

Diesen Text schrieb Rück mit Sicherheit vor dem Jahr 1939, bevor er in Schweden eine eigene Familie gründete und selbst für eine wachsende Kinderschar zu sorgen hatte. Zudem reflektiert er das widersprüchliche Verhältnis zwischen Vater und Sohn. Die Anerkennung der aufrechten politischen und menschlichen Haltung seines Vaters verbindet der Sohn mit dem Bestreben, es selbst besser zu machen. Die religiösen Bekehrungsversuche einer Tante lehnte er ab, auch an der Trauer der Mutter und der Schwestern wollte er sich nicht beteiligen. Als einziger Sohn fühlte er sich in einer besonderen Position.

Rück begrub seinen Schmerz in „vermehrter Arbeit für die Bewegung".[232] Nach der Entlassung aus dem Gefängnis war seine Entschlossenheit gewachsen, durch seine Redaktions- und Parteiarbeit die Sache der revolutionären Kriegsgegner voranzubringen:

> „Die erste Nummer der Zeitung, die Otto wieder selbst zusammenstellt, ist für ihn ein Fest. Er hat große Pläne und viele Gedanken, die er verwirklichen will. Gallicher (i. e. Crispien) hat aus dem Feld einen Artikel geschickt, der sich unter dem Titel „In den Sumpf" gegen den Anschluss an die U. S. P. wendet. Otto druckt den Artikel ab, denn auch in ihm ist der Widerwille gegen die Vernunftheirat gewachsen. Allerdings sind die wichtigsten der Ortsgruppen, in denen die Spartakisten Einfluss besitzen, bereits der U. S. P. beigetreten, besonders für Berlin stehen die Aussichten einer besonderen, linksradikalen Partei sehr schlecht."[233]

---

231 Ebd., S. 67
232 Ebd.
233 Ebd., S. 61

Die süddeutschen Radikalen zögerten lange, der USPD beizutreten, erst Ende 1917 schlossen sie sich der neuen Partei an.[234] Am 31. Oktober 1917 trafen sich die Vertrauensleute aller linken württembergischen Oppositionsgruppen auf einer Landeskonferenz in Esslingen, die „gut gedeckt und gegen Überraschungen gesichert"[235] war. Dort fiel die Entscheidung, den Anschluss an die USPD zu vollziehen. Der *Sozialdemokrat* wurde offiziell Landesorgan der USPD Württemberg. Rück, der als Redakteur eine wichtige publizistische Position in der Partei innehatte, wurde zum ersten Landesvorsitzenden der neuen Partei gewählt. Am 9. Dezember 1917 fand im Gewerkschaftshaus die erste öffentliche Mitgliederversammlung der Stuttgarter USPD statt.[236] Vorsitzender des Stuttgarter Vereins wurde Wilhelm Schumacher, Rück war einer der vier Beisitzer im Ausschuss, die Redaktionsarbeit für den *Sozialdemokrat* sollte er weiterführen. Auf dieser Versammlung gab es die Forderung, diese Zeitung häufiger zu drucken, doch Rück verteidigte die wöchentliche Erscheinungsweise. Für jede Nummer musste er einen mühsamen Kampf mit der Zensur führen.

3.10 Verbindungsmann zur Spartakusgruppe Berlin

Rücks Ziel war klar: er wollte den *Sozialdemokrat* theoretisch vertiefen und die Verbindungen zur Spartakusgruppe in Berlin stärken.[237] Bei der Redaktionsarbeit erhielt er Unterstützung von leitenden Spartakisten aus dem Reich. Häufig reiste er nach Berlin, um Besprechungen mit ihnen zu führen. Er war zu Gast bei seinem Freund Walcher, der in Moabit wohnte und in einer Munitionsfabrik in Potsdam arbeitete.[238] Im Oktober 1917 nahm er an einer Konferenz von USPD-Redakteuren und -Sekretären teil:

> „Otto ist erstaunt über die Wandlung der Stimmung seit der Oster-Konferenz [scil. in Gotha/die Verf.]. Ein Radikalisierungsprozess hat eingesetzt, der die großen Strategen des Parteivorstands ziemlich in die Enge treibt. Georg Ledebour gibt Bericht über die Verhandlungen in Stockholm und fordert die Annahme einer Entschließung, die die Reichstagsfraktion zur Herausgabe eines Manifests zwingen soll, in dem die Arbeiter zu einem Massenstreik für den Frieden aufgefordert werden. Haase ist scharf dagegen, nach zweitägiger Debatte wird der Antrag Ledebour mit großer Mehrheit angenommen."[239]

---

234 Vgl. Heinrich August Winkler: Von der Revolution zur Stabilisierung. Arbeiter und Arbeiterbewegung in der Weimarer Republik 1918 bis 1924, in: Gerhard A. Ritter (Hrsg.): Geschichte der Arbeiter und der Arbeiterbewegung in Deutschland seit dem Ende des 18. Jahrhunderts; Bd. 9), Berlin/Bonn 1984, S. 114
235 Fritz Rück: Autobiographische Skizzen, o. O. und o. J. (Typoskript), S. 71
236 Die Versammlung wurde von der Polizei beobachtet. Vgl. Bericht der Städt. Polizeidirektion vom 10.12.1917, in: HStAS, E 150 Bü 2051, Q. 626
237 Vgl. Gertrud Kling: Die Novemberrevolution 1918 und der Kampf um die Verteidigung der Demokratie im Frühjahr 1919 in Württemberg, Diss. Halle 1967, S. 64; Greiffenhagen 1979 (Anm. 20), S. 175
238 Vgl. Walcher 2004 (Anm. 15), S. 41
239 Peter Wedding (i. e. Fritz Rück): Otto Bessinger. Skizzen von der Jahrhundertwende. G Auf Vorposten, o. O. und o. J. (Typoskript), S. 62. Später schrieb Rück allerdings, dass die Mehrheit unter Haase einen Aufruf

Unter Beachtung der Regeln der Illegalität traf sich Rück am Abend des Konferenztages mit Mitgliedern der engeren Leitung der Spartakusgruppe, die für seine Redaktionsarbeit wichtig waren, soweit sie nicht im Gefängnis oder im Zuchthaus waren. Mit wenigen Strichen charakterisierte er die Begegnungen:

> „Sie sitzen in einer Ecke des Kaffee Telschow am Potsdamer Platz, Käthe Duncker mit den klugen Augen und dem wuscheligen Jungenskopf, der ‚Alte', wie sie den springlebendigen, siebzigjährigen Franz Mehring mit der hohen Gelehrtenstirn und der kühnen Studentennase nennen, der blasse Ernst, der sich freundlich erkundigt, wie Otto die Gefängnishaft bekommen sei und einige, die er nicht kennt."[240]

Sie warteten auf eine Person, die nicht kam: Leo Jogiches. Wortreich hob Rück die Bedeutung dieses Mannes hervor:

> „Aus Gesprächen vernimmt Otto Bessinger, dass es der wichtigste Mann der Gruppe sein muss, der Organisator der illegalen Organisation und des Vertriebes der Flugblätter und Spartakusbriefe, der Vermittler zu den in Gefängnissen und Zuchthäusern sitzenden Genossen und engster Freund Rosa Luxemburgs, der große Unbekannte, den die politische Polizei seit Jahren fieberhaft sucht und nicht finden kann, obwohl er mitten in Berlin lebt und arbeitet. Briefe und Rundschreiben unterschreibt er mit dem Namen ‚Kraft' und eine ungeheure Kraft und Willensenergie geht auch von diesem Manne aus, dem die anderen Genossen stillschweigend den ersten Platz eingeräumt haben, seit Rosa Luxemburg und Karl Liebknecht verhaftet sind."[241]

Mehrere Male musste das Lokal gewechselt werden, die Polizei war ihnen permanent auf den Fersen.[242] Am nächsten Tag musste Rück eine halbe Stunde am vereinbarten Treffpunkt warten. Als er wieder gehen wollte, erschien Jogiches. Dieser erkundigte sich nach allen Einzelheiten der Herstellung des *Sozialdemokrat*, kritisierte die Verwendung der Drucktypen „Borgis" und schlug vor, eine kleinere Schrift zu verwenden, die „Petit".[243] Jogiches vermittelte auch den Kontakt zu Mehring:

zu einem Proteststreik abgelehnt habe. Vgl. Rück 1958 (Anm. 13), S. 13. Zur Haltung von Ledebour und Haase vgl. Ottokar Luban: Spartakusgruppe, revolutionäre Obleute und die politischen Massenstreiks in Deutschland während des Ersten Weltkriegs, in: Mitteilungsblatt des Instituts für soziale Bewegungen, H. 40 (2008), S. 29

240 Peter Wedding (i. e. Fritz Rück): Otto Bessinger. Skizzen von der Jahrhundertwende. G Auf Vorposten, o. O. und o. J. (Typoskript), S. 62. Rücks Beobachtung in Bezug auf Meyer ist korrekt, dieser litt damals tatsächlich unter Lungentuberkulose.
241 Ebd.
242 Vgl. Rück 1926 (Anm. 18), S. 44
243 Peter Wedding (i. e. Fritz Rück): Otto Bessinger. Skizzen von der Jahrhundertwende. G Auf Vorposten, o. O. und o. J. (Typoskript), S. 63

3.10 Verbindungsmann zur Spartakusgruppe Berlin

„‚Mehring ist der beste zur Zeit lebende Publizist' bemerkte Genosse Kraft, als sie mit der Wannseebahn nach Steglitz hinausfahren, wo der ‚Alte' [scil. Mehring/die Verf.] horstet. ‚Das Bürgertum könnte sich glücklich schätzen, wenn es einen solchen Stilisten in seinen Reihen aufweisen würde. Wie alle Journalisten schreibt auch er mal einen Artikel, der weniger gut geraten ist, dem Inhalt nach. Aber ich rate Ihnen, auch dann keine Änderung vorzunehmen, wenn Ihnen etwas nicht gefällt. Er ist sehr empfindlich in diesem Punkt und Sie könnten seine Mitarbeit verlieren.'"[244]

Mehring versprach Rück, jede Woche einen Artikel zu schreiben und der junge Redakteur freute sich:

„‚Mit ihren Artikeln würde ich die ganze Zeitung füllen', sagt Otto begeistert und mit tiefer Überzeugung. Der Alte lächelt, Genosse Kraft blinzelt etwas mit den Augen und dann vereinbaren sie den Tag, an dem die Artikel geschickt werden sollen. [...] Sie verabschieden sich und fahren getrennt zur Stadt zurück. ‚Es ist besser so', sagt der Meister der Konspiration und drückt Otto die Hand."[245]

Im August und September 1917 wurden acht Leitartikel von Mehring gedruckt, dies rettete die Zeitung in der Zeit, als Rück in Untersuchungshaft war.[246] Rück schätzte die journalistischen Arbeiten des über 70-Jährigen sehr. Auch mit Paul Levi nahm Rück damals Kontakt auf, dessen „spitze Feder zuweilen haarscharf an den Zensurklippen vorbeikam."[247] Unter dem Pseudonym „Hartlaub" verfasste er Artikel zu Fragen der Innenpolitik und der Politik der SPD. Rücks „fleißigster Mitarbeiter"[248] war August Thalheimer, der in einem Militärbüro als Dolmetscher arbeitete und zahlreiche Beiträge für den *Sozialdemokrat* lieferte. Auch zu den Revolutionären Obleuten in Berlin konnte Rück Kontakte knüpfen. Er organisierte kurz nach den Januarstreiks 1918 ein Treffen zwischen Jogiches und Emil Barth, der kurz darauf den Vorsitz der Revolutionären Obleute übernahm.[249] Auch Barth berichtete in seinen Memoiren von „mindestens 10 Zusammenkünften mit Jogiches", Rück erwähnt er allerdings nicht.[250]

---

244 Ebd., S. 64. Mehring (1846–1919) war ein bedeutender marxistischer Publizist und Historiker.
245 Ebd.
246 Vgl. Rück 1926 (Anm. 18), S. 47 f.; Neuschl 1983 (Anm. 14), S. 381, Anm. 56
247 Rück 1958 (Anm. 13), S. 13. Levi war seit Mai 1917 bei einem Landsturmbataillon in Limburg/Lahn eingesetzt. Wahrscheinlich hielt er sich auch in Stuttgart auf wegen der Nähe zu seinem Heimatort Hechingen. Vgl. Sibylle Quack: Geistig frei und niemandes Knecht. Paul Levi – Rosa Luxemburg. Politische Arbeit und persönliche Beziehung, Köln 1983, S. 111
248 Rück 1958 (Anm. 13), S. 13
249 Vgl. Rück 1926 (Anm. 18), S. 46. Barth (1879–1941) war im November/Dezember 1918 Mitglied im Rat der Volksbeauftragten.
250 Vgl. Emil Barth: Aus der Werkstatt der deutschen Revolution, Berlin 1919, S. 30

3.11 Revolutionäre Hoffnungen

Die Kriegsgegner in Deutschland begrüßten freudig die Oktoberrevolution 1917 in Russland, viele sahen darin den ersten Schritt zu einer zum Frieden führenden internationalen Volkserhebung.[251] Seine Begeisterung über die Oktoberrevolution beschrieb Rück im Jahr 1922 in dem Gedicht „Der Erbe", veröffentlicht in der *Roten Fahne*: „Ein Feuerstrudel sprang im Osten auf,/ Zu uns, zu uns nimm Deinen heißen Weg!/Mit Liebe sahen wir der Funken Lauf."[252] Auch in seinen autobiografischen Erinnerungen kommt deutlich der Stimmungsumschwung zum Ausdruck. Die Situation im vierten Kriegswinter war bedrückend, es gab kaum Essen und Heizmaterial, die Novembertage waren grau und regnerisch. Die Lage wurde verschlimmert durch einen Fliegerangriff auf Stuttgart.[253]

> „Die einzige Sensation außer den langsam weitertröpfelnden Todesnachrichten von der Front ist der Besuch französischer Flieger über der Stadt. Nach Abwurf einiger Bomben verschwinden sie wieder. In das Geheul der Sirenen und das Feuer der Abwehrgeschütze mischt sich ein schwerer, dumpfer Schlag, ein Haus ist in einen Schutthaufen verwandelt, zwölf Menschen liegen unter seinen Trümmern."[254]

Als Rück durch die Stadt ging, wurde ein Extrablatt ausgerufen:

> „Man ist sehr misstrauisch geworden gegen diesen Ruf, so viele Extrablätter sind in diesen Kriegsjahren erschienen. Fast immer ist es eine neue Schlacht, ein neuer Sieg, ein neuer Bluff, der die Bevölkerung aufrütteln soll. Der allgemeine Katzenjammer wird dadurch kaum für die Zeit verscheucht, die man zum Lesen braucht. Otto kauft das Extrablatt und schon die Überschrift weht alle Gleichgültigkeit mit einem Schlage hinweg. ‚Aufstand der Bolschewiki in Petersburg! Die provisorische Regierung abgesetzt und geflüchtet! Die Sowjets ergreifen die Macht!' schreit es in großen Lettern von dem feuchten Papier. Er steht unter einer Gaslaterne und liest mit klopfendem Herzen die kurze Meldung. [...] Jetzt ist die Entscheidung gefallen. Eine neue Epoche der Weltgeschichte beginnt. Die Träume der ‚Phantasten' von gestern werden Wirklichkeit."[255]

---

251 Vgl. Jakow Drabkin: Rosa Luxemburg und die Kommunistische Internationale, in: Narihiko Ito/Annelies Laschitza/Ottokar Luban: Rosa Luxemburg im internationalen Diskurs. Internationale Rosa-Luxemburg-Gesellschaft in Chicago, Tampere, Berlin und Zürich (1998–2000), Berlin 2002, S. 139
252 *Rote Fahne* Jg. 5, Nr. 100, 28.2.1922
253 Zu den Bombenangriffen auf Stuttgart vgl. Kohlhaas 1967 (Anm. 95), S. 136 f.
254 Peter Wedding (i. e. Fritz Rück): Otto Bessinger. Skizzen von der Jahrhundertwende. G Auf Vorposten, o. O. und o. J. (Typoskript), S. 65
255 Ebd.

3.11 Revolutionäre Hoffnungen

Informationen über die Politik der Bolschewiki entnahm Rück der Zeitschrift *Bote der russischen Revolution*, die in Stockholm erschien und von Karl Radek in Zusammenarbeit mit dem Petrograder Zentralkomitee der Bolschewiki redigiert wurde.[256] Radek hatte die russischen Revolutionäre auf ihrer Reise im plombierten Eisenbahnwaggon durch Deutschland begleitet, er gehörte nach der Oktoberrevolution zum engsten außenpolitischen Führungskreis der Sowjetmacht. Rück veröffentlichte im *Sozialdemokrat* „so viel als möglich" aus Radeks Zeitschrift.[257] Er wunderte sich darüber, dass die bolschewiki-freundlichen Artikel Radeks von dem sonst so „scharfsichtigen Zensor"[258] nicht beanstandet wurden. In einem Brief mahnte ihn Jogiches zur Vorsicht und schrieb, dass „die russischen Revolutionäre ihre eigenen Methoden und Auffassungen hätten und danach handelten; die Spartakusgruppe müsse zwar die russische Revolution unterstützen, sich aber von Lenin und seiner Partei distanzieren."[259] Auch Levi riet Rück davon ab, die Artikel Radeks zu übernehmen.[260]

Die neue, zu einem schnellen Friedensschluss bereite russische Regierung wurde zunächst nicht nur von den Spartakisten und der USPD, sondern auch von den Mehrheitssozialdemokraten (MSPD) begrüßt.[261] Schon im Januar 1918 änderte sich diese allgemeine Zustimmung. Die MSPD kritisierte die Auflösung der russischen Verfassunggebenden Versammlung als Putschismus und Anarchie. Die USPD war gespalten, nur der linke Flügel befürwortete die Methoden der Bolschewiki. In seinem 1926 in Moskau geschriebenen „Tagebuch" präsentierte sich Rück als früher Anhänger der Bolschewiki und klagte darüber, dass viele USPD-Führer die Politik der Menschewiki[262] unterstützen:

„Weil über Deutschland uns verboten war zu schreiben, umso ausführlicher wird die russische Revolution erörtert, ihre Triebkräfte werden aufgedeckt und es wird die Notwendigkeit unterstrichen, ihr zur Hilfe zu eilen. Die russischen Menschewiki suchen in Deutschland Anhänger für ihre bankrott gegangene Politik und von vielen Führern der USPD werden sie mit ausgebreiteten Armen empfangen. Das Gefühl der Gemeinsamkeit ihrer Interessen tritt hier in stärkster Form in Erscheinung. Bald nach dem November-Umsturz beginnen Kautsky – und bald auch Ströbel – in den Organen der Unabhängigen

---

256 Vgl. Rück 1958 (Anm. 13), S. 14
257 Vgl. Peter Wedding (i. e. Fritz Rück): Otto Bessinger. Skizzen von der Jahrhundertwende. G Auf Vorposten, o. O. und o. J. (Typoskript), S. 65
258 Rück 1958 (Anm. 13), S. 14
259 Ebd. Vgl. Ulrich Cartarius: Zum Einfluß der polnischen Arbeiterbewegung auf die Entwicklung der „Radikalen Linken" im Deutschland des Ersten Weltkriegs. Leo Jogiches-Tyszka contra Lenin, in: Zeitschrift für Ostforschung, Jg. 29 (1980), H. 1, S. 215
260 Vgl. Rück 1958 (Anm. 13), S. 14
261 Vgl. Miller 1974 (Anm. 7), S. 357
262 Die Menschewiki, eine gemäßigte Fraktion der Sozialdemokratischen Arbeiterpartei Russlands, forderte im Gegensatz zu den Bolschewiki eine Zusammenarbeit mit dem fortschrittlichen Teil des liberalen Bürgertums.

über die Bolschewiki herzufallen. [...] Dagegen musste man mit allen Kräften in einheitlicher Front auftreten."²⁶³

Wie auch die Menschewiki ordnete Rück den rechten Flügel der USPD in das Lager der Konterrevolution ein:

„Die Meinungsverschiedenheit mit den rechten Führern der Unabhängigen nimmt immer schärfere Formen an. In dem Maße, wie im letzten Jahr [scil. 1917/die Verf.] die revolutionäre Stimmung der Massen gewachsen ist, decken Kautsky und Breitscheid, Bernstein und Haase ihren konterrevolutionären Charakter auf. Der Sozialdemokrat wird immer mehr zu einem Kampforgan, das gegen die deutschen Menschewiki gerichtet ist."²⁶⁴

3.12 Differenzen und Querelen

Im Winter 1917/18 klagte Rück zum ersten Mal in seinen Erinnerungen über das schlechte Kriegsessen, er schrieb, in den Hausfluren stehe „der öde Geruch fettloser Kohlsuppe".²⁶⁵ Doch weitaus schlimmer war für ihn der „seelische und körperliche Ausnahmezustand", der schon dreieinhalb Jahre andauerte und ihn auch „gemütlich immer mehr auf den Hund"²⁶⁶ bringe.

Zusammen mit Zetkin machte der junge Redakteur auch in der schwäbischen Provinz Werbung für sein Blatt und die USPD. Der Heimatdichter Karl Götz berichtete über eine sozialdemokratische Parteiversammlung Ende 1917 in einer Heidenheimer Wirtschaft, bei der der junge „Genosse Fritz" und die „sehr gut angezogene Genossin Klara" sprachen und einen Stapel des *Sozialdemokrat* zum Verteilen bereitlegten.²⁶⁷ Rück erklärte seinen Zuhörern:

„Wenn ihnen das Blatt nicht scharf genug sei, sollten sie bedenken, dass die von der Zensur jeden Artikel dreimal umdrehen, bevor man ihn bringen könne. Man müsse das meiste verblümt und zwischen den Zeilen sagen. Und auch dann stehe man immer mit einem Fuß im Zuchthaus. Sie hätten ja so langsam einen um den andern von den guten Genossen verhaftet. Auch er sei erst wieder vier Monate lang gesessen. Um so wichtiger seien die illegalen Flugblätter, die sie bei Nacht und Nebel heimlich druckten. [...] Jedenfalls sprach der Redner ruhig und sicher, und er gefiel mir eigentlich gut."²⁶⁸

---

263 Rück 1926 (Anm. 18), S. 45
264 Ebd., S. 53
265 Peter Wedding (i. e. Fritz Rück): Otto Bessinger. Skizzen von der Jahrhundertwende. G Auf Vorposten, o. O. und o. J. (Typskript), S. 65
266 Brief Fritz Rück vom 29.1.1918 an Emil Birkert, in: Birkert 1983 (Anm. 15), S. 145
267 Vgl. Karl Götz: Am hellen Mittag. Frohe Jugend in einer ernsten Zeit, Mühlacker 1977², S. 218
268 Ebd., S. 221 f.

3.12 Differenzen und Querelen

Die junge Stuttgarter USPD war eine heterogene Gruppe, deren Mitglieder zwar in der Ablehnung der Burgfriedenspolitik der SPD übereinstimmten, sonst aber unterschiedliche politische Überzeugungen hatten. Anfang 1918 wurde eine kontroverse Diskussion geführt über ein neues Konzept für die Zusammenarbeit zwischen Partei und Gewerkschaft, an der sich auch Rück beteiligte.[269] In der Mitgliederversammlung vom 3. Februar 1918 stellte er den Antrag, dass die Parteileitung Schritte unternehmen solle, um eine völlig neue Kampfform zu schaffen, nämlich eine politisch-gewerkschaftliche Einheitsorganisation.[270] Rück zeigte sich damit als Anhänger der syndikalistischen Ideen der norddeutschen Linksradikalen (Borchardt, Knief), die die traditionelle Teilung der Arbeiterbewegung in Partei und Gewerkschaften ablehnten.[271] Er konnte mit seiner Position eine Mehrheit finden, mit 64 gegen 6 Stimmen wurde sein Antrag angenommen – doch dieser wurde nie umgesetzt.[272] Die syndikalistische Position war innerhalb der USPD umstritten, die Zentralleitung hielt einen Austritt aus den Gewerkschaften für schädlich. Die Auseinandersetzungen wirkten lähmend auf die Öffentlichkeits- und Betriebsarbeit.[273] Zufrieden stellte die Stuttgarter Polizeidirektion in einem geheimen Bericht am 4. Februar 1918 fest:

> „Die gemässigte Sozialdemokratie verfügt doch über einen grösseren Anhang als vermutet worden ist. So ist z. B. im Arbeiterausschuss von Daimler nur ein der Unabhängigen Sozialdemokratie angehöriger Vertreter. Die früher auf 1.000 bzw. 1.200 geschätzte Zahl der Mitglieder des Unabhängigen Sozialdemokratischen Vereins beträgt jetzt 700 und die Zahl der Bezieher des Sozialdemokrat von 2.000 ist seit 3 Jahren gleich geblieben."[274]

In Württemberg blieb bis zum Oktober 1918 die Lage vergleichsweise ruhig, die bei der Polizei als unruhig geltenden Arbeiter der Daimlerwerke in Untertürkheim und der Zeppelin-Werke in Friedrichshafen standen unter dem Einfluss ihrer gemäßigten Führer.[275] Rück erinnerte sich:

> „Wir rufen täglich unsere Leute aus den Fabriken zusammen, um einen Beitritt zum Streik zu erreichen, aber wir können nichts machen. Die Arbeiter leben hier unter anderen Bedingungen als in Norddeutschland, und sie sind taub gegenüber der politischen Propaganda, und sind durch nichts aufzurütteln."[276]

---

269 Vgl. Neuschl 1983 (Anm. 14), S. 146
270 Vgl. Kling 1967 (Anm. 237), S. 199; Michael Hugh Fritton: Literatur und Politik in der Novemberrevolution 1918/1919, Frankfurt/Bern/New York 1986, S. 293, Anm. 59
271 Vgl. Scheck 1981 (Anm. 6), S. 210; Bock 1976 (Anm. 32), S. 87. Auch Thalheimer warb 1918 auf dem Gründungsparteitag der KPD für diese Idee.
272 Später distanzierte sich Rück in einer von der KPD herausgegebenen Broschüre von diesen Ideen, vgl. Rück 1920 (Anm. 28), S. 25
273 Vgl. Kolb/Schönhoven 1976 (Anm. 134), S. XLIII
274 Geheimbericht der Polizeidirektion der Stadt Stuttgart vom 4.2.1918 an das Königl. Innenministerium, in: HStAS, E 150 Bü 2051, Q 653
275 Vgl. Kolb/Schönhoven 1976 (Anm. 134), S. XLV
276 Vgl. Rück 1926 (Anm. 18), S. 52

In vielen Städten des Reiches jedoch war die Lage weniger ruhig, dort radikalisierte sich die Arbeiterschaft zunehmend.[277] In Berlin wurde bei einem Massenstreik der Rüstungsarbeiter ein Aktionsausschuss als Streikleitung gebildet. Die Revolutionären Obleute hatten in diesem Arbeiterrat die Leitung, unterstützt von einer Flugschriftenagitation der Spartakusgruppe.[278] Die staatliche Repression war hart, Tausende streikender Arbeiter sowie fast alle Obleute wurden zum Kriegsdienst eingezogen, auch Spartakisten waren davon betroffen. Jogiches wurde am 24. März 1918 verhaftet. Trotzdem breitete sich nach den Januarstreiks von 1918 die Idee der Räte als Organisationsform einer revolutionären Massenbewegung weiter aus, im November konnte daran angeknüpft werden.[279]

Der von Rück geleitete *Sozialdemokrat* war im September 1918 in einer schwierigen Lage, es gab Meinungsverschiedenheiten und Querelen, die er in seinen Erinnerungsschriften nicht erwähnte. Die Überwachungsberichte der Polizei ergeben ein desolates Bild.[280] Bei einer Generalversammlung des Arbeiterpresse-Vereins am 1. September 1918, der für die Herausgabe des *Sozialdemokrat* inhaltlich und finanziell verantwortlich war, klagte Moritz Thalheimer, Versammlungsleiter und Vereinsvorsitzender, über den Rückgang der Zahl der Abonnenten von 2.000 auf 1.200.[281] Zwischen Rück und dem Drucker Herrmann entstanden persönliche Differenzen und Kompetenzstreitigkeiten. Rück versuchte, die Vorgänge herunterzuspielen, indem er sagte, es sei kein Krach, sondern nur ein „Stuss" gewesen.[282] Der Kassierer Peter Abel und ein Schriftsetzer beschwerten sich darüber, von Rück schlecht behandelt zu werden. Dieser setzte sich dagegen zur Wehr, indem er auf die Vorzensur verwies, die ihn dazu zwinge, die Schriftsätze dauernd abzuändern und dem Setzer zusätzliche Arbeit zu machen. Ein anderes Mitglied des Vereins warf Rück vor, ihm den Einblick in das Kassenbuch zu verweigern. Rück, der selbst keinen Geschäftsanteil besitze, sei nicht berechtigt, sich in den Geschäftsbetrieb einzumischen.[283] Während der Versammlung wurde er aufgefordert, sich auf seine Arbeit als Redakteur zu beschränken, einmal entzog man ihm sogar das Wort. Politische Fragen wurden in dieser Sitzung nicht besprochen. Die Stimmung war auf dem Tiefpunkt. War Rück als Nachfolger Westmeyers in der Lage, dessen Position auszufüllen? Die kleinlichen Streitereien ließen Zweifel daran aufkommen.

---

277 Vgl. Michael Stürmer: Das ruhelose Reich. Deutschland 1866–1918 (Die Deutschen und ihre Nation; Bd. 3), Berlin 1983, S. 392
278 Vgl. Luban 2008 (Anm. 239), S. 31
279 Vgl. Peter von Oertzen: Betriebsräte in der Novemberrevolution. Eine politikwissenschaftliche Untersuchung über Ideengehalt und Struktur der betrieblichen und wirtschaftlichen Arbeiterräte in der deutschen Revolution 1918/19 (Beiträge zur Geschichte des Parlamentarismus und der politischen Parteien; Bd. 25), Düsseldorf 1963, S. 75 f.; Krause 1975 (Anm. 116), S. 107
280 Vgl. Geheimbericht der Städtischen Polizeidirektion vom 2.9.1918, in: HStAS, E 150 Bü 2051, Q. 750
281 Vgl. ebd.
282 In der Umgangssprache: Narrheit, Unsinn
283 Für 20 Mark hätte Rück einen Geschäftsanteil erwerben können, offenbar erlaubte ihm sein Gehalt als Redakteur diese Ausgabe nicht.

Wenn sich USPD-Mitglieder am Abend im Parteibüro am Leonhardsplatz trafen, wurden sie von den „herumlungernden" Geheimpolizisten beobachtet, „die darüber zu berichten hatten, ob sich etwas tue. Aber es tat sich nichts."[284] Doch schon bald kam es zu einem Stimmungsumschwung in den Betrieben und zu neuen Herausforderungen für die revolutionären Kriegsgegner.

---

284 Rück 1958 (Anm. 13), S. 14 f.

4. Rück und die Novemberrevolution

4.1 Die Revolution rückt näher

Die militärische Niederlage traf die Sozialisten aller Schattierungen völlig unvorbereitet. Für die MSPD war mit der von Kaiser Wilhelm II. im Oktober 1918 veranlassten Einführung der parlamentarischen Kontrolle der Regierung der Systemwechsel bereits vollzogen.[1] Den Linken genügte das nicht; schon Anfang 1918 hatten die Spartakusbriefe, aufbauend auf den russischen Erfahrungen, Arbeiter- und Soldatenräte als Mittel zur Durchführung der Revolution gefordert.[2]

In den Wochen vor Ausbruch der Novemberrevolution löste sich in Stuttgart die Erstarrung, es gelang den Linken, wieder Kontakt zu den kampfbereiten Arbeitern der Großbetriebe anzuknüpfen. Rück hielt Vorträge vor Daimler-Arbeitern im Nebenzimmer einer Gaststätte in Untertürkheim, man lauschte ihm mit Interesse.[3] In wichtigen Betrieben konnten Anhänger und Vertrauensleute gewonnen werden. Diese Arbeit an der Basis zeigte ihre Wirkung zu Beginn der Novemberrevolution.

Am 29. September 1918 erhielt Rück ein Telegramm, das ihn wieder zu einer USPD-Konferenz nach Berlin einlud. In seinen Erinnerungen schilderte er die Fahrt in dem überfüllten Zug:

> „Die Soldaten sprechen wenig, stumpf hocken sie in den Abteilen der D-Zugwagen, aus denen längst alles verschwunden ist, was auch nur den geringsten Gebrauchswert hat, von dem zerschlissenen Samtbezug der Plätze zweiter Klasse bis zum Handgriff der Wagentüre und den Streifen minderwertigen Lederersatzes, an denen die Scheiben hochgezogen werden sollen.
>
> Sie schlafen im Sitzen wie im Stehen oder dösen vor sich hin: nur noch den Willen im Leibe, herauszukommen aus der Uniform, aus diesen Stacheldrahtverhauen von Befehlen, Kommandos, Papieren, nur noch gewillt, nach diesen viereinviertel Jahren dem Schlamassel zu entrinnen, ohne noch zu guter Letzt einen Granatsplitter verpasst zu bekommen oder in einer Gaswolke zu ersticken."[4]

Die Stimmung der Soldaten war aggressiv, und als ein Zivilist vor einem möglichen Einmarsch von Engländern und Franzosen nach Deutschland warnte, bekam er ihre Wut zu spüren:

---

1 Vgl. Jürgen Harrer: Die Sozialdemokratie in Novemberrevolution und Weimarer Republik, in: Jutta von Freyberg et al.: Geschichte der deutschen Sozialdemokratie, Köln 1989³, S. 70
2 Vgl. Horst Dähn: Rätedemokratische Modelle. Studien zur Rätediskussion in Deutschland 1918–1919 (Marburger Abhandlungen zur Politischen Wissenschaft; Bd. 30), Meisenheim am Glan 1975, S. 15 f.
3 Vgl. Fritz Rück: November 1918. Die Revolution in Württemberg, Stuttgart 1958, S. 15
4 Peter Wedding (i. e. Fritz Rück): Otto Bessinger. Skizzen von der Jahrhundertwende. II Der Sturm bricht los, o. O. und o. J. (Typoskript), S. 75

4.1 Die Revolution rückt näher

> „Warum meldest du dich denn nicht freiwillig an die Front, du vollgefressenes Schwein, ha?' schallt es jetzt laut aus dem Kupee.
> ,Wo hast du denn den Krieg zugebracht? – Wer hat denn dir den Druckpunkt verschafft? – Wo fehlt es denn, dass Du nicht Soldat werden kannst? – Schwaches Herz was, gute Verbindungen und vollen Geldbeutel? – So wie Du, so sehen alle aus, die heute noch tapfer und patriotisch sind.'"[5]

Schließlich wurden die Soldaten handgreiflich und warfen den Zivilisten im Bahnhof von Halle aus dem Zugfenster. Der herbeigeeilte Feldwebel griff nicht ein, der Gedemütigte entfernte sich hinkend. Ein älterer Professor beobachtete diesen Vorfall, Rück legte ihm folgende Worte in den Mund:

> „,Noch vor drei Monaten hätte das eine Menge Verhaftungen und Festungsstrafen zwischen drei und fünf Jahren gegeben', sagte kopfschüttelnd ein grauköpfiger Herr, der in Jena eingestiegen war und den ganzen Vorgang beobachtete. ,Aber jetzt glaube ich daran, dass Deutschland diesen Krieg verlieren muss. Die Mannszucht im Heer und das Pflichtbewusstsein der Soldaten sind völlig untergraben. [...] Wie die Kriegsgeschichte lehrt, ist selbst Napoleon weniger der militärischen Macht seiner Gegner als dem Zerfall im Innern und der immer mehr überhand nehmenden Desertion in seinen Armeen unterlegen. Und so ist es immer an entscheidenden Wendepunkten der Geschichte: der Dolchstoss von hinten zieht das Fazit und beendet das Spiel.'"[6]

Es ist unwahrscheinlich, dass schon im Oktober 1918 mit dem Dolchstoß-Argument über Niederlage und Kriegsschuld gestritten wurde. Rück wollte in dieser fiktiven autobiografischen Szene verschiedene Reaktionen auf die Niederlage darstellen.[7]

Im Reichstagsgebäude fand eine interne Konferenz der USPD statt, auf der ein Vertreter der bolschewistischen russischen Räteregierung anwesend war. Rück empfand die Atmosphäre als angespannt:

> „Eine aufgeregte Stimmung herrscht in dem Sitzungszimmer [scil. der USPD-Fraktion/ die Verf.], in dem schon so viel parlamentarisches Stroh gedroschen worden ist. [...] Unzählige Gerüchte gehen um, [...] im Reichstagsgebäude selbst sieht man ein aufgeregtes Hin und Her von Zivilisten und Militärpersonen. Die Parlamentarier der Reichs-

---

5   Ebd., S. 76 f.
6   Ebd., S. 78
7   Der Vorwurf des „Dolchstoßes von hinten" wurde nach Kriegsende erstmals am 17. Dezember 1918 in einer Schweizer Zeitung formuliert und in Deutschland von Paul von Hindenburg in einem Untersuchungsausschuss der Nationalversammlung publik gemacht. Wenn Rück diesen Begriff in den oben beschriebenen Dialog vom Oktober 1918 einfügte, beweist dies, dass er diesen Text erst später verfasste.

leitung verschwinden häufig aus der Sitzung und unterhalten sich in der Zwischenzeit gedämpft und aufgeregt über irgendwelche neuen Ereignisse, von denen die Delegierten noch nichts wissen."[8]

Thema dieser Funktionärssitzung sei, wie Rück berichtete, nicht die Lage in Deutschland gewesen, sondern die Bewertung der Politik der Bolschewiki beim Kampf um die Macht, Hugo Haase habe die bolschewistischen Methoden als undemokratisch kritisiert.[9] Schließlich sei den Versammelten die Mitteilung überbracht worden, dass eine neue dem Parlament verantwortliche Regierung unter Prinz Max von Baden gebildet worden sei.[10]

Zusammen mit dem „spartakistischen Raben Wurmschneider"[11] habe er noch am gleichen Tag den Redakteur der Spartakusbriefe Ernst Meyer in seinem Büro in der Friedrichstraße besucht:

> „Er sieht etwas übermüdet aus, er ist ja auch nicht gesund und doch belebt ein frischer Zug von Energie das blasse Gelehrtengesicht. Es geht vorwärts, die Ereignisse sind in Fluss gekommen, jetzt eilt die Wirklichkeit bereits manchmal rascher als die Gedanken der Menschen, die vier bange, niederdrückende Jahre gewartet haben auf diesen Zusammenbruch, der sich jetzt in mächtigen Stößen ankündigt."[12]

Großer Optimismus spricht aus diesen Sätzen, lange hatten die Spartakisten auf diesen Zeitpunkt hingearbeitet, aber war die Masse auch bereit, dem kleinen Häuflein der Revolutionäre zu folgen?

Trotz der angespannten und unsicheren Lage hatte Rück noch einen aufmerksamen Blick für das trostlose Straßenbild:

> „Über der Friedrichstrasse flimmern trüb die Lampen in dem nebligen Dunst. Wie schmutzige Särge, aufgebahrt in einer unendlichen Linie, die Unter den Linden beginnt und sich am Halleschen Ufer verliert, stehen die Bretterverschalungen des durch den Krieg unterbrochenen Baus der Untergrundbahn in der Mitte der Straße. Eng und schäbig sieht sie aus, heruntergekommen und verwahrlost, wie viele der Passanten, die in alten, feldgrauen Uniformen oder in abgetragenem Zivil, in Kleidern aus Papierstoff oder ähn-

---

8 Peter Wedding (i. e. Fritz Rück): Otto Bessinger. Skizzen von der Jahrhundertwende. H Der Sturm bricht los, o. O. und o. J. (Typoskript), S. 80
9 Vgl. Rück 1958 (Anm. 3), S. 15
10 Am 3.10.1918 wurde diese letzte kaiserliche Regierung gebildet. Philipp Scheidemann und Gustav Bauer (beide MSPD) wurden Staatssekretäre ohne Geschäftsbereich.
11 Diese seltsam klingende Bezeichnung könnte eine Art geheime Komplizenschaft ausdrücken. Vielleicht meint Rück den Chemnitzer Fritz Heckert, der auf dem Gothaer Parteitag – wie er selbst – ein sehr eigenwilliges Koreferat gehalten hatte.
12 Peter Wedding (i. e. Fritz Rück): Otto Bessinger. Skizzen von der Jahrhundertwende. H Der Sturm bricht los, o. O. und o. J. (Typoskript), S. 80 f.

lichem Zeug sich an den leeren Schaufenstern vorbeidrücken. Ausgeblutet sind die Menschen, ausgeblutet die ganze Stadt, ausgeblutet das Land."[13]

Rück wohnte bei seinem Freund Jacob Walcher in Berlin-Moabit, gemeinsam nahmen sie an einer illegalen Reichskonferenz der Spartakusgruppe teil.[14] Ein Protokoll der Konferenz existiert nicht, eine kurze Zusammenfassung erschien in der Zeitschrift *Spartacus* Nr. 12 vom Oktober 1918.[15] Das genaue Datum dieser Konferenz nannte Rück nicht, er schrieb lediglich, dass diese an einem Sonntag Ende September/Anfang Oktober stattgefunden habe.[16] Ottokar Luban hat jüngst in einer Studie überzeugend nachgewiesen, dass der 13. Oktober als Datum des Treffens anzusehen ist.[17] Rück fuhr jedoch bereits am 3. Oktober wieder nach Stuttgart zurück, um den *Sozialdemokrat* zu redigieren, der am 12. Oktober erscheinen sollte. In seinen unveröffentlichten Erinnerungen schrieb er, dass er am Anhalter Bahnhof in den Zug nach Stuttgart stieg, wo er aus den Extrablättern der Abendzeitung erfuhr, dass das Kabinett Hertling zurückgetreten sei. Dies war der 3. Oktober. Trotzdem schilderte er genau den Verlauf der Spartakuskonferenz, als ob er selbst anwesend gewesen wäre.

Da Karl Liebknecht, Rosa Luxemburg und Leo Jogiches[18] noch in Haft waren, hielt Paul Levi das Hauptreferat der Spartakuskonferenz, Rück betonte dessen vorwärtstreibende Rolle:

„Mit der kühlen Logik des geschulten Juristen stellt er mit einem Satz seine Zuhörer mitten in die Situation. Wir befinden uns bereits in der Revolution. Hunderttausende von Soldaten machen den Krieg nicht mehr mit. Der militärische Machtapparat ist fertig, er versagt überall und vollständig, sowohl nach außen gegen die Heere der Entente, wie auch nach innen bei der Niederhaltung der verhungernden, rebellierenden Bevölkerung. Was fehlt, um den Zusammenbruch vollständig zu machen, ist [...] der bewaffnete Aufstand, die Machtergreifung durch das Proletariat. Über diese Fragen wollen wir heute sprechen."[19]

13 Ebd., S. 82
14 Vgl. Jacob Walcher: Mein Lebensweg. Biographie-Zeitabschnitt: 1887–1920 (Schäfers Kultur-Stadel), o. O. und o. J. [Wain 2004], S. 51
15 Institut für Marxismus-Leninismus beim ZK der SED (Hrsg.): Spartakusbriefe, Berlin (Ost) 1958, S. 469 ff.
16 Vgl. Peter Wedding (i. e. Fritz Rück): Otto Bessinger. Skizzen von der Jahrhundertwende. II Der Sturm bricht los, o. O. und o. J. (Typoskript), S. 83; Rück 1958 (Anm. 3), S. 15 f.
17 Vgl. Ottokar Luban: Neue Forschungsergebnisse über die Spartakuskonferenz im Oktober 1918, in: Ulla Plener (Hrsg.): Die Novemberrevolution 1918/1919 in Deutschland. Für bürgerliche und sozialistische Demokratie. Allgemeine, regionale und biographische Aspekte. Beiträge zum 90. Jahrestag der Revolution, Berlin 2009, S. 70 f.
18 Jogiches war am 24.3.1918 verhaftet worden. Vgl. Ottokar Luban: Rosa Luxemburgs Demokratiekonzept. Ihre Kritik an Lenin und ihr politisches Wirken 1913–1919 (Rosa-Luxemburg-Forschungsberichte; Bd. 6), Leipzig 2008, S. 177
19 Peter Wedding (i. e. Fritz Rück): Otto Bessinger. Skizzen von der Jahrhundertwende. II Der Sturm bricht los, o. O. und o. J. (Typoskript), S. 85

Levi rechnete mit dem Zusammenbruch des Kaiserreichs und war der Meinung, dass man nun von der revolutionären Theorie zur revolutionären Praxis überzugehen habe.[20] Das russische Beispiel sei für die deutschen Spartakisten ein Hoffnungszeichen.[21] Auch Rücks Hoffnung stieg:

> „Täglich lesen sie mit klopfendem Herzen die Nachrichten und Aufrufe aus Sowjetrussland, dem Land des fünfzackten Sterns, dem Vaterland der Arbeiter und Bauern. Was dort möglich war, das musste in Deutschland, wo man doch um einige Riesensprünge in der wirtschaftlichen Entwicklung voraus war, das nächste Wort der geschichtlichen Entwicklung sein."[22]

Zur Vorbereitung der bevorstehen Revolution wurde ein Aktionsprogramm aufgestellt und als Flugblatt gedruckt.[23] Die radikalsten Forderungen waren die Enteignung des gesamten Bankkapitals, der Bergwerke und Hütten und die Abschaffung der Einzelstaaten und Dynastien. Der Militäragitation sollte besondere Bedeutung zukommen, entsprechende Beschlüsse wurden gefasst.[24] Auf eine Rätediktatur nach russischem Vorbild wollte man sich nicht festlegen, es blieb unklar, welche Form der zu errichtende proletarische Staat haben sollte.[25]

Mit Kritik verfolgte Luxemburg im Breslauer Gefängnis die Politik der Bolschewiki, sie lehnte die Auflösung der russischen Konstituante und die Anwendung terroristischer Methoden ab. Damit stand sie innerhalb der Spartakusgruppe allein. Auch Rück nahm die Zweifel Luxemburgs nicht wahr, seine Erwartungen waren übergroß:

> „Sie können es kaum erwarten, bis sie wieder hinausfahren dürfen auf ihren Kriegsschauplatz, diese freiwilligen Soldaten der Revolution. Eine Weltenwende muss kommen und sie alle werden dabei sein. Dieser Glaube, in dem ein starkes Stück religiöser Inbrunst

---

20 Vgl. Rück 1958 (Anm. 3), S. 16
21 Vgl. Hartmut Henicke: Die Weltkriegsrevolution, das Schisma in der deutschen Sozialdemokratie und die Stuttgarter Linken, in: Jahrbuch für Forschungen zur Geschichte der Arbeiterbewegung, Jg. 6 (2007), Nr. 3, S. 38
22 Peter Wedding (i. e. Fritz Rück): Otto Bessinger. Skizzen von der Jahrhundertwende. H Der Sturm bricht los, o. O. und o. J. (Typoskript), S. 85
23 Materialien zu dieser Oktoberkonferenz sind abgedruckt in: Kommunistische Partei Deutschlands (Spartakusbund) (Hrsg.): Spartakusbriefe, Bd. 2, Berlin 1920, S. 193 f.; Paul Frölich: 10 Jahre Krieg und Bürgerkrieg, Bd. 1: Der Krieg, Berlin 1924, S. 241; Institut für Marxismus-Leninismus beim ZK der SED (Hrsg.): Dokumente und Materialien zur Geschichte der deutschen Arbeiterbewegung, Reihe II: 1914–1945, Bd. 2: November 1917-Dezember 1918, Berlin (Ost) 1957, S. 228 ff.
24 Vgl. Walter Tormin: Zwischen Rätediktatur und sozialer Demokratie. Die Geschichte der Rätebewegung in der deutschen Revolution 1918/19 (Beiträge zur Geschichte des Parlamentarismus und der politischen Parteien; Bd. 4), Düsseldorf 1954, S. 49
25 Vgl. Volker Arnold: Rätebewegung und Rätetheorien in der Novemberrevolution. Räte als Organisationsformen des Kampfes und der Selbstbestimmung, Hamburg 1985, S. 103

steckt, die große Chance der Realisierung ihrer kühnsten Hoffnungen, beflügelt jeden einzelnen von ihnen."[26]

Aber als er die Nachricht von der neuen Regierung des Prinz Max von Baden hörte, stieg sein Optimismus:

„Einen Eindruck von bildhafter Schärfe hat Otto Bessinger beim Lesen dieser Meldungen: er sieht vor sich den Bucheinband im Jugendstil, der in seinem schmalen Bücherregal Schillers gesammelte Werke umschliesst. Er sieht auch deutlich die Druckseite mit dem kitschigen Stahlstich und die Worte der Schrift, aus Nonpareille und Petit gemischt:[27] Verrina (mit fürchterlichem Hohn): Nun, wenn der Mantel fällt, muss auch der Herzog nach!"[28]

4.2 Die Revolution wird vorbereitet

Auf der Rückfahrt von der Berliner Konferenz traf Rück einen alten Bekannten aus der Stuttgarter Jugendorganisation, Albert Schreiner, der mittlerweile Offiziers-Stellvertreter geworden war. Es gelang ihm, den Freund von einem erneuten Ausrücken ins Feld abzubringen und ihn als Mitarbeiter zu gewinnen. Er sollte bei den Soldaten aktiv werden und auf die Bildung von Soldatenräten hinwirken.[29] Schreiner äußerte Bedenken:

„Aber ich bin sechs Jahre aus der politischen Bewegung heraus, ich kenne mich im Exerzierreglement besser aus als in meinen geliebten Broschüren. Ich müsste erst einmal die Zeit haben, wieder an mir selbst zu arbeiten."

Rück konnte ihn umstimmen:

„Das kannst du später nachholen. [...] Wir wühlen jetzt auf und bereiten eine Revolution vor. Wir stehen schon am Anfang dieser Revolution. Wir haben alle kein Rezept in der Tasche, wie man das macht, und wissen nicht, was nachher kommt. Nur das Nächste wissen wir: mit dem Krieg muss Schluss gemacht werden, mit den Schmeerbäuchen und Großkapitalisten ebenfalls. Dass der Kaiser weg muss, ist heute schon selbstverständlich.

---

26 Peter Wedding (i. e. Fritz Rück): Otto Bessinger. Skizzen von der Jahrhundertwende. II Der Sturm bricht los, o. O. und o. J. (Typoskript), S. 86
27 Sein Fachwissen als Schriftsetzer kommt hier zum Ausdruck.
28 Peter Wedding (i. e. Fritz Rück): Otto Bessinger. Skizzen von der Jahrhundertwende. II Der Sturm bricht los, o. O. und o. J. (Typoskript), S. 87. Das Schiller-Zitat stammt aus dem Schauspiel „Die Verschwörung des Fiesco zu Genua".
29 Vgl. Gunther Mai: Die Sozialstruktur der württembergischen Soldatenräte 1918/1919, in: IWK, Jg. 14 (1978), H. 1, S. 5

Dafür sind schon die Mehrheitssozialisten. Wir müssen einen Schritt weiter gehen, zum Sozialismus!"[30]

Als Schreiner zusagte, freute sich Rück:

„Ein Kerl wie du fehlt uns seit Monaten. In den Fabriken sind wir tüchtig vorwärts gekommen. Da wächst unser Einfluss mit jedem Tage. Aber die Soldaten müssen bearbeitet werden. Du wirst die Geschichte schon machen."[31]

Zu Rücks Empfang hatte die Familie Max und Margarete Zschocher[32] einen Hasenbraten vorbereitet, doch ungeduldig eilte dieser in die Druckerei in der Arminstraße, um eine neue Nummer des wöchentlich erscheinenden *Sozialdemokrat* fertig zu stellen.[33] August Thalheimer, der an ein Gymnasium nach Reutlingen versetzt worden war, hatte einen politischen Wochenrückblick geschrieben. Auch Rücks Freundin Dora Hofmann half mit und schrieb die Versandzettel. Sie wurde von der Polizei überwacht, im August waren an sie adressierte Spartakusbriefe und Flugblätter aus Berlin beschlagnahmt worden.[34]

Die Zensurbehörde war, wie immer, unerbittlich streng: Alle Artikel, die für die neue Nummer vorgesehen waren, mussten gestrichen werden, die Zeitung hätte nicht erscheinen können. Fest entschlossen rief Rück beim Stellvertretenden Generalkommando an und verkündete: „Herr Hauptmann, [...] ich sage Ihnen mit aller Deutlichkeit: wir werden uns von heute an einen Dreck um Ihre Zensur kümmern."[35] Zschocher habe fassungslos auf diese Kampfansage an die immer noch mächtige Zensurbehörde reagiert. Tatsächlich erschien die Nummer 41 des *Sozialdemokrat* am 12. Oktober 1918 ohne Genehmigung, das brachte Rück 100 Mark Geldstrafe und ein Druckverbot von zwei Wochen.[36] Dieses Detail erschien ihm unbedeutend, in seinen Erinnerungen erwähnte er es nicht.

---

30 Peter Wedding (i.e. Fritz Rück): Otto Bessinger. Skizzen von der Jahrhundertwende. H Der Sturm bricht los, o. O. und o. J. (Typoskript), S. 89
31 Ebd., S. 90
32 Max Zschocher arbeitete als Drucker für den *Sozialdemokrat*, seine Nichte war Rücks Freundin Dora Hofmann.
33 *Der Sozialdemokrat*, Jg. 5, Nr. 41, 12.10.1918. Auf der Titelseite war der USPD-Aufruf: „An das werktätige Volk Deutschlands!" vom 5. Oktober 1918 abgedruckt. Vgl. Institut für Marxismus-Leninismus beim ZK der SED (Hrsg.): Geschichte der deutschen Arbeiterbewegung, Bd. 3: 1917–1923, Berlin (Ost) 1966, S. 77
34 An die Adresse von Dora Hofmann in der Torstr. 23 wurden im August 1918 sechs Spartakusbriefe Nr. 10 und 52 Stück eines verbotenen Flugblatts aus Berlin-Steglitz geschickt. Vgl. Bericht des Königl. Württ. Landespolizeiamts vom 26.8.1918, in: HStAS, E 150 Bü 2051 III, Q 742
35 Peter Wedding (i.e. Fritz Rück): Otto Bessinger. Skizzen von der Jahrhundertwende. H Der Sturm bricht los, o. O. und o. J. (Typoskript), S. 95
36 Vgl. Schreiben des Stellv. Kommandierenden Generals von Schaefer vom 16.10.1918 an die Stadtdirektion Stuttgart und Schreiben der Stadtdirektion vom 16.10.1918 an Rück, in: HStAS, E 150 Bü 2051 III, Q 766 a

4.2 Die Revolution wird vorbereitet

Zschocher befürchtete ein Schließung der Druckerei, aber Rück bat ihn, noch in der Nacht illegale Flugblätter zu drucken und diese vor Ankunft der Polizei wegzuschaffen. Jetzt ging Rück voll auf Risiko, er wollte endlich handeln. Entsprechend den Leitlinien der Reichskonferenz der Spartakusgruppe in Berlin sollte auch in Stuttgart die revolutionäre Agitation in Kasernen und Betrieben vorangetrieben werden. Rück schilderte die erfolgreich praktizierte Methode:

> „Unser Einfluss wächst täglich in den ausschlaggebenden Industriebezirken. [...] Der Vertrieb illegaler Broschüren und Flugblätter, der einige Zeit ins Stocken gekommen ist, wird neu organisiert, und es gelingt uns bald, immer größere Mengen davon in die Fabriken zu werfen. Besonders Literatur über den Fortschritt der russischen Revolution wird stark begehrt. Eine der wirkungsvollsten Methoden der Aufrüttelung haben wir gefunden in der Herstellung kleiner Zettel mit einer scharfen, Stellung heischenden Überschrift und wenigen kurzen Sätzen, die jeder Arbeiter im Vorübergehen lesen kann. Bei Daimler-Untertürkheim [...] haben die Werkmeister sich als besondere Spitzelgarde organisiert, die alles, was im Betrieb vorgeht, beachten und weitermelden. Wir drucken illegal ein kurzes Flugblatt mit der Überschrift: ‚Seid ihr Menschen oder stumme Hunde?' [...] Der Erfolg ist durchschlagend, überall ist der kleine Zettel angeklebt, und einige der Werkmeister, die den Stimmungsumschlag im Betrieb und draußen spüren, kommen zu unseren Genossen und entschuldigen sich mit dem Zwang, der von oben auf sie ausgeübt wird."[37]

Die aggressive und selbstbewusste Sprache dieses Agitationsblatts hatte eine große Wirkung. Allerdings gingen die Beteiligten ein hohes Risiko ein, der Drucker Zschocher besorgte sich ein illegales Quartier. Für alle Fälle war er mit einer Handabziehpresse und einem Notfallkasten mit Lettern und Papier ausgestattet.[38] Als die Polizei die Druckerei in der Arminstraße schloss, fand man in Degerloch, einem Stuttgarter Vorort, eine neue Druckerei. Der Besitzer war im Krieg, seine Werkstatt konnte gegen Bezahlung benutzt werden.[39] Vermutlich wurde dort die illegale Ausgabe des *Sozialdemokrat* vom 19. Oktober gedruckt mit dem von Rück (Pseudonym Bambino) verfassten parodistischen Spottgedicht frei nach Richard Dehmel: „Nur Mut!/Für's Vaterland, für Kaiser und Reich/vier Jahre schon fließt unser Blut./Auf Kommando ein Held, zum Höchsten bereit/fehlt uns nur eine Kleinigkeit,/um so frei zu sein wie die Vögel sind:/Nur Mut."[40]

---

37 Illustrierte Geschichte der Deutschen Revolution, Berlin 1929, S. 182, entspricht einem ins Deutsche übertragenen Auszug aus ФРИЦ РЮКК: ИЗ ДНЕВНИКА СПАРТАКОВЦА, МОСКВА ЛЕЛАТЕЛЬСТВО 1926, S. 50 f.
38 Vgl. Peter Wedding (i. e. Fritz Rück): Otto Bessinger. Skizzen von der Jahrhundertwende. H Der Sturm bricht los, o. O. und o. J. (Typoskript), S. 98
39 Diese Druckerei verfügte über eine einfache Schnellpresse. Vgl. Erinnerungsbericht von Alexander Abusch. In: SAPMO-BArch, SgY 30/1400/8, S. 275
40 *Der Sozialdemokrat*, Jg. 5, Nr. 42, 19.10.1918. Richard Dehmel (1863–1920) war ein eng mit der Arbeiterbewegung verbundener Dichter, der 1914 begeistert als Freiwilliger in den Krieg zog.

Für den 16. Oktober 1918 wurde eine Versammlung von USPD-Vertrauensleuten in das Gasthaus „Römischer König" einberufen. In Rücks Schilderung dieser Sitzung kommt beides zum Ausdruck: die müde Resignation der Genossen und sein Bemühen, Begeisterung für die Revolution zu wecken:

> „Eine halbe Stunde vor Beginn ist der Versammlungssaal bereits gefüllt. Es liegt in der Luft, dass etwas im Werden ist. Man sieht Genossen wieder, die sich in den letzten Jahren völlig von der Parteiarbeit ferngehalten haben. Auch einige Urlauber aus dem Felde sind dabei. Sie wissen, wie es draussen steht.
> Einige Genossen aus den wichtigsten Betrieben werden sofort in die Druckerei geschickt, um dort die Zeitungen abzuholen. Dann gibt Otto Bericht. Er weiss, dass Spitzel in der Versammlung sind. Mögen sie berichten, dass die radikale sozialistische Partei das Ende des Krieges für gekommen hält und alle ihre Anhänger zu grösster Aktivität auffordert. [...] Als der junge Redner sagt, dass in Wochen, vielleicht sogar in wenigen Tagen ein entscheidender Umschwung der ganzen Situation erfolgen kann, verstehen sie nicht ganz, was er meint. Man hat sich so daran gewöhnt, in Jahren zu rechnen und hat schon so viele Hoffnungen zu den gefallenen Soldaten ins Grab gelegt. Nur wenige verstehen ihn ganz: Otto kennt sie und weiss, dass er sie bald brauchen wird."[41]

In den nächsten Wochen ging die Initiative an die Radikalen über.[42] Die Bildung von Räten erfolgte sogar dort, wo zuvor kein Einfluss der Linken festzustellen war. Die alten zivilen und militärischen Behörden nahmen dies gelassen hin, erst später wunderte man sich über die Selbstverständlichkeit, mit der diese Räte gebildet wurden. Die ersten Arbeiterunruhen in Württemberg gab es Ende Oktober in Friedrichshafen, wo etwa 10.000 Beschäftigte in mehreren Betrieben Rüstungsgüter produzierten.[43] Nach einer Betriebsversammlung in den Maybach-Werken kam es am 22. Oktober 1918 zu einer Friedensdemonstration, die Parolen waren: „Hoch Liebknecht, nieder mit dem Krieg! Hoch die Republik, es lebe der Friede!"[44] Um die aufgebrachten Arbeiter zu beruhigen, sollte am Donnerstag, den 24. Oktober, im Saalbau der Zeppelin-Wohlfahrt ein „vaterländischer Erbauungsabend" mit dem sozialdemokratischen Reichstagsabgeordneten

---

41 Peter Wedding (i. e. Fritz Rück): Otto Bessinger. Skizzen von der Jahrhundertwende. H Der Sturm bricht los, o. O. und o. J. (Typoskript), S. 97. Vgl. dazu Bericht der Städt. Polizeidirektion vom 17.10.1918, in: HStAS, E 150 Bü 2051 III, Q 766
42 Vgl. Tormin 1954 (Anm. 24), S. 56
43 In Friedrichshafen gab es die Kobersche Flugzeugbau GmbH in Manzell, die Luftschiffbau Zeppelin GmbH, die Zahnradfabrik Dornier und die Maybach-Motorenfabrik. Rück nennt die Zahl von 10.000 Beschäftigten. Vgl. Rück 1958 (Anm. 3), S. 19
44 Sylvia Neuschl: Geschichte der USPD in Württemberg, Esslingen 1983, S. 157

4.2 Die Revolution wird vorbereitet

Dr. Paul Lensch stattfinden.[45] Die Friedrichshafener USPD-Genossen baten die Stuttgarter Gruppe um Unterstützung.[46] Zschocher sagte zu Rück:

> „Fahr nach Friedrichshafen. Morgen abend ist dort eine Riesenversammlung im Grossen Saalbau. Paul Lensch aus Berlin soll dort den Willen zum Durchhalten festigen. Die Genossen haben um einen Koreferenten gebeten, sie werden sich riesig freuen, wenn du kommst. Friedrichshafen ist unsere zweitwichtigste Position. In drei Tagen bist du zurück ..."[47]

Mehr als 600 Menschen füllten den Saal, der Versammlungsleiter war der einflussreiche Generaldirektor Colsmann. Er erklärte, dass keine Diskussion vorgesehen sei und erteilte Lensch das Wort.

> „Otto Bessinger sitzt inmitten einer Gruppe von Genossen, die ihn gegen allzu deutliche Sicht schützen. Sie haben die Taktik ihres Vorgehens in einer kurzen Aussprache bereits festgelegt.
> Lensch beginnt, ein kühler Rechner, die Ereignisse der letzten Wochen gegeneinander abzuwägen. Noch immer ist Deutschland von Feinden umschlossen, die Front hält stand und es ist notwendiger denn je, durchzuhalten. [...]
> ‚Longwy und Brie' schallt der erste Zwischenruf zur Rednertribüne hinauf. Er [scil. der Zwischenrufer Rück/die Verf.] ist noch halblaut und wie erschrocken vor der eigenen Courage. [...] ‚Der Krieg muss so lange fortgeführt werden' ... ‚bis der letzte Arbeiter verreckt oder verkrüppelt ist', klingt eine helle, klare Stimme durch den Raum, so deutlich, dass es mit einem Ruck zweitausend Köpfe nach dem Zwischenrufer herumreisst."[48]

Die Zahl der Zuhörer ist hier deutlich übertrieben, aber die Reaktion der Zuhörer war positiv:

> „Einer beginnt zu klatschen, zehn andere fallen ein und als der Redner, wütend über die Unterbrechung, fortfahren will, rauscht ein Orkan von Beifall über den Zwischenruf durch den Saal. Der Funke hat gezündet.

---

45 Vgl. Rück 1958 (Anm. 3), S. 19f. Lensch, vor dem Krieg linker Chefredakteur der *Leipziger Volkszeitung*, hatte sich inzwischen zum rechten Vaterlandsverteidiger gewandelt.
46 Die bei der Revolution in Friedrichshafen führenden Personen hatten Kontakte zum linken Flügel der Arbeiterbewegung in Stuttgart. Vgl. Elmar L. Kuhn: Rote Fahnen über Oberschwaben. Revolution und Räte 1918/19, in: ZWLG, Jg. 56 (1997), S. 249
47 Peter Wedding (i. e. Fritz Rück): Otto Bessinger. Skizzen von der Jahrhundertwende. II Der Sturm bricht los, o. O. und o. J. (Typoskript), S. 98
48 Ebd., S. 100

‚Wer ist denn das?' raunt Paulsen (i. e. Colsmann) leichenblass seinem Nachbar zu."[49]

Aber Rück wusste, dass die Zeit reif war für Widerspruch und Aufbegehren:

„Die meisten Arbeiter sind aufgestanden. Zweimal setzt Lensch zum Weitersprechen an, zweimal zwingt ihn immer wieder aufspringendes Händeklatschen zum Schweigen. Es ist, wie wenn an einem überheizten Kessel des Ventil geöffnet wird – die Gesinnung dieser Tausende, die als Reklamierte sich nicht zu mucksen gewagt haben in den letzten Jahren."[50]

Der Versammlungsleiter rief zur Ruhe auf, konnte sich aber nicht durchsetzen. Rück und der USPD-Aktivist Heinrich Matthiesen standen auf und riefen: „Nieder mit dem Krieg! Hoch die sozialistische Republik!"[51] und forderten die Kollegen auf, ihnen zu folgen.

„Die Türen fliegen auf und unter dem Gesang der Arbeitermarseillaise – wie lange hat man sie nicht mehr gehört – quillt der dunkle Strom hinaus. Zwei Reihen vor der Tribüne bleiben besetzt, ein halbes Dutzend der Belegschaft bleibt zurück, die andern gehen alle hinaus."[52]

Nach Angaben der Polizei verließ allerdings nur ungefähr die Hälfte der Arbeiter den Saal.[53] Auf dem Marktplatz hielt der Protestzug an, kein Polizist ließ sich blicken. Auf dem Rand eines Brunnens stehend, sprachen Rück und Matthiesen zu etwa 400 Arbeitern über die Grundzüge des revolutionären Programms der Spartakisten.[54] Am andern Morgen reiste er wieder nach Stuttgart zurück.

Zielstrebig bildeten die Spartakisten zur Vorbereitung des Umsturzes in Stuttgart einen fünfköpfigen Aktionsausschuss, dem außer Rück noch Thalheimer, Schreiner, Zschocher und Ferdinand Hoschka angehörten.[55] Am 30. Oktober 1918 organisierte die USPD eine öffentliche Versammlung in der Liederhalle mit dem Reichstagsabgeordneten Ewald Vogtherr, es war der erste öffentliche Auftritt der USPD in Stuttgart. Die Behörden erteilten ihre Genehmigung nur

---

49 Ebd.
50 Ebd.
51 Vgl. Andreas Fuchs: „Der Kaiser hat abgedankt". Die Auswirkungen der „Novemberrevolution" 1918 auf die Gemeinde Langenargen; Vortrag zum Themenkreis „Heimat", Langenargen 2006, S. 13
52 Peter Wedding (i. e. Fritz Rück): Otto Bessinger. Skizzen von der Jahrhundertwende. II Der Sturm bricht los, o. O. und o. J. (Typoskript), S. 102
53 Vgl. Neuschl 1983 (Anm. 44), S. 157
54 Vgl. Peter Renz: Friedrichshafen. Eine deutsche Stadt am See, Tübingen 2008, S. 216; Rück 1958 (Anm. 3), S. 20. Neuschl 1983 (Anm. 44), S. 158 schrieb, dass auch Thalheimer in Friedrichshafen auf der Demonstration gesprochen habe. Dafür fanden sich jedoch keine Belege.
55 Vgl. Manfred Scheck: Zwischen Weltkrieg und Revolution. Zur Geschichte der Arbeiterbewegung in Württemberg 1914–1920, Köln/Wien 1981, S. 122

4.2 Die Revolution wird vorbereitet

mit der Auflage, dass weder die Kriegslage noch die Friedensfrage erörtert werden.[56] Der Andrang war groß, es mussten sogar Platzkarten ausgegeben werden. Der Saal der Liederhalle war mit über 3.000 Personen total überfüllt, für weitere 2.000 Personen wurde im Garten eine Parallelversammlung abgehalten.[57] Versammlungsleiter Wilhelm Schumacher hielt die Begrüßungsrede, Vogtherr und Rück sprachen abwechselnd. Als Vogtherr einen sofortigen Waffenstillstand und die Abdankung des Kaisers forderte, brach spontaner Beifall aus.[58] Rück ging einen Schritt weiter und nannte in seiner Rede weitere Maßnahmen zum Umbau des gesamten Systems: Abschaffung der Einzelstaaten und Dynastien und ihre Ersetzung durch eine sozialistische Republik, Auflösung des Reichstags und der Landtage, Enteignung des gesamten Bankkapitals, der Bergwerke und Hütten und Annullierung sämtlicher Kriegsanleihen von über 1.000 Mark. Ein Manifest wurde verlesen, dessen Inhalt teilweise identisch war mit dem Inhalt des Spartakusaufrufs vom 7. Oktober 1918.[59] Bei der anschließenden Abstimmung darüber enthielten sich jedoch zwei Drittel der Anwesenden der Stimme, offensichtlich waren einzelne Forderungen zu radikal.[60] Die Jugend verteilte ein in 5.000 Exemplaren gedrucktes Flugblatt mit dem Titel „Arbeiter und Arbeiterinnen Württembergs", das diese Forderungen in acht Punkten zusammenfasste. Es war unterschrieben von Rück, Vorsitzender der Landeskommission der USPD Württemberg und den drei USPD-Landtagsabgeordneten August Hornung, Ferdinand Hoschka und Franz Engelhardt.[61] Im Anschluss an die Versammlung formierte sich ein spontaner, nicht genehmigter Demonstrationszug. Unverzüglich wurden starke und teilweise berittene Schutzmannschaften mobilisiert, um Flugblattverteilungen und sonstige strafbare Handlungen zu verhindern. Viele Demonstranten wurden abgedrängt, etwa 2.000 Menschen gelangten auf den Schlossplatz, wo etwas erhöht ein schmiedeiserner Musikpavillon steht.[62] An diesem Ort hielt Rück eine improvisierte Rede, ohne Genehmigung und ohne Mikrofon. Jahrelang hatte er auf Massenaktionen gewartet, jetzt nutzte er die Gelegenheit. Der Polizeibericht vermerkte:

---

56 Vgl. Bericht der Städt. Polizeidirektion vom 1.11.1918, in: HStAS, E 150 Bü 2051 III, Q 784
57 Vgl. Hansmartin Schwarzmaier et al. (Hrsg.): Handbuch der Baden-Württembergischen Geschichte, Bd. 3: Vom Ende des Alten Reiches bis zum Ende der Monarchien (Veröffentlichung der Kommission für geschichtliche Landeskunde in Baden-Württemberg), Stuttgart 1992, S. 428
58 Levi kritisierte in einem Brief an Rosa Luxemburg vom 5.11.1918 das Auftreten Vogtherrs. Vgl. Ottokar Luban: Zwei Schreiben der Spartakuszentrale an Rosa Luxemburg, in: Archiv für Sozialgeschichte, Bd. 11, Hannover 1971, S. 239 f.
59 Siehe Anm. 23. Vgl. Eberhard Kolb/Klaus Schönhoven (Bearb.): Regionale und lokale Räteorganisationen in Württemberg (Quellen zur Geschichte der Rätebewegung in Deutschland 1918/19; Bd. 2), Düsseldorf 1976, S. XLIX
60 Vgl. Bericht der Städt. Polizeidirektion vom 1.11.1918, in: HStAS, E 150 Bü 2051 III, Q 784. Keil behauptete in seinen Memoiren, dass die Forderungen des Manifests bei der Abstimmung einstimmig angenommen wurden. Vgl. Wilhelm Keil: Erlebnisse eines Sozialdemokraten, Bd. 2, Stuttgart 1948, S. 29
61 Abgedruckt in: Leo Stern (Hrsg.): Archivalische Forschungen zur Geschichte der Deutschen Arbeiterbewegung, Bd. 4/II: Die Auswirkungen der Großen Sozialistischen Oktoberrevolution auf Deutschland, Berlin (Ost) 1959, S. 1752 f.; HStAS, E 150 Bü 2051 III, Q 796. Rück schrieb, dass er selbst diesen Aufruf verfasst habe. Vgl. Rück 1958 (Anm. 3), S. 18
62 Dieser Pavillon vor dem Schloss hat den Krieg überstanden und steht heute noch an dieser Stelle. Vgl. Brief Emil Birkert vom 6.9.1946 an Fritz Rück, in: ARAB, NL Fritz Rück, Vol. 3, B

„Vom Pavillon aus sprach Fritz Rück an die Menge. Er führte aus, vor 6 Jahren habe der verstorbene Genosse Friedrich Westmeyer aus Anlass der Lebensmittelteuerung zu der Menge gesprochen. Heute handle es sich um die Bekämpfung des Kriegswuchers und um die endliche Erfüllung der Wünsche des Proletariats. Rück sprach aufgeregt und in abgerissenen Sätzen. Zum Schluss brachte er ein Hoch auf die Weltrevolution aus."[63]

Für den jungen Mann war es eine aufregende Situation, die er aber, wie ehemalige Jugendgenossen berichteten, sehr gut gemeistert habe.[64] Ein Polizist drang in den Pavillon ein, um seine Rede abzubrechen, doch er wurde mit Stöcken und Fäusten vertrieben und blutete am Ohr. Eine zweite Ansprache Rücks, die er in der Nähe der Residenz des Königs, dem Wilhelmspalais, zu halten versuchte, ging im Lärm unter.[65] Der neun Seiten lange Polizeibericht vom 1. November 1918 bezeichnete Rück als die „Seele der Demonstration" und zog folgende Schlussfolgerung: „Seinem Wesen nach ist Rück ein an sich begabter Mensch, ein gefährlicher Fanatiker, der fortgesetzt wühlt, und seine Auffassungen, die von den älteren, besonnenen Mitgliedern der U.S.P. keineswegs immer gebilligt werden, mit allen Mitteln durchzudrücken versucht."[66]

In der folgenden Nacht gab es eine Fortsetzung der Demonstration in Untertürkheim. Auf dem Betriebsgelände der Daimler-Werke[67] stieg Rück auf einen alten Karren und sprach zu einigen hundert Arbeitern der Nachtschicht, er wiederholte die Gedankengänge der Vorträge in der Liederhalle. Die Arbeiter der Nachtschicht wählten einen provisorischen Arbeiterrat, auch in anderen Betrieben wurde an den folgenden Tagen gewählt.[68] Die Soldaten in den Kasernen mussten erst noch durch Flugblätter gewonnen werden.

Auf die Aktivitäten Rücks reagierte das noch amtierende Stellvertretende Generalkommando prompt. Es verbot ihm am 1. November 1918 unter Androhung einer Gefängnisstrafe jegliche politische Betätigung.[69] Für den 2. November erhielt er eine Vorladung zur Polizei, wo man ihm

---

63 Bericht der Städt. Polizeidirektion vom 1.11.1918, in: HStAS, E 150 Bü 2051 III, Q 784, S. 11
64 Vgl. Michael Hugh Fritton: Literatur und Politik in der Novemberrevolution 1918/1919, Frankfurt/Bern/New York 1986, S. 10
65 Vgl. Bericht der Städt. Polizeidirektion vom 1.11.1918, in: HStAS, E 150 Bü 2051 III, Q 784, S. 12
66 Ebd., S. 13
67 Die Firma Daimler war seit Sommer 1918 ein wichtiger Lieferant von Flugmotoren für die Heeresleitung. Vgl. Werner Skrentny/Rolf Schwenker/Sybille und Ulrich Weitz (Hrsg.): Stuttgart zu Fuß. 20 Stadtteil-Streifzüge durch Geschichte und Gegenwart, Tübingen 2005, S. 164
68 Vgl. Illustrierte Geschichte 1929 (Anm. 37), S. 184. In seiner Schrift von 1958 nannte Rück als Zeitangabe für die Bildung eines Rates den 4. November. Vgl. Rück 1958 (Anm. 3), S. 24. Der Zeitzeuge Schreiner datierte die Konstituierung des ersten Arbeiterrates auf Ende Oktober. Vgl. Albert Schreiner: Auswirkungen der Großen Sozialistischen Oktoberrevolution auf Deutschland vor und während der Novemberrevolution, in: Die Oktoberrevolution und Deutschland. Protokoll der wissenschaftlichen Tagung in Leipzig vom 25. bis 30. November 1957, Bd. 1, Berlin 1958, S. 35 f.
Stetter datierte in seinen Erinnerungen die Konstituierung des Arbeiterrats auf den Abend des 5. November. Vgl. Hans Stetter: Aus dem Leben eines Proletariers, Stuttgart 1961 (Typoskript), S. 19
69 Vgl. Stellv. Generalkommando vom 1.11.1918 an die Städt. Polizeidirektion, in: HStAS, E 150 Bü 2051 III, Q 786. Rück erwähnte dieses Verbot in seinen Erinnerungen nicht.

dieses Verbot mitteilte.⁷⁰ Rück protestierte dagegen und wurde von nun an ständig von Beamten der politischen Polizei beobachtet. Auch die Staatsanwaltschaft Stuttgart wurde wieder aktiv und forderte den Oberreichsanwalt in Leipzig auf, eine Anklage gegen Rück wegen Hochverrat zu erheben, seine öffentlichen Auftritte und die von ihm erhobenen Forderungen wurden als „umstürzlerisch"⁷¹ bezeichnet. Aber zu einer Anklage durch die zentrale Strafverfolgungsbehörde kam es in diesen unruhigen Tagen nicht mehr.

4.3 Wortführer der Stuttgarter Arbeiter

Anfang November begann es allenthalben zu gären: an der Front, in der Heimat und im Kriegshafen Kiel, wo am 1. November 1918 im Laufe einer Befehlsverweigerung auf der Hochseeflotte die ersten Matrosenräte entstanden.⁷² In Berlin fand am 2. November, es war ein Samstag, in einer Kneipe in Neukölln eine wichtige Sitzung statt. Revolutionäre Obleute und Spartakisten berieten darüber, wann Massenstreikaktionen eingeleitet werden sollten.⁷³ Man hatte noch keine Kenntnis von dem Aufstand der Matrosen in Kiel und Wilhelmshaven. Emil Barth, Ernst Däumig⁷⁴ und Georg Ledebour⁷⁵ wollten schon am 4. November mit der Ausrufung eines Generalstreiks die Absetzung des Kaisers erzwingen. Karl Liebknecht und Wilhelm Pieck sprachen sich ebenfalls für diesen Tag aus, doch sie waren nicht stimmberechtigt. Aber die Mehrheit der Revolutionären Obleute, vor allem die Vertreter kleinerer Betriebe, zögerte. Am Abend endlich fiel die Entscheidung, das frühe Datum wurde abgelehnt und der Beginn des Massenaufstands auf Montag, den 11. November, verschoben.

Hoschka, württembergischer Landtagsabgeordneter und Mitglied des Stuttgarter Aktionsausschusses, war nach Berlin gereist, um von der Spartakuszentrale Geld für den Kauf der Druckerei in Degerloch zu bekommen.⁷⁶ Er nahm an dieser turbulenten Sitzung am 2. November

---

70 Vgl. Polizeibericht vom 5.11.1918, in: HStAS, E 150 Bü 2051 III, Q 798
71 Akten des Oberreichsanwalts, in: SAPMO-BArch, R 3003, J 808/1918, Bl. 1
72 Vgl. Ernst Scheiding: Das erste Jahr der deutschen Revolution (bis zur Ratifizierung des Friedensvertrags am 10. Januar 1920), Leipzig 1920, S. 19 ff.
73 Vgl. dazu Emil Barth: Aus der Werkstatt der deutschen Revolution, Berlin 1919, S. 47 ff.; Richard Müller: Geschichte der deutschen Revolution, Bd. 1:Vom Kaiserreich zur Republik, Berlin 1979², S. 174; Wilhelm Dittmann: Erinnerungen. Bearb. und eingel. von Jürgen Rojahn (Quellen und Studien zur Sozialgeschichte; Bd. 14/2), Frankfurt/New York 1995, S. 547 f.; Ralf Hoffrogge: Richard Müller. Der Mann hinter der Novemberrevolution (Geschichte des Kommunismus und Linkssozialismus, hrsg. von Klaus Kinner; Bd. 7), Berlin 2008, S. 67
74 Ernst Däumig (1866–1922), führendes USPD-Mitglied, gehörte zum linken Flügel der Revolutionären Obleute.
75 Georg Ledebour (1850–1947) gehörte dem Vorstand der USPD an und war Mitglied der Revolutionären Obleute.
76 Vgl. Erinnerungsbericht Ferdinand Hoschka, in: SAPMO-BArch, SG Y 30, EA 0409, Bl. 24. Seit Frühjahr 1918 stellte die russische Partei Geldbeträge zur Verfügung, die jedoch nicht sehr hoch waren. Vgl. Eberhard Kolb: Die Arbeiterräte in der deutschen Innenpolitik 1918–1919 (Beiträge zur Geschichte des Parlamentarismus und der politischen Parteien; Bd. 23) Düsseldorf 1962, S. 49

teil, musste sie jedoch vor der endgültigen Abstimmung verlassen, um schnell wieder in Stuttgart zu sein. In seiner Wohnung in Cannstatt traf sich noch am gleichen Tag der fünfköpfige Aktionsausschuss.[77] Hoschka berichtete von dem Berliner Plan, den Generalstreik am Montag, den 4. November, durchzuführen. Im Aktionsausschuss war man sich sofort einig, ebenfalls an diesem Tag die Streikbewegung auszulösen. Die USPD war nicht mehr in die Planung einbezogen.[78] Flugblätter und Handzettel wurden geschrieben und in Nachtarbeit gedruckt:

> „Arbeiter und Arbeiterinnen!
> In dieser Stunde hat das Proletariat in Berlin und ganz Deutschland die Arbeit niedergelegt und demonstriert auf der Straße für sofortigen Waffenstillstand und die sozialistische Republik. Auch Stuttgart darf nicht fehlen. Legt um ½ 9 die Arbeit nieder und marschiert geschlossen zum Schlossplatz, um zu demonstrieren.
> Nur ein Feigling und Verräter bleibt stehen und lässt seine Brüder im Stich.
> Der Aktionsausschuss."[79]

Keiner ahnte in Stuttgart, dass in Berlin der Generalstreik verschoben worden war. Am Sonntag, den 3. November, trafen sich am Nachmittag im Nebenzimmer eines Gasthauses in der Esslinger Straße die Vertrauensleute der Stuttgarter Betriebe mit den Spartakisten.[80] Rück gelang es, die Zögernden mitzureißen:

> „Im Auftrage des Aktionsausschusses schildere ich den erschienenen Fabrikdelegierten die Situation und stelle den Antrag auf Organisierung und Durchführung des Streiks. Aus einigen Großbetrieben werden zweifelnde Stimmen laut, aber letzten Endes wird auch dieser Zweifel überwunden. Die von mir mitgeteilte Tatsache, dass Flugblätter und Handzettel bereits vorhanden sind, wirkt anfeuernd und mit allen gegen eine Stimme wird der Streikbeschluss gefasst."[81]

Am 4. November, es war „ein trüber Tag, doch ohne Regen",[82] begab sich Rück zu den Daimler-Werken in Untertürkheim, Thalheimer ging zu der Schuhfabrik Haueisen nach Cannstatt. Diese beiden Betriebe sollten die Entscheidung bringen. USPD-Vertrauensleute hatten dort die Flugblätter und Handzettel des Aktionsausschusses verteilt und diskutierten mit ihren Kollegen.[83]

---

77 Vgl. Rück 1958 (Anm. 3), S. 21
78 Vgl. Scheck 1981 (Anm. 55), S. 123
79 Zit. nach: ebd.
80 Vgl. Rück 1958 (Anm. 3), S. 21
81 Illustrierte Geschichte 1929 (Anm. 37), S. 184
82 Rück 1958 (Anm. 3), S. 22
83 Vgl. Polizeibericht vom 5.11.1918, in: HStAS, E 150 Bü 2051 III, Q 798. Als Vertrauensmänner der USPD bei Daimler werden genannt: Eugen Wirsching, Otto Braune, August Ziegler, Oskar Förster, Karl Straub, Karl Großhans und Franz Grimm.

4.3 Wortführer der Stuttgarter Arbeiter 117

Auch andere Betriebe wurden einbezogen: die Fortuna- und Normawerke und die Eisemannwerke. Sogar in einer öffentlichen Bedürfnisanstalt auf dem Charlottenplatz fand die Polizei Flugblätter. Der von SPD und Gewerkschaft beherrschte Arbeiterausschuss bei Daimler in Untertürkheim wandte sich gegen eine Streikaktion, doch USPD-Anhänger hielten die Maschinen an und entfernten die Sicherungen.[84] Rück, der den Betrieb nicht betreten durfte, trat vor dem Eingangstor wieder als Redner auf:

> „Von einem Staketenzaun aus spreche ich, während dauernd kleine Trupps herauskommen. An die Scheiben der Fabrikfenster gepresst, sieht man Kopf an Kopf. Sie hören zu. Nach zehn Minuten kommt ein Genosse und sagt, die Arbeiter aller Abteilungen beginnen sich anzuziehen. Nun strömt es in dichten Scharen aus dem Fabriktor. Wir bilden einen Demonstrationszug, zehntausend Mann ziehen zur Stadt, vorbei an den verdutzten Polizisten, die sich am Sonntag gerüstet hatten, die roten Rotten zu empfangen. An einer Kaserne geht unser Weg vorbei, die Fenster sind gespickt mit Soldaten, die uns zuwinken."[85]

Der Zug der Daimler-Arbeiter mit Rück an der Spitze, USPD-Vertrauensmänner sowie einige Sozialdemokraten marschierten über Wangen, Gaisburg und Ostheim – es waren die Stadtteile, in denen Rück aufgewachsen war und noch bei seiner Mutter lebte – nach Stuttgart. Rote Fahnen und Tafeln mit der Aufschrift „Nieder mit dem Krieg! Hoch die Republik!" wurden vorausgetragen. Ein Soldat hatte seine Mütze mit einem roten Tuch überzogen. Am Stöckachplatz stießen die Haueisen-Arbeiter mit Thalheimer und die Arbeiter der Fortuna-Werke mit Karl Seebacher dazu. Es waren jetzt bereits ca. 12.000 Demonstranten, die auf der Neckarstraße in Richtung Innenstadt marschierten. Kurz vor 10 Uhr zogen sie weiter, am Wilhelmspalais, dem Wohnsitz des Königs vorbei und riefen mutig ein „Hoch" auf die Republik aus. Aus der Rosenbergstraße im Stuttgarter Westen kamen die Kollegen der Firma Eisemann. August Ziegler von der Firma Daimler hielt vor dem Schillerdenkmal eine Ansprache, Rück sprach wieder vom Musikpavillon am Schlossplatz, es waren inzwischen rund 30.000 Demonstranten.[86] Am Beginn seiner Rede behauptete er in voreiliger Erwartung: „Überall in den deutschen Städten finden heute Kundgebungen statt wegen dem Krieg."[87] Dann verwies er auf den „Verrat" der SPD von 1914, wodurch die deutschen Arbeiter „für das Kapital und seine Profitsucht" in den Krieg geführt worden seien. In Russland herrsche seit einem Jahr die sozialistische Republik, „der wir unsere Brudergrüße

---

84   Vgl. ebd.
85   Illustrierte Geschichte 1929 (Anm. 37), S. 184. Diese Kaserne im Stadtteil Berg wurde am 9.11.1918 von Daimlerarbeitern besetzt. Vgl. Skrentny 2005 (Anm. 67), S. 209
86   Vgl. *Die rote Fahne*, Mitteilungsblatt des Stuttgarter Arbeiter- und Soldatenrats, Zentralorgan sämtlicher Arbeiter- und Soldatenräte Württembergs (im Folgenden: *Die rote Fahne*), Jg. 1, Nr. 1, 6.11.1918; Dokumente und Materialien 1957 (Anm. 23), S. 283
87   *Schwäbischer Merkur*, 5.11.1918, zit. nach: Gertrug Kling: Die Novemberrevolution 1918 und der Kampf um die Verteidigung der Demokratie im Frühjahr 1919 in Württemberg, Diss. Halle 1967, S. 252

senden." In 13 Punkten wiederholte er verkürzt und gestrafft den Inhalt des USPD-Flugblatts vom 30. Oktober 1918.[88] Die sofort zu wählenden Delegierten der Arbeiter, Soldaten, Kleinbauern und Landarbeiter sollten eine Regierung bilden, ihr müsse der Abschluss des Waffenstillstands übertragen werden. Die sofortige Einführung der sozialistischen Republik stand nicht mehr auf der Liste. Auch die geforderte „Abdankung aller Dynastien" milderte Rück in seiner Rede etwas ab, indem er bemerkte: „Man sage ja auch in Arbeiterkreisen, Wilhelm II. sei persönlich ein guter Fürst." Neu war die Forderung nach siebenstündiger Arbeitszeit und nach gleichem Lohn für Männer und Frauen. Rück gab bekannt, dass sich in Stuttgart ein Arbeiterrat gebildet habe, dessen Vorsitzender er sei.[89] Keil, der diesen Tag als abwartender Beobachter erlebte, schrieb in seinen Erinnerungen, dass die Rede Rücks „hauptsächlich aus groben Schimpfereien gegen die Sozialdemokratie"[90] bestanden habe.

Die Menge bewegte sich auf den Dorotheenplatz zum Ministerium des Innern, um dem letzten königlich-württembergischen Innenminister die Forderungen zu überbringen.[91] Rück gehörte zu der Delegation von fünf unbewaffneten Arbeitern, die von Ludwig von Köhler, dessen Kabinettschef Karl Freiherr von Weizsäcker sich bereits in Rücktrittsverhandlungen befand, empfangen wurde.[92] Es handelt sich um eine falsche Dramatisierung der Situation, wenn behauptet wurde, dass die Arbeiterdelegierten ihre Zulassung mit Handgranaten erzwungen hätten.[93] Der Chronist und Zeitzeuge Wilhelm Kohlhaas schilderte diese Aussprache mit dem Innenminister als nachgerade versöhnlich.[94] Dieser schien von den Umtrieben eher belustigt als beunruhigt gewesen zu sein.[95] Die Lage war entspannt, denn die Schutzmannschaften der Regierungsgebäude waren durch zahlreiche Grippeerkrankungen dezimiert und lagen ohne die frühere militärische Disziplin in den Kasernen.

Rück trug dem noch amtierenden Minister die 13 Forderungen der Streikenden bzw. der USPD vor, der neugebildete Arbeiterrat solle mit ihrer Durchführung beauftragt werden.[96] Er erwähnte dabei auch das gegen ihn verhängte Redeverbot und protestierte gegen die Vorzensur des *Sozialdemokrat*.[97] Von Köhler erbat sich eine Bedenkzeit bis um 15 Uhr. Die wartenden Demonstranten – ca. 12.000 – waren inzwischen mit Freiheitsliedern der Arbeiterchöre unterhalten worden. Rück berichtete kurz von der Unterredung mit dem Minister und die Menge ging daraufhin ruhig auseinander.

---

88 Siehe Anm. 61
89 Vgl. Polizeibericht vom 5.11.1918, in: HStAS, E 150 Bü 2051 III, Q 798
90 Keil 1948 (Anm. 60), S. 33
91 Vgl. Ludwig von Köhler: Zur Geschichte der Revolution in Württemberg. Ein Bericht, Stuttgart 1930, S. 120
92 Eigentlich galt für Rück noch das Redeverbot. Begleitet wurde er von vier weiteren Arbeitern, nämlich Karl Seebacher, Karl Großhans, Oskar Förster und August Ziegler.
93 Vgl. Claus Langkammer: Ministeraudienz mit Handgranaten, in: *Stuttgarter Zeitung*, Jg. 34, 7.11.1978
94 Vgl. Brief Wilhelm Kohlhaas vom 4.6.1993 an die Verfasserin
95 Vgl. Fritton 1986 (Anm. 64), S. 11
96 Vgl. *Die rote Fahne*, Jg. 1, Nr. 1, 6.11.1918. Bereits am Vormittag des 5.11. lagen die ersten Exemplare zur Verteilung bereit.
97 Vgl. Polizeibericht vom 5.11.1918, in: HStAS, E 150 Bü 2051 III, Q 798; von Köhler 1930 (Anm. 91), S. 121

4.3 Wortführer der Stuttgarter Arbeiter

Um 13 Uhr traten die Vertreter der streikenden Stuttgarter Betriebe zusammen und bildeten einen Arbeiterrat, Rück wurde als Vorsitzender gewählt.[98] Die Beisitzer im Vorstand waren die USPD-Mitglieder Emil Unfried, Hans Stetter, Georg Ziegler und Karl Seebacher.[99] Es wurde beschlossen, am nächsten Tag die Arbeit wieder aufzunehmen sowie ein Mitteilungsblatt des Arbeiterrates von Stuttgart und Württemberg herauszugeben, dessen Redaktion Rück und Thalheimer übertragen wurde.

Als am Nachmittag die Demonstranten vom Postplatz, Marienplatz und Stöckachplatz wieder zum Schlossplatz strömten, waren die Belegschaften weiterer Betriebe dazugekommen, z.B. der Firma Ruthardt in der Hackstraße, der Firma Storz & Schlee in der Neckarstraße und der Contessa-Werke in Heslach; jetzt war die Zahl der Demonstranten auf 40.000 angewachsen.[100] *Die rote Fahne* schrieb: „Das Meer von Köpfen war unübersehbar."[101] Wieder sprach Rück vom Musikpavillon auf dem Schlossplatz und wiederholte die Forderungen, kündigte aber an, den Generalstreik am nächsten Tag abzubrechen. Die Antwort, die von Köhler den fünf Arbeitervertretern am Nachmittag gab, war ausweichend und hinhaltend. Als Rück die Beteiligung des Arbeiterrates an allen Verhandlungen forderte, erwiderte der Innenminister, dass er keinen Arbeiterrat kenne. Er entließ die Delegation mit der Mahnung zu Ruhe und Ordnung. Rück stellte sich auf die Plattform des mit roten Fahnen geschmückten Kaiser-Wilhelm-Denkmals am Karlsplatz und gab der Menge einen knappen Bericht über das Gespräch mit von Köhler. Er sagte, dass man eine andere Antwort von einem königlichen Minister nicht erwarten dürfe. Die Durchführung der aufgestellten Forderungen müsse Sache des Arbeiterrates sein. Laut Polizeibericht ging die Demonstration weiter durch die Schlossstraße zur Firma Bosch, deren Belegschaft noch arbeitete. Rück schrieb in der *roten Fahne*: „Vor Bosch entlud sich die ganze Verachtung der kämpfenden Arbeiter gegen die Feiglinge."[102] Dann marschierte die Menge weiter durch die Weimarstraße, dann vorbei an der Rotebühlkaserne zum Alten Postplatz. Zum Schluss stieg Rück dort zusammen mit einem Soldaten, der ein rotes Tuch um seine Mütze gebunden hatte, auf das Wasserhäuschen und hielt eine letzte Ansprache an die Menge. Er richtete Grüße an die „Arbeiter der sozialistischen Republik" in Russland und an die „revolutionären Arbeiter der Ententeländer" und erhielt „ungeheuren, begeisterten, minutenlangen" Beifall.[103] Von dort aus verlief sich die Demonstration gegen ½ 6 Uhr mit einem Hoch auf die sozialistische Republik.

---

98 Rück erwähnte diese Mittagssitzung nicht. Vgl. Rück 1958 (Anm. 3), S. 24. Schon bei den Verhandlungen mit von Köhler am Vormittag war von der Existenz eines Arbeiterrates die Rede.
99 Vgl. *Die rote Fahne*, Jg. 1, Nr. 1, 5.11.1918. Die Beisitzer Stetter und Unfried wurden im Polizeibericht vom 5.11.1918 nicht genannt.
100 Vgl. Axel Kuhn: Die deutsche Arbeiterbewegung, Stuttgart 2004, S. 145
101 *Die rote Fahne*, Jg. 1, Nr. 1, 6.11.1918
102 Ebd. Im Polizeibericht vom 5.11.1918, in: HStAS, E 150 Bü 2051 III, Q 798 war die Rede von „Prügeleien" zwischen Demonstranten und Bosch-Arbeitern.
103 *Die rote Fahne* Jg. 1, Nr. 1, 6.11.1918

Die radikalen Vertrauensleute der streikenden Betriebe versammelten sich am Abend jenes 4. November im Gewerkschaftshaus in der Esslingerstraße 19[104] noch einmal, auch Vertreter aus anderen Städten wie Aalen, Friedrichshafen, Gmünd, Göppingen[105] und Heilbronn waren anwesend. Neue Aktionen in Kasernen und Betrieben wurden geplant, Soldaten und Arbeiter wurden aufgefordert, Delegierte zu wählen.[106] Die Stimmung nach diesem ereignisreichen Tag war euphorisch, in der *roten Fahne* jubelte Rück: „Die proletarische Sturmflut wälzt sich brausend gegen den unterwühlten Felsen der Kapitalherrschaft. Bald wird er stürzen!"[107]

Nach dieser Versammlung schrieben Rück und Thalheimer noch in der Nacht die erste Nummer der neuen Zeitung *Die rote Fahne*, sie war „Mitteilungsblatt des Stuttgarter Arbeiter- und Soldatenrats" und gleichzeitig „Zentralorgan sämtlicher Arbeiter- und Soldatenräte Württembergs". Die beiden Redakteure hatten nur zwei Stunden Zeit zur Verfügung. Auch die Militärzensur war noch nicht aufgehoben[108], aber das spielte jetzt keine Rolle mehr. Gesetzt und gedruckt wurde die Zeitung in Degerloch, verantwortlich für die Redaktion zeichnete „Rück, Stuttgart, Wilhelmsplatz 11".[109] Auf der ersten Seite standen die Forderungen des Arbeiter- und Soldatenrats. In einem offenen Brief an das Stellvertretende Generalkommando wurden heftige Vorwürfe gegen die Militärs erhoben, die jahrelang alle Kritiker ins Gefängnis oder in einen „mörderischen Schützengraben" gebracht hätten, so lange, bis das Land an den „Rand der Vernichtung"[110] gekommen sei. Auf der letzten Seite waren noch zwei kurze Mitteilungen abgedruckt: eine Warnung vor der möglichen Mobilmachung einer „weißen Garde" und Dank an die Chöre der Arbeitersänger, die am 4. November vor dem Ministerium des Innern gesungen hatten.[111]

Doch am 5. November kam der Rückschlag. Es wurde bekannt, dass am 4. November nur in Stuttgart gestreikt worden war.[112] Die Stuttgarter Linken hatten die Massen zu früh in Bewegung gesetzt und waren nun in einer unangenehmen Lage, denn die vorzeitige Agitation für den Generalstreik am 4. November wurde von vielen als bewusstes Täuschungsmanöver kritisiert.[113] Die *Schwäbische Tagwacht* polemisierte gegen die planlosen Demonstrationen und verantwortungslosen Abenteurer vom Vortag. Man warf den Spartakisten vor, mit einem plumpen Trick die

---

104 An dieser Stelle befindet sich heute das Breuninger-Parkhaus.
105 Vgl. Dieter Wuerth: Radikalismus und Reformismus in der sozialdemokratischen Arbeiterbewegung Göppingens 1910 bis 1919, Göppingen 1978, S. 103 f.
106 Vgl. Polizeibericht vom 5.11.1918, in: HStAS, E 150 Bü 2051 III, Q 798
107 *Die rote Fahne* Jg. 1, Nr. 1, 6.11.1918
108 Erst am 12. November 1918 wurde die Militärzensur aufgehoben. Vgl. Frank Stader (Bearb.): Die deutsche Presse von der Großen Sozialistischen Oktoberrevolution bis zum Ende der revolutionären Nachkriegskrise (1917–1923) (Geschichte der deutschen Presse. Karl-Marx-Universität Leipzig, Sektion Journalistik; H. 10), Leipzig 1980, S. 11
109 Die Auflage betrug 100.000 Stück, es erschienen insgesamt 13 Nummern. Vgl. dazu Emil Birkert: Am Rande des Zeitgeschehens, Stuttgart 1983, S. 155
110 *Die rote Fahne* Jg. 1, Nr. 1, 6.11.1918
111 *Die rote Fahne* dankte den Arbeiterchören für das Lied „Tord Foleson". Von Köhler bezeichnete die Chöre als „gesanglich nicht unschön". Vgl. von Köhler 1930 (Anm. 91), S. 122
112 Vgl. Rück 1958 (Anm. 3), S. 24
113 Vgl. Schwarzmaier 1992 (Anm. 57), S. 429.

Auflage 100 000

Die rote Fahne

In der Internationale liegt der Schwerpunkt der Klassenorganisation des Proletariats.

Mitteilungsblatt des Stuttgarter Arbeiter- und Soldatenrats

Die Pflichten gegen die Internationale gehen allen anderen Organisationspflichten voran.

Zentralorgan sämtlicher Arbeiter- und Soldatenräte Württembergs.

| Nr. 1 | Stuttgart, 5. November 1918. | 1. Jahrg. |

Die Forderungen des Arbeiter- und Soldatenrats.

1. Sofortiger Waffenstillstand und Abschluß des Friedens durch den Arbeiter- und Soldatenrat.
2. Abdanken aller Dynastien, einschließlich Wilhelm II. von Württemberg.
3. Auflösung des Landtags und des Reichstags. Die Regierung übernehmen sofort zu wählende Delegierte der Arbeiter, Soldaten, Kleinbauern und der Landarbeiter.
4. Sofortige und vollständige Aufhebung des Belagerungszustandes; Aufhebung jeder Zensur, volle Preßfreiheit; Aufhebung des Hilfsdienstgesetzes.
5. Sofortige Freilassung aller politisch Inhaftierten und aller Militärgefangenen ohne Ausnahme in Württemberg und im Reich.
6. Banken und Industrien sind zugunsten des Proletariats zu enteignen.
7. Annullierung der Kriegsanleihen von 1000 Mark aufwärts.
8. 7stündige Arbeitszeit; Festsetzung von Mindestlöhnen durch die Arbeiterausschüsse. Gleiche Löhne für männliche und weibliche Arbeiter.
9. Streiktage sind voll zu bezahlen.
10. Durchgreifende Umgestaltung des Heerwesens, nämlich
    a) Verleihung des Vereins- und Versammlungsrechts an die Soldaten in dienstlichen und außerdienstlichen Angelegenheiten;
    b) Aufhebung des Disziplinarstrafrechts der Vorgesetzten; die Disziplin wird durch Soldatendelegierte aufrecht erhalten;
    c) Abschaffung der Kriegsgerichte;
    d) Entfernung von Vorgesetzten auf Mehrheitsbeschluß der ihnen Untergebenen hin.

Der Arbeiter- und Soldatenrat.

Verlag, Expedition und verantwortlich für die Redaktion: Fritz Rück, Stuttgart, Wilhelmsplatz 11. Druck: Buchdruckerei des Arbeiter- und Soldatenrats.

Abb. 3: *Das erste Exemplar der neuen Zeitung*

Revolution angefacht zu haben. Die Stimmung auf der Vertrauensleuteversammlung am Dienstag war entsprechend resignativ. Rück schrieb in seinem Erinnerungsbericht:

> „Am Abend trafen wir zu einer Sitzung im Parteibüro am Leonhardsplatz zusammen. Die Stimmung war grundverschieden zu der am Vortage, die Betriebsvertreter schauten düster drein und stellten alle die Fragen, die an sie selbst im Betrieb gestellt worden waren. [...] Es war meine Aufgabe, die Vertrauensleute aus ihrer pessimistischen Stimmung herauszureißen. Ich [...] war optimistisch und steckte allmählich die anderen an. Als wir ihnen dann noch einen Packen der neugedruckten ‚roten Fahne' in die Hand geben konnten, war die Zuversicht wiederhergestellt."[114]

An diese Situation erinnerte sich ein Zeitgenosse: „Fritz Rück, der damalige junge Wortführer der Stuttgarter Arbeiter [...] zeigte stolz auf den druckfrischen Stapel der Zeitung *Die rote Fahne*."[115] Die Aktionen des 4. November 1918 in Stuttgart sind bemerkenswert, denn sie wurden unabhängig von der Stuttgarter MSPD und dem örtlichen Gewerkschaftskartell geplant und durchgeführt, ja sogar gegen die warnenden Aufrufe dieser traditionellen Arbeiterorganisationen.[116] Es war der Spartakusgruppe gelungen, in kurzer Zeit zahlreiche Kontakte zu den Vertrauensleuten wichtiger Betriebe zu knüpfen und über den engeren Kreis ihrer Anhänger hinaus Resonanz zu finden.[117] Rück und Thalheimer zogen in einem Artikel des *Sozialdemokrat* mit der Überschrift „Der 4. November" eine positive Bilanz. Siegesgewiss stellten sie fest, „dass die Regierungssozialisten mit einem Schlag zur Seite geschleudert oder von der revolutionären Bewegung aufgesogen worden seien."[118] Sie werteten es als Erfolg, dass der neu gebildete Arbeiter- und Soldatenrat das revolutionäre Programm des Spartakusbundes übernahm und dass große Teile der Bevölkerung aufgerüttelt und radikalisiert wurden. Festzuhalten bleibt, dass die schwäbischen Massenstreiks, gestartet am Tag des Kieler Matrosenaufstands, die Schlussrunde für das wilhelminische Deutschland einläuteten.

In Stuttgart demissionierte das Ministerium Weizsäcker und gab den Weg frei für eine parlamentarische Regierung, in die der Sozialdemokrat Hugo Lindemann eintrat, die MSPD hoffte immer noch, die monarchische Staatsform erhalten zu können.[119] Keil hatte im Namen der Partei

---

114 Rück 1958 (Anm. 3), S. 24
115 Erinnerungsbericht Fritz Ulm, in: SAPMO-BArch, Sg Y 30/0960, S. 21
116 In einem Aufruf vom 2. 11. 1918 von SPD und Gewerkschaften wurde vor Personen gewarnt, die die Arbeiter zu „Unbesonnenheiten" hinzureißen versuchen. Abgedruckt in: von Köhler 1930 (Anm. 91), S. 115 f.
117 Vgl. Kolb/Schönhoven 1976 (Anm. 59), S. LV
118 *Der Sozialdemokrat*, Jg. 5, Nr. 44, 6.11.1918. Am 2.11.1918 hatte Rück die Redaktion des *Sozialdemokrat* an Thalheimer übergeben.
119 Vgl. Karl Weller: Die Staatsumwälzung in Württemberg 1918–1920, Stuttgart 1930, S. 79 ff. und S. 92 ff.

diese Einigung zustandegebracht, an weitergehende Ziele wie die republikanische Staatsordnung dachte er zu diesem Zeitpunkt nicht.[120]

4.4 Verhaftung in der Eisenbahn

Als am 6. November 1918 Nachrichten über den Aufstand der Matrosen in Kiel bekannt wurden, erhielt die revolutionäre Bewegung in Deutschland neuen Anstoß.[121] In München wurde am 7. November 1918 das Haus Wittelsbach abgesetzt und am folgenden Tag rief Kurt Eisner (USPD) die Republik aus. Doch in Stuttgart hatte sich nach dem 4. November eine gewisse Ernüchterung breitgemacht, in den Betrieben wurde wieder gearbeitet. Um den unbequemen Protestierer Rück wie viele andere Kriegsgegner geräuschlos zu entfernen, wurde er noch einmal zum Kriegsdienst einberufen, am 11. November sollte er einrücken.[122] Der Arbeiterrat protestierte dagegen in einem Schreiben an das Stellvertretende Generalkommando, erhielt aber keine Antwort.[123]

In Friedrichshafen wurde am 5. November gestreikt, einen Tag später als in Stuttgart.[124] Um die Streikaktionen voranzutreiben, fuhren Rück und Thalheimer spät am Abend des 6. November dorthin, sie hatten mehrere Exemplare der *roten Fahne* bei sich. In Ulm wurden sie aus dem Zug heraus verhaftet, zwei Kriminalbeamte waren ihnen schon ab Stuttgart gefolgt.[125] Matthiesen, der Friedrichshafener Kontaktmann Rücks, der die beiden Spartakisten aus Stuttgart abholte und begleitete, wurde ebenfalls verhaftet.[126] Im Bahnhof gelang es den Verhafteten, den Umstehenden ein Protesttelegramm zu diktieren, das im Innenministerium eintraf:

„OHNE GRUND UND HAFTBEFEHL AUF DER REISE NACH FRIEDRICHSHAFEN FESTGENOMMEN UND SEIT FÜNF UHR FRÜH IN ULM FESTGEHALTEN FORDERN WIR SOFORTIGE FREILASSUNG."[127]

---

120 Vgl. Jürgen Mittag: Wilhelm Keil (1870–1968). Sozialdemokratischer Parlamentarier zwischen Kaiserreich und Bundesrepublik. Eine politische Biographie (Beiträge zur Geschichte des Parlamentarismus und der politischen Parteien; Bd. 131), Düsseldorf 2001, S. 164
121 Vgl. Rück 1926 (Anm. 37), S. 60
122 Vgl. Brief des Stellv. Generalkommandos vom 8.11.1918 an das Innenministerium, in: HStAS, E 150 Bü 2051 III, Q 806 a
123 Vgl. Brief des Arbeiterrats (Emil Unfried) vom 6.11.1918 an das Stellv. Generalkommando, in: HStAS, E 150 Bü 2051 III, Q. 806 a
124 Vgl. Schwarzmaier 1992 (Anm. 57), S. 42; Renz 2008 (Anm. 54), S. 222 ff.
125 Zu den Verhaftungen vgl. Max Ernst: Die Ulmer Garnison in der Revolution 1918/1919, in: Ulm und Oberschwaben, Zeitschrift für Geschichte und Kunst (Mitteilungen des Vereins für Kunst und Altertum in Ulm und Oberschwaben; Bd. 39), Ulm 1970, S. 158; von Köhler 1930 (Anm. 91), S. 129 ff.
126 Matthiesen wurde von Rück in seinem „Tagebuch" nicht genannt, vgl. Rück 1926 (Anm. 37)
127 Protesttelegramm, in: HStAS, E 150 Bü 2051 III, Q 802

Die Sympathie derjenigen, die Zeugen der Verhaftung wurden, war den Gefangenen sicher, aus den Worten des Telegramms spricht sowohl Empörung als auch Selbstbewusstsein. Rücks Schilderung seiner kurzen Haftzeit in Ulm am 7. November 1918 zeigt seine unerschütterliche Siegesgewissheit:

> „In Ulm müssen wir den Zug verlassen und man bringt uns zur Polizei. Hier bietet sich uns ein ungewöhnliches Bild. Gewöhnlich streng und schweigsam, empfangen uns die Hüter der Ordnung in diesem unseren nächtlichen Aufenthaltsort mit großer Zuvorkommenheit, und [...] fragen sie uns über die Bedeutung und das Wesen der revolutionären Bewegung, und was daraus folgt. Besonders interessiert sie ihr persönliches Schicksal im Falle des Umsturzes. Sie unterstreichen wiederholt, dass sie nur ihre Pflichten erfüllen und mit der gleichen Gewissenhaftigkeit die Weisungen auch der neuen Macht erfüllen würden. Wir geben ihnen einige Exemplare der „roten Fahne", und sie machen sich mit großem Interesse ans Lesen. Sie bemühen sich, es uns möglichst bequem einzurichten."[128]

Der Ulmer Kommandant befürchtete weiteres öffentliches Aufsehen in der Stadt und befahl, die Gefangenen in das Amtsgerichtsgefängnis Tübingen zu überführen. Dort angekommen, bemerkten sie, wie Auto auf Auto in den Gefängnishof fuhr, sie kannten die Verhafteten. Es waren weitere 16 Mitglieder der Arbeiter- und Soldatenräte, die am Morgen des 8. November ebenfalls in Haft genommen worden waren.[129] Gegen sie alle sollte beim Generalstaatsanwalt ein Strafverfahren wegen Hochverrat eingeleitet werden. In seinen Erinnerungen schrieb von Köhler, dass er alle Parteien, auch die MSPD, über die Verhaftungsaktion informiert habe.[130] Keil sah in der Verhaftung Rücks eine notwendige Abwehrmaßnahme der Behörden.[131] Durch hartes Durchgreifen gegen die Opposition sollte die Monarchie gerettet werden. Doch genau das Gegenteil trat ein. Die Verhaftung dieser allgemein beliebten und geachteten Kollegen löste in den Betrieben große Empörung aus, man sprach wieder von Generalstreik. Der Bezirksleiter des Metallarbeiterverbandes, Karl Vorhölzer, bat Keil, sich für die Freilassung der Gefangenen einzusetzen, da die Gewerkschaftsleitung fürchtete, ihren Einfluss auf die Arbeiterschaft zu verlieren.[132] Keil entsprach der Bitte des Gewerkschaftsführers, auch die MSPD war sich ihrer Führungsrolle bei den zu erwartenden Massenprotesten nicht sicher.[133] Die breite Protestbewegung des 8. November

---

128 Rück 1926 (Anm. 37), S. 61
129 Vgl. Polizeibericht vom 8.11.1918, in: HStAS, E 150 Bü 2048, Q 807 a. Es waren die vier Daimler-Vertrauensleute Karl Großhans, Eugen Wirsching, Franz Grimm und Oskar Förster, außerdem Karl Seebacher und August Weiss, Otto Braune, Karl Straub, August Steiner, Hermann Riet, Leonhard Maurer, Felix Haupt, Heinrich Breitinger, Max Zschocher, Hans Stetter und Johann Ziegler.
130 Von Köhler 1930 (Anm. 91), S. 131
131 Vgl. Keil 1948 (Anm. 60), S. 37
132 Vgl. Keil 1948 (Anm. 60), S. 41. Vgl. dazu ausführlich Gunther Mai: Die Sozialstruktur der württembergischen Arbeiter- und Bauernräte 1918/1919, in: IWK 15 (1979), H. 3, S. 381
133 Vgl. von Köhler 1930 (Anm. 91), S 134 f.; Christoph Bittel: Heidenheim im Umbruch. Eine württembergische Kleinstadt im politischen Wandel 1918–1920, Heidenheim 2004, S. 93

gegen die Verhaftung der Arbeiterräte und der mit ihnen zusammenarbeitenden Vertrauensleute trieb in Stuttgart die revolutionären Ereignisse weiter voran.[134] Vertreter von MSPD, USPD und der freien Gewerkschaften setzten sich wieder an einen Verhandlungstisch.[135] Sie entwarfen ein gemeinsames Flugblatt und riefen für den 9. November zu einem Generalstreik auf unter dem Motto „Für die soziale Republik".[136] Rück war an diesem entscheidenden Tag durch Inhaftierung zwangsweise ausgeschaltet. Zufrieden schrieb Keil über seine Abwesenheit: „Dass wir am 8. und 9. November von seiner Gegenwart verschont geblieben waren, betrübte mich nicht. Wer weiß, ob die Ereignisse so unblutig verlaufen wären, wenn Rück frei gewesen wäre."[137] Für Keil war Rück ein gefährlicher Hetzer und ein gewaltbereiter Revolutionär.

Im Verlauf des Massenprotests am 9. November brach das monarchische System wie ein Kartenhaus zusammen. Die Palastwache des Königs wurde entwaffnet und Männer des Soldatenrats begleiteten den König und die Königin am Abend des 9. November nach Bebenhausen (bei Tübingen), ihrem Ruhesitz.[138] Rück und Thalheimer wurden erst um die Mittagszeit des 9. November aus dem Gefängnis in Tübingen entlassen, die anderen inhaftierten Genossen hatten bereits morgens nach Stuttgart zurückfahren können.[139] Seine verzögerte Freilassung hat Rück als besondere Schikane gedeutet. Es war ihm klar, dass auch die sozialdemokratischen Führer großes Interesse hatten, ihn von Stuttgart fernzuhalten.[140] Bei seiner Ankunft in Stuttgart abends war der Staatsumsturz bereits vollzogen.

4.5 Ablehnung eines Ministeramts

Noch am 9. November 1918 wurde eine Provisorische Regierung aus MSPD und USPD unter dem gemeinsamen Vorsitz von Wilhelm Blos[141] und Arthur Crispien gebildet.[142] Keil hielt sich im Hintergrund. Neben den drei mehrheitssozialdemokratischen Ministern Hugo Lindemann,

---

134 Die Verhaftung Rücks wirkte wie ein „Katalysator". Vgl. Uwe Schmidt: „Ein redlicher Bürger redet die Wahrheit frei und fürchtet sich vor niemand". Eine Geschichte der Demokratie in Ulm, Aschaffenburg 2007, S. 51
135 Vgl. Kolb/Schönhoven 1976 (Anm. 59), S. LVII. Scheck 1981 (Anm. 55), S. 133 f. betonte die treibende Rolle der Gewerkschaften beim Zustandekommen der gemeinsamen Aktionen von SPD und USPD.
136 Dies war die Schlagzeile der *Schwäbischen Tagwacht* vom 9. 11.1918, abgedruckt in: Günter Cordes (Bearb): Krieg, Revolution, Republik. Die Jahre 1918 bis 1920 in Baden und Württemberg. Eine Dokumentation, Ulm 1978, S. 80
137 Keil 1948 (Anm. 60), S. 91. Ähnlich äußerte sich auch von Köhler in seinen Erinnerungen. Vgl. von Köhler 1930 (Anm. 91), S. 158
138 Vgl. Scheck 1981 (Anm. 55), S. 147; Werner Zeeb: Die Abdankung König Wilhelms II. von Württemberg und sein Scheidegruß vom 30. November 1918, in: Schwäbische Heimat, Jg. 57 (2006), H. 4, S. 414
139 Vgl. Rück 1958 (Anm. 3), S. 25. Rücks Angaben zum Zeitpunkt seiner Entlassung werden bestätigt von Keil. Vgl. Mittag 2001 (Anm. 120), S. 170
140 Vgl. Rück 1926 (Anm. 37), S. 62
141 Der 67-jährige Blos gehörte zum rechten Flügel der SPD, er stand Ebert sehr nahe und hatte noch 1915 in einer Rede die Pflicht zur Vaterlandsverteidigung hervorgehoben. Er beschäftigte sich mit Geschichtsschreibung und beteiligte sich wenig am Parteileben in Stuttgart. Vgl. Scheck 1981 (Anm. 55), S. 144
142 Rück schrieb, dass Crispien „seelisch stark angeschlagen" vom Kriegseinsatz zurückkam und ohne revolutionären Optimismus gewesen sei. Vgl. Rück 1958 (Anm. 3), S. 26

Berthold Heymann und Hermann Mattutat sollten die Spartakisten Schreiner und Thalheimer das Kriegs- und das Finanzministerium übernehmen.

Rück und Thalheimer, soeben aus dem Gefängnis entlassen, begaben sich in die Druckerei des *Neuen Tagblatt* in der Torstraße und studierten die erste Proklamation der Provisorischen Regierung. Sie stellten fest, dass diese zwar „Rosinen und Versprechungen" enthalte, aber „kein Programm einer sozialen Umwälzung" sei.[143] Gemeinsam veranlassten sie den Setzer, den Namen Thalheimer von der Ministerliste zu streichen.[144] Blos begegnete ihnen dort und beobachtete sie mit Misstrauen, in seinen Memoiren äußerte er deutlich seine Abneigung:

> „Als wir in den Setzersaal eintraten, sahen wir die beiden Spartakisten Rück und Thalheimer mit finsteren Minen dort umherschleichen. Sie hatten offenbar irgendetwas vor. [...] Wir sprachen nicht miteinander und ich hatte auch nicht das geringste Interesse, ihn in der Regierung zurückzuhalten."[145]

Um ihre grundsätzliche Haltung in dieser neuen Situation nach dem 9. November zu verdeutlichen, verfassten Rück und Thalheimer ein neues Aktionsprogramm: „Vorläufiges Programm des Arbeiter- und Soldatenrates. Zur Beschlussfassung vorgelegt von Fritz Rück und A. Thalheimer".[146] Erste, grundlegende Forderung war: „Die volle Gewalt, politisch und wirtschaftlich, soll dem Arbeiter- und Soldatenrat gehören." Die beiden Verfasser lehnten es kategorisch ab, sich an einer von der MSPD geführten Regierung zu beteiligen, dies sollte auch für die USPD-Genossen gelten. Wichtig sei es, die neue Macht der Arbeiter- und Soldatenräte durch eine „gut disziplinierte rote Garde" zu sichern. Auch über die Einbeziehung von Bauern und Intellektuellen in den revolutionären Prozess machten sich Rück und Thalheimer Gedanken, doch der in Eile geschriebene Entwurf war in vielen Punkten unrealistisch und vage, besonders in den Bereichen Landwirtschaft[147] und Bildungswesen. Die „Scheinwissenschaften", die zur „geistigen Knechtung der Arbeiterschaft" benützt würden, seien abzuschaffen und der Unterricht sollte für alle gratis sein. Es war geplant, dieses Aktionsprogramm am folgenden Tag dem Stuttgarter Arbeiter- und Soldatenrat vorzulegen.

Am Sonntag, 10. November fand um 10 Uhr eine Tagung der Vertrauensleute der USPD statt. Rück beschrieb sein Aussehen nach dem 2 ½-tägigen Gefängnisaufenthalt in humorvollem Ton:

---

143 Ebd.
144 Auch Liebknecht lehnte es am Abend des 9.11. ab, in den Rat der Volksbeauftragten einzutreten. Vgl. Dähn 1975 (Anm. 2), S. 202; Annelies Laschitza: Die Liebknechts. Karl und Sophie – Politik und Familie, Berlin 2007, S. 390f.
145 Wilhelm Blos: Denkwürdigkeiten aus der Umwälzung. Von der Monarchie zum Volksstaat. Zur Geschichte der Revolution in Deutschland, insbesondere in Württemberg, Bd. 1, Stuttgart 1923, S. 27
146 HStAS, P 2 Bü 70, abgedruckt in: *Die rote Fahne*, Jg. 1, Nr. 2, 15.11.1918 und in: Cordes 1978 (Anm. 136), S. 113
147 Das Selbstbestimmungsrecht der Bauern auf landwirtschaftlichem Gebiet sollte anerkannt werden, gleichzeitig wurde die Gründung von Dorfkomitees gefordert, deren Arbeit durch ein „enges elektrisches Kraftnetz über das ganze Land" erleichtert würde.

4.6 Rückzug am 10. November

„Übernächtigt und mit wilden Bartstoppeln sahen wir [scil. Rück und Thalheimer/die Verf.] am nächsten Morgen beinahe so aus, wie die Karikatur sich damals Revolutionäre vorstellte, nur der Schlapphut und die Petroleumkanne fehlten."[148] Die USPD-Vertrauensleute drängten Rück und Hoschka in die neue Regierung einzutreten. Widerstrebend begaben sich die beiden anschließend ins Landtagsgebäude, wo MSPD und USPD über die Zusammensetzung der neuen Regierung berieten. Als Crispien den anwesenden Mehrheitssozialdemokraten mitteilte, dass die USPD beschlossen habe, Rück und Hoschka in die Regierung aufzunehmen, gab es „saure Gesichter".[149]

Rück erkannte klar: „Ich war ihnen sowieso schon auf die Nerven gegangen, und dass sie mich nun auch in die Regierung aufnehmen sollten, ging ihnen entschieden zu weit." Für Keil und Blos waren spartakistische Minister völlig undenkbar, sie schlugen im Gegenzug vor, drei bürgerliche Minister in die Regierung aufzunehmen.[150] Die als USPD-Minister vorgesehenen Crispien und Schreiner stimmten zu und so übernahm in Württemberg eine Koalition aus MSPD, USPD und Bürgerlichen die Regierungsverantwortung. Rück und Hoschka protestieren gegen die Ernennung der bürgerlichen Minister und erklärten, dass über diese Frage nur der Arbeiter- und Soldatenrat entscheiden könne.

4.6 Rückzug am 10. November

Noch am Nachmittag desselben Tages fand eine Sitzung des Arbeiter- und Soldatenrates statt, und zwar im Halbmondsaal des Landtagsgebäudes.[151] Diese Versammlung war relativ willkürlich zusammengesetzt aus Delegierten von Betrieben und Truppenteilen, die Legitimationskontrolle war offenbar sehr großzügig gehandhabt worden. Es ging um die Entscheidung zwischen Rätestaat und parlamentarischer Demokratie. Vermutlich immer noch mit dem Aussehen eines Revoluzzers nahm Rück an dieser Sitzung teil. An seine hochgespannten Erwartungen erinnerte er sich 40 Jahre später:

„Nach meiner Auffassung sollten wir aufs Ganze gehen und einen Generalrat von 5 Personen als Exekutive des Arbeiter- und Soldatenrats bestimmen,[152] der gemäß unserer

---

148 Rück 1958 (Anm. 3), S. 27
149 Ebd.
150 Die Haltung Crispiens zur Beteiligung der Spartakisten an der Regierung war ablehnend. Vgl. dazu Ernst Rudolf Huber: Deutsche Verfassungsgeschichte seit 1789, Bd. 5: Weltkrieg, Revolution und Reichserneuerung 1914–1919, Stuttgart/Berlin/Köln/Mainz 1978, S. 1039
Die drei bürgerlichen Minister im Kabinett Blos waren der Nationalliberale Julius Baumann, der Zentrumspolitiker Hans v. Kiene und der Demokrat Theodor Liesching.
151 Vgl. Rück 1958 (Anm. 3), S. 28 f. Ein Protokoll dieser Sitzung konnte nicht gefunden werden. Die genaueste Schilderung des Sitzungsverlaufs gab die *Württemberger Zeitung* vom 11.11.1918, abgedruckt in: Kolb/Schönhoven 1976 (Anm. 59), Dokument Nr. 1, S 3 ff.
Das Landtagsgebäude, das sogenannte Ständehaus, befand sich in der damaligen Kronprinzstraße, heute Calwerstraße.
152 Nach dem Vorbild des spartakistischen Aktionsausschusses in Stuttgart.

Programmforderung die ganze Macht übernehmen sollte. Die Bildung einer besonderen Regierung war dann überflüssig. Dann konnte es vorwärts gehen – wie ich glaubte – mit der sofortigen Verwirklichung unseres gemäßigten sozialistischen Programms. An Illusionen fehlte es nicht in den folgenden drei Stunden vor Zusammentritt der Tagung des Arbeiter- und Soldatenrats. [...] So zwischendurch machte ich zu August Thalheimer die Bemerkung: ‚Bei uns schrumpft die Kerenskiperiode auf einen Tag zusammen!' Er schaute mich durch seine dicken Brillengläser fragend an, sagte aber nichts."[153]

Die Oktober-Revolution als leuchtendes Vorbild – dem jungen Mann schien der Sieg zum Greifen nahe. Er glaubte, nun sei der Augenblick gekommen, wo es darum gehe, „den Kern selbst des Kapitalismus zu vernichten [...] und die Diktatur des Proletariats herzustellen."[154]. Blos hielt eine kurze Begrüßungsansprache und entfernte sich schnell.[155] Offensichtlich ignorierten die anderen neuen Regierungsmitglieder die Existenz dieses Organs, von dem sie bestätigt und kontrolliert werden sollten.[156] Die beiden Versammlungsleiter waren Rück als Vorsitzender des Arbeiter- und Soldatenrats und Crispien als Vertreter der Provisorischen Regierung. In seiner Erinnerungsschrift von 1958 schrieb Rück, dass er selbst den Vorsitz geführt habe und dass sich Crispien zu Wort gemeldet habe.[157] Rück sprach in einem halbstündigen Vortrag über die Verhandlungen zur Regierungsbildung und stellte das Programm der Spartakisten vor. Er legte das „Vorläufige Programm des Arbeiter- und Soldatenrats" vor, das er mit Thalheimer am Vortag verfasst hatte.[158] Doch sein Vorschlag, an Stelle der Provisorischen Regierung einen fünfköpfigen Generalrat zu wählen, der seine Richtlinien von den Arbeiter- und Soldatenräte erhalten sollte, konnte die Versammelten nicht überzeugen. Selbstkritisch schrieb Rück 40 Jahre später:

„Leider machte ich dann auch noch den Vorschlag, ohne lange Diskussion zu entscheiden, da die Ereignisse ein schnelles Handeln erforderten. Die schon vorher im Verlauf meiner Ausführungen entstandene Unruhe verstärkte sich. Gleich der erste Diskussionsredner, der zunächst einmal zur Geschäftsordnung sprach, erklärte, dass so weitreichende Fragen gründlich diskutiert werden müssten, und demonstrativer Beifall der Anwesenden unterstützte ihn."[159]

Rück hatte offensichtlich die Bereitschaft der anwesenden Arbeiter und Soldaten überschätzt, seinen Plänen zu folgen. Auch seine aus Ungeduld gespeiste Überrumpelungstaktik war nicht

---

153 Rück 1958 (Anm. 3), S. 28
154 Rück 1926 (Anm. 37), S. 63
155 Vgl. Blos 1923 (Anm. 145), S. 30
156 Vgl. Cordes 1978 (Anm. 136), S. 109
157 Vgl. Rück 1958 (Anm. 3), S. 28 f.; ebenso: Neuschl. 1983 (Anm. 44), S. 174 und Scheck 1981 (Anm. 55), S. 152
158 Siehe Anm. 146
159 Rück 1958 (Anm. 3), S. 29

4.6 Rückzug am 10. November

erfolgreich. Crispien sprach sich gegen den Generalrat aus und warb sogar für die Beteiligung von bürgerlichen Ministern an der Provisorischen Regierung, so wie Blos und Keil es an diesem Vormittag vorgeschlagen hatten.[160] Die Delegierten stimmten mit großer Mehrheit dieser Erweiterung der Regierung Blos-Crispien zu, sie waren nicht gewillt, einem Arbeiterrat die volle politische Macht zu übergeben.

Die Versammlung nahm einen lebhaften, zuweilen stürmischen Verlauf. Während Crispien noch sprach, kamen mehrere Parteigenossen auf die Bühne und überbrachten Rück die Nachricht, dass konterrevolutionäre Truppen des Generals Christof von Ebbinghaus von Ludwigsburg her unterwegs seien, um die Revolution niederzuschlagen.[161] Rück teilte diese unbestätigten Meldungen der Versammlung mit und schlug vor, die Debatte abzubrechen, um die Lage zu erkunden. Nun entglitt ihm endgültig die Leitung:

„Damit hatte ich Öl ins Feuer gegossen. Die Soldatenvertreter standen auf und protestierten, einige von ihnen beteuerten die Zuverlässigkeit von General Ebbinghaus, die ganze Versammlung war wie ein siedender Kessel aufgerührter Gefühle. Ich selbst war plötzlich hundemüde, und in einem Gefühl völliger Wurstigkeit warf ich die Glocke auf den Tisch und ging von der Tribüne herab ins Vorzimmer des Sitzungssaales. Ich sah gerade noch, wie David Stetter zum Tisch des Vorsitzenden eilte und die Klingel ergriff. Als mich einige Freunde aufforderten, doch wieder zurückzugehen und den Vorsitz weiterzuführen, schüttelte ich nur den Kopf, ging an ihnen vorbei, die Treppe hinunter und auf die Straße."[162]

Die Anspannung der letzten Tage und die herbe, unerwartete Enttäuschung über den mangelnden Rückhalt bei der Versammlung des Arbeiter- und Soldatenrats forderten ihren Tribut:

„Langsam schlenderte ich die belebten Straßen entlang und lenkte unwillkürlich meine Schritte nach Heslach, zu einer befreundeten Familie. Dort würde nicht diskutiert werden, sondern sie würden mich in ein Bett stecken und schlafen lassen. Schlafen – nichts anderes wollte ich mehr."[163]

---

160 In einem Interview vom 17.11.1970 berichtete der Zeitzeuge Rudolf Gehring (SPD, damals Arbeiterrat), dass Rück aus Enttäuschung über die Haltung Crispiens gesagt habe: „Zwischen mir und Crispien ist das Tischtuch zerschnitten." Zit. nach: Scheck 1981 (Anm. 55), S. 315
161 Später sollte sich diese Nachricht als Gerücht erweisen. Von Ebbinghaus schrieb in seinen Memoiren, dass er an diesem Tag in Stuttgart zu Fuß unterwegs war und ständig fürchtete, von bewaffneten Soldaten belästigt zu werden. Vgl. Christof von Ebbinghaus: Die Memoiren des Generals von Ebbinghaus, Stuttgart 1928, S. 50
162 Rück 1958 (Anm. 3), S. 29; von Köhler 1930 (Anm. 91) S. 158 schrieb, man habe Rück „von der Tribüne heruntergerissen und dann sogar aus dem Sitzungssaal herausbefördert". Dies scheint wenig glaubhaft, denn die Spartakisten, auch wenn sie sich nicht durchsetzen konnten, hatten die Sympathie der Versammlung.
163 Rück 1958 (Anm. 3), S. 29

Weshalb ging er nicht nach Hause? Wollte er den besorgten Fragen der Mutter und der Schwestern ausweichen? Im Rückblick schrieb er, dass in diesem Augenblick erste Zweifel in ihm aufkamen:

> „Trotz meiner Müdigkeit fühlte ich auf diesem Gang nach Heslach, dass das, was an diesem Sonntag, an diesem 10. November 1918 in Stuttgart geschehen war, symptomatisch für ganz Deutschland sein werde: Änderung des Firmenschildes, aber kein neues Wirtschafts- und Gesellschaftssystem als Resultat der Novemberrevolution."[164]

Mit diesem Tiefpunkt endet Rücks Bericht von 1958 über die Novemberrevolution. Es ist fraglich, ob er schon zu diesem Zeitpunkt erkennen konnte, dass die Revolution gescheitert war. Das „Abtauchen" ins Bett nach seinem Scheitern im Halbmondsaal dauerte jedoch nicht lange, schon am nächsten Tag war er wieder aktiv, es gab für ihn keinen Rückzug aus dem revolutionären Kampf. Für den Abend des 11. November hatte der neue MSPD-Kultminister Heymann eine Versammlung geistiger Arbeiter in den Stadtgartensaal einberufen, wo über die Gründung eines „Rats der geistigen Arbeiter" diskutiert wurde.[165] Eine zahlreiche Zuhörerschaft, vorwiegend Intellektuelle, füllte die Versammlungsräume. Nach Heyman sprach Rück, er warb für das spartakistische Aktionsprogramm und die Stärkung der Räte.[166] Keil widersprach ihm entschieden, die Räte sollten nur für eine kurze Übergangszeit bestehen, sie dürften keinesfalls diktatorische Macht haben.[167] Ein elfköpfiger „Rat geistiger Arbeiter" wurde gebildet, ohne Spartakisten und ohne Rück.

Doch er wurde Mitglied in dem am Tag zuvor im Halbmondsaal gewählten 12-köpfigen Aktionsausschuss der Arbeiter- und Soldatenräte, der für kurze Zeit höchstes Räteorgan von Stuttgart und Württemberg war und die Kontrolle über die Provisorische Regierung beanspruchte.[168] Aber schon bei den Wahlen zum Aktionsausschuss des Arbeiterrats Groß-Stuttgart am 25. November konnte die MSPD eine Mehrheit erzielen.[169] Kurze Zeit später verließ Rück den Aktionsausschuss. Am 11. November nahm das neue Kabinett unter Blos seine Arbeit auf,

---

164 Ebd., S. 30
Die Formulierung erinnert an das Gedicht von Kurt Tucholsky von 1928: „Wir haben die Firma gewechselt, aber der Laden ist der Alte geblieben." Zit. nach: Wolfgang Niess: Metamorphosen einer Revolution. Das Bild der deutschen Revolution von 1918/19 in der deutschen Geschichtsschreibung, Diss. Stuttgart 2011, S. 137
165 Vgl. Wilhelm Kohlhaas: Chronik der Stadt Stuttgart 1918–1933 (Veröffentlichungen des Archivs der Stadt Stuttgart; Bd. 17), Stuttgart 1964, S. 4. Dort wird der 12.11.1918 als Datum dieser Versammlung genannt.
166 Vgl. Scheck 1981 (Anm. 55), S. 157
167 Vgl. Keil 1948 (Anm. 60), S. 109
168 Vgl. Kolb/Schönhoven 1976 (Anm. 59), S. LVIII und S. 6, Anm. 12. Es waren 12 Mitglieder: die vier mit den Spartakisten sympathisierenden Betriebsvertrauensleute Unfried, Ziegler, Großhans und Seebacher und die Redakteure Rück, Walcher, Hoernle, Barthel und Schimmel. Letzterer war als einziges Mitglied der MSPD
169 Vgl. Kolb 1962 (Anm. 76), S. 95 f.; Tormin 1954 (Anm. 24), S. 57; Ernst Müller: Kleine Geschichte Württembergs, Stuttgart 1949, S. 150

4.6 Rückzug am 10. November

Crispien wurde stellvertretender Ministerpräsident und Schreiner, einziger Spartakist in der Regierung, erhielt das Amt des Kriegsministers.[170] Für die neue Regierung hatte die schnelle Stabilisierung der Verhältnisse Vorrang vor einer sozialistischen Umgestaltung, die Arbeiter- und Soldatenräte folgten schon bald der sozialdemokratischen Linie.[171]

In der folgenden Woche wandte Rück sich wieder der Arbeiterjugend zu, deren Möglichkeiten für politische Betätigung sich in den letzten Wochen stark verbessert hatten. Am 18. November sprach er auf einer Versammlung zur Wiedergründung der Stuttgarter Sozialistischen Jugend im Kunstgebäude. Zusammen mit dem aus der Schweiz ausgewiesenen Willi Münzenberg versuchte er, bei den Jugendlichen Begeisterung für die proletarischen Ideale zu wecken,[172] sein Referat ist abgedruckt im Zentralorgan der neu gegründeten Freien Sozialistischen Jugend *Die Junge Garde*.[173] Mit dem Nietzsche-Zitat „Lass den Helden in deiner Seele nicht sterben, halte heilig deine höchste Hoffnung" wollte er die Jugendlichen zu neuem Kampf anfeuern. Über konkrete Probleme sprach er nicht, er blieb bei pathetischen Appellen: „Werfen wir unsere jungen Seelen in den Schmelztiegel revolutionärer Begeisterung, dass sie umgegossen und geläutert werden."[174] *Die rote Fahne* schrieb, dass Rücks „lodernde Begeisterung" einen „freudigen Widerhall in den Herzen der jungen Arbeiter"[175] gefunden habe. Offensichtlich traf er bei der ihm vertrauten Zuhörerschaft den richtigen Ton, am Ende des Abends waren über 100 neue Mitglieder für die Jugendorganisation gewonnen.[176]

Am 16. November 1918 fand eine Mitgliederversammlung der Stuttgarter USPD statt, auf der Rück den Antrag stellte, geschlossen zum Spartakusbund überzutreten. Er begründete dies damit, dass Crispien in die Regierung Blos eingetreten sei, dadurch machten sich die „Regierungssozialisten" zum „Schrittmacher des Bürgertums". Es sei falsch, „den Bürgerlichen zu helfen, den Karren aus dem Dreck zu ziehen".[177] Wenn die USPD ihre Mitglieder nicht aus der Regierung zurückziehe, müsse man eine eigene Partei gründen. Rück erhielt Unterstützung nur von Walcher, die Mehrheit der Versammlung lehnte den Anschluss an den Spartakusbund vorläufig ab. Trotz vieler Enttäuschungen hielt Rück unerschütterlich an seinen revolutionären Idealen fest:

---

170 Schreiner legte sein Amt schon am 15.11.1918 nieder, sein Nachfolger wurde Ulrich Fischer, der der USPD nahestand. Vgl. Susanne Miller: Die Bürde der Macht. Die deutsche Sozialdemokratie 1918–1920 (Beiträge zur Geschichte des Parlamentarismus und der politischen Parteien; Bd. 63), Düsseldorf 1978, S. 87

171 Bei der Revolution im deutschen Südwesten habe es sich um eine im Kern „sozialdemokratische Revolution" gehandelt. Vgl. Peter Brandt/Reinhard Rürup: Volksbewegung und demokratische Neuordnung in Baden 1918/19. Zur Vorgeschichte und Geschichte der Revolution, hrsg. von den Stadtarchiven Karlsruhe und Mannheim, Sigmaringen 1991, S. 146

172 Vgl. Willi Münzenberg: Die dritte Front. Aufzeichnungen aus 15 Jahren proletarischer Jugendbewegung, Berlin 1930, S. 270 ff.; Fritton 1986 (Anm. 64), S. 101

173 *Die Junge Garde*, Jg. 1, Nr. 1, 27.11.1918

174 Ebd.

175 *Die rote Fahne*, Jg. 1, Nr. 6, 20.11.1918

176 Vgl. Scheck 1981 (Anm. 55), S. 251

177 *Der Sozialdemokrat*, Jg. 5, Nr. 46, 20.11.1918

> „Uns ist der Sozialismus noch immer ein Lebensevangelium. Der Kapitalismus hat abgewirtschaftet, nur die Köpfe sind noch zu revolutionieren. Wir sind fest überzeugt, dass die Zeit kommen muss, wo die Arbeiterklasse das Programm des Spartakusbundes annehmen und damit die Burg des Kapitalismus stürzen wird." [178]

Nach der für ihn enttäuschenden Versammlung am 10. November war sein Vertrauen in die Räte nicht mehr unbegrenzt:

> „Es ist wohl möglich, dass die Arbeiter- und Soldatenräte jetzt nicht die politische Macht an sich reißen können. Die Soldaten haben die Aufgaben der Gegenwart noch nicht erkannt und wollen keine Politik treiben, aber die Zeit wird kommen, wo die Massen des Proletariats die Notwendigkeit der Sozialisierung der Gesellschaft erkennen." [179]

Aber auch in Berlin konnten sich die Anhänger der Räteidee nicht durchsetzten. Auf dem Reichsrätekongress vom 16. bis 21. Dezember in Berlin versammelten sich rund 500 Delegierte, von denen fast zwei Drittel der MSPD angehörten.[180] Mit großer Mehrheit entschied sich der Kongress für eine Nationalversammlung. Luxemburg war tief enttäuscht, sie bezeichnete in einem Artikel in der *Roten Fahne*, dem Zentralorgan der KPD, die Delegierten des Reichsrätekongresses als „Eberts Mamelucken".[181] Rück hat diesen Vergleich später ebenfalls verwendet, um kritiklose Gefolgschaftstreue von SPD-Mitgliedern zu kritisieren.[182]

4.7 Der „geisteskranke" Fanatiker

Kritik an Rücks persönlichem Verhalten kam nicht nur von politischen Gegnern, auch sein Freund Walcher war der Meinung, dass er durch „eigenmächtige" Aktionen im November 1918 Unruhe in die Stuttgarter USPD gebracht habe. Er schrieb, dass der junge Genosse Rück „um jene Zeit sehr von sich überzeugt" gewesen sei.[183] Ablehnung aber auch Anerkennung kommt zum Ausdruck in dem Urteil von Rudolf Gehring (MSPD), Mitglied des württembergischen Landesausschusses der Arbeiter- und Soldatenräte: „Rück war der entschiedenste Vertreter der Spartakisten und ein sehr geschickter Agitator. Ganz ähnlich ist auch Münzenberg zu beurteilen,

---

178 Ebd.
179 Ebd.
180 Nur wenige der auf dem Kongress Erschienenen gehörten dem Spartakusbund an, aus Stuttgart war Unfried anwesend. Vgl. Miller 1978 (Anm. 170), S. 126
181 *Die Rote Fahne*, Jg. 1, Nr. 35, 20.12.1918. Mamelucken waren Militärsklaven orientalischer Herrscher.
182 Vgl. Fritz Rück: Von Nürnberg bis Kiel. Der Bankrott der sozialdemokratischen Koalitionspolitik, Berlin 1927, S. 23
183 Walcher 2004 (Anm. 14), S. 82. Man verübelte Rück, dass er ohne Wissen der USPD-Leitung *Die rote Fahne* in der Degerlocher Druckerei herstellen ließ.

4.7 Der „geisteskranke" Fanatiker

beide waren sie Fanatiker."[184] Leutnant Paul Hahn, der mit Rück im Januar 1919 zusammentraf, hielt ihn für den „radikalsten und hemmungslosesten Führer der Kommunisten"[185] und General von Ebbinghaus bezeichnete ihn in seinen Memoiren als „fanatischen Agitator".[186]

Gezielt diffamierende und unwahre Behauptungen indessen stammen von Rücks sozialdemokratischen Gegnern in Stuttgart. Den Anfang machte 1923 Blos in seinen Memoiren, er schieb, dass man an Rücks „Zurechnungsfähigkeit"[187] zweifeln müsse. Damit machte er aus Rücks Nierenerkrankung eine Nervenkrankheit. Im Jahr 1930 fügte von Köhler in seinem Erinnerungsbuch die frei erfundene Behauptung hinzu, dass Rück „früher schon in einer Irrenanstalt untergebracht gewesen" sei.[188] Diese offenkundige Lüge wurde 1930 von dem Historiker Karl Weller aufgegriffen und mit überbordender Fantasie zu einer dunklen bolschewistisch gelenkten und finanzierten Verschwörung aufgebaust:

> „Er war in einem hemmungslosen Radikalismus ganz dem Gedanken des Bolschewismus verfallen, übrigens von großer Wortgewandtheit; seine politischen Fähigkeiten reichten für den Agitator aus. Wieviel von dem russischen Gelde, das nach Deutschland floss, auch in die Taschen württembergischer Spartakisten glitt, ist bis jetzt im Dunkeln geblieben. [...] In nächtlichen Zusammenkünften, die heimlicherweise auf dem Exerzierplatz bei Cannstatt und im Wald bei Feuerbach stattfanden, wurden die letzten Verabredungen getroffen."[189]

Im November 1918 drohte nach Wellers Auffassung die Errichtung einer bolschewistischen Diktatur, Rücks rhetorische Fähigkeiten und die russischen Gelder machten ihn zu einem gefährlichen Staatsfeind.[190] In einem Brief an den Kohlhammer-Verlag, der die Werke von Weller und Köhler herausgab, wehrte sich Rück gegen die Verleumdungen und legte ausführlich Entstehung und Verlauf seiner Nierenerkrankung dar.[191]

Auch Keil hatte dreißig Jahre nach der Novemberrevolution den jungen Rück noch nicht vergessen. In seinen Memoiren bezeichnete er ihn voll Verachtung als „Räteapostel" und „Rätehäuptling", die Spartakisten seien „kleine Diktatoren".[192] Rück, dieser „exzentrisch veranlagte Schriftsetzer" sei erst am 30. Oktober 1918 aufgetaucht und habe die Revolution „als seinen neuen

---

184 Zit. nach: Scheck 1981 (Anm. 55), S. 317
185 Paul Hahn: Erinnerungen aus der Revolution in Württemberg. „Der Rote Hahn, eine Revolutionserscheinung", Stuttgart 1923, S. 35
186 Von Ebbinghaus 1928 (Anm. 161), S. 50
187 Blos 1923 (Anm. 145), S. 88
188 Von Köhler 1930 (Anm. 91), S. 121
189 Karl Weller: Die Staatsumwälzung in Württemberg 1918–1920, Stuttgart 1930, S. 95
190 Die Deutung der November-Revolution als Abwehr einer bolschewistischen Gefahr war auch bei Sozialdemokraten weit verbreitet. Vgl. Niess 2011 (Anm. 164), S. 112 ff.
191 Vgl. Brief Fritz Rück vom 30.6.1937 an Verlag W. Kohlhammer, in: ARAB, NL Fritz Rück, Vol. 3
192 Keil 1948 (Anm. 60), S. 111 und S. 119

Beruf"¹⁹³ betrachtet. Er sei „wie ein geprügelter Hund" bei der Sitzung der Arbeiter- und Soldatenräte am 10. November herumgeschlichen und habe „den Rednern grobe Schimpfworte an den Kopf"¹⁹⁴ geschleudert. Auch in der Rotebühlkaserne sei Rück unter den Mannschaften „umhergeschlichen" um Anhänger zu gewinnen. „In einem halbdunklen, großen Raum im Parterre habe er eine Rede gehalten."¹⁹⁵ Keil – wie auch Blos – benutzten in polemischer Absicht immer wieder Vergleiche aus dem Tierreich: Rück betreibe nach Art eines „Maulwurfs" oder einer „Wanderratte" heimliche „Wühlarbeit".¹⁹⁶ „Schleichen" und „wühlen", dies waren die abstoßenden Tätigkeiten Rücks und der Spartakisten. In der MSPD herrschte die Furcht vor dem Bolschewismus, der in den Arbeiter- und Soldatenräten Anhänger fand und sozialdemokratische Positionen bedrohte.¹⁹⁷

Rück sammelte schon in den zwanziger Jahren und später während seines Aufenthalts in der Schweiz systematisch die Bücher und Artikel, die in Stuttgart über die Novemberrevolution erschienen waren. Die Erinnerungen von Keil las Rück im Exil in Schweden und antwortete darauf in einem Artikel in der schwedischen Zeitung *Afton Tidningen*.¹⁹⁸ Seine Erwiderung war nicht polemisch, sondern sachlich und politisch. In einem undatierten und unveröffentlichten Manuskript bemerkte er rückblickend zu diesem Thema:

> „Wir Jungen glaubten an das, was wir vertraten, der Erste Weltkrieg hatte uns dazu erzogen. Dass es sowohl in Deutschland wie in Russland ganz anders ging, als wir uns vorgestellt hatten, ist Teil der Tragödie einer Generation – zu der allerdings Wilhelm Keil nie gehörte, da er schon als Realpolitiker auf die Welt gekommen ist."¹⁹⁹

Am Ende seines Lebens erwiderte er gelassen auf alle Vorwürfe und Beleidigungen:

> „Es ist erstaunlich, was die Gegner an falschen Behauptungen produzierten. Wieviel Gift einzelne Historiker in kleine Bemerkungen legen können, wie sich gewisse Behauptungen fortpflanzen können von Schreiber zu Schreiber, zeigt auch die u. a. von Karl Weller zuerst in die Welt gesetzte Erklärung, ich sei wegen Geisteskrankheit vom Heeresdienst entlassen worden. Er hätte doch durch eine Anfrage beim militärischen Versorgungsamt in Stuttgart erfahren können, dass meine Entlassung wegen ‚Verschlimmerung eines Nie-

---

193 Ebd., S. 29. Dieses Urteil über Rück wurde von dem Historiker Borst übernommen. Vgl. Otto Borst: Stuttgart. Geschichte der Stadt, Stuttgart 1986³, S. 352
194 Keil 1948 (Anm. 60), S. 98
195 Ebd., S. 112
196 Blos 1923 (Anm. 145), S. 30. Zu den gehässigen und diffamierenden Urteilen von Blos und Keil vgl. Eberhard Kolb: 1918/19: Die steckengebliebene Revolution, in: Carola Stern/Heinrich August Winkler (Hrsg.): Wendepunkte deutscher Geschichte 1848–1945, Frankfurt 1980, S. 95
197 Vgl. Tormin 1954 (Anm. 24), S. 62
198 *Afton Tidningen*, 12.7.1949
199 Fritz Rück: o. O. und o. J. (Typoskript), in: ARAB, NL Fritz Rück, Vol 16

renleidens durch den militärischen Dienst' erfolgte. Dass ich im November 1918 bereits anderthalb Jahre als Redakteur tätig war, war zwar der militärischen Zensurstelle, offenbar aber nicht den ‚Historikern' bekannt."[200]

4.8 Lyrik eines Revolutionärs

Die Aufbruchstimmung Rücks in den Monaten vor und nach der Revolution im November 1918, seine persönlichen Hoffnungen, Wünsche und Enttäuschungen spiegeln sich in zwei Gedichtbänden, die 1918 und 1920 erschienen.[201] Das erste einfache Sammelbändchen, das im Dezember 1918 im „Verlag Spartakus" in Stuttgart-Degerloch erschien, trug den romantischen Titel „Kerkerblumen", es war seinem Vater gewidmet, der ein Jahr zuvor verstorben war. Die Gedichte kreisten vor allem um die Erfahrungen von Krieg und Gefängnis, aber auch um die Themen Liebe und Natur. Im Vorwort spendete ein anonymer Bewunderer dem Revolutionär Rück höchstes Lob:

„Der 4. November findet ihn auf der Straße. Die Massen jubeln ihm zu. Er spricht, er feuert an, er reißt mit. Als Opfer der letzten Machtprobe des verfaulten Regierungssystems wandert er am 8. November mit noch 17 Genossen ins Gefängnis. Die Revolution befreit ihn."[202]

Aber nicht nur als Kämpfer, sondern auch als Mensch und als Dichter habe er Großartiges geleistet:

„Fritz Rück ist eine Art Typus für die aufwärtsringende, begeisterungs- und tatfähige proletarische Jugend. Früh geknechtet, früh gereift! [...] Wir sehen ihm hier ins Herz. Und doch ist er auch in seinen Gedichten derselbe wie in der Politik: Ein kritischer Kämpfer und ein gläubiger Idealist, ein kompromisslos verwegener Stürmer und ein treuer, fein empfindender Mensch. Seine Gedichte sind Dokumente seiner Menschlichkeit."[203]

Stammt dieses überschwängliche Vorwort von seinem Freund Emil Birkert, der in der Druckerei arbeitete oder von seinen ebenfalls dichtenden Jugendgenossen Edwin Hoernle und Max Barthel? Diese beiden Stuttgarter Arbeiterdichter waren sich damals mit Rück darin einig, dass revolutionäre Dichtung einem allgemeinen und zeitlosen Menschheitsideal verpflichtet sei, losgelöst von

---

200 Rück 1958 (Anm. 3), S. 3. Das erste Auftauchen des Gerüchts bei Blos 1923 (Anm. 145), S. 88 erwähnte Rück hier nicht.
201 Zum Inhalt der beiden Gedichtbände vgl. Simone Barck et al. (Hrsg.): Lexikon der sozialistischen Literatur. Ihre Geschichte in Deutschland bis 1945, Stuttgart/Weimar 1994, S. 405
202 Vorwort zu: Fritz Rück: Kerkerblumen. Gedichte aus der Kriegszeit, Stuttgart 1918
203 Ebd.

den aktuellen Klassenkämpfen.[204] Dennoch ist es nicht schwer, in den Gedichten Rücks Spuren der realen politischen Ereignisse zu finden. Seine idealistische Aufbruchstimmung vom November 1918 kommt schon am Anfang des ersten Bändchens zum Ausdruck:

„Wir schreiten durch die Lande,/die heißen tollen Herzen/frei von den Alltagsschmerzen/der trüben kalten Welt./
Das Ziel winkt aus der Ferne,/wir säen feuertrunken/des Aufruhrs tolle Funken/ins lockre Ackerfeld."[205]

Eines der wenigen Gedichte in diesem Band, das eine konkrete parteipolitische Stellungnahme enthält, ist der Vierzeiler „Die sozialdemokratische Reichstagsfraktion", Rück schmäht sie verächtlich als „feiger Hund".[206] Aus seinen Gefängnisgedichten spricht Resignation und Verzweiflung, er klagt über die eisernen Gitter, die ihn vom Leben abschneiden. Das Gedicht „Hinter Mauern" ist dem Stuttgarter Jugendgenossen Wilhelm Schwab gewidmet, der zwei Jahre im Zuchthaus saß.[207] Eindrücklich-expressionistisch seine Klage über den Krieg: „Morgenrot./Lauernd brütet im Graben der Tod./Wenn die Mörser heiser heulen/wird er uns mit Riesenkeulen/stampfen in den Kot."[208] Aber neben den Themen Gefängnis, Krieg und Revolution vergaß er nicht den Blick auf die Schönheit der Natur und die Freuden und Schmerzen der Liebe, neun Gedichte sind der Geliebten „Maja" gewidmet.[209] Seine Beziehungen zu Frauen waren stark von den patriarchalischen Gewohnheiten seiner Zeit bestimmt. So schrieb er in dem Gedicht „Schlummernde Venus" offen und unzweideutig: „In deine weichen Glieder/will ich mein Szepter graben/und deine keusche Sehnsucht/so ganz zu eigen haben."[210] Die Gedichte „Lessing", „Goethe" und „Zarathustra"[211] sind deutliche Hinweise auf seine literarischen und philosophischen Studien während der Haftzeit. Das gefühlvolle Gedicht religiösen Inhalts „Ave Maria" ist Ausdruck seiner inneren Ratlosigkeit. „Erwacht ruft vom Altare/des Heilands wunder Blick/mich stolzen Ketzer wieder/in seinen Bann zurück."[212]

---

204 Vgl. Fritton 1986 (Anm. 64), S. 128. Fritton interpretierte diese Haltung als „unkritische Rezeption" des Erbes der Weimarer Klassik. Vgl. ebd., S. 68 und S. 103
205 Rück 1918 (Anm. 202), S. 10
206 Ebd., S. 19
207 Ebd., S. 44
208 Ebd., S. 27
209 Vgl. ebd., S. 49–59. Eine Liebesbeziehung zu „Maja Hellinger" (Pseudonym) beschrieb Rück in seiner autobiografischen Schrift. Vgl. Peter Wedding (i. e. Fritz Rück): G Auf Vorposten, o. O. und o. J. (Typskript), S. 36 ff.
210 Ebd., S. 15
211 Ebd., S. 64–66
212 Ebd., S. 31. Religiöse Bilder und Symbole finden sich in vielen Gedichten der sogenannten Arbeiterdichter. Vgl. Hans Mühle: Das proletarische Schicksal. Ein Querschnitt durch die Arbeiterdichtung der Gegenwart, Gotha 1929, S. 139 und S. 157

4.8 Lyrik eines Revolutionärs

Rücks zweite Gedichtsammlung von 1920 trägt den Titel „Feuer und Schlacken", sie erschien im Stuttgarter Verlag Oskar Wöhrle, diesmal ohne Vorwort.[213] Nun erklärte Rück selbst den Lesern in Versform, worin er seine Aufgabe als Dichter sah:

> „Dichten ist/Aus sich etwas schenken,/was die andern nicht haben können./Gleicht das Gedicht doch der Wasserlilie,/die über einem tiefen See/Geheimnisse ausatmet/und/ immer neue weiß.
> Dichten ist/eine Krankheit der Seele,/die im Blute wohnt/und Sehnsucht heißt.
> Dichten ist/Andacht, Beichte,/unter gotisch geschwungenen Spitzbögen./Und nur dem Meister/wird Absolution."[214]

Abb. 4: *Gedichtsammlung*

Die idealistische und abstrakte Idee von Dichtung, wie sie schon im Vorwort zu den „Kerkerblumen" dargestellt wurde, ist in diesem Gedicht des jungen Rück noch weiter zugespitzt. Lyrik verstand er als religiösmystische Kulthandlung eines „Meisters", der den Menschen die Geheimnisse der übersinnlichen Welt vermittelt, weit entfernt von parteipolitischer Agitation und Propaganda.[215] Diese für einen Revolutionär ungewöhnliche Position wandelte sich erstaunlich bald, als kommunistischer Feuilletonist vertrat Rück seit 1920 eine völlig andere Literaturauffassung.

Die Themen von „Feuer und Schlacken" sind dieselben wie in „Kerkerblumen",[216] verständlicherweise gibt es im zweiten Band deutlich weniger Liebesgedichte.[217] Keine Spur von religiöser Mystik enthält folgende Aufforderung zur Gewalt: „O deutsches Volk, du fragest,/was dir in diesen Tagen fehlt?/Ein Schießgewehr, das endlich/nach hinten explodiert."[218] Wut, Enttäuschung und Trauer über die Niederlage der Novemberrevolution werden jetzt deutlich ausge-

---

213 Fritz Rück: Feuer und Schlacken. Gedichte aus Krieg und Revolution, Stuttgart 1920. Der elsässische Dichter und Verleger Oskar Wöhrle schrieb für den Stuttgarter Arbeiter- und Soldatenrat Flugblätter. Vgl. Manfred Bosch: Bohème am Bodensee. Literarisches Leben am See von 1900 bis 1950, Lengwil 1997², S. 434
214 Ebd., S. 17
215 Zur Interpretation dieses Gedichts: vgl. Fritton 1986 (Anm. 64), S. 55 f.
216 Das Gedicht „Zarathustra" ist in beiden Sammlungen abgedruckt. Vgl. Rück 1918 (Anm. 202), S. 66 und Rück 1920 (Anm. 213), S. 13
217 Vgl. ebd., S. 18 ff.: „Ein flachshaariges Mädel", „Kornblumenblau", „Mädchentraum"
218 Ebd., S. 25

drückt. Das Gedicht mit dem Titel „Die Novemberrevolution" sucht nach den Ursachen des Scheiterns und verspottet den ordnungsliebenden, spießigen deutschen Protest:

> „Nicht wehenden Lockenhaars gingst du voran./Die Zöpfe hübsch geflochten,/so hast du mitgefochten,/im selben Glied dein anvertrauter Mann./
> Dein Schlachtruf war: ‚Den Tod der Anarchie!'/nicht wilden Umsturz brütete dein Hirn,/für Ordnung schwärmte diese reine Stirn./Dein tiefster Schmerz, ich hab ihn mitgefühlt,/war, dass zur Freiheit sich emporgewühlt/das ganz kommune Herdenvieh."[219]

Die für die Freiheit kämpfende Frau ist nicht, wie auf dem Gemälde von Eugène Delacroix, eine Frau mit wehendem Haar und halb entblößter Brust, sondern eine züchtige Ehefrau, die gegen Unordnung und Anarchie kämpft und die voller Verachtung auf die gemeine Masse herabblickt. Auch wenn Rück die SPD nicht nannte, so zielte sein Spott auf ihre Führer wie Keil und Blos, die den Freiheitswillen der Massen fürchteten und in den bald ausbrechenden revolutionären Wirren das Militär zur Hilfe riefen.

Mit dem Gedicht „Munitionsarbeiter" erinnerte sich Rück an den Berliner Munitionsarbeiterstreik vom Januar 1918, der mit einer Niederlage endete. Er bedauerte, dass die Arbeiter sich mit einer geringen Lohnerhöhung abspeisen ließen, anstatt für die Revolution auf die Barrikaden zu gehen. „Drei Pfennig in der Stunde mehr,/das Leben ist teuer, – die Arbeit schwer./Nur einer ballt die Faust im Sack/‚Elendes, feiges Hundepack!'/Angenagelt am Eingang zum Saal – mit gebrochenen Schwingen – das Ideal."[220] Verachtete Rück die Arbeiter, die sich mit einer kleinen materiellen Besserstellung zufrieden gaben? Er war davon überzeugt, dass der revolutionäre Sozialist dem Ideal treu bleiben müsse, auch wenn die Arbeiter sich korrumpieren lassen. Doch dieser ist in einer Betrachterrolle, ohnmächtig und von der Mehrheit isoliert.

Spott und Polemik in Rücks Gedichten richteten sich immer wieder gegen die Masse der Arbeiter, die den revolutionären Sozialisten nicht folgen wollte. Der elitäre Zug in seinen Gedichten, den der Literaturwissenschaftler Michael Hugh Fritton zu Recht konstatierte, könnte Ausdruck der wechselnden Gefühle des jungen Autors sein, die zwischen hohen Erwartungen und tiefen Enttäuschungen schwankten.[221]

Unter dem unmittelbaren Eindruck der blutigen Kämpfe des Jahres 1919 verfasste Rück pathetische Helden- und Klagelieder auf die toten Revolutionäre. Der Tod der beiden Spartakisten Luxemburg und Liebknecht, der Rück in seinem Ulmer Gefängnis so tief erschütterte, wird als christliche Erlösertat gedeutet.[222] In dem Gedicht „Berlin!" stellte er resignierend fest,

---

219 Ebd., S. 27
220 Ebd., S. 26. Schon 1916 beklagte sich Rück über die Munitionsarbeiter: „Und sie verdienen das Doppelte wie vor dem Kriege. Ihre revolutionäre Stimmung ist also nicht so groß." Vgl. Brief Fritz Rück vom 13.1.1916 an Emil Birkert, in: SAPMO-BArch, NL Wilhelm Eildermann, NY 4251/58, Bl. 205
221 Vgl. Fritton 1986 (Anm. 64), S. 58 und S. 65 f.
222 Vgl. Rück 1920 (Anm. 213), S. 29

4.8 Lyrik eines Revolutionärs

dass diese Stadt ihre „revolutionäre Seele im Landwehrkanal"[223] ersäuft habe. Durch gegenrevolutionären Terror sei Weimar, die Stadt der Klassik, zum Entstehungsort der neuen Republik geworden: „Wo einst Titanen rastend niedersaßen,/bevor ihr Geist sich den Olymp gestürmt,/da prunkt des neuen Reiches Herrlichkeit/mit Flammenwerfern durch die Straßen."[224] So wie sich einst Goethe als Geheimer Hofrat den herrschenden Mächten angebiedert habe, so hätten sich auch die Deutschen jetzt unterworfen: „Weimar ist den Deutschen ein Symbol."[225] Dem ermordeten bayrischen Ministerpräsidenten Eisner widmete Rück ein kurzes Gedicht. Die politischen Differenzen zu dem USPD-Politiker bleiben unerwähnt, denn als Dichter fühlte Rück sich eins mit dem Ermordeten: „Auch deine Amme war die Poesie."[226] Eisner verkörpere die höchste Stufe menschlicher Existenz, er sei zugleich „ein Dichter, [...] ein Held, ein Träumer, ein Vollbringer und – ein Mensch!" Zum Schluss gelobte er: „Doch bist du uns/im Tod ein Heiliger geworden." Rück erklärte hier wiederum das allgemein Menschliche – über alle politischen Widersprüche hinweg – zum höchsten Ideal, den Politiker Eisner ließ er hinter dem Abstraktum Mensch und Dichter verschwinden.

Zwanzig Jahre später im schwedischen Exil erinnerte Rück ohne Pathos an das Jahr 1918 mit den nüchternen Zeilen: „Wir standen einen Tag im Licht/und grüßten unsere Sterne./Jetzt schiebt uns seitwärts jeder Wicht,/wir lauschen aus der Ferne."[227]

---

[223] Ebd., S. 32. Zur Interpretation dieses Gedichtes vgl. Fritton 1986 (Anm. 64), S. 64 ff. Dieses Gedicht ist auch abgedruckt in: *Die Junge Garde*, Jg. 2, Nr. 11, 17.1.1920 und in: Heinz Cagan: Deutsche Dichter im Kampf. Sammlung revolutionärer Dichtung, Moskau 1930, S. 158 f.
[224] Rück 1920 (Anm. 213), S. 28
[225] Ebd.
[226] Ebd., S. 33
[227] Fritz Rück: Der Mensch ist frei, Stuttgart 1955, S. 23

5. Die Jahre der Weimarer Republik
5.1 Wandernder KPD-Aktivist
5.1.1 Misslungenes Debüt bei der Roten Fahne

Am 11. November 1918 konstituierte sich im Hotel Excelsior in Berlin die Zentrale des Spartakusbundes.[1] Seine Anhängerschaft war klein, seine Basis nur ein loses Netz von Vertrauensleuten an wenigen Orten. Rosa Luxemburg, am 10. November 1918 von ihrer Haft in Breslau nach Berlin zurückgekehrt, war gegen die Gründung einer neuen linksradikalen Partei, ebenso ihre Freundin Clara Zetkin in Stuttgart.[2] Fritz Rück und August Thalheimer jedoch wünschten im November 1918 eine sofortige Trennung des Spartakusbundes von der USPD.[3] Zetkin berichtete in einem Brief vom 17. November 1918 an Luxemburg von einer „langen und leidenschaftlichen Aussprache"[4] mit Rück und Thalheimer. Sie schrieb ihrer Freundin, dass die beiden von der Gründung einer neuen linksradikalen Partei gesprochen hätten.

Die Herausgabe einer eigenen Zeitung war für den Klärungsprozess sehr wichtig, jedoch bereitete die Suche nach einer Druckerei enorme Schwierigkeiten. Vom 18. November an konnte in Berlin die *Rote Fahne* zwar täglich gedruckt werden, wegen Papierknappheit allerdings nur mit begrenzter Seitenzahl.[5] Luxemburg und Liebknecht waren die verantwortlichen Schriftleiter. Um sie bei ihrer redaktionellen Arbeit zu entlasten, wurden Rück, Thalheimer und Edwin Hoernle aufgefordert, nach Berlin zu kommen.[6] Obwohl die materielle Existenz des Presseorgans keineswegs gesichert war, ergriff der junge Rück die Gelegenheit, mit den erfahrenen Redakteuren Luxemburg und Liebknecht zusammenzuarbeiten. Seine Nachfolge in Stuttgart wurde schnell geregelt. Der aus der Schweiz ausgewiesene Jugendgenosse Willi Münzenberg übernahm die Leitung der *roten Fahne* in Stuttgart. Rück und Thalheimer spendeten in ihrem Abschiedsgruß den Stuttgarter Genossen höchstes Lob: „Das schwäbische Proletariat trug der Revolution die rote

---

1   Vgl. Hermann Weber: Einleitung zu: Ossip Flechtheim: Die KPD in der Weimarer Republik, Frankfurt 1969, S. 25
2   Vgl. Ottokar Luban: Rosa Luxemburgs Demokratiekonzept. Ihre Kritik an Lenin und ihr politisches Wirken 1913–1919 (Rosa-Luxemburg-Forschungsberichte; Bd. 6), Leipzig 2008, S. 236
3   Vgl. Marvin Chlada/Wolfgang Haible (Hrsg.): Fritz Rück und die Revolution 1918. Berichte und Gedichte aus bewegten Zeiten, Aschaffenburg 1999, S. 13
4   Zit. nach: Hermann Weber: Zwischen kritischem und bürokratischem Kommunismus. Unbekannte Briefe von Clara Zetkin, in: Archiv für Sozialgeschichte, Bd. 11, Hannover 1971, S. 433
5   Vgl. Christa Hempel-Küter: Die Tages- und Wochenpresse der KPD im deutschen Reich von 1918 bis 1933. Mit einem Titelverzeichnis und einem Personenregister, in: IWK, Jg. 23 (1987), H. 1, S. 27; Barbara Kontny: Die Erscheinungsweise der „Roten Fahne". November 1918-Oktober 1923, in: BzG, Jg. 26 (1984), H. 4, S. 509
6   Vgl. Hermann Weber (Hrsg.): Die Gründung der KPD. Protokoll und Materialien des Gründungsparteitags der Kommunistischen Partei Deutschlands 1918/19, Berlin 1993, S. 29; Theodor Bergmann: Die Thalheimers. Geschichte einer Familie undogmatischer Marxisten, Hamburg 2004, S. 76

5.1 Wandernder KPD-Aktivist

Sturmfahne voraus."[7] Zum Abschluss seiner Stuttgarter Tätigkeit verfasste Rück zusammen mit Thalheimer und Hoernle ein Flugblatt, es ist das erste der neu gegründeten Sektion Württemberg des Spartakusbundes.[8] Noch einmal übten die Verfasser Kritik an der Beteiligung der USPD an der Regierung, dem Rat der Volksbeauftragten. Man dürfe sich nicht der Illusion hingeben, „die sozialistischen Aufgaben durch Zusammenarbeit mit den Durchhaltesozialisten und Teilen der Bourgeoisie" lösen zu können. Versöhnlicher klingt folgender Satz: „Wir haben nicht die Absicht, die Maßnahmen der Regierung zu durchkreuzen oder sie in ihrer organisatorischen Arbeit zu stören."[9]

Am 21. November 1918 fuhren Rück und Thalheimer nach Berlin. Über die chaotischen Arbeitsbedingungen schrieb Rück am 9. Jahrestag der Ermordung von Liebknecht und Luxemburg in der *Roten Fahne*:

> „Eine ruhige Redaktionstätigkeit mit geregeltem Geschäftsbetrieb konnte es [...] nicht geben. Die Zeitung wurde nicht geschrieben, sie wurde geschmiedet im Feuer der Ereignisse, die revolutionäre Brandung reichte bis zum Schreibtisch des Redakteurs. Ein Telephongespräch in den letzten Minuten des Umbruchs machte es häufig notwendig, die erste Seite völlig neu zu bauen, eine neue Spitze zu schreiben, neue Losungen zu geben. Und dennoch gab es keine Schluderarbeit. Blatt für Blatt, das aus der Redaktion in die Setzerei neu kam, war gemeißelt in demselben glutvollen, lebendigen, aufpeitschenden und doch nie sich überschlagenden Stil, der heute noch den vergilbten Zeitungsnummern jener Tage ihre klassische Vorbildlichkeit gibt."[10]

Die Hauptlast der Redaktionsarbeit lag bei Luxemburg,[11] die Stärke Liebknechts lag eher in der Agitationsarbeit:

> „Die stärkste Verbindung mit den Massen hatte Karl Liebknecht. Um ihn scharte sich immer wieder das Häuflein der Getreuen, ihn holte man in die Kasernen, Vororte und Betriebe, seine Worte waren Fanfarenstöße."[12]

---

7 *Die rote Fahne*, Jg. 1, Nr. 8, 22.11.1918. Thalheimer legte den Vorsitz im Vollzugsausschuß des Stuttgarter Arbeiterrats nieder. Vgl. Eberhard Kolb/Klaus Schönhoven (Bearb.): Regionale und lokale Räteorganisationen in Württemberg (Quellen zur Geschichte der Rätebewegung in Deutschland 1918/19; Bd. 2), Düsseldorf 1976, S. 13 f.
8 Flugblatt des Spartakusbundes, in: HStAS, P 2 Bü 70; abgedruckt in: Institut für Marxismus-Leninismus beim ZK der SED (Hrsg.): Dokumente und Materialien zur Geschichte der deutschen Arbeiterbewegung, Reihe II: 1914–1918, Bd. 2, Berlin (Ost) 1958, S. 412
9 Ebd.
10 *Die Rote Fahne*, Jg. 11, Nr. 11/Feuilleton, 13.1.1928
11 Vgl. Susanne Miller: Die Bürde der Macht. Die deutsche Sozialdemokratie 1918–1920 (Beiträge zur Geschichte des Parlamentarismus und der politischen Parteien; Bd. 63), Düsseldorf 1978, S. 219
12 *Die Rote Fahne*, Jg. 11, Nr. 11/Feuilleton, 13.1.1928

Schon am 28. November 1918 erschien Rücks erster Artikel in der *Roten Fahne*, unterzeichnet mit „Juvenis", es war sein erstes Pseudonym.[13] Juvenis ist das lateinische Wort für Jüngling – Rück war in der Tat mit 23 Jahren das jüngste Redaktionsmitglied. Mit jugendlichem Feuereifer griff er unter der Überschrift „Der Weg zum Nichts" die USPD an, in deftigen Worten warf er den führenden Mitgliedern dieser Partei Verrat an der Revolution vor:

> „Wir haben ja von Herrn Haase, Dittmann und Kautsky noch nie viel gehalten und schon oft während des Krieges gefunden, dass sie zwar immer das Maul, aber ab und zu [...] auch die Hosen voll hatten. [...] Wer sich so gemütlich und behäbig in den Dreck setzt, hat reichlich verdient, dass ihn ein wenig an den Hintern friert."[14]

Sein journalistisches Debüt in Berlin war polemisch, fast vulgär, voller Ungeduld und Empörung. Rücks Verratsvorwurf traf nicht nur die MSPD, sondern auch die gemäßigten Kriegsgegner.[15] Dieser starke Angriff auf die USPD-Spitze, mit der man soeben noch eng zusammengearbeitet hatte, wurde von Luxemburg, die für den Inhalt der Zeitung verantwortlich war, nicht gebilligt. Sie schrieb am nächsten Tag in einem Brief an Zetkin über ihre Nöte mit den neuen Stuttgarter Redakteuren:

> „Thalheimer hilft uns mit rührendem Eifer, ist aber redaktionell noch etwas unerfahren, und der gute Rück ist noch sehr jung. Seine neuliche Notiz von ‚Juvenis', die natürlich ohne mein Wissen reingeschlüpft ist, mit der hanebüchenen ‚Polemik' gegen die Unabhängigen hat mir beinahe den Schlag gebracht. Ich habe Vorsorge getroffen, daß dergleichen nicht mehr passiert."[16]

In ihrer Kritik an Thalheimer und Rück schwingen auch Sympathie und Verständnis mit, die menschliche und klare Haltung dieser Frau in der ungeheuren Anspannung jener Tage ist bemerkenswert. Rück schrieb 1928 in einem Gedenk-Artikel, Luxemburg habe „entschieden und zugleich erziehend und befruchtend"[17] auf die Mitarbeiter gewirkt.

---

13   *Die Rote Fahne*, Jg. 1, Nr. 13, 28.11.1918. Dieses Pseudonym behielt Rück bis 1923.
14   Ebd.
15   Vgl. Wolfgang Kruse: Burgfrieden 1914: Der „Verrat" schlechthin? in: Simone Barck/Ulla Plener (Hrsg.): Verrat. Die Arbeiterbewegung zwischen Trauma und Trauer, Berlin 2009, S. 35
16   Brief Rosa Luxemburg vom 29.11.1918 an Clara Zetkin, in: Rosa Luxemburg: Gesammelte Briefe, Bd. 5, Berlin (Ost) 1984, S. 419; Manfred Brauneck (Hrsg.): Die Rote Fahne. Kritik, Theorie, Feuilleton 1918–1933, München 1973, S. 41
17   *Die Rote Fahne*, Jg. 11, Nr. 11/Feuilleton, 13.1.1928

5.1.2 Schwäbischer Volksredner in Berlin

Vier Wochen nach dem Novemberumsturz wurde erkennbar, dass das Militär auf dem Weg war, wieder zu einer innenpolitischen Macht zu werden.[18] Rück erlebte in Berlin die blutigen Unruhen und die Besetzung der Redaktionsräume der *Roten Fahne*:

> „Nicht nur die Wellen des revolutionären Kampfes, sondern auch die trüben Fluten der Konterrevolution umspülten das Blatt. Täglich tauchten Spitzel und Provokateure auf, die unter immer neuen Vorwänden verstanden, in die Redaktion einzudringen. Am 6. Dezember 1918 wurde die gesamte Redaktion zum ersten Mal von einer Kompanie Soldaten besetzt, die vorher nach einer Demonstration versucht hatten, Ebert zum Präsidenten auszurufen. Alle anwesenden Redakteure wurden verhaftet, der Betrieb lag still, und erst auf Eingreifen des Arbeiter- und Soldatenrats hin wurde die Besetzung rückgängig gemacht. Von diesem Tag an war die Redaktion der *Roten Fahne* ein beliebtes Ziel aller konterrevolutionären Putschisten. Pogromstimmung [...] umlauerte die Führer des Spartakusbundes."[19]

Am Nachmittag dieses Tages kam es in der Berliner Chausseestraße bei Demonstrationen zu Schießereien mit Toten und Verletzten.[20] Über diesen ersten Einsatz bewaffneter reaktionärer Truppen in Berlin schrieb Rück drei Jahre später in einem Gedicht: „Der erste Schuss in Bruderreihen,/der erste freche Keulenschlag!/Zum ersten Male ward gemeuchelt/Die eine Front an diesem Tag/[...]/Und Millionen Proletarier/Formieren sich zu neuem Kampf."[21]

Am nächsten Tag wurde Liebknecht von Soldaten für kurze Zeit verhaftet, auch das Büro des Spartakusbundes wurde überfallen. Auf Grund einer Absprache Eberts mit General Wilhelm Groener sollten am 10. Dezember Gardetruppen in Berlin einmarschieren, die militärische Gegenrevolution begann sich zu formieren. Die radikale Linke startete eine Propagandaoffensive, Rück unterstützte sie. Am 8. Dezember, einem Sonntag, trat er zweimal als Redner in Berlin auf. Um 13 Uhr sprach er als Vertreter des württembergischen Spartakusbundes auf einer von ca. 900 Personen besuchten USPD-Versammlung vor dem Reichstagsgebäude. Ein Adjutant des württembergischen Militärbevollmächtigten beim Großen Hauptquartier beobachtete seinen Auftritt und schrieb in einem Bericht, dass Rück seinem Vorredner Heinrich Ströbel[22] von der

---

18 Vgl. Heinrich August Winkler: Weimar 1918–1933. Die Geschichte der ersten deutschen Demokratie, München 1998, S. 50
19 *Die Rote Fahne*, Jg. 11, Nr. 11/Feuilleton, 13.1.1928
20 Vgl. Heinrich August Winkler: Von der Revolution zur Stabilisierung. Arbeiter und Arbeiterbewegung in der Weimarer Republik 1918 bis 1924 (Geschichte der Arbeiter und der Arbeiterbewegung in Deutschland seit dem Ende des 18. Jahrhunderts, hrsg. von Gerhard A. Ritter; Bd. 9) Berlin/Bonn 1984, S. 97; Illustrierte Geschichte der Deutschen Revolution, Berlin 1929, S. 244
21 *Die Rote Fahne*, Jg. 4, Nr. 557/Beilage, 6.12.1921
22 Ströbel (1869–1944) war bis 1916 Chefredakteur des Vorwärts, seit 1917 USPD-Mitglied.

> **Arbeiter! Soldaten! Genossen!**
>
> Die Revolution ist in höchst Gefahr! Blut ist geflossen vergossen von gegenrevolutionären Schurken, die betörte Soldaten mißbrauchten.
>
> **Auf zum Massenprotest am Sonntag um 2 Uhr im Treptower Park.**
>
> Sprecher:
> Luxemburg, Liebknecht, Levi, Duncker, Lange, Leviné, Eberlein
> Pieck, Thalheimer, Rück, Haberland, Franke.
>
> Spartakusbund.

Abb. 5: *Rück spricht auf Spartakuskundgebung in Berlin am 8. Dezember 1918*

USPD widersprochen habe, dass aber seine Rede infolge der „langsamen Sprechweise und des stark schwäbischen Dialekts keinen größeren Eindruck"[23] gemacht habe.

Eine Stunde später versammelten sich mehrere Tausend Menschen zu einer großen Protestdemonstration im Volkspark Treptow, zu welcher der Spartakusbund aufgerufen hatte.[24] Auf dem Flugblatt waren zwölf Redner angekündigt, nämlich Luxemburg, Liebknecht, Levi, Duncker, Lange, Leviné, Eberlein, Pieck, Thalheimer, Rück, Haberland, Franke.[25] Von sieben Tribünen sprachen die Redner. Liebknecht forderte die Beseitigung der Regierung Ebert, die Entmachtung der Generäle und Offiziere und die Aufstellung einer Armee aus Proletariern.[26] Inhalt und Wir-

---

23 Bericht Adjutant Knoerzer vom 10.12.1919, in: HStAS, M 10 Bd. 22, Bl. 71 f.
24 Es handelte sich um 150.000 Teilnehmer, vgl. Illustrierte Geschichte 1929 (Anm. 20), S. 246
25 Vgl. Flugblatt „Arbeiter! Soldaten! Genossen! des Spartakusbundes", in: SAPMO-BArch, SgY2/V DF/V/15, Bl. 3
26 Vgl. Institut für Marxismus-Leninismus beim ZK der SED (Hrsg.): Geschichte der deutschen Arbeiterbewegung, Chronik Teil II: 1917–1945, Berlin (Ost) 1966, S 41; Ernst Rudolf Huber: Deutsche Verfassungsgeschichte seit 1789; Bd. 5: Weltkrieg, Revolution und Reichserneuerung 1914–1919, Stuttgart/Berlin/Köln/Mainz 1978, S. 999

kung von Rücks Rede ist nicht überliefert, die *Rote Fahne* vom nächsten Tag erwähnte nur seinen Namen als Redner.[27] Die Aktivitäten des Spartakusbundes verstärkten die Furcht vor Chaos und Bolschewismus, die Mehrheit der Arbeiter stand auf der Seite der MSPD.

Am Gründungsparteitag der KPD in Berlin, der vom 30. Dezember 1918 bis zum 1. Januar 1919 stattfand, nahm nicht Rück, sondern Jacob Walcher als Vertreter des Bezirks Württemberg teil.[28] Die Mehrheit der jungen Partei war antiparlamentarisch und probolschewistisch, Rück war mit dieser Linie voll einverstanden. Luxemburg vertrat eine andere Position, sie befürwortete eine Beteiligung an den Wahlen zur Nationalversammlung und beurteilte die Herrschaftsmethoden der Bolschewiki kritischer als die Mehrheit des Parteitags, doch sie konnte sich nicht durchsetzen. Die Rede von Karl Radek, der als Vertreter der Bolschewiki am Gründungsparteitag teilnahm, wurde mit Begeisterung aufgenommen, die Fixierung auf das große russische Vorbild sollte die spätere Entwicklung der KPD bestimmen. Der frühe Tod Luxemburgs war eine Tragödie, er führte die KPD in eine Richtung, vor der sie gewarnt hatte.

5.1.3 Revolutionäre Volkshochschule in Braunschweig

Obwohl in Berlin im Dezember 1918 für die Rätebewegung wichtige Entscheidungen zu treffen waren, fuhr Rück am 15. Dezember 1918 nach Braunschweig, wo er während zwei Wochen die Presse- und Propagandaabteilung des Arbeiter- und Soldatenrates leitete.[29] Über seine dortigen Erlebnisse in den chaotischen Wochen bis zum Jahresende äußerte er sich nie. Der *Braunschweiger Volksfreund* war während des Krieges ein wichtiges Blatt der SPD-Opposition, seit 1914 hatte Thalheimer dort als Redakteur gearbeitet.[30] Aus der Antikriegsarbeit hatte sich eine starke linksradikale Gruppe entwickelt, die Stadt galt als Hochburg der Spartakisten.[31] Nachdem der Arbeiter- und Soldatenrat den Thronverzicht von Welfenherzog Ernst August in Braunschweig erzwungen hatte, wurde am 8. November eine Revolutionsregierung gebildet, der sogenannte Rat der Volkskommissare. Als Vorsitzender amtierte Sepp Oerter (USPD), der durch die Übernahme der Ressorts Inneres und Finanzen eine dominierende Position innehatte.[32] Aufgrund

---

27 Vgl. *Die Rote Fahne*, Jg. 1, Nr. 24, 9.12.1918
28 Vgl. Weber 1993 (Anm. 6), S. 36. Eine exakte Anwesenheitsliste des Gründungsparteitags existiert nicht, seine Zusammensetzung war willkürlich und zufällig. Rück erwähnt ihn in keiner seiner Schriften.
29 Vgl. Friedhelm Boll: Massenbewegungen in Niedersachsen 1906–1920. Eine sozialgeschichtliche Untersuchung zu den unterschiedlichen Entwicklungstypen Braunschweig und Hannover (Veröffentlichungen des Instituts für Sozialgeschichte Braunschweig), Bonn 1981, S. 284
30 Vgl. Jens Becker: August Thalheimer. Früher Kritiker der Stalinisierung, in: Theodor Bergmann/Mario Keßler (Hrsg.): Ketzer im Kommunismus, Hamburg 2000, S. 77
31 Die Braunschweiger Spartakisten hatten enge Verbindungen zu den Arbeitern der Großbetriebe Vgl. Bernd Rother: Die Sozialdemokratie im Land Braunschweig 1918 bis 1933 (Veröffentlichungen des Instituts für Sozialgeschichte Braunschweig), Bonn 1990, S. 52; Robert Gehrke/Robert Seeboth: 50 Jahre Novemberrevolution. Eine Dokumentation über die revolutionären Kämpfe der Braunschweiger Arbeiter am Vorabend der November-Revolution, Helmstedt 1968, S. 15
32 Oerter war, wie Thalheimer, ehemaliger *Volksfreund*-Redakteur. Vgl. Peter Berger: Brunonia mit rotem Halstuch, Hannover 1979, S. 54

seines hohen Ansehens in der Arbeiterschaft gehörte Oerter zu den führenden Köpfen der Revolution in Braunschweig.[33] Minna Faßhauer, eine Waschfrau mit einfachster Schulbildung, wurde Volkskommissarin für Volksbildung in dieser ersten Arbeiterregierung.[34]

Rücks Redaktionszimmer befand sich im Südflügel des riesigen frei gewordenen Welfenschlosses, er zeichnete verantwortlich für die ersten fünf Nummern des vom Arbeiter- und Soldatenrat herausgegebenen Informationsblatts *Braunschweigische sozialistische Landeskorrespondenz*. In der ersten Nummer vom 17. Dezember 1918 rief Rück, zutiefst überzeugt von der Wichtigkeit der Arbeiterbildung, zur Gründung einer sozialistischen Volkshochschule auf, die ein breites Spektrum an Kursen anbot.[35] Das Angebot reichte von Algebra bis zu hin zu Fremdsprachen, bei denen natürlich Russisch nicht fehlen durfte. Der Unterricht sollte in den Räumen des feudalen Welfenschlosses erteilt werden.[36]

Aber Konflikte im Lager der Revolutionäre verhinderten die Realisierung des Bildungsprogramms. Umstritten war die Frage der Wahl eines Landtags, ungeklärt war auch die Abgrenzung der Befugnisse von Parlament und Arbeiter- und Soldatenräten. Als der einflussreiche und durchsetzungsstarke Oerter am 20. Dezember eine Aufforderung des Arbeiter- und Soldatenrats ignorierte, die auf den 22. Dezember festgelegten Landtagswahlen abzusagen, wagte Rück zusammen mit dem jungen Spartakisten Robert Gehrke einen öffentlichen Angriff auf den Volkskommissar. In der fünften Nummer der *Braunschweigischen sozialistischen Landeskorrespondenz* bezeichneten sie den zu wählenden Landtag respektlos als „Mißgeburt" und Oerter als „Diktator in Taschenformat".[37] Sie warfen ihm vor, nicht klar genug für den Vorrang der Räte einzutreten.

Die Wahlen fanden statt, die MSPD erhielt die höchste Stimmenzahl, auch die bürgerlichen Parteien konnten sich behaupten. Offensichtlich stand Rück mit seiner Meinung auch im Arbeiter- und Soldatenrat alleine, denn am nächsten Tag wurde auf einer Sitzung über den „Fall Rück" verhandelt und Oerter setzte seine Entlassung durch. Am 23. Dezember stand auf der ersten Seite der *Landeskorrespondenz* die knappe Mitteilung: „An Stelle des Genossen Rück zeichnet von heute an Genosse Schütz verantwortlich für die Redaktion."[38] Oerter wollte keine Verständigung mit dem jungen Spartakisten, die Redaktion des Presseorgans solle in Zukunft „jede Polemik

---

33 Vgl. Eberhard Kolb: Die Arbeiterräte in der deutschen Innenpolitik 1918–1919 (Beiträge zur Geschichte des Parlamentarismus und der politischen Parteien; Bd. 23), Düsseldorf 1962, S. 47 f.; Klaus-Michael Mallmann: Kommunisten in der Weimarer Republik. Sozialgeschichte einer revolutionären Bewegung, Darmstadt 1996, S. 32
34 Biografische Angabe zu Minna Faßhauer (1875–1949), der ersten Ministerin in Deutschland, in: Gabriele Armenat: Frauen aus Braunschweig, Braunschweig 1991, S. 103 ff. In Faßhauers Ministerium wurde im Dezember 1918 die geistliche Schulaufsicht aufgehoben und die Religionsmündigkeit der Schüler auf 14 Jahre gesenkt.
35 Vgl. *Braunschweigische sozialistische Landeskorrespondenz*, Jg. 1, Nr. 1, 17.12.1918; Anklageschrift der Staatsanwaltschaft Stuttgart vom 26.3.1919, in: SAPMO-BArch, NY 4131/27, Bl. 51. Dort wurde festgestellt, dass Rück für ein paar Wochen in Braunschweig als „Leiter einer Rednerschule" angestellt war.
36 Vgl. *Braunschweigische sozialistische Landeskorrespondenz*, Jg. 1, Nr. 2, 18.12.1918
37 *Braunschweigische sozialistische Landeskorrespondenz*, Jg. 1, Nr. 5, 21.12.1918
38 *Braunschweigische sozialistische Landeskorrespondenz*, Jg. 1, Nr. 6, 23.12.1918. Der Journalist Emil Schütz („Husar" Schütz genannt) war Vorsitzender des Arbeiter- und Soldatenrats.

5.1 Wandernder KPD-Aktivist

gegen die Regierung"[39] unterlassen. Ende Dezember beklagte sich Oerter in einem Brief an den bayerischen Ministerpräsidenten Kurt Eisner (USPD) über die „Unfähigkeit und Großmäuligkeit" der Spartakusleute.[40]

Nicht Rück, sondern Rudolf Sachs und Gehrke fuhren als Delegierte Braunschweigs zur Gründungskonferenz der KPD und stimmten dort für die Teilnahme an den Wahlen zur Nationalversammlung.[41] Rück war damit nicht einverstanden. Die Braunschweiger Radikalen, die ja noch Mitglieder der USPD waren, zögerten, der neuen kommunistischen Partei beizutreten. Am 5. Januar 1919 wurde Rück in Braunschweig ein letztes Mal aktiv. Er referierte auf einer stark besuchten Versammlung über die Ziele des Spartakusbundes und setzte sich dafür ein, einen KPD-Ortsverein zu gründen.[42] Die Mehrheit stimmte seinem Antrag zu. Trotzdem scheiterte auch diese Initiative, denn am nächsten Tag fasste der linke Flügel der USPD den Entschluss, die Partei nicht zu verlassen. Erst unter dem Eindruck der Morde an Liebknecht und Luxemburg radikalisierte sich die Braunschweiger Arbeiterschaft und es kam zur Gründung eines KPD-Ortsvereins. Dies erlebte Rück jedoch nicht mehr, da er am 8. Januar 1919 nach Stuttgart fuhr, um Verwandte zu besuchen.

In Braunschweig setzte sich der von Rück angegriffene „Mini-Diktator" Oerter durch. Er wurde 1919 Ministerpräsident, gestützt auf eine Koalition von MSPD und USPD. Doch schon 1921 musste er aufgrund von Bestechlichkeit zurücktreten, 1924 wurde er Mitglied der Nationalsozialistischen Deutschen Arbeiterpartei (NSDAP). Rücks politische und persönliche Abneigung gegen ihn war also nicht unbegründet. Doch als Außenstehender hatte er keine Chancen, in so kurzer Zeit in Braunschweig Anhänger zu gewinnen und die Idee der Räteherrschaft zu verwirklichen.

5.1.4 Kampf um eine neue Zeitung in Stuttgart

Kaum in Stuttgart angekommen, geriet Rück wieder in den Strudel revolutionärer Ereignisse. Anfang 1919 war die Unzufriedenheit der Arbeiter mit den Ergebnissen der ersten Revolutionsphase gewachsen,[43] es gab Massendemonstrationen und Streiks, sogar Barrikadenkämpfe flackerten auf. Sowohl in Berlin als auch in anderen industriellen Ballungszentren nahm die Radikalisierung der Massen zu und erstreckte sich bis weit ins sozialdemokratische Lager hin-

---

39 *Braunschweigische sozialistische Landeskorrespondenz*, Jg. 1, Nr. 7, 24.12.1918
40 Vgl. Kolb 1962 (Anm. 33), S. 314 f.
41 Vgl. Weber 1993 (Anm. 6), S. 135
42 Vgl. Rother 1990 (Anm. 31), S. 54
43 Vgl. Hartmut Henicke: Die Weltkriegsrevolution, das Schisma in der deutschen Sozialdemokratie und die Stuttgarter Linken, in: Jahrbuch für Forschungen zur Geschichte der Arbeiterbewegung, Jg. 6 (September 2007), S. 41

ein.[44] Die Militanz dieser Massenaktionen übertraf sogar die Bewegung vom November 1918.[45] Doch die MSPD-Führung setzte jetzt die Machtmittel des Obrigkeitsstaates gegen die Linken ein, zur Rechtfertigung von Gewaltanwendung diente die Propaganda von der bolschewistischen Gefahr.[46] Seit dem 4. Januar 1919 gab es in Stuttgart fast täglich Straßendemonstrationen, getragen von einem breiten Aktionsbündnis, an dem sich auch USPD und Spartakusbund beteiligten.[47] Am 9. Januar sollte eine große Demonstration stattfinden, am Tag zuvor war Rück von Braunschweig nach Stuttgart gekommen. Sofort beteiligte er sich an den Aktionen, allerdings stand er nun nicht mehr an vorderster Stelle.[48]

Leutnant Paul Hahn, Leiter des Garnisonsrates von Leutkirch und Isny und Mitglied des Landesausschusses der Soldatenräte, war zunächst bereit, mit den Räten zusammenzuarbeiten.[49] Er war von der Landesversammlung der Soldatenräte nach Stuttgart gerufen worden, um dort eine Zentrale der Sicherheitskompanien aufzubauen. In der Nacht vom 7. auf den 8. Januar 1919 ließ er den zwar erst halb fertigen, aber taktisch wichtigen Bahnhof besetzen. Der Turm beherrschte die Straßen und Anlagen der Umgebung, dort nahm Hahn Quartier.[50] Am 8. Januar erhielt er von der Provisorischen Regierung in Stuttgart und von den Mitgliedern der Arbeiter- und Soldatenräte die Vollmacht, die Unruhen zu bekämpfen. Allerdings hatten die USPD-Minister Arthur Crispien und Ulrich Fischer diese Vollmacht nicht unterschrieben.[51]

Am 9. Januar versammelten sich rund 15.000 Demonstranten auf dem Schlossplatz, wo mehrere Redner zu der Menge sprachen, auch Rück hielt eine kurze Ansprache.[52] Um den Forderungen Nachdruck zu verleihen, bewegte sich ein disziplinierter Zug, begleitet von 15–20 bewaffneten Mitgliedern des Roten Soldatenbundes,[53] zu verschiedenen Ministerien und zum Rathaus. Rück marschierte in vorderster Linie mit und hielt auf dem Balkon des Ministeriums des Aus-

---

44 Vgl. Eberhard Kolb: 1918/19: Die steckengebliebene Revolution, in: Carola Stern/Heinrich August Winkler (Hrsg.): Wendepunkte deutscher Geschichte 1848–1945, Frankfurt 1980, S. 104
45 Vgl. Klaus Schönhoven: Die republikanische Revolution 1918/19 in Baden und Württemberg, Stuttgart 1998, S. 108
46 Vgl. Kolb 1962 (Anm. 33), S. 406
47 Vgl. Manfred Scheck: Zwischen Weltkrieg und Revolution. Zur Geschichte der Arbeiterbewegung in Württemberg 1914–1920, Köln/Wien 1981, S. 189 ff.; Sylvia Neuschl: Geschichte der USPD in Württemberg, Esslingen 1983, S. 202; Willi Münzenberg: Die dritte Front, Aufzeichnungen aus 15 Jahren proletarischer Jugendbewegung, Berlin 1930, S. 274 ff.; Jacob Walcher: Die revolutionären Ereignisse in Stuttgart, in: 1918 – Erinnerungen von Veteranen der deutschen Gewerkschaftsbewegung an die Novemberrevolution (1914–1920), Berlin (Ost) 1958, S. 494
48 Vgl. schriftliche Mitteilung Wilhelm Kohlhaas vom 4.6.1993 an die Verfasserin
49 Vgl. Kolb/Schönhoven 1976 (Anm. 7), S. LXIX
50 Vgl. Paul Hahn: Erinnerungen aus der Revolution in Württemberg: „Der Rote Hahn, eine Revolutionserscheinung", Stuttgart 1923, S. 27
51 Vgl. Scheiben des Staatsministeriums vom 8.1.1919, in: HStAS, E 130 a Bü 205, Q 6
52 Vgl. Willi Münzenberg: Der Spartakistenprozeß in Stuttgart, Stuttgart o. J. [1919], S. 12; Kolb/Schönhoven 1976 (Anm. 7), S. 313 erwähnt Rück nicht als Redner.
53 Der Rote Soldatenbund wurde Mitte November 1918 als verlängerter Arm der Spartakisten unter den Soldaten ins Leben gerufen, Albert Schreiner war nach seinem Rücktritt als Kriegsminister dessen Leiter.

5.1 Wandernder KPD-Aktivist

wärtigen, dann vor dem Rathaus auf der Treppe kurze Ansprachen.[54] An den Verhandlungen mit Oberbürgermeister Karl Lautenschlager beteiligte er sich nicht.[55]

Für den Nachmittag des 9. Januar berief die Provisorische Regierung eine Sitzung der Landesausschüsse der Arbeiter- und Soldatenräte ins Ständehaus ein. Saaleingänge und Galerie waren von bewaffneten Mitgliedern des Roten Soldatenbundes besetzt, vor dem Haus lärmten Hunderte von Demonstranten. In diesem „Hexenkessel"[56] wurde schließlich der Beschluss gefasst, die technischen Einrichtungen des *Stuttgarter Neuen Tagblatts* in der Torstraße für die Dauer des Streiks zur Aufklärung der Öffentlichkeit zu benutzen. Der Kampf um die Presse hatte einen hohen Stellenwert, durch die Übernahme des *Tagblatts* sollte die Herstellung eines für die Streikenden wichtigen Propagandamittels ermöglicht werden. Die Besetzung des Tagblattgebäudes wurde von bewaffneten Arbeitern durchgeführt. Aus dem Arsenal des Akademiegebäudes hinter dem Residenzschloss hatten sympathisierende Truppenteile die Aufständischen mit Waffen versorgt.[57] Rück selbst war unbewaffnet, sein Freund Birkert hatte nach eigener Aussage ein K 98-Gewehr.[58] Bei der Besetzung der Druckerei kam es zu keiner Gewaltanwendung, der gewohnte Betrieb wurde fortgesetzt. Münzenberg berichtete, dass *Tagblatt*-Geschäftsführer Esser den Redakteuren geeignete Räume anwies.[59] Helene Hoernle überwachte die Telefonzentrale.[60] Rück arbeitete zusammen mit Hoernle, Max Barthel und Münzenberg an der Redaktion der neuen Zeitung, siegessicher gaben sie ihr den Titel *Die Rote Flut. Organ der streikenden revolutionären Stuttgarter Arbeiterschaft*.[61] Münzenberg und Hoernle waren der Meinung, dass der Name *Rote Fahne* zu „abgebraucht" sei und nicht mehr in die revolutionäre Situation passe.[62] Die Artikel wurden geschrieben und sofort gesetzt und gedruckt, eine Auflage von 100.000 Exemplaren war geplant.

Der Forderungskatalog knüpfte an das spartakistische Aktionsprogramm vom 9. November 1918 an, wobei Inhalt und Ziele konkreter geworden waren: Erwerbslosenfürsorge, Mindestlohn

---

54 Vgl. Anklageschrift vom 26.3.1919, in: SAPMO-BArch, NY 4131/27, Bl. 51; Verteidigungsrede Rücks vor dem Schwurgericht Stuttgart am 3.6.1919, in: Münzenberg 1919 (Anm. 52), S. 12 ff.
55 Verhandlungsführer war Münzenberg, er forderte die Absetzung des Oberbürgermeisters und die Übernahme der Stadtverwaltung durch den Arbeiter- und Soldatenrat. Vgl. Horst Brandstätter/Jürgen Holwein (Hrsg.): Dichter sehen eine Stadt. Texte und Bilder aus 250 Jahren, Stuttgart 1989, S. 293
56 Scheck 1981 (Anm. 47), S. 195
57 Vgl. Hahn 1923 (Anm. 50), S. 31; Karl Weller: Die Staatsumwälzung in Württemberg 1918–1920, Stuttgart 1930, S. 166
58 Vgl. Interview Fritz Schindler mit Emil Birkert und Wilhelm Kohlhaas. Erstsendung am 14.11.1978 im Süddeutschen Rundfunk Stuttgart, Prod. Nr. 7830590000
59 Beim Schwurgerichtsprozess im Juni 1919 sagte Esser als Zeuge aus, dass er die Herausgabe einer Flugschrift als einen Druckauftrag des Landesausschusses der Arbeiter- und Soldatenräte betrachtet habe. Vgl. Munzenberg 1919 (Anm. 52), S. 41
60 Vgl. Anklageschrift der Staatsanwaltschaft Stuttgart vom 26.3.1919, in: SAPMO-BArch, NY 4131/27, Bl. 64
61 HStAS, P 2 Bü 10, abgedruckt in: Günter Cordes (Bearb): Krieg, Revolution, Republik. Die Jahre 1918 bis 1920 in Baden und Württemberg. Eine Dokumentation, Ulm 1978, S. 138
62 Vgl. Babette Gross: Willi Münzenberg. Eine politische Biografie, Leipzig 1991, S. 134.

für Notstandsarbeiten, Beschlagnahmung der Banken und Übergabe der Kohlegruben an die Bergarbeiter, Enteignung der leerstehenden Villen, Schlösser und des feudalen Großgrundbesitzes, Entlassung von reaktionären Beamten und Offizieren, vollständige Demobilisation. Nach dem Rücktritt von Ebert sollte die neue Regierung der Arbeiter- und Soldatenräte sofort „den Kampf gegen die russischen Truppen einstellen" und sich direkt mit der „russischen Sowjet-Republik"[63] in Verbindung setzen. Am frühen Morgen des 10. Januar ging Rück in die nahe liegende Wohnung seines Freundes Max Zschocher,[64] um ein paar Stunden zu schlafen, es war die Ruhe vor dem Sturm.

Hahn sah in der Besetzung des Tagblattgebäudes den Beginn spartakistischen Terrors.[65] Zwei Sicherheitskompanien standen ihm zur Verfügung, gebildet aus Freiwilligen und Studenten. Die eine, kommandiert von Leutnant Fahr, hatte ihr Standquartier in der Stöckachschule, die andere lag in der Bergkaserne. Zwei Mal zogen Teile dieser Truppen auf eigene Faust los, um die Herausgabe der Zeitung zu verhindern, aber angesichts der rund 50 Mann starken Arbeiterwache unter Führung von Franz Kummerow wagten sie keinen Angriff.[66] Die Arbeiter wollten sich nicht entwaffnen lassen, sie wussten, dass ihnen schießbereite Studenten unter dem Kommando erfahrener Offiziere gegenüberstanden. Rück beschrieb später in seiner Rede vor Gericht, wie er in dieser verworrenen Situation noch einmal versuchte, mit der Provisorischen Regierung zu verhandeln, die sich inzwischen bei Leutnant Hahn im Bahnhofsturm in Sicherheit gebracht hatte:

„Genosse Unfried, [...] Leutnant Fahr, Barthel und ich bestiegen ein Auto und fuhren zum neuen Bahnhof. Auf der Fahrt sahen wir, dass die ganze Königstraße militärisch besetzt war, im Bahnhofsgebäude lagerten Soldaten auf Strohsäcken. [...] Leutnant Hahn empfing uns. Wir trugen die Forderung vor: Abzug der Tagblattbesatzung mit Waffen und ungestörter Druck der *Roten Flut*. Er erklärte, sich auf Verhandlungen nicht einlassen zu können, die Waffen müssten abgegeben werden. Auf die Frage, wer ihm Vollmacht erteilt hätte, öffnete er das Nebenzimmer, wo Blos und zwei weitere Minister sich aufhielten. Wir wiesen sofort darauf hin, dass Crispien und Fischer nicht zugegen seien, auf deren Mitwirkung wir den Hauptwert legen."[67]

Hahns Erinnerungen an diese Begegnung mit Rück sind stark dramatisiert:

„Sogar Rück suchte mich [...] im Bahnhof auf, um freien Abzug mit Waffen zu erhalten. Von der Sicherheit, mit der damals die Spartakisten von dem Gelingen ihrer Aktion über-

---

63 *Die rote Flut*, Nr. 1, 10.1.1919, S. 1. Der Titel des Blatts erscheint rückblickend eher „großsprecherisch", Scheck 1981 (Anm. 47), S. 196
64 Zschocher wohnte in der Torstraße 23. Auch Dora Hofmann, Rücks spätere Frau, wohnte dort.
65 Vgl. Hahn 1923 (Anm. 50), S. 35
66 Vgl. Münzenberg 1930 (Anm. 47), S. 280
67 Münzenberg 1919 (Anm. 52), S. 13

5.1 Wandernder KPD-Aktivist

zeugt waren, erhielt man einen Begriff durch das Auftreten gerade dieses radikalsten und hemmungslosesten Führers der Kommunisten. Rück trat mir keineswegs als Bittender, sondern als Fordernder gegenüber. Er stellte mir für die nächsten Stunden in Aussicht, dass sie, die Spartakisten, zur Macht gelangen. Mein Vorgehen gegen sie sei Gegenrevolution (!). Wenn ich in ihre Hand komme, würde ich und die Regierung vor das Revolutionstribunal gestellt."[68]

Um sein Handeln gegenüber zögernden Räten und Regierungsmitgliedern zu rechtfertigen und sich als Retter vor dem bolschewistischem Terror darzustellen, hat Hahn die Gewaltbereitschaft der Spartakisten deutlich überbetont.

Im Korridor des Tagblattgebäudes berichteten die Unterhändler den Besatzungsmitgliedern von dem ergebnislosen Verlauf der Verhandlungen, doch niemand wollte die Waffen abgeben, den Studenten draußen traute man nicht. Kummerow, ein späterer Mitangeklagter, sagte aus, Rück habe „viel zum Fenster hinaus"[69] geredet, in der Hoffnung, die Soldaten doch noch zum Abzug zu bewegen. Entsprechend seiner Vollmacht und im Einverständnis mit Blos gab Hahn um ½ 5 Uhr morgens schließlich den Befehl zum Sturm auf das Tagblattgebäude. Der 21-jährige Leutnant Mundorf kommandierte die 60 bis 80 Mann starke Regierungstruppe. Die Torflügel wurden mit Gewehrkolben eingeschlagen, Maschinengewehre von gegenüberliegenden Häusern aus in Stellung gebracht, eine regelrechte Belagerung begann.

Vor Gericht sagte Rück aus:

„Wir hatten [...] den Soldaten im Innern eingeschärft, unter keinen Umständen zu schießen. Barthel, ich und einige der Bewaffneten waren in einem Zimmer des zweiten Stocks, wo auch die gedruckten Exemplare der Roten Flut hingeschafft wurden. Bald kamen Regierungssoldaten die Treppe herauf. Im Zimmer wurde die Internationale gesungen. Zwischen dem Führer der Abteilung und mir entwickelte sich eine Auseinandersetzung. Ich verwies darauf, [...] dass im Hof die Entwaffneten verprügelt worden seien. Er sagte, dies solle unter keinen Umständen geschehen. Während wir sprachen, packte mich ein Regierungssoldat am Arm und führte mich zu einer steilen Wendeltreppe, die er mich hinunterstoßen wollte. Erst als ich dagegen protestierte, ließ er mich los. Ich ging die Treppe hinunter, durch den Torweg des Tagblatts und in die Wohnung Zschochers. Dort sah ich vom Fenster aus, wie die Regierungstruppen ganze Stöße der Roten Flut auf die Straße warfen und mit den Füßen zerstampften."[70]

Münzenberg, der mit hohem Fieber zusammengebrochen war, wurde von seinen Freunden aus dem Gebäude getragen. Der Rest der Arbeiterwache ergab sich den überlegenen Regierungs-

---

68 Hahn 1923 (Anm. 50), S. 36
69 Anklageschrift der Staatsanwaltschaft Stuttgart vom 26.3.1919, in: SAPMO-BArch, NY 4131/27, Bl. 66
70 Münzenberg 1919 (Anm. 52), S. 13 f.

truppen. Den Redakteuren gelang es, einige Exemplare der neuen Zeitung mitzunehmen, die gerade aus der Druckpresse kamen. Später ging Rück ins Ständehaus zu einer Versammlung der Landesausschüsse der Arbeiter- und Soldatenräte, dort kündigten Fischer und Crispien ihren Rücktritt aus der Provisorischen Regierung an. Die Erstürmung des Tagblattgebäudes war unblutig verlaufen, bei der Räumung der besetzten Druckerei der *Württemberger Zeitung* am nächsten Tag gab es mehrere Tote.[71]

Als sich die Regierung ihres Sieges sicher war, ordnete Blos am Abend des 10. Januar – es war der Tag vor den Wahlen zur verfassunggebenden Landesversammlung – die Verhaftung der Führer der Streikbewegung an.[72] In der darauf folgenden Nacht klopften bewaffnete Soldaten an ihre Türen, Rück musste jetzt zum dritten Mal ins Gefängnis. Mit ihm zusammen wurden sieben weitere Spartakisten verhaftet: Hoernle, Münzenberg, Richard Janus, Barthel, Albert Schreiner, Kummerow und Karl Schnepf.[73] Sie wurden zunächst zum Bahnhof und von dort „nach stundenlangen Kreuz- und Querfahrten"[74] nach Ulm gebracht. Barthel erinnerte sich an folgende Episode bei der Fahrt auf die Geislinger Steige:"Ein Matrose befahl: ‚Aussteigen, links austreten!' Aber wir stiegen nicht aus, denn damals gab es schon die berüchtigten ‚Erschießungen auf der Flucht'. Das war die einfachste Art, einen Gegner stumm zu machen. Standfest blieben wir auf dem Wagen, jeder ein ‚Männeken Piß'."[75]

Einen Monat waren die Häftlinge in den feuchten und kalten Kasematten der alten Ulmer Bundesfestung eingesperrt, das Essen war schlecht und ungenügend.[76] Nach wenigen Tagen erhielten sie dort eine Nachricht, die alle, und besonders Rück, wie ein Keulenschlag traf. Münzenberg schrieb:

> „Es war einige Tage nach unserer Verhaftung, als plötzlich ein gellender Schrei die Stille zerriss und eine Stimme, ich glaube, es war die Fritz Rücks, in wahnsinnigem Schmerz gellte: ‚K a r l   L i e b k n e c h t   e r m o r d e t !' Das wollten wir nicht glauben, doch der

---

71 Vgl. Wilhelm Kohlhaas: Chronik der Stadt Stuttgart 1913–1918 (Veröffentlichungen des Archivs der Stadt Stuttgart; Bd. 16) Stuttgart 1967, S. 17; Schönhoven 1998 (Anm. 45), S. 109 berichtet, dass sieben Menschen bei den Unruhen getötet worden seien.
72 Vgl. Hahn 1923 (Anm. 50), S. 40; Münzenberg 1930 (Anm. 47), S. 282 f.
73 Bei der Verhaftung von Barthel und Münzenberg wurden mehrere Revolver und Gewehre gefunden. Karl Schatz und Adolf Lauer wurden ebenfalls verhaftet, obwohl sie keine Spartakisten waren. Lauer wurde schon vor Prozeßbeginn wegen „Krankheit" entlassen. Münzenberg vermutete, er sei ein Spitzel Hahns gewesen. Vgl. Münzenberg 1919 (Anm. 52), S. 56
74 Fritz Rück: Blätter aus einem Tagebuch, Rottenburg Mai 1919 (Typoskript), S. 1, in: ARAB, NL Fritz Rück, Vol. 8. Es ist wohl eine Legende, wenn Gross 1991 (Anm. 62), S. 135 berichtet, dass man geplant habe, die Verhafteten auf der Fahrt nach Ulm an der Geislinger Steige zu erschießen. Sie schreibt, dass der begleitende Transportführer Karl Albrecht, ein Spartakist, die Ausführung der Mordpläne verhindert habe. In Münzenbergs Aufzeichnungen von 1930 ist von dieser bedrohlichen Situation nicht die Rede. Vgl. dazu schriftliche Mitteilung Wilhelm Kohlhaas vom 4.6.1993 an die Verfasserin
75 Max Barthel: Kein Bedarf an Weltgeschichte, Wiesbaden 1950, S. 48 f.
76 Münzenberg erinnerte sich an eine Haftdauer von zwei Monaten. Vgl. Münzenberg 1930 (Anm. 47), S. 283

andere Tag brachte uns nicht nur die Bestätigung vom Tode Karl Liebknechts, sondern auch vom Tode Rosa Luxemburgs und der Niederschlagung der Kämpfe in Berlin."[77]

Für Rück waren Luxemburg und vor allem Liebknecht hoch geschätzte Vorbilder, durch ihren Tod wurden sie zu Märtyrern der Revolution. Seine Erschütterung über ihren Tod drückte er in dem Gedicht mit dem Titel „Auf Golgatha!" aus:

„Zwei Menschen/Geistesgiganten, Kinder der Tat,/an der eure Habsucht sterben wird,/ hängen auf Golgatha,/Wochen, Monate schon./Sie können nicht sterben!/Gleichmütig würfelt am Fuß des Hügels/der Tod um die Kleider,/die ihnen Pöbel entriß./
Sie aber dürfen nicht sterben./Mahnend drängen qualverzerrte Blicke:/‚Sühnt uns, dass wir sterben können!'/Gellend lacht der Tod. Das Brusttuch ist sein./Dreimal sechs Augen/brachten es ein./
Meine Seele lauscht/den Schreien von Golgatha./Fern kämpfen die Freunde."[78]

In diesem Gedicht, das sich eng an die biblische Passionsgeschichte anlehnt, wird der Tod der beiden kommunistischen Führungspersönlichkeiten zu einer christlichen Erlösertat verklärt.[79] Die Überhöhung der Klassenkämpfe in den Bereich des Religiösen ist keine „Erfindung" Rücks, so benutzte z. B. auch Liebknecht in seinem letzten Artikel vom 15. Januar in der *Roten Fahne* dieselbe biblische Metapher vom „Golgathaweg der deutschen Arbeiterklasse".

In Württemberg war das Eingreifen der gegenrevolutionären Regimenter im Januar 1919 nicht so brutal und verlustreich wie in Berlin, doch auch hier verließ sich die Provisorische Regierung auf die Waffen reaktionärer Militärs. Am 10. Januar 1919 meldete Blos den Erfolg seiner Soldaten in einem Telegramm an den Rat der Volksbeauftragten in Berlin: „In Stuttgart haben wir die Angriffe der Spartakusgruppe durch gutgeschulte Sicherheitstruppen im Keim erstickt und die Führer der Spartakusgruppe, Rück, Münzenberg, Barthel, Hoernle, Janus, festgenommen. Verhandlungen hatten wir abgelehnt."[80] Bezeichnend ist, dass Rück an erster Stelle genannt wurde. So endeten in Stuttgart die Januarunruhen mit einer Niederlage der Revolutionäre und dem Ausscheiden der USPD aus der Landesregierung. Ende Januar konstituierte sich der Stuttgarter Orts-

---

77   Ebd., S. 283. Auch Barthel schrieb in seiner Autobiografie, dass sein Zellennachbar, vermutlich Rück, in der Nacht einen gellenden Schrei ausstieß, als er von einem Wachposten die Nachricht von Liebknechts Ermordung erfuhr. Vgl. Barthel 1950 (Anm. 75), S. 47
78   Fritz Rück: Feuer und Schlacken. Gedichte aus Krieg und Revolution, Stuttgart 1920, S. 29. Die letzte Zeile könnte als Hinweis auf die Trennung des Gefangenen von seinen politischen Freunden gedeutet werden. Vgl. Michael Hugh Fritton: Literatur und Politik in der Novemberrevolution 1918/1919, Frankfurt/Bern/New York 1986, S. 63 f.
79   Schon 1917 gebrauchte Rück diesen religiösen Vergleich. Im Leitartikel des *Sozialdemokrat*, Jg. 4, Nr. 14, 7.4.1917 mit dem Titel „Ostern", der vermutlich von Rück stammt, steht: „Die sozialistische Bewegung erlebt in diesem Krieg ihr Golgatha."
80   Wilhelm Blos: Denkwürdigkeiten aus der Umwälzung. Von der Monarchie zum Volksstaat. Zur Geschichte der Revolution in Deutschland, insbesondere in Württemberg, Bd. 1, Stuttgart 1923, S. 96

verein der KPD unter der Leitung von Walcher und Unfried, Crispien verblieb in der USPD.[81] Die SPD war damit endgültig in drei Teile zerbrochen. In Berlin fielen im März 1.200 Menschen einem Massaker zum Opfer, Leo Jogiches wurde am 10. März 1919 „auf der Flucht erschossen".[82] Auch bei der Niederschlagung der Münchner Räterepublik verlor die KPD einen bedeutenden Führer, Eugen Leviné. Kurt Tucholsky schrieb in der *Weltbühne*: „Wir haben in Deutschland keine Revolution gehabt – aber wir haben eine Gegenrevolution."[83]

5.1.5 Untersuchungshaft und Freispruch

Die Regierung Blos betonte zunächst, dass es sich bei den Verhaftungen lediglich um eine kurzfristige Schutzhaft zur Sicherung der auf den 12. Januar festgelegten Wahl zur verfassunggebenden Landesversammlung handle.[84] Aber als dieser Termin verstrichen war, erhob die Staatsanwaltschaft Anklage wegen Hoch- und Landesverrats, die anfängliche Schutzhaft wurde in eine Untersuchungshaft umgewandelt.[85] Anfang Februar überführte man die Häftlinge von Ulm in das weit abgelegene Landesgefängnis in Rottenburg am Neckar, wo sie, wie Rück berichtete, in Einzelhaft genommen wurden. Er notierte in seinem Tagebuch:

> „Die Stunden, wo jeder für sich hinter der verschlossenen Türe aus Eichenbohlen mit dem perfiden Guckloch sitzt oder im Kreise geht, sind doch noch lang genug. Man hat Zeit zum Nachdenken, schlimm wird es, wenn die Gedanken sich im Kreise bewegen oder gegen eine Türe stoßen, die noch stabiler abgeriegelt ist als die Zellentüre. Wo der Weg ins Leben versperrt ist, beginnt die Selbstprüfung, [...] die Selbstzerfleischung."[86]

Die Untersuchungshäftlinge genossen einige Freiheiten:

> „Man hat uns Selbstbeköstigung zugestanden, wir können lesen und schreiben, soviel wir wollen, gehen gemeinsam im Gefängnishof spazieren, wo wir uns unterhalten können, zwei Stunden am Tag verbringen wir in einer Gemeinschaftszelle, wo E. H. (i. e. Edwin Hoernle) einen Kurs in Agrarfragen begonnen hat."[87]

---

81 Vgl. Scheck 1981 (Anm. 47), S. 190
82 Ossip K. Flechtheim: Die KPD in der Weimarer Republik, Hamburg 1986, S. 108
83 Zit. nach: Mallmann 1996 (Anm. 33), S. 22
84 Vgl. Walcher 1958 (Anm. 47), S. 503
85 Vgl. Neuschl 1983 (Anm. 47), S. 206
86 Fritz Rück: Blätter aus einem Tagebuch, Rottenburg Mai 1919 (Typoskript), in: ARAB, NL Fritz Rück, Vol. 8, S. 1
87 Ebd. Unwahrscheinlich ist die Teilnahme Rücks an einem Hungerstreik der Häftlinge im Januar 1919. Vgl. Fritton 1986 (Anm. 78), S. 379, Anm. 8

5.1 Wandernder KPD-Aktivist

In dieser Zeit der erzwungenen Ruhe las Rück Bücher von Fjodor Dostojewski und Sigmund Freud und nützte die Chance zu seiner Weiterbildung. Er war wie Hoernle und Barthel schriftstellerisch tätig,[88] sympathisierende Wachleute übernahmen den Transport der Manuskripte.[89] Seine Gefängnis- und Revolutionserfahrungen fasste er in die Form von Gedichten, die 1920 gedruckt wurden. Seine Gedanken gingen noch weiter zurück in die Vergangenheit, vermutlich begann er, Kindheits- und Jugenderinnerungen aufzuschreiben. Die Beschreibung des Lebens seines kurz zuvor verstorbenen Vaters nahm breiten Raum ein, dies war ihm offensichtlich ein wichtiges Bedürfnis. Es war ein intensives, kritisches Nachdenken über die Rolle, die er in den letzten ereignisreichen Monaten gespielt hatte und über das Scheitern seiner Ziele:

> „Gewiss ist es am schönsten, reflektionslos und mit voller Überzeugung einen Einsatz zu machen, voranzugehen wenn die andern folgen, nicht nur als Teil eines Ganzen zu wirken, sondern mit innerer Sicherheit und ohne Schwanken sich als die Konzentration des Willens aller, als auserlesenes Instrument der geschichtlichen Entwicklung zu fühlen. Wenn man dann plötzlich allein steht, von keinem mehr verstanden und von den Kameraden misstrauisch betrachtet wird, mühsam einen Weg suchen muss, ist der Schlag desto stärker."[90]

Bis in die Wortwahl hinein spiegelt sich in dieser Reflexionen seine Lektüre von Friedrich Nietzsches „Zarathustra", der den (männlichen) Machtwillen als wichtigen Motor der Weltgeschichte betonte.[91] Jedoch in der aktuellen Phase der Rückschläge kamen Zweifel und Meinungsverschiedenheiten auf.

> „Sicher ist alles, was dieser Otto Bessinger getan und erdacht, gelebt und erlitten hat, in größtmöglicher Objektivität dargestellt, aber bewusst oder unbewusst hat der Wille zur Heroisierung dem Verfasser zuweilen die Feder geführt.[...] Die Selbstsicherheit, mit der ich noch Anfang Dezember in Berlin zu Paul Levi sagte: Der Stein, den die Bauleute verworfen haben, ist zum Eckstein geworden, wird nicht mehr zurückkehren. Mit anderen Worten: der Führertraum ist ausgeträumt, es gehört eine robustere Struktur, eine mehr eingleisige Veranlagung und ein stärkeres inneres Gleichgewicht dazu, um diesen Platz zu erreichen und auszufüllen."[92]

---

88 Vgl. Frank Trommler: Sozialistische Literatur in Deutschland. Ein historischer Überblick, Stuttgart 1976, S. 426f.
89 Vgl. Scheck 1981 (Anm. 47), S. 202; Münzenberg 1930 (Anm. 47), S. 284
90 Fritz Rück: Blätter aus einem Tagebuch, Rottenburg Mai 1919 (Typoskript), in: ARAB, NL Fritz Rück, Vol. 8, S. 1f.
91 Vgl. David Papineau (Hrsg.): Philosophie. Eine illustrierte Reise durch das Denken, Darmstadt 2006, S. 153
92 Fritz Rück: Blätter aus einem Tagebuch, Rottenburg Mai 1919 (Typoskript), in: ARAB, NL Fritz Rück, Vol. 8, S. 2

Und dieselben Zweifel an seiner „Führerrolle" glaubte er auch bei den Mithäftlingen zu bemerken: „Sie schauen misstrauisch und prüfend, wenn ich eine Bemerkung mache, ich habe manchmal das Gefühl, dass sie es peinlich empfinden, dass ich einmal ganz mit vorne an der Spitze war und sie selbst auf mich hörten."[93] Selbstkritisch kommentierte Rück die Nachrichten vom Erstarken der Reaktion in den ersten Monaten des Jahres 1919:

> „Dass wir heute hier sitzen, im Gefängnis, dass viele in Gefängnissen sind und die Besten erschlagen wurden – unter einer sozialdemokratischen Regierung – und dass sich etwas aufbaut da draußen, was so völlig entgegengesetzt unseren Erwartungen ist, sechs Monate nach der Revolution, ist nicht nur das Ergebnis des Tun und Lassens der anderen, sondern auch eine Folge unserer Fehler und Schwächen."[94]

Interessant ist der Hinweis auf eine Broschüre, die er „in den ersten Wochen der Gefangenschaft halb im Fieber" niedergeschrieben hat und in der er zu beweisen versuchte, dass der „Weg der Russen nicht unser Weg sein kann".[95] Eine derartige Schrift ist nicht erhalten, es gibt aus dieser Zeit sonst keine Äußerungen von Rück, die eine Kritik an den Bolschewiki erkennen lassen.

Am 28. März 1919 wurde ihm und seinen Mitgefangenen die Anklageschrift mit den Ergebnissen der Voruntersuchung zugestellt. Aus der anfänglichen Schutzhaft wurde eine fünf Monate dauernde Untersuchungshaft.[96] Der Prozess fand vom 3. bis 14. Juni 1919 vor einem Stuttgarter Schwurgericht statt, das Gebäude in der Urbanstraße war mit Drähten abgesperrt. Die Angeklagten konnten für ihre Verteidigung den Bruder von Karl Liebknecht, Dr. Theodor Liebknecht, gewinnen. Auf die Frage des Vorsitzenden Richters nach seiner persönlichen Stellung zu der Frage der Gewalt antwortete Rück:

> „Als radikaler Sozialist betrachte ich die Gewaltanwendung nicht unbedingt als verwerflich. Sie ist berechtigt, wenn die große Mehrheit der Arbeiterschaft auf unserer Seite steht und die nötigen Voraussetzungen gegeben sind. Diese Voraussetzungen waren jedoch am 9. und 10. Januar nicht vorhanden."[97]

Auch die anderen Angeklagten argumentierten geschickt, dass ihre Aktion im Rahmen der proletarischen Revolution zu begreifen sei. Ein Sturz der Provisorischen Regierung sei nicht ihr Ziel gewesen, die Mehrheit des arbeitenden Volkes sei nicht auf ihrer Seite gestanden. Tatsächlich konnte den Angeklagten weder Gewaltanwendung noch Putschabsichten bei der Demonstration vom 9. Januar 1919 nachgewiesen werden.

---

93 Ebd., S. 3
94 Ebd.
95 Ebd.
96 Vgl. Barthel 1950 (Anm. 75), S. 48
97 Zit. nach: Münzenberg 1919 (Anm. 52), S. 14

5.1 Wandernder KPD-Aktivist

Im weiteren Verlauf des Prozesses erfuhr die Öffentlichkeit, dass Hahn mit Hilfe von Lockspitzeln den Spartakisten Gewehre angeboten hatte, um diese zu Gewalttaten zu verleiten.[98] Diese Peinlichkeit konnten die Angeklagten für sich ausnutzen und Münzenberg ging sogar in die Offensive:

> „Unsere Demonstration ist ruhig verlaufen. Nicht ein Zwischenfall hat sich ereignet, nicht eine Fensterscheibe ist zertrümmert worden. Aber w i r sollen ins Zuchthaus! Am 10. Januar 1919 haben Offiziere ohne Befehl, von sich aus, vor der *Württemberger Zeitung* Maschinengewehre aufgestellt. Selbst ein Leutnant Hahn musste bestätigen, dass ein Unteroffizier in sinnloser Weise geschossen hat; es hat Verwundete gegeben, Tote hat man weggetragen. Diese Leute bleiben ungestraft."[99]

Am 14. Juni 1919 wurden alle Angeklagten freigesprochen, die zahlreichen Zuhörer im Gerichtssaal kommentierten dieses Urteil mit lauten Bravorufen und Händeklatschen. Eine von Rechtsanwalt Liebknecht geforderte Entschädigung für die fünf Monate Untersuchungshaft wurde verweigert, nur die Prozesskosten wurden von der Staatskasse übernommen. Vor dem Gerichtsgebäude erwartete die Freigelassenen eine große Schüssel mit schwäbischem Kartoffelsalat – spendiert von der Belegschaft einer Fabrik. Frauen und Mädchen brachten Blumen, es war eine eindrückliche Solidaritätsaktion.[100]

Am 23. Juni hielt Rück im Saal der Wilhelma in Cannstatt vor etwa 800–850 Personen einen Vortrag, der Eintritt kostete 20 Pfennig. Ein Polizeibericht gibt bruchstückhaft den Inhalt des Vortrags wieder.[101] Rück informierte über den 10-tägigen Prozess, bei dem die Regierung eine „moralische Niederlage" erlitten habe:

> „Nicht wir haben geputscht, sondern die Regierung, die uns bewusst um die Früchte der Revolution betrogen hat. [...] Ein 2. Mal haben wir nicht Lust, in die Hände eines Blos, Lindemann, Hahn zu fallen, sondern es muss ganze Revolution gemacht werden. Die Diktatur eines Noske, Hahn müssen wir niederwerfen.
> Das Proletariat wird die Schuldfrage an die Regierung stellen und dieselbe schuldig sprechen, da sie die Revolution verraten hat. Es wird auch bald die Zeit kommen, wo wir das Urteil vollstrecken.
> Die Weltrevolution kommt und ist schon auf dem Marsche."[102]

---

98 Vgl. ebd., S. 4, S. 14 und S. 52
99 Ebd., S. 58 f.
100 Vgl. Münzenberg 1930 (Anm. 47), S. 285; Gross 1991 (Anm. 62), S. 138
101 HStAS, E 130 a Bü 210, Q 209
102 Ebd.

Dieser Vortrag in Cannstatt zeigt, dass Rücks Haftzeit seinen Glauben an die Revolution nicht erschüttert hatte. Die SPD habe die Arbeiter verraten, man müsse wachsam bleiben, denn neue Pogrome gegen die Arbeiter seien geplant. Die Unterzeichnung des Versailler Vertrags lehnte er ab, er bezeichnete ihn als „Brutalitätsfrieden",[103] der die Arbeiter doppelt unterjoche. Seine revolutionäre Entschlossenheit bekräftigte er abschließend mit dem Luxemburg-Zitat vom Dezember 1918: „Daumen auf das Auge und Knie auf die Brust!"[104]

5.1.6 Junge Partei und junger Ehemann

In der KPD hatte Rück bis zu seinem Austritt 1929 keine führende Position inne, er schrieb für die kommunistische Presse Artikel, Gedichte und Rezensionen, verfasste mehrere Broschüren, zuweilen trat er als Redner oder Referent in Erscheinung. Von Oktober 1919 bis Dezember 1920 fanden fünf Parteitage statt, bei denen er mit temperamentvollen Beiträgen hervortrat. Die Protokolle dieser frühen KPD-Parteitage sind wichtige Zeugnisse seiner politischen Haltung als junger aktiver Kommunist.[105]

Nach der Ermordung von Jogiches übernahm der von Rück geschätzte Paul Levi die Leitung der KPD. Dieser musste zunächst seine Autorität gegenüber den 22 selbständig agierenden Parteibezirken durchsetzen.[106] In Norddeutschland, insbesondere in Hamburg gab es linksradikale Gruppierungen um Heinrich Laufenberg und Fritz Wolffheim, die dazu aufriefen, die Parlamentswahlen zu boykottieren und aus den Gewerkschaften auszutreten.[107] Der 2. Parteitag der KPD fand illegal vom 20. bis 24. Oktober 1919 in der Pfalz statt, er tagte aus konspirativen Gründen nacheinander an vier verschiedenen Orten: zuerst auf der Wachenburg in Weinheim, dann in Heidelberg, Mannheim und schließlich in Dilsberg/Neckar.[108] Die Diskussionen verliefen kontrovers und chaotisch. In seinem Referat wandte sich Levi gegen die Hamburger Linken, er warf ihnen Syndikalismus und Putschismus vor und nach erbitterten Diskussionen trennte sich die KPD von dieser Gruppe. Im Protokoll werden die Namen der Diskussionsredner nicht in voller Länge genannt. Drei Delegierte aus Stuttgart mit den Initialen „M", „R" und „W" beteiligten sich

---

103 Ebd.
104 Diese deutliche Drohung gegenüber allen Feinden der Revolution übernahm Rück aus dem auf dem KPD-Gründungsparteitag verabschiedeten „Programm des Spartakusbundes". Vgl. Weber 1993 (Anm. 6), S. 301
105 Vgl. Hermann Weber/Andreas Herbst: Deutsche Kommunisten. Biographisches Handbuch 1918 bis 1945, Berlin 2008², S. 755
106 Vgl. Ossip K. Flechtheim (Hrsg.): Vergangenheit im Zeugenstand der Zukunft (Bibliothek Soziales Denken des 19. und 20. Jahrhunderts), Berlin 1991, S. 351
107 Vgl. Werner T. Angress: Die Kampfzeit der KPD 1921–1923, Düsseldorf 1973, S. 67. Laufenberg wurde 1918 als Vorsitzender des Arbeiter- und Soldatenrats abgewählt, weil er Gewerkschaftsbüros besetzen ließ.
108 Vgl. Werner Müller: Die KPD in ihrem ersten Jahr, in: Alexander Gallus (Hrsg.): Die vergessene Revolution, Göttingen 2010, S. 177

5.1 Wandernder KPD-Aktivist

laut Protokoll an den Debatten: mit Sicherheit handelte es sich dabei um Münzenberg, Rück und Walcher.[109] Rück meldete sich ein einziges Mal zu Wort und unterstützte die Position von Levi:

> „Die Hamburger Forderungen sind nichts Neues, sie sind eigentlich nur die Fortsetzung der Gegensätze in der alten Internationale. Wir wollen sachlich und ohne persönliche Ausfälle prüfen, ob eine Spaltung notwendig ist oder nicht. Schwer möglich wird es allerdings sein, mit gewissen Personen in der Partei zusammenzubleiben. Laufenberg hat bisher eine streng opportunistische[110] Politik betrieben. Er hat sich sogar gegen die Verschärfung der Klassengegensätze ausgesprochen. Es ist doch eine alte Weisheit, dass man die Klassengegensätze auf die Spitze treiben muss. Die Tendenz der Opposition läuft auf eine Utopie hinaus, ihr logischer Entwicklungsgang sei: Hamburg – Berlin – Julian Borchardt – Rudolf Steiner. Von Hamburg trennt uns eine Welt. Die Spaltung wird vollzogen werden müssen. Gefühlsmomente müssen zurücktreten." [111]

Der von Rück prognostizierte „Entwicklungsgang" des Linksradikalismus hin zur sozialutopischen Philosophie eines Rudolf Steiner war abwertend gemeint.[112] Und was verstand er unter den zu unterdrückenden „Gefühlsmomenten"? Während des Krieges hatte er Julian Borchardt sehr geschätzt, denn dieser bekämpfte damals in seiner Zeitschrift *Lichtstrahlen* die Burgfriedenspolitik der SPD und unterstützte finanziell die Herausgabe des Stuttgarter *Sozialdemokrat*. Noch im Jahr 1917, als Rück auf dem Gründungskongress der USPD die Vorschläge des Spartakusbundes vortrug, war er in Übereinstimmung mit dem föderalistischen Organisationskonzept der dort anwesenden Bremer und Hamburger Linksradikalen gewesen,[113] im Februar 1918 hatte er selbst noch für syndikalistische Ideen geworben. Trotzdem unterstützte er nun den Ausschluss von 18 linksradikalen Mitgliedern. Verschiedene zu Protokoll genommene Zwischenrufe der Hamburger zeigen, dass Rücks Redebeitrag polarisierend wirkte. Da die Ausgeschlossenen den Saal am dritten Tagungsort nicht verlassen wollten, teilte man ihnen die Adresse des vierten Tagungsortes nicht mit. Durch diesen simplen Trick hoffte man, sie abschütteln zu können.[114]

In einer Broschüre von 1920 erläuterte Rück seine Stellung zu der Linksopposition:

---

109 Vgl. Bericht über den 2. Parteitag der Kommunistischen Partei Deutschlands (Spartakusbund) vom 20. bis 24. Oktober 1919, o. O. und o. J., S. 54 ff.
110 „Opportunismus" war im Parteijargon eine abwertende Bezeichnung für Mäßigung und Kompromiss.
111 Bericht Parteitag 1919 (Anm. 109), S. 35
112 Rudolf Steiner (1861–1925) hielt 1919 in Stuttgart Reden vor Arbeitern, in denen er sich für eine am Ideal der Solidarität und Gleichheit orientierte Wirtschaftsordnung einsetzte.
113 Vgl. Hans Manfred Bock: Syndikalismus und Linkskommunismus von 1919–1923. Ein Beitrag zur Sozial- und Ideengeschichte der frühen Weimarer Republik, Darmstadt 1993, S. 78
114 Vgl. ebd., S. 44 f. Im April 1920 gründete der ausgeschlossene Flügel die Kommunistische Arbeiter-Partei Deutschlands (KAPD).

„Die Linksradikalen zeichneten sich durch eine oft ganz äußerliche, mechanische Auffassungsweise aus, eine politische Schwarz-Weiß-Technik unterschied viele ihrer Vertreter, besonders der zweiten Garnitur, von marxistischen Dialektikern, ihre ungeschichtliche Lösung von Streitfragen trat von außen an die Ereignisse heran, statt sie von innen heraus zu verstehen. Ihr Steckenpferd war die politisch-gewerkschaftliche Einheitsorganisation, mit deren Hilfe sie die Arbeiterschaft revolutionieren wollten."[115]

Wenn Rück die von Levi angewandte Methode der Ausgrenzung von Oppositionellen unterstützte, so spielte dabei seine Loyalität gegenüber dem geschätzten Parteivorsitzenden eine Rolle, aber mit Sicherheit auch seine feste Überzeugung von der Notwendigkeit einer starken Organisation. Er konnte nicht erkennen, dass man im Begriff war, mit dogmatischer Strenge eine zentralistische Partei aufzubauen, in der offene Diskussionen nicht mehr möglich waren. Nach dem Ausschluss der rätedemokratischen und syndikalistischen Kräfte verlor die KPD starke Bezirksorganisationen, ihre Mitgliederzahl von etwa 107.000 halbierte sich, es war eine spürbare „Selbstamputation".[116] Bis zur Vereinigung mit der linken USPD führte die KPD ein „einjähriges Sektendasein".[117]

Obwohl die junge Partei in Württemberg zu Beginn der zwanziger Jahre gute Chancen hatte, Wähler und Mitglieder zu finden, verließ Rück seine Heimatstadt Stuttgart.[118] Es begann für ihn eine Zeit häufigen Wohnort- und Arbeitsplatzwechsels, trotz schlechter Arbeitsbedingungen stellte er sich ganz in den Dienst der KPD. Über seine persönlichen Erlebnisse und Erfahrungen in der Zeit nach 1919 hat Rück keinerlei schriftliche Mitteilungen gemacht, sein Lebenslauf konnte während der Phase der KPD-Mitgliedschaft nur in Bruchstücken rekonstruiert werden.

Im Januar 1920 übersiedelte Rück nach Leipzig und war dort bis April Redakteur bei der *Sächsischen Arbeiterzeitung*.[119] Vermutlich wohnte er bei seinen zukünftigen Schwiegereltern, dem Ehepaar Hofmann in Leipzig-Gohlis.[120] Doras Vater Wilhelm war Gärtner. Zum 3. Parteitag der KPD am 25. Februar 1920 musste Rück wieder nach Süddeutschland fahren, die Delegierten trafen sich im „Kühlen Krug" in Karlsruhe, am zweiten Tag im „Schlößle" in Durlach. Levi war zuvor in Bremen verhaftet worden, es gab ständige Störaktionen der Polizei. Rück sprach als Delegierter von Leipzig. Die Lagebeurteilung der Parteileitung wurde von Ernst Meyer vorgetragen. Dieser konstatierte, dass die revolutionäre Bewegung ihre besten Köpfe verloren habe

---

115 Fritz Rück: Vom 4. August bis zur russischen Revolution. Ein Beitrag zur kommunistischen Bewegung in Deutschland, Stuttgart 1920, S. 25
116 Mario Keßler: Die kommunistische Linke und die Weimarer Republik, in: APuZ, H. 32/33 (12.8.1994), S. 22; Flechtheim 1969 (Anm. 1), S. 145
117 Sigrid Koch-Baumgarten: Einleitung zu: Flechtheim 1986 (Anm. 82), S. 24
118 Münzenberg wurde nach seiner Freilassung für kurze Zeit Vorsitzender der Württembergischen KPD. Vgl. Rolf Surmann: Die Münzenberg-Legende. Zur Publizistik der revolutionären Arbeiterbewegung 1921–1933, Köln 1983, S. 32; Mallmann 1996 (Anm. 33), S. 33
119 Vgl. Weber/Herbst 2008 (Anm. 105), S. 755
120 Weder im Stadtarchiv Leipzig noch im Sächsischen Staatsarchiv Leipzig konnte ein Hinweis gefunden werden, dass Rück in Leipzig mit einer eigenen Adresse gemeldet war.

und viele Aktionen fehlgeschlagen seien. Rück stimmte Meyers Einschätzung zu, kritisierte aber dessen Optimismus in Bezug auf die Entwicklung der Partei. Er warnte vor Hoffnungen auf einen „allzu großen Aufschwung" und sagte, dass man sich auf ein „langsames Tempo der Revolution"[121] gefasst machen müsse. „Man kann ruhig den Arbeitern sagen: es kann noch lange gehen. Den geschichtlichen Optimismus werden wir immer vertreten. Er ist es, der unser Handeln bestimmt."[122] Am zweiten Tag wurde über organisatorische und finanzielle Probleme diskutiert. Rück beklagte den Zentralismus der Partei, der alle geistigen Kräfte in Berlin konzentriere und die Bezirke verkümmern lasse. Seit einigen Monaten schon hätten die Redakteure der Bezirke kein Material mehr bekommen und müssten ihre Informationen der *Roten Fahne* entnehmen.[123]

Im März 1920 vertrieben die Kapp-Putschisten die SPD-Koalitionsregierung unter Gustav Bauer aus Berlin, die Republik war in ihrer Existenz bedroht. In Leipzig, wo Rück damals wohnte, bewaffneten sich die Arbeiter und es kam zu bürgerkriegsähnlichen Kämpfen. Reichswehrtruppen nahmen das Volkshaus, das sogenannte Rathaus der Leipziger Arbeiterschaft, unter Artilleriebeschuss und erschossen über hundert Streikende.[124] In dem Gedicht „Besuch in Leipzig" erinnerte sich Rück acht Jahre später an dieses Ereignis: „Stets finde ich mich zum Johannisplatz,/ hier stand der Osten Wache gegen Kapp./Die Herrn Studenten trieben ihre Hatz,/die Kugelspuren, die wäscht keiner ab."[125]

Einen Monat nach dem vereitelten Putschversuch fand am 14. und 15. April 1920 in Berlin der 4. Parteitag der KPD statt. Rück war anwesend, im Protokoll wird er als nicht stimmberechtigter Redakteur aus Leipzig genannt.[126] Zur Eröffnung des Parteitags hielt Levi eine Rede, in der er die Gefahr, die von den „weißen Garden" ausging, analysierte. Mit einer Wiederholung dieses Streichs militärischer Desperados sei zu rechnen, die Arbeiter müssten sich bewaffnen.[127] Rück sah hinter dem Kapp-Putsch den gegenrevolutionären Vorstoß der Großagrarier vom Land gegen die kapitalistische Wirtschaft der Stadt.[128] Nach dem Ende des Kapp-Putschs, der durch einen politischen Generalstreik erfolgreich bekämpft wurde, tauchten in der Arbeiterschaft wieder Forderungen nach einer Arbeiterregierung auf, die von den Linksparteien gebildet werden sollte.[129] Diese Pläne wurden vom Zentralausschuss der KPD zurückgewiesen, abgemildert durch das Zugeständnis, dass man im Falle des Zustandekommens einer Regierung von MSPD und

---

121 Bericht über den 3. Parteitag der KPD (Spartakusbund) vom 25. und 26. Februar 1920, o. O. und o. J., S. 14
122 Ebd., S. 30
123 Vgl. ebd., S. 53
124 Der 14.3.1920 wird auch als der „Leipziger Blutsonntag" bezeichnet. Vgl. Jesko Vogel: Der sozialdemokratische Parteibezirk Leipzig in der Weimarer Republik: Sachsens demokratische Tradition, Teil 1 (Schriftenreihe Studien zur Zeitgeschichte; Bd. 52), Hamburg 2006, S. 204; Walter Fabian: Klassenkampf um Sachsen. Ein Stück Geschichte 1918–1930, Löbau 1930, S. 77 f.
125 *Kulturwille*, Jg. 7, H. 11 (November 1930), S. 33
126 Vgl. Bericht über den 4. Parteitag der Kommunistischen Partei Deutschland (Spartakusbund) am 14. und 15. April 1920, Berlin o. J., S. 30
127 Vgl. ebd., S 25
128 Vgl. ebd., S. 30
129 Vgl. Winkler 1984 (Anm. 20), S. 343

USPD eine loyale Opposition üben werde.¹³⁰ Rück lehnte ebenfalls eine Übernahme der Regierung durch die drei Arbeiterparteien ab. In schroffer Konfrontation zu MSPD und USPD sagte er auf dem Parteitag:

> „Was die vom Zentralausschuß verurteilte Erklärung zur Bildung einer reinen Arbeiterregierung betrifft, so halte ich sie ihrer Tendenz nach für richtig. Das Wort von der ‚loyalen Opposition' hätte allerdings nicht darin stehen dürfen. Ich habe diese Erklärung auch als eine Warnungstafel betrachtet, die unsere eigenen Genossen und unsere Partei davon abhalten soll, einem aus der Arbeiterschaft kommenden Drang nach Bildung einer Regierung sämtlicher Arbeiterparteien, also auch der K. P. D., zu folgen."¹³¹

Sogar das Versprechen einer loyalen Opposition wäre seiner Meinung nach ein zu großes Zugeständnis der KPD gewesen. Trotzdem befürwortete er, wie auch die Mehrheit des Parteitags eine Beteiligung der KPD an den für Juni vorgesehenen Reichstagswahlen. Zetkin erhielt den ersten Platz auf der Kandidatenliste, Levi kam auf Platz zwei. Thalheimer stellte den Antrag, dass jedes Mitglied der Partei sich für eine Kandidatur zur Verfügung stellen müsse, Rück und Hoernle waren dagegen. Pieck unterstellte den beiden, dass sie nicht bereit seien, „von Stuttgart wegzugehen."¹³² Die Bemerkung ist unverständlich, Rück lebte bereits in Leipzig. Vermutlich hielt Pieck ihn wegen seines Auftretens im November 1918 und im Januar 1919 für einen in Stuttgart fest verwurzelten Parteigenossen.

Abb. 6: *Undatiertes Porträtfoto*

Am 29. April 1920, zwei Wochen nach dem Parteitag, heirateten Dora Hofmann und Fritz Rück in Leipzig-Gohlis, dem Heimatort der Braut und ihrer Familie.¹³³ Die Berufe des Brautpaares waren Telefonistin/Stenotypistin und Redakteur, die Trauung fand – vermutlich auf Wunsch der Braut – in einer lutherisch-evangelischen Kirche statt, der Bräutigam war ohne Konfession.¹³⁴ Nach der Hochzeit in Leip-

---

130 Vgl. Flechtheim 1986 (Anm. 82), S. 119 f.
131 Bericht Parteitag 1920 (Anm. 126), S. 31
132 Ebd., S. 76
133 Vgl. Personalnachrichten des Ministeriums des Innern, Bd. 1, 21.10.1921–14.2.1924, in: GStAPK, I. HA Rep. 77, Tit. 1809 Nr. 1, Bl. 157; Meldebogen der Stadt Leipzig, in: StaatALei, PP-M-Nr. 1060
134 Rücks Religionszugehörigkeit wurde als „dissident" bezeichnet. Vgl. StadtAA, Familienbogen des Einwohneramtes

5.1 Wandernder KPD-Aktivist

zig kehrte das Ehepaar Rück wieder nach Stuttgart zurück, im Sommer 1920 war Rück Redakteur der Stuttgarter KPD-Zeitung *Der Kommunist*.[135]

Dort gab es im Juni wegen der stark gestiegenen Lebensmittelpreise eine heftige Protestbewegung, in ganz Württemberg kam es zu Ausschreitungen gegen Bäckermeister und Markthändler.[136] In Stuttgart strömten 100.000 Menschen in die Stadt, Zetkin und Engelhardt traten als Redner auf und forderten die Wahl von politischen Arbeiterräten.[137] Als der Reichstag noch die Einführung einer zehnprozentigen Lohnsteuer beschloss, eskalierte die Bewegung. Im Juli trat in Zuffenhausen ein Arbeiterrat an die Öffentlichkeit, im August wurde auch bei Daimler ein Arbeiterrat gewählt. Um einen erwarteten Generalstreik abzuwenden, ließ die württembergische Regierung in der Nacht vom 25. zum 26. August 1920 die Firmen Bosch und Daimler sowie die Maschinenfabrik Esslingen von Polizeiwehr besetzen, damit waren 16.000 Beschäftigte entlassen. Am 27. August tagte in Stuttgart eine Betriebsräteversammlung, die über Streikaktionen beschließen sollte. Dort trat Rück auf und warb zusammen mit Hoernle für die Wahl von politischen Arbeiterräten, doch dieser Antrag erhielt keine Mehrheit, der Streik wurde am 6. September beendet, jeder Arbeiter musste per Unterschrift dem Steuerabzug zustimmen.

Vom 1. bis 3. November 1920 wurde in den Sophiensälen in Berlin der 5. Parteitag der KPD abgehalten, Rück nahm als Delegierter Stuttgarts teil.[138] Die Erfahrungen dieser Streikkämpfe in Württemberg beschrieb er so:

> „Dort kam über Nacht die Besetzung der Fabriken durch die Regierung. Die Antwort darauf war der Generalstreik der Arbeiter. Wir hatten vorher schon die Agitation und teilweise die Wahl der politischen Arbeiterräte begonnen, aber sie waren noch keine Körperschaft, die so gekräftigt war, daß sie die Führung der Aktion hätte in die Hand nehmen können. So waren wir gezwungen, um die Führung des Kampfes nicht der Gewerkschaftsbürokratie zu überlassen, zu verlangen, daß die Betriebsräte-Vollversammlung die Führung dieses Generalstreiks in die Hand nehme. Sie hat den Generalstreik auch geführt, aber sie hat ihn sehr schlecht geführt. [...] Daraus geht für mich hervor, daß wir in jedem größeren Kampf die Arbeiterräte notwendig haben."[139]

Rück hielt beharrlich an der Idee der Arbeiterräte fest, sowohl Gewerkschaften als auch Betriebsräte hätten versagt.

---

135 Vgl. Personalnachrichten des Ministeriums des Innern, Bd. 1, 21.10.1921–14.2.1924, in: GStAPK, I. HA Rep. 77, Tit. 1809 Nr. 1, Bl. 157. Diese Zeitung war Nachfolgerin der von Rück redigierten USPD-Zeitung *Der Sozialdemokrat*. Vgl. Hempel-Küter 1987 (Anm. 5), S. 67
136 In Heidenheim kam es am 23.6.1920 zum sogenannten Kirschenkrieg, als Frauen die Körbe eines Händlers umstießen. In Ulm stürmten Arbeiter das Rathaus, zwei Reichswehrbataillone griffen ein, es gab sieben Tote.
137 Vgl. Scheck 1981 (Anm. 47), S. 282 ff.
138 Vgl. Bericht über den 5. Parteitag der Kommunistischen Partei Deutschlands vom 1. bis 3. November 1920 in Berlin, Leipzig/Berlin 1921
139 Ebd., S. 161

Die Interessen seines Heimatbezirks lagen dem Delegierten Rück sehr am Herzen. Der Bezirk Württemberg hatte damals 4.100 Mitglieder und das Statut der KPD sah vor, dass auf 1.000 Mitglieder ein Delegierter gewählt werden sollte. Nun beantragte Rück auf dem Parteitag für das knapp angefangene Tausend einen Delegierten zu erhalten, doch dieser „Antrag Stuttgart" wurde abgelehnt.[140] Interessant ist ein Redebeitrag Rücks, in dem er seine schon 1917 in Gotha geäußerte Abneigung gegen zentralistische Prinzipien bekräftigte. Er wandte sich gegen eine zu weitgehende Unterwerfung der Bezirke und Ortsvereine unter die Parteizentrale:

> „Die Genossen von Württemberg haben auf der Landeskonferenz zum Ausdruck gebracht, dass wir keinesfalls jetzt dazu kommen dürfen, die Partei zu stark zu zentralisieren, dass wir nicht dazu kommen dürfen, einen an und für sich ganz berechtigten Standpunkt [scil. den Zentralismus/die Verf.] zu übertreiben, und dass es vor allem auch nicht angehe, Dinge, die in Russland vielleicht in einer ganz anderen Kampfperiode äußerst notwendig sind, ohne weiteres auf ganz Deutschland zu übertragen."[141]

Zum ersten Mal kommt hier eine Kritik Rücks an den Bolschewiki zum Ausdruck, er konstatierte eine wachsende Abhängigkeit der KPD von den russischen Kommunisten, dies wollte er nicht hinnehmen.[142]

5.1.7 Ein kritischer und ungeduldiger Revolutionär

Im Jahr 1920 hatten sich die Bolschewiki im Bürgerkrieg und in den Kämpfen gegen die Interventionstruppen behauptet, wohingegen in Mitteleuropa alle Revolutionsversuche gescheitert waren. Die Oktoberrevolution erschien vielen kommunistischen und sozialistischen Parteien als leuchtendes Vorbild, sie waren bereit, der auf Initiative Lenins gegründeten Kommunistischen Internationale (Komintern) beizutreten.[143] Den beitrittswilligen Parteien wurden „21 Bedingungen" vorgelegt, deren Annahme verbindlich war. So sollte beispielsweise das straffe zentralistische Organisationsprinzip der Russischen Kommunistischen Partei der Bolschewiki RKP(B) für alle der Komintern angegliederten Parteien verbindlich werden. Alle ihre Parteifunktionäre und Mitglieder wurden zu Gehorsam gegenüber der Kominternleitung verpflichtet, unzuverlässige Elemente sollten ausgeschaltet werden.[144] Levi akzeptierte 1920 grundsätzlich diese Organisationsstruktur, Zetkin äußerte Bedenken, sie befürchtete eine Ausrichtung der KPD an den rus-

---

140 Vgl. ebd., S. 16
141 Ebd., S. 99
142 Auch Levi begann damals, diese Abhängigkeit zu kritisieren. Vgl. Sibylle Quack: Geistig frei und niemandes Knecht. Paul Levi – Rosa Luxemburg. Politische Arbeit und persönliche Beziehung, Köln 1983, S. 168 f.
143 Vgl. Richard Löwenthal: Russland und die Bolschewisierung der deutschen Kommunisten, in: APuZ, H. 10 (4.4.1964), S 6 f.
144 Vgl. Hermann Weber (Hrsg.): Der deutsche Kommunismus. Dokumente 1915–1945, Köln 1973, S. 202 ff.; Frank Hirschinger: „Gestapoagenten, Trotzkisten, Verräter". Kommunistische Parteisäuberungen in Sach-

sischen Interessen.¹⁴⁵ Die USPD zerbrach im Herbst 1920 an der Frage des Anschlusses an die Komintern. Auf ihrem Parteitag in Halle im Oktober 1920 wurden die „21 Bedingungen" von einer Mehrheit angenommen, die unterlegenen Anschlussgegner verließen den Parteitag. Der beitrittswillige linke Flügel unter Ernst Däumig schloss sich der KPD an, dies war für die nur knapp 80.000 Mitglieder zählende Partei eine hochwillkommene „Frischzellenkur",¹⁴⁶ sie wurde dadurch zur Massenorganisation.

Rück war erneut Vertreter des Bezirks Württemberg auf dem 6. Parteitag, dem sogenannten Vereinigungsparteitag, der vom 4. bis 7. Dezember 1920 in Berlin stattfand.¹⁴⁷ Zahlreiche ausländische Genossen waren anwesend, darunter Walter Bringolf und Rosa Grimm aus der Schweiz, von ihnen erhielt Rück später in der Zeit seines Exils wichtige Unterstützung.¹⁴⁸ Die Grundstimmung des Vereinigungsparteitags war siegesgewiss, Levi hielt eine pathetische Rede, den Arbeitern rief er zu:

„Introite, nam hic dei sunt, – tretet ein, denn hier, bei uns, sind die Götter."¹⁴⁹

Für diesen begeisternden Appell erhielt er lebhaften Beifall, zusammen mit Däumig bildete er die neue Führungsspitze. Rück bewarb sich um kein Parteiamt, er trat auf dem Vereinigungsparteitag als Kritiker der Parteileitung auf. In seinem ersten Redebeitrag kritisierte er die beiden einleitenden Referate von Levi und Däumig:

„Genosse Levi hat heute ein Referat gehalten, das in sehr großen Linien die ganze Weltlage uns vor Augen gestellt hat. Dieses Referat ließ einen leeren Raum: das deutsche Glacis. Ich glaubte nun, dass es die Aufgabe des Genossen Däumig sei, diesen leeren Raum auszufüllen. Meiner Meinung nach ist dies nicht geschehen, sondern wir sehen die Linien der politischen und wirtschaftlichen Entwicklung in Mittel- und Westeuropa heute auch nicht klarer, als wir sie vor den Referaten gesehen haben."¹⁵⁰

Kurz zuvor war der verlustreiche Interventions- und Bürgerkrieg in Russland beendet worden, der Oberbefehlshaber der antibolschewistischen Armee Pjotr Nikolajewitsch Wrangel kapitulierte im November 1920 auf der Krim. Doch Rück war weiterhin besorgt um den Bestand der

---

sen-Anhalt 1918–1953 (Schriften des Hannah-Arendt-Instituts für Totalitarismusforschung, hrsg. von Gerhard Besier; Bd. 27), Göttingen 2005, S. 34
145 Vgl. Tânia Puschnerat: Clara Zetkin: Bürgerlichkeit und Marxismus. Eine Biographie, Essen 2003, S. 237
146 Hirschinger 2005 (Anm. 144), S. 36. Im Januar 1921 hatte die KPD 449.700 Mitglieder, einen absoluten Höchststand. Vgl. Mallmann 1996 (Anm. 33), S. 33
147 Vgl. Bericht über die Verhandlungen des Vereinigungsparteitages der U.S.P.D. (Linke) und der K.P.D. (Spartakusbund) vom 4. bis 7. Dezember 1920 in Berlin, hrsg. von der Zentrale der Vereinigten Kommunistischen Partei Deutschlands, Leipzig/Berlin 1921
148 Vgl. Walter Bringolf: Mein Leben. Weg und Umweg eines Schweizer Sozialdemokraten, Zürich 1965, S. 107
149 Bericht Vereinigungsparteitag 1921 (Anm. 147), S. 71
150 Ebd., S. 58

Sowjetmacht. Er befürchtete, dass eine neue Gefahr von Frankreich ausgehe, dem traditionellen deutschen „Erbfeind":

> „Deutschland ist heute Glacis, und es wird morgen vielleicht Kriegsschauplatz sein. Denn ich glaube, dass gerade nach der Niederlage Wrangels die Dinge wieder nach Deutschland zurückschlagen werden, dass Frankreich versuchen wird, Deutschland als Sturmbock gegen Russland zu benutzen und auf deutschem Boden die große Schlacht gegen Russland auszufechten. Da ist wieder die Frage: was sollen wir tun? Da müssen wir mit aller Kraft endlich übergehen zur Offensive, endlich übergehen zur Weiterführung der Revolution." [151]

Solidarität mit Russland bedeutete für Rück nicht Unterwerfung unter die Weisungsbefugnisse der Komintern, sondern er verstand darunter die Pflicht, eigenverantwortlich die Revolution in Deutschland voranzutreiben. Die Übernahme der „21 Bedingungen" dürfe nicht dazu führen, die Prinzipien der russischen Revolution auf Deutschland zu übertragen. Deutlich betonte er noch einmal das Recht der KPD auf einen eigenen Weg:

> „Worauf es wesentlich ankommt: dass wir eben in Deutschland, in Westeuropa, noch vor ganz andere Probleme gestellt werden als unsere russischen Genossen. Daß uns deshalb die Thesen der Dritten Internationale als Programm nicht genügen können, ist doch ganz klar. Wir haben eine viel kompliziertere Wirtschaft, eine ganz anders aufgebaute Gesellschaft, die historisch anders geworden ist, die ideologisch anders zusammengesetzt ist; wir haben ein ganz anderes Kleinbürger- und Bauerntum. Die Klassschichtung ist in Mittel- und Westeuropa eine ganz andere als in Russland." [152]

Eine weitere Konfrontation zwischen Rück und Levi ergab sich auf dem Vereinigungsparteitag bei der Beurteilung der Notwendigkeit von neuen revolutionären Aktionen. Wie viele andere Delegierte, z. B. der Komintern-Beauftragte Radek und die aus der USPD übergetretenen „Neukommunisten", drängte auch Rück Ende 1920 zu einer militärischen Offensive, er sprach vom bewaffneten Kampf:

> „Es hat mich sehr verwundert, dass der Elektrizitätsarbeiterstreik so sang- und klanglos vorübergegangen ist, dass tatsächlich nicht irgendeine Aktion eingesetzt hat. [...] Genossen, wenn der Generalstreik nicht genügt, dann müssen wir weiter greifen, dann muss eben der Punkt eintreten, wo wir schließlich die Existenz der Partei und unsere Existenz aufs Spiel setzen müssen, wo wir den Arbeitern sagen müssen: versucht, Euch Waffen zu

---

151 Ebd., S. 59
152 Wie Anm. 150

5.1 Wandernder KPD-Aktivist

verschaffen, es gibt keine anderen Mittel mehr, wir haben keine andere Wahl mehr, als überzugehen zu Kämpfen, die vielleicht zunächst eine Niederlage herbeiführen können, die aber auf jeden Fall die Zuspitzung und die Revolutionierung der ganzen Verhältnisse in Deutschland mit sich bringen müssen."[153]

Hatte Rück die blutigen Kämpfe der letzten beiden Jahre vergessen? Wie viele Kommunisten schien auch er Gewalt akzeptiert zu haben als unausweichliche Begleiterscheinung der Revolution. Rücks temperamentvoller Appell fand Anklang, es gab lebhaften Beifall, so vermerkte es das Protokoll. Levi nahm in persönlichen Worten Stellung zu Rücks Kritik und mahnte zur Zurückhaltung:

„Nun hat der Genosse Rück, den ich von alten Zeiten her als einen sehr tapferen Genossen kenne, heute einen Anfall gehabt (Heiterkeit) – ich kann es nicht anders sagen – er ist außerordentlich scharf ins Zeug gegangen. Ich habe wohl gesehen, gegen was, aber leider nicht gesehen, für was. […] Der Genosse Rück hat die Haltung der Zentrale der Kommunistischen Partei in der Frage des Berliner Elektrikerstreiks getadelt. Aber die Kritik […] haut daneben. Der Genosse Rück hat gesagt, wir hätten müssen in den Generalausstand treten. Wer die Berliner Verhältnisse kennt, wird sich darüber nicht im Zweifel sein, dass wir mit der Parole uns nur lächerlich gemacht hätten."[154]

In den Augen Levis war Rück der ungestüm vorwärtsdrängende junge Genosse, der die Lage nicht überblicken konnte.

Schon wenige Wochen nach dem Vereinigungsparteitag endete Levis Parteikarriere. Seine Ablehnung der Spaltung der Italienischen Sozialistischen Partei erregte den Unwillen der Exekutive der Komintern (EKKI).[155] Dies führte im Februar 1921 zu seinem Rücktritt als Vorsitzender der KPD. Mit ihm verließen Zetkin, Däumig u. a. die Zentrale.[156] Die Komintern war am Sturz Levis nicht unbeteiligt, doch Rück unterwarf sich der Parteidisziplin.

5.1.8 Faszination Sowjetrussland

Gefördert von der Komintern übernahm nach dem Rücktritt Levis eine spartakistische Gruppe um Thalheimer, Walcher, Meyer, Heinrich Brandler, Paul Frölich und Fritz Heckert die Führung der KPD. Thalheimer wurde Chefredakteur der *Roten Fahne*, deshalb konnte Rück in den Jahren 1921/22 dort als Redakteur arbeiten.[157] Die neue KPD-Zentrale unter Brandler wollte beweisen,

---

153 Ebd., S. 59
154 Ebd., S. 68
155 Vgl. Löwenthal 1964 (Anm. 143), S. 9
156 Vgl. Flechtheim 1986 (Anm. 82), S. 127
157 Vgl. Hempel-Küter 1987 (Anm. 5), S. 48

dass sie zu einer revolutionären Offensive fähig war, Rück hatte auf dem Vereinigungsparteitag deutlich seine Bereitschaft geäußert, einen bewaffneten Kampf zu unterstützen. Auch der eher bedächtige KPD-Theoretiker Thalheimer vertrat zu diesem Zeitpunkt die sogenannte Offensivtheorie, er glaubte an eine krisenhafte Entwicklung in Deutschland.[158]

Als es in den mitteldeutschen Industriezentren Mansfeld und Halle-Merseburg[159] zu einer Streik- und Aufstandsbewegung kam, rief die KPD, gedrängt von Emissären der EKKI, die gesamte deutsche Arbeiterschaft dazu auf, den bewaffneten Kampf zu beginnen, sogar Sprengstoffattentate waren geplant.[160] Der Aufruf zum Generalstreik wurde nicht befolgt, schwerbewaffnete preußische Schutzpolizei schlug in der Osterwoche die Revolte blutig nieder. Die Niederlage war für die KPD ein Fiasko, die durch die Fusion eben erst gestärkte Partei verlor die Hälfte ihrer Mitglieder, ihr Ansehen wurde schwer beschädigt.[161] Rück nahm nie Stellung zu diesem Fehlschlag. Wie die Mehrheit der Parteileitung hielt er zunächst an der Offensivtaktik fest. Nach Beendigung der Kämpfe kam es wieder zu einer Führungskrise in der KPD. Der Ex-Vorsitzende Levi kritisierte in einer Broschüre öffentlich und schonungslos die Aufstandsversuche, verächtlich nannte er die von der Komintern geschickten Emissäre die „Turkestaner".[162] Die KPD war durch diese Bloßstellung tief getroffen und reagierte mit dem sofortigen Parteiausschluss ihres ehemaligen Vorsitzenden. In seinem „Requiem für Paul Levi" formulierte Walter Jens treffend: „Er hatte die Wahrheit gesagt – und zwar öffentlich. Darum musste er weg."[163] Auch Zetkin verurteilte die Märzaktion, sie erhoffte sich von der Komintern eine nachträgliche und verbindliche Bestätigung ihrer Haltung.[164]

Vom 22. Juni bis 12. Juli 1921 tagte in Moskau der III. Weltkongress der Komintern. Rück nahm an ihm teil, es war seine erste Reise in das von ihm damals hochgeschätzte Sowjetrussland. Da er nicht als Delegierter, sondern „nur" als Pressevertreter der *Roten Fahne* in Moskau weilte, ist er in den Protokollen des Kongresses weder als Teilnehmer noch als Redner erwähnt.[165] Die offizielle Delegation der KPD bestand aus 33 Delegierten, dazu gehörten u. a. Brandler, Thalhei-

---

158 Vgl. Karl Hermann Tjaden: Struktur und Funktion der „KPD-Opposition" (KPO). Eine organisationssoziologische Untersuchung zur „Rechts"-Opposition im deutschen Kommunismus zur Zeit der Weimarer Republik (Marburger Abhandlungen zur Politischen Wissenschaft; Bd. 4), Meisenheim am Glan 1964, S. 11; Wolfgang Haible/Marvin Chlada: August Thalheimer – Zur Erinnerung an einen revolutionären Kommunisten, in: Utopie kreativ, H. 97/98 (November/Dezember 1998), S. 109. Walcher hingegen lehnte die Offensivtheorie ab, er war Gegner der Märzaktion. Vgl. Ernst Stock/Karl Walcher: Jacob Walcher (1887–1970). Gewerkschafter und Revolutionär zwischen Berlin, Paris und New York, Berlin 1998, S. 71
159 Diese Gegend galt als das „rote Herz" Deutschlands. Vgl. Volker Ullrich: Der ruhelose Rebell: Karl Plättner 1893–1945. Eine Biographie, München 2000, S. 86.
160 Vgl. Rosa Meyer-Leviné: Im inneren Kreis. Erinnerungen einer Kommunistin in Deutschland von 1920–1933, Frankfurt 1982, S. 25
161 Vgl. Sigrid Koch-Baumgarten: Aufstand der Avantgarde – die Märzaktion der KPD 1921, Frankfurt/New York 1986, S. 446 f.; Mallmann 1996 (Anm. 33), S. 77
162 Paul Levi: Unser Weg. Wider den Putschismus, Berlin 1921, S. 54
163 Walter Jens: Ein Jud aus Hechingen. Requiem für Paul Levi, Stuttgart 1992, S. 31
164 Vgl. Puschnerat 2003 (Anm. 145), S. 237
165 Vgl. schriftliche Mitteilung Alexander Vatlin vom 10.10.1996 an die Verfasserin

5.1 Wandernder KPD-Aktivist

mer, Eberlein, Heckert, Münzenberg und Zetkin.[166] Aus der Schweiz kamen Robert und Rosa Grimm, ihre Tochter Jenny wurde später im Exil Rücks Lebensgefährtin.

Die meisten deutschen Delegierten kamen als überzeugte Verfechter der Märzaktion und hofften, in Moskau als Helden empfangen zu werden, doch Lenin machte ihnen harte Vorwürfe. Ungeachtet der Tatsache, dass wichtige Kominternmitglieder zu der Märzaktion gedrängt hatten, verurteilte Lenin auf dem Kongress den fehlgeschlagenen Aufstand als putschistisches Abenteuer der KPD. Die Bolschewiki hatten seit Frühjahr 1921 mit der Neuen Ökonomischen Politik (NEP) ihren Wirtschaftskurs geändert. Lenin setzte nun seine Einschätzung des Abflauens der revolutionären Welle durch und suchte nach einem Arrangement mit den kapitalistischen Ländern. Er räumte sogar ein, dass Levi mit seiner Kritik an der Märzaktion recht gehabt hatte.[167] Trotzdem wurde sein Parteiausschluss bestätigt, denn er hatte mit seiner öffentlichen Kritik gegen die Parteidisziplin verstoßen. Die deutsche Delegation unterwarf sich der Autorität Lenins und der Komintern. Alle KPD-Führer, auch Thalheimer und Brandler, akzeptierten den Ausschluss dieser bedeutenden Führungspersönlichkeit. Rück nahm ebenfalls die Eingriffe der Komintern in die Politik der KPD hin, ohne wahrzunehmen, dass dies der Beginn der sogenannten Bolschewisierung der KPD war.[168] Unter Anleitung der Komintern und ihres Deutschland-Emissärs Radek vollzog die KPD nun eine taktische Wende. Eine Einheitsfrontpolitik in Parlament und Gewerkschaften sollte die Massen der Arbeiterschaft gewinnen, das Ziel sei die Bildung von Arbeiterregierungen.[169] Im Jahr zuvor, nach dem Scheitern des Kapp-Putsches, hatten die KPD und Rück entsprechende Angebote abgelehnt. Damit war der russische Einfluss auf die Angelegenheiten der KPD weiter gewachsen, der Historiker Werner T. Angress bezeichnete den III. Weltkongress als einen „Wendepunkt"[170] in der Entwicklung des deutschen Kommunismus. Auch Rück unterwarf sich diesem Kurswandel. Auf dem Vereinigungsparteitag 1920 hatte er noch vom „bewaffneten Kampf" gesprochen, nun akzeptierte er die Neuorientierung nach rechts, die auf dem Jenaer Parteitag der KPD im August 1921 bestätigt wurde.[171]

Im Anschluss an den Kongress in Moskau unternahm Rück im Sommer 1921 eine Reise in den Süden Russlands, er fuhr durch die Getreideanbaugebiete der Ukraine. Im Jahr zuvor hatte es in dieser Gegend eine verheerende Missernte gegeben.[172] In einem kurzen Bericht schilderte Rück die katastrophale Lage:

---

166 RGASPI, Bestand 430, Mappe 201, Liste 69, zit. nach: Schriftliche Mitteilung Andrej Doronin vom 4.2.1996 an die Verfasserin
167 Vgl. Jakow Drabkin: Rosa Luxemburg und die Kommunistische Internationale, in: Narihiko Ito/Annelies Laschitza/Ottokar Luban: Rosa Luxemburg im internationalen Diskurs, Berlin 2002, S. 141
168 Vgl. Hermann Weber: Die Wandlung des deutschen Kommunismus. Die Stalinisierung der KPD in der Weimarer Republik, Bd. 1, Frankfurt 1969, S. 85 ff.
169 Vgl. Protokoll des III. Kongresses der Kommunistische Internationale (Bibliothek der Kommunistischen Internationale; Bd. XXIII), Hamburg 1921, S. 508 ff.; Surmann 1983 (Anm. 118), S. 26
170 Angress 1973 (Anm. 107), S. 230
171 Vgl. Flechtheim 1986 (Anm. 82), S. 130
172 Vgl. Eva Oberloskamp: Fremde neue Welten. Reisen deutscher und französischer Linksintellektueller in die Sowjetunion 1917–1939 (Quellen und Darstellungen zur Zeitgeschichte; Bd. 84), München 2011, S. 82

> „Die goldenen Kuppeln und Zwiebeltürme Moskaus verschwinden am Horizont. Als wäre er beladen mit der ganzen Last von Sorgen und Elend, schleppt sich der langgestreckte Zug dahin. Und doch sind alle froh, die eine Möglichkeit haben, Moskau zu verlassen. Moskau hungert, die Bevölkerung streicht müde und entkräftet durch die Strassen, die niedrigen Produktionsergebnisse in den Fabriken sind Woche für Woche weiter gesunken. Die ganze Sowjetunion hungert, eine riesige Katastrophe hat die besten Ackerbaudistrikte heimgesucht.
> Wir sind einige ausländische Journalisten und haben es bequem in dem Wagen, in dem sonst nur kommandierte Funktionäre der Partei und Regierung und Spezialisten fahren. Die übrigen Wagen des Zugs sind vollgestopft mit Menschen, auf den Dächern sitzen sie, an den Puffern und Plattformen hängen sie wie Traubenbündel. Viele von ihnen haben Säcke und Koffer mit sich, sie hoffen darauf, irgendwie etwas Lebensmittel aufkaufen und eintauschen zu können."[173]

Rück sah den Verfall der Dörfer und Städte, das Elend der hungrigen und entwurzelten Menschen, auch die krassen Unterschiede zwischen den Funktionären und der Masse der Bevölkerung. Der Geldverkehr war zusammengebrochen, anarchistische Banden durchstreiften das Land:

> „Die Stadt Charkow, um diese Zeit der Sitz der ukrainischen Regierung, macht einen verödeten und traurigen Eindruck. Die große Lokomotivfabrik steht mit ausgeschlagenen Fensterscheiben und verrosteten Maschinen, als sollte sie auf Abbruch verkauft werden. Ganze Stadtviertel sind ohne Elektrizität und mächtige Häuserblocks ohne Wasserleitung."[174]

Von Schwierigkeiten mit den Kulaken berichtete er, sie leisteten der Sowjetmacht Widerstand und müssten noch gewonnen werden. Wie passten diese trostlosen Eindrücke zu seinen Idealvorstellungen? Auf eine ferne Zukunft hoffend schrieb er: „Man rechnet damit, dass die Abschaffung der Requisitionen und die Beendigung der Periode des Kriegskommunismus, die Lenin zusammen mit der Einführung der Neuen Ökonomischen Politik proklamierte, die Bauern völlig für die Sowjets gewinnen wird."[175] Endpunkt der Reise war die Halbinsel Krim, wo seit dem 18. Jahrhundert deutsche Bauern lebten, die den Bolschewiki feindselig gegenüberstanden. In der *Roten Fahne* beschrieb er ihre Lage:

> „Der deutsche Bauer in der Krim ist eigensinnig und verstockt, er steht im Geiste auf demselben Fleck, auf dem er stand vor hundert Jahren, wo er begonnen hat, dem zähen Steppenboden seine Nahrung abzuringen. Die letzten Jahre sind auch über seine Scholle

---

173 Fritz Rück: Fahrt durch die Ukraine. Aus einem Tagebuch, o. O. 1921 (Typoskript), S. 1
174 Ebd., S. 2
175 Ebd.

5.1 Wandernder KPD-Aktivist

mit Eisenstiefeln weggeschritten, der Weltkrieg, dann das Hin und Her, erst Denikin, die Bolschewisten, Wrangel. Vor einem Jahr wurde Wrangel fortgejagt. Die Rotgardisten mussten requirieren, der deutsche Bauer ist der reichste in der Krim."[176]

Die Stadt Sewastopol war für ihn vorwiegend von touristischem Interesse:

„Die Stadt ist terrassenförmig aufgebaut und ihre Festungswerke starren hinaus aufs Schwarze Meer. Angefangen von den griechischen Argonauten, deren Zug nach dem Goldenen Vlies die erste [...] kriegerische Expedition [...] bedeutete, haben viele kriegerische Vorstöße sich gegen diesen südlichen Blumengarten Russlands gerichtet. Sewastopol zeigt das Bild einer merkwürdigen Mischung von Kurort und Seefestung."[177]

Nach seiner Rückkehr aus Russland hielt Rück Vorträge über seine Erlebnisse.[178] Er verfasste zwei Gedichte. In einem schilderte er realistisch die verzweifelte Lage der jungen Sowjetmacht und rief zu solidarischer Hilfe auf:

„Die Sonne brennt die Felder leer,/der Bauer harrt auf Korn./Was noch vor Monden reich und schwer/ist ausgebrannt zu Dorn./[...]
Die Sonne brennt die Felder leer,/Wir stehen aufrecht und allein./Das Herz der Brüder in der Welt/muss uns die Vorratskammer sein."[179]

Im Gegensatz dazu kommt in dem Gedicht „Moskau" wieder seine unkritische Sowjetromantik zum Ausdruck:

„Moskau, Pförtnerin der Erde,/Dein wird Macht und Segen sein./In Europas dumpfe Kammern/bricht dein heißer Atem ein./Rote Feuergarben schießen/Wonnetrunken in die Welt./Alle Ketten werden springen,/Wenn die eine nicht mehr hält."[180]

Die Historiker Hermann Weber und Andreas Herbst berichten von einer Inhaftierung Rücks nach seiner Rückkehr vom III. Weltkongress.[181] Auch wenn die im Impressum der *Roten Fahne*

---

176 *Die Rote Fahne*, Jg. 4, Nr. 564, 9.12.1921
177 Rück 1921 (Anm. 173), S. 3
178 Vgl. Personalnachrichten des Ministeriums des Innern, Bd. 1, 21.10.1921–14.2.1924, in: GStAPK, I. HA Rep. 77, Tit. 1809 Nr. 1, Bl. 157. Über eine Zusammenarbeit Rücks mit der von Münzenberg gegründeten Internationalen Arbeiterhilfe ist nichts bekannt, erst 1930 hielt Rück in Frankfurt einen Vortrag für diese Organisation.
179 *Die Rote Fahne*, Jg. 4, Nr. 592, 27.12.1921
180 *Die Rote Fahne*, Jg. 5, Nr. 97, 26.2.1922
181 Vgl. Weber/Herbst 2008 (Anm. 105), S. 755

genannten Redakteure häufig angeklagt und zu Gefängnis- und Geldstrafen verurteilt wurden,[182] konnten keine Belege für eine Inhaftierung oder Verurteilung Rücks gefunden werden.

Nach seiner Moskaureise engagierte er sich in der *Roten Fahne* zur Verteidigung der Bolschewiki. 1921 gab Levi ein bisher unveröffentlichtes Manuskript Rosa Luxemburgs heraus und versah es mit einem Vorwort. Sie hatte es im September 1918 in ihrem Breslauer Gefängnis geschrieben und darin die undemokratische Parteiorganisation der Bolschewiki und die Anwendung von Gewalt verurteilt.[183] Zetkin und der polnische Arbeiterführer Adolf Warski kritisierten Levi in der *Roten Fahne* vom 22. Dezember 1921 und warfen ihm vor, das Breslauer Manuskript Luxemburgs für eigene Zwecke benutzt zu haben. Sie betonten, dass Luxemburg ihre Einstellung zur russischen Revolution nach Kriegsende geändert habe.[184] In der *Internationalen Presse-Korrespondenz (Inprekorr)*, einer von der Komintern herausgegebenen Zeitschrift, unterstützte Rück die Position von Zetkin und Warski.[185] Er rechtfertigte den revolutionären Terror der Bolschewiki mit der Notwendigkeit, die Konterrevolution abzuwehren: „Nun war der Terror nicht etwas, was die russischen Kommunisten wollten, sondern etwas, wozu sie gezwungen worden sind."[186] Auf den jungen Sowjetstaat sollte nicht der Schatten einer Kritik fallen, Rück war überzeugt, dass auch Luxemburg dieser Meinung war.

Die *Inprekorr* erschien seit 1921 in Berlin, sie sollte die kommunistische Presse mit kominternfreundlichen Nachrichten und Artikeln versorgen.[187] Im Jahr 1922 verfasste Rück sechs Artikel für diese Zeitung, in den folgenden Jahren bis 1929 schrieb er nur noch selten für die *Inprekorr*.[188]

5.1.9 Dogmatischer Feuilleton-Redakteur

Rück wohnte lange Jahre in Berlin[189] und konnte an dem anregenden kulturellen Leben der Hauptstadt teilnehmen. Er besuchte Theater, Konzerte und Kinos und rezensierte für das Feuilleton der *Roten Fahne* Theaterstücke, Filme und Bücher, zuweilen erschienen von ihm Gedichte oder autobiografische Erzählungen. Nur selten bearbeitete er für die *Rote Fahne* aktuelle politi-

---

182 Vgl. Barbara Kontny: Die Erscheinungsweise der „Roten Fahne". November 1923-Februar 1933, in: BzG, Jg. 27 (1985), H. 1, S. 79
183 Vgl. Rosa Luxemburg/Annelies Laschitza (Hrsg.): Rosa Luxemburg und die Freiheit der Andersdenkenden. Extraausgabe des unvollendeten Manuskripts „Zur russischen Revolution" und anderer Quellen zur Polemik mit Lenin, Berlin 1990, S. 160 ff.
184 Vgl. Quack 1983 (Anm. 142), S. 135 f.
185 Vgl. *Inprekorr*, Jg. 2 (1922), H. 50, S. 402
186 Ebd.
187 Vgl. Irén Komját: Die Geschichte der Inprekorr. Zeitung der Kommunistischen Internationale (1921–1939), Frankfurt 1982, S. 5 ff.
188 Die beiden noch erschienenen Artikel von Rück stammen aus den Jahren 1926 und 1927. *Inprekorr*, Jg. 6, H. 151, 10.12.1926; *Inprekorr*, Jg. 7, H. 97, 4.10.1927
189 Nach seiner Rückkehr aus Moskau Ende 1921 war er bis Anfang 1922 in Berlin, die Adresse konnte nicht gefunden werden. Von 1925 bis 1932 wohnte er in Berlin-Wedding.

sche Themen.[190] In der kurzen Zeitspanne von Dezember 1921 bis März 1922 veröffentlichte er dort 16 Beiträge, darunter sieben Gedichte. Nie wieder druckte die *Rote Fahne* in schneller Folge so viele seiner Texte ab. Als die *Rote Fahne* nach dem Verbot von 1923/1924 wieder erscheinen durfte, tauchte der Name Rücks weniger häufig in der Zeitung auf, zwischen 1925 und 1929 veröffentliche er dort nur 19 Beiträge, darunter sechs Gedichte. Vermutlich distanzierte er sich zunehmend von dem Zentralorgan wie auch von der Parteileitung der KPD und suchte seit 1925 Publikationsmöglichkeiten in anderen Zeitungen und Zeitschriften.

Berlin war in den zwanziger Jahren ein Ort der künstlerischen, publizistischen und wissenschaftlichen Avantgarde. Namen wie Bertolt Brecht, Kurt Tucholsky, Carl Ossietzky und George Grosz stehen für geistigen Aufbruch und kritisches Denken. Doch in Rücks Feuilleton-Beiträgen sucht man vergeblich die Namen dieser bekannten Künstler und Publizisten, obwohl sie dem Kommunismus keineswegs ablehnend gegenüberstanden. Den Dadaismus, eine antibürgerliche radikale Kunstrichtung, die in der Generation der Kriegsteilnehmer entstanden war, lehnte Rück pauschal ab. Die Dadaisten bezeichnete er verächtlich als „bürgerliche Literaten, die die Prätention haben, bürgerliche Kunst vernichten zu müssen; und selbst das Allerunzulänglichste produzieren."[191] Die Arbeiter sollten sich nicht von diesen pseudo-revolutionären Literaten einfangen lassen. Rück kritisierte den Verleger und Publizisten Wieland Herzfelde, dessen 1916 gegründeter Malik-Verlag Dada-Literatur druckte. Er ereiferte sich sogar darüber, dass Frau Herzfelde an der Theaterkasse der Volksbühne saß und Programmschriften verkaufte.[192]

Häufig besuchte er die Volksbühne am damaligen Bülowplatz. Dieses repräsentative, moderne Theater sollte der Arbeiterbildung dienen.[193] In einem Artikel mit der Überschrift „Proletarisches Theater" stellte Rück fest, dass die Volksbühne ein ganz normales Berliner Theater sei.[194] Er nannte nicht einmal den Titel des Stücks und den Namen seines Autors. Sein vernichtendes Urteil lautete: „Kunst! Es war plattester Wirklichkeit. [...] Der zündende Funke, den das Kunstwerk auslöst und durch den allein es wirkt, er fehlte."[195] Kunst sei eine „heilige Sache", die man nicht „auf Befehl" erzeugen könne. Bis ein „proletarisches Theater" entstanden sei, solle man auf die frühbürgerlichen Klassiker zurückgreifen, Rück empfahl die Dramen von Schiller, die Gedichte von Freiligrath und die antiken Tragödien. Seine Ablehnung moderner literarischer Strömungen erinnert an die Vorkriegs-SPD, als Franz Mehring die zeitgenössische literarische Schule des Naturalismus verurteilte und nur die frühen Klassiker akzeptierte.[196] Die bis 1924 maßgebliche Kunstkritikerin der *Roten Fahne* war die akademisch gebildete Gertrud Alexander,

---

190 Über das aktuelle politische Geschehen schrieb er in der *Inprekorr*, im Chemnitzer *Kämpfer* und in anderen regionalen kommunistischen Zeitungen.
191 *Die Rote Fahne*, Jg. 3, Nr. 210/Beilage, 17.10.1920
192 Vgl. ebd.
193 Vgl. Walter Fähnders/Martin Rector: Linksradikalismus und Literatur. Untersuchungen zur Geschichte der sozialistischen Literatur in der Weimarer Republik, Bd. 1, Reinbek 1974, S. 96
194 Vgl. *Die Rote Fahne*, Jg. 3, Nr. 210/Beilage, 17.10.1920
195 Ebd.
196 Vgl. Günther Mahal: Naturalismus (Deutsche Literatur im 20. Jahrhundert; Bd. 1), München 1975, S. 142 f.

eine langjährige Schülerin und Mitarbeiterin Mehrings,[197] auch sie betrachtete sowohl Expressionismus als auch Dadaismus als letzte Ausläufer bürgerlicher Dekadenz. Rück unterstützte sie in den Kontroversen mit den Vertretern dieser avantgardistischen Strömungen. Seine Haltung in jenen Jahren war absolut linientreu. Er meinte, dass es auch in „den Reihen der Proletarier […] schöpferische Persönlichkeiten" gebe, als solche bezeichnete er seine Freunde Hoernle und Barthel. Letzterer, sein ehemaliger Tippelbruder, war für ihn „der Starke, der immer triumphiert", der das „Proletarierelend" selbst erfahren habe und deshalb ein Vorbild sei.[198] Vielleicht war es Rücks Nietzsche-Lektüre und die idealistische Vorstellung eines einsamen Genies, die ihn zu dieser übertriebenen Fehleinschätzung gebracht hat. Der von ihm als „Arbeiterdichter" gepriesene Barthel verließ 1923 die KPD und trat in den Dienst der Nationalsozialisten.

Faszinierend war für Rück das neue Medium Film. Seltsamerweise schwieg Rück zu dem Film „Panzerkreuzer Potemkin" des sowjetischen Regisseurs Sergej Eisenstein, der 1926 nach einer Vorzensur in Deutschland gezeigt wurde. Er rezensierte den erfolgreichen Stummfilm „Hamlet" und lobte die schauspielerische Leistung von Asta Nielsen, die mit ihren „schwarzen Augen und virtuosen Gesichtsmanipulationen" beeindrucke. Aber das „Filmkapital" habe den Shakespeare-Stoff „verflacht", der Film sei „glänzend aufgeputzter Kitsch".[199] Ein Jahr später sah er im Ufa-Palast am Berliner Zoo den Liebes- und Abenteuerfilm „Bergkatze" von Ernst Lubitsch. Auch diesen Film kritisierte er aus der Sicht eines dogmatischen Kommunisten:

> „Während die revolutionäre Entwicklung Menschheitsprobleme von ungeheurer Tragweite aufgerollt hat, […] die vom Künstler nur gesehen und gestaltet zu werden brauchen, sucht die Filmindustrie krampfhaft in allen Ecken und Winkeln, im Okkultismus, in Abenteurer- und Sensationshandlungen, in sexuellen Dämmerstadien nach neuen Stoffen für die Attraktion der nächsten Monate."[200]

Rücks Warnung vor dem „Filmkapital", das die kapitalistischen Verhältnisse glorifiziere, konnte die Zuschauer nicht von den Kinosälen fernhalten. Ebenso wenig überzeugend war das Argument Rücks, dass die „Filmindustrie" den Theatern die Schauspieler entziehe und für die neuen Tonfilme nun auch die Komponisten in ihren Dienst nehme.

Die KPD gründete 1922 in Berlin unter Einbeziehung großer Menschenmassen einen Sprechchor, der im Januar 1923 im Großen Schauspielhaus das Chorwerk „Großstadt" von Bruno Schönlank zur Aufführung brachte.[201] Schönlank war ein bekannter Sprechchordichter, seine

---

197 Vgl. Fähnders/Rector 1974 (Anm. 193), S. 99 und S. 108
198 *Die Rote Fahne*, Jg. 3, Nr. 210/Beilage, 17.10.1920
199 *Die Rote Fahne*, Jg. 4, Nr. 74, 14.2.1921
200 *Die Rote Fahne*, Jg. 5, Nr. 74, 13.2.1922
201 Der Buchhändler und Journalist Schönlank (1891–1965) war bis 1920 Anhänger der Spartakusbewegung. Vgl. dazu Jon Clark: Bruno Schönlank und die Arbeitersprechchorbewegung (Schriften des Fritz-Hüser-Instituts für deutsche und ausländische Arbeiterliteratur der Stadt Dortmund. Reihe 2: Forschungen zur Arbeiterliteratur; Bd. 1) Köln 1984, S. 92 f. und S. 99; Sheppard, Richard: Avantgarde und Arbeiterdichter in

5.1 Wandernder KPD-Aktivist 175

Werke spielten bei der Gestaltung von Arbeiterfesten eine wichtige Rolle. Das Stück, das einen Rückblick auf die Revolutionstage von 1918 gibt, wurde von Rück in der *Roten Fahne* positiv beurteilt, doch er kritisierte die USPD-Regie, die den Namen von Liebknecht aus dem Stück gestrichen hatte.[202] Dadurch habe das Werk Schönlanks seinen revolutionären Gehalt eingebüßt. Auch dem Abtreibungsdrama von Schönlank „Verfluchter Segen" bescheinigte er fehlende revolutionäre Perspektive und mangelnde „künstlerische Vollendung".[203] Vermutlich war Rücks Urteil von parteitaktischen Erwägungen bestimmt, Schönlank stand der SPD nahe.[204] Auch das Schauspiel „Die Fälscher" des jüdischen Autors Max Brod, das im Volkstheater im Februar 1922 uraufgeführt wurde, beurteilte Rück kritisch. Er gab den Inhalt des Stücks wieder und bedauerte, dass der Dichter sich nicht einfacher und klarer ausgedrückt habe, das Publikum könne vom Inhalt des Stückes nicht viel verstehen.[205]

1927 rezensierte Rück noch zwei Stücke der Volksbühne, wobei er nun weniger strenge Maßstäbe anlegte. Er sah das Drama „Peer Gynt" von Henrik Ibsen, inszeniert von Fritz Holl, dem bekannten Direktor dieses Theaters.[206] Seine Leistung bezeichnete Rück als „großen Wurf", es beeindruckte ihn, dass der Autor als Vertreter der naturalistischen Aufklärung „mit dem Seziermesser des sozialen Kritikers die Eingeweide des kleinbürgerlichen Milieus bloßlegt." Zum Schicksal der treuen, passiv wartenden Solveig meinte Rück, dass dieses Frauenideal heute überwunden sei.[207] Rück begann zu akzeptieren, dass auch ein nicht-proletarischer Dichter die soziale Wirklichkeit künstlerisch gestalten kann. Einen Monate später lobte er die Aufführung eines Stückes von Marcel Pagnol und Paul Nivoix in der Volksbühne.[208] Die Namen der Autoren nannte er nicht, nur beiläufig erwähnte er, dass die Komödie „auf französischem Boden" spiele.

Im Jahr 1925 tauchte endlich ein Künstler auf, dem Rück uneingeschränkt zustimmte. Es war Kurt Kläber, der seine Erfahrungen als Bergmann in dem Roman „Barrikaden an der Ruhr. Erzählungen aus den Kämpfen des Ruhrgebiets" verarbeitete.[209] Rück bezeichnete ihn als bedeutenden Arbeiterdichter, der wirklich proletarische Kunst hervorgebracht habe:

„Der Standpunkt des Verfassers ist absolut eindeutig: hier schreibt ein Arbeiter für Arbeiter. [...] So einfach wie die Fragen gestellt sind, so einfach ist der Stil des Verfassers. [...] Die Sprache ist nicht ohne Härten, man spürt an ihr noch den Anfänger, der mit den

---

den Hauptorganen der deutschen Linken 1917–1922 (Bibliographien zur Literatur- und Mediengeschichte; Bd. 4), Frankfurt/Berlin/Bern/New York/Paris/Wien 1995, S. 119 f.
202 Vgl. *Die Rote Fahne*, Jg. 6, Nr. 21, 26.1.1923
203 *Die Rote Fahne*, Jg. 5, Nr. 97, 26.2.1922
204 Vgl. Günter Heintz (Hrsg.): Deutsche Arbeiterdichtung 1910–1933, Stuttgart 1974, S. 403
205 Vgl. *Die Rote Fahne*, Jg. 5, Nr. 100, 28.2.1922
206 Vgl. *Die Rote Fahne*, Jg. 10, Nr. 255/Feuilleton, 29.10.1927
207 Es ist anzunehmen, dass das Schicksal seiner eigenen Ehefrau in jenen Jahren dem der Solveig ähnlich war.
208 Vgl. *Die Rote Fahne*, Jg. 10, Nr. 269, 15.11.1927
209 Kurt Kläber (1897–1959) verließ das Gymnasium, machte eine Lehre als Schlosser und betätigte sich als Schriftsteller.

Worten ringen muss, dem sie nicht zufließen in jener öligen Selbstverständlichkeit, aus der das Zeitungsdeutsch der zünftigen Literaten besteht."[210]

Entscheidend seien nicht formale Mängel, sondern die proletarische Klassenherkunft des Autors und die Unterstützung des revolutionären Klassenkampfs.

„Kurt Kläber gibt uns in seinen Erzählungen den proletarischen Helden, der inmitten seiner Klasse kämpft, der sich in diesem alltäglichen Barrikadenkampf opfert ohne große Gesten und großes Pathos, er schildert uns den Soldaten der Revolution, [...] der mit dem Gewehr in der Hand seine revolutionäre Pflicht erfüllt. Beim Lesen dieser Geschichten spürt man den gewaltigen Hauch großer Begebenheiten – und es ist alles doch so selbstverständlich, die Barrikaden wachsen mit eiserner Notwendigkeit aus dem Boden, den jahrzehntelanges Elend gedüngt hat und der vom Grollen unterirdischer Gewitter erschüttert ist."[211]

Gewerkschaftliche Themen beschäftigten Rück damals nur selten. Um einen Streik der Eisenbahnarbeiter zu unterstützen, schrieb er im Februar 1922 in der *Roten Fahne* ein Gedicht und eine kurze Erzählung.[212] Er schilderte anschaulich die alltägliche Not der Familie eines Lokomotivführers, die aus Geldmangel sogar ihr Wohnzimmer weitervermieten musste. 1926 widmete er einem Streik der Hafenarbeiter von Hamburg ein Gedicht.[213] Zwei Artikel schrieb er 1925 für *Das Schiff*, die Fachzeitschrift der Büchergilde Gutenberg.[214] Unter der Überschrift „Vom Bandornament zum Konstruktivismus" gab Rück, ausgehend von der Steinzeit, einen groben Überblick über die Geschichte der Kunst. Immer wieder betonte er, dass Kunst dem Repräsentationsbedürfnis der herrschenden Klasse diene. Diesen Artikel erwähnte Rück 1939 im schwedischen Exil in einem Brief an den Vorstand des Typografenverbandes in Stockholm, um sein gewerkschaftliches Engagement in den zwanziger Jahren nachzuweisen.[215]

Im Oktober 1928 schlossen sich der KPD nahestehende Autoren zum Bund proletarisch-revolutionärer Schriftsteller (BPRS) zusammen, um sich gegen sogenannte linksbürgerliche Literaten abzugrenzen. Rück trat dem BPRS nicht bei, er unterstützte ihn lediglich journalistisch mit zwei Aufsätzen, die er 1928 und 1929 für die *Front* schrieb,[216] eine Zeitschrift, die zu jener Zeit

---

210 *Die Rote Fahne*, Jg. 8, Nr. 227, 2.10.1925
211 Ebd.
212 Vgl. *Die Rote Fahne*, Jg. 5, Nr. 58, 3.2.1922; *Die Rote Fahne*, Jg. 5, Nr. 69, 10.2.1922
213 Vgl. *Die Rote Fahne*, Jg. 9, Nr. 220, 3.10.1926
214 Vgl. *Das Schiff*, H. 8, August 1925 und H. 10, Oktober 1925. Die Büchergilde Gutenberg war 1924 vom Bildungsverband der Deutschen Buchdrucker gegründet worden. Vgl. Jürgen Dragowski: Die Geschichte der Büchergilde Gutenberg in der Weimarer Republik 1924–1933, Essen 1992, S. 40
215 Vgl. Brief Fritz Rück vom 14.12.1939 an den Svensk Typografförbundet Stockholm, in: ARAB, NL Fritz Rück, Vol. 25
216 Zur der Zeitschrift *Front* vgl. Simone Barck et al. (Hrsg.): Lexikon der sozialistischen Literatur. Ihre Geschichte in Deutschland bis 1945, Stuttgart/Weimar 1994, S. 153

offizielles Organ des BPRS war.²¹⁷ Dort legte er im Dezember 1928 unter der Überschrift „Das Proletariat und die ‚radikalen Literaten'" seine bekannte Auffassung von Literatur dar. Man dürfe die Kunst nicht mit formal-ästhetischen Qualitätskriterien beurteilen, sie solle vor allen Dingen den Interessen des Proletariats dienen.²¹⁸ Es wurde oft behauptet, dass Rück zusammen mit Johannes R. Becher und Kurt Kläber die *Proletarische Feuilleton-Korrespondenz* gegründet habe.²¹⁹ Es konnte kein Artikel aus Rücks Feder in diesem literarischen Pressedienst der KPD gefunden werden.²²⁰ Eine Zusammenarbeit mit den BPRS-Autoren Becher und Kläber gab es lediglich bei einem gemeinsam herausgegebenen Jugendbuch von 1928, für das Rück eine Erzählung mit der Überschrift „Vom Klassenkampf" verfasste.²²¹ Inhalt und Sprache sind genauso farblos wie der Titel. Ein typischer Arbeitskampf, der mit einem Streik beginnt und mit einer blutigen Schießerei endet. Rück wiederholt gängige Klischees: Der Fabrikbesitzer sitzt im weichen Polster seines Autos, die Arbeiter hungern, der Streik scheitert, doch unzerstörbar bleibt am Ende die Hoffnung der Kommunisten auf die Diktatur des Proletariats. Rücks Beitrag, in belehrender Absicht geschrieben, könnte einem kommunistischen Schulungsheft entnommen sein.

Als junger Spartakist hatte er die Entstehung der kommunistischen Bewegung miterlebt und wichtige Persönlichkeiten jener Zeit kennengelernt, so wurde er immer wieder gebeten, seine Erinnerungen weiterzugeben. Der 15. Januar 1919 wurde für die KPD

Abb. 7: *Rück als Jugendbuchautor (1928)*

---

217 Weil der Herausgeber Hans Conrad die Zeitschrift für alle linken Intellektuellen öffnen wollte, gründete der BPRS im August 1929 mit der *Linkskurve* ein neues offizielles Organ. Vgl. Manfred Lefèvre: Von der proletarisch-revolutionären zur sozialistisch-realistischen Literatur. Literaturtheorie und Literaturpolitik deutscher kommunistischer Schriftsteller vom Ende der Weimarer Republik bis in die Volksfrontära (Stuttgarter Arbeiten zur Germanistik, Nr. 51), Stuttgart 1980, S. 37
218 Vgl. *Die Front*, Jg. 1, H. 4 (Dezember 1928). Ein zweiter Artikel erschien in: *Die Front*, Jg. 2, H. 6 (März 1929)
219 Vgl. Weber/Herbst 2008 (Anm. 105) S. 755; Barck 1994 (Anm. 216), S. 405; Boris Schwitzer: Fritz Rück, in: Neue Deutsche Biographie, Bd. 22: Rohmer – Schinkel, Berlin 2005, S. 208
220 Vgl. Alfred Eberlein: Die Presse der Arbeiterklasse und der sozialen Bewegungen. Von den dreißiger Jahren des 19. Jahrhunderts bis zum Jahre 1967. Bibliographie und Standortverzeichnis der Presse der deutschen, der österreichischen und der schweizerischen Arbeiter-, Gewerkschafts- und Berufsorganisationen, Bd. 2, Frankfurt 1969, S. 489, Nr. 5248
221 Johannes R. Becher/Kurt Kläber/Fritz Rück (Hrsg.): Kampfgenoss. Ein Buch für die proletarische Jugend, Berlin 1928

ein symbolträchtiges Datum.²²² Ein Gedicht Rücks von 1922 verklärt den gewaltsamen Tod von Luxemburg zu einem mystischen Ereignis:

> „Aus Kerkereinsamkeit kamst Du zu uns/Wie eine lichte Flamme,/Die sich ekstatisch lodernd selbst verzehrt./Du gingst mit uns durch winterschwere Tage,/Und Deine Seele war ein scheuer Vogel,/Der weiß, dass er bald sterben muß./Und der doch höchsten Flug gen Himmel nimmt/Und bis zum Aether seine Kreise zieht."²²³

Am neunten Todestag von Liebknecht und Luxemburg waren die Mörder noch nicht bestraft, er dichtete: „Neun Jahre und noch nicht gesühnt,/die Mörder nicht gerichtet./Ein jeder Tag ist wie ein Stein/auf euer Grab geschichtet."²²⁴ Der dritte Todestag von Mehring war für ihn Anlass, den Verstorbenen in einem Artikel als den „größten deutschen Politiker des Zeitraums 1890 bis 1919" zu bezeichnen.²²⁵ Als sich der Todestag von Leo Jogiches zum dritten Mal jährte, schrieb Rück einen sehr persönlich gehaltenen Gedenkartikel, in dem er ihn würdigte als einen „Mann von einer Geschlossenheit und Wucht, wie sie in der Geschichte der Arbeiterbewegung nicht wieder anzutreffen ist."²²⁶ Bei einem illegalen Treffen mit Jogiches im Oktober 1917 in einem Café am Anhalter Bahnhof sei „der Genius der Revolution" mit am Tisch gesessen und habe ihn „den Lehrling, den jungen, unvollendeten, den vorwärtstastenden Soldaten auf die Stirn"²²⁷ geküsst. So pathetisch und gefühlvoll konnte der „Soldat" Rück also sein! Zum zehnten Jahrestag der USPD-Gründung verfasste Rück als Teilnehmer des Gothaer Parteitags einen Bericht. Ganz auf der Linie der KPD war er der Meinung, dass die USPD eine Zwischenlösung gewesen sei, und in der Periode des revolutionären Kampfes „liquidiert"²²⁸ werden müsse. Er erwähnte natürlich sich selbst und seinen Mitstreiter Heckert, sie hätten als spartakistische Koreferenten damals einen richtigen Standpunkt vertreten. Scharfe Vorwürfe richtete er gegen Hugo Haase und Georg Ledebour: „Plattester Opportunismus, gepaart mit dem alten, verknöcherten Organisationsgeist der SPD."²²⁹

1927 erschien zum ersten Mal in deutscher Sprache das 1908/09 verfasste philosophische Werk Lenins „Materialismus und Empiriokritizismus". In einem ungewöhnlich langen Artikel verteidigte Rück die Ideen Lenins und versuchte, sie als Argumente gegen moderne wissenschaftliche und politische Theorien zu verwenden. So wie Lenin früher mit Hilfe der materialistischen Dialektik den Idealismus kritisiert habe, müssten heute die Relativitätstheorie Albert

---

222 Vgl. Wolfgang Niess: Metamorphosen einer Revolution. Das Bild der deutschen Revolution von 1918/19 in der deutschen Geschichtsschreibung, Diss. Stuttgart 2011, S. 127
223 *Die Rote Fahne*, Jg. 5, Nr. 25, 15.1.1922
224 *Die Rote Fahne*, Jg. 11, Nr. 13, 15.1.1928
225 *Die Rote Fahne*, Jg. 5, Nr. 49, 29.1.1922
226 *Die Rote Fahne*, Jg. 5, Nr. 118, 10.3.1922
227 Ebd.
228 *Die Rote Fahne*, Jg. 10, Nr. 78, 3.4.1927
229 Ebd.

Einsteins[230] sowie der Austromarxismus Otto Bauers[231] bekämpft werden. Diese seien außerordentlich gefährlich, er bezeichnete sie als die „letzte Barrikade der Konterrevolution".[232] Lenin dagegen sei der „tiefste Dialektiker seit dem Tode von Marx und Engels", mit „unerbittlicher Kritik" habe er die Schwächen der Gegner „aufgespürt und unbarmherzig angeprangert".[233] Rück empfahl den Arbeitern, Lenins Buch trotz seiner Schwierigkeiten eifrig zu studieren.

Auch mit Unterhaltungsliteratur beschäftigte er sich und entdeckte den englischen Kriminalroman. Da der Kriminalautor Edgar Wallace in Deutschland viel gelesen wurde, rezensierte Rück seinen Roman „Der grüne Bogenschütze." Er hielt das Buch nicht für wertvoll, es hinterlasse ein „Gefühl der Leere".[234] Immer seien es der liebe Gott und die mit ihm im Bunde stehende Polizei, die die Oberhand behielten. Durch die von Wallace dargestellten Folter- und Prügelszenen könnten die Leser ihre „unsozialen, gesellschaftsfeindlichen, verbrecherischen Instinkte abreagieren",[235] so die Meinung von Rück. Später, in der Zeit seines Exils in der Schweiz, verfasste er selbst mehrere Kriminalromane und vermied dabei grausame Details.

Bis 1928 schrieb Rück vorwiegend für die *Rote Fahne*. Im März 1928 begann er eine Phase der Mitarbeit an der auflagenstarken und beliebten *Die Welt am Abend*. Dieses linke Berliner Boulevardblatt, in dessen Redaktion Kommunisten und Parteilose arbeiteten, war eine Gründung Münzenbergs, der damals Leiter des Propagandaapparats der KPD war. Rück kannte Münzenberg schon seit 1914, es ist verwunderlich, dass es erst so spät zu einer Zusammenarbeit kam.[236] 1929 intensivierte Rück seine Arbeit für das Feuilleton dieses Blattes und publizierte dort sieben Beiträge: eine Erzählung, drei Artikel zu historischen Themen und drei Reiseberichte.[237] Auch für das *Magazin für alle*, die illustrierte Mitgliederzeitschrift der von Münzenberg geleiteten kommunistischen Buchgemeinschaft „Universum-Bücherei" schrieb Rück im November 1929 einen Beitrag.[238]

---

230 Einsteins Relativitätstheorie war in den zwanziger Jahren im Westen allgemein anerkannt, vereinzelt wurde sie von extrem antisemitischen und nationalistischen Physikern bekämpft. In der Sowjetunion jedoch galt sie als anti-materialistisch und spekulativ.
231 Der Austromarxismus war das Programm der linken österreichischen Sozialdemokratie (geprägt von Otto Bauer), das der Sowjetunion mangelnde Demokratisierung vorwarf.
232 *Die Rote Fahne*, Jg. 10, Nr. 289, 9.12.1927
233 Ebd.
234 *Die Rote Fahne*, Jg. 12, Nr. 23, 27.1.1929
235 Ebd.
236 Das Presseunternehmen von Willi Münzenberg war eng mit der KPD verbunden war, aber dennoch nicht von ihr gesteuert. Vgl. Kurt Hickethier: Arbeiterpresse, in: Wolfgang Ruppert (Hrsg.): Die Arbeiter. Lebensformen, Alltag und Kultur von der Frühindustrialisierung bis zum „Wirtschaftswunder", München 1986, S. 314
237 *Die Welt am Abend*, Jg. 7, Nr. 208, 6.9.1929; Fortsetzungen in: Nr. 210, 8.9.1929 und Nr. 222, 23.9.1929
238 Vgl. *Magazin für alle*, Jg. 4, H. 11, November 1929, S. 19 ff. Die Buchgemeinschaft wurde 1926 auf Initiative der KPD und der Internationalen Arbeiter-Hilfe (IAH) gegründet, um gute Bücher für billiges Geld anzubieten. Vgl. dazu Gross 1991 (Anm. 62), S. 331; Jean-Michel Palmier: Quelques remarques sur les techniques de propagande de Willi Münzenberg, in: Willi Münzenberg. Un homme contre, Aix-en-Provence 1992, S, S. 44

5.1.10 Wandernder Parteiarbeiter

Von April 1922 bis Mitte 1925 erschien kein Artikel von Rück in der *Roten Fahne*. Er war in jenen Jahren als Redakteur verschiedener regionaler KPD-Zeitungen in mehreren Städten tätig. Bedingt durch Verbote, Verhaftungen und Justizwillkür gab es in allen KPD-Zeitungen häufigen Redakteurswechsel.[239] Rücks Wohnorte, auch die seiner Frau, konnten nicht lückenlos rekonstruiert werden.

Nachdem sich Dora Rück während des Krieges in der Stuttgarter Jugendgruppe politisch betätigt und für den *Sozialdemokrat* gearbeitet hatte, trat sie in der Zeit ihrer Ehe mit Rück nicht mehr politisch in Erscheinung. In ihrem Antrag auf Wiedergutmachung nach dem Krieg gab sie an, jahrelang Schreibmaschinenarbeiten für ihren Mann gemacht zu haben.[240] Aus der Sicht der Verwandten ist ihre Ehe nicht besonders glücklich verlaufen. Dora war – nach Einschätzung ihres Mannes – eine sehr temperamentvolle Frau und es fiel ihr schwer, zu Hause zu sitzen und auf ihren Mann zu warten, der viel herumreiste und häufig abwesend war.[241] Der kleine Haushalt war für sie nicht die Erfüllung, oft begleitete sie ihren Mann, sie sei ihm nachgereist – so berichtete der Neffe.[242] Einmal habe sie vor der Abreise vergessen, den Gashahn richtig zu schließen. Zum Glück sei es zu keinem Unfall gekommen, aber die Gasrechnung stieg auf eine astronomische Höhe. In der Frage der Gleichberechtigung der Geschlechter erhob die KPD zwar die radikalsten Forderungen aller Parteien, die sogenannte Kameradschaftsehe galt als neues Leitbild in der Arbeiterbewegung, Geburtenbegrenzung, Aufklärung und Verhütung gehörten dazu. Aber in Wirklichkeit war und blieb die Partei ein Männerbund, das Familienleben wurde der Parteiarbeit untergeordnet, dies hat auch Dora Rück so erlebt.[243]

Rücks Arbeitsbedingungen als wandernder KPD-Redakteur waren schwierig und aufreibend, leider hat er sie nie beschrieben. Wilhelm Eildermann, ein Jugendfreund Rücks, der ebenfalls als Aktivist der KPD herumreiste,[244] schilderte die permanente Belastung folgendermaßen:

„Habe weder eine Wohnung noch einen Arbeitsraum noch sonstige redaktionelle Hilfsmittel. Ich muss mir alles aus dem Ärmel schütteln. Die Redaktion mache ich auf der

---

239   Vgl. Hempel-Küter 1987 (Anm. 5), S. 41
240   Vgl. Schreiben Dora Schelble vom 26.3.1958 an das Landesamt für Wiedergutmachung Stuttgart, in: Archiv der VVN, Landesverband Baden-Württemberg, Akte Dora Schelble-Hofmann
241   Vgl. Fritz Rück: Züricher Spaziergänge, 13.3.1948, S. 3
242   Vgl. Schriftliche Mitteilung Benno Bernert vom 3.10.1993 an die Verfasserin
243   Vgl. Mallmann 1996 (Anm. 33), S. 131. Im Jahr 1920 waren 9,1 % der Mitglieder der KPD Frauen, der weibliche Zuwachs blieb sehr gering. In der schwäbischen KPD-Hochburg Mössingen war keine einzige Frau Mitglied der Ortsgruppe
244   Vgl. Weber Bd. 2 1969 (Anm. 168), S. 104 f.; Emil Birkert: Am Rande des Zeitgeschehens, Stuttgart 1983, S. 208

Straße, in Cafés und allen möglichen Wohnzimmern. [...] Ich schlafe bei einem Genossen in der Küche auf dem Kanapee. Natürlich mache ich das nicht lange mit."[245]

Die kommunistische Parteipresse war in den zwanziger Jahren weder propagandistisch noch finanziell ein Erfolg. Die formelhafte Sprache und die häufig wiederholten Phrasen und Dogmen erweckten bei der Leserschaft weder Interesse noch Kauflust.[246] Die technische Ausstattung der Redaktionen war mangelhaft, nicht einmal die Redaktion der *Roten Fahne* in Berlin verfügte über ein Auto, es gab eine einzige Schreibmaschine. Den Redakteuren der KPD wurde viel abverlangt, jährlich hatten sie sich einer Neuwahl zu stellen. Sie mussten umfassend die Ressorts Politik, Wirtschaft, Gewerkschaften, Feuilleton und Lokales bearbeiten.[247] Rücks unerschütterliche Hoffnung auf die Zukunft des Kommunismus half ihm, diese harten Arbeitsbedingungen so lange zu ertragen. Seine Frau jedenfalls unterstützte ihn dabei, erst fünf Jahre nach der Hochzeit fand das Ehepaar eine eigene Wohnung.

Im April 1922 arbeitete Rück als Redakteur in Jena,[248] wo er für die *Neue Zeitung für Mittelthüringen* schrieb. Ein von ihm namentlich gezeichneter Artikel konnte nicht gefunden werden.[249] Im Juli 1922 zog er wieder nach Süddeutschland, in Augsburg erhielt er einen Posten als Redakteur bei der *Bayerischen Arbeiterzeitung* (BAZ).[250] Rück sollte den erkrankten Chefredakteur Erich Kunick vertreten. Die KPD in Augsburg war schwach, es herrschte ein Mangel an geschulten und gefestigten Funktionären.[251] Da Rück mit einem längeren Verbleiben in Augsburg rechnete, machte er am 13. Juli 1922 eine sogenannte Aufenthaltsanzeige bei der Stadtratskommission. Seine Frau Dora blieb in Stuttgart, vermutlich bei Verwandten, das Ehepaar konnte sich in Augsburg keine eigene Wohnung leisten. Rück musste in Augsburg die Gastfreundschaft (und vielleicht auch das Küchenkanapee) von Parteifreunden in Anspruch nehmen, auf seinem Einwohnerbogen sind in dem Zeitraum von Juni 1922 bis Februar 1923 drei verschiedene Adressen

---

245 Wilhelm Eildermann: Als Wanderredner der KPD unterwegs. Erinnerungen an die ersten Jahre der KPD 1919–1920, Berlin (Ost) 1977, S. 153
246 Vgl. Flechtheim 1986 (Anm. 82), S. 191
247 Es wurde außerdem erwartet, dass sie öffentlich für die Partei als Redner auftraten und an der alltäglichen Arbeit teilnahmen. Vgl. F. Stader (Bearb.): Die deutsche Presse von der Großen Sozialistischen Oktoberrevolution bis zum Ende der revolutionären Nachkriegskrise (1917–1923) (Geschichte der deutschen Presse. Karl-Marx-Universität Leipzig, Sektion Journalistik; H. 10), Leipzig 1980, S. 81
248 Ein Nachweis für einen Aufenthalt in der Stadt Jena existiert nicht, das Adressbuch für dieses Jahr wurde bei einem Fliegerangriff zerstört. Weber/Herbst 2008 (Anm. 105), S. 755 geben an, dass Rück zuerst in Augsburg war und anschließend in Jena. Doch es muss umgekehrt gewesen sein, denn Rück war von Mitte 1922 bis Anfang 1923 in Augsburg. Vgl. Familienbogen des Einwohneramts, in: StadtAA
249 Die Zeitung hieß später *Neue Zeitung für Großthüringen*. Vgl. Eberlein Bd. 4 1969 (Anm. 220), S. 1987, Nr. 21.467
250 Zur BAZ vgl. Hempel-Küter 1987 (Anm. 5), S. 47. Diese Zeitung erschien seit dem 1.10.1921, sie wird hier *Bayrische Arbeiter-Zeitung* geschrieben.
251 Vgl. Gerhard Hetzer: Die Industriestadt Augsburg. Eine Sozialgeschichte der Arbeiteropposition, in: Martin Broszat/Elke Fröhlich/Anton Grossmann (Hrsg.): Bayern in der NS-Zeit, Bd. 3: Herrschaft und Gesellschaft im Konflikt. Teil B, München 1981, S. 51

angegeben, wo er als Untermieter wohnte. Seine Redaktionskollegen waren Recha Rothschild und Alexander Abusch, ihre Zusammenarbeit war nicht ohne Spannungen.[252] Auch hier waren die Arbeitsbedingungen spartanisch und hart, es gab weder Stenotypistin noch Schreibmaschine, außer Schreibpapier und Tinte standen nur Leim und Pinsel zur Verfügung, die vier Seiten der Zeitung wurden teilweise noch von Hand gesetzt und direkt vom Satz gedruckt.[253] Sämtliche Ereignisse, sowohl weltweit als auch regional, von Russland bis zur Parteiarbeit in Bayern, mussten von den Redakteuren aufgearbeitet werden, für die Beschaffung der Nachrichten waren sie selbst zuständig. Geregelte Arbeitszeiten gab es nicht, man arbeitete bis tief in die Nacht. Rücks Kollege Abusch schrieb darüber:

> „In der ersten Zeit habe ich nicht selten den Rest der Nacht auf einem harten Redaktionstisch geschlafen, mit dem Mantel zugedeckt oder ihn als Kopfkissen benutzend. Vielleicht eignete ich mir dadurch für die folgenden Jahrzehnte die Fähigkeit an, in jeder Lebenslage, häufig sitzend in der Ecke eines Eisenbahnabteils, versäumten Schlaf nachzuholen."[254]

Rück hat wohl ähnliche Fähigkeiten erworben, sein Neffe erinnerte sich später daran, dass sein Onkel bei Eisenbahnfahrten sogar stehend in eine Art Halbschlaf fallen konnte.[255]

Zu Beginn des Krisenjahres 1923 bekam die *BAZ* Probleme mit der Justiz. Die Staatsanwaltschaft Augsburg ermittelte gegen die Redakteure Rück, Abusch und Kunick und gegen den Geschäftsführer Wilhelm Dötschmann wegen „Widerstandes gegen die Staatsgewalt".[256] Man warf ihnen vor, durch die Enthüllung von bayerischen Rüstungsvorhaben sich des Hochverrats schuldig gemacht zu haben.[257] Nach mehreren Vernehmungen stellte die Staatsanwaltschaft Augsburg das Verfahren ein. In den Akten des Reichsicherheitshauptamtes von 1934 findet sich der Vermerk, dass Rück 1923 in Augsburg wegen Aufforderung zum Hochverrat festgenommen werden sollte und dass er sich einer Festnahme durch Flucht entzog.[258] Dies scheint unwahrscheinlich, denn Rück meldete sich ordnungsgemäß am 15. Februar 1923 in Augsburg ab.[259]

Anschließend wurde Chemnitz seine neue Wirkungsstätte, die sächsische Industriestadt war eine Hochburg der KPD. Brandler hatte dort mit Erfolg die Tageszeitung *Kämpfer* aufgebaut. Sie erschien seit November 1918, daraus entwickelte sich die Parteizeitung des späteren KPD-Bezirks

---

252 Vgl. Alexander Abusch: Der Deckname. Memoiren, Berlin 1981, S. 104. Rücks Kollegin Rothschild vermutete, dass er die Nachfolge von Chefredakteur Kunick antreten wollte. Vgl. Erinnerungsbericht Recha Rothschild, in: SAPMO-BArch, SgY30/1115, Bl. 179
253 Vgl. Abusch 1981 (Anm. 252), S. 77
254 Ebd., S. 78
255 Vgl. Schriftliche Mitteilung Benno Bernert vom 3.10.1993 an die Verfasserin
256 Abusch 1981 (Anm. 252), S. 100 f.
257 Vgl. Hans-Dieter Mück: „Roter Verschwörerwinkel" am „Grünen Weg". Der „Uracher Kreis" Karl Raichles; Sommerfrische für Revolutionäre des Worts, 1918–1931, hrsg. von der Stadt Bad Urach 1991, S. 188
258 Vgl. Bericht des Württ. Landespolizeiamts vom 14.7.1934 an den Leiter des Geheimen Staatspolizeiamts Berlin, in: SAPMO-BArch, R 58/3232, Bl. 71
259 Vgl. Familienbogen des Einwohneramtes, in: StadtAA

5.1 Wandernder KPD-Aktivist

Sachsen.²⁶⁰ Für einige Monate erhielt Rück dort – vermutlich durch Vermittlung von Brandler – eine Stelle als Redakteur, von Januar bis Juli 1923 schrieb er unter seinem ersten Pseudonym Juvenis fünf Artikel, die sich mit der aktuellen Krise beschäftigten.²⁶¹ Seltsamerweise äußerte sich Rück in diesen weitschweifigen Beiträgen nicht zum aktuellen Inflationsproblem. Die Geldentwertung war im April 1923 schon deutlich zu erkennen, der *Kämpfer* kostete bereits 250 Mark. Erst im Juli 1923 nahm Rück den rapiden Verfall der Währung wahr, er interpretierte ihn vage als einen „Wahnsinnstanz des Dollars", hinter dem sich die größten „Betrugs- und Schiebemanöver der Geschichte"²⁶² verbergen.

Die Ruhrbesetzung im Januar 1923 entfachte in Deutschland eine nationalistische und antifranzösische Bewegung, auf welche die Kommunisten reagieren mussten. Auch Rück empörte sich über die Demütigung Deutschlands durch die Entente-Mächte, insbesondere durch Frankreich.²⁶³ Eine Aussöhnung mit dem westlichen Nachbarn lehnte Rück ab. Er befürchtete, dass der deutsche Reichskanzler Wilhelm Cuno und der französische Ministerpräsident Raymond Poincaré sich „die blutbefleckten Hände"²⁶⁴ reichen könnten, um gegen die Kommunisten vorzugehen. Auch die Sowjetunion sah in einer Einigung Deutschlands mit den Westmächten die Gefahr einer antisowjetischen Einheitsfront. Rück propagierte als Alternative die Schaffung einer russisch-deutschen Armee:

> „Dann wird der Bund von Sichel und Hammer, der jetzt schon Sowjetrusslands Wappen ziert, das Zeichen sein für Europas Wiedergenesung. Und dieser Bund wird gegen alle Räuber dieser Erde stehen im Schutze des scharfen Schwertes der russisch-deutschen roten Armee."²⁶⁵

Auch andere linke Politiker hatten damals Pläne für ein deutsch-russisches Kampfbündnis.²⁶⁶ So hatte schon Levi in einer aufsehenerregenden Rede vor dem Reichstag am 2. Februar 1921 empfohlen, ein gegen die Entente gerichtetes Bündnis Deutschlands mit Russland zu schließen.²⁶⁷ Und wieder griff Rück die SPD an, er vermutete, dass sie die Bildung einer neuen antisowjetischen

---

260 Vgl. Eberlein Bd. 2 1969 (Anm. 220), S. 882, Nr. 9413; Jürgen Schlimper: Theorie und Praxis des sozialistischen Journalismus, in: Wissenschaftliche Hefte der Sektion Journalistik an der Karl-Marx-Universität Leipzig, Jg. 1983, H. 2/3, S. 96
261 Die Artikel Rücks im *Kämpfer* im Zeitraum zwischen April und Juli 1923 konnten im Stadtarchiv Chemnitz gefunden werden.
262 *Der Kämpfer*, Jg. 6, Nr. 149, 2.7. 1923
263 Vgl. *Der Kämpfer*, Jg. 6, Nr. 91, 19.4.1923
264 *Der Kämpfer*, Jg. 6, Nr. 83, 10.4.1923
265 *Der Kämpfer*, Jg. 6, Nr. 91, 19.4.1923
266 In den Monaten vor der gescheiterten deutschen Oktoberrevolution gab es Pläne, die aufständischen Arbeiter durch sowjetische Milizen zu verstärken. Vgl. Otto Wenzel: 1923. Die gescheiterte deutsche Oktoberrevolution, Münster 2003, S. 184 ff.
267 Vgl. Charlotte Beradt: Paul Levi. Ein demokratischer Sozialist in der Weimarer Republik, Frankfurt 1969, S. 45; Angress 1973 (Anm. 107), S. 127

Koalition betreibe.²⁶⁸ Zur „Rettung der deutschen Bourgeoisie" hätten die Sozialdemokraten Philipp Scheidemann, Gustav Noske und Hermann Müller den Versailler Vertrag unterschrieben.²⁶⁹ Es war eine stark polemisierende Behauptung, denn Rück nahm nicht wahr, dass Scheidemann sogar Gegner der Vertragsunterzeichnung war und aus diesem Grund als Ministerpräsident zurücktrat. Rücks Stellung zu Versailles ist ambivalent: Deutschland sei vom Schicksal „kolonialer Sklaverei" bedroht, das deutsche Proletariat müsse sich dagegen wehren, doch die SPD habe durch die Niederschlagung der Revolution der Nation „die Arme abgeschlagen".²⁷⁰ Die Sprache dieser dogmatischen Artikel ist formelhaft erstarrt, die Kommentare sind gefühlsbetont und voller Zorn. Den politischen Gegnern unterstellte er Feigheit, ja sogar verbrecherische Gesinnung.²⁷¹

Zum ersten Mal machte Rück im Frühjahr des krisenhaften Jahres 1923 seine Leser auf die „Faszisten" aufmerksam, diese Schreibweise erinnert an die faschistische Mussolini-Partei in Italien. Er sah in dieser Bewegung den Ausdruck „kleinbürgerlicher nationaler Auflehnung", die sich gegen das Proletariat formiert habe. SPD und Bourgeoisie – in einem Atemzug genannt – bedienten sich dieser Trupps, die wie wilde „Hofhunde" auf das Proletariat losgelassen werden. Nur durch die „Niederringung des inneren imperialistischen Feindes", also der SPD, und durch die Machtübernahme der Arbeiter, also der KPD, könne die Krise gelöst werden.²⁷² Rück betrachtete den Hitlerfaschismus als Produkt einer vorübergehenden Krise, er rechnete selbstverständlich mit einem Sieg der Arbeiterbewegung.²⁷³

In den folgenden Monaten verlieren sich die Spuren Rücks, über seine Teilnahme an den gescheiterten Aufstandsversuchen des „Roten Oktober" 1923 konnten keine Nachweise gefunden werden. Seine Parteifreunde Brandler und Thalheimer hatten nach langem Zögern das von Leo Trotzki und Grigori J. Sinowjew ausgearbeitete Aufstandskonzept der Komintern übernommen.²⁷⁴ Die Hoffnungen auf eine Revolution in Deutschland zerschlugen sich, auf die Niederlage folgte ein Verbot der KPD und ihrer Presse, die Partei war einige Monate lang zum Schweigen verdammt.

Nach der Niederlage begann die Suche nach den Verantwortlichen. Eine gründliche inhaltliche Auseinandersetzung über die Ursachen des Scheiterns, wie sie insbesondere von Zet-

---

268 Vgl. *Der Kämpfer*, Jg. 6, Nr. 93, 21.4.1923
269 Richtig ist nur, dass Müller als Außenminister seine Unterschrift unter den Vertrag setzte, zusammen mit dem Postminister Johannes Bell (Zentrum). Vgl. Hagen Schulze: Weimar. Deutschland 1917–1933 (Die Deutschen und ihre Nation; Bd. 4), Berlin 1982, S. 201
270 *Der Kämpfer*, Jg. 6, Nr. 149, 2.7. 1923
271 Vgl. *Der Kämpfer*, Jg. 6, Nr. 93, 21.4.1923
272 Vgl. Ebd.
273 Ganz anders die Faschismusanalyse von Clara Zetkin vom 20.6.1923 in ihrem Bericht auf dem Erweiterten Plenum des EKKI. Vgl. http://www.marxists.org/deutsch/archiv/zetkin/1923/06/faschism.htm, download am 31.5.2010
274 Vgl. Alexander Vatlin: Die Komintern 1919–1929: historische Studien (Studien zur Geschichte der Komintern, hrsg. von Ricarda Johnson; Bd. 1), Mainz 1993, S. 73; Hermann Weber, Vorwort zu: Ders./Bernhard H. Bayerlein: Deutscher Oktober 1923. Ein Revolutionsplan und sein Scheitern (Archive des Kommunismus-Pfade des XX. Jahrhunderts; Bd. 3), Berlin 2003, S. 26

kin gefordert wurde, fand nicht statt, Brandler und Thalheimer galten in der KPD als Hauptschuldige. Die einzige Stellungnahme Rücks zum Scheitern der Revolutionspläne vom Oktober 1923 findet sich in einer von ihm im Jahr 1927 verfassten Broschüre. Dort beschuldigte er wieder die SPD des Verrats, sie habe den Einsatz der Reichswehr akzeptiert:

> „Es gibt in der Geschichte der SPD viele dunkle Blätter, die von Verrat und vergossenem Arbeiterblut künden, eines der schmutzigsten ist die Geschichte des Zusammenschiebens der sächsischen Koalitionsregierung. Hier waren es nicht Kommunisten, sondern die eigenen Parteigenossen, denen der sozialdemokratische Parteivorstand mit kühler Niedertracht in den Rücken fiel."[275]

Rück interpretierte den Reichswehreinsatz als eine Art „Dolchstoß" gegen die Kommunisten und deren Koalitionspartner SPD.

5.1.11 Im Moskauer Hotel Lux

Das Scheitern der Aufstandspläne im Oktober 1923 führte zu heftigen Fraktionskämpfen in KPD und Komintern. Brandler, Thalheimer und Walcher wurden auf dem IX. Parteitag in Frankfurt im April 1924 abgewählt und als „Rechte" oder als „Brandlergruppe" dauerhaft stigmatisiert.[276] Eine neue ultralinke Richtung setzte sich durch, Ruth Fischer[277] und Arkadi Maslow übernahmen die Parteiführung. Zum stellvertretenden Parteivorsitzenden stieg Ernst Thälmann auf, von dieser neuen Kader-Generation erhoffte sich die Komintern-Führung treue Gefolgschaft, die alten, eigenständig denkenden Spartakisten hätten die „Harmonie" gestört.[278]

Wie sich Rück mit dieser nur kurze Zeit amtierenden Führungsgruppe arrangierte, ist unklar.[279] Im Jahr 1924 publizierte er keinen einzigen Artikel, erst Mitte 1925 schrieb er wieder für die *Rote Fahne*. Für kurze Zeit fand er, zusammen mit seinem Freund Birkert, Beschäftigung als Lektor in dem kommunistisch-gewerkschaftlichen Führer-Verlag.[280]

---

275 Fritz Rück: Von Nürnberg bis Kiel. Der Bankrott der sozialdemokratischen Koalitionspolitik, Berlin 1927, S. 12
276 Vgl. Bericht über die Verhandlungen des IX. Parteitags der Kommunistischen Partei Deutschlands (Sektion der Kommunistischen Internationale), abgehalten in Frankfurt am Main vom 7. bis 10. April 1924, Berlin 1924. S 174
277 In der politischen Kultur war es völlig neu, dass eine junge Frau (Tochter des Wiener Professors Eisler) in eine leitende Position gelangte. Vgl. Annelie Schalm: Ruth Fischer – eine Frau im Umbruch des internationalen Kommunismus 1920–1927, in: Biographisches Handbuch zur Geschichte der Kommunistischen Internationale. Ein deutsch-russisches Forschungsprojekt, hrsg. von Michael Buckmiller und Klaus Meschkat, Berlin 2007, S. 142
278 Vgl. Alexander Vatlin: Zur Frage der „Russifizierung" der Komintern, in: Ebd., S. 340 f.
279 In den späten vierziger und in den fünfziger Jahren hatte Rück private Kontakte zu Ruth Fischer.
280 Vgl. Weber/Herbst 2008 (Anm. 105), S. 755; Nachruf von Emil Birkert, in: *Aufstieg*, Jg. 27, H. 12 (Dezember 1959), S. 237. Über die Tätigkeit Rücks im Führer-Verlag konnten im SAPMO-BArch keine Informationen gefunden werden.

Die entmachteten „Brandleristen" konnten keinen offenen Konflikt mit ihrer Partei und der Komintern wagen, das EKKI bot ihnen eine Art „Ehrenexil" in Moskau an, sie begaben sich damit in eine Art freiwillige Verbannung.[281] In einem Privatbrief klagte Thalheimer über diese „Kominternierung".[282] Die deutschen KPD-Führer wohnten – beobachtet und bespitzelt – im Kominternhotel Lux und hofften darauf, dass man sie zurückrufen würde, sobald die neue linke KPD-Führung abgewirtschaftet hätte. In Russland war seit der Erkrankung und dem Tod Lenins der Kampf um die Nachfolge voll entbrannt, auch die „Brandleristen" gerieten in diese Fraktionskämpfe.[283] Zusammen mit Sinowjew kämpfte Josef W. Stalin gegen Trotzki, die deutschen Kommunisten wurden zu Anhängern Trotzkis erklärt.[284] Sinowjew, der einen nicht unwesentlichen Anteil am missglückten Oktoberaufstand hatte, beteiligte sich an der Hetze gegen Brandler, Thalheimer und Walcher. Obwohl diese als Veteranen der KPD-Gründung noch Sympathien genossen, gerieten sie in die Defensive. Rück hielt sich ebenfalls – vermutlich freiwillig – seit Ende 1924 in Moskau auf, wo er als Referent im Exekutivbüro der Roten Gewerkschaftsinternationale (RGI, russisch: Profintern) arbeitete.[285]

Auf Anregung von Walcher begann Rück zu schreiben. Die zur Seite geschobenen Spartakus-Kader hatten während ihres Aufenthalts in Moskau viel Zeit und verspürten das Bedürfnis, rückblickend ihr Handeln als parteikonform darzustellen und die Schuld am Scheitern der deutschen Revolution zurückzuweisen. In diesem Sinne verfasste Rück – vermutlich in der ersten Jahreshälfte 1925 – seine persönlich gehaltene Erinnerungs- und Rechtfertigungsschrift „Aus dem Tagebuch eines Spartakisten".[286] Die Broschüre wurde ein Jahr später in die russische Sprache übersetzt, sie hat eine Länge von 65 Seiten.[287] Das Vorwort Walchers, geschrieben im August 1925, offenbart den Charakter dieser Schrift. Sie sollte den Nachweis erbringen, dass die Stuttgarter Linken vor und nach 1914 in voller Übereinstimmung mit den Bolschewiki gehandelt hatten.[288] Rück beschrieb seine tiefe Enttäuschung bei Kriegsausbruch und lobte die Stuttgarter Linken, die schon vor dem Krieg, ganz im Sinne Lenins, den Kampf gegen Reformisten und Zentristen geführt und „glänzend" im August 1914 „die Prüfung der Geschichte"[289] bestanden hätten. Bezeichnenderweise erwähnte er in dieser Schrift den von ihm sehr geschätzten, aber

---

281 Vgl. Keßler 1994 (Anm. 116), S. 23; Jens Becker: Heinrich Brandler. Eine politische Biographie, Hamburg 2001, S. 241
282 Gegen Thalheimer lag in Deutschland ein Haftbefehl des Staatsgerichtshofs vor, deshalb konnte er nicht zurückkehren. Vgl. Bergmann 2004 (Anm. 6), S. 96 und S. 99 f.
283 Vgl. Edward Hallett Carr: The Interregnum 1923–1924. A History of Soviet Russia, London 1960, S. 233
284 Vgl. Vatlin 1993 (Anm. 274), S. 74
285 Die RGI wurde 1921 gegründet und sollte eine internationale Massenorganisation der Komintern werden. Sie erfasste aber nur geringe Teile der Arbeiterschaft und war wenig erfolgreich. Vgl. dazu Reiner Tosstorff: Profintern – Die Rote Gewerkschaftsinternationale 1921–1937, Paderborn 2004, S. 714 ff.; Angress 1973 (Anm. 107), S. 106
286 ФРИЦ РЮКК: ИЗ ДНЕВНИКА СПАРТАКОВЦА, МОСКВА ЛЕЛАТЕЛЬСТВО 1926
287 Offensichtlich gab es russische Leser, die sich für diese Schrift interessierten, vermutlich waren dies Komintern-Funktionäre.
288 Vgl. Stock/Walcher 1998 (Anm. 158), S. 90 ff.
289 Rück 1926 (Anm. 286), S. 10

5.1 Wandernder KPD-Aktivist

inzwischen aus dem Amt gejagten KPD-Vorsitzenden Levi nicht, obwohl er von ihm wichtige Impulse bei der Vorbereitung der Massendemonstrationen vom 4. November 1918 in Stuttgart erhalten hatte. Die Darstellung der Ereignisse endet mit dem 9. November 1918. Erneut habe die SPD „schändlichen Verrat" an den Arbeitern begangen, nach dem Abflauen der Massendemonstrationen seien die Sozialdemokraten „wie Ratten aus ihren Löchern auf die Straßen und Plätze"[290] gekrochen. Wichtige Teile dieser moskautreuen Schrift Rücks wurden deshalb 1929 in die von der KPD herausgegebene „Illustrierte Geschichte der Deutschen Revolution"[291] übernommen.

Viktor Drevnitzky, ein Vertreter der KPD beim EKKI in Moskau beobachtete das Verhalten Rücks und denunzierte ihn in einem Brief an Ottomar Geschke,[292] der Mitglied der neuen linken KPD-Zentrale war:

> „Wie du weißt, ist Fritz Rück als Referent in der Profintern. Rück macht seinen alten Laden weiter, sitzt dauernd mit Thalheimer und Walcher zusammen, allerhand Gerüchte über die deutsche Partei gehen hier in Moskau herum und ich glaube, im Interesse der linken Parteizentrale gehandelt zu haben, indem ich die Frage R. im Sekretariat stellte. Ich beantragte einen neuen deutschen Referenten, Ablösung des Gen. R. und Rückkehr nach Deutschland."[293]

Diese Äußerung zeigt das Ausmaß an Misstrauen, Bespitzelung und Intrigen innerhalb der KPD. Rück galt der neuen linken KPD-Führung als unzuverlässig, seine Person wurde als „Frage R." bezeichnet, er sollte von seinem Posten in der RGI entfernt werden. Am 7. Februar 1925 beklagte sich Drevnitzky erneut, diesmal direkt beim Zentralkomitee (ZK) der KPD: „Die Fraktion Brandler-Thalheimer-Walcher hat durch das Eintreffen von Fritz Rück und der Genossin Minna[294] Verstärkung erhalten."[295]

Die Briefe hatten ihre Wirkung, Anfang 1925 kehrte Rück nach Berlin zurück. Als im März 1925 ein Verhör der Brandler-Thalheimer-Walcher-Gruppe vor der Kontrollkommission der

---

290 Ebd., S. 59
291 Illustrierte Geschichte 1929 (Anm. 20), S. 182 ff.
292 Ottomar Geschke gehörte damals zum Fischer-Maslow-Flügel, war 1922 und 1924 Delegierter auf den RGI-Kongressen und hielt sich kurzfristig in Moskau auf. Vgl. Tosstorff 2004 (Anm. 285), S. 732; Weber 1969 (Anm. 168), S. 134
293 Brief Victor Drevnitzky vom 3.2.1925 an Ottomar Geschke in: RGASPI, Bestand 495, Mappe 14, Liste 35, zit. nach: Schriftliche Mitteilung Andrej Doronin vom 4.2.1996 an die Verfasserin; Theodor Bergmann: „Gegen den Strom". Geschichte der KPD(Opposition), Hamburg 2001, S. 37
294 Wer war diese Frau? Die einzige Frau, die zu der Gruppe um Brandler, Thalheimer und Walcher gehörte, war Edda Tennenbaum geb. Hirschfeld. Vgl. Bergmann 2001 (Anm. 293), S. 541 f. Möglicherweise könnte auch Minna Naumann geb. Schreiber aus Dresden gemeint sein, die Rück dort 1913 kennengelernt hatte, sie hielt sich damals in Moskau auf. Vgl. Siegfried Scholze: Karl Liebknecht und die revolutionäre Arbeiterjugendbewegung in den Jahren des ersten Weltkriegs, in: BzG, Jg. 14, H. 1 (1972), S. 23
295 Brief Victor Drevnitzky vom 7.2.1925 an Ottomar Geschke, in: RGASPI, Bestand 495, Mappe 14, Liste 46, zit. nach: Schriftliche Mitteilung Andrej Doronin vom 4.2.1996 an die Verfasserin

RKP(B) stattfand, war Rück nicht bei den Angeklagten.[296] Nach längerer Pause arbeitete er wieder für die *Rote Fahne,* in Juni erschien ein Gedicht[297] und im Oktober und November je eine Buchrezension.[298]

5.1.12 Engagement für Volksentscheid über Fürstenenteignung

Auf Geheiß Moskaus wurde die inzwischen nicht mehr gefügige Fischer-Maslow-Führung abgesetzt, die Nachfolge übernahm im September 1925 der stalintreue Thälmann. Im neuen ZK gaben zunächst die sogenannten Versöhnler, eine Mittelgruppe, Impulse für eine realpolitische Linie.[299] Nun konnte Rück erneut Aktivitäten für die KPD entfalten. Ende 1925 erhielt er von der Agitpropabteilung der KPD die Aufforderung, für die Gedenkveranstaltungen im Januar 1926 zum Tod von Liebknecht und Luxemburg einen Artikel zu schreiben.[300] Auch mehrere Artikel in der theoretischen, nur von Funktionären gelesenen KPD-Zeitschrift *Die Internationale* zeigen seine publizistische Unterstützung des rechten Flügels.[301]

Im Januar 1926 verteidigte er die Einheitsfronttaktik der KPD gegen linke Kritiker, Namen nannte er nicht. Diesen warf er vor, statt zäher Arbeit an der Basis zur Verstärkung des kommunistischen Einflusses lediglich „Phrasen und Illusionen"[302] zu setzen. Die Linken der SPD bezeichnete er als „Parkettrevolutionäre", sie seien noch antibolschewistischer als die Rechten.[303] Eine zugegebene Schwäche der KPD könne durch Anwendung der Einheitsfronttaktik überwunden werden. Rücks Engagement in der Kampagne für ein Volksbegehren zur entschädigungslosen Enteignung der Fürsten zeigt, dass er sich selbst vom ultralinken Aktivisten zum Befürworter einer Einheitsfrontpolitik gewandelt hatte.

Die Novemberrevolution hatte sich mit der Abdankung der Fürsten begnügt, aber die Frage, was mit ihrem Vermögen geschehen sollte, wurde dilatorisch behandelt. Der Rat der Volksbeauftragten und später die Nationalversammlung konnten sich auf keine für alle ehemaligen Landesherren geltende gesetzliche Regelung einigen. In einem offenen Brief vom 2. Dezember 1925 forderte die KPD die SPD auf, unter der Parole „Keinen Pfennig den Fürsten" einen Volksentscheid zur entschädigungslosen Enteignung der bis 1918 regierenden deutschen Fürsten durch-

---

296 Vgl. Bergmann 2001 (Anm. 293), S. 40 f.
297 Vgl. *Die Rote Fahne,* Jg. 8, Nr. 136, 18.6.1925
298 Vgl. *Die Rote Fahne,* Jg. 8, Nr. 227, 2.10.1925 und Nr. 257, 6.11.1925
299 Vgl. Bergmann 2001 (Anm. 293), S. 46; Elke Reuter et al. (Hrsg.): Luxemburg oder Stalin. Schaltjahr 1928 – Die KPD am Scheideweg. Eine kommentierte Dokumentation (Geschichte des Kommunismus und Linkssozialismus, hrsg. von Klaus Kinner; Bd. 4), Berlin 2003, S. 17
300 Vgl. Brief der Zentrale der KPD vom 22.12.1925, in: SAPMO-BArch, RY1/I 2/707/17, Bl. 139–142. Die Gedenkartikel Rücks zum Tod von Liebknecht und Luxemburg erschienen erst im Januar 1928 in der *Roten Fahne.*
301 Dies bezeugt besonders deutlich ein Artikel Rücks zum Thema Produktionskontrolle. Vgl. *Die Internationale,* Jg. 10, H. 22, 25.11. 1927, S. 716 ff.
302 *Die Internationale,* Jg. 9, H. 2, 15.1.1926, S. 33 ff.
303 Vgl. *Die Internationale,* Jg. 9, H. 16, 15.8.1926, S. 506 f.

5.1 Wandernder KPD-Aktivist

zuführen.[304] Im Januar 1926 konstituierte sich ein Reichsausschuss unter der Leitung von Robert Kuczynski,[305] dem sich zahlreiche pazifistische, sozialistische und kommunistische Gruppen anschlossen, z. B. der Allgemeine Deutsche Gewerkschaftsbund (ADGB), die Deutsche Friedensgesellschaft (DFG), sowie Sport- und Kulturverbände wie der Touristenverein „Die Naturfreunde" (TVdN). Es war eine breite linke Sammlungsbewegung, die auch bürgerliche Schichten erfasste.[306] Nach langem Zögern und mit vielen Vorbehalten schloss sich die SPD an.[307]

Rück war nicht Mitglied dieses sogenannten Kuczynski-Ausschusses, aber er schrieb in dessen Auftrag eine materialreiche Agitationsbroschüre, die mit einer beachtlich hohen Auflage von 60.000 Exemplaren erschien.[308] Kuczynski, ein anerkannter Wissenschaftler auf dem Gebiet der Statistik, schrieb dazu das Vorwort. Weit in die Vergangenheit zurückblickend, verglich Rück die Fürsten mit ihren Vorfahren, den Raubrittern des Mittelalters. Ihre aktuellen Forderungen an die Republik beurteilte er als maßlos und übersteigert. So habe man gleich nach der Staatsumwälzung dem Kaiser 60 Möbelwagen voll beweglicher Habe nach Holland geschickt. Aber nicht nur die 22 entmachteten Fürstenfamilien, sondern auch deren Seitenlinien und Erben beanspruchten ehemaligen Besitz. Kurios und publikumswirksam war der Hinweis Rücks auf zwei ausgediente Mätressen des „verblichenen" Herzogs von Mecklenburg-Strelitz, die für geleistete Liebesdienste hohe Jahresrenten verlangten. Rück schrieb: „Die mecklenburgischen Steuerzahler sollen also die Mittel dafür aufbringen, dass das Liebchen ihres einstigen Großherzogs auf Lebenszeit davor bewahrt wird, sich selbst seinen Unterhalt verdienen zu müssen."[309] Er zitierte Dokumente aus Gerichtsakten und Prozessunterlagen, Gehaltslisten mit den üppigen Pensionen von adligen Offizieren, er verwendete häufig juristische und historische Sachbegriffe. Die einzelnen Forderungen der Fürsten addierte Rück auf die stolze Summe von 2.600.000.000 Mark. Er ging der Frage nach, woher dieser Reichtum kommt und erinnerte an die Zeit, als deutsche Landesherren aus Geldgier ihre Untertanen als Söldner verkauften.[310]

Für die Massenagitation wirksam waren auch die Passagen, in denen Rück anschaulich die materielle Not der Arbeitslosen, Invaliden, Kriegshinterbliebenen und Inflationsopfer schilderte. Viele Gutgläubige hätten während des Krieges ihr Erspartes dem Reich zur Verfügung gestellt,

---

304 Vgl. Ulrich Schüren: Der Volksentscheid zur Fürstenenteignung 1926. Die Vermögensauseinandersetzung mit den depossedierten Landesherren als Problem der deutschen Innenpolitik unter besonderer Berücksichtigung der Verhältnisse in Preußen (Beiträge zur Geschichte des Parlamentarismus und der politischen Parteien; Bd. 64), Düsseldorf 1978, S. 79
305 Robert Kuczynski (1876–1947) stand der KPD nahe. Ernst Schneller war offizieller Vertreter der KPD im Ausschuss.
306 Bildende Künstler wie Käte Kollwitz und der Schriftsteller Kurt Tucholsky unterstützen die Kampagne.
307 Vgl. Schüren 1978 (Anm. 304), S. 86 f.
308 Fritz Rück: Reiche Fürsten, arme Leute. Der Volksentscheid für die entschädigungslose Enteignung der Fürsten, hrsg. vom Ausschuss für Fürstenenteignung, Berlin o. J. [1926]. Zu dieser Broschüre vgl. Schüren 1978 (Anm. 304), S. 75
309 Rück 1926 (Anm. 308), S. 20. Dies klingt absurd, doch Rück nennt die Namen der beiden Frauen (Condesa de Matzenau und Gräfin Bubna-Litic).
310 Vgl. ebd., S. 25

mit einem Federstrich seien sie enteignet worden.³¹¹ Er zitierte Briefe, die an den Ausschuss für Fürstenenteignung geschrieben wurden, in denen diese Menschen ihre Not schilderten. Eine Witwe, die durch Kriegsanleihen und Inflation ihr Vermögen verloren hatte, schrieb:

> „Ich bin 67 Jahre alt, seit 11 Jahren körperlich ganz gebrochen. [...] Ich kann mich nicht allein auf eine Elektrische schwingen. [...] Wir bekommen Pfennige für unsere Summen, welche wir für Kriegsanleihe ausgaben, wir haben gehungert und gedarbt – und jetzt sollen wir erleben, dass die Fürsten Millionen und aber Millionen bekommen?"³¹²

Ein alltägliches Schicksal, das den Leser unmittelbar ansprach. Rück ging es darum, einen „mächtigen Widerstand gegen die offenen monarchistischen Bestrebungen in Deutschland"³¹³ zu formieren. Als Fazit formulierte er die einprägsame Parole: „Schluss mit den Gespenstern des Mittelalters, in die Rumpelkammer mit Purpur und Hermelin."³¹⁴ Für die KPD war der Kuczynski-Ausschuss eine ausgezeichnete Agitationsbasis, er band die SPD sowie bürgerliche und intellektuelle Schichten in die Aktionen der Volksentscheidkampagne ein.

Als Beauftragter für Agitation des ZK der KPD³¹⁵ machte Rück in dieser Zeit viele Reisen und trat in mehreren Städten Norddeutschlands als Redner auf.³¹⁶ So sprach er am 27. Februar 1926 in Rudolstadt bei einer Sitzung der Bezirksleitung Großthüringen,³¹⁷ am 3. Januar 1926 vor KPD-Aktivisten auf einer erweiterten Bezirksleitungssitzung in Magdeburg.³¹⁸ In seinem Referat schätzte er die Stärke der eigenen Partei realistisch ein: „Uns fehlt noch der Einfluss auf die große Masse der Gewerkschaften."³¹⁹ Auch die Verbindungen zu den großen Betrieben müssten verbessert werden. Die Kampagne für den Volksentscheid sei „ein sehr gutes Mittel, um die sozialdemokratischen Führer dazu zu zwingen, Farbe zu bekennen".³²⁰ Man müsse in der SPD eine oppositionelle Bewegung entfachen.³²¹

Bis Mitte März 1926 trugen sich 12,5 Millionen Wähler in die Listen ein, es war ein erster Erfolg der Kampagne.³²² Da der Volksentscheid als verfassungsändernd eingestuft wurde, waren für sein Gelingen die Jastimmen einer absoluten Mehrheit der Wahlberechtigten erforderlich,

---

311 Vgl. ebd., S. 22
312 Ebd.
313 Ebd., S. 32
314 Ebd.
315 In einem Rundschreiben des ZK der KPD vom 5.2.1926 werden Richtlinien für die Agitation gegeben, die sich z. T. in Rücks Broschüre wiederfinden. In: SAPMO-BArch, RY1/I 2/707/17
316 Vgl. Polizeibericht von 1934, in: SAPMO-BArch, R 58/3232, Bl. 71
317 SAPMO-BArch, RY 1/I 3/13/5, Bl. 102–105
318 Vgl. Protokoll des Referats „Die nächsten Aufgaben der Partei", in: SAPMO-BArch, RY 1/I 3/12/10, Bl. 1–10
319 Ebd., Bl. 4
320 Ebd., Bl. 5
321 Vgl. ebd., Bl. 6
322 Damit war die notwendige Quote von 10 % der Stimmberechtigten um das Dreifache übertroffen.

dies entsprach etwa 20 Millionen Stimmen. Nichtwähler wurden wie Neinstimmen gewertet. Bei dem Volksentscheid am 20. Juni 1926 stimmten 14,5 Millionen Bürger für ein Gesetz zur entschädigungslosen Enteignung der Fürsten, das entsprach 36,4 Prozent aller Wahlberechtigten.[323] Auch wenn die Gesetzesinitiative an der hohen Hürde von 50 % scheiterte, kann man doch von einem Erfolg der Fürstenenteignungskampagne sprechen. Bei keiner anderen Wahl der Weimarer Republik konnte die Arbeiterbewegung auch im bürgerlichen Lager so viele Stimmen hinzugewinnen, der Volksentscheid ergab 3,5 Millionen mehr Stimmen als SPD und KPD zusammen bei den Reichstagswahlen von 1924 erzielt hatten.[324] Das Scheitern des Volksentscheids wurde von der KPD gelassen hingenommen, für sie stand die neue Einheitsfronttaktik im Vordergrund, man wertete es als Erfolg, dass der Widerstand der sozialdemokratischen Führung überwunden werden konnte.[325]

Eine Woche nach dem Volksentscheid hielt Rück auf dem Bezirksparteitag der KPD Pommern, der am 26. und 27. Juni 1926 im Abstinentenheim in Stettin abgehalten wurde, ein Referat. Sein Fazit aus der Kampagne lag auf der KPD-Linie, sein Interesse galt den inneren Konflikten der SPD:

> „Wir werden in der SPD in der nächsten Zeit eine ganz interessante Entwicklung erleben. Die rechten Führer werden rücksichtslos ihre Politik durchführen. Sie werden die linken Austromarxisten,[326] diese linken Phrasenhelden, rücksichtslos an die Wand drücken, und diese werden dem Parteivorstand keinen Widerstand leisten. Aber gleichzeitig vollzieht sich eine andere Entwicklung in der SPD. Die Erbitterung, die Missstimmung bei den sozialdemokratischen Arbeitern gegen ihre eigene Partei ist im Wachsen. [...] Wenn jetzt die sozialdemokratischen Führer weiter ihre alte Politik durchführen, dann wird es möglich sein bei richtiger Anwendung der Einheitsfronttaktik, die sozialdemokratischen Arbeiter dem Einfluss der reformistischen Führer zu entziehen. Wir werden eine Arbeiteropposition in der SPD bekommen. Eine Opposition, die mehr wert ist als die Opposition der linken Führer."[327]

Rück, in Übereinstimmung mit der KPD, suchte in der Einheitsfront mit der SPD eine Möglichkeit, diese Partei zu sprengen und ihre Führung zu schwächen. Die formelle Aktionsgemeinschaft

---

323 Der von der politischen Rechten 1929 initiierte Volksentscheid gegen den Young-Plan erhielt nur 14 % der Wählerstimmen.
324 Vgl. Axel Kuhn: Die deutsche Arbeiterbewegung, Stuttgart 2004, S. 176
325 Referat „Die Arbeit der Partei seit dem 10. Parteitag" von Philipp Dengel, in: Bericht über die Verhandlungen des XI. Parteitags der Kommunistischen Partei Deutschlands, abgehalten in Essen vom 2. bis 7. März 1927, hrsg. vom ZK der Kommunistischen Partei Deutschlands, Berlin 1927, S. 35
326 Die österreichischen Sozialisten (v. a. Otto Bauer) versuchten in der Zwischenkriegszeit, Reformismus und revolutionären Sozialismus zu verbinden. Vgl. Thomas Meyer et al. (Hrsg.): Lexikon des Sozialismus, Köln 1986, S. 71 ff.
327 Protokoll des KPD-Bezirksparteitags in Pommern, in: SAPMO-BArch, RY 1/I 3/3/4, Bl. 7–20

der beiden Arbeiterparteien konnte die tiefe Kluft zwischen Sozialdemokraten und Kommunisten nicht überbrücken, die SPD gehörte auch für Rück noch lange zum feindlichen Lager.

Schon vor dem Volksentscheid hatte die KPD begonnen, die Dynamik der Massenaktionen für einen Kampf um weitere Ziele auszunutzen. Gemäß der Einheitsfronttaktik wurde die Einberufung eines Kongresses der Werktätigen angekündigt. Rück unterstützte diese Linie und verfasste dazu mehrere Artikel[328] und eine Broschüre: „Steigender Reichtum, wachsende Not!"[329] Die Formulierung des Titels erinnert an seine Broschüre über den Volksentscheid, auch die Wiedergabe von zahlreichen Statistiken zeigt, dass er sich um eine konkrete Analyse bemühte. Er beschrieb die schlechte wirtschaftliche Situation der Arbeiter und die durch Rationalisierung gesteigerte Ausbeutung der menschlichen Arbeitskraft. Zwei Millionen Menschen seien ohne Arbeit. Ausführlich schilderte er die katastrophalen Wohnverhältnisse, Ursache für das Ausbrechen von Tuberkulose. Mit Sicherheit hatte Rück das Wohnungselend im Berliner Wedding vor Augen,[330] er wohnte ja dort. Diesem Elend stellte er Zahlen gegenüber, die aus der Fürstenenteignungskampagne stammten. Er verglich das Einkommen des Ex-Kaisers, der täglich die Summe von 1.670 Mark aus der Staatskasse erhielt, mit dem eines Rentners von täglich 100 Pfennig.[331] „Während dem ausgerückten früheren Kaiser hunderte von Millionen geschenkt werden,[...] bevölkern Tausende Erwerbslose die Obdachlosenasyle der Republik oder irren hungernd und frierend durch die Straßen."[332] Auf den letzten Seiten der Broschüre stellte Rück die Taktik der KPD in den Vordergrund. Eine Kampffront unter Führung der KPD müsse die „Arbeiter- und Bauernregierung in Deutschland" schaffen, die im Bündnis mit Sowjetrussland den Frieden der Welt sichert,[333] es sind altbekannte Gedankengänge.

Anfang Dezember 1926 fand in Berlin unter dem Vorsitz von Ledebour ein Reichskongress der Werktätigen statt. Weder SPD noch Gewerkschaften waren offiziell vertreten.[334] Rück wurde neben Heckert ins Präsidium gewählt, er schrieb das Protokoll der Tagung, das als Broschüre erschien.[335] 2.000 Delegierte waren anwesend, darunter Vertreter der Gewerkschaften, des Mittelstandes, der Jugend, der Erwerbslosen und der Bauern. Heckert hielt eine zweistündige Rede, Rück eine kurze Schlussansprache.[336] In einem Artikel in der *Inprekorr* schrieb er optimistisch, dass der Kongress ein „Schritt vorwärts auf dem Weg der Sammlung der Massen zur Niederringung des Kapitalismus und der Aufrichtung des Sozialismus"[337] sei. Es war ein sehr hohes Ziel

---

328 Vgl. *Die Internationale*, Jg. 9, H. 11/12, 20.6.1926, S. 373 f.; *Inprekorr*, Jg. 6, H. 151, 10.12.1926
329 Fritz Rück: Steigender Reichtum, wachsende Not. Der Kampf der deutschen Arbeiterklasse gegen Rationalisierung und Kriegsgefahr, hrsg. vom ZK der KPD, Berlin o. J. [1926]
330 Vgl. dazu Hilde Benjamin: Georg Benjamin. Eine Biographie, Leipzig 1982, S. 196
331 Vgl. Rück 1926 (Anm. 329), S. 24
332 Ebd., S. 30
333 Vgl. ebd., S. 32
334 Vgl. Flechtheim 1986 (Anm. 82), S. 186
335 Vgl. Reichsausschuss der Werktätigen (Hrsg.): Resolutionen und Beschlüsse des Reichskongresses der Werktätigen, abgehalten in Berlin 3.–5. Dezember 1926, Berlin 1926
336 Vgl. ebd., S. 8; Personalbogen (Fiche) Fritz Adam Rück, in: BAR, E 4320(B) 1991/243, Bd. 31//C.13.22
337 *Inprekorr*, Jg. 6, H. 151, 10.12.1926

und Rück bemühte sich unverdrossen, auch auf lokaler Ebene weitere Ausschüsse ins Leben zu rufen. Doch die SPD suchte nach parlamentarischen Lösungen der fürstlichen Vermögensfragen, die Pläne zur Weiterführung der Einheitsfront scheiterten.[338]

Als Grundproblem der KPD bei all ihren Aktionen erwies sich die Herstellung eines konstruktiven Verhältnisses zur SPD. Rück verstärkte durch seine gegen die SPD gerichteten Schriften die Konfrontation und erschwerte eine Zusammenarbeit mit dem potentiellen Partner.

5.1.13 Die SPD: Verräter, Mamelucken

Seit dem 11. Parteitag in Essen 1927 war Rück Mitarbeiter in der Abteilung für Agitation und Propaganda (Agitprop), die dem ZK der KPD angeschlossen war.[339] Diese Abteilung war verantwortlich für die Durchführung der Kampagnen und hatte einen eigenen Etat für die Herstellung von Propagandamaterial. Weitere Mitarbeiter waren Münzenberg, Frölich, Ernst Schneller und Hermann Duncker. In den Jahren 1927/28 verfolgte die KPD einen gemäßigten Kurs und führte die Einheitsfronttaktik weiter.[340] Die Parteiführung unter Thälmann verstand sich zwar als links und bolschewistisch, versuchte aber, mit der „Mittelgruppe", den sogenannten Versöhnlern um Arthur Ewert und Ernst Meyer einen Kompromiss zu finden.[341] In diesem Zeitraum schrieb Rück elf Artikel für die *Rote Fahne*, darunter einen Gedenkartikel und ein Gedicht zum neunten Todestag von Liebknecht und Luxemburg.[342] Auch in einigen regionalen KPD-Zeitungen wurden seine Beiträge nachgedruckt. So erschienen in der Dresdener *Arbeiterstimme*, der kommunistischen Tageszeitung für Ostsachsen, in den Jahren von 1926 bis 1929 insgesamt acht Artikel und Gedichte von Rück, die meisten behandelten historische Themen.[343]

Nach der Fürstenenteignungkampagne gab es in der KPD Bestrebungen, den Unterschied zwischen SPD und KPD wieder deutlicher hervortreten zu lassen, das Ende der Einheitsfronttaktik kündigte sich an. Rück unterstützte diesen Taktikwechsel und verfasste 1927 im Auftrag des ZK der KPD eine 24-seitige gegen die SPD gerichtete Broschüre.[344] In deutlichen Worten verurteilte er die Politik der SPD von 1922 (Vereinigung mit dem rechten USPD-Flügel in Nürnberg) bis zum aktuell bevorstehenden Parteitag in Kiel im Mai 1927. Deutlich hob er die prinzipiellen Unterschiede zwischen SPD und KPD hervor, die während der Fürstenenteignungskampagne in den Hintergrund gerückt waren. Im ersten Abschnitt der Broschüre formulierte er seine bekannte Auffassung, dass die SPD „den Sieg der Konterrevolution ermöglicht und die

---

338 Vgl. Schüren 1978 (Anm. 304), S. 265
339 Vgl. Weber 1969 (Anm. 168), S. 14
340 Vgl. Helga Grebing: Geschichte der deutschen Arbeiterbewegung. Von der Revolution 1848 bis ins 21. Jahrhundert, Berlin 2007, S. 87
341 Auch Stalin, der sich damals im Kampf gegen Trotzki befand, suchte die Zusammenarbeit mit den Rechten.
342 Vgl. *Die Rote Fahne*, Jg. 11, Nr. 11, 13.1.1928 und Nr. 13, 15.1.1928
343 Vgl. „Pfingstaufmarsch" (Gedicht), in: *Die Rote Fahne*, Jg. 9, Nr. 118/Feuilleton, 23.5.1926; abgedruckt in: *Arbeiterstimme*, Jg. 2, Nr. 118, 25.5.1926
344 Vgl. Rück 1927 (Anm. 275)

Revolution niedergeworfen"[345] habe. Die Republik sei in der „Hexenküche"[346] der Konterrevolution zusammengeflickt worden. Man habe es in den Revolutionsmonaten versäumt, den Fürsten das von ihnen geraubte Staatseigentum abzunehmen. Bei der Kampagne für den Volksentscheid habe die SPD als Bremser gewirkt, sie habe sich erst an der Aktion beteiligt, als die KPD einen Gesetzesentwurf vorlegte. Eine „starke Zuspitzung der Klassengegensätze in Deutschland"[347] sei nun die Folge. Die SPD besorge die Geschäfte der Bourgeoisie, unterstütze die Rationalisierung in den Betrieben, verzichte auf die Durchsetzung des Achtstundentags, dies sei „Klassenverrat".[348] Immer wieder machte Rück der SPD diesen Verratsvorwurf.[349] Besonders hart ging er mit den SPD-Linken ins Gericht, sie seien „Mamelucken des Parteivorstands", ihre radikale Position diene nur der Beruhigung der „Gärung innerhalb der Arbeitermassen".[350]

Den Verratsvorwurf verdeutlichte Rück in einer kurzen Erzählung über die Niederschlagung der Münchner Räterepublik im Jahr 1919, die unter der Überschrift „Kompagnie Albrecht" im Feuilleton der *Roten Fahne* erschien.[351] Der damalige württembergische Staatspräsident Blos habe 1919 von seinem SPD-Parteifreund Noske aus Berlin den Auftrag erhalten, Truppen zum „heiligen Kreuzzug nach München" zu schicken. Rück schilderte mit vielen grausamen Details die an Rotarmisten begangenen bestialischen Morde und das Leid der Opfer. Diese Grausamkeiten legte er der SPD zur Last:

> „Achselzuckend gingen die Sicherheitssoldaten zu ihrer Kompagnie zurück. In den Tränen und Klagen der Witwen und Waisen, die den Mann und Vater beweinten, grollte das ferne Donnern der Geschütze, die in München angefangen hatten, die Staatsmaximen Gustav Noskes in blutige Wirklichkeit umzusetzen."[352]

Im Jahr 1928 nahm die KPD den 50. Jahrestag der Verabschiedung des Sozialistengesetzes zum Anlass, durch eine breite Pressekampagne darauf hinzuweisen, dass sie selbst Erbin der revolutionären Tradition der deutschen Arbeiterbewegung sei.[353] Die Komintern verordnete den kommunistischen Parteien, im Kampf um die Diktatur des Proletariats den Hauptstoß gegen die Sozialdemokratie zu richten. In diesem Sinn verfasste Rück für die KPD im Jahr 1928 seine zweite Anti-SPD-Broschüre „Von Bismarck bis Hermann Müller. Der Weg der deutschen Sozialdemokratie vom Sozialistengesetz zum Panzerkreuzer A 1878–1928." Noch einmal beschäftigte er sich

---

345 Ebd., S. 4
346 Ebd., S. 11
347 Ebd., S. 17
348 Ebd., S. 11
349 Vgl. ebd., S. 8, S. 11 f. und S. 24
350 Ebd., S. 23
351 Vgl. *Die Rote Fahne*, Jg. 10, Nr. 148, 26.6.1927. Rück verwendet hier die schweizerische Schreibweise für „Kompanie".
352 Ebd.
353 Vgl. Klaus Kinner: Marxistische deutsche Geschichtswissenschaft 1917–1933. Geschichte und Politik im Kampf der KPD (Schriften des Zentralinstituts für Geschichte; Bd. 58), Berlin (Ost) 1982, S. 259

5.1 Wandernder KPD-Aktivist

mit der Geschichte der SPD, sie sei „der gefährlichste Feind des deutschen Proletariats, [...] der große Bremsklotz auf dem Weg zur Befreiung der Arbeiterklasse".[354] Die SPD hatte mit dem Slogan „Kinderspeisung statt Panzerkreuzer" bei den Reichstagswahlen 1928 viele Wählerstimmen gewonnen. Trotzdem gab die neue, von Müller geführte Koalitionsregierung ihre Zustimmung zu dem kostspieligen Rüstungsvorhaben. Rück interpretierte dies als Zeichen der Mitwirkung der SPD an der Vorbereitung künftiger Kriege. Diese Situation sei vergleichbar mit der Zustimmung der Sozialdemokraten zur kaiserlichen Militärpolitik während des Ersten Weltkrieges.[355] Die tiefe Enttäuschung des jungen Rück vom 4. August 1914 war unvergessen! Wieder griff er den linken Flügel der SPD an:

> „Nach der Vereinigung mit den Resten der Unabhängigen Sozialdemokratischen Partei [...] kam ein Schwung radikaler Wortakrobaten in die Partei, deren Renommee bei den Arbeitermassen noch nicht so erschüttert war wie das der Männer, die offen als Führer der Konterrevolution ihre Arbeit verrichtet hatten. [...] Praktisch läuft die Tätigkeit der ‚linken' zentristischen Führer darauf hinaus, dass sie die Arbeiter [...] bei der Sozialdemokratie festhalten und ihren Übergang zur Kommunistischen Partei verzögern."[356]

Die von Rück als „radikale Wortakrobaten" titulierten SPD-Linken waren Kurt Rosenfeld und Max Seydewitz, sie gaben 1929 die Zeitschrift *Klassenkampf* heraus, auch Levi stieß zu dieser Gruppe. Später gründeten diese SPD-Linken die Sozialistische Arbeiterpartei (SAP) und es ist Zeichen eines erstaunlichen Sinneswandels, dass Rück im Jahr 1931 dieser Partei beitrat.

Die außenpolitische Rolle der SPD analysierte er im Juli 1929 – ganz im Sinne Stalins – in der *Neuen Arbeiterzeitung* von Hannover-Braunschweig. Die SPD habe nach dem Krieg das Ziel gehabt habe, Deutschland in die imperialistische Front gegen die SU einzugliedern.[357] Rück benutzte sogar den Kampfbegriff der Rechtsparteien „Erfüllungspolitik", wenn er den sozialdemokratischen Führern den Vorwurf machte, den Forderungen der Siegermächte von Versailles nachgegeben zu haben:

> „Mit öligen Friedensphrasen auf den Lippen liefen sie von Konferenz zu Konferenz und nahmen der Bourgeoisie die undankbare Rolle ab, Friedensverträge zu unterschreiben und aus der hungernden deutschen Bevölkerung die Reparationsmilliarden herauszuschinden."[358]

---

354   Fritz Rück: Von Bismarck bis Hermann Müller. Vom Sozialistengesetz zur Koalitionsregierung. Der Weg der deutschen Sozialdemokratie vom Sozialistengesetz zum Panzerkreuzer A 1878–1928, Berlin 1928, S. 19
355   Vgl. ebd., S. 20
356   Ebd., S. 2. Der Begriff des Zentrismus stammt aus der Vorkriegssozialdemokratie und wurde zum negativ gebrauchten Kampfbegriff.
357   Vgl. *Neue Arbeiterzeitung*. Organ der KPD für die Gebiete Hannover-Braunschweig, Jg. 9, Nr. 174, 28.7.1929
358   Ebd. Rück befand sich dabei in Übereinstimmung mit Stalin, der die SPD als treibende Kraft der von ihm gefürchteten deutsch-französischen Verständigung sah. Vgl. Heinrich August Winkler, Vorwort zu: Thomas

Rück kam immer wieder nach Stuttgart, nur wenige Spuren konnten noch gefunden werden. Im Jahr 1928 hielt er anlässlich einer Demonstration in Stuttgart eine Ansprache, in der er – wie die Polizei vermerkte – ganz besonders die Sozialdemokratie angriff.[359] Die SPD in Württemberg hatte in dem jungen Kurt Schumacher einen klugen und dynamischen Vertreter, der 1920 Redakteur der *Schwäbischen Tagwacht* wurde und zuerst ein Landtags- und später ein Reichstagsmandat errang. Bekannt sind seine mutigen öffentlichen Angriffe gegen die NSDAP, im Reichstag bezeichnete er die Agitation der Nationalsozialisten als „einen dauernden Appell an den inneren Schweinehund."[360] Er scheute auch nicht die Auseinandersetzung mit Kommunisten. Ende 1929 kam es im schwäbischen Nürtingen zu einer regelrechten Saalschlacht zwischen Mitgliedern der KPD und der SPD, die im Reichsbanner zusammengeschlossen waren.[361] Unter dem Kürzel F. R. erschien am 18. Dezember 1929 im württembergischen KPD-Organ *Süddeutsche Arbeiter-Zeitung* ein Artikel mit dem Titel „Die Sozialfaschisten".[362] Der Autor schrieb, dass es nun zur Genüge bewiesen sei, dass die SPD zum „faschistischen Apparat der Bourgeoisie" gehöre. Jetzt sei es auch dem letzten Arbeiter klar geworden, „dass wir in dem Auftreten Schumachers und seiner Knüppelgarde einen Teil der faschistischen Herrschaftsmethoden der Bourgeoisie gegen das Proletariat vor uns haben." Auch den Berliner „Blutmai" vom 1929 interpretierte er als Beispiel für das „faschistische Gesicht" der SPD. Zum Schluss äußerte er den obligatorischen Wunsch, dass die Mehrheit der Arbeiterklasse „unter der Fahne der Kommunistischen Partei" kämpfe und „die proletarische Revolution zum Sieg" führen werde. Es sind die bekannten Gedankengänge von Rück, zum letzten Mal geäußert in einer KPD-Zeitung.

Im letzten Jahr von Rücks Mitgliedschaft in der KPD entstand die „Illustrierte Geschichte der Deutschen Revolution", ein umfangreiches Gemeinschaftswerk von 28 Autoren über die revolutionären Ereignissen von 1914 bis 1920. Es wurde im Auftrag des Thälmann-ZK verfasst und sollte den Verratsvorwurf an die Adresse der SPD historisch untermauern. Zahlreiche Textabschnitte in diesem Werk beruhen auf Rücks 1926 in Moskau verfasstem „Tagebuch".[363]

Kurz: „Blutmai". Sozialdemokraten und Kommunisten im Brennpunkt der Berliner Ereignisse von 1929, Berlin/Bonn 1988, S. 10
359 Vgl. Bericht des Württ. Landespolizeiamts vom 14.7.1934 an den Leiter des Geheimen Staatspolizeiamts Berlin, in: SAPMO-BArch, R 58/3232, Bl. 71
360 Zit. nach: Peter Merseburger: Der schwierige Deutsche. Kurt Schumacher. Eine Biographie, Stuttgart 1995, S. 119
361 Vgl. Thomas Kurz: Feindliche Brüder in deutschen Südwesten. Sozialdemokraten und Kommunisten in Baden und Württemberg von 1928 bis 1933 (Berliner Historische Studien; Bd. 23), Berlin 1996, S. 174f.
362 *Süddeutsche Arbeiter-Zeitung*, Jg. 16, Nr. 296, 18.12.1929
363 Vgl. Illustrierte Geschichte 1929 (Anm. 20), S. 182, S. 184 und passim

5.2 Verwirrende Suche nach einer neuen Partei

5.2.1 Das letzte Jahr in der KPD

Rück hat sich nur langsam und zögernd von der KPD entfernt. In seinen letzten Artikeln für die *Rote Fahne* nahm er nicht mehr Stellung zu aktuellen politischen Ereignissen, vorsichtig beschränkte er sich auf autobiografische Berichte aus längst vergangenen Kriegs- und Revolutionstagen. In der für ihn schwierigen und verwirrenden Phase der Jahre 1929/30 beschäftigte er sich mit den Wurzeln seines politischen Engagements. So verfasste er im Juli 1929 für die *Rote Fahne* einen ungewöhnlich langen autobiografischen Beitrag in neun Folgen, der unter der Überschrift „Der Hauptfeind steht im eigenen Land. Erzählungen aus der Kriegszeit"[364] gedruckt wurde. Ausgangspunkt war die tiefe Enttäuschung im Sommer 1914 über die SPD und die Zweite Internationale. Dass die „Männer, deren Namen noch vor einem Jahr den besten Klang gehabt hatten in der ganzen Welt, wo sozialistische Parteien bestanden, [...] zu offenen Bundesgenossen der kriegführenden Imperialisten geworden"[365] waren, hatte ihn in Verzweiflung gestürzt. Als er das Angebot erhielt, in der Schweiz unterzutauchen und dem Kriegsdienst zu entfliehen, habe ihm die Parole Liebknechts „Der Hauptfeind steht im eigenen Land"[366] wieder Klarheit gegeben. Diese in der *Roten Fahne* abgedruckten Erinnerungen sind lebendig und anschaulich geschrieben, Rück fügte zusätzlich fiktive Episoden hinzu, Dichtung und Wahrheit vermischend.[367] Auch in anderen Zeitungen machte er sein eigenes Leben zum Thema. So publizierte er in der Dresdner *Arbeiterstimme* einen Artikel unter der Überschrift „Kampf gegen den Krieg. Erinnerungen aus 1914–18"[368] und im *Tribunal*, dem Zentralorgan der Roten Hilfe Deutschland (RHD),[369] erschienen ebenfalls vier autobiografische Artikel. Er erinnerte an den gelben Koffer seines Vaters,[370] an die illegale und gefährliche Arbeit in der Jugendorganisation während der Kriegszeit,[371] an die Denunziation nach der verbotenen Waldversammlung,[372] aber auch an die brutale Behandlung während seines Gefängnisaufenthalts in Stuttgart.[373]

Über seine Trennung von der KPD, für die er zehn Jahre mit hohem persönlichem Einsatz gearbeitet hatte, gab Rück nirgends Auskunft. In einem flüchtig hingeworfenen Manuskript schrieb er im Jahr 1948, nach den langen Jahren des Exils und nach intensiver Beschäftigung mit der SU unter Stalin: „Zwar war ich schon 1929 in hohem Bogen aus der KPD hinausgeworfen

---

364 *Die Rote Fahne*, Jg. 12, Nr. 130, 21.7.1929; Fortsetzungen in Nr. 131, 23.7.1929; Nr. 132, 24.7.1929; Nr. 133, 25.7.1929; Nr. 134, 26.7.1929; Nr. 135, 27.7.1929; Nr. 136, 28.7.1929; Nr. 137, 30.7.1929 und Nr. 138, 31.7.1929
365 *Die Rote Fahne*, Jg. 12, Nr. 138, 31.7.1929
366 Ebd.
367 So z. B. seine angebliche Teilnahme an einem internationalen Sozialistenkongress in der Schweiz, vgl. ebd.
368 *Arbeiterstimme*, Jg. 5, Nr. 153, 4.7.1929
369 Die RHD war eine überparteiliche Organisation, die der KPD nahestand.
370 *Tribunal*, Jg. 6, Nr. 7 (Juli 1930)
371 Vgl. *Tribunal*, Jg. 6, Nr. 8 (August 1930)
372 Vgl. *Tribunal*, Jg. 6, Nr. 2 (März 1930)
373 Vgl. *Tribunal*, Jg. 6, Nr. 12 (Oktober 1930)

worden, nachdem man 10 Jahre sich vergebens bemüht hatte, die Russen davon zu überzeugen, dass wir zwar Revolutionäre waren, aber nicht die geringste Lust verspürten, ihre Mamelucken zu sein."[374] Wurde Rück aus der KPD ausgeschlossen oder handelte es sich um einen Austritt? Geschickt hat Rück hier seine Vergangenheit zurechtgebogen, von einem zehn Jahre dauernden Kampf gegen russische Bevormundung kann keine Rede sein. Lediglich im Jahr 1920 betonte er auf zwei KPD-Parteitagen das Recht der deutschen Kommunisten auf einen eigenen Weg.[375] Seine ehemaligen spartakistischen Mitkämpfer Thalheimer, Walcher, Brandler und Frölich verließen ein Jahr vor ihm die KPD. Sie übten massive Kritik am Eingreifen der Komintern in die Politik der KPD sowie an der Sozialfaschismus-These.[376] Im Oktober 1928 schrieben sie einen offenen Protestbrief an das EKKI, der als Gründungsdokument der Kommunistischen Partei Deutschlands (Opposition) (KPO) gilt. Auch Rücks Jugendfreund Birkert und viele seiner Freunde und Weggefährten wurden Mitglieder der KPO.[377] Doch Rück trat nicht in diese Partei ein, obwohl er ihre Arbeit schätzte.[378]

Rück hatte Kenntnis von den dunklen Machenschaften Thälmanns. Der KPD-Vorsitzende nutzte die Vorwürfe, die man ihm wegen Vertuschung der dunklen Finanzgeschäfte seines Schwagers John Wittorf machte, um den rechten Flügel der Partei zu vernichten. Rück schrieb 1931, dass dieser auf Anweisung Stalins vertuschte Skandal eine „tiefgehende Korrumpierung der leitenden Leute im ZK der KPD"[379] beweise. Obwohl er diese Vorgänge miterlebte, war Rücks Vertrauen in die KPD noch nicht vollständig erodiert, bis zum Ende des Jahres 1929 blieb er ihr treu. Noch im März 1929 versicherte er der Komintern in der *Roten Fahne* unbedingte Treue:

„Nach dem Tode Lenins übertrug sich dieses Gefühl der deutschen Arbeiter, das sie seiner Person und seiner revolutionären Politik gegenüber gehabt haben, auf die Partei Lenins. Die Anerkennung ihrer führenden Rolle in der Komintern ist tief verwurzelt im Bewusstsein der deutschen Arbeiterklasse. Sie hat auch […] den Ausschlag gegeben, dass niemals Arbeiter in größerer Zahl der Komintern untreu geworden sind."[380]

---

374 Fritz Rück: Züricher Spaziergänge, 13.3.1948, S. 6
375 Siehe Anm. 141 und 152
376 Vgl. Becker 2000 (Anm. 30), S. 85; Jan Foitzik: Zwischen den Fronten. Zur Politik, Organisation und Funktion linker politischer Kleinorganisationen im Widerstand 1933 bis 1939/40 unter besonderer Berücksichtigung des Exils (Reihe: Politik- und Gesellschaftsgeschichte/Forschungsinstitut der Friedrich-Ebert-Stiftung; Bd. 16), Bonn 1986, S. 24
377 Vgl. Edith Höpfner: Stuttgarter Arbeiterbewegung. Zwischen Republik und Faschismus, Stuttgart 1984, S. 73
378 Vgl. *SAZ*, Jg. 1, Nr. 41, 19.12.1931. Anerkennend schrieb er, als er bereits Mitglied der SAP war, dass die KPO „unter großen persönlichen Opfern ihrer einzelnen Mitglieder und auch Führer zusammenhielt."
379 Ebd. Stalin und Thälmann schlossen im Februar 1928 ein Geheimabkommen und sagten sich gegenseitige Unterstützung im Kampf gegen die „rechte Gefahr" zu. Stalin wollte damals Nikolai Bucharin politisch einflusslos machen und Thälmann unterstützte ihn dabei.
380 *Die Rote Fahne*, Jg. 12, Nr. 53, 3.3.1929

5.2 Verwirrende Suche nach einer neuen Partei

An dieser Stelle äußerte er seine Verehrung für Lenin, den „Meister der Taktik", seine Qualitäten als „Führer" seien überragend, er könne die Menschen überzeugen, aber auch „zum Handeln zwingen".[381] Er sei ein „tödlich hassender Kämpfer", der dem Feind den „tödlichen Biss" beibringe, das hielt Rück damals für notwendig.[382]

Erst im Jahr 1931, als er sich der SAP angeschlossen hatte, äußerte er Kritik. In einem Artikel des SAP-Organs *Sozialistische Arbeiter-Zeitung (SAZ)* schrieb er, dass ihm schon im Frühjahr 1924 erste Zweifel an der Politik der Komintern gekommen seien.[383] Diese habe sich in die Politik der KPD eingemischt und die „ultralinke" Fischer-Maslow-Thälmann-Führung eingesetzt. Auch die spalterische Politik der Revolutionären Gewerkschafts-Opposition (RGO)[384] habe er abgelehnt, ebenso die Diffamierung der SPD-Linken als den „gefährlichsten Feind innerhalb der Arbeiterklasse".[385] Er beklagte einen Wandel in der Zusammensetzung der KPD:

> „Sie verlor in wachsendem Maße ihr Rekrutierungsgebiet unter den radikalisierten sozialdemokratisch und gewerkschaftlich organisierten Massen und wurde das große Durchmarschlager gefühlsmäßig radikalisierter indifferenter und – vom Nationalismus enttäuschter, schwankender Schichten des Proletariats. Damit wurden die Elemente jener sprunghaften, zeitweise abenteuerlichen und zeitweise opportunistischen Politik [scil. der KPD/die Verf.] gewaltig verstärkt."[386]

Auch die Machenschaften Thälmanns und den Ausschluss der Gruppe um Brandler, Thalheimer und Walcher kritisierte er in diesem SAZ-Artikel. Dabei ist es höchst verwunderlich, dass für Rück im Jahr 1931 die Interessen der SU immer noch absolute Priorität hatten:

> „Wenn ein Sieg der Reaktion in Deutschland mit der Festigung der sozialistischen Positionen in einem Lande – der Sowjetunion – zusammenfiel, blieb die russische Revolution die einzige große Kraftreserve des revolutionären Fortschritts und gegenüber dieser entscheidenden Tatsache war die fortschreitende Bürokratisierung der Komintern und ihre Unfähigkeit zur Ausbildung einer Taktik der breitesten Massenpolitik in den vom Faschismus bedrohten Ländern von untergeordneter Natur."[387]

---

381 Ebd.
382 *Die Front*, Jg. 2, H. 6 (März 1929)
383 *SAZ*, Jg. 1, Nr. 41, 19.12.1931
384 Die RGO bildete sich 1929/1930 als Konkurrenz zu den sozialdemokratisch orientierten freien Gewerkschaften des ADGB.
385 *SAZ*, Jg. 1, Nr. 41, 19.12.1931. Rück bezieht sich dabei auf den Essener Parteitag der KPD von 1927.
386 Ebd.
Die Fluktuation in der KPD-Mitgliedschaft war tatsächlich in den Jahren 1930–1933 sehr groß. Vgl. Heinrich August Winkler: Der Weg in die Katastrophe. Arbeiter und Arbeiterbewegung in der Weimarer Republik 1930–1933 (Geschichte der Arbeiter und der Arbeiterbewegung in Deutschland seit dem Ende des 18. Jahrhunderts, hrsg. von Gerhard A. Ritter; Bd. 11) Berlin/Bonn 1987, S. 595
387 *SAZ*, Jg. 1, Nr. 41, 19.12.1931

Diese Haltung erscheint paradox. Trotz deutlicher Kritik an der Komintern war für Rück die SU immer noch „die große Kraftreserve des revolutionären Fortschritts", ihre Erfolge beim Aufbau des Sozialismus hielt er für bedeutsamer als einen drohenden Sieg des Faschismus in Deutschland. Seine Begeisterung über den Sieg der Oktoberrevolution hatte ihn nachhaltig geprägt, sie machte ihn lange Zeit blind für die Machtpolitik Stalins.

Im Herbst des Jahres 1929, als seine Grundüberzeugungen ins Wanken gerieten, erwachte Rücks Reiselust. Wollte er an seine wegen des Kriegsbeginns in Wien abrupt abgebrochene Wanderschaft anknüpfen? Er unternahm eine ausgedehnte Reise nach Ost- und Südosteuropa. Als Korrespondent der *Inprekorr* beschrieb er seine Eindrücke in ausführlichen Reportagen. Sie behandeln politische, kulturelle und literarische Aspekte, die Artikel sind unterhaltsam und informativ. Er besuchte Wien, dann die Steiermark, Kärnten, Tirol und das Salzburger Land, er befragte Polizisten und Bauern und hielt ihre Meinungen fest. Rück hielt Österreich für ein „verkrüppeltes Staatswesen",[388] das sich seit 1918 in einer Dauerkrise befinde. Die Bankenkrise von 1929 war noch nicht ausgebrochen, doch Rück konstatierte, dass Österreich in einer schwierigen Finanzlage sei, der Kurs des Schillings falle, Panikstimmung breite sich aus.[389] Er beobachtete das Erstarken der faschistischen Heimwehr, der sogenannten Hahnenschwänzler. Bei einem Aufmarsch in der Steiermark bemerkte er „einige starke Züge deutschnationaler Studenten mit den ekelhaften, hochmütigen, von Schmissen gezeichneten Fressen künftiger Staatsanwälte".[390] Auch sei die katholische Kirche neben den großkapitalistischen Geldgebern der einflussreichste und gefährlichste Verbündete dieser nationalistischen Bewegung in Österreich.[391] In Wien auf dem Heldenplatz erinnerte sich Rück an Kaiser Franz Joseph, der 1849 die bürgerliche Revolution in Österreich niedergeschlagen hatte und von dessen Reich nur ein Zwergstaat übriggeblieben war. Aber auch die Schönheiten der Landschaft zwischen Wien und der Steiermark nahm er wahr und zitierte aus Schriften von Peter Rosegger („Als ich noch der Waldbauernbub war"). Drei weitere Reiseberichte Rücks finden sich in der *Welt am Abend*: „Fahrt durch die Tatra",[392] „Eindrücke in Oberschlesien"[393] und „Über den Brenner".[394]

Zum genauen Datum seines Austritts aus der KPD finden sich in den Biografien Rücks verschiedene Angaben.[395] Er selbst datierte diesen in seinen handschriftlichen Erinnerungsnotizen von 1948 auf das Jahr 1929.[396] Seine Abwendung von Komintern und KPD war ein langsamer und bisweilen schmerzlicher Wandlungsprozess, nach zehnjähriger Parteiarbeit war er beruflich

---

388 *Inprekorr*, Jg. 9, H. 95, 8.10.1929
389 Vgl. *Inprekorr*, Jg. 9, H. 93, 1.10.1929. Die Weltwirtschaftskrise, die wenige Wochen später ausbrach, erschütterte auch die österreichische Wirtschaft.
390 *Inprekorr*, Jg. 9, H. 93, 1.10.1929. Im Jahr 1932 putschte die Heimwehr in der Steiermark.
391 Vgl. *Inprekorr*, Jg. 9, H. 96, 11.10.1929
392 *Die Welt am Abend*, Jg. 7, Nr. 208, 6.9.1929, Fortsetzung in Nr. 210, 8.9.1929
393 *Die Welt am Abend*, Jg. 7, Nr. 222, 23.9.1929
394 *Die Welt am Abend*, Jg. 7, Nr. 240, 14.10.1929
395 Mit Sicherheit falsch ist das Jahr 1928. Vgl. Reuter 2003 (Anm. 299), S 273. Weber/Herbst 2008 (Anm. 105), S. 756 datiert Rücks Austritt aus der KPD in das Jahr 1930.
396 Vgl. Fritz Rück: Züricher Spaziergänge, 13.3.1948, S. 6

5.2 Verwirrende Suche nach einer neuen Partei

und persönlich eng mit der KPD verbunden. Seine schriftstellerische und journalistische Arbeit für die Partei war eine wichtige Einnahmequelle, so niedrig sie auch sein mochte.[397] Bekannt als Journalist, Schriftsteller und Versammlungsredner, hatte er Schwierigkeiten, in ein „normales" Berufsleben einzusteigen.[398] Wo hätte er in der Zeit der Weltwirtschaftskrise und der Massenarbeitslosigkeit einen Arbeitsplatz finden können?

Ein erster Hinweis auf Rücks Suche nach einer Erwerbstätigkeit außerhalb der KPD war seine Berufung als Gastlehrer im Januar 1930 nach Leipzig, der Heimatstadt seiner Frau Dora. Er unterrichtete dort kurze Zeit an einer staatlich geförderten Heimvolkshochschule für Erwachsene, die von dem marxistisch geprägten Sozialdemokraten Herbert Schaller geleitet wurde.[399] Das Kollegium bestand aus Kommunisten, Sozialdemokraten und KPO-Mitgliedern.[400] In dreimonatigen Kursen wurden gesellschaftspolitische Fächer unterrichtet, die Absolventen konnten anschließend die Hochschulreife erlangen. Obwohl Rück selbst keinen höheren Bildungsabschluss besaß, wurde er, der Autodidakt, als Gastdozent herangezogen.[401] Das Honorar für eine Doppelstunde betrug 10 RM, für einen zweitägigen Kurs erhielt Rück im Januar 1930 ein Honorar von 60 RM.[402] In der monatlich erscheinenden Zeitschrift *Kulturwille* des Leipziger Arbeiterbildungsinstituts publizierte er in den Jahren 1930 und 1931 außer zwei Gedichten und einer autobiografischen Erzählung zwei Aufsätze, in denen er empfahl, die marxistische Theorie zu studieren, denn dies sei „ein echter Gesundbrunnen gegen alle Passivität und jeden Pessimismus."[403] Es ist anzunehmen, dass er selbst in der Zeit seiner Loslösung von der KPD solche Stimmungslagen durchlebte und sich verstärkt den marxistischen Grundlagen seines Denkens zuwandte.

Am 1. April 1930 hielt Rück in Frankfurt im Gewerkschaftshaus einen Vortrag über die Sowjetunion.[404] Zu der Versammlung hatten die „Internationale Arbeiterhilfe" und der „Bund der Freunde der Sowjetunion" aufgerufen. In beiden Organisationen hatte das KPD-Mitglied Münzenberg leitende Funktionen, er verstand es, Intellektuelle zu Solidaritätsaktionen mit der SU

---

397 Die KPD verfügte über nur geringe materielle Mittel. Vgl. Hermann Weber: Hauptfeind Sozialdemokratie. Strategie und Taktik der KPD 1929–1933, Düsseldorf 1982, S. 79
398 Vgl. Weber 1969 (Anm. 168), S. 291
399 Vgl. Bericht über den 9. Lehrgang der Heimvolkshochschule, in: StadtALei, Kap. 10, Nr. 408, Beih. 30, Bd. 2, Bl. 135. Schaller trat 1931 der SAP bei.
400 Die Parteizugehörigkeit des Lehrkörpers deckte ein breites linkes Spektrum ab: Rücks Kollegen waren u. a. Frölich (KPD, später KPO), Brandler (KPD, später KPO), Sternberg (SPD, später SAP) und Erich Zeigner (SPD).
401 Vgl. Thomas Adam: Arbeitermilieu und Arbeiterbewegung in Leipzig 1871–1933 (Demokratische Bewegungen in Mitteldeutschland, hrsg. von Helga Grebing, Hans Mommsen/Karsten Rudolph; Bd. 8), Köln/Weimar/Wien 1999, S. 164
402 Dazu kam noch ein Fahrgeld von 20 RM. Bericht über den 9. Lehrgang der Heimvolkshochschule, in: StadtALei, Kap. 10, Nr. 408, Beih. 30, Bd. 2, Bl. 135
403 *Kulturwille*, Jg. 8, H. 10 (Oktober 1931), S. 154
404 Vgl. Bericht des hessischen Oberpräsidenten vom 5.8.1930 an das Innenministerium in Berlin, in: GStAPK, I. HA Rep. 77, Tit. 4043 Nr. 220, Bl. 204 f.

heranzuziehen.[405] Einige Monate später, im Herbst 1930, lösten Nachrichten über einen Schauprozess und Hinrichtungen in Moskau eine breite Protestwelle aus, doch Rücks Solidaritätsgefühle für diesen Staat blieben noch lange von Zweifeln unberührt.

5.2.2 Wie gefährlich ist die NSDAP?

Kurz vor seiner Reise nach Südosteuropa veröffentlichte Rück im August 1929 in der *Inprekorr* eine deutliche Abrechnung mit dem Faschismus.[406] Die englische Historikerin Eve Rosenhaft zitierte diesen Artikel Rücks als Beispiel dafür, dass in der deutschen Arbeiterbewegung die von der NSDAP ausgehende terroristische Gefahr realistisch eingeschätzt wurde.[407] Rück schilderte die gegen die Arbeiter gerichteten Terrorakte und Provokationen, er warnte vor den Putschplänen der NSDAP, die ihre Sturmtrupps systematisch dazu erziehe, ungesetzliche Kampfmittel anzuwenden. Hitler sei der „einflussreichste Mann" an der Spitze dieser kleinbürgerlichen Bewegung, die vom Großkapital ausgehalten werde.[408] Rück hatte den Eindruck, dass die Geldgeber und damit auch die politischen Auffassungen der NSDAP häufig wechselten. Sie habe kein „eigentliches inneres Parteileben", alles werde in „Führerbesprechungen und im engsten Kreise festgelegt".[409] Und welche Generallinie empfahl Rück 1929 im Kampf gegen die Nationalsozialisten? Wie gewohnt nahm er die SPD ins Visier und empfahl den revolutionären Kampf gegen das Großkapital unter Leitung der KPD:

> „Nur dort, wo eine starke Kommunistische Partei vorhanden ist, gelingt es, die wachsende Erbitterung der von der Sozialdemokratie betrogenen Massen in das Bett des revolutionären Kampfes gegen das Großkapital und seine faschistischen und sozialdemokratischen Helfershelfer zu leiten und den faschistischen Provokationen die Stirne zu bieten. Der wachsende Einfluss der Kommunistischen Partei Deutschlands ist die stärkste Gewähr dafür, dass die nationalsozialistischen Bäume nicht in den Himmel wachsen werden."[410]

Zwar bezeichnete er an dieser Stelle die SPD nicht als Sozialfaschisten, doch er stellte sie auf eine Stufe mit den Nationalsozialisten, denn sowohl SPD als auch NSDAP seien Helfer des Großkapitals.

---

405 Vgl. Jörg J. Bachmann: Zwischen Paris und Moskau. Deutsche bürgerliche Linksintellektuelle und die stalinistische Sowjetunion 1933–1939 (Mannheimer Historische Forschungen; Bd. 7), Mannheim 1995, S. 111
406 Vgl. *Inprekorr*, Jg. 9, H. 75, 13.8.1929, S. 1746
407 Vgl. Eve Rosenhaft: Beating the Fascists? The German Communists and Political Violence 1929–1933, Cambridge/London/New York 1983, S. 64
408 Vgl. *Inprekorr*, Jg. 9, H. 75, 13.8.1929, S. 1746. Wie viele andere Kommunisten unterschätzte Rück den Machtwillen Hitlers, er hielt ihn für ein austauschbares Geschöpf der Reichswehr und des Großkapitals.
409 Ebd.
410 *Inprekorr*, Jg. 9, H. 75, 13.8.1929, S. 1746

5.2 Verwirrende Suche nach einer neuen Partei

Ein Jahr später fasste Rück seine Erfahrungen mit der aufstrebenden nationalsozialistischen Bewegung in einer ironisch-nachdenklichen Geschichte zusammen. Sie erschien im November 1930 im *Tribunal* und trägt die Überschrift „Herr Seidenberger wird Faschist".[411] Im Blickpunkt steht ein verunsicherter Kurzwarenhändler, der nach langem Zögern in die NSDAP eintrat, sie aber wegen des aggressiven und geldgierigen Verhaltens seiner braunen Parteigenossen wieder verließ. Diese hatten von ihm unter Gewaltandrohung eine Spende an die Sturmabteilung (SA) und die Aufnahme von NSDAP-Parteiartikeln in sein Warensortiment verlangt:

„Krawatten mit eingesticktem Hakenkreuz, Schreibblocks, die das Bildnis Adolf Hitlers zierten, schwarzweißrot gefärbte Bleistifte, Scherzartikel wie Landvolkbomben mit Pralineefüllung und Goebbels-Zigarren, die ‚Heil' riefen, wenn man auf die Bauchbinde drückte."[412]

Frau Seidenberger, die „mit kundiger Hand" die neuen Artikel prüfte, bemängelte die schlechte Qualität. Nur die Messer waren „guter Solinger Stahl, mit Blutrinne und Totenkopfgriff".[413] Die Drohungen der „kraftstrotzenden Jungen der Sturmabteilungen", die sich vor seinem Schaufenster im Pistolenschießen übten, Scheiben demolierten und die Auslagen plünderten, schüchterten den Geschäftsmann ein. Als ihm die nationalsozialistische Parteileitung eine weitere, noch höhere Spendenforderung stellte, verbrannten er und seine Frau den Nazi-Plunder.

„Die nächsten acht Tage musste vor dem Laden des Kurzwarenhändlers Seidenberger auf Wunsch des Inhabers dauernd ein Schupoposten stehen. Er konnte nicht verhindern, dass neben der Schaufensterscheibe die Scheiben im ersten Stock in die Brüche gingen. Dann wurde es ruhiger, der Tatwille der Sturmabteilung suchte sich andere Objekte seines Interesses."

Messer, Blut, zerbrochene Scheiben und Habgier: damit hatte Rück deutlich den Habitus der Nationalsozialisten umschrieben. Das Opfer kam in Rücks Erzählung mit einem blauen Auge davon, aber das Gewaltpotenzial der brutalen braunen Schlägertrupps blieb eine permanente Bedrohung. Rück stellte fest, dass schon im Jahr 1930, als formal der Weimarer Staat noch bestand, die hilflose Polizei die Bürger nicht mehr schützen konnte. Den Terror der faschistischen Schlägertrupps deutete Rück als beginnende Auflösung der Weimarer Republik.[414]

---

411 *Tribunal*, Jg. 6, Nr. 14 (November 1930)
412 Ebd.
413 Ebd.
414 Vgl. Weber 1982 (Anm. 397), S. 33. In der KPD wie auch in der SAP wurde kein Unterschied gemacht zwischen demokratischer Republik und Faschismus, man sprach von dem „halbfaschistischen Brüning-Regime". Vgl. Hanno Drechsler: Die Sozialistische Arbeiterpartei Deutschlands (SAPD). Ein Beitrag zur Geschichte der deutschen Arbeiterbewegung am Ende der Weimarer Republik (Marburger Abhandlungen zur Politischen Wissenschaft; Bd. 2), Meisenheim am Glan 1965, S. 231

5.2.3 Chronist des Wedding

Seit 1925 wohnte Rück mit seiner Frau Dora im Berliner Bezirk Wedding, ihre Wohnung befand sich in der belebten Müllerstrasse Nr. 96.[415] In diesem Haus betrieb das Ehepaar einen Buchhandel mit Schreibwarengeschäft und Leihbücherei, es gab sogar ein Telefon.[416] Rück fühlte sich im Wedding heimisch, 20 Jahre lang benützte er das Pseudonym „Peter Wedding".

Abb. 8: *Rück, Buchhändler im Wedding*

Die KPD war seit 1924 die stärkste Partei im Wedding. Die brutale Niederschlagung der Demonstrationen am 1. Mai 1929 durch den sozialdemokratischen Polizeipräsidenten Karl Zörgiebel wurde von der KPD als Beweis der „Faschisierung" der SPD gewertet.[417] Das bekannte Kampflied von Erich Weinert „Der rote Wedding" verstärkte den Mythos dieses Proletarierviertels.[418] Völlig unverständlich ist es, weshalb Rück die blutigen Straßenkämpfe, die vor seiner Haustür stattfanden, in keinem seiner Artikel erwähnte. 1929 schrieb er noch für die *Rote Fahne*, aber nicht mehr über die Tagespolitik, er wich in die Vergangenheit aus.

Ende 1930/Anfang 1931 machte Rück eine radikale Kehrtwendung und trat in die SPD ein, überraschenderweise wurde er Mitglied einer Partei, die er seit 1914 vehement bekämpfte. Ein halbes Jahr lang war er Mitglied im Ortsverein Wedding. Eine Erklärung für seinen zweiten Eintritt in die SPD konnte Rück nicht geben. In seinen oben erwähnten handschriftlichen Erinnerungsnotizen von 1948 deutete er diese rätselhafte SPD-Mitgliedschaft von 1930/31 an und schrieb, er habe das Gefühl, als ob ihm „die Worte im Hals stecken blieben", wenn er erklären sollte, weshalb er der „Partei Noskes und Wels" angehörte: „Es war [...] der Besuch von zwei Zahlabenden und einer Parteiversammlung im Berliner Wedding, wo ich zehn Jahre gewohnt hatte – daher stammt das Pseudonym Peter Wedding – dann hatte ich ‚die Nase voll', wie die Berliner sagten [...] und ging wieder."[419] In diesem gewundenen Satz ist keine einleuchtende Begründung zu finden, weshalb er seine bisherige Überzeugung über Bord warf und in die SPD zurückkehrte. Ahnte er, dass die schroffe Konfrontation, die er seit Jahren konsequent vertrat, in eine Sackgasse geführt

---

415 Vgl. Fritz Rück: Der Wedding in Wort und Bild, Berlin 1931, S. 102
416 Vgl. ebd. Eine Kleinanzeige wirbt für dieses Geschäft. Rücks damalige Frau Dora meldete später in einem Entschädigungsverfahren Ansprüche wegen des Verlusts wertvoller Bücher aus diesem Bestand an. Vgl. schriftliche Mitteilung Alfred Hausser vom 21.11.1994 an die Verfasserin
417 Vgl. Heinrich August Winkler: Der Schein der Normalität. Arbeiter und Arbeiterbewegung in der Weimarer Republik 1924 bis 1930 (Geschichte der Arbeiter und der Arbeiterbewegung in Deutschland seit dem Ende des 18. Jahrhunderts, hrsg. von Gerhard A. Ritter; Bd. 10) Berlin/Bonn 1985, S. 680
418 Vgl. Axel Kuhn: „Der Rote Wedding" – Geschichte eines antifaschistischen Kampfliedes, in: Demokratie- und Arbeitergeschichte, Jahrbuch 1, hrsg. von der Franz Mehring Gesellschaft, Weingarten 1980, S. 116 ff.; Kurz 1988 (Anm. 358), S. 159
419 Fritz Rück: Züricher Spaziergänge, 13.3.1948, S. 6 f.

5.2 Verwirrende Suche nach einer neuen Partei

hatte? Hatten seine Reisen von 1929 die Distanz zur zentralistischen KPD und ihrer starren bolschewistischen Linie verstärkt? War das Band zwischen Kommunisten und Sozialdemokraten im Alltagsleben, in den Wohnvierteln und Vereinen doch noch nicht endgültig zerschnitten?[420]

Mit Sicherheit entstand Rücks enge Verbundenheit mit dem Wedding auch durch die intensiven Recherchen über die Geschichte und die aktuelle Lage dieses Viertels. 1931 erschien in der Laub'schen Verlagsbuchhandlung in Berlin sein Buch „Der Wedding in Wort und Bild", eine informative und unterhaltsame Dokumentation von 88 Seiten. Das Werk ist ohne propagandistische Absicht geschrieben, ein moderner Stadtführer bezeichnete es als „eines der interessantesten Bücher über den Wedding".[421] Im Anhang waren auf 14 Seiten Anzeigen von Berliner Firmen und Ladengeschäften abgedruckt, darunter auch eine relativ unscheinbare Werbeanzeige für Rücks eigenes Geschäft. Er erwähnte weder Proletarierelend noch blutige Barrikadenkämpfe, problematische Themen blendete er aus. Wortschatz und Argumentationsmuster waren nicht mehr die eines kommunistischen Funktionärs, in sachlichem Stil beschrieb er einen modernen, fast vorbildlichen Stadtteil. Er lobte die Anstrengungen, die nach 1918 unternommen wurden, um dem Wedding „den Charakter der Armeleutestube Berlins zu nehmen" und ihn zur „modernen Großstadt umzugestalten".[422] Nur kurz erwähnte er die elenden Wohnverhältnisse:

> „Der Nettelbeckplatz mit dem ganzen Komplex grauer Vorstadthäuser, mit den typischen Berliner Hinterhöfen, in denen Singen, Musizieren und Spielen der Kinder verboten ist. [...] Nach der Statistik steht der Wedding mit der Tuberkulosesterblichkeit an dritter Stelle in Berlin, im Wedding zählt man die höchste Zahl von Totgeborenen und auch zu allen Mangelkrankheiten und allen Seuchen trägt er in starkem Maße bei."[423]

Aber daneben fand Rück auch idyllischen Orte:

> „In einem alten Schuppen werden gebrauchte Möbel und andere, aus Auktionen stammende Bedarfsartikel verkauft. Zwischen den zerschlissenen Rosshaarmatratzen und abgenutzten Kleiderspinden treiben sich aufgeregt einige Hühner umher und suchen eine gemütliche Ecke zum Eierlegen."[424]

Wenn man das mit vielen Fotos illustrierte Buch Rücks über die Entwicklung des Wedding liest, entsteht das Bild eines prosperierenden Stadtbezirks mit modernem Wohnungs- und Straßenbau und vorbildlichen Einrichtungen des Gesundheitswesens.[425] Für alle Bereiche nannte Rück

---

420 Vgl. Franz Walter: Die SPD. Vom Proletariat zur Neuen Mitte, Berlin 2002, S. 79
421 Gerhild H. M. Komander: Der Wedding. Auf dem Weg von Rot nach Bunt, Berlin 2006, S. 112
422 Rück 1931 (Anm. 415), S. 8
423 Ebd., S. 9
424 Ebd.
425 Der städtische Schularzt Dr. Georg Benjamin genoss damals hohes Ansehen bei den Arbeitern, das bestätigt auch der kommunistische Unterbezirkssekretär Willy Sägebrecht in seinen Erinnerungen, in: SAPMO-

genaue Zahlen und lobte das bisher Erreichte. Nur beiläufig streifte Rück die aktuelle Wirtschaftskrise und die hohen Arbeitslosenzahlen, die eine „Notlage breiter Massen" und die „tiefgehende Radikalisierung der Bewohner" dieses Bezirks zur Folge hätten. Aber die „soziale Frage" sei nicht das eigentliche Thema seiner Arbeit, Rück wollte zeigen, „was der Wedding in den schweren Jahren nach dem Kriege geworden ist."[426]

Das Wedding-Buch lässt eine Reihe von Fragen offen. War das Buch eine Auftragsarbeit? Woher bezog der Autor das umfangreiche Zahlen- und Bildmaterial? Steht das Buch in irgendeinem Zusammenhang mit seiner kurzen Mitgliedschaft in der SPD? Rück hat jedenfalls nach seinem Austritt aus der KPD diesen sachlichen, aber doch lebendigen Dokumentationsstil weiterentwickelt, den er sich bereits während der Kampagne zur Fürstenenteignung angeeignet hatte. Am Ende seines Buches über den Wedding wandte er sich kulturellen Themen zu. Unter der Überschrift: „Der Wedding in Zeichnung und Film" erinnerte er an den 1929 verstorbenen Zeichner Heinrich Zille:

> „Er ging durch die Straßen, die Höfe und Wohnungen des Weddings, seine scharfen Augen sahen und sein Bleistift hielt fest aus der bunten Fülle der Erscheinungen, was [...] nötig war. [...] Hunderttausende lernten in Kriegs- und Inflationsjahren seinen Ausspruch verstehen: Man kann mit einer schlechten Wohnung einen Menschen genauso totschlagen wie mit einer Axt!"[427]

Er erwähnte anerkennend den Maler Otto Nagel, der im Wedding wohnte und dort „die Motive zu seinen wuchtigen, düsteren Arbeiterbildern"[428] fand. Nagel habe die Schaffung eines Films angeregt, der nach Erzählungen von Zille an Originalschauplätzen, in den Hinterhöfen des Wedding gedreht wurde.[429] In dem Kapitel „Am Rande der Großstadt" schilderte Rück mit einem Schuss Humor das Leben der Laubenkolonisten, die „ihre drei Kartoffelbeete begießen und über die anhaltende Dürre jammern." Wenn sie der Stadterweiterung im Wege sind, werden sie schnell verdrängt, denn sie können sich nicht dagegen zur Wehr setzen:

> „Da ist eine Lackfabrik, die jeden zweiten Tag bei der Verbrennung von Abfällen die ganze Gegend verpestet. [...] Aber die Besitzer, einige reiche Amerikaner, denen es ganz gleichgültig ist, wo ihre Fabrik steht, wenn sie nur Lack fabriziert, und die nicht gezwungen sind,

---

BArch, SgY30/1276/2, Bl. 647
426 Rück 1931 (Anm. 415), S. 12
427 Ebd., S. 80
428 Otto Nagel (1894–1967) malte Bilder aus dem Arbeitermilieu und Stadtansichten. Seit 1929 gab er mit Zille die satirische Zeitschrift *Eulenspiegel* heraus. Er wurde 1933 verhaftet, seine Bilder galten als „entartet".
429 Es handelt sich um den auch in der *Roten Fahne* hochgelobten Film „Mutter Krausens Fahrt ins Glück", gedreht unter der Regie von Phil Jutzi.

5.2 Verwirrende Suche nach einer neuen Partei

den Gestank einzuatmen, wehren sich beharrlich dagegen, den Platz freizugeben und ihre Fabrik an anderer Stelle wieder aufzubauen."[430]

In diesen Gedankengängen erkennt man den „alten" Rück wieder, der gegen soziales Unrecht aufbegehrt und ein gutes Gespür für die alltäglichen Sorgen und Nöte der kleinen Leute hat.

5.2.4 Eigenwilliges SAP-Mitglied

Als der Zerfall des demokratischen Systems und die Massenerfolge der nationalsozialistischen Bewegung immer deutlicher wurden, verschärfte sich der Kampf zwischen den beiden großen Arbeiterparteien. Zahlreiche Klein- und Zwischengruppierungen entstanden, so z. B. die SAP, die sich als „Kristallisationskern"[431] einer dringend notwendigen Einheitsfront gegen den Faschismus verstand. Diese kleine, kampfeswillige Partei öffnete sich allen antifaschistischen Kräften der Arbeiterbewegung, das politische Spektrum war breit gefächert. Es gab eine pazifistische Rechte um den SPD-Reichstagsabgeordneten Heinrich Ströbel, eine gemäßigt-prokommunistische Linke um Klaus Zweiling und Fritz Sternberg[432] und einen mittleren Kreis um Max Seydewitz und Kurt Rosenfeld, der versuchte, zwischen dem rechten und dem linken Flügel zu vermitteln.[433] Der linke Flügel der SAP wurde im März 1932 durch den Beitritt von etwa 1.000 ehemaligen KPO-Mitgliedern unter Führung von Walcher, Frölich u. a. verstärkt.[434] Rück konnte sich keiner dieser Gruppierungen anschließen. Seine prosowjetische Grundeinstellung war immer noch so stark, dass er innerhalb der SAP zusammen mit Gertrud Duby[435] und Will Schaber[436] eine neue, radikale Fraktion bildete, die er die „Kommunistische Linke"[437] nannte. In der kurzen Zeitspanne seiner Mitgliedschaft in der SAP vom Oktober 1931 bis Juni 1932 erwachte wieder sein kämpferisches, diskussionsfreudiges Temperament, er galt als Wortführer dieser kleinen kommunistischen Fraktion. Er hatte den Wunsch, den Kurs der SAP „entschlossen herumzureißen und mit allen pazifistischen, reformistischen und zentristischen Tendenzen zu brechen."[438] Er wollte die SAP in

---

430 Rück 1931 (Anm. 415), S. 83
431 Vgl. Grebing 2007 (Anm. 340), S. 103
432 Fritz Sternberg (1895–1963) war Journalist bei der *Weltbühne* und emigrierte in die Schweiz.
433 Vgl. Drechsler 1965 (Anm. 414), S. 187
434 Vgl. Heinz Niemann: Gründung und Entwicklung der SAP bis zum I. Parteitag (1931–1932), in: Ders. (Hrsg.): Auf verlorenem Posten? Zur Geschichte der Sozialistischen Arbeiterpartei. Zwei Beiträge zur Geschichte des Linkssozialismus in Deutschland, Berlin 1991, S. 134; Foitzik 1986 (Anm. 376), S. 24; Drechsler 1965 (Anm. 414), S. 154, Anm. 57
435 Duby, geboren 1901 in einem Schweizer Pfarrhaus, war eine engagierte sozialistische Frauenrechtsaktivistin. Sie starb 1993 in Mexiko.
436 Schaber (1905–1996) war Journalist. Vgl. Will Schaber: Profile der Zeit. Begegnungen in sechs Jahrzehnten, hrsg. von Manfred Bosch, Eggingen 1992, S. 314 ff.
437 *SAZ*, Jg. 2, [o. Nr.], 1.6.1932, zit. nach: Drechsler 1965 (Anm. 414), S. 212
438 Ebd.

eine neue, gemäßigt moskautreue kommunistische Massenpartei verwandeln.[439] Obwohl Rücks Haltung in der SAP umstritten war, wurde er politischer Korrespondent ihres Zentralorgans, der SAZ[440] und wandernder Referent im Auftrag der Reichsleitung.[441] In der kurzen Zeit seiner etwa acht Monate dauernden Mitgliedschaft in der SAP hatte er weitreichende publizistische Freiheiten, die er nutze, um Anhänger für seine Ideen zu gewinnen.[442]

In seinem ersten Artikel für die *SAZ* mit der Überschrift „Revolutionäre Außenpolitik" griff er weit in die Vergangenheit zurück und spannte einen Bogen von Marx und Engels bis in die Gegenwart.[443] Er warnte vor pazifistischen Illusionen, die sich mit dem Völkerbund oder mit

Abb. 9: *Rück spricht als NS-Gegner auf Kundgebung in Stuttgart (1932)*

---

439 Vgl. Parteivorstand der Sozialistischen Arbeiter-Partei (Hrsg.): Protokoll des ersten Reichs-Parteitags der Sozialistischen Arbeiterpartei Deutschlands in Berlin 25.–28. März 1932, o. O. und o. J. [Berlin 1932], S. 23; Drechsler 1965 (Anm. 414), S. 290
440 Will Schaber zeichnete im Impressum als verantwortlich. Vgl. Gerhard Schwinghammer (Hrsg.): Will Schaber. Weltbürger aus Heilbronn, Heilbronn 1986, S. 16
441 Vgl. Rundschreiben SAP-Reichsleitung an die Bezirksleitungen und Ortsgruppen Nr. 31 [o. J., ca. Febr./März 1932], in: SAPMO-BArch, RY13/II 120/3, Bl. 15
442 Zur weitreichenden innerparteilichen Demokratie in der SAP vgl. Jörg Bremer: Die Sozialistische Arbeiterpartei Deutschlands (SAP). Untergrund und Exil 1933–1945 (Campus Forschung; Bd. 35), Frankfurt/New York 1978, S. 33
443 Vgl. *SAZ*, Jg. 1, Nr. 30, 6.12.1931

5.2 Verwirrende Suche nach einer neuen Partei

der deutsch-französischen Verständigung verbanden, er befürchtete eine neue anti-sowjetische Mächtekonstellation. Für das deutsche Proletariat müssten die Interessen der Sowjetunion alleinige Richtschnur sein, sie sei schließlich die „neue revolutionäre Macht auf der Bühne der Geschichte".[444] Obwohl er die KPD verlassen hatte, war der Mythos der Oktoberrevolution noch wirksam, allerdings erwähnte er den Namen Stalins in diesem Artikel nicht.

Anfang 1932 übernahm Rück den Vorsitz der Stuttgarter SAP-Ortsgruppe,[445] behielt aber seinen Hauptwohnsitz in Berlin.[446] In Stuttgart gab es eine starke KPO,[447] sie hatte dort viele erfahrene Mitarbeiter. Rücks Schwager Janus war seit 1929 Redakteur der Wochenzeitschrift *Arbeiter-Tribüne*, Erich Hausen war KPO-Bezirksleiter von Württemberg.[448] Rück unterstützte die antifaschistische Aktionseinheit in Stuttgart, er trat als SAP-Redner am 18. Februar 1932 bei einer Kundgebung im Saalbau der Brauerei Wulle in der Neckarstraße auf, Hausen sprach für die KPO.[449]

Als Vertreter der Ortsgruppe Stuttgart nahm Rück am ersten Reichsparteitag der SAP an Ostern 1932 in Berlin teil.[450] Die neue Partei musste die Frage ihres Verhältnisses zu KPD und Komintern klären, Rück stürzte sich voll Eifer in diese Diskussion. Der Parteivorstand kritisierte Stalins Theorie des Aufbaus des Sozialismus in einem Land und plante, diese Position, zusammengefasst in einer „Prinzipienerklärung", dem Parteitag vorzulegen.[451] Nun wurde die „Kommunistische Linke" um Rück, Duby und Schaber aktiv, die drei Delegierten erarbeiteten zur Vorbereitung des Parteitags in stundenlangen Diskussionen – mit Hilfe von reichlich Kaffee und Zigaretten[452] – den gemeinsamen Resolutionsentwurf „Unsere Stellung zur III. Internationale", um ihn dem Plenum zur Diskussion vorzulegen. Rück sorgte dafür, dass er fünf Tage vor Parteitagsbeginn in der *SAZ* abgedruckt wurde.[453] Der Parteitagsvorsitzende Seydewitz gewährte Rück zur Begründung des Resolutionsentwurfs eine verlängerte Redezeit von zehn Minuten.[454] Weit

---

444 Ebd.
445 Zu seiner Tätigkeit als SAP-Funktionär in Stuttgart vgl. Bericht des Württ. Landespolizeiamts vom 14.7.1934 an den Leiter des Geheimen Staatspolizeiamts Berlin, in: SAPMO-BArch, R 58/3232, Bl. 71.; Protokoll Reichs-Parteitag 1932 (Anm. 439), S. 162; Niemann 1991 (Anm. 434), S. 175
446 Sein Reisepass wurde am 2.2.1932 vom Polizeiamt 3 in Wedding ausgestellt. Kopie in: BAR, E 4264 1988/2 Bd. 361 P 41915
447 Vgl. Theodor Bergmann: „Gegen den Strom". Geschichte der KPD(Opposition), Hamburg 2001, S. 580
448 Vgl. Höpfner 1984 (Anm. 377), S. 38 ff. Hausen, aus der KPD ausgeschlossen, war Mitherausgeber des KPO-Presseorgans *Gegen den Strom*.
449 Vgl. *Gegen den Strom*, Jg. 5, Nr. 1, 27.2.1932, S. 56
450 Vgl. Heinz Niemann/Helmut Arndt: Die sozialistische Arbeiterpartei Deutschlands 1931–1933. Ein Beitrag zur Geschichte des Linkssozialismus in der Weimarer Republik (Beiträge zur wissenschaftlichen Weltanschauung, hrsg. von der Sektion Marxismus-Leninismus der Humboldt-Universität zu Berlin, H. 21), Berlin (Ost) 1988, S. 101
451 Vgl. Protokoll Reichs-Parteitag 1932 (Anm. 439), S 180 ff.; Weber 1973 (Anm. 144), S. 307 ff.
452 Vgl. Simone Hantsch: Das Alphatier. Aus dem Leben der Gertrud Duby-Blom (Biographien europäischer Antifaschisten, hrsg. von Ulla Plener), Berlin 1999, S. 42
453 Gertrud Düby, Fritz Rück und Will Schaber: Unsere Stellung zur III. Internationale, in: *SAZ*, Jg. 2, Nr. 69, 20.3.1932
454 Vgl. Protokoll Reichs-Parteitag 1932 (Anm. 439), S. 55

ausholend verteidigte Rück die Konzeption Stalins vom Aufbau des Sozialismus in einem Land und referierte detailliert über die Entwicklung Russlands von 1917 bis zur Gegenwart.[455] Von den brutalen Zwangsmaßnahmen bei der Kollektivierung der Landwirtschaft und der Industrialisierung sprach er nicht. Es ging ihm darum, den Beweis zu führen, dass Stalins Politik mit der Lehre Lenins übereinstimme. Es sei falsch, „Auswüchse, Fehler, Härten und Schwächen"[456] zu betonen, denn dieser Staat habe seine „Wurzeln in den Sowjets, den Gewerkschaften, in vielseitigen Verbindungen mit allen Teilen der revolutionären Massen".[457] Den Sturz und die Verbannung Trotzkis rechtfertigte Rück:

> „Trotzki hat in den letzten Jahren bewiesen, dass er wohl imstande ist, blendende Analysen zu geben; er hat gleichzeitig bewiesen, dass er eine desorganisierende Kraft im Lager der Revolution darstellt. Trotzki schlägt auf jeden los, ob es ein Kleiner oder ein Großer ist, mit den Hammerschlägen seiner überspitzten Dialektik."[458]

Sein Fazit war eindeutig: der Aufbau des Sozialismus in der SU müsse vom Proletariat der anderen Länder voll unterstützt werden, man dürfe sich nicht auf „platonische Liebeserklärungen an die Adresse der Sowjetunion"[459] beschränken. Die Redezeitverlängerung reichte Rück nicht aus, Seydewitz musste dem heftig Protestierenden das Wort entziehen.[460] Der Resolutionsentwurf der „Kommunistischen Linken" erhielt auf dem Parteitag nicht die vorgeschriebenen 15 Unterschriften, Rück und seine Mitstreiter fanden in der SAP keinen Rückhalt. Unterstützung erhielten sie nur von Ledebour, der, ähnlich wie Rück, die Kritik an Stalin als „trotzkistischen Unsinn"[461] bezeichnete.

Trotzdem war Rück kein unkritischer Stalinanhänger. Auch wenn er den Anschluss der SAP an KPD und Komintern befürwortete, kritisierte er andererseits wichtige Elemente ihrer Politik.[462] Die RGO bezeichnete er als „gewerkschaftsfeindlich", die Theorie vom Sozialfaschismus sei „verwirrend". Die „Parteiendemokratie innerhalb der Komintern wie ihrer einzelnen Parteien" sollte wiederhergestellt und die aus der Komintern ausgeschlossenen Gruppen und Personen müssten wieder aufgenommen werden. Keine Partei dürfe sich ein Führungsmonopol anmaßen.[463]

Walcher trat offen in Frontstellung zu Rück, er wies in seiner Rede darauf hin, dass es Stalin sei, dessen diktatorischer Führungsanspruch die kommunistischen Parteien zu Instrumenten rus-

---

455 Vgl. ebd., S. 90
456 *SAZ*, Jg. 2, Nr. 73, 25.3.1932
457 *SAZ*, Jg. 2, Nr. 69, 20.3.1932
458 Protokoll Reichs-Parteitag 1932 (Anm. 439), S. 80
459 *SAZ*, Jg. 2, Nr. 73, 25.3.1932
460 Vgl. Protokoll Reichs-Parteitag 1932 (Anm. 439), S. 81
461 Ebd., S. 166
462 Vgl. *SAZ*, Jg. 2, Nr. 69, 20.3.1932
463 Vgl. ebd.

5.2 Verwirrende Suche nach einer neuen Partei

sischer Machtinteressen degradiere.[464] Die Parteitagsmehrheit akzeptierte diese Einschätzung.[465] Mit Rücks Forderung, die SAP solle sich nicht der SPD, sondern der KPD zuwenden,[466] der Komintern beitreten und eventuell sogar ihre Existenz als eigenständige Partei aufgeben, verlor die „Kommunistische Linke" jegliche Unterstützung auf dem Parteitag, eine „Welle feindseliger Stimmung"[467] schlug ihr entgegen. Die SAP wollte verständlicherweise ihre Unabhängigkeit erhalten und Sternberg hatte die Mehrheit des Parteitags auf seiner Seite, wenn er sich, an Rück wendend, sagte:

> „Aber gerade in unseren Reihen ist es absolut notwendig, den Trennungsstrich zur kommunistischen Partei zu ziehen Ich habe mich gewundert über die Reden der Genossen Düby und Rück, und zwar darum, weil sie von ihrem großen Aufsatz, der in der SAZ erschien, nichts in ihren Reden erwähnten. [...] Gen. Rück hat über dieses und jenes gesprochen, aber auch nicht über seinen Aufsatz.[468] Ich halte diesen seinen Aufsatz für außerordentlich gefährlich (Zuruf Rück: Das gehört in die Programmdiskussion) und möchte schon in der politischen Diskussion sagen, warum er mir gefährlich erscheint. Wir stehen vor der Situation, dass die kommunistische Partei völlig versagt hat, gerade in dem Punkte, die Arbeiterschaft zur Aktion zu führen. Da schreiben die Gen. Düby, Rück und Schaber einen Artikel, in dem es heißt: ‚Wir, die Sozialistische Arbeiterpartei, sind bereit uns aufzulösen, wenn nur gewisse Bedingungen innegehalten werden [...]' wobei doch jeder Genosse weiß, dass diese Bedingungen niemals von der kommunistischen Partei erfüllt werden."[469]

Seydewitz betrachtete die von Rück vertretene kommunistische Position als Gefahr für den Bestand der Partei und bekämpfte sie energisch,[470] auch die Gemäßigten in der SAP lehnten das Auftreten Rücks als „hemmungslos" und „agitatorisch"[471] ab. Bei der Abstimmung über die Prinzipienerklärung des Parteivorstands enthielt sich die Gruppe um Rück der Stimme.[472] Der Antrag, die SAP an die Komintern anzuschließen, erhielt nur vier Stimmen.[473] Duby wurde als

---

464 Vgl. Drechsler 1965 (Anm. 414), S. 212 und S. 217
465 Vgl. Protokoll Reichs-Parteitag 1932 (Anm. 439), S. 19 und S. 23
466 Vgl. ebd., S. 23
467 Drechsler 1965 (Anm. 414), S. 219
468 Vgl. Anm. 453
469 Protokoll Reichs-Parteitag 1932 (Anm. 439), S. 34 f.
470 Vgl. Drechsler 1965 (Anm. 414), S. 220 und S. 250
471 Lothar Wieland: „Wieder wie 1914!" Heinrich Ströbel (1869–1944). Biografie eines vergessenen Sozialdemokraten, Bremen 2009, S. 322
472 Vgl. Drechsler 1965 (Anm. 414), S. 239
473 Vgl. Kurt Koszyk: Zwischen Kaiserreich und Diktatur. Die sozialdemokratische Presse von 1914 bis 1933, Heidelberg 1958, S. 249

einziges Mitglied der „Kommunistischen Linken" in den Parteivorstand gewählt.[474] Zustimmung erhielt Rück erstaunlicherweise von der KPO, in ihrer Zeitung *Gegen den Strom* wurde sein Resolutionsentwurf gelobt als „begrüßenswerter Versuch, eine wirklich kommunistische Stellung [...] zu beziehen".[475] Vermutlich wurde er dadurch ermutigt, nach neuen Mitstreitern zu suchen, hartnäckig hielt er an seinen Zielen fest. Er gab mit einigen seiner Berliner Genossen eine eigene Zeitung heraus, die *Generallinie*, deren erste und einzige Nummer am 1. Mai 1932 erschien.[476] Auf der Suche nach Unterstützung reiste er nach Nürnberg, wo er als SAP-Referent mehrere Wochenendkurse leitete und Einfluss auf die Ortsgruppe gewann. Der Inhalt dieser *Generallinie* wurde dort am 20. Mai von einer Versammlung der Mitglieder der SAP und des Sozialistischen Jugendverbandes (SJV) gebilligt.[477] Doch nach einer Aussprache mit dem Parteivorstand musste Rück die Herausgabe der *Generallinie* einstellen.[478] In einem *SAZ*-Artikel beschwerte er sich, dass man sein politisches Anliegen nur organisatorisch behandelt habe.[479] Doch seine Isolation ist auf sein taktisch „höchst ungeschicktes"[480] Verhalten zurückzuführen, mit anderen führenden SAP-Linken, wie z. B. mit Walcher, kam es zu keiner Zusammenarbeit. Rücks Verärgerung über die aus der KPO zur SAP übergetretenen Genossen äußerte er in einem Artikel der *SAZ*, er schrieb, es sei eine völlig ungeeignete Methode, wenn diese „mit besonderer Schlauheit versuchen, den Kommunismus gewissermaßen in homöopathischen Dosen der Partei [scil. der SAP/die Verf.] beizubringen, ohne dass sie so richtig merkt, um was es sich handelt."[481] Doch auch seine eigenen Versuche, die SAP auf einen kommunistischen Kurs zu bringen, scheiterten.

Die erbitterten Streitigkeiten des Jahres 1932 waren schon für die Zeitgenossen unverständlich. Der bekannte Theaterkritiker Alfred Kerr spottete treffend: „Und seht die halbe Welt in Flammen, wir spalten treu und fest zusammen."[482]

5.2.5 Hauptfeind SPD

Am 13. März 1932, zwölf Tage vor Beginn des SAP-Parteitags, war der erste Wahlgang für die Wahl des Reichspräsidenten. Der Kandidat Hitler erhielt 30,1 % der Stimmen, seine Anhänger marschierten und randalierten auf den Straßen. Frölich erhielt auf dem Parteitag großen Beifall, als er sagte: „Hitler muss jetzt geschlagen werden. Wir müssen uns klar sein über die ganze Größe

---

474 Nach dem Willen von Seydewitz sollten alle Gruppierungen berücksichtigt werden. Vgl. Niemann/Arndt 1988 (Anm. 450), S. 100
475 *Gegen den Strom*, Jg. 5, Nr. 7, 26.3.1932, S. 75
476 Vgl. Mitteilung des SAP-PV, in: *Kampfsignal*, Jg. 1932, Nr. 19, 2. Maiwoche, zit. nach: Drechsler 1965 (Anm. 414), S. 288
477 Leiter der Ortsgruppe Nürnberg war Fritz Peter. Vgl. Foitzik 1986 (Anm. 376), S. 58
478 In der KPO-Zeitung *Gegen den Strom*, Jg. 5, Nr. 11, 21.5.1932 wird berichtet, dass Rück vor dem Parteivorstand „kapituliert" habe.
479 *SAZ*, Jg. 2, [o. Nr.], 1.6.1932
480 Drechsler 1965 (Anm. 414), S. 288
481 *SAZ*, Jg. 2, [o. Nr.], 1.6.1932
482 Zit. nach: Niemann 1991 (Anm. 434), S. 135

5.2 Verwirrende Suche nach einer neuen Partei

der Gefahr, die vor uns steht."[483] Auch Rück hatte diese bedrohliche Entwicklung vor Augen, als er zu Beginn des SAP-Parteitags sagte:

> „Wir sehen heute in Deutschland, dass die faschistische Bewegung Schritt für Schritt an Boden gewinnt. Wir sehen die Entwicklung für die nächsten Monate vor uns, die eines faschistischen Übergangsregimes, dann die des offenen Faschismus. Alles das dann, wenn es nicht gelingt, den revolutionären Faktor einzuschalten als aktive Kraft, um den Faschismus zu schlagen, bevor er zur Macht kommt."[484]

Das „faschistische Übergangsregime" war für ihn die Regierung Heinrich Brüning, aber auch die sozialdemokratische preußische Koalitionsregierung unter Ministerpräsident Otto Braun und Innenminister Carl Severing. Deshalb lehnte er für die bevorstehende Landtagswahl in Preußen eine Listenverbindung von SAP und SPD entschieden ab, denn es sei „ein Bündnis mit den Reformisten, die durch ihre Politik dem Faschismus Hilfsdienste leisten".[485] Nicht die aggressiv auftretenden Hitler-Horden, sondern der Reformismus sei der gefährlichste Gegner, dieser müsse überall, auch in der SAP, rigoros bekämpft werden:

> „Der Zustand ist heute so, dass das Aktionszentrum und der geistige Generalstab fehlt, der in dem Kampf gegen den Faschismus die Arbeiterschaft führen kann. Das ist die zentrale Aufgabe, die heute überall steht. Wir können nur mitarbeiten an ihrer Lösung, wenn wir in unseren eigenen Reihen rücksichtslos Schluss machen mit allen ganz oder halbreformistischen Gedankengängen."[486]

Der „geistige Generalstab" im Kampf gegen den Nationalsozialismus war für Rück nun nicht mehr die KPD. Aber auch der SAP misstraute er, sie war ihm nicht revolutionär genug, er sah sich in einer ausweglosen Lage.

Wie viele seiner Zeitgenossen hoffte er im Frühjahr 1932 noch auf einen Niedergang der faschistischen Bewegung. In seinem Resolutionsentwurf für den SAP-Parteitag vom März 1932[487] stellte er zwar fest, dass der „Feind vor den Toren" stehe, doch schränkte er diese Aussage wieder ein: „Die Schärfe und die Dauer der Weltwirtschaftskrise [...] fördert einerseits die Entwicklung zum Faschismus, andererseits untergräbt sie die Basis seiner Macht, noch bevor er zur Herrschaft gekommen ist."[488] Doch die Hoffnung, dass die Wirtschaftskrise das Ende des Kapitalismus und die sozialistische Revolution hervorbringen würde, sollte schon bald bitter enttäuscht werden.

---

483 Protokoll Reichs-Parteitag 1932 (Anm. 439), S. 31
484 Ebd., S. 24
485 Ebd., S. 23
486 Ebd.
487 Vgl. *SAZ*, Jg. 2, Nr. 69, 20.3.1932
488 Ebd.

5.2.6 Ausschluss aus der SAP

Der Wahlkampf für die am 31. Juli 1932 ausgeschriebenen Reichstagswahlen glich einem Bürgerkrieg, in einem Monat gab es in Preußen 99 Tote und über 1.000 Verletzte.[489]

Die NSDAP stand vor einen triumphalen Wahlsieg. Rück gab der SAP, die sich zum ersten Mal einer Reichstagswahl stellte, keine Chance. Seine Sympathien lagen immer noch bei der KPD, deshalb sprach er sich gegen die Aufstellung eigener SAP-Listen aus und propagierte die Stimmabgabe für die KPD.[490] Dieser undurchführbare Vorschlag zeigt die Realitätsferne und die Ratlosigkeit Rücks. Wieder suchte er Verbündete in der Nürnberger SAP-Ortsgruppe und ließ dort am 14. Juni 1932 mit knapper Mehrheit einen offenen Brief an SAP, KPD, KPO und Komintern verabschieden:

> „Werte Genossen!
> [...] Wir halten auch jetzt bei der Zuspitzung der gesamten politische Lage in Deutschland die Schaffung einer geschlossenen kommunistischen Partei für die dringendste Aufgabe und betrachten sie als eine der wesentlichsten Voraussetzungen für die Mobilisierung der gesamten deutschen Arbeiterklasse im Kampf gegen den Faschismus.
> Als einen weiteren notwendigen Schritt zur Schaffung der einheitlichen kommunistischen Front betrachten wir die Ablehnung der Aufstellung eigener Kandidaten durch die SAP im bevorstehenden Reichstagswahlkampf. Der Hauptvorstand der SAP hat die selbständige Führung des Wahlkampfs beschlossen. Wir halten diesen Beschluss für verhängnisvoll und sind für die Unterstützung der kommunistischen Kandidaten, Schulter an Schulter mit den Organisationen und Genossen der kommunistischen Partei."[491]

Rück gab in diesem offenen Brief auch dem ZK der KPD wohlgemeinte Ratschläge, z. B. die Einberufung eines Kampfkongresses für ganz Deutschland, aber vor allem wünsche er eine

> „Überwindung der in den Jahren 1926–1929 erfolgten Spaltung der KPD. Wir sind der festen Auffassung, dass durch eine sachliche Diskussion aller Streitfragen innerhalb der kommunistischen Partei die Wiederaufnahme der revolutionären Kader ermöglicht würde, die durch Tradition und ihre ganze Arbeit in den Jahren des Krieges und der

---

489 Vgl. Schulze 1982 (Anm. 269), S. 376
490 Vgl. Dechsler 1965 (Anm. 497), S. 270. Die KPD wies dieses Angebot in scharfen Worten zurück. Die SAP bekam mit 0,2 % der Stimmen kein einziges Mandat, die KPD konnte ihre Stimmenzahl von 13,1 % auf 14,4 % erhöhen.
491 Offener Brief, in: SAPMO-BArch, SgY 2/VIII/72, Bl. 132. Dieser offene Brief ist von Rück (Vorsitzender der SAP-Ortsgruppe Stuttgart) und von Fritz Peter (SAP-Parteileitung der Ortsgruppe Nürnberg) unterschrieben.

5.2 Verwirrende Suche nach einer neuen Partei

Nachkriegszeit ihre innere Verbundenheit mit der kommunistischen Bewegung bewiesen haben."[492]

Der Parteiausschluss seiner spartakistischen Kampfgefährten lag nun schon Jahre zurück, trotzdem glaubte Rück, ihn rückgängig machen zu können. Die Wiederherstellung der Einheit der KPD war für ihn Voraussetzung für einen erfolgreichen Kampf gegen den Faschismus. Doch auch die SAP, sehr geschätzt als Ort offener Diskussionen, konnte parteischädigendes Verhalten nicht tolerieren und verlangte Parteidisziplin.[493] Schon am 16. Juni 1932, zwei Tage nach dem offenen Brief, beschloss der SAP-Parteivorstand einstimmig, Rück aus der Partei auszuschließen. In einem an ihn gerichteten Brief wird dies wie folgt begründet:

> „Der Parteivorstand kam zu dieser außerordentlichen Maßnahme auf Grund der Tatsache, dass Du Dich in Deiner von den Parteibeschlüssen abweichenden Stellungnahme nicht auf eine Kritik innerhalb der Partei beschränkst, sondern zur Verfolgung Deiner Zwecke Verbindung mit anderen Parteien aufgenommen hast. Es steht damit außer Zweifel, dass Du damit die SAP bewusst zerstören und Teile von ihr abspalten willst."[494]

Nach einer Intervention Zweilings distanzierte sich die Nürnberger Ortsgruppe am 24. Juni 1932 von dem offenen Brief. Die SAP-Parteizeitung *Kampfsignal* gab erleichtert bekannt: „Die Aktion der Rück-Leute ist auch in Nürnberg kläglich gescheitert."[495]

Rücks Bemühungen, für eine Stimmabgabe zugunsten der KPD zu werben, fand im November 1932 vor der Reichstagswahl eine späte und ebenfalls erfolglose Fortsetzung. Eine Berliner SAP-Gruppe um Hans Seigewasser, die sich immer noch der „Kommunistischen Linken" um Rück verbunden fühlte, propagierte eine Stimmabgabe für die KPD.[496] Aber zu diesem Zeitpunkt hatte Rück die Stadt Berlin bereits verlassen.

Über seinen Ausschluss aus der SAP schrieb Rück aus zeitlicher und politischer Distanz im Jahr 1948:

> „So hatte man noch zusammen mit Seydewitz, Jacob Walcher, Gertrud Duby u. a. den Traum von der ‚dritten Partei' in Form der deutschen SAP geträumt, man wurde auch da hinausbugsiert und zwar merkwürdigerweise wegen angeblicher Kommunist-Sympa-

---

492 Ebd.
493 Vgl. Drechsler 1965 (Anm. 414), S. 248. Die *Weltbühne* vom 5.4.1932 schrieb anerkennend, dass in der SAP noch wirkliche Diskussionen stattfänden im Gegensatz zur SPD und zur KPD.
494 Zit. nach: Drechsler 1965 (Anm. 414), S. 291
495 *Kampfsignal*, Jg. 1932, Nr. 28, 2. Juliwoche
496 Vgl. Drechsler 1965 (Anm. 414), S. 294

thien. Nun ja, heute sind die Genannten treue Knechte Moskaus, während man selbst sich zu den entschiedensten Gegnern der russischen Expansionspolitik rechnet."[497]

Der Vorwurf Rücks, man habe ihn aus der SAP „hinausbugsiert", d. h. hinausgedrängt, ist subjektiv. Hat er seinen Hinauswurf durch sein Verhalten nicht selbst provoziert? Obgleich Rück schon sehr früh die Einmischung der Komintern in die Angelegenheiten der KPD kritisiert hatte, waren seine Sympathien für den Kommunismus auch nach seinem Austritt aus der KPD noch sehr stark, er kann zu diesem Zeitpunkt noch als Anhänger Stalins bezeichnet werden. Seine Gegnerschaft zur russischen Expansionspolitik hat er erst seit seinem Exil in Schweden erarbeitet und in seinen Büchern dargestellt. 1932 hoffte er noch, die KPD mit der SAP zu versöhnen und auf den „richtigen" Kurs bringen zu können.

Rück musste, wie viele andere Kommunisten, die Erfahrung machen, dass aus der Partei Ausgeschlossene oder Ausgetretene diffamiert wurden. Die SAP-Zeitung *Kampfsignal* widmete dem einstigen Genossen einen beleidigenden „Nachruf":

„Da Rück versucht, ehrliche Genossen der SAP, die seine Unzuverlässigkeit noch nicht kennen, ebenfalls in Gegensatz zur Partei zu bringen, so ist es notwendig, hier einiges über seine Vergangenheit und seinen Charakter zu sagen.
Rück war von Anfang an in der KPD, wo er bei allen seinen Fähigkeiten wegen seiner Unzuverlässigkeit bekannt war.
Von 1924 ab stand er stimmungsmäßig in Opposition gegen die ultralinke KPD-Führung und gehörte der Brandlerfraktion an, wo er 1928 zum schärfsten Vorgehen drängte. Doch als es darauf ankam, zu stehen, schrieb er damals am 19. Dezember 1928 an Thalheimer einen Brief, in dem es heißt: ‚Das Geschwätz über Parteidemokratie, mit dem noch jede Gruppe ihre Loslösung begonnen hat, und das auch Ihr – etwas besser formuliert und historisch untermauert – begonnen habt in dem Moment, wo Stalin Euch spüren ließ, dass er zu allen anderen Schwierigkeiten nicht auch noch selbständig denkende Köpfe in der Führung der Komintern brauchen kann, ist doch zu wässrig und zu blöd.' Rück hat dann jeden weiteren Kampf in der KPD aufgegeben, weil, wie er selbst sagte, er sonst keine Artikel mehr in der kommunistischen Presse unterbringen könne. Als er aber auch damit Schwierigkeiten bekam, ließ er seine Mitgliedschaft in der KPD verfallen, d. h. er zahlte keine Beiträge mehr und – biederte sich durch Crispien beim *Vorwärts* als Mitarbeiter auf Zeilenhonorar an. Zu diesem Zwecke trat er in die SPD ein. Solange er in der SPD war, hat er zu allen reformistischen Taten geschwiegen. Ja, er brachte es – aus geschäftlichen

---

497 Fritz Rück: Züricher Spaziergänge, 13.3.1948, S. 7
Rück war zu dem Zeitpunkt über den Lebensweg von Seydewitz und Walcher richtig informiert. Beide bekleideten Ende der vierziger Jahre in der SBZ höhere Ämter, die sie allerdings wieder verloren. Was Duby anbelangt, irrte er sich. Nach einer kurzen Reise in die SBZ im Dezember 1947 kehrte sie in ihr Exilland Mexiko zurück. Vgl. dazu Drechsler 1965 (Anm. 414), S. 363 ff.

5.2 Verwirrende Suche nach einer neuen Partei

Gründen – fertig, in einem unter seinem Namen erschienenen Buch ‚Wedding' die sozialdemokratische Kommunalpolitik in Berlin zu verherrlichen.
Erst nach der Gründung der SAP entdeckte er wieder sein ‚revolutionäres' Herz und trat in die Partei ein. Da es an journalistischen und rednerischen Kräften fehlte, fand er in der *SAZ* und als Versammlungsredner reichliche Tätigkeit. Man konnte annehmen, dass er sich nun in der SAP bemühen wird, seine Charakterschwächen abzustreifen und ehrlich mitzuarbeiten. Das schien auch so bis er erkennen musste, dass er in der SAP nicht die Perspektiven hatte, die er sich erträumte. Von dem Augenblick an entwickelte er sich zum stalintreuen Kommunisten."[498]

Der Verfasser dieser Schmähschrift muss Rück sehr gut gekannt haben, wichtige biografische Angaben stimmen. Die Unterstellung von wirtschaftlichen Motiven sollte abwertend und kränkend wirken. Für eine Tätigkeit Rücks beim *Vorwärts* konnten keine sicheren Belege gefunden werden.[499] Ob der zitierte Brief Rücks an Thalheimer von 1928 echt ist, scheint ebenfalls unwahrscheinlich, er entspricht nicht seinem Stil. Es ist klar, dass dem einstigen Genossen durch diese Unterstellungen ein kräftiger Tritt versetzt werden sollte. In dem kleinlichen Gezänk spiegeln sich Nervosität und Verwirrung angesichts der kommenden Katastrophe. Diese Schmähschrift zeigt auch, wie tief die Gräben zwischen den Parteien und zwischen den Aktivisten waren, dieser „törichte, verbohrte und engstirnige Sektenkrieg"[500] lähmte die Kräfte der Arbeiterbewegung. Sogar die kleine linkssozialistische Intellektuellen-Partei des „Internationalen Sozialistischen Kampfbundes" (ISK) hat den Schmäh-Artikel des *Kampfsignal* noch einmal in voller Länge abgedruckt. Willi Eichler, der damalige Chefredakteur des Blattes, kommentierte:

„Ich kenne Rück gar nicht. Aber was soll man zur SAP sagen, die ihn kannte und eine führende Rolle spielen ließ.
Wer sich nicht die Mühe machen will, Charaktere zu bilden, darf sich nicht wundern, wenn er fast nur Scharlatane in der Politik trifft."[501]

So war Rück in das Gezänk der zersplitterten Arbeiterbewegung hineingezogen worden, eine bittere persönliche Erfahrung.
Am nächsten Tag veröffentlichte der ISK einen „Dringenden Appell" zum Aufbau einer Abwehrfront gegen den Faschismus. Auch er war zum Scheitern verurteilt, die Arbeiterbewegung war durch die inneren Kämpfe ausgehöhlt und ohnmächtig.[502]

---

498 *Kampfsignal*, Jg. 1932, Nr. 28, 2. Juliwoche, abgedruckt in: Drechsler 1965 (Anm. 414), S. 291
499 Es gibt einen einzigen Hinweis auf eine Tätigkeit Rücks beim *Vorwärts*: vgl. Polizeibericht vom September 1932, in: SAPMO-BArch, R 58/3356, Bl. 50
500 Drechsler 1965 (Anm. 414), S. 157
501 *Der Funke*. Tageszeitung für Recht, Freiheit und Kultur, Jg. 1, Nr. 145 A, 23.6.1932
502 Vgl. Werner Link: Die Geschichte des Internationalen Jugend-Bundes (IJB) und des Internationalen Sozialistischen Kampf-Bundes (ISK). Ein Beitrag zur Geschichte der Arbeiterbewegung in der Weimarer Republik

5.2.7 Zwischen allen Stühlen

Es ist nicht leicht, Rücks Zickzackkurs zwischen KPD, SPD und SAP zu verstehen. Seine Bindung an die KPD war weiterhin so stark, dass er noch am 16. Juni 1932, dem Tag seines Ausschlusses aus der SAP, einen Brief an das ZK der KPD schrieb:

> „Werte Genossen!
> Die ganze Entwicklung der politischen Lage und die Zuspitzung der Gegensätze innerhalb der sozialistischen Arbeiterpartei zwischen dem Hauptvorstand und den Genossen, die für eine Entwicklung zum Kommunismus sich einsetzten innerhalb der SAP, hat die Frage des Übertritts zur kommunistischen Partei aufgerollt für jeden einzelnen dieser Genossen. Gleichzeitig steht die Aufgabe, [...] die Frage des Zusammenschlusses mit der kommunistischen Partei zu stellen. Die Nürnberger Ortsgruppe der SAP hat sich in den letzten Tagen [...] mit dieser Frage beschäftigt und verschiedene Beschlüsse gefasst, die der Vorbereitung des Zusammenschlusses in der KPD dienen sollen. Die Stuttgarter Ortsgruppe der SAP hat am 3. Juni einen Beschluss gefasst, der die Aufstellung eigener Kandidaten ablehnt. [...]
> Unabhängig davon besteht für mich, der ja der kommunistischen Bewegung bereits lange Jahre angehört hat, die Anerkennung der Notwendigkeit zu einer Aussprache mit den Genossen des ZK der KPD vor der Wiederaufnahme in die Partei. Ich bin daher mit dem Vorschlag, der durch den Genossen Jacobsen übermittelt worden ist, einverstanden und bin bereit, zum Zwecke einer solchen Besprechung nach Berlin zu kommen.
> Mit kommunistischem Gruss
> Fritz Rück
> (Fritz Rück. Adresse: Schwarenbergstr. 85, bei Link)[503]

In diesen langen, gewundenen Sätzen wies er darauf hin, dass er innerhalb der SAP für die KPD gewirkt habe in der Hoffnung, seine ehemaligen Genossen zu überzeugen. Erst am Schluss des Briefes drückte er aus, worum es ihm ging. Er bat nicht direkt um eine Wiederaufnahme in die Partei, sondern um ein klärendes Gespräch vor seinem als selbstverständlich angenommenen Wiedereintritt. Möglicherweise wollte er den Eindruck einer Unterwerfung vermeiden.[504] Ob er sich Hoffnungen machte, Absolution zu erhalten für sein Ausscheiden aus der Partei und das kurze SPD- und SAP-Intermezzo? Auf sein Schreiben erhielt Rück jedenfalls keine Antwort.

---

und im Dritten Reich (Marburger Abhandlungen zur Politischen Wissenschaft; Bd. 1), Meisenheim am Glan 1964, S. 146 ff.
503 Brief Fritz Rück vom 16.6.1932 an das ZK der KPD, in: SAPMO-BArch, RY1/I 2/5/(37), Bl. 23
504 Rücks spartakistischer Jugendgenosse Albert Schreiner, zuletzt KPO-Mitglied, trat im Oktober 1932 wieder der KPD bei. Vgl. Reuter 2003 (Anm. 299), S. 275

5.2 Verwirrende Suche nach einer neuen Partei

Das ZK-Sekretariat in Berlin leitete seinen Brief weiter an die Bezirksleitung Württemberg in Stuttgart mit folgendem Begleitschreiben vom 7. Juli 1932:

„Beiliegend übersenden wir Euch die Abschrift eines Schreibens des ehemaligen Genossen Fritz R ü c k , Stuttgart. Wir verweisen hierbei vor allem auf den letzten Absatz des Schreibens, und teilen dazu mit, dass von uns aus irgendein Vorschlag, eine Aussprache direkt mit dem Genossen Rück herbeizuführen, nicht gemacht wurde. Wir haben auch deshalb abgelehnt, mit dem Genossen während seines Aufenthalts hier Rücksprache zu nehmen und sind vielmehr der Meinung, dass die Angelegenheit zunächst durch Euch bearbeitet werden soll.
Die bisherige Tätigkeit von Rück innerhalb der SAP ‚für eine Entwicklung zum Kommunismus', wie er in seinem Brief schreibt, ist unserer Meinung nach keineswegs genügend, um eine Wiederaufnahme in die Partei zu befürworten. Es müssten vielmehr zunächst die politischen Fragen, die zum Ausscheiden von Rück aus der Partei geführt haben gestellt und geklärt werden. [...] Erst wenn eine völlige Klarheit in dieser Frage erfolgt ist und uns die Stellungnahme von Euch als BL zu der Frage einer eventuellen Wiederaufnahme vorliegt, könnte eine Stellungnahme des ZK erfolgen.
Wir ersuchen, in diesem Sinne an Rück Mitteilung zu machen und uns von dem weiteren Verlauf der Angelegenheit zu informieren."[505]

Rück scheint also trotzdem nach Berlin gefahren zu sein, wurde aber nicht empfangen. Diese starre bürokratische Haltung der Partei hat ihm wohl seine letzten Illusionen geraubt, nun war er in einer Sackgasse. Nach Angaben seines Freundes Birkert nahm er damals Fühlung mit der KPO auf.[506] Auch zu Brandler und Thalheimer pflegte Rück in jener Zeit freundschaftliche Beziehungen.[507] In der Stuttgarter KPO waren Genossen aktiv, die Rück gut kannte, darunter sein Schwager Janus, Verlagsleiter der *Arbeitertribüne*, Ludwig Becker und Max Hammer, beide KPO-Landtagsabgeordnete bis 1932.

Mit deutlicher Genugtuung informierte die SAP im *Kampfsignal* ihre Leser, dass der einstige Genosse ein „Unterwerfungsschreiben" an das ZK der KPD gerichtet habe, worin er alles leugnete, was er vorher in der SAP vertreten habe.[508] Es sei verständlich, dass die KPD auf die Aufnahme Rücks wegen seiner „mannigfachen Belastungen"[509] verzichtet habe. Der Zerfallsprozess der SAP setzte sich nach Rücks Abgang fort, sie konnte keine Wahlerfolge erringen. Die KPD-Presse diffamierte die Mitglieder der SAP als „trotzkistische Agenten" und verbot aus-

---

505 Brief des ZK der KPD vom 7.7.1932 an die Bezirksleitung Württemberg, in: SAPMO-BArch, RY1/I 2/5/(37), Bl. 24
506 Vgl. Brief Emil Birkert vom 14.12.1961 an Hanno Drechsler, in: EcoA, LV Württemberg. Birkert war selbst Mitglied der KPO.
507 Vgl. Schriftliche Mitteilung Will Schaber vom 11.2.1994 an die Verfasserin
508 *Kampfsignal*, Jg. 1932, Nr. 40, 4. Novemberwoche
509 Ebd.

drücklich gemeinsame Aktionen. Und während die Linken stritten und diskutierten, marschierte die SA auf den Straßen. Im Herbst 1932 verließen Fritz und Dora Rück nach zehn Jahren die Stadt Berlin und zogen nach Stuttgart. Die politischen und parteitaktischen Streitereien hatten zu Kränkungen und zum Abbruch von freundschaftlichen Beziehungen geführt. Rück kehrte wieder an den Ort zurück, wo er seine politische Laufbahn begonnen hatte, ohne sich wieder einer Partei anzuschließen. Das Ehepaar mietete eine Dreizimmerwohnung in Wangen in der Neckarstraße 65/I.[510] Rück fand eine Stelle als Korrektor in der Buchdruckerei Westend, sein monatliches Einkommen war geringer als in Berlin.[511]

Die letzten Monate in Stuttgart vor seiner Flucht in die Schweiz waren, rückblickend beurteilt, eine Zeit des Abwartens, keine Zeit des Kämpfens. Doch völlig untätig war Rück nicht: Es bildete sich ein Freundeskreis mit Max Barth, einem badischen Journalisten,[512] Will Schaber und dessen Frau, der Schauspielerin und Schriftstellerin Else Rüthel, man traf sich häufig im Künstlercafé Palette in Stuttgart. Schaber schätzte Rücks charakterliche und fachliche Qualitäten, er hielt ihn für „geistvoll und wohlinformiert".[513] Die beiden wagten sogar noch die Neugründung eines winzigen politisch-satirischen Wochenblatts mit dem frechen Titel *Wespe,* es umfasste nur vier Seiten.[514] Matthäus Herrmann, mit dem Rück während des Krieges in Stuttgart für die Herausgabe des *Sozialdemokrat* gearbeitet hatte, besaß eine Druckerei in der Seiffertstraße.[515] Herrmann war bereit, die Zeitung zu drucken und die Rechnungen zu stunden. Doch es gab kaum Einnahmen, das Blatt konnte sich nur von Januar bis März 1933 über Wasser halten. Ein einziges Mal hatten die beiden Redakteure Glück und konnten ihre Einnahmen steigern: Rück hatte eine Reportage über einen Prozess gegen einen Stuttgarter Wirtschaftsgiganten geschrieben, der in der Tagespresse ignoriert worden war. Die gesamte Auflage der *Wespe* wurde an den Kiosken komplett aufgekauft, die kritisierte Firma wollte sie anscheinend beiseiteschaffen. Drei Nachdrucke wurden gemacht und es gab ausnahmsweise gute Verkaufszahlen. Trotzdem blieb die *Wespe* ein unrentables Geschäft.

Die Zeit zwischen 1919 und 1933 ist ein schwieriges und dunkles Kapitel in Rücks Lebensgeschichte, eine Art vermintes Gelände, auf das er selten zurückblickte. Nicht einmal seine Freundin

---

510 Bericht des Württ. Landespolizeiamts vom 14.7.1934 an den Leiter des Geheimen Staatspolizeiamts Berlin, in: SAPMO-BArch, R 58/3232, Bl. 71
511 Jetzt verdiente Rück zwischen 400 und 500 Mark, in Berlin waren es 600 bis 700 Mark. Vgl. Brief Fritz Rück vom 31.5.1954 an das Landesamt für die Wiedergutmachung Stuttgart, in: StAL, EL 350 ES 14364
512 Max Barth (1896–1970) aus Waldkirch bei Freiburg war Mitarbeiter der *Sonntags-Zeitung* von Erich Schairer und gründete im Oktober 1932 die kurzlebige sozialistische Wochenzeitung *Die Richtung*. Vgl. Schaber 1992 (Anm. 436), S. 83
513 Schriftliche Mitteilung Will Schaber vom 11.2.1994 an die Verfasserin
514 Vgl. Brief Fritz Rück vom 31.5.1954 an das Landesamt für die Wiedergutmachung Stuttgart, in: StAL, EL 350 ES 14364. Ein weiterer kurzer Hinweis auf die Existenz dieses Blättchens findet sich in: Schwinghammer 1986 (Anm. 440), S. 17
515 Auch Emil Birkert arbeitete in dieser Druckerei. Vgl. Birkert 1983 (Anm. 244), S. 168

5.2 Verwirrende Suche nach einer neuen Partei

Jenny Grimm, mit der er von 1934 bis 1938 zusammenlebte, wusste genau, welchen Parteien er angehört hatte. Sie vermutete, dass er Mitglied der SAP oder der KPO gewesen sei.[516]

In der Zeit seines Exils in der Schweiz beschrieb er in einem nicht veröffentlichten Manuskript Gespräche von Emigranten, die untätig in einem Café saßen und über ihre eigene Vergangenheit diskutierten und stritten. Mit Sicherheit traf das folgende Bekenntnis auch auf ihn selbst zu:

„Ja, einmal hat auch mich Geschwätz verführt,/da liess ich mir das eigne Denken stehlen./ Da war auch ich ein Mann vom Apparat/[...]/Bevor die braunen Horden uns vertrieben,/ da schlugen wir das eigne Leben tot."[517]

---

516 Vgl. Brief Jenny Grimm vom 17.7. 1969 an Uli [Cohn], in: PA Elisabeth Benz
517 Peter Wedding: Adolf I. Ein Heldenlied aus Deutschlands größter Zeit, o. O. und o. J. (Typoskript), S. 13, in: ARAB, NL Fritz Rück, Vol. 9

6. 1933–1937 Exil in der Schweiz

6.1 Schwieriges Exilland Schweiz

Nach dem Reichstagsbrand am 27. Februar 1933 mussten linke Regimegegner mit Hausdurchsuchungen und Verhaftungen rechnen.[1] Rück wusste, dass die Nationalsozialisten auch ihn verhaften würden und tauchte bei Bekannten in der Stadt unter. In Stuttgart wurden in der Nacht vom 10. auf den 11. März 1933 etwa 200 Personen in sogenannte Schutzhaft genommen.[2] Dora Rück, die in der Wohnung geblieben war, berichtete, dass Polizisten an der Tür klingelten und sich nach ihrem Mann erkundigten. Rück erkannte, dass er sofort das Land verlassen musste, Freiheit, Leben und Existenz standen auf dem Spiel. Er hatte jetzt kein Parteibuch mehr in der Tasche, aber zum Glück noch einen gültigen Reisepass.

Am 12. März 1933 stieg er im Stuttgarter Hauptbahnhof in den Zug und fuhr in die Schweiz,[3] seine Frau blieb vorerst zurück und begann, die zahlreichen Bücher bei verschiedenen Bekannten auszulagern.[4] Trotzdem ging Rücks gesamte Bibliothek verloren, ebenso wie eine Reihe angefangener oder fertig gestellter Arbeiten, „Ergebnis einer 15-jährigen Beschäftigung mit literarischen, historischen, sozialen und politischen Fragen",[5] wie Rück in seinem Wiedergutmachungsantrag feststellte. Die Manuskripte und Bücher wurden entweder beschlagnahmt oder aus Furcht vor Komplikationen den Behörden ausgeliefert.

Die deutschsprachige Schweiz erschien ihm als geeigneter, nahe gelegener Zufluchtsort, in Basel wohnte seine mit einem Schweizer verheiratete Schwester Anna Bernert. Den Beginn seines Exils beschrieb er im März 1948 im Rückblick:

> „Es sind genau auf den Tag fünfzehn Jahre, seit ich an einem kühlen Märzmorgen aus dem Schnellzug im Bahnhof der Deutschen Reichsbahn in Basel stieg, innerlich gespannt auf die Passkontrolle. Man hatte sich in Stuttgart die tollsten Gerüchte zugeflüstert und alles konnte wahr sein in diesen Tagen, wo Hitler [...] die letzten Reste der legalen Verfassung

---

1   Eine Verhaftung Rücks stand tatsächlich bevor. Vgl. Bericht des Württ. Landespolizeiamts vom 14.7.1934 an den Leiter des Geheimen Staatspolizeiamts Berlin, in: SAPMO-BArch, R 58/3232, Bl. 71
2   Vgl. Reiner Fricke: Spaltung, Zerschlagung, Widerstand. Die Arbeitersportbewegung Württemberg in den 20er und 30er Jahren (Wissenschaftliche Schriftenreihe/Institut für Sportgeschichte Baden-Württemberg e. V.; Bd. 1), Schorndorf 1995, S. 144
3   Rück nannte den 18.3.1933 als Ausreisedatum. Vgl. Brief Fritz Rück vom 31.5.1954 an das Landesamt für die Wiedergutmachung Stuttgart, in: StAL, EL 350 ES 14346. Rück irrte sich um eine Woche, er kam schon am Sonntag, den 12.3.1933 in Basel an. Der Sichtvermerk vom Badischen Bahnhof in seinem Pass weist dieses Datum aus. Vgl. Reisepass vom 2.2.1932, in: BAR, E 4264 1988/2, Bd. 361
4   Ein Verzeichnis der Bücher Rücks zeigt sein Interesse an klassischer Literatur und moderner Malerei. Vgl. Brief Alfred Hausser vom 29.9.1964 an das Landesamt für die Wiedergutmachung Stuttgart, in: Archiv der VVN, Landesverband Baden-Württemberg, Akte Dora Schelble-Hofmann
5   Brief Fritz Rück vom 31.5.1954 an das Landesamt für die Wiedergutmachung Stuttgart, in: StAL, EL 350 ES 14346

6.1 Schwieriges Exilland Schweiz 223

in Württemberg mit einer Handbewegung beiseite schob und die SA und SS ihr Regiment begann. Die letzten Tage in Stuttgart waren spannend gewesen, man hatte schon nicht mehr zu Hause geschlafen. Bücher und Manuskripte hatte ich begonnen einzupacken, als am Radio die Meldung über den Reichstagsbrand durchgegeben wurde. Nun ging man herum in der alten Heimat, immer darauf gefasst, an irgendeiner Straßenecke erkannt und irgendwohin geschafft zu werden. Zum Glück hatte ich noch von Berlin einen für fünf Jahre gültigen Auslandspass in der Tasche, die Freunde, die in letzter Minute sich in Stuttgart noch ein solches Papier besorgen wollten, wurden als erste von der Polizei geholt. Es war ein Samstagabend, als ich wegfuhr, aus alter illegaler Erfahrung, gesammelt während des Ersten Weltkriegs und in den stürmischen Jahren der deutschen Revolution, hatte ich nichts anderes eingesteckt als ein Handtuch und Necessaire. Die Aktenmappe in der Hand schlenkernd, ging ich so durch die deutsche Zollkontrolle und war nun in der freien Schweiz. Etwas erstaunt schaute meine Schwester, die in Basel wohnte, aus dem Fenster im dritten Stock, als ich früh um 7 Uhr unten klingelte. Die ersten Worte mit ihr gaben ein etwas beklemmendes Gefühl. Ihr Mann, der sich einen kleinen eigenen Betrieb geschaffen hatte, wurde von der Krise noch schärfer getroffen als die Arbeiter, die wenigstens ihre Arbeitslosenunterstützung hatten. Nun ja, man war in Sicherheit, aber man bekam ein erstes bohrendes Gefühl davon, was es heißt, mit 38 Jahren wieder ganz von unten und ganz von vorne anfangen zu müssen."[6]

Rücks Freund und Schwager Richard Janus musste 1933 ebenfalls fliehen und fand für wenige Wochen ebenfalls bei Anna Bernert einen Zufluchtsort.[7]

Am 27. März 1933, zwei Wochen nach seiner Ankunft am Badischen Bahnhof in Basel, meldete Rück sich auf dem „Polizeidepartement für Ausländerkontrolle".[8] Als Grund für seinen Aufenthalt gab er an, seine Schwester besuchen zu wollen. Zum Glück bestand für ihn kein Visumzwang, sein am 2. Februar 1932 vom Polizeiamt 3 in Wedding ausgestellter Reisepass wurde akzeptiert, allerdings von der Ausländerbehörde sofort eingezogen.

Drei Wochen später, am 16. April 1933, stellte er bei der Bundesanwaltschaft einen Antrag auf politisches Asyl.[9] Er versicherte, dass ihm bei einer Rückkehr nach Deutschland sofortige Inhaftierung und Konzentrationslager drohen.[10] Als Flüchtling musste er genaue Angaben über

---

6 Fritz Rück: Züricher Spaziergänge, 13.3.1948, S. 1 ff.
7 Vgl. schriftliche Mitteilung Benno Bernert vom 3.10.1993 an die Verfasserin
8 Die Anmeldefrist für Ausländer, die zur „Übersiedelung" eingereist waren, betrug laut Gesetz genau 14 Tage, sie wurde noch im gleichen Jahr herabgesetzt. Vgl. Carl Ludwig: Die Flüchtlingspolitik der Schweiz in den Jahren 1933–1955. Bericht an den Bundesrat 1957, Basel 1966, S. 25
9 Die Bundesanwaltschaft war eine zentrale Behörde zur Überwachung „staatsgefährlicher Tendenzen". Vgl. Björn-Erik Lupp: Von der Klassensolidarität zur humanitären Hilfe. Die Flüchtlingspolitik der politischen Linken 1930–1950, Zürich 2006, S. 30
10 Vgl. Brief Polizeidepartement Basel-Stadt, Kontrollbureau Ausländerkontrolle, vom 18.4.1933 an die Schweizerische Bundesanwaltschaft Bern, in: BAR, E 4320(B) 1991/243, Bd. 31, C.13.22

Lebenslauf und politische Gesinnung machen. Er sagte, dass er Mitglied der SAP gewesen sei und als Redner und Propagandist für diese Partei gewirkt habe. Auf die Frage nach seinen finanziellen Mitteln gab er an, 20 Franken in bar zu besitzen. Doch er hoffe, von seinen Verwandten unterstützt zu werden und Zuwendungen vom Hilfsausschuss der Sozialdemokratischen Partei der Schweiz (SPS) in Basel zu erhalten.

Trotz gewisser Vorteile war die Schweiz ein sehr schwieriges Exilland,[11] denn in dieser Zeit wurden dort die mit Abstand härtesten Vorschriften gegen die Emigranten erlassen und praktiziert.[12] Die Fronten zwischen dem bürgerlichen und dem sozialistischen Lager hatten sich seit den Landesstreiks von 1918 verhärtet, in der Anwesenheit linker Flüchtlinge sahen viele Schweizer eine Gefahr sozialer Spannungen.[13] Eine Fülle von restriktiven Einreise- und Aufenthaltsbeschränkungen machte den Emigranten aus Hitlerdeutschland den Aufenthalt im Lande schwierig, oft sogar unmöglich.[14] Kommunisten erhielten von der Bundesanwaltschaft keine Anerkennung als Flüchtlinge, ihre Asylanträge wurden abgelehnt,[15] man setzte ihnen eine knappe Frist für die Ausreise.[16] Die Schweiz beharrte darauf, nicht dauernder Aufenthaltsort für Flüchtlinge zu sein, diese sollten das Land möglichst schnell wieder verlassen.[17] Auch Rück wurde drei Monate nach seiner Einreise wieder zur Rückkehr nach Deutschland gedrängt, man wollte ihm nicht glauben, dass sein Leben in Deutschland bedroht sei. Er erhielt seinen Pass wieder zurück und fuhr am 17. Juni 1933 nach Stuttgart, um sich „über die Möglichkeit einer evtl. Rückkehr nach Deutschland zu orientieren".[18] Mit hellwachem Verstand erkannte Rück die Gefahr und kehrte nach zwei Tagen in die Schweiz zurück, denn „er habe feststellen müssen, dass sich die kritische Lage in letzter Zeit noch verschlimmert habe. So habe er seine Wohnung z. B. nur während der Nacht aufsuchen können, da das Haus fast ständig bewacht werde."[19]

---

11 Frankreich und die Tschechoslowakei boten günstigere Asylmöglichkeiten als die Schweiz. Vgl. Lieselotte Maas: Handbuch der deutschen Exilpresse 1933–1945, hrsg. von Eberhard Lämmert, Bd. 4: Die Zeitungen des deutschen Exils in Europa von 1933 bis 1945 in Einzeldarstellungen, München/Wien 1990, S. 15
12 Vgl. Hans-Albert Walter: Deutsche Exilliteratur 1933–1950, Bd. 2: Europäisches Appeasement und überseeische Asylpraxis, Stuttgart 1984, S. 165; Werner Mittenzwei: Exil in der Schweiz (Kunst und Literatur im antifaschistischen Exil 1933–1945; Bd. 2), Leipzig 1981, S. 18
13 Vgl. Lupp 2006 (Anm. 9), S. 31
14 Vgl. Kurt R. Grossmann: Emigration. Geschichte der Hitler-Flüchtlinge 1933–1945, Frankfurt 1969, S. 17
15 Zwischen 1933 und 1939 wurden 70 Kommunisten aus der Schweiz ausgewiesen. Vgl. Peter Stahlberger: Der Züricher Verleger Emil Oprecht und die deutsche politische Emigration 1933–1945, Zürich 1970, S. 69; Hermann Wichers: Im Kampf gegen Hitler. Deutsche Sozialisten im Schweizer Exil 1930–1940, Zürich 1994, S. 32
16 Vgl. Unabhängige Expertenkommission Schweiz – Zweiter Weltkrieg (Hrsg.): Die Schweiz und die Flüchtlinge zur Zeit des Nationalsozialismus (Veröffentlichungen der Unabhängigen Expertenkommission Schweiz – Zweiter Weltkrieg; Bd. 17), Zürich 2001, S. 103; Claus-Dieter Krohn et al. (Hrsg.): Handbuch der deutschsprachigen Emigration 1933–1945, Darmstadt 1998, S. 493
17 Vgl. Reinhard Hippen: Satire gegen Hitler. Kabarett in Exil, Zürich 1986, S. 13
18 Brief Städtische Polizeidirektion Bern vom 27.6.1933 an die kantonale Fremdenpolizei Bern, in: BAR, E 4320(B) 1991/243, Bd. 31, C.13.22
19 Ebd.

6.1 Schwieriges Exilland Schweiz

Die föderative Struktur der Eidgenossenschaft machte das Meldeverfahren kompliziert, kantonale und Bundeskompetenzen überkreuzten sich.[20] Die Anerkennung als politischer Flüchtling lag in den Händen des Bundes bzw. der Bundesanwaltschaft. Das Ausstellen der Aufenthaltsgenehmigung war Aufgabe der kantonalen Behörden, die städtischen Polizeibehörden überwachten die Flüchtlinge und überprüften die Einhaltung der Vorschriften und Auflagen. Offiziell verantwortlich für die Schweizer Flüchtlingspolitik war Heinrich Rothmund, Chef der Polizeiabteilung im Eidgenössischen Justiz- und Polizeidepartement (EJPD) und gleichzeitig Leiter der gefürchteten Eidgenössischen Fremdenpolizei, die er zum Schutz vor „Überfremdung" und „Verjudung" aufgebaut hatte.[21]

Am 28. April 1933 erhielt Rück von der Bundesanwaltschaft eine befristete Duldung als Flüchtling, wobei ihm gravierende Einschränkungen auferlegt wurden. Er erhielt das Verbot politischer Betätigung, das Verbot einer bezahlten Erwerbstätigkeit sowie die Auflage, die Städte Basel, Zürich und das Grenzgebiet zu verlassen.[22] So zog Rück weiter und meldete sich am 8. Mai 1933 in Bern auf dem Städtischen Fremdenpolizeibureau. In kurzen Abständen musste er immer wieder dort erscheinen und um Verlängerung seiner Aufenthaltsbewilligung bitten.[23] Dreizehn Stempel in Rücks Reisepass legen Zeugnis ab von diesen nervenaufreibenden Behördengängen, bei denen er jedes Mal um „Duldung" bitten musste.[24] In einem Schreiben vom Mai 1933 an die Bundesanwaltschaft unterstrich er seine Notlage und bat darum, ihn „vor der sofortigen Inhaftierung und Verbringung in ein Konzentrationslager" zu bewahren. Er wolle gerne in einer „deutschsprechenden Universitätsstadt" leben, um eine „beabsichtigte Berufsänderung"[25] vorzubereiten. Am 5. September 1933 erhielt er die ersehnte Anerkennung der Schweizerischen Bundesanwaltschaft als politischer Flüchtling.[26]

Rück fand in Bern schon bald einen neuen Freundeskreis. Dies zeigt eine kleine Sammlung von Gedichten, die er bei einer Silvesterfeier 1933 seinen Freunden vortrug. In scherzhaftem

---

20 Vgl. Edgar Bonjour: Geschichte der Schweizerischen Neutralität. Vier Jahrhunderte eidgenössischer Außenpolitik, Bd. 3: (1930–1939), Basel 1970[4], S. 300
21 Rothmund war sowohl Antisemit als auch Antikommunist. Vgl. Hans Teubner: Exilland Schweiz. Dokumentarischer Bericht über den Kampf emigrierter deutscher Kommunisten 1933–1945, Frankfurt 1975, S. 15
22 Vgl. Personalbogen (Fiche) Fritz Adam Rück in: BAR, E 4320(B) 1991/243, Bd. 31, C.13.22. Die Schweiz wollte durch diese Restriktionen die Flüchtlinge zur Weiterreise in ein anderes Land bewegen. Vgl. Raimund Kommer: Exilpublizistik in der Schweiz, in: Hanno Hardt/Elke Hilscher/Winfried B. Lerg: Presse im Exil. Beiträge zur Kommunikationsgeschichte des deutschen Exils 1933–1945 (Dortmunder Beiträge zur Zeitungsforschung; Bd. 30), München/New York/London/Paris 1979, S. 97; Wichers 1994 (Anm. 15), S. 33
23 Vgl. Reisepass Friedrich Rück vom 2.2.1932, in: BAR, E 4264 1988/2 Bd. 361//P 41915
24 Er wurde vorstellig an folgenden Tagen: 27.3.1933, 8.5.1933, 21.7.1933, 28.9.1933, 8.2.1934, 3.11.1934, 9.5.1935, 28.8.1935, 30.9.1935, 31.12.1935, 30.4.1936, 31.10.1936, 31.1.1937
25 Brief Friedrich Rück vom 30.5.1933 an die Schweizerische Bundesanwaltschaft in Bern, in: BAR, E 4320(B) 1991/243, Bd. 31, C.13.22
26 Vgl. Brief Fritz Rück vom 25.11.1939 an Arbetarrörelsens flyktingshjälp Stockholm, in: ARAB, Arbetarrörelsens Flyktingshjälp, Gr. 603

Ton porträtierte er jeden einzelnen in dieser Runde, auch sich selbst. Seine neue Situation als ein knapp der Katastrophe Entronnener beschrieb er folgendermaßen:

> „Mir stellten sie die Stiefel vor die Tür,/mit vielen anderen Genossen,/ich war nun eben, wer ist nicht dafür?–/zum Weiterleben diesmal noch entschlossen.
> Die Schweiz ist klein, doch reicht sie schließlich aus,/und Bern ist eine schöne Stadt [...]/ Ich schrieb Gedichte, wie die Deutschen tun,/wenn sie in fremden Gauen lyrisch wandeln./Man hat ja Zeit, sich gründlich auszuruhn,/die andern werden schon inzwischen handeln.
> Es gibt so viele Bücher auf der Welt/und Straßen, die man niemals noch gegangen,/das ist sympathischer, denn als antiker Held,/am Hakenkreuz im Dritten Reich zu hangen."[27]

Keine Spur von Selbstmitleid oder Wehmut ist zu erkennen. Rück blickte vorwärts, flanierte, las und studierte.

Das letzte Gedicht dieser Silvesterfeier widmete Rück der jungen Jenny Grimm, deren Zuneigung er gewonnen hatte:

> „Dieses Mädchen, Jenny Grimm,/ist wohl ganz besonders schlimm./Selbst die größten Überwinder/sind vor ihr nur Waisenkinder./Aus dem angestammten Vaterhaus/zog sie eines Nachts hinaus,/nahm sich eine Wohnung mit der Mutter/und die Sache schien zunächst in Butter./Doch sie wollte nicht in der Familie/sanft erblühen, diese schlanke Lilie/und so trat in ihr umhegtes Leben/wie gewöhnlich, bald ein Mann daneben./Und es ging ein Flüstern in der Runde:/Jennys Name war in aller Munde./Der Skandal stank meilenweit ins Land/was noch wird, das liegt in Gottes Hand."[28]

Den Zuhörern war klar, wer dieser Skandal-Mann war. In einem Gedicht formulierte er trotzig seinen Lebenswillen und seine Freude am Genuss:

> „Ich habe gelebt, ich habe geliebt,/und bin am Ende gestorben./Ich habe den Pfaffen das Rezept/vom Jammertal verdorben./
> Ich trank den Wein und küsste ein Weib,/es war dazu geschaffen./Ich trieb alle Künste zum Zeitvertreib/nur eine nicht: Geld zu raffen."[29]

---

27 Peter Wedding (i. e. Fritz Rück): Silvester 1933. Photographien auf der unsichtbaren Platte, 1933 (Typoskript), S. 11
28 Ebd., S. 10
29 Peter Wedding (i. e. Fritz Rück): Der Reichstag brennt. Verse eines deutschen Emigranten, 1935 (Typoskript), 19. Gedicht: „Testament eines Rebellen", in: StadtASch, NL Walter Bringolf, D IV 01.08

Abb. 10: *Jenny Grimm im Jahr 1946*

6.2 Auf der Suche nach Unterstützung

Das absolute Arbeitsverbot der Schweizerischen Asylgesetzgebung machte die Lage der Flüchtlinge schwierig und bedrückend. Für die zur Untätigkeit Gezwungenen gab es keinerlei staatliche Unterstützung. Politische und gewerkschaftliche Hilfsvereinigungen kümmerten sich um die Flüchtlinge, aber nur dann, wenn sie der eigenen Organisation nahestanden, die Solidarität galt vorwiegend den eigenen Gesinnungsgenossen.[30]

Rück wandte sich nach seiner Einreise nicht an die kommunistische Rote Hilfe Schweiz, sondern an die Ende März 1933 gegründete sozialdemokratisch-gewerkschaftliche Schweizerische Flüchtlingshilfe (SFH). Die SPS war beunruhigt über den Zusammenbruch der Arbeiterbewegung in Deutschland und hatte die Absicht, die deutschen Flüchtlinge angemessen zu unter-

---

30 Vgl. Lupp 2006 (Anm. 9), S. 158

stützen, auch der Schweizerische Gewerkschaftsbund (SGB) beteiligte sich an dem Hilfswerk.[31] Oskar Schneeberger, ehemaliger Polizeidirektor von Bern und Gewerkschaftsbund-Präsident, war Direktor dieser Organisation. Damals war das ganze Ausmaß des nationalsozialistischen Terrors noch nicht bekannt, oft gaben ahnungslose „Helfer" der SFH den Flüchtlingen den verhängnisvollen Rat, wieder nach Deutschland zurückzukehren, wenn nur eine kurze Freiheitsstrafe drohe.[32] Man vermutete sogenannte Speckjäger unter den Flüchtlingen, die die Schweizer Gastfreundschaft ausnutzen könnten, akribische Nachforschungen sollten den Missbrauch von Hilfsleistungen verhindern. Erst nach sorgfältiger Überprüfung der Angaben wurden die Unterstützungsgelder ausbezahlt. Wie alle eingereisten Flüchtlinge wurde auch Rück von der SFH über die Gründe seiner Flucht und über seine politische Arbeit in Deutschland befragt. Als sich bei ihm im August 1933 der Verdacht auf kommunistische Betätigung ergab, verlor er die Unterstützungsleistungen der SFH. Schneeberger wurde auf der Polizeidirektion Bern befragt, warum er Rück keine Hilfe mehr gewähre. Seine einfache Antwort lautete: „Er het afah Kommunistele."[33] Mit leiser Ironie, aber auch Bitterkeit erinnerte Rück sich später daran:

> „Ich hatte einen schlechten Ruf aus Deutschland mitgebracht, so ein alter Spartakist, von dem man alles Schlechte erwarten kann, und die mit ihren Vollbärten und Künstlermähnen auf der Bahnhofstrasse in Zürich herummarschierenden deutschen Sozialdemokraten – die waschechten mit dem Parteibuch in der Tasche, das sie zwar in Deutschland nicht davor bewahrt hatte, den Karren in den Dreck zu schieben, mit dem sie jedoch im Auslande auf alle Fälle eine Legitimation bei den Bruderparteien hatten, die ihnen gestattete, die Rolle der Edelemigranten zu spielen – nun ja, diese Sozialdemokraten sagten den Schweizern bald, was ich für ein Kerl sei."[34]

Doch alle Emigranten, darunter bekannte Politiker (Otto Braun, Arthur Crispien), Gewerkschafter (Georg Ledebour) und Schriftsteller (Bruno Schönlank, Otto Krille) hatten ähnliche Probleme wie Rück: Publikationsverbot, finanzielle Probleme, Furcht vor Ausweisung. Immer wieder kam es zu schweren Zerwürfnissen innerhalb der Emigrantengruppe, der Verdacht, der Bundesanwaltschaft Informationen zuzuspielen, wog schwer.[35] Kurt Kläber, den Rück in den zwanziger Jahren als proletarischen Schriftsteller geschätzt und in der *Roten Fahne* hoch gelobt hatte, war ebenfalls in die Schweiz geflohen, doch es gab keine Begegnung mit ihm.[36] Misstrauisch hielt Rück sich von den anderen Emigranten fern und vermutete, dass sie Privilegien eines sicheren

---

31 Vgl. Wichers 1994 (Anm. 15), S. 106
32 Vgl. Lupp 2006 (Anm. 9), S. 54
33 Bericht Informator Brauen vom 25.4.1934 an die Städtische Polizeidirektion Bern, in: BAR, E 4320(B) 1991/243, Bd. 31, C.13.48; Wichers 1994 (Anm. 15), S. 339
34 Fritz Rück: Züricher Spaziergänge, 13.3.1948, S. 5 f.
35 Vgl. Wichers 1994 (Anm. 15), S. 225
36 Vgl. dazu: Kristina Schulz: Die Schweiz und die literarischen Flüchtlinge 1933–1945 (Deutsche Literatur. Studien und Quellen, hrsg. von Beate Kellner und Claudia Stockinger; Bd. 9), Berlin 2012, S. 128 f.

6.2 Auf der Suche nach Unterstützung

Asyls genossen. Er wusste nicht, dass der betagte Ledebour und der Journalist Fritz Sternberg, als sie von der Polizei um Auskünfte über seine Person und sein Verhalten gebeten wurden, keinerlei Informationen preisgaben.[37]

Ein wichtiger Freund und Unterstützer für Rück wurde Walter Bringolf, der seit Januar 1933 Stadtpräsident von Schaffhausen war und als Redakteur für die *Arbeiterzeitung Schaffhausen* arbeitete.[38] Zwischen den beiden gleichaltrigen Männern entwickelte sich ein Vertrauensverhältnis und später übergab Rück dem Freund seine zahlreichen in der Schweiz verfassten und nicht veröffentlichen Manuskripte.[39] Bringolf stand bis 1935 der deutschen KPO nahe, deshalb fanden auch KPO-Mitglieder seine Unterstützung.[40] So konnten sich Rücks Schwager Janus und Erich Hausen, KPO-Bezirksleiter von Württemberg, mit Hilfe von Bringolf für einige Zeit in Schaffhausen in Sicherheit bringen.[41] Durch Bringolfs Vermittlung erhielt Rück eine kleine Unterstützung des Flüchtlingshilfswerks der KPO, der Internationalen Hilfsvereinigung (IHV).[42] Die Leitung dieser Organisation befand sich in Straßburg, finanziert wurde sie von deutschen und schweizerischen KPO-Sympathisanten.[43] Vermutlich war dies der Grund für eine kurze Reise Rücks nach Frankreich im Juli 1933, in seinem Reisepass findet sich die Eintragung „Visa d'excursionniste".[44] Später bekam Rück eine Unterstützungszahlung von der Gewerkschaftszentrale in der Höhe von ca. 100 Franken im Monat.[45]

Die Emigranten, zur Untätigkeit verdammt, saßen in Cafés und an anderen Orten, um zu diskutieren und Neuigkeiten auszutauschen.[46] Das Verhältnis zwischen Einheimischen und Flüchtlingen war nicht immer spannungsfrei. In seinen Erinnerungen beschrieb Bringolf seine Erfahrungen mit den Flüchtlingen in Schaffhausen:

---

37 Vgl. Bericht über die Aussagen von Fritz Sternberg beim Polizeiinspektorat Basel 16.5.1934 und Bericht über die Aussagen von Georg Ledebour bei der Gemeindeschreiberei Muri/Bern vom 16.5.1934, in: BAR, E 4320(B) 1991/243, Bd. 31, C.13.48
38 Vgl. Walter Bringolf: Mein Leben. Weg und Umweg eines Schweizer Sozialdemokraten, Zürich 1965, S. 160
39 Die Manuskripte befinden sich im Stadtarchiv Schaffhausen (StadtASch), NL Walter Bringolf, D IV 01.08
40 1935 trat Bringolf und mit ihm die KPO Schaffhausen in die SPS ein. Vgl. Franco Battel: „Wo es hell ist, dort ist die Schweiz". Flüchtlinge und Fluchthilfe an der Schaffhauser Grenze zur Zeit des Nationalsozialismus (Schaffhauser Beiträge zur Geschichte, hrsg. vom Historischen Verein des Kantons Schaffhausen; Bd. 77/2000), Zürich 2000, S. 76 ff.
41 Vgl. Wichers 1994 (Anm. 15), S. 212. Auch der erst 25-jährige Willi Bleicher (ebenfalls KPO) fand bei Bringolf Unterschlupf, musste aber im August 1933 die Schweiz verlassen und kehrte nach Deutschland zurück, wo er bis zum Kriegsende in Konzentrationslagern inhaftiert wurde. Vgl. Battel 2000 (Anm. 40), S. 79
42 Die IHV verfügte über geringe finanzielle Mittel und konnte nie eine bedeutende Rolle spielen.
43 Auch Rosa und Jenny Grimm waren Mitglied in der IHV.
44 Reisepass Friedrich Rück vom 2.2.1932, in: BAR, E 4264 1988/2 Bd. 361//P 41915
45 Vgl. Brief Fritz Rück vom 31.5.1954 an das Landesamt für die Wiedergutmachung Stuttgart vom 31.5.1954, in: StAL, EL 350 ES 14346
46 Vgl. schriftliche Mitteilung Ursula McCarthy vom 18.8.1997 an die Verfasserin. Ein beliebter Treffpunkt in Bern war das „Orient" in der Gurtengasse.

„Begreiflicherweise trugen sie schwer an dem Misserfolg, an der Niederlage, die die deutsche Arbeiterbewegung [...] erlitten hatte. [...] Kaum waren sie acht oder vierzehn Tage da und hatten sich etwas von ihren Strapazen erholt, begannen sie schon, uns zu predigen, ja sogar Verhaltensmaßregeln zu erteilen."[47]

6.3 Kommunistische Vergangenheit in Dossier gespeichert

Die Bundesanwaltschaft, die über die Aufenthaltsbewilligung der Flüchtlinge zu entscheiden hatte, verließ sich nicht auf die Angaben Rücks. Sie erteilte dem Polizeikommando des Kantons Bern am 9. Juni 1933 die Anweisung, „diskrete Erhebungen über das Verhalten und den Umgang des Rück"[48] zu machen und ein Personendossier anzulegen. Die einzige Begründung war: „Rück ist ein bekannter Kommunist." Auf Nachfrage lieferte die württembergische Polizei der Schweizer Bundesanwaltschaft alle vorhandenen Informationen über die politischen Aktivitäten Rücks, von seinem ersten Auftreten während der Novemberrevolution in Stuttgart bis zu seiner Flucht 1933. Diese wurden akribisch gesammelt und zu einem stattlichen Personendossier zusammengestellt, das im Bundesarchiv in Bern aufbewahrt wird.[49] Es vermittelt einen Eindruck von dem hohen bürokratischen Aufwand, der für die Überwachung und Kontrolle Rücks gemacht wurde. Die Akte beginnt mit einer knappen Personenbeschreibung: „Taille moyenne, bien portant, teint sain, brun, cheveux blond foncé, petite moustache taillé, menton couvert par une petite barbe foncée, le tout d'apparence juive. Yeux bleus." Man betrachtete es offensichtlich nicht als Widerspruch, Rücks Aussehen als „jüdisch" zu kennzeichnen und ihm gleichzeitig blaue Augen und dunkelblondes Haar zu bescheinigen. Es ist ein Hinweis darauf, dass auch in der Schweiz irrationale Judenfeindschaft und Überfremdungsängste vorhandenen waren.[50] Wörtlich zitiert wird in der Akte eine Notiz der württembergischen Polizeidienststelle in Stuttgart, die Rück folgendermaßen charakterisierte:

„Rück ist ein von hier gesuchter intelligenter Kommunist. Er beteiligte sich schon 1918 an den Umsturzbestrebungen des Spartakusbundes. Außerdem sitzt er seither fast ausschließlich an der Quelle der K. P. D. und ist auch vermutlich in ständiger Verbindung mit Russland. Er besitzt ein gutes schriftstellerisches Talent und ist immer an vorderster Front

---

47 Bringolf 1965 (Anm. 38), S. 172
48 Brief Schweizerische Bundesanwaltschaft in Bern vom 9.6.1933 an das Polizeikommando des Kantons Bern, in: BAR, E 4320(B) 1991/243, Bd. 31, C.13.48
49 Personalbogen (Fiche) Fritz Adam Rück in: Ebd., C.13.22. Der Personalbogen wurde fortlaufend ergänzt bis 9.11.1936
50 Vgl. Mittenzwei 1981 (Anm. 12), S. 25. Besonders nach dem Mord an dem NS-Funktionär Wilhelm Gustloff im Februar 1936 durch einen jüdischen Studenten wurden in der Öffentlichkeit Ressentiments sowohl gegen Juden als auch gegen Emigranten geschürt. Vgl. dazu: Stahlberger 1970 (Anm. 15), S. 73 f.

6.3 Kommunistische Vergangenheit in Dossier gespeichert

im Kampf um die kommunistische Sache eingetreten. Es ist mit Bestimmtheit anzunehmen, dass z. Zeit in Basel eine kommunistische Zentrale sitzt."[51]

Auch ein Polizeibericht aus Württemberg aus dem Jahr 1922 wurde in das Dossier aufgenommen:

> „Die K. P. D. Esslingen hatte [...] den bekannten Kommunistenführer Friedrich Rück aus Berlin als Versammlungsredner gewonnen. Rück, der geborener Württemberger ist, hat beim Ausbruch der Novemberrevolution in Stuttgart eine hervorragende Rolle gespielt und zieht als Redner immer noch recht gut. [...] Er wies auf die Notwendigkeit von Lohnforderungen und Streiks hin, verlangte den Generalstreik. [...] Rück erntete lebhaften Beifall. Durch die überaus leidenschaftliche Art seines Vortrags übt Rück, ein starker Fanatiker, eine starke Suggestion auf seine Zuhörer aus. In unruhigen Zeiten dürfte Rück als Volksredner und Agitator eine besonders gefährliche Rolle spielen."[52]

Auf Grund seiner vielfältigen Begabung als Redner und als Schriftsteller galt Rück als gefährlich. Seine Reise nach Moskau im Jahr 1921 wurde mehrmals erwähnt, dort sei er angeblich von Lenin persönlich gebeten worden, in Russland zu bleiben und für die dort lebenden Deutschen eine Zeitung zu redigieren.[53] Kommunisten, die mit Moskau in Verbindung standen, galten in der Schweiz wie auch in Deutschland als höchst verdächtig. Ein französischsprachiger Schweizer Informant behauptete in einem Bericht an die kantonale Polizei in Bern, dass Rück Kontakte zu kommunistischen Kreisen in der Schweiz habe und Gelder von der „Roten Hilfe" beziehe:

> „Dès son arrivée à Berne il fut introduit dans la section communiste de ce lieu où il est écouté et sans qu'il y déploie une activité combattive particulière. [...] Comme rédacteur on ne lui connaît, jusqu'à ce jour, aucune occupation que celle d'être en relation avec l'étranger, soit par correspondance. On affirme qu'il n'écrit pas même dans la presse communiste suisse. C'est la ‚Rote Hilfe' qui subvient à son entretien."[54]

Es ist richtig, dass Rück gelegentliche Kontakte mit Moskau hatte[55] und für die kommunistische Presse schrieb. Doch er erhielt nicht, wie behauptet, Unterstützung von der „Roten Hilfe", schon seit mehr als drei Jahren war er nicht mehr Mitglied von KPD und Komintern. In diesem Personendossier werden seine Aktivitäten stark übertrieben, richtige und falsche Informationen

---

51 Brief des Informators Heusser vom 8.6.1933 an die Bundesanwaltschaft in: BAR, E 4320(B) 1991/243, Bd. 31, C.13.48. Dieser Brief wurde in den Personalbogen eingefügt.
52 Württ. Polizeibericht vom 19.9.1922 im Personalbogen (Fiche) Fritz Adam Rück, in: Ebd., C.13.22
53 Vgl. *Schwabenspiegel* vom 5.10.1921 im Personalbogen (Fiche) Fritz Adam Rück, in: BAR, E 4320(B) 1991/243, Bd. 31, C.13.22
54 Bericht vom 10.7.1933 an das Polizei-Kommando des Kantons Bern, im Personalbogen (Fiche) Fritz Adam Rück, in: BAR, E 4320(B) 1991/243, Bd. 31, C.13.22
55 Vgl. Fritz Rück: Züricher Spaziergänge, 13.3.1948, S. 8

Abb. 11: *Rück in der Schweiz*

sind vermischt. Zuweilen unterliefen den eifrigen Materialsammlern kleine Schreibfehler, so wohnte Rück in Stuttgart nicht in der Schwarzenbergstraße, sondern in der Schwarenbergstraße. Dass Rück Redakteur der *Bayerischen Arbeiter-Zeitung* in Augsburg war, wurde in seinem Dossier festgehalten, aber er war nicht „Mitglied des ZK der KPD". Das Verhalten Rücks nach seinem Austritt aus der KPD und seine Suche nach einer neuen Parteizugehörigkeit wurden korrekt skizziert: „Seit Februar 1932 für die SAP in Stuttgart tätig. Juni 1932 Ausschluss aus der SAP. Die Erwartungen der KPO, dass Rück mit seinen Anhängern zur KPO übertreten werde, erfüllten sich nicht. Rück und seine Anhänger sympathisierten vielmehr mit einer Rückkehr zur KPD."[56] Trotzdem trug Rück weiterhin das Etikett „Kommunist", auch in der Schweiz haftete es fest an ihm.

6.4 Permanente Polizeikontrolle

Die Fremdenpolizei in Bern führte ihren Überwachungsauftrag sorgfältig durch. Man interessierte sich für die Herkunft seiner finanziellen Mittel und fragte Rück, weshalb ihm die sozialdemokratische Flüchtlingshilfe nach drei Monaten ihre Unterstützung entzogen habe.[57] Er erklärte, dass er die Mittel zu seinem Unterhalt heimlich aus Deutschland erhalte, aber dies glaubte man ihm nicht. Ein schweizerischer „Informator" vermutete, dass er von „hiesigen Leuten" unterstützt werde:

> „Rück hat hier Beziehungen zu einer Mutter und Tochter Grimm, Stauffacherstrasse Nr. 35. Die Beziehungen zur Tochter scheinen ziemlich intimer Natur zu sein. Er hat nun ab Mitte Dezember bei der Familie ein Zimmer bezogen, vermutlich wird er von hier auch finanziell unterstützt."[58]

---

56 Württ. Polizeibericht vom 20.2.1933, in: BAR, E 4320(B) 1991/243, Bd. 31, C.13.22
57 Vgl. Bericht Informator Brauen vom 25.4.1934 an die Städtische Polizeidirektion Bern, in: Ebd.
58 Bericht Informator Scherler vom 20.12.1933 an die Städtische Polizeidirektion Bern, in: Ebd.

6.4 Permanente Polizeikontrolle

Persönliche Kontakte und Freundschaften waren in der Fremde von großer Wichtigkeit. Bezeichnenderweise waren es zwei Frauen, die Rück, wie auch vielen anderen Flüchtlingen, praktische Hilfe zukommen ließen.[59]

Im September 1934 schickte die Polizeidirektion des Kantons Bern 35 Dossiers, die sie bei der Überwachung Rücks gesammelt hatte, an die Schweizerische Bundesanwaltschaft. Es sollte geprüft werden, ob eine „weitere Duldung dieses Ausländers" in Betracht komme. Rück wurde vorgeworfen, an Zusammenkünften politischer Flüchtlinge teilzunehmen und für die kommunistische Presse in der Schweiz tätig zu sein. Folgende Überlegungen zeigen deutlich, dass Rück durch sein kluges Verhalten der Polizei Probleme bereitete:

> „Wir halten Rück für einen gerissenen, mit allen Wassern gewaschenen rührigen Kommunisten und Wühler, der sich nicht so leicht eine Blöße geben wird. Ohne Zufall oder ständige polizeiliche Überwachung oder unvermutete Hausdurchsuchung wird wohl nie etwas Positives über ihn in Erfahrung gebracht werden können. Die ihn belastenden Momente dürften aber nicht schwerwiegend genug sein, um damit einen Hausdurchsuchungsbeschluss zu begründen. Auch ist anzunehmen, dass der gegenwärtige Zeitpunkt dazu sich nicht eignen würde, da Rubrikat durch die lange Pendenz seines Tolerierungserneuerungsgesuchs und durch seine Einvernahmen gewarnt sein dürfte. Es bleibt daher wohl vorläufig nichts anderes übrig, als ihn weiterhin nach Möglichkeit unter polizeilicher Kontrolle zu halten."[60]

Die Bundesanwaltschaft stimmte der abwartenden Haltung der Polizei zu. Rück scheint ein gutes taktisches Geschick entwickelt zu haben, bei den zahlreichen Befragungen („Einvernahmen") nicht allzu viel von sich preisgeben zu müssen. Ein Beamter machte sich in einer Aktennotiz Gedanken über Rücks Verhalten:

> „Er hoffte, aus bestimmten Fragen erfahren zu können, was über ihn bekannt ist und was nicht, damit er sich dann danach einrichten kann. Es macht ganz den Anschein, als ob bei strenger und sorgfältiger Überwachung mehr über ihn erfahren werden könnte, als er heute zugegeben hat."[61]

Dem Observierten war also bewusst, dass sein Lebenswandel überwacht wurde und dass Polizeiberichte für die Bundesanwaltschaft erstellt wurden. Offensichtlich hielt sich Rück an das Verbot politischer Tätigkeit und mied aus diesem Grund Kontakte zu anderen Emigranten.

---

59 Vgl. Wichers 1994 (Anm. 15), S. 129
60 Brief Polizeidirektion des Kantons Bern vom 20.9.1934 an die Schweizerische Bundesanwaltschaft in Bern, in: BAB, E 4320(B) 1991/243, Bd. 31, C. 13.22
61 Aktennotiz der Polizeidirektion des Kantons Bern vom 11.5.1934, in: Ebd., C.13.48

6.5 Das Ende seiner Ehe

Dora Rück hatte im März 1933 ihre Wohnung in Stuttgart wegen wiederholter Razzien verlassen müssen, ein SA-Mann drohte ihr mit Verhaftung.[62] Für kurze Zeit lebte sie bei ihrer Schwiegermutter Friedericke Rück in der Wagenburgstraße in Stuttgart. Im Juni teilte sie ihrem Mann mit, dass die Kriminalpolizei die Wohnung in der Neckarstraße durchsucht habe, Bücher und Manuskripte seien teils beschlagnahmt, teils vernichtet worden.[63] Wie ihr Mann verließ sie Deutschland und fand ebenfalls in Basel bei ihrer Schwägerin Anna Bernert in der Mühlhauserstraße 133 erste Aufnahme.

Ehefrauen von Flüchtlingen wurden nicht automatisch als Flüchtlinge anerkannt, sie mussten selbst ihre Gefährdung nachweisen.[64] Am 24. Oktober 1933 erhielt Dora Rück vom Polizei-Departement des Kantons Basel-Stadt eine befristete Aufenthaltsbewilligung als politischer Flüchtling.[65] Diese „Toleranzbewilligung" galt zunächst nur für zwei Monate und musste ständig erneuert werden. Sie mietete ein Zimmer und begann 1934 eine kunstgewerbliche Ausbildung.[66] Da man den Eindruck hatte, dass sie eine „überzeugte Anhängerin der Sozialdemokratie"[67] sei, erhielt sie bis 1937 Unterstützung durch die SFH.[68] Für die Durchführung einer medizinisch notwendigen Kur erhielt sie einen Zuschuss von der SPS.[69] Auch Dora Rück wurde von der Basler Polizei überwacht. In einem Bericht an die Eidgenössische Fremdenpolizei Bern ist die Rede davon, dass sie zweimal zu „Sport- oder Erholungszwecken" nach Locarno und nach Barcelona verreist sei. Sogar für die Höhe der Reisekosten von 75 Franken interessierte sich die Polizei.[70]

Die Lage seiner Frau war Rück nicht gleichgültig. In dem Gedicht „Der Flüchtling" von 1935 schrieb er:

„Ein Weib war mein und blieb zurück./Ihr ist entzwei gerissen/des Wollens Kraft, des Schaffens Glück./Sie weint daheim ins Kissen./
Sie ging durch Jahre steilen Weg/mit mir und breite Bahnen,/sie hat mit Herzblut eingestickt/den Stern auf meine Fahnen.

---

62   Vgl. Brief Dora Schelble vom 26.3.1958 an das Landesamt für Wiedergutmachung Stuttgart, in: Archiv der VVN, Landesverband Baden-Württemberg, Akte Dora Schelble-Hofmann
63   Vgl. Brief Polizeidirektion der Stadt Bern vom 27.6.1933 an die kantonale Fremdenpolizei Bern, in: BAB, E 4320(B) 1991/243, Bd. 31, C.13.22
64   Vgl. Lupp 2006 (Anm. 9), S. 160
65   Vgl. Bescheinigung des Polizei-Departements des Kantons Basel vom 24.5.1963, in: Archiv der VVN, Landesverband Baden-Württemberg, Akte Dora Schelble-Hofmann
66   Dora Rücks Adressen in Basel: Schafgässlein 4, seit 1936: Davidsbodenstr. 8
67   Bericht über die Aussagen des Arbeitersekretärs Ernst Herzog beim Polizeiinspektorat Basel vom 16.5.1934, in: BAR, E 4320(B) 1991/243, Bd. 31, C.13.48
68   Vgl. Bericht Informator Brauen vom 25.4.1934 an die Städtische Polizeidirektion Bern, in: Ebd.
69   Vgl. Brief Werner Stocker (SPS-Sekretär) vom 11.10.1937 an Fritz Rück, in: ARAB, NL Fritz Rück, Vol. 3, S
70   Vgl. Schreiben Polizeidepartement Basel Stadt vom 21.1.1936 an die Eidgenössische Fremdenpolizei Bern, in: BAR, E 4320(B) 1991/243, Bd. 31, C.13.22

6.5 Das Ende seiner Ehe

Jetzt brandet um sie Hass und Not,/weil ich davongefahren./Und manchmal fehlt das Stückchen Brot,/kein Gott will sie bewahren."[71]

Die Briefe von Dora Rück an ihren Mann wurden von der Polizei aufgefangen, abgeschrieben und gesammelt. So konstatierte die Polizei schon 1934, dass das Eheleben der Rücks „kein glückliches" sei, vermutlich würde es zu einer Scheidung kommen.[72] In einem von der Polizei geöffneten Brief an ihren Mann vom 12. September 1936 äußerte Dora Rück tiefe Enttäuschung über die rücksichtslose Machtpolitik Stalins:

„Lieber Fritz, man trägt so schwer an den Ereignissen der letzten Zeit, die uns alle so tief angehen. Da ist die russische Geschichte mit der Ermordung der alten Bolschewiki, so unfassbar und grässlich in der Auswirkung. Überall ist die Einheitsfront gefährdet, wo sie mehr denn je nötig wäre und die tiefe persönliche Trauer darüber, dass auch in der Sowjetunion die Methoden der faschistischen Machthaber durchgeführt werden, bedrückt ganz ungeheuer. Man kann sich einfach nicht mit der Lehre aus der französischen Revolution, dass sie die eigenen Kinder auffrisst, abfinden. Und dann Spanien! Man möchte helfen und sieht überall nur Grenzen und Fesseln."[73]

Dora Rück bildete sich früher als ihr Mann ein klares Urteil über den im August 1936 durchgeführten ersten Moskauer Schauprozess und die brutalen Methoden Stalins. Im Exil verlor sie nicht nur ihren Mann, sie musste auch ihre politischen Überzeugungen gründlich revidieren, es war ein radikaler Umbruch. In ihrem Weihnachtsbrief 1936 brachte sie offen ihre Verzweiflung zum Ausdruck: „Ich sterbe fast vor Weh."[74] Die Lage ihres um seinen Unterhalt kämpfenden Ehemanns machte ihr zusätzliche Sorgen: „Und auch ihr Dichter, fändet ihr noch so schöne und erhabene Worte, es ist armselig genug für Revolutionäre, seitab zu singen und Kapital daraus zu schlagen. Es ist unsagbar traurig, zu sehen, wie unsere Welt untergeht."[75] Aus dem dichtenden Revolutionär war ein Emigrant geworden, der seinen Lebensunterhalt mit dem Verfassen von harmlosen Zeitungsartikeln verdienen musste. Zu Weihnachten 1936 schickte sie ihm Zigarren, die Polizei kopierte die handschriftlichen Grüße, die sie auf die Schachtel geschrieben hatte: „Hier einige Zigarren zum Schmauchen! Vielleicht kommen Dir dabei mal einige gute Gedanken in

---

71 Peter Wedding (i. e. Fritz Rück): Der Reichstag brennt. Verse eines deutschen Emigranten, 1935 (Typoskript), 7. Gedicht: „Der Flüchtling", in: StadtASch, NL Walter Bringolf, D IV 01.08
72 Vgl. Bericht über die Aussagen des Arbeitersekretärs Ernst Herzog beim Polizeiinspektorat Basel vom 16.5.1934, in: BAR, E 4320(B) 1991/243, Bd. 31, C.13.48
73 Bericht Balzari vom 7.1.1937 an die Sicherheits- und Kriminalpolizei der Stadt Bern, in: Ebd., C.13.22, Beilage 10 zum Rapport
74 Ebd.
75 Ebd.

Bezug auf mich. [...] Ich war sehr krank die letzten Wochen, dieses verfl. Dasein! Wenn du doch mal telefonieren könntest."[76]

Rücks Antwort ist nicht erhalten, für ihre verzweifelten Fragen und Probleme hatte er keine befriedigende Lösung. Rückblickend und leicht ironisch schrieb er im Jahr 1948:

> „Ich glaube, es gibt in Bern beim politischen Departement heute noch eine dicke Aktenmappe mit Photokopien meiner Privatbriefe und da ich um diese Zeit von meiner ersten Frau getrennt lebte und sie ihr lebhaftes Temperament gerne sowohl schriftlich wie mündlich ausdrückte und ich alle Mühe hatte, ihr gut zuzureden, muss das eine erbauliche Lektüre für die Beamten gewesen sein."[77]

Doras Lage als alleinstehende Frau war besonders prekär, gesundheitliche und finanzielle Probleme verstärkten ihre Resignation, eine nötige Zahnbehandlung konnte sie sich ohne Krankenversicherung nicht leisten. Auch Rücks Mutter Friedericke, an die sie sich in ihrer Notlage wandte, konnte ihr kein Geld schicken.[78]

Im Dezember 1936 gab es noch ein letztes Zusammentreffen der Eheleute in der Schweiz, anschließend schrieb Dora in einem Brief von „verlorenem Vertrauen".[79] Die Scheidung wurde am 3. Dezember 1940 vom Zivilgericht der Stadt Basel ausgesprochen.[80] Das Gericht „dispensierte" Rück von der Pflicht zu erscheinen, er lebte ja bereits in Schweden.[81]

Im März 1941 ließ Rück noch eine Honorarabrechnung des Fenz-Verlags für seinen Kriminalroman an seine Ex-Frau überweisen, der Betrag war gering, vielleicht als symbolische Geste gemeint.[82] Später heiratete Dora Rück den Kunstmaler und Bühnenarbeiter Friedrich Schelble und lebte bis zu ihrem Tod am 8. Dezember 1964 in Basel.[83]

6.6 Eine neue Partnerin

Wie andere alleinstehende Flüchtlinge war Rück in Bern zuerst im sogenannten Volkshaus untergebracht, wo es auch einen günstigen Mittagstisch gab.[84] Dann lebte er als Gast bzw. Untermieter

---

76 Ebd.
77 Fritz Rück: Züricher Spaziergänge, 13.3.1948, S. 3
78 Vgl. Bericht Balzari vom 7.1.1937 an die Sicherheits- und Kriminalpolizei der Stadt Bern, in: BAR, E 4320(B) 1991/243, Bd. 31, C.13.22, Beilage 10 zum Rapport
79 Brief Dora Rück vom 11.12.1936 an Fritz Rück, in: Ebd.
80 Rücks Erinnerung ist ungenau. Er schrieb, dass er im Jahr 1941 „nach langem Hängen und Würgen" die Scheidung „zustande brachte". Fritz Rück: Züricher Spaziergänge, 13.3.1948, S. 9
81 Vgl. Brief Zivilgericht der Stadt Basel, Abt. I vom 3.10.1940 an Fritz Rück, in: ARAB, NL Fritz Rück, Vol. 10
82 Vgl. Honorarabrechnung für Kriminalroman „Nebengeräusche", in: Ebd.
83 Zu ihren Lebzeiten wurden ihre Ansprüche auf Schadensersatz zurückgewiesen. Erst 1965 erhielten ihre Erben eine Zahlung von 880 DM wegen Schaden an Eigentum und Vermögen vom Landesamt für Wiedergutmachung Stuttgart. Vgl. StAL, ES 14346
84 Vgl. Wichers 1994 (Anm. 15), S. 114

6.6 Eine neue Partnerin

in der Wohnung von Schweizer Freunden, die auf diese Weise praktische Solidarität mit der verfolgten deutschen Arbeiterbewegung übten. Fünfmal wechselte Rück im Jahr 1933 in Bern seine Unterkunft. Zuerst wohnte er bei Familie Zedler in der Standstraße 6, ab dem 21. Juli 1933 fand er Aufnahme bei Adolf Weidmann, Greyerzerstraße 55, der Mitglied bei der kommunistischen Roten Hilfe war. Dann zog er weiter in die Rodtmattstraße 66 zu Familie Donzé, anschließend kehrte er wieder zurück zu Adolf Weidmann. Im Dezember wurde er von Mutter und Tochter Rosa und Jenny Grimm in der Stauffacherstraße 35 aufgenommen. Rück hatte die 15 Jahre jüngere Jenny Grimm im Haus der Familie Bringolf in Schaffhausen kennengelernt, daraus entstand eine Liebesbeziehung.[85] So fand das unstete Flüchtlingsleben ein Ende, im April 1934, ein Jahr nach seiner Ankunft in der Schweiz, bezog er mit Jenny Grimm eine kleine Zweizimmerwohnung in der Mindstraße 7 in Bern. Es verstieß natürlich gegen die guten Sitten, wenn ein unverheiratetes Paar zusammenlebte. Rück schrieb: „Aber was soll man machen, wenn man die Scheidung nicht erhalten kann, sich vielleicht dreißig Jahre zu früh als Mann pensionieren lassen? – und alle alten Basen männlichen und weiblichen Geschlechts schüttelten besorgt das Haupt."[86] So lebte das Paar drei Jahre lang zusammen, bis Rück im Jahr 1937 die Schweiz verlassen musste.

Jenny war die Tochter von Rosa und Robert Grimm, einem auch in der deutschen Arbeiterbewegung bekannten Ehepaar.[87] Als Tochter überzeugter Marxisten war Jenny, die 1910 geboren wurde, nach der Frau von Karl Marx benannt worden.[88] Politische und persönliche Spannungen in der Ehe ihrer Eltern hatten 1918 zur Scheidung geführt. Robert Grimm, SPS-Präsident des Kantons Bern, gilt als einer der ersten, die in der Schweiz die Gefahren des Nationalsozialismus erkannten.[89] Er war Chefredakteur der sozialdemokratischen *Berner Tagwacht* und seit 1911 Nationalrat. Seine Frau Rosa wird als emanzipierte, gebildete und kämpferische Frau beschrieben, die 1928 aus Enttäuschung über Stalin sich wieder der SPS zuwandte.[90] Auf ihre radikale Haltung anspielend, schrieb Rück 1933 in einem Gedicht, dass sie in scharfem und witzigem Ton mit der „Reformistenbande"[91] gekämpft habe. Rück war Robert und Rosa Grimm möglicherweise schon bei dem Vereinigungsparteitag 1920 in Berlin begegnet, sie waren dorthin als Schweizer Delegierte gekommen.

---

85 Vgl. schriftliche Mitteilung Jenny Grimm vom 17.7. 1969 an Uli [Cohn], in: PA Elisabeth Benz
86 Fritz Rück: Züricher Spaziergänge, 13.3.1948, S. 8
87 Grimm, Organisator der Zimmerwalder Konferenz der Kriegsgegner von 1915, hatte während des Krieges Kontakte zur linken SPD (Liebknecht, Luxemburg, Zetkin und Berta Thalheimer). Zu Lenin stand er in scharfer Opposition, dieser bezeichnete ihn als schweizerischen „Kautskyaner". Vgl. Adolf McCarthy: Robert Grimm. Der schweizerische Revolutionär, Bern/Stuttgart 1989, S. 90 ff.
88 Vgl. ebd., S. 64
89 Vgl. Christian Voigt: Robert Grimm. Kämpfer Arbeiterführer Parlamentarier, Bern 1980, S. 235
90 Vgl. McCarthy 1989 (Anm. 87), S. 242. Der Biograf Grimms Adolf McCarthy war mit Ursula, der jüngeren Schwester von Jenny verheiratet.
91 Peter Wedding (i. e. Fritz Rück): Silvester 1933. Photographien auf der unsichtbaren Platte, 1933 (Typoskript), S. 4

Das häusliche Zusammenleben von Rück und Jenny Grimm interessierte die Polizei. Der mit der Observierung beauftragte Corporal Balzari erkundete sogar die Lebens- und Schlafgewohnheiten von Rück und seiner Gefährtin und berichtete:

> „Er wohnt seit Ende April 1934 bei Frl. Grimm Jenny, von Hinwil, Kt. Zürich, geb. 10.12.10, ledig, Bürolistin, Mindstrasse 7. Diese hat dort ein Zweizimmerlogis für Fr. 77.- im Monat gemietet. Er wohnt bei ihr als Zimmerherr. Wie ich bisher erfahren konnte, finden in diesem Logis keine Zusammenkünfte politischer Natur statt. Bei der Anwohnerschaft herrscht die Meinung, dass Rück mit Frl. Grimm ein intimes Verhältnis habe; denn sie gehen sehr oft zusammen aus, kommen zusammen nach Hause und kürzlich sollen sie sogar zusammen in den Ferien gewesen sein. Frl. Grimm arbeitet auf ihrem Beruf [...] und wird von ihrem Verdienst den Mietzins bezahlen und zweifellos auch Rück unterstützen. Er macht verschiedene Kommissionen für den Haushalt und besorgt diesen auch zum Teil. Wie bisher festgestellt werden konnte, schlafen sie getrennt, wenigstens ist in jedem Zimmer eine Ottomane vorhanden, die als Bett dient."[92]

Der sittenstrenge, aber gleichzeitig auch neugierige Polizist schien vorläufig beruhigt gewesen zu sein.

1934 wurde Rück fast zwei Monate lang im Inselspital wegen einer eitrigen Nierenentzündung behandelt, 1935 wurde ihm dort die linke Niere entfernt.[93] Die Spitalkosten beglich die Polizeidirektion Bern, aber man befürchtete, er könnte „mit der Zeit gänzlich zu Lasten der Schweizerbehörde fallen".[94]

Wie sehr Jenny Grimm ihren Partner bewunderte, zeigt ein Brief, den sie ihm voller Besorgnis am 6. Dezember 1934 ins Krankenhaus schickte:

> „Lieber, [...]. Die Perspektiven, die Du nun zeigst, sind so gar nicht verheißungsvoll. Und ich soll einfach zuschauen, wie Du krank bist und einfach nicht helfen können!? Das will mir nicht in den Schädel und vor allem darum nicht, weil Du nicht dazu geschaffen bist krank zu sein. Wir brauchen doch produktive Menschen, und gerade solche, wie Du einer bist fehlen uns. Darum musst Du auch bald wieder gesund werden, damit wir noch mehr von dem kriegen, was in dir steckt. Weißt Du, ich kann den ‚Mann auf der Brücke' immer wieder lesen, jedes Mal bin ich von dessen Gedankenreichtum erneut begeistert. Hoffentlich gibt es noch mehr Menschen, die der

---

92 Bericht Balzari vom 5.8.1934 an die Städtische Polizeidirektion III. Abteilung Bern, in: BAR, E 4320(B) 1991/243, Bd. 31, C.13.48

93 Vgl. Brief Fritz Rück vom 30.6.1937 an den Verlag W. Kohlhammer Stuttgart, in: ARAB, NL Fritz Rück, Vol. 3

94 Bericht Sicherheits- und Kriminalpolizei der Stadt Bern vom 26.3.1935 an die Städtische Polizeidirektion II. Abteilung Bern, in: BAR, E 4320(B) 1991/243, Bd. 31, C.13.22

gleichen Meinung sind und das Stück dadurch allen zugänglich gemacht wird. [...] Gelt Fritz, wenn Du irgendeinen Wunsch hast, meldest Du Dich. Sofern es in meiner Macht steht, werde ich ihn erfüllen. Ich hoffe, dass Du mir genau berichtest, was der Arzt sagt und wie Du Dich fühlst. – Wenn ich jetzt auch zwei Tage nicht zu Dir kommen kann, so fliegen doch meine Gedanken immer zu Dir und versuchen es, sich mit Dir zu unterhalten. [...] Ganz herzlich Jenny."[95]

Wer zu dem Freundeskreis von Rück und Jenny gehörte, ist nicht bekannt. Vielleicht gehörte die Pädagogin Anna Siemsen dazu, sie schrieb, wie Rück, für die Gewerkschaftszeitung *Der öffentliche Dienst*.[96]

6.7 Autor von Gedichten, Kriminalromanen und Spielstücken

Wie in seiner Jugendzeit betätigte sich Rück in der Schweiz als Dichter, 19 Gedichte fasste er 1935 unter dem Titel: „Der Reichstag brennt. Verse eines deutschen Emigranten" zusammen, sie sind Ausdruck seiner persönlichen Reaktion auf die Herausforderungen des Exils.[97] In seinen Gedichten richtete Rück den Blick zurück auf seine Heimat, seine Genossen und Freunde, die er zurücklassen musste. Der Reichstagsbrand war das letzte, einschneidende Erlebnis Rücks in Deutschland, er beschrieb diesen als „braunes Signal zur Jagd".[98] Er fand eindrückliche Worte für die Brutalität der Nazis: „Hitlerdeutschland ist auf Mord geschaltet,/in den Dreck getreten jeder Hauch Kultur./Ein Millionenvolk wird amtsverwaltet/und die braune Pest stellt ihm die Todesuhr."[99]

Unter der Überschrift „März 1933. Den deutschen Arbeitern" wandte er sich aufmunternd an die zurückgebliebenen Genossen:

> „Lebt wohl Genossen, die Ihr drüben seid,/Euch gab das schwerste Los die schwerste Zeit./Ganz Deutschland ist ein Zuchthaus, drin Ihr schmachtet/und dessen Kerkermeister ihr verachtet./[...]

---

95 Brief Jenny Grimm vom 6.12.1934 an Fritz Rück, in: PA Elisabeth Benz
96 Von der Postkontrolle wurde eine Postkarte von Siemsen an Jenny Grimm fotokopiert, es ging um die Publikation eines nicht näher bezeichneten Artikels von Rück. Vgl.: BAR, E 4320(B) 1991/243, Bd. 31, C.13.22 Anna Siemsen (1882–1951) wurde 1932 Mitglied der SAP. Durch eine Scheinehe mit einem 15 Jahre jüngeren Mann war sie Schweizerin geworden und konnte politisch und schriftstellerisch tätig sein. Vgl. Beate Messerschmidt: „... von Deutschland herübergekommen"? Die „Büchergilde Gutenberg" im Schweizer Exil, München 1989, S. 220
97 Peter Wedding (i. e. Fritz Rück): Der Reichstag brennt. Verse eines deutschen Emigranten, 1935 (Typoskript), in: StadtASch, NL Walter Bringolf, D IV 01.08
98 1. Gedicht: „Der Reichstag brennt" und 15. Gedicht: „Reichstagsbrand", in: Ebd.
99 15. Gedicht: „Reichstagsbrand", in: Ebd.

Wir sind bei Euch in diesem Freiheitskrieg, wir rüsten mit euch für den letzten Sieg./Heut weht das Hakenkreuz von allen Türmen:/Ein anderer März wird es herunterstürmen."[100]

Von der hoffnungslosen Lage der kommunistischen und der jüdischen Häftlinge in den Konzentrationslagern hatte Rück eine realistische Vorstellung. In einem Spielstück schilderte er deutlich die Brutalität der Wachmannschaften.[101] Mit Sicherheit kannte Rück den Tatsachenbericht von Wolfgang Langhoff „Die Moorsoldaten", der 1935 in der Schweiz erschien und weite Verbreitung fand.

Die Lage der Emigranten konnte Rück aus eigenem Erleben beschreiben:

„Sie sitzen an fremden Tischen/und schauen oft nach der Tür,/als müssten sie wieder entwischen,/und können doch nichts dafür./
Sie sind den andern lästig,/und sich am Ende noch mehr./Ihr Denken ist oft von gestern,/der Gang verdrossen und schwer./
Ein Meer hat sie ausgeworfen/wie Fische an den Strand./Nun zappeln sie hilflos durchs Leben/und mancher krepiert im Sand./"[102]

Rück kritisierte in demselben Gedicht einen sozialdemokratischen Emigranten, der sich früher als Arbeiterführer fühlte und dem es wichtig war, seinen Besitz mit ins Exil zu nehmen. Dort warte er darauf, wieder nach Berlin zurückgeholt zu werden.[103] Alte politische Differenzen und persönlichen Animositäten waren auch in der Zeit des Exils noch lebendig. Sein Jugendfreund, der Arbeiterdichter Max Barthel, mit dem er auf Wanderschaft gegangen war und mit dem er die Gefängnishaft in Rottenburg geteilt hatte, blieb in Deutschland und wandte sich dem Nationalsozialismus zu.[104] Er rief seine Schriftstellerkollegen dazu auf, nicht ins Exil zu gehen, sondern sich in die neue Gesellschaft einzuordnen und versprach sogar, dass ihnen bei ihrer Rückkehr „kein Haar gekrümmt" werde.[105] Mit deutlicher Empörung schrieb Rück über den alten Freund:

„Er heftete sich das Hakenkreuz/an die gebügelten Hosen/und schrieb den Freunden in der Schweiz,/er sei zu Deutschland entschlossen./

---

100 2. Gedicht: „März 1933", in: Ebd.
101 Vgl. Peter Wedding (i. e. Fritz Rück): Adolf I. Ein Heldenlied aus Deutschlands größter Zeit, S. 13, o. O. und o. J. (Typoskript), in: ARAB, NL Fritz Rück, Vol. 9
102 Peter Wedding (i. e. Fritz Rück): Der Reichstag brennt. Verse eines deutschen Emigranten, 1935 (Typoskript), 5. Gedicht: „Emigranten", in: StadtASch, NL Walter Bringolf, D IV 01.08
103 Vgl. ebd.
104 Vgl. Heinrich August Winkler: Der Schein der Normalität. Arbeiter und Arbeiterbewegung in der Weimarer Republik 1924 bis 1930 (Geschichte der Arbeiter und der Arbeiterbewegung in Deutschland seit dem Ende des 18. Jahrhunderts, hrsg. von Gerhard A. Ritter, Bd. 10) Berlin/Bonn 1985, S. 719
105 Vgl. Jürgen Dragowski: Die Geschichte der Büchergilde Gutenberg in der Weimarer Republik 1924–1933, Essen 1992, S. 144 f.

6.7 Autor von Gedichten, Kriminalromanen und Spielstücken

> [...] Er frisst am braunen Trog sich satt/und vergoldet die deutsche Hölle./So ist er verdorben, wie andere auch,/was nachbleibt ist Gewimmer./Sein Denkmal ist sein eigener Bauch/und wird es bleiben für immer."[106]

In einem polemischen und bitteren Gedicht beschrieb er die Wandlung seines ehemaligen Freundes vom Barrikadenkämpfer der Novemberrevolution zum *Vorwärts*-Redakteur[107] und schließlich zum Gefolgsmann Hitlers:

> „Er trug einen Revolver um den Bauch/und spielte den wilden Rebellen./Das war in den Jahren so der Brauch/bei manchem faulen Gesellen./Er fuhr nach Osten, um keck und froh/in der Wolga nach Ruhm zu fischen./Was ihm an Gedanken dort entfloh/war später schwer zu verwischen./[108]
> Er wurde nicht so, wie nötig, bestaunt,/es gab der Dichter so viele./Drum eines Tages, missgelaunt,/entdeckte er seine Gefühle/für Menschheit und Frieden und Demokratie,/und Friedrich Ebert, den Grossen./Er fand, gewärmt hätten eigentlich nie/die roten Unterhosen./So freundete er sich beim *Vorwärts* an/und stampferte fröhlich durchs Leben./Er zeugte Kinder als echter Mann,/und schrieb Romane daneben./Er schrieb die alten Geschichten um/und färbte schwarzgolden die Sauce./Die Göttin der Muse blieb fürder stumm,/doch das Einkommen wuchs ins Grosse."[109]

Barthels Mitarbeit im *Vorwärts* unter Friedrich Stampfers Leitung interpretierte Rück als Zeichen von Verbürgerlichung und als ersten Schritt hin zur NSDAP.

Insgesamt 14 Gedichte von Rück wurden in den Jahren 1936/37 in Schweizer Zeitungen abgedruckt. In dem Gedicht „Der Illegale" verarbeitete er eigene Erfahrungen, die Stimmung schwankt zwischen Mutlosigkeit und Hoffnung:

> „Er weiß von Dingen, die er niemand sagt,/dem hellen Licht bleibt, was er denkt, verschlossen./Wenn er an jedem Tag ein Leben wagt,/dann ist dies Dienst für seine Kampfgenossen./Man wird kein Denkmal setzen, wenn er fällt,/denn was er tut, bleibt meistenteils verborgen./Er lebt, ein Gast, in dieser schönen Welt/und trägt für die Genossen alle Sorgen./Er geht vorbei an denen, die er kennt,/nur in den Augen flammt ein rasches Leuchten./Er kennt die Flamme, die im Dunkel brennt./Und hört im Traume, wie die Opfer keuchten./

---

106 Peter Wedding (i. e. Fritz Rück): Der Reichstag brennt. Verse eines deutschen Emigranten, 1935 (Typoskript), 13. Gedicht: „Ein Dichter von gestern"
107 1923 trat Barthel aus der KPD aus und wurde Mitglied der SPD.
108 Barthel unternahm 1920 und 1923 zwei längere Reisen in die Sowjetunion, wo er auch Lenin und Gorki traf.
109 Peter Wedding (i. e. Fritz Rück): Der Reichstag brennt. Verse eines deutschen Emigranten, 1935 (Typoskript), 13. Gedicht: „Ein Dichter von gestern"

So geht er durch die Zeit, die ihn bestimmt./Er hat ein Evangelium zu künden./Wenn ihn die Schar der Spitzel einmal nimmt,/dann werden andre seine Spuren finden."[110]

In der Isolation des Exils fühlte er sich mit den in Deutschland verbliebenen „Kampfgenossen" verbunden, er deutete die Leiden der Opfer an. In dem Gedicht „Reichstagsbrand" fand er dafür klagende Worte: „Drohend ragt der Galgen in die Welt./Hört sie dieser Opfer Fluch und Stöhnen,/Spürt sie, wie der Schrei nach Rache gellt?"[111]

Die *Berner Tagwacht* druckte im Oktober 1936 zwei Gedichte Rücks unter dem Pseudonym Peter Wedding ab. In der Sonntagsbeilage der sozialdemokratischen Züricher Zeitung *Volksrecht* wurden im Lauf dieses Jahres vier Gedichte von ihm veröffentlicht. In den veröffentlichten Texten behandelte Rück keine politischen Themen, sondern alltägliche Erfahrungen, die ein breites Publikums ansprachen: der junge Arbeiter, ein Holzfäller, Frühlingsanfang, Gebirgsbach. Zum Allerseelentag 1936 schrieb er das Gedicht „Ein alter Brauch", in dem er seine Gefühle bei einer zufälligen Begegnung mit einem Trauerzug schilderte.[112]

Es muss für Rück ein Erfolg gewesen sein, als 1936 der Hans Feuz-Verlag in Bern drei seiner Buchmanuskripte unter dem Pseudonym Leo Kipfer druckte.[113] Zwar blieb die Anekdotensammlung „Das unmöblierte Haus" erfolglos und brachte ihm nur ein Honorar von 6,30 Franken,[114] aber die beiden Kriminalromane hatten bessere Verkaufszahlen, sie waren damals an allen Kiosken zu kaufen.[115] Die Ausstattung der Bücher war sehr einfach, der Umschlag ist nicht bedruckt. Für den Krimi „Nebengeräusche" bekam Rück im Dezember 1936 als Vorschuss eine Überweisung von 100 Franken.[116] Der Kriminalroman spielt im Milieu der Londoner Geschäftswelt. Militärisch einsetzbare Explosivstoffe werden in einem geheimen Labor hergestellt und sollen in einem Passagierschiff nach Südamerika transportiert werden, eine Explosion der gefährlichen Ladung droht. Zwei Ermittler sind aktiv: ein eifriger Inspektor von Scotland Yard und ein schlauer Privatdetektiv. Diese spannungsreiche Kombination erinnert an die Figur des Detektivs Sherlock Holmes in den Romanen des britischen Autors Arthur Conan Doyle.[117] Dass der intelligente, aber gefährliche „Bösewicht" in Rücks Roman der Wissenschaftler Sir Reginald Railway ist, kann der

---

110 *Volksrecht*, Unterhaltungsbeilage *Der Sonntag*, Jg. 12, Nr. 35, 29.8.1936
111 Peter Wedding (i. e. Fritz Rück): Der Reichstag brennt. Verse eines deutschen Emigranten, 1935 (Typoskript), 15. Gedicht: „Reichstagsbrand"
112 Vgl. *Volksrecht,* Unterhaltungsbeilage *Der Sonntag,* Jg. 12, Nr. 44, 31.10.1936
113 Leo Kipfer (i. e. Fritz Rück): Nebengeräusche. Kriminalroman zwischen London und Genf, Bern 1936; Leo Kipfer (i. e. Fritz Rück): Der Schachzug des Toten, Bern 1936; Leo Kipfer (i. e. Fritz Rück): Das unmöblierte Haus und 115 andere Anekdoten aus zwei Jahrtausenden, Bern 1936
114 Vgl. Brief Hans Feuz-Verlag vom 2.3.1937 an Fritz Rück, in: ARAB, NL Fritz Rück, Vol. 3, H. Es handelt sich bei diesem schmalen Bändchen um eine Anekdotensammlung aus der Geschichte, bunt gemischt von Perikles bis Lenin.
115 Vgl. Interview der Verfasserin mit Ursula McCarthy am 25.5.1997 in Bern
116 Vgl. Brief Hans Feuz-Verlag vom 2.3.1937 an Fritz Rück, in: ARAB, NL Fritz Rück, Vol. 3, H
117 Rück hat sie vermutlich gekannt. In der *Roten Fahne* veröffentlichte er am 27.1.1929 die Rezension eines Kriminalromans von Wallace.

6.7 Autor von Gedichten, Kriminalromanen und Spielstücken

Leser schon sehr früh erkennen. In dieser Männerwelt bewegt sich die junge und zuweilen naive Miss Mabel Jelluway, die Sekretärin des Verbrechers. Rück beschrieb sie als „Kind der modernen Zeit", sie könne sogar Auto fahren. Gleichzeitig hob Rück auch ihre typisch weiblichen Eigenschaften hervor: ihr „gepudertes Näschen",[118] ihre „kleinen Händchen", denen das Scheckbuch anvertraut sei.[119] Durch den Händedruck eines Mannes sei sie „schwach und hörig" geworden. Im Grunde wollten Frauen eben kein Abenteuer, lieber einen Mann, Kinder und ein „kleines Einfamilienhaus".[120] Sie verkörpert das Gute, der Leser hofft auf ihre Rettung.[121] Rücks Frauenbild war bisher konservativ geprägt gewesen, sicherlich sind seine neuen Erfahrungen mit der selbstbewussten und emanzipierten Jenny in diesen Roman eingeflossen.[122]

Um seinen Lebensunterhalt zu verdienen, übernahm Rück auch Gelegenheits- und Auftragsarbeiten. Auf Bestellung des Vereinsvorstands Walter Scherrer verfasste Rück für den Arbeiterschwimmclub in Neuhausen verschiedene satirische und humoristische Szenen.[123] Für eine Theateraufführung beim Kreisturnfest in Schaffhausen schrieb er einen Laienspieltext. Diese beiden Auftragsarbeiten sind nicht erhalten.[124] Das von seiner Freundin Jenny so geschätzte Spielstück „Der Mann auf der Brücke" bot Rück dem Stadttheater Basel an, doch der Dramaturg lehnte eine Aufführung ab.[125] Es behandelt das Schicksal eines Emigranten, der, ohne Pass, zwischen zwei Ländern hin- und hergeschoben wird. Dem Heimatlosen wird jedes Verbrechen in die Schuhe geschoben, er klagt: „So irre ich wie Ahasver umher."[126] Dem Grenzwächter gab Rück den Namen Wendelin Dumpf: „Nach unten scharf, nach oben eifrig streben,/so wie schon immer der Beamte war."[127] Der Fremde schaut in den Fluss hinab und beneidet diesen, weil er ohne Pass in ein Land hinein- und hinausfließen kann. Der Schluss ist düster und dramatisch: Im Feuerschein fallen Schüsse, der Fremde schreit und stürzt zu Boden.[128] Für den Sommer 1937 war ein weiterer Kriminalroman geplant, der Feuz-Verlag versprach ihm eine Zahlung von 200 Franken nach Prüfung des Manuskripts.[129]

---

118 Kipfer Nebengeräusche 1936 (Anm. 113), S. 45
119 Ebd., S. 62
120 Ebd., S. 169
121 Gelegentlich findet man in dem Text schwäbische Ausdrucksweisen wie: „Der Professor war netter wie früher...". Ebd., S. 143
122 Vgl. Rezension von Rücks Roman „Nebengeräusche", in: *Schweizerische Metallarbeiterzeitung*, Jg. 35, Nr. 47, 21.11.1936. Der Roman wurde gelobt, er sei spannend geschrieben und behandle „zeitgemäße Probleme".
123 Vgl. Bericht Balzari vom 7.1.1937 an die Sicherheits- und Kriminalpolizei der Stadt Bern, in: BAR, E 4320(B) 1991/243, Bd. 31, C.13.22, S. 3 f.
124 Vgl. Beileidsbrief Walter Bringolf 1959, in: ARAB, NL Fritz Rück, Vol. 14
125 Vgl. Brief Werner Wolf (Dramaturg am Stadttheater Basel) vom 14.6.1936 an „Herrn Grimm" (!), in: ARAB, NL Fritz Rück, Vol. 3
126 Ahasver kommt aus dem Hebräischen und heißt „Fürst", volkstümlich „ewiger Jude".
127 Peter Wedding (i. e. Fritz Rück): Der Mann auf der Brücke, o. J. [1934] (Typskript), in: StadtASch, NL Walter Bringolf, D IV 01.08, S. 12
128 Vgl. ebd., S. 51
129 Vgl. Brief Hans Feuz-Verlag vom 4.3.1937 an Fritz Rück, in: ARAB, NL Fritz Rück, Vol. 3, H

Dem eifrigen Polizeispitzel Balzari, der die Wohnung Rücks in der Mindstraße aufmerksam observierte, war es längere Zeit entgangen, dass Rück das Arbeitsverbot umging. In seinem Bericht hielt er fest:

> „Die bisher gemachten Beobachtungen ergaben, dass Rück täglich in die Stadt- und Hochschulbibliotheken geht, dort stundenlang verweilt, historische und wissenschaftliche Bücher liest, daraus Notizen macht und diese dann zu Hause verarbeiten soll. Er soll an einem kunstgeschichtlichen Buch arbeiten. Ich erfuhr, dass er in seinem Zimmer eine Schreibmaschine habe und viel schreibe. Dafür, dass er eine Erwerbstätigkeit ausübt, liegen bisher keine Beweise vor. Ich konnte bis jetzt auch nicht feststellen, dass er kommunistische Versammlungen oder Zusammenkünfte besucht."[130]

Balzari ordnete Rück immer noch in die Kategorie „Kommunist" ein, und so entging es ihm trotz aller Recherchen, dass dieser für sozialdemokratische Zeitungen schrieb und sich hinter vier verschiedenen Pseudonymen versteckte: Peter Wedding, Leo Kipfer, Otto Benninger und Otto Bessinger.[131]

6.8 Journalistische Tätigkeit

Drei wichtige sozialdemokratische Zeitungen öffneten Rück ihre Spalten: die *Berner Tagwacht*, das Züricher *Volksrecht* und die Zeitschrift für Theorie, die *Rote Revue*. Die *Berner Tagwacht* war das offizielle Parteiorgan der SPS.[132] Schon lange kannte Rück dieses Blatt, das im Ersten Weltkrieg unter seinem Chefredakteur Grimm die Burgfriedenspolitik der Parteien der II. Internationale bekämpft hatte.[133] Sicher war es für Rück ein Erfolg, als im April 1934 eine Folge von historischen Artikeln in der Beilage dieser Zeitung gedruckt wurde, selbstverständlich völlig anonym.[134] Unter der Überschrift „Hegel in Bern" beschrieb er in vier Fortsetzungen das erstarrte System des städtischen Patriziats im 18. Jahrhundert. Der junge, in Stuttgart geborene Hegel begeisterte sich für die Ideen der Französischen Revolution, er konnte während seiner Tätigkeit als Hauslehrer bei einer reichen Berner Patrizierfamilie in den Jahren 1793–96 wichtige Erkenntnisse über

---

130 Bericht Balzari vom 5.8.1934 an die Städtische Polizeidirektion III. Abteilung Bern, in: BAR, E 4320(B) 1991/243, Bd. 31, C.13.48
131 Auch andere Emigranten mit striktem Publikationsverbot konnten in der sozialdemokratischen Presse veröffentlichen. Vgl. Ulrich Seelmann-Eggebrecht: Die Exilsituation in der Schweiz, in: Manfred Durzak (Hrsg.): Die deutsche Exilliteratur 1933–1945, Stuttgart 1973, S. 106
132 Vgl. Marco Zanoli: Zwischen Klassenkampf, Pazifismus und Geistiger Landesverteidigung. Die Sozialdemokratische Partei der Schweiz und die Wehrfrage 1920–1939 (Züricher Beiträge zur Sicherheitspolitik und Konfliktforschung, hrsg. von Andreas Wenger; Nr. 69), Zürich 2003, S. 262
133 Vgl. Brief Fritz Rück vom 11.6.1915 an Emil Birkert, abgedruckt in: Emil Birkert: Am Rande des Zeitgeschehens, Stuttgart 1983, S. 80
134 *Berner Tagwacht*, Jg. 42, Nr. 89, 18.4.1934; Fortsetzungen in Nr. 90, 19.4.1934; Nr. 91, 20.4.1934 und Nr. 92, 21.4.1934

staatliche und gesellschaftliche Missstände in dem Schweizer Stadtstaat gewinnen. Über den aus Stuttgart stammenden Philosophen schrieb Rück: „Für die Entwicklung seines Denkens und die Erkenntnis des dialektischen Charakters der Entwicklung boten ihm die Jahre in Bern wertvolles und wichtiges Material."[135] Deutlich zeigen sich hier Parallelen zu seiner eigenen Situation in der Schweiz.

Im August 1936 konnte Rück in der *Roten Revue* erstmals zu einem aktuellen außenpolitischen Thema Stellung beziehen. Diese Monatsschrift war das theoretische Organ der SPS, ihr Mitbegründer und Chefredakteur war Ernst Nobs.[136] Rücks Aufsatz trägt den Titel: „Kampf der wachsenden Kriegsgefahr!", er ist interessant und lebendig geschrieben und zeigt, wie realistisch er die Gefahr eines drohenden Krieges sah.[137] Nach dem italienischen Überfall auf Abessinien und der ohnmächtigen Reaktion des Völkerbundes forderte Rück eine entschiedene Haltung gegenüber den kriegsbereiten faschistischen Mächten Italien, Deutschland und Japan. Zwei Jahre vor dem Münchener Abkommen vom September 1938 warnte er vor der Appeasementpolitik, mit der man die Diktaturstaaten zu gefährlichen Militärmächten heranwachsen lasse. Die belogenen und fanatisierten Massen in Deutschland seien von einem neuen „imperialen Taumel" ergriffen. Hitler nutze die in Europa verbreitete Bolschewistenangst, um es der „Diktatur des erlesensten arischen Edelvolks" zu unterwerfen. Rück empfahl ein antifaschistisches Bündnis zwischen England, Frankreich und der Sowjetunion, die gerade dabei sei, den Wohlstand der Massen zu verbessern und die „bürokratische Diktatur" abzubauen. Auch gegen die japanischen Expansionsgelüste sei die SU das „zuverlässigste Bollwerk" des Friedens. Es ist die bekannte Position Rücks, noch glaubte er an die Überlegenheit des sowjetischen Systems unter Stalin, noch hoffte er auf die Hilfe Moskaus im Kampf gegen das NS-Regime. In seinen Erinnerungen von 1948 beschrieb er in locker-ironischem Ton seine Illusionen:

> „Ich hatte selbst zwar nicht die geringste Lust, mit den Russen etwas zu tun zu haben, aber irgendwie betrachtete man sie doch als Kraft oder als Bundesgenossen im Kampf gegen Hitler. Und in den Jahren 1933–1936 brachte das Moskauer Radio zuweilen wirklich anständige antifaschistische Programme, Ernst Busch sang, Weinert und Becher [...] rezitierten. So sattelte auch ich meinen Pegasus und schrieb einige etwas blauäugige oder vielleicht besser rotgemalte Gedichte, die ich in einer Anwandlung von literarischem Ehrgeiz und der Hoffnung auf Honorar nach Moskau schickte. Honorar kam keins, dagegen einige etwas bombastische Briefe mit altem Kram, den man längst über hatte."[138]

---

135 Ebd.
136 Vgl. Wichers 1994 (Anm. 15), S. 99. Ernst Nobs (1896–1957) war seit 1919 Nationalrat und 1943–1951 erster sozialdemokratischer Bundesrat der Schweiz.
137 *Rote Revue*, Jg. 15, H. 12, August 1936, S. 421
138 Fritz Rück: Züricher Spaziergänge, 13.3.1948, S. 8

Eines dieser „rotgemalten" Gedichte hat Erich Weinert in einer Anthologie abgedruckt, die 1938 in Engels, einer Stadt in der Wolgadeutschen Sowjetrepublik veröffentlicht wurde. Unter seinem Pseudonym Peter Wedding brachte Rück seine Hoffnung zum Ausdruck, dass Stalin zusammen mit allen Antifaschisten das NS-Regime stürzen würde:

> „Der Tag ist lang, der Tag ist schwer,/und viele Stunden laufen leer/im Dritten Reich der Schande./Wenn Moskau spricht, dann sinkt dahin/die Nacht der Herren in Berlin,/und heller wird's im Lande.
> Wir werden wieder auferstehn/und hinter unsern Fahnen gehen,/zur Faust geballt die Hände./Das Glockenspiel vom Kremlturm/verkündet einen neuen Sturm:/Die große Zeitenwende!"[139]

Angesichts der Bedrohung der Schweiz durch die beiden totalitären Nachbarstaaten rückte die SPS von ihrem früheren klassenkämpferischen Antimilitarismus ab und begann, Armee und Landesverteidigung grundsätzlich zu bejahen. Diese neue programmatische Linie war kurz zuvor auf dem Parteitag in Luzern verkündet worden.[140] Rücks Übereinstimmung mit der SPS in der Frage der Landesverteidigung war vermutlich der Grund, weshalb er trotz des Verbots politischer Betätigung seine Meinung dazu im August 1936 in der *Roten Revue* darlegen durfte. Es ist der einzige Artikel zu einem aktuellen politischen Thema, den Rück in der Schweiz veröffentlichen konnte, seine anderen Publikationen behandelten „nur" historische, kulturelle und literarische Themen. Er musste äußerst vorsichtig sein, auch in der Schweiz überwachte das Hitler-Regime die Aktivitäten der Emigranten und duldete keine deutschfeindlichen Äußerungen.[141]

Unter Verwendung eines neuen und nur einmal benützten Pseudonyms Otto Benninger beschrieb Rück in zwei weiteren Aufsätzen in der *Roten Revue* die Entstehung der Eidgenossenschaft.[142] Die Entwicklung der Schweiz sei unter der Fuchtel „borniter Stadtoligarchen" stagniert. Selbstbewusst formulierte Rück sein Geschichtsverständnis: „Wir Marxisten können objektive geschichtliche Zusammenhänge würdigen."[143] Intensiv beschäftigte sich Rück mit dem Schweizer Peter Ochs (1752–1821), einem Aufklärer und radikalen Republikaner, der versucht hatte, die Errungenschaften der Französischen Revolution auf die Schweizer Eidgenossenschaft zu übertragen. In einem unveröffentlichten Buchmanuskript „Napoleon Bonapartes Fünfte Kolonne" legte er dar, wie der in Frankreich geborene Ochs 1798 erfolglos versuchte, die föderalistische Schweiz in einen modernen Zentralstaat zu verwandeln. Auch wenn sich kein Verlag für

---

139 Erich Weinert (Hrsg.): Auf dem Podium. Sammlung von revolutionären Gedichten, die sich für den Vortrag gut eignen, zusammengestellt und mit Anleitung zum Rezitieren versehen, Engels 1938, S. 66 f.
140 Vgl. Voigt 1980 (Anm. 89), S. 246 f.; Zanoli 2003 (Anm. 132), S. 152 ff.
141 Vgl. Herbert E. Tutas: Nationalsozialismus und Exil. Die Politik des Dritten Reiches gegenüber der deutschen politischen Emigration 1933–1939, München/Wien 1975, S. 66 ff.
142 Vgl. *Rote Revue*, Jg. 16, H. 3 (November 1936), S. 106 ff.; *Rote Revue*, Jg. 16, H. 5 (Januar 1937), S. 161 ff.
143 *Rote Revue*, Jg. 16, H. 5 (Januar 1937), S. 164

6.8 Journalistische Tätigkeit

das Buch fand, gelang es Rück, seine Recherchen über diese Zeit des revolutionären Umbruchs in 15 Artikeln der schweizerischen Familienzeitschrift *Der Aufstieg* zu publizieren.

Die Züricher Zeitung *Volksrecht*, die bis 1935 ebenfalls von Nationalrat Nobs geleitet wurde, war ein wichtiges Organ der SPS. Es veröffentlichte im Jahr 1936 vier Gedichte und zwei Aufsätze von Rück. Nobs korrespondierte mit Rück und forderte ihn gelegentlich auf, eingereichte Texte zu verbessern.[144] So entstand für die feuilletonistische Unterhaltungsbeilage *Der Sonntag* unter der pathetischen Überschrift „Die Morgenröte einer europäischen Kulturgemeinschaft" eine lange, überblicksartige Zusammenfassung der Geschichte der europäischen Literatur und Malerei.[145] Rück nannte diese Darstellungsform „Streifzug", er hat sie später immer wieder verwendet. Er lobte den französischen Naturalismus und den Impressionismus der Maler Paul Cézanne und Edgar Degas. Die Kunst des deutschen Kaiserreichs sei geprägt gewesen von der Gedankenwelt des Bürgertums, das sich mit dem „halbabsolutistischen Staatsapparat" verbündet habe. Die Architektur der Jahrhundertwende habe „grauenhafte Arbeiterquartiere" und „kitschige Großstadtburgen" hervorgebracht. Dem Dramatiker Gerhart Hauptmann warf er vor, er sei „im faschistischen Sumpf vertrottelt". Rück schätzte die Gedichte Detlev von Liliencrons und die frühen Gedichte von Arno Holz und Richard Dehmel, dieser habe einige der „schönsten Arbeiterlieder" geschrieben. Eigene leidvolle Erinnerungen wurden wieder gegenwärtig, wenn er schrieb, dass viele hoffnungsvolle, moderne Ansätze eines neuen Lebensgefühls seit 1914 durch den Krieg zerstört wurden.

Im Jahr 1936 fand Rück Zugang zu weiteren Zeitungen, er schrieb für die beiden Gewerkschaftsblätter *Der öffentliche Dienst* und die *Schweizerische Metallarbeiterzeitung*.[146] Gegenwart und Vergangenheit eines Stadtbezirks zu beschreiben, diese lockere, feuilletonistische Form beherrschte Rück seit seinem Wedding-Buch von 1931. Dass er auch durch die Straßen Berns mit offenen Augen ging, zeigt die in drei Fortsetzungen erschienene Artikelreihe über die Brunnen von Bern, sie inspirierten ihn zu einem „Streifzug" durch die Kulturgeschichte der Stadt.[147] Er begann mit der Wasserversorgung der Stadt im Mittelalter und erzählte die Geschichte des „Kindlifresserbrunnens", der an einen Juden erinnert, der angeblich ein Kind verspeist habe. Rück verwies darauf, dass diese mittelalterliche Vorstellung vom antisemitischen Wochenblatt *Der Stürmer* wiederaufgegriffen wurde. Er zitierte archivalische Quellen, es war eine sorgfältig recherchierte Arbeit. In ähnlicher Form präsentierte er in derselben Zeitung seine Betrachtun-

---

144 Vgl. Bericht Balzari vom 7.1.1937 an die Sicherheits- und Kriminalpolizei der Stadt Bern, in: BAR, E 4320(B) 1991/243, Bd. 31, C.13.22, S. 4; Brief von Ernst Nobs vom 2.10.1936 an Fritz Rück, Kopie, in: Ebd.
145 Vgl. Peter Wedding (i. e. Fritz Rück): Die Morgenröte einer europäischen Kulturgemeinschaft. Streifzüge durch Literatur und Kunst, in: *Volksrecht*, Unterhaltungsbeilage *Der Sonntag*, Jg. 12, Nr. 24, 13.6.1936 und Nr. 25, 20.6.1936
146 Die Zusammenarbeit mit der *Metallarbeiterzeitung* dauerte von 1936 bis 1941. Rück konnte dort insgesamt 22 Beiträge veröffentlichen: 1936: 5 Beiträge, 1937: 9 Beiträge, 1938: 4 Beiträge, 1939: 2 Beiträge, 1940: 1 Beitrag, 1941: 1 Beitrag
147 Vgl. Otto Bessinger (i. e. Fritz Rück): Die Brunnen von Bern. Streifzüge durch die Kulturgeschichte einer Stadt, in: *Der öffentliche Dienst*, Jg. 29, Nr. 27, 3.7.1936, Nr. 28, 10.7.1936 und Nr. 29 und 17.7.1936

gen über die „Baumalleen und Grünanlagen" und schrieb beispielsweise: „Etwas Grünes vor den Augen, das hebt die Schwungkraft der Seele" oder „Bäume sind die Lungen der Großstadt."[148] Durch die Menschenmassen und die „Auspuffgase der Motorfahrzeuge" gebe es einen großen „Luftverbrauch". Abschreckendes Beispiel sei Berlin, wo die Straßen „staubig und bedrückend" seien, dies ist der erste Hinweis darauf, dass Rück Umweltprobleme wahrnahm.

Das Jahr 1936 war für ihn relativ erfolgreich, acht Artikel, elf Gedichte und drei Bücher wurden in der Schweiz veröffentlicht, eine gute Bilanz. Hoffnungsvoll bat er im August 1936 in einem Brief an die Polizeidirektion Bern, sich als „freier Feuilletonist"[149] betätigen zu dürfen. Seine Bitte wurde abgelehnt, was ihn nicht daran hinderte, weiterhin zu schreiben. Doch Artikel und Einnahmen mussten gut getarnt bleiben.

Rücks Suche nach zahlenden Abnehmern für seine Manuskripte war mühsam und nicht immer erfolgreich. So schickte ihm z. B. die Feuilleton-Redaktion der Basler *National-Zeitung* im Jahr 1936 fünf Manuskripte zurück mit dem Vermerk, man habe dafür „keine Verwendung".[150] Eine völlige Absage erhielt er auch vom Schweizerischen Metall- und Uhrenarbeiterverband.[151] Die besser bezahlenden bürgerlichen Zeitungen verweigerten sich den Emigranten. Die Honorare der linkssozialistischen Zeitungen waren bescheiden. Das *Volksrecht* und die *Berner Tagwacht* zahlten nur zehn Rappen pro Zeile. Die *Thurgauer Arbeiterzeitung* druckte ein einziges Gedicht von Rück und bezahlte ihm dafür drei Franken, davon konnte er nicht einmal das Essen für einen Tag bezahlen.[152] Für ein Gedicht in der Unterhaltungsbeilage *Der Sonntag* erhielt Rück sieben Franken.[153] Die bescheidenen Autorenhonorare ließ er an Jenny Grimm schicken, auch der Briefverkehr zwischen ihm und seinen Verlegern lief über sie, seine journalistische und schriftstellerische Arbeit in der Schweiz war illegal und musste gut getarnt werden.

Einmal hatte ein Artikel von ihm ein kleines Nachspiel: Unter der Überschrift „Stimmungsbild" griff er 1936 in der *Berner Tagwacht* das Thema der sozialen Ungerechtigkeit auf.[154] Er beschrieb, wie ein junger Mann, den er während seines Aufenthalts im Inselspital kennengelernt hatte, von seinem Arbeitgeber, einem Gärtner in Belp, ausgebeutet wurde. Als die Gärtnereien in Belp gegen den Artikel protestierten, musste die *Berner Tagwacht* einige Tage später berichtigen, dass es sich bei dem Ausbeuter nicht um einen Gärtner, sondern einen Bauern handle.

---

148 *Der öffentliche Dienst*, Jg. 29, Nr. 44, 30.10.1936, Nr. 45, 6.11.1936 und Nr. 46, 13.11.1936
149 Personalbogen (Fiche) Fritz Adam Rück in: BAR, E 4320(B) 1991/243, Bd. 31, C.13.22
150 Bericht Balzari vom 7.1.1937 an die Sicherheits- und Kriminalpolizei der Stadt Bern, in: Ebd., S. 5. Die Titel dieser Manuskripte waren: „Vor dem Winter", „Sehnsucht nach dem Süden", „Beim Wein", „Richelieu" und „Augen".
151 Vgl. ebd. Die zwei abgelehnten Geschichten hatten folgende Titel: „Die Eroberung der Landschaft" und „Ein Ratsherr in Chur führt Krieg gegen Frankreich."
152 Ohne Kosten für die Unterbringung betrug der Tagesbedarf eines Flüchtlings pro Tag fünf Franken. Vgl. Wichers 1994 (Anm. 15), S. 113
153 Vgl. *Volksrecht*, Unterhaltungsbeilage *Der Sonntag*, Jg. 12, Nr. 44, 31.10.1936
154 Vgl. *Berner Tagwacht*, Jg. 44, Nr. 242, 15.10.1936

Auch wenn Rück nicht der SPS beitrat,[155] arbeitete er publizistisch eng mit dieser Partei zusammen, die in den dreißiger Jahren ihre revolutionären Kampfmethoden revidierte, sich auf den Boden der demokratischen Verfassung stellte und zur Volkspartei wurde.[156] In den Briefen, die ihm der SPS-Generalsekretär Werner Stocker in den Jahren 1937 bis 1939 nach Schweden schickte, wurde Rück als „Genosse" angeredet.[157]

Rücks Hinwendung zur Sozialdemokratie, der lange Wandlungsprozess zum Reform-Sozialdemokraten begann in der Zeit des Exils in der Schweiz. Seine Illusionen über Stalin und das sozialistische Sowjetsystem verlor er erst später.

6.9 Ausreise aus der Schweiz

Im Dezember 1933 äußerte Rück noch die optimistische Absicht, in der Schweiz eine direkte antifaschistische Aufklärungsarbeit zu machen. In einem Gedicht schrieb er: „Sind wir auch schliesslich Vagabunden,/die sich an fremdem Herd gefunden,/ein jedes Wort sei eine Ladung Blei/der ganzen braunen Hitlerei."[158] Doch schnell wurde ihm klar, dass seine Lebens- und Arbeitsbedingungen im Exil sehr eingeschränkt waren. Die Deutsch- und Emigrantenfeindlichkeit in der Bevölkerung nahm zu und die Hilfsorganisationen hatten Mühe, notwendige Mittel zum Unterhalt der Flüchtlinge zu beschaffen.[159]

Im September 1936 schöpfte die Fremdenpolizei Verdacht und ordnete eine Kontrolle von Rücks Post an. Jetzt wurden nicht nur seine, sondern auch die an Jenny Grimm adressierten Briefe abgeschrieben, fotokopiert, gesammelt und ein Verzeichnis seiner „illegalen" Schriften angelegt, die eingegangenen Honorare addierte man genau. Als Summe der Beträge von September bis Dezember 1936 wurden 453,10 Franken errechnet. Mit diesem Geld hätten die Mietkosten für ein Jahr gedeckt werden können.[160] Am 7. Januar 1937 verfasste Corporal Balzari einen ausführlichen Rapport von sechs Seiten und fügte das gesammelte Material hinzu, es war eine umfangreiche Akte.[161] Jetzt hatte er drei Decknamen Rücks (Otto Benninger, Peter Wedding, Leo Kipfer) herausgefunden und stellte fest, dass er nicht nur eine Erwerbs-, sondern auch eine verschleierte politische Tätigkeit entfalte. Der Bericht erwähnte auch, dass Rück das SAP-Organ *Neue Front*

---

155 Vgl. schriftliche Mitteilung Jenny Grimm vom 17.7.1969 an Uli [Cohn], in: PA Elisabeth Benz
156 Vgl. Voigt 1980 (Anm. 89), S. 246 ff.; Mittenzwei 1981 (Anm. 12), S. 34 f.
157 Vgl. Briefe Werner Stocker vom 1.6.1937, 16.6.1937, 1.10.1937, 11.10.1937, 18.12.1937, 23.5.1938, 28.4.1939 an Fritz Rück, in: ARAB, NL Fritz Rück, Vol. 3, S. Werner Stocker war Journalist und organisierte eine Rettungsaktion für Flüchtlinge. Vgl. Wichers 1994 (Anm. 15), S. 123 und S. 195
158 Peter Wedding (i. e. Fritz Rück): Silvester 1933. Photographien auf der unsichtbaren Platte, 1933 (Typoskript), S. 2
159 Vgl. Wichers 1994 (Anm. 15), S. 113 f.
160 Die Jahresmiete für ein Mansardenzimmer in Bern betrug 270 Franken. Vgl. ebd.
161 Vgl. Bericht Balzari vom 7.1.1937 an die Sicherheits- und Kriminalpolizei der Stadt Bern, in: BAR, E 4320(B) 1991/243, Bd. 31, C.13.22

aus Paris beziehe sowie das Programmheft des Gewerkschaftssenders Moskau. Dadurch habe er „die in der Toleranzbewilligung enthaltenen Bedingungen missachtet."[162]

Die Polizeidirektion in Bern empfahl am 15. Januar 1937 der Bundesanwaltschaft, Rück aus der Schweiz auszuweisen.[163] Eine einzige Einschränkung dieser Empfehlung wurde gemacht: „Mit Rücksicht auf die Stellung des Herrn Nationalrat Grimm ersuchen wir darum, in der Motivierung des Beschlusses unsere Auffassung nicht zu erwähnen."[164] Wollte man vermeiden, dass sich der Vater von Jenny für den Freund seiner Tochter einsetzte? Im März gelangte die Bundesanwaltschaft zu der Ansicht, dass Rücks journalistische Tätigkeit eine „schwere Verletzung der an die Toleranzbewilligung geknüpften Bedingungen"[165] darstelle. Aber die endgültige Entscheidung sollte noch bis zum Mai 1937 hinausgezögert werden, wobei man die Postkontrolle fortsetzte, um noch mehr Beweismaterial zu sammeln.

Die Kontrolle seiner Korrespondenz blieb Rück nicht verborgen. Schon am 15. Oktober 1936 hatte sein Freund und Förderer Scherrer ihm folgende Beobachtung mitgeteilt:

> „Ich war am letzten Samstag sehr überrascht, als Dein Brief ankam, denn die Post überbrachte ihn offen, aber ohne jegliche Bemerkung. Ob man ihn geöffnet hat, wissen wir nicht. Wahrscheinlich wird er sich von selbst geöffnet haben (geplatzt), denn es war sehr schwaches und leicht rissiges Papiercouvert. Jedenfalls ist Vorsicht am Platze."[166]

Jenny Grimm erhielt von Bekannten den Hinweis, „[dass] ein ziemlich dickes Dossier über F. R. [existiere] und die Gefahr bestehe, dass er von heute auf morgen an die Grenze gestellt werde".[167]

Eine „Ausschaffung" wurde immer wahrscheinlicher, es war die härteste Maßname, die die Schweizer Behörden gegen Flüchtlinge ergreifen konnten. Wer nach Deutschland ausgewiesen wurde, fiel in die Hände der Gestapo, ihm drohten Haft, Folter und Tod. Andere Länder, wie z. B. Frankreich und Schweden, weigerten sich, Flüchtlinge aufzunehmen, die bereits in einem anderen Land Zuflucht gefunden hatten. Doch Rück fand einen Ausweg. Am 23. März 1937 bat er in einem Brief an die Eidgenössische Fremdenpolizei um die Ausstellung eines Emigrantenpasses und die Gewährung eines Rückreisevisums in die Schweiz.[168] Sein deutscher Reisepass sei abgelaufen. Er wolle in Stockholm versuchen, sich eine Existenz als freier Schriftsteller aufzubauen.

---

162 Ebd.
163 Vgl. Schreiben Polizei- und Sanitätsdirektion der Stadt Bern vom 15.1.1937 an die Schweizerische Bundesanwaltschaft Bern, in: Ebd.
164 Ebd.
165 Schreiben Schweizerische Bundesanwaltschaft vom 11.3.1937 an die Polizeidirektion des Kantons Bern, in: BAR, E 4320(B) 1991/243, Bd. 31, C.13.22
166 Brief Walter Scherrer vom 15.10.1936 an Fritz Rück, adressiert an Jenny Grimm, Kopie in: Bericht Balzari vom 7.1.1937 an die Sicherheits- und Kriminalpolizei der Stadt Bern, in: BAR, E 4320(B) 1991/243, Bd. 31, C.13.22
167 Schriftliche Mitteilung Jenny Grimm vom 17.7.1969 an Uli [Cohn], in: PA Elisabeth Benz
168 Vgl. Brief Fritz Rück vom 23.3.1937 an die Eidgenössische Fremdenpolizei, in: BAR, E 4264 1988/2, Bd. 361, P 41915

6.9 Ausreise aus der Schweiz

Durch die Fürsprache von Schweizer Freunden erhielt er schließlich diesen für ihn wertvollen schweizerischen Identitätsausweis.[169] Am 21. April wurde ihm dieses Papier ausgehändigt, das ihm ermöglichte, im Mai 1937 über Frankreich und Dänemark nach Schweden zu reisen.[170] Die SFH, die ihm wegen seiner angeblich kommunistischen Gesinnung die Unterstützung verweigert hatte, zahlte ihm zum Schluss noch 140 Franken für die Ausreise.[171] War man zufrieden, einen Bittsteller weniger zu haben? Oder war dieser Geldbetrag eine Anerkennung seiner journalistischen Arbeit für die sozialdemokratische und gewerkschaftliche Presse?

---

169 Vgl. Brief Walter Scherrer vom 20.3.1937 an Heinrich Rothmund, Chef der Eidgenössischen Fremdenpolizei, in: Ebd. Scherrer schrieb, Rück sei ein „anständiger Mensch" und noch sehr entwicklungsfähig.
170 Vgl. Aktennotiz der Bundesanwaltschaft vom 25.5.1937, die von Balzari telefonisch Auskunft erbeten hatte, in: BAR, E 4320(B) 1991/243, Bd. 31, C.13.22
171 Vgl. Registerkarte der SFH über Fritz Rück vom 7.5.1937, in: SSA, W 81,7

7. 1937–1949 Schweden
7.1 Das Exilland Schweden

Am 17. Mai 1937 reiste Rück in Schweden ein.[1] Seine Schweizer Lebensgefährtin Jenny Grimm begleitete ihn und hielt sich über ein Jahr bei ihm in Stockholm auf.[2] Schließlich kam sie zu der Überzeugung, nicht „für eine Ehe geschaffen" zu sein[3] und reiste wieder ab. Rücks Schwager Richard Janus verließ ebenfalls im Jahr 1937 die Schweiz und fand Aufnahme in Schweden. Die beiden früheren Jugendgenossen waren nicht nur verwandtschaftlich, sondern auch persönlich und politisch eng miteinander verbunden.[4]

Als Rück nach Schweden kam, war die sozialdemokratische Arbeiterpartei SAP(S) die stärkste Partei im schwedischen Reichstag. Ihr Parteivorsitzender, der populäre Per Albin Hansson, führte seit 1932 in Koalition mit der Bauernpartei eine stabile Regierung.[5] Es war die Zeit einer langen sozialdemokratischen Vorherrschaft und umfassender sozialer Reformen. Eine gesetzliche Sozialversicherung und Zuschüsse für kinderreiche Familien konnten die negativen Auswirkungen der Weltwirtschaftskrise mildern.[6] Die Macht der Gewerkschaften wuchs, der Anteil der Genossenschaften im Handel und im Pressewesen nahm zu.

Trotzdem kann Rücks Lage in den ersten drei Jahren seines schwedischen Exils keinesfalls als leicht bezeichnet werden. Auch die schwedische Flüchtlingspolitik bis 1940 hatte restriktive Ziele, der Zustrom von Flüchtlingen sollte auf ein Minimum begrenzt werden.[7] In bürgerlichen und akademischen Schichten, aber auch in der schwedischen Sozialdemokratie interessierte man sich nicht für die Vorgänge in Deutschland und verstand deshalb nicht, weshalb die Flüchtlinge dieses Land verlassen hatten.[8] In der Bevölkerung gab es Fremdenfeindlichkeit, Rassismus und Sorge um den Arbeitsmarkt, die schwedischen Asylgesetze waren geprägt von dieser Haltung.[9]

---

1   Vgl. Uppgifter till ansökning om svenskt medborgarskap vom 4.2.1946, in: RAS, Medborgarsakt Mb/1946
2   Dies bezeugen Briefe, die sowohl an Rück als auch an Grimm adressiert waren. Vgl. beispielsweise. Brief Hossmann & Rupf vom 22.5.1938 an Fritz Rück und Jenny Grimm, in: ARAB, NL Fritz Rück, Vol. 3, H
3   Brief Jenny McCarthy vom 22.12.1947 an Fritz Rück, in: ARAB, NL Fritz Rück, Vol. 3, M
4   Vgl. Interview der Verfasserin mit Theodor Bergmann am 29.12.1994 in Stuttgart
5   Vgl. Aleksandr Sergeevič Kan: Geschichte der skandinavischen Länder, Berlin (Ost) 1978, S. 190. Hansson war bis zu seinem Tod 1946 schwedischer Ministerpräsident. Er starb beim Aussteigen aus der Straßenbahn auf dem Nachhauseweg.
6   Vgl. Stefan Szende: Zwischen Gewalt und Toleranz. Zeugnisse und Reflexionen eines Sozialisten, Frankfurt/Köln 1975, S. 246
7   Vgl. Einhart Lorenz/Hans-Uwe Petersen: Fremdenpolitik und Asylpraxis, in: Einhart Lorenz et al. (Hrsg.): Ein sehr trübes Kapitel? Hitlerflüchtlinge im nordeuropäischen Exil 1933–1950 (IZRG-Schriftenreihe; Bd. 2), Hamburg 1998, S. 26
8   Vgl. Helmut Müssener: „Meine Heimstatt fand ich hoch im Norden" – „Schweden ist gut – für die Schweden". Aspekte geglückter und missglückter Integration in Schweden nach 1933, in: Wolfgang Frühwald/Wolfgang Schieder (Hrsg.): Leben im Exil. Probleme der Integration deutscher Flüchtlinge im Ausland 1933–1945, Hamburg 1981, S. 44
9   Vgl. Hans-Albert Walter: Deutsche Exilliteratur 1933–1950, Bd. 2: Europäisches Appeasement und überseeische Asylpraxis, Stuttgart 1984, S. 161; Lorenz/Petersen 1998 (Anm. 7), S. 18

7.1 Das Exilland Schweden

In seiner Einstellung zu den Flüchtlingen unterschied sich Schweden nicht von den übrigen europäischen Ländern, es war „nicht das flüchtlingsfreundlichste Land, aber auch nicht das flüchtlingsfeindlichste".[10]

Die Emigranten in Schweden erhielten – im Gegensatz zu fast allen anderen europäischen Ländern – eine Arbeitserlaubnis. Sie sollten den Einheimischen nicht die Arbeitsstellen wegnehmen, aber trotzdem selbst für ihren Lebensunterhalt sorgen.[11] Die Arbeits- und Aufenthaltsbewilligung wurde von der Sozialbehörde (Socialstyrelsen) erteilt.[12] Viele Männer verdingten sich in der Landwirtschaft, Frauen arbeiteten als Kindermädchen. Rück war nicht in der Lage, schwere körperliche Arbeit zu verrichten, aber seine Autorenhonorare sicherten ihm ein bescheidenes Auskommen. Unentbehrlich waren für ihn in den ersten Jahren die Überweisungen, die er weiterhin von Schweizer Zeitungen für seine Artikel und Aufsätze erhielt.

Zur Unterstützung der Flüchtlinge der Arbeiterbewegung war 1933 ein Hilfskomitee unter dem Namen „Fackliga och politiska emigranternas hjälpkommitté" (Hilfskomitee der gewerkschaftlichen und politischen Emigranten) entstanden, es wurde 1938 in „Arbetarrörelsens Flyktingshjälp" (Flüchtlingshilfe der Arbeiterbewegung) umbenannt, es befand sich im Stockholmer Gewerkschaftshaus in der Barnhusgatan.[13] Bedingt durch seine Nähe zur regierenden sozialdemokratischen Partei war dieses Hilfskomitee finanziell gut ausgestattet.[14] Erst wenn die Flüchtlinge von der „Arbetarrörelsens Flyktingshjälp" anerkannt waren, bekamen sie eine Aufenthalts- und Arbeitserlaubnis. Auch wenn Rück nie staatliche Unterstützungszahlungen erhielt,[15] brauchte er die Hilfe des Flüchtlingskomitees bei der Durchsetzung seiner Interessen gegenüber der Ausländerbehörde. Der verantwortliche Sekretär des Hilfskomitees Evald Jansson, der sehr gut deutsch sprach, sammelte Auskünfte und Dokumente über die Flüchtlinge, die sich an ihn wandten. Auf keinen Fall wollte er „Kommunisten und Halbkommunisten" unterstützen.[16] Er leitete die Informationen weiter an das „Utrikesdepartement" (Außenministerium), das für Pass- und Visafragen zuständig war. Rück konnte das Vertrauen und die Unterstützung von Jansson gewinnen, dieser empfahl dem zuständigen Staatssekretär, Rück einen „uppehållstillstånd" (Aufenthaltsgenehmigung) auszustellen, denn er sei ein „omdömesgill tidningsman" (urteilsfähiger

---

10 Helene Lööw: Der institutionelle und organisierte Widerstand gegen die Flüchtlinge in Schweden. 1933–1945, in: Hans Uwe Petersen (Hrsg.): Hitlerflüchtlinge im Norden. Asyl und politisches Exil (Veröffentlichung des Beirats für Geschichte der Arbeiterbewegung und Demokratie in Schleswig-Holstein; Bd. 7), Kiel 1991, S. 124

11 Vgl. schriftliche Mitteilung Artur Schober vom 30.8.1994 an die Verfasserin; Helmut Müssener: Die Exilsituation in Skandinavien, in: Manfred Durzak (Hrsg.): Die deutsche Exilliteratur 1933–1945, Stuttgart 1973, S. 115

12 Vgl. Helmut Müssener: Exil in Schweden. Politische und kulturelle Emigration nach 1933, München 1974, S. 61

13 Vgl. Martin Grass: Exil 1933–1945 in Skandinavien. Quellen und Archive in Schweden, in: Petersen 1991 (Anm. 10), S. 306

14 Vgl. Lorenz/Petersen 1998 (Anm. 7), S. 30; Walter 1984 (Anm. 9), S. 165

15 Vgl. Brief Fritz Rück vom 14.12.1939 an den Vorstand des Schwedischen Typografenverbandes Stockholm, in: ARAB, Svensk Typografförbundet, Vol. 25

16 Vgl. Szende 1975 (Anm. 6), S. 227. Szende bezeichnete Jansson als „arroganten Burschen".

Zeitungsmann).¹⁷ Rücks Schwager Janus hatte weniger Glück mit Jansson, er musste sich von ihm als Spitzel beschimpfen lassen.¹⁸

Rücks Kampf um den begehrten schwedischen „Främlingspass" (Fremdenpass) war noch lange nicht zu Ende, er besaß nur den schweizerischen Ausweis. Um diesen zu verlängern, wandte er sich im Sommer 1937 an den schweizerischen Vizekonsul in Stockholm. Dieser wiederum bat in einem Brief an das Eidgenössische Justiz- und Polizeidepartement (EJPD) Bern, Rücks Ausweis um ein halbes Jahr zu verlängern, denn die schwedischen Behörden seien nur unter dieser Bedingung bereit, eine Aufenthaltsbewilligung zu gewähren.¹⁹ Gleichzeitig versicherte Rück in einem Brief an das EJPD, von der Rückreisebewilligung in die Schweiz keinen Gebrauch zu machen.²⁰ Diese absurd anmutende Selbstverpflichtung hatte die gewünschte Wirkung und die Schweiz verlängerte seinen Ausweis bis zum 21. April 1938. Etwas vorzeitig, schon im Januar 1938, erschien Rück wieder auf dem schwedischen Ausländerbüro und bat um die Ausstellung eines Fremdenpasses. Man verweigerte ihm dies mit der Begründung, er sei nicht direkt von Deutschland nach Schweden gekommen.²¹ So musste sich Rück wieder an die Schweiz wenden und ein zweites Mal um Verlängerung bitten. Diese wurde ihm schließlich für ein Jahr bis zum 28. Januar 1939 gewährt. Wieder wurde ihm mitgeteilt, dass seine Rückreise in die Schweiz nicht erwünscht sei.²² Derselbe bürokratische Vorgang wiederholte sich im Dezember 1938. Im Schriftwechsel zwischen den Behörden der Schweiz und Schwedens war davon die Rede, dass Rück jetzt selbst für seinen Lebensunterhalt aufkommen könne.²³ Zweimal erhielt Rück eine Verlängerung von einem Jahr, seine vierte und letzte Verlängerung galt bis zum 19. Dezember 1940. Erst 1940 erhielt Rück seinen Fremdenpass,²⁴ er brachte ihm endlich Rechtssicherheit und verbesserte seine soziale Situation.²⁵

Nach Beginn des Krieges 1939 verschlechterten sich die Aufenthaltsbedingungen für die deutschsprachigen Emigranten. Die Blitzkriegserfolge der deutschen Wehrmacht verstärkten die in Schweden unterschwellig vorhandenen Sympathien für den Hitlerfaschismus. Das politische und kulturelle Leben der Emigranten kam im ersten Kriegsjahr fast völlig zu Erliegen, zahlreiche Kommunisten und Linkssozialisten wurden sogar in Lagern interniert.²⁶

---

17 Brief Evald Jansson vom 4.12.1937 an Sekretär Aug. von Hartmannsdorff vom Utrikesdepartement, in: ARAB, Arbetarrörelsens Flyktinghjälp, Gr. 569
18 Vgl. Interview der Verfasserin mit Theodor Bergmann am 1.11.2010 in Stuttgart
19 Vgl. Brief Schweizerische Gesandtschaft in Stockholm vom 4.8.1937 an das EJPD in Bern, in: BAR, E 4264 1988/2, Bd. 361, P 41915
20 Vgl. Brief Friedrich Rück vom 3.8.1937 an das EJPD in Bern, in: Ebd.
21 Vgl. Brief Schweizerische Gesandtschaft in Stockholm vom 24.1.1938 an das EJPD in Bern, in: BAR, E 4264 1988/2, Bd. 361, P 41915
22 Vgl. Brief Polizeiabteilung des EJPD Bern vom 28.1.1938 an die Schweizerische Gesandtschaft in Stockholm, in: BAR, E 4264 1988/2, Bd. 361, P 41915
23 Vgl. Brief Schweizerische Gesandtschaft in Stockholm vom 13.12.1938 an das EJPD in Bern, in: Ebd.
24 Vgl. Uppgifter till ansökning om svenskt medborgarskap vom 4.2.1946, in: RAS, Medborgarsakt Mb/1946
25 Vgl. Lorenz/Petersen 1998 (Anm. 7), S. 25
26 Vgl. Müssener 1973 (Anm. 11), S. 124

7.2 „Ein schönes Land und eine herrliche Stadt!"

Politische Betätigung war den Flüchtlingen in Schweden bei Strafe untersagt.[27] Dies hinderte Rück nicht daran, mit wachem Blick die neue, fremde Umgebung zu studieren, zu reisen, Kontakte zu knüpfen und darüber zu schreiben. Sein Start in Schweden wurde erleichtert durch ein Empfehlungsschreiben des Parteivorstands der schweizerischen SPS an den Parteivorstand der schwedischen SAP(S) mit dem Ersuchen, ihn bei seiner Arbeit zu unterstützen.[28] Auf diese Weise war es ihm möglich, schon im ersten Jahr seines Exils in Schweden wichtige Kontakte zu sozialdemokratischen und gewerkschaftlichen Redakteuren[29] und Regierungsmitgliedern zu knüpfen. Er erhielt Gelegenheit zu einem Besuch beim Sozialminister Gustav Möller[30] und verfasste darüber einen Artikel in der *Arbeiterzeitung Schaffhausen*.[31] Rück bezeichnete Möller als „Genosse" und lobte seine vorbildliche Sozialpolitik, beispielsweise die Durchsetzung des Achtstundentags und die Einführung des bezahlten Urlaubs in Schweden. Durch den Bau von Wohnhäusern in der Nähe der Stadt Stockholm sei billiger Wohnraum geschaffen worden.[32] Später erhielt auch er staatliche Förderung beim Kauf eines Hauses. Möller gilt als Architekt des schwedischen Gesellschaftsmodells „folkhemmet" (Volksheim), in dem Gleichheit, Zusammenarbeit und Hilfsbereitschaft herrschen, seine Leistungen wurden von vielen deutschen Emigranten geschätzt.[33] In seinen Artikeln äußerte sich Rück positiv zu seinem neuen Exilland und der planmäßigen Sozialpolitik der Regierung.[34] Er beobachtete, dass überall Häuser gebaut wurden und die Jugend gesund und sportlich heranwachse. Das „Proletarierelend" sei überwunden, aufatmend stellte er fest: „Der Marxismus war so alt wie das Mittelalter."[35]

Im Jahr seiner Einreise in das skandinavische Land erschienen zahlreiche Artikel von Rück in sechs Schweizer Zeitungen.[36] Seine Schweden-Berichte fanden offenbar großes Interesse bei den Lesern der Gewerkschaftszeitungen: sieben Artikel erschienen in der *Schweizerischen Metallarbeiterzeitung*, dem Organ des Metall- und Uhrenarbeiter-Verbandes,[37] drei Artikel in der Angestelltenzeitung *Der öffentliche Dienst* und ein Artikel in der *Schweizerischen Bau- und Holzar-*

---

27 Vgl. Jan Peters: Exilland Schweden. Deutsche und schwedische Antifaschisten 1933–1945, Berlin (Ost) 1984, S. 33; Einhart Lorenz: Politische und wissenschaftliche Wirkung des Exils in Skandinavien, in: Exil, Jg. 17 (1997), H. 1, S. 86
28 Vgl. Brief Fritz Rück vom 25.11.1939 an Arbetarrörelsens flyktingshjälp Stockholm, in: ARAB, Arbetarrörelsens Flyktingshjälp, Gr. 603
29 In einem Artikel der *Schweizerischen Metallarbeiterzeitung*, Jg. 36, Nr. 23, 5.6.1937 berichtete Rück über ein Gespräch mit „Kollege Stenbom" von der schwedischen Metallarbeiterzeitschrift *Metallarbetaren*.
30 Dieser setzte sich aktiv für die Emigranten ein, vgl. Grass 1991 (Anm. 13), S. 304
31 Vgl. *Arbeiterzeitung Schaffhausen*, Beilage, Jg. 19, Nr. 225, 24.9.1937
32 Vgl. ebd.
33 Vgl. Peter Merseburger: Willy Brandt 1913–1992. Visionär und Realist, München 2002, S. 174
34 Vgl. *Schweizerische Metallarbeiterzeitung*, Jg. 36, Nr. 23, 5.6.1937
35 Fritz Rück: Gibt es einen Mittelweg? o. O. und o. J. (Typskript), in: ARAB, NL Fritz Rück, Vol. 16
36 Zur Korrespondenz mit den schweizerischen Verlagen vgl. ARAB, NL Fritz Rück, Vol. 3, B
37 Im Mai 1938 kündigte ihm der Schweizerische Metallarbeiterverband die Mitarbeit. Vgl. Brief Zentralvorstand des Schweizerischen Metall- und Uhrenarbeiter-Verbandes vom 10.5.1938 an Fritz Rück, in: ARAB,

beiterzeitung. Die sozialdemokratischen Blätter *Arbeiterzeitung Schaffhausen*, *Nationalzeitung Basel*, *Berner Tagwacht* und das Züricher *Volksrecht* druckten insgesamt sieben Artikel. Immer noch tarnte Rück sich mit seinen Pseudonymen, 1938 veröffentlichte die *Rote Revue* zum ersten Mal zwei Aufsätze unter seinem Namen.

In der *Schweizerischen Metallarbeiterzeitung* charakterisierte er kurz vor Kriegsbeginn die Schweden als die „Amerikaner des Nordens", sie seien neugierig und aufgeschlossen und würden das Leben von der leichteren Seite nehmen.[38] Seit wenigen Jahren sei die Krise überwunden, man genieße die Segnungen der Konjunktur. Bei einem Rundgang durch den Stockholmer Hafen freute er sich über den florierenden Handel, die gute schwedische Konjunkturlage gab ihm Sicherheit: „Man hat hier keinen anderen Wunsch, als in Ruhe und Frieden seine Arbeit fortsetzen zu können."[39] In dem Artikel „Das Gesicht einer Stadt", der in zwei Schweizer Zeitungen veröffentlicht wurde, lobte er seine Gastgeber, denn sie seien frei von krankhafter Überbetonung der eigenen Person, der Individualismus werde von ihnen nicht auf die Spitze getrieben.[40] Sie drängten sich niemandem auf, sie betrachteten die eigenen Leistungen nicht als Vorbilder oder Exportartikel. Zu ihren Wohnungseinrichtungen meinte er: „Auf dem Gebiet des Kunstgewerbes und der Innenausstattung hat Schweden eine führende Stellung in der ganzen Welt."[41] Sein Grundtenor war: „Auf jeden Fall ein schönes Land und eine herrliche Stadt!" Nie beklagte er sich über die langen und dunklen Wintermonate, optimistisch und hoffnungsfroh dichtete er das „Schwedische Arbeiterlied":

„Schmückt die Städte und das Land,/Bildner nimm den Meissel./Haltet fern des Krieges Brand/und der Armut Geissel./Wo ein Wille, ist ein Pfad!/Brüder, rührt den Spaten/[…] Einmal wird die ganze Welt/wie ein schöner Garten/tief gepflügt und reich bestellt/auf die Ernte warten./Unser Korn ist ausgesät,/Bauer, reich die Hände./Wo die Freiheitsfahne weht,/reift die Zeitenwende."[42]

Aber schon 1937 bemerkte er, dass auch Stockholm von den „dunklen Wolken der Kriegsgefahr"[43] bedroht sei.

Einen tiefen Eindruck hinterließ bei Rück ein Besuch im Atelier des Bildhauers Carl Eldh, der an einem monumentalen Denkmal für Hjalmar Branting, den verstorbenen Führer der schwedischen Arbeiterschaft arbeitete.[44] Überschwängliches Lob sprach er aus für eine nackte Monumen-

---

NL Fritz Rück, Vol. 3, S. Trotzdem konnte er bis 1941 noch insgesamt sechs Artikel in dieser Zeitung veröffentlichen.
38 Vgl. *Schweizerische Metallarbeiterzeitung*, Jg. 38, Nr. 34, 26.8.1939
39 Ebd.
40 Vgl. *National-Zeitung*, 9.6.1937; *Arbeiterzeitung Schaffhausen*, Jg. 19, 8.9.1937
41 Ebd.
42 *Schweizerische Metallarbeiterzeitung*, Jg. 36, Nr. 46, 13.11.1937
43 *Schweizerische Metallarbeiterzeitung*, Jg. 36, Nr. 24, 12.6.1937
44 Vgl. *Der öffentliche Dienst*, Jg. 30, Nr. 33, 13.8.1937

talfigur Strindbergs, der „in titanenhaftem Trotz" die harten Felsen des schwedischen Urgesteins gegen den Himmel schleudere.

Im schwedischen Exil blieb Rücks enge Verbundenheit mit der Schweizer Sozialdemokratie erhalten. Dies zeigt seine Korrespondenz im Oktober 1937 mit dem SPS-Sekretär Werner Stocker. Um der SPS Anregungen für eine verbesserte Öffentlichkeitsarbeit zu geben, wurde er gebeten, Plakate, Wahlbroschüren und Filmstreifen zu schicken.[45] Im Oktober erhielt er den Auftrag, eine Broschüre für die Genossen in der Schweiz zu verfassen, denn seine schwedischen Erfahrungen könnten in den Wahlkämpfen des kommenden Jahres von Nutzen sein.[46] Kurze Zeit später hat Stocker diesen Auftrag allerdings wieder zurückgezogen.[47]

7.3 Brotberuf: „tidningsman" (Zeitungsmann)

Auch in Schweden überwachten Polizei und Behörden argwöhnisch die publizistische Arbeit der Emigranten. Deshalb musste Rück bis 1940 seine schon in der Schweiz verwendeten Pseudonyme Leo Kipfer und Peter Wedding benutzen.

Das Zentralorgan der schwedischen Sozialdemokratie war die auflagenstarke und mit vielen Fotos ansprechend gestaltete *Social-Demokraten*.[48] Obwohl nur selten Beiträge von Flüchtlingen gedruckt wurden, erschienen dort im ersten Jahr von Rücks Aufenthalt in Schweden dreizehn Artikel aus seiner Feder, alle in schwedischer Sprache, darunter eine sechsteilige Fortsetzungsfolge seiner Impressionen als Spaziergänger in der Stadt Stockholm. Auch die Gewerkschaftszeitung *Metallarbetaren* (Metallarbeiter) veröffentlichte in diesem Jahr vier Artikel unter seinem Pseudonym Kipfer. Vorsichtig wählte er politisch unverfängliche Themen. So beschrieb er beispielsweise die Metallherstellung in der Antike[49] oder die Werke von Schweizer Arbeiterdichtern.[50] Schon im nächsten Jahr wagte er sich an aktuelle Themen: die Außenpolitik Hitlers, die soziale und wirtschaftliche Lage der Schweiz, Russlands und Deutschlands.[51] In der *Fackföreningsrörelsen*, dem Funktionärsorgan des schwedischen Gewerkschaftsbundes Landsorganisationen i Sverige (LO), untersuchte er 1940 die Folgen des Krieges für die Schweiz.[52] Ab 1941 schrieb er für die *Svensk Typografitidning* (Zeitung der Drucker), ab 1948 für die Zeitungen der Waldarbeiter *Skogsindustriarbetaren (SIA)* und der Textilarbeiter *Beklädnadsfolket*. Vereinzelt wurden seine Artikel in

---

45 Vgl. Brief Werner Stocker vom 16.6.1937 an Fritz Rück, in: ARAB, NL Fritz Rück, Vol. 3, S
46 Vgl. Brief Werner Stocker vom 1.10.1937 an Fritz Rück, in: Ebd.
47 Vgl. Brief Werner Stocker vom 11.10.1937 an Fritz Rück, in: Ebd.
48 Vgl. Christoph Schottes: Die Friedensnobelpreiskampagne für Carl von Ossietzky in Schweden (Schriftenreihe des Fritz Küster-Archivs), Oldenburg 1997, S. 105
49 Vgl. *Metallarbetaren*, Nr. 49/50, 1937
50 Vgl. *Metallarbetaren*, Nr. 27, 1927
51 Vgl. *Metallarbetaren*, Nr. 42, 1937; Nr. 38, 1938; Nr. 44, 1938; Nr. 46, 1938; Nr. 39, 1939 und Nr. 43, 1939
52 Vgl. dazu Frank Meyer: Schreiben für die Fremde. Politische und kulturelle Publizistik des deutschsprachigen Exils in Norwegen und Skandinavien 1933–1940, Essen 2000, S. 293

der Jugendzeitung *Frihet*[53] und in der *Tiden,* einer theoretischen sozialdemokratischen Zeitung, abgedruckt. Die größte überregionale, heute noch bestehende liberale Zeitung *Dagens Nyheter* publizierte 1938/39 zwei Artikel von Rück.[54] Darüber hinaus plante er auch eine Zusammenarbeit mit dem norwegischen *Arbeiderbladet* und reiste im Sommer 1937 mit der Bahn nach Oslo, wo er ein Treffen mit einem Redakteur dieser Zeitung hatte.[55] Als Empfehlung an die norwegische Partei hatte ihm Sozialminister Möller ein Schreiben mitgegeben, in dem er Rück als „zuverlässige und vertrauenswürdige Person" und als Kenner der schwedischen Arbeiterbewegung beschrieb.[56] Rücks Hoffnungen erfüllten sich nicht, im Oktober 1937 erhielt er einen hinhaltenden Bescheid.[57] Seine – nicht sehr tiefgründigen – Reiseeindrücke verarbeitete er in einem Artikel der *Berner Tagwacht.*[58] Er stellte Vergleiche an zwischen Norwegerinnen und Schwedinnen und bemerkte, dass diese „schlank und straff" seien, die norwegischen Frauen eher „fülliger und runder". Die Schweden seien ein „altes Herrenvolk", kriegstüchtig und technisch begabt, bereit zu Eroberungen, eben ein „anderes Volk, wenn auch keine andere Rasse".[59] In Oslo erlebte Rück die Feier des fünfzigjährigen Jubiläums der norwegischen Arbeiterpartei, der er eine „revolutionäre Tradition und eine kämpferische Grundhaltung"[60] bescheinigte.

Auf der Fahrt von Stockholm nach Oslo reiste Rück durch die Provinz Värmland, wo er zu einem traditionellen Krebsessen eingeladen wurde.[61] Doch er musste die ungewohnte Kost ablehnen, weil er die großen Mengen an Schnaps, die man dazu trank, nicht vertrug. Er machte Station in verschiedenen Industriezentren, beispielsweise in der Metallarbeiterstadt Eskilstuna, wo er ein Stahlwerk besichtigte und sich darüber wunderte, dass man nicht Kohle und Koks, sondern Holzkohle verwendete.[62] In Skoghall besuchte er ein Sägewerk, dem eine Holzverarbeitungs- und eine chemische Fabrik angeschlossen waren.[63] Die produzierte Zellulose wurde für die Herstellung von Kunstseide verwendet. „Vom Baumstamm zur Kunstseide", so nannte Rück seinen journalistischen „Streifzug" durch die Geschichte der Produktionstechnik. Anschließend fuhr er nach Karlskoga, wo er die Rüstungsfabrik Bofors besichtigte.[64] Eine zweite Reise durch seine neue Heimat unternahm Rück Ende des Jahres 1938. Im November hielt er sich drei Tage

---

53 Vgl. Fragebogen der Stifts- och Landesbiblioteket Västerås in: ARAB, NL Fritz Rück, Exilen 1933–1945 (Samling), Vol. 2
54 Vgl. Meyer 2000 (Anm. 52), S. 292
55 Vgl. *Berner Tagwacht*, Jg. 45, 8.9.1937
56 Vgl. Brief Fritz Rück vom 25.11.1939 an Arbetarrörelsens flyktingshjälp Stockholm, in: ARAB, Arbetarrörelsens Flyktingshjälp, Gr. 603
57 Vgl. Brief *Arbeiderbladet,* Finn Moe vom 4.10.1937 an Fritz Rück, in: ARAB, NL Fritz Rück, Vol. 3, A
58 Vgl. *Berner Tagwacht*, Jg. 45, 8.9.1937
59 Ebd.
60 Ebd.
61 Vgl. *Social-Demokraten*, 11.9.1937
62 Vgl. *Arbeiterzeitung Schaffhausen*, Beilage, Jg. 19, 8.9.1937
63 Vgl. *Social-Demokraten*, 16.9.1937
64 Vgl. Fritz Rück: Die Werkstatt des Todes. Die schwedische Kanonenfabrik Bofors, o. D. (Typoskript), in: ARAB, NL Fritz Rück, Vol. 16

in einem Hotel in Malmö auf, anschließend wohnte er fünf Tage in einem Hotel in der Universitätsstadt Uppsala.[65]

Rück war bemüht, Kontakte zu knüpfen, Land und Leute kennenzulernen und die schwedische Sprache zu erlernen. Obwohl es seine erste Fremdsprache war, machte sie ihm keine große Mühe. Auf diese Weise erarbeitete er die Voraussetzungen für seine Erfolge als Journalist und Publizist in Schweden.

Während des Krieges vertrat das vielgelesene *Aftonbladet* eine offen nazifreundliche Position. Deshalb gründete der schwedische Gewerkschaftsbund LO 1941 die antifaschistische Tageszeitung *Afton Tidningen*. Rück unterstützte sie seit 1944 mit insgesamt 23 Artikeln zu Fragen der internationalen Politik, es war also Zeichen eines deutlichen Aufschwungs für die Publizistik der Emigranten. Unter einem Artikel in der Buchdruckerzeitung *Svensk Typografftidning* konnte man 1941 zum ersten Mal Rücks Initialen „F. R." lesen,[66] ein Jahr vor Kriegsende zeichnete er in der *Afton Tidningen* mit seinem vollen Namen.[67] Nun begannen die weltpolitisch zurückhaltenden und vorsichtigen Schweden auf die Emigranten zu hören und sich für deren Ansichten und Thesen zu interessieren.[68] Rück war einer der mehr als 100 deutschsprachigen Emigranten, die mit eigenen Büchern oder Zeitungsartikeln vor ein schwedisches Publikum traten. Helmut Müssener, ein exzellenter Kenner des deutschsprachigen Exils in Schweden, stellte fest, dass dabei „Hervorragendes" geleistet wurde.[69] Die Tätigkeit der deutschen Publizisten in Schweden sei „der größte Aktivposten der deutschsprachigen Emigration in Schweden".[70] Wenn extrem antideutsche Strömungen im Geiste von Robert Gilbert Vansittart in Schweden nicht Fuß fassen konnten, so haben deutsche Publizisten wie Rück dazu beigetragen.[71] Jedoch von einer breitenwirksamen Einflussnahme auf die schwedische Öffentlichkeit konnte nicht die Rede sein. Rück schrieb nur für kleinere Blätter der schwedischen Arbeiterpresse.[72] Viele seiner Publikationen in Schweden müssen auch unter dem Aspekt des Broterwerbs betrachtet werden, dasselbe gilt für die Veröffentlichungen der anderen Emigranten.

7.4 Vater von fünf Kindern

Sechs Mal musste Rück in Stockholm die Unterkunft wechseln, bis er schließlich im Dezember 1944 ein eigenes kleines Haus beziehen konnte.

---

65 Vgl. Rapport Stockholms Polis vom 28.5.1946, in: RAS, Medborgarsakt Mb/1946
66 Vgl. *Svensk Typografftidning*, Jg. 54, 3.5.1941
67 Vgl. *Afton Tidningen*, 28.12.1944
68 Vgl. Sverker Erk: Die Ästhetik des Widerstands. Antinazistische Theateraufführungen auf schwedischer Bühne 1935–1945, in: Helmut Müssener (Hrsg.): Antikriegsliteratur zwischen den Kriegen (1919–1939) in Deutschland und Schweden, Stockholm 1987, S. 113
69 Vgl. Helmut Müssener: Exil in Schweden, in: Petersen 1991 (Anm. 10), S. 108
70 Müssener 1973 (Anm. 11), S. 128
71 In England verbreitete der in den Stand des Lords erhobene Vansittart das Bild von den hassenswerten Deutschen, die allesamt Hitlers Kriegspolitik unterstützten.
72 Vgl. Meyer 2000 (Anm. 52), S. 195 f.

Zunächst wohnte er in Stockholm als Untermieter bei der Familie Nordström in der Nybrogatan 16, dann bei der Familie Nilsson in der St. Eriksgatan 17. Auch die ungarisch-jüdischen Emigranten Stefan Szende und seine Frau Erzsi, die in dem Wohnviertel Hagalund lebten, nahmen ihn für einige Zeit auf.[73] Im Juni 1938 hatte er endlich eine eigene Wohnung auf der Insel Stora (Groß-) Essingen im Flottbrovägen 16,[74] dort wohnte er noch mit Jenny Grimm zusammen. Auf dieser Insel im Mälarsee lebten zahlreiche Flüchtlinge.[75] Vom Dezember 1938 bis Oktober 1939 fand er auf der benachbarten Insel Lilla (Klein-) Essingen in der Strålgatan 11 eine Wohnung. Kurz vor der Geburt seiner ersten Tochter im Dezember 1939 zog Rück wieder um, nun wohnte er zusammen mit seiner späteren Frau Britta Sjögren in Råsunda, einem Stadtteil von Solna/Stockholm, im Kapellvägen 4. Als die Kinderzahl 1941 wuchs, fand die Familie in der Lillgatan 3, ebenfalls in Råsunda, eine größere Wohnung.[76] Wie viele Schweden verbrachte Rück die Ferienmonate in einem Sommerhäuschen, er badete, fischte Krebse und fuhr Boot.[77]

Seit Sommer 1939 verschlechterten sich die Arbeits- und Verdienstmöglichkeiten Rücks und er geriet in finanzielle Schwierigkeiten. Am 31. August bat er die „Arbetarrörelsens flykingshjälp" um eine einmalige Unterstützung von 150 Kronen, er bot an, „den Betrag eventuell in Raten"[78] zurückzuzahlen. Durch den Krieg sei die Arbeiterpresse in der Schweiz so unter Druck geraten, dass für die Berichterstattung aus Schweden keine Mittel mehr übrig seien. Im Oktober teilte ihm die *Schaffhauser Arbeiterzeitung* mit, dass man ihm kein Honorar mehr bezahlen könne, wegen der angespannten Kriegslage seien „schärfste Sparmaßnahmen"[79] nötig.

In einem zweiten, dringlicheren Bittbrief vom November 1939 bat Rück erneut das Flüchtlingskomitee um Unterstützung, seine finanzielle Lage hatte sich drastisch verschlechtert. Selbstbewusst verwies er auf seine journalistischen und literarischen Arbeiten und betonte, dass er „in sechs Jahren der Emigration ununterbrochen versucht habe", sich „durch eigene Arbeit durchs Leben zu bringen". Zum Schluss erwähnte er seine neue „Lebensgefährtin, die in den nächsten

---

73 Stefan Szende (1901–1985) war ein ungarisch-deutsch-jüdischer Publizist und ehemaliger SAP-Ideologe. Zu Rücks Aufenthalt in Hagalund vgl. Rapport Polisen i Solna Stad vom 6.8.1946, in: RAS, Medborgarsakt Mb/1946. Es gab in diesem nördlichen Vorort von Stockholm damals keine Kanalisation und keine Zentralheizungen. Vgl. mündliche Auskunft von Eva Pollak vom 30.8.1995 an die Verfasserin
74 Vgl. Brief *Rote Revue* vom 17.6.1938 an Fritz Rück, in: ARAB, NL Fritz Rück, Vol. 3, R
75 Vgl. Interview der Verfasserin mit Mona Mayer am 16.8.1995 in Stockholm
76 Vgl. mündliche Auskunft von Eva Pollak vom 30.8.1995 an die Verfasserin
77 Im August 1939 hielt sich Rück in Vendelsö bei Stockholm auf, dort erfuhr er vom deutsch-sowjetischen Nichtangriffspakt. Vgl. Fritz Rück: Tausendjähriges Schweden. Von der Wikingerzeit zur sozialen Reform, Stuttgart 1956, S. 129
78 Brief Fritz Rück vom 31.8.1939 an Arbetarrörelsens flyktingshjälp Stockholm, in: ARAB, Vol. 3, Briefe. Auch andere Flüchtlinge in seiner Lage mussten Bettelbriefe schreiben. Vgl. Klaus Misgeld: Willy Brandt und Schweden – Schweden und Willy Brandt, in: Einhart Lorenz (Hrsg.): Perspektiven aus den Exiljahren (Schriftenreihe der Bundeskanzler-Willy-Brandt-Stiftung; H. 7), Berlin 2000, S. 51
79 Brief *Arbeiterzeitung Schaffhausen* vom 12.10.1939 an Fritz Rück, in: ARAB, NL Fritz Rück, Vol. 3, A

7.4 Vater von fünf Kindern

zwei Monaten ein Kind erwartet, was natürlich die materielle Situation noch erschwert."[80] Trotzdem wurde sein Antrag auf Unterstützung abgelehnt.

So wandte er sich im Dezember 1939 mit seinem Anliegen an den schwedischen Typographenverband, wo er wieder seine prekäre Finanzlage darlegte und auf seine erfolgreichen Bemühungen verwies, aus eigener Kraft seinen Lebensunterhalt zu verdienen.[81] Er legte dar, dass es fast unmöglich geworden sei, durch journalistische Arbeit etwas zu verdienen. Die Herausgabe seiner Bücher sei durch den Krieg verhindert worden. Er erklärte sich sogar bereit, wieder an den Setzkasten zurückzukehren und seinen gelernten Beruf aufzunehmen. Aber dazu kam es nicht, irgendwie konnte er seine Familie über Wasser halten, vermutlich auch mit Hilfe von Freunden.[82]

Am 29. Dezember 1939 wurde Rücks älteste Tochter Birgitta Lovisa geboren.[83] Am 26. März 1941 heiratete Rück die Mutter seiner Tochter, die sechzehn Jahre jüngere Britta Elvira Eugenia

Abb. 12: *Kinderreiche Familie (1942)*

---

80 Brief Fritz Rück vom 25.11.1939 an Arbetarrörelsens flyktingshjälp Stockholm, in: ARAB, Arbe-tarrörelsens Flyktingshjälp, Gr. 603
81 Vgl. Brief Fritz Rück vom 14.12.1939 an den Vorstand des Schwedischen Typografenverbandes Stockholm, in: ARAB, Svensk Typografförbundet, Vol. 25
82 Vgl. mündliche Auskunft von Eva Pollak vom 30.8.1995 an die Verfasserin
83 Aldersbetyg der Tyska Sta Gertrud församling i Stockholm vom 9.10.1946, in: RAS, Medborgarsakt Mb/1946

Abb. 13: *Sommeridylle in der Hängematte (1943)*

Sjögren.[84] Die kirchliche Eheschließung fand in der St. Clara Kirche in Stockholm statt. Am 17. Juli 1941 wurden Drillinge geboren, dadurch verdoppelte sich die Zahl der Familienmitglieder. Die Doppelnamen der drei Kinder Alf Robert, Per Friedrich und Solveig Monica weisen auf die verschiedene nationale Herkunft der Eltern hin. Alle vier Kinder wurden in der schwedischen Staatskirche getauft.

Bald besserte sich die finanzielle Lage der Familie. Seit 1942 bezog Rück ein regelmäßiges, jährlich steigendes Einkommen, das er auch zu versteuern hatte.[85] 1945 lag sein Einkommen bei 9.250 Kronen pro Jahr, es lag deutlich über dem schwedischen Durchschnittseinkommen. Die Integration Rücks in sein Exilland machte Fortschritte. Mit einem Kredit der Stadt konnte er 1943 ein Reihenhaus in Älvsjö, einem Vorort von Stockholm, kaufen.[86] Für eine breitere Leserschaft schrieben Fritz und Britta Rück ein mit vielen Fotos illustriertes Familienbuch „Trillingarnas republik. Tre år i vått och torrt" (Die Republik der Drillinge. Drei Jahre durch Nass und Trocken). Die Fotos stammen von Walter Pöppel, einem Freund der Familie.[87] Es gewährt Ein-

---

84 Britta Sjögren wurde am 31.8.1911 geboren.
85 Vgl. Överståthållarämbetet Skatteverket vom 4.2.1946, in: RAS, Medborgarsakt Mb/1946
86 Rücks neue Adresse seit Dezember 1944 war Vältstigen 16, Älvsjö.
87 Pöppel war vor 1933 Mitbegründer der SAP in Sachsen und emigrierte 1938 nach Schweden, wo er als Metallarbeiter und Fotograf arbeitete.

7.4 Vater von fünf Kindern

Abb. 14: *Großfamilie Rück (1943) mit zwei befreundeten Kindern*

blicke in das oft schwierige Alltagsleben der kinderreichen Familie. Präsentierte sich Rück hier als moderner Vater, der sich um die Erziehung seiner Kinder kümmerte? Der Autor gab zu, dass er normalerweise mit seiner Arbeit am Schreibtisch sitze und seine Eindrücke aus der Beobachterperspektive aufschreibe. Die äußeren Bedingungen des Familienlebens seien nicht schlecht, es gebe genug zu essen, den Sommer könne man auf den Schären oder auf dem Land verbringen.[88]

88 Vgl. Fritz Rück/Britta Sjögren-Rück: Trillingarnas republik. Tre år i vått och tort, Stockholm 1944, S. 74

Die winzige Wohnung sei besonders in den langen dunklen Wintermonaten ein Problem, besonders für den arbeitenden Vater.[89] Wenn Rück sich über den unzureichenden öffentlichen Wohnungsbau in Schweden beklagte, wies seine Frau diese Kritik zurück mit dem Hinweis, er könne als Flüchtling mit dem Erreichten zufrieden sein. Rück beschrieb anschaulich die körperliche und geistige Entwicklung der Kinder, ebenso ihre gegenseitigen Beziehungen und Konflikte, doch seine Erziehungsprinzipien formulierte er im letzten Kapitel nur sehr allgemein.

Am 14. Januar 1946 wurde das fünfte Kind geboren, es erhielt den schwedisch-deutschen Doppelnamen Jan Otto.[90] Drei Wochen später, am 4. Februar 1946 unterschrieb Rück seinen Antrag auf Erlangung der Staatsbürgerschaft, akribische Nachforschungen wurden gemacht und in einer umfangreichen Einbürgerungsakte dargelegt.[91] In seinem darin enthaltenen Lebenslauf erwähnte Rück seine frühere KPD-Mitgliedschaft nicht, er gab an, als Journalist für sozialdemokratische Zeitungen in Deutschland und in der Schweiz gearbeitet zu haben. Ein Vermieter und vier Hausmeisterinnen bezeugten, dass er seine Miete immer pünktlich bezahlt habe. Es bürgten

Abb. 15: *Britta und Fritz mit den Kindern Birgitta, Mona, Per, Alf und Jan (1947)*

---

89 Vgl. ebd., S. 86
90 Es war eine Frühgeburt, der Junge war behindert. Vgl. Interview der Verfasserin mit Mona Mayer am 16.8.1995 in Stockholm
91 Vgl. RAS, Medborgarsakt Mb/1946

für ihn Redakteure von fünf verschiedenen Zeitungen,⁹² der Reichstagsabgeordnete Hemming Sten, sein Verleger Johannes Lindberg sowie der Rezensent seiner Bücher, der Staatssekretär im Socialdepartement Per Nyström.⁹³ Der SAP-Reichstagsabgeordnete und spätere Handelsminister Gunnar Lange empfahl Rück als einen „gedigen och högt begåvad man" (gediegenen und hochbegabten Mann), der wertvolle Beiträge zur sozialen und politischen Forschung und zur Volksaufklärung geleistet habe.⁹⁴ Auch Sven Dahl, der Direktor des Utrikespolitiska Institutet lobte seine Sprachkenntnisse, seine Vorträge und Artikel.⁹⁵ Der Polizeichef des Orts, in dem Rück mit seiner Familie im Jahr 1942 die Sommerferien verbracht hatte, bezeichnete ihn als „verträglich und ordentlich". Nach dieser langwierigen Befragungsprozedur konnte Rück 1947 seinen schwedischen Pass in Empfang nehmen, der „statslös" (staatenlose) Emigrant hatte damit definitiv in seinem schwedischen Gastland Fuß gefasst, sein Exilland wurde ihm zur zweiten Heimat.

7.5 Autor von sieben Büchern

Beim Erwerb der schwedischen Sprache hatte Rücks Frau Britta einen nicht zu unterschätzenden Anteil. Sein Verleger Lindberg, der selbst fließend deutsch sprach, bescheinigte ihm gute Sprachkenntnisse, fügte jedoch leicht einschränkend hinzu, dass man von ihm keinen „litterär stil" (literarischen Stil) erwarten könne.⁹⁶

Unter den in Schweden publizierten Büchern Rücks nimmt das Gemeinschaftswerk mit seiner Frau Britta wegen des privaten Themas und der zahlreichen Fotos eine Sonderstellung ein, seine anderen Bücher behandeln ausschließlich zeitgeschichtliche und wirtschaftliche Themen und enthalten keine Illustrationen. In seinem Nachlass finden sich zahlreiche Manuskripte, die sich mit Literatur, Philosophie, Kunst und Technik beschäftigen und die er immer wieder schweizerischen und skandinavischen Verlagen anbot. Nach Aussagen seiner Familie hat Rück diesen Schriften keinen allzu großen Wert beigemessen, gelegentlich wurde das beschriebene Papier einfach zum Anheizen des Ofens verwendet.⁹⁷ Bis zum Erscheinen seines ersten Buches in Schweden im Jahr 1942 musste Rück nicht wenige Absagen hinnehmen. Die Begründungen der Verlage waren bisweilen banal und wenig hilfreich. So erhielt er im Frühjahr 1938 vom Hallwag-Verlag in Bern das Manuskript eines Kriminalromans mit dem Titel: „Der Koffer der Großmutter" wieder zurück mit der Bemerkung, er solle ein neues Farbband in seine Schreibmaschine einlegen, die Schrift sei schlecht. Die geplante Biografie über August Strindberg erschien nicht, obwohl ihm der Feuz-Verlag in Bern schon vor seiner Abreise nach Schweden die Zusicherung gegeben

---

92   Es handelt sich um die Zeitungen *Morgontidningen, Socialdemokratiska pressen, Metallarbetaren, Frihet, Skogsindustriarbetaren*.
93   Per Nyström: Krig och Krig, in: *Afton Tidningen*, 31.10.1944
94   Vgl. Brief Gunnar Lange (o. J.) an das Justizdepartement, in: RAS, Medborgarsakt Mb/1946
95   Vgl. Brief Sven Dahl vom 8.9.1945 an das Justizdepartement, in: Ebd.
96   Brief Johannes Lindberg vom 21.1.1946 an das Justizdepartement, in: Ebd.
97   Vgl. Erinnerungsbericht Thomas Pusch über ein Gespräch mit Klaus Misgeld vom 25.8.1992, in: Eco-Archiv

Abb. 16: *Häusliche Lektüre unter Kinderbild (1947)*

hatte, dafür ein entsprechendes Honorar zu bezahlen.[98] Als das Manuskript nach zwei Jahren fertig war, wurde es nicht gedruckt, der Krieg machte das Projekt zunichte.[99]

Eine sehr langwierige Entstehungsgeschichte hat Rücks Buch über die Geschichte Schwedens, schon in der Schweiz hatte er mit der Recherche begonnen. Rück bekam dafür vom Vorstand der schwedischen SAP ein Stipendium, Gunnar Lundberg vom Büro des Parteivorstandes begleitete ihn bei Spaziergängen durch Stockholm und bei Betriebsbesichtigungen, er verhalf ihm zu zahlreichen Interviews und Gesprächen.[100] Zwei Verlage lehnten das Buchmanuskript ab.[101] Lange blieb es liegen, erst 1956 erschien es in aktualisierter und leicht überarbeiteter Form im Stuttgarter Verlag „Freizeit und Wandern".

1942 gelang es Rück endlich, einen schwedischen Verlag zu finden, es war der gewerkschaftsnahe genossenschaftliche Kooperativa förbundets bokförlag (KF) in Stockholm. Dort wurden zwischen 1942 und 1948 sieben Bücher von ihm gedruckt.

Sein erstes schwedisches Buch behandelte die Schweiz und trug den Titel „Schweiz på vakt" (Die Schweiz auf Wache). Das Titelbild zeigt Skisoldaten in einer Berglandschaft, es illustriert die Notwendigkeit der Landesverteidigung. Nach dem Untergang des österreichischen Staates 1938 und der Niederlage Frankreichs 1940 beurteilte Rück die Lage der Schweiz als prekär, er befürwortete eine allgemeine Volksbewaffnung zur Erhaltung der Neutralität des Landes. Das Buch wurde in der schwedischen Presse gelobt, fand aber auch Zustimmung in der Schweiz. Ein

---

98 Vgl. Brief Hans Feuz-Verlag vom 28.4.1937 an Fritz Rück, in: ARAB, NL Fritz Rück, Vol. 3, H
99 Vgl. Brief Fritz Rück vom 14.12.1939 an den Vorstand des Schwedischen Typographenverbandes Stockholm, in: ARAB, Svensk Typografförbundet, Vol. 25
100 Vgl. Rück 1956 (Anm. 77), S. 6
101 Im Juni 1937 lehnte der Schweizer Verlag A. Francke (Bern) die Annahme des Manuskripts ab. Vgl. Brief A. Francke AG Bern vom 1.6.1937 an Fritz Rück, in: ARAB, NL Fritz Rück, Vol. 3, A. Im Januar 1939 erhielt er von dem skandinavischen Verlag Bonnier eine Absage, vgl. Brief Albert Bonnier vom 23.1.1939 an Fritz Rück, in: ARAB, NL Fritz Rück, Vol. 3, B

Rezensent sprach die Hoffnung aus, dass Rücks Buch dazu beitragen werde, bei der schwedischen Bevölkerung ein realistisches Bild des kleinen neutralen Landes zu vermitteln.[102]

Nach Kriegsbeginn wurde in Schweden immer häufiger die Frage gestellt, wie es dazu kommen konnte, dass Deutschland wieder wie 1914 als Aggressor auftrat. Nun interessierte man sich zunehmend für die Publikationen der Emigranten aus Deutschland, vielleicht konnten sie eine Antwort geben. Unter ihnen spielte der Sozialdemokrat Kurt Stechert eine bedeutende Rolle.[103] Dieser kritisierte zwar die Politik der Mehrheitssozialisten bei der Gründung der Weimarer Republik.[104] Aber er war der Meinung, dass sich dieser Staat im Laufe seiner Entwicklung ausreichend stabilisiert habe, er wäre ohne das gewaltige Erdbeben der Weltwirtschaftskrise nicht untergegangen.

Rück hatte einen von Stechert abweichenden Ansatz. In seinem ebenfalls 1943 erschienenen zweiten Buch „1918. Kampen om Europa och fredsdiskussionen" (1918. Der Kampf um Europa und die Friedensdiskussion) stellte er die These auf, dass am Ende des Ersten Weltkriegs bereits die Voraussetzungen für den nächsten Krieg geschaffen wurden. Mit großer Sachkenntnis und in teilweise verwirrender Ausführlichkeit schilderte er die internationalen diplomatischen Verhandlungen und Verträge und die zahlreichen erfolglosen Friedensinitiativen.[105] Weder bei den Alliierten noch bei den Mittelmächten sei der Wille zu einem Verständigungsfrieden vorhanden gewesen. Der letzte Satz des Buches lautet: „Am 11. November [scil. 1918/ die Verf.] 11 Uhr vormittags trat der Waffenstillstand in Kraft. Der Krieg war zu Ende, aber während seiner letzten Phase waren von beiden Seiten die Samen des nächsten ausgesät worden."[106]

Abb. 17: *Titelblatt (1943)*

---

102 Vgl. *Schweizerische Zeitung*, o. J., in: ARAB, NL Fritz Rück, Vol. 16
103 Der Journalist Kurt Stechert (1906–1958) kam 1936 nach Schweden.
104 Vgl. Müssener 1974 (Anm. 12), S. 304
105 Vgl. ebd., S. 307
106 Fritz Rück: 1918. Kampen om Europa och fredsdiskussionen, Stockholm 1943, S. 212: „Kriget var slut, men under dess sista fas hade på båda sidor utsåtts frön till det nästa."

Als direkte Fortsetzung erschien 1944 das Buch „Fred utan säkerhet: 1919–1939" (Friede ohne Sicherheit). 1945 wurde das Buch ins Deutsche übersetzt und von dem Exilverlag Bermann-Fischer in Stockholm herausgegeben.[107] Am absehbaren Ende des Zweiten Weltkriegs war das Thema einer stabilen Nachkriegsordnung von aktueller Bedeutung. Wieder betonte Rück, dass der Zweite Weltkrieg nicht allein vom deutschen Faschismus ausgelöst wurde. Der deutsche Imperialismus, im Ersten Weltkrieg nur vorübergehend besiegt, sei wieder auferstanden und habe einen neuen Waffengang vorbereitet. „Eine verpfuschte Revolution ist ein verpfuschtes Jahrhundert."[108] Diese These knüpft an seine leidvollen Erfahrungen der Jahre 1918/19 an. Für Rück war die Zeit nach der gescheiterten Rervolution eine dunkle Zeit, er stellte fest, dass sich alle Normen aufgelöst hätten, die Musik, die Kunst und die Literatur seien von Nihilismus durchdrungen gewesen.[109] Er lenkte den Blick auf die vergeblichen Bemühungen der imperialistischen Großmächte, die Nachkriegsprobleme zu überwinden und schilderte ihr zähes Ringen um die Reparationen, die den Nationalismus der Deutschen angefacht hätten. Das instabile Weltwirtschafts- und Finanzsystem habe bittere Armut verursacht und der NSDAP viele Wähler in die Arme getrieben:

„Die Ursachen für den Aufstieg Hitlers zur Macht sind weder in der Ideologie und Geschichte seiner Partei, seinen Reden und Schriften oder seiner Persönlichkeit zu suchen. Er wurde emporgetragen von einer Massenstimmung, die mit dem Bestehenden Schluss machen wollte. [...] Die verpfuschte Revolution und die Beendigung der Stabilisierungsperiode, die für einige Jahre eine neue Aufschwungperiode vorgetäuscht hatten, waren die Wegbereiter seines Sieges."[110]

Aber auch eine geschickte Taktik verhalf den Nazis zu ihren Wahlerfolgen:

„Die Mischung amerikanischer Propagandamethoden mit verstaubter Romantik, aus der die Nationalsozialisten mit einem Zuschuss handgreiflicher Brutalität ihre Agitation formten, beflügelte die Phantasie und nach einer Hitler-Versammlung setzte man sich zufriedener an den armseligen Tisch. Das gewann vor allem auch die Frauen."[111]

---

107 Der Verlagschef Gottfried Bermann-Fischer wurde 1940 von der schwedischen Polizei zur Weiterwanderung in die USA gezwungen, das Unternehmen wurde von einem Verlagsangestellten weitergeführt, vgl. Hans-Albert Walter: Deutsche Exilliteratur 1933–1950, Bd. 3: Internierung, Flucht und Lebensbedingungen im Zweiten Weltkrieg, Stuttgart 1988, S. 451
108 Fritz Rück: Friede ohne Sicherheit, Stockholm 1945, S. 12 f.
109 Vgl. ebd. S. 13
110 Ebd. S. 303
111 Ebd. S. 313

Das verwendete Quellenmaterial ist umfangreich. Rück zitierte beispielsweise den emigrierten Journalisten Konrad Heiden,[112] den amerikanischen Hitlergegner Hubert Renfro Knickerbocker,[113] die schwedischen Publizisten Gustaf Hellström und Eli F. Heckscher,[114] die Erinnerungen Otto Brauns[115] und die Hindenburg-Biographie von Rudolf Olden.[116] Volkswirtschaftliches Material entnahm er dem Werk von John Maynard Keynes „Fredens ekonomiska följder" (Die wirtschaftlichen Folgen des Friedensvertrags)[117] und fügte ausführliches Zahlenmaterial in den Text ein.[118] Auch eigene Schriften verwendete er, wörtlich wiederholte er einen Artikel, den er bereits für die *Arbeiterzeitung Schaffhausen* verfasst hatte.[119]

Rezensionen des Buches erschienen in zahlreichen schwedischen Zeitungen und Zeitschriften, sie waren überwiegend positiv. Nyström bescheinigte ihm in der *Afton Tidningen* „objektivitet och allsidighet, realism och konkretion." (Objektivität und Vielseitigkeit, Realismus und Genauigkeit).[120] Auch Müssener beurteilte Rücks Werk positiv. Er habe

Abb. 18: *Titelblatt (1944)*

„journalistisch geschickt eine Menge von Materialien verarbeitet",[121] ohne dass es zu einer Daten- und Faktenanhäufung kam. Die Lektüre sei anspruchsvoll, Rück habe seine zahlreichen Quellen zu einer überzeugenden Analyse zusammengefügt, seine Bücher seien nützliche und gut lesbare Darstellungen.[122] Sie hinterließen einen „nachhaltigen Eindruck" in Schweden und verschafften ihm Aufmerksamkeit, so der Zeitungsforscher Hans-Ludwig Beelte.[123]

---

112 Vgl. ebd., S. 322
113 Vgl. ebd., S. 306, S. 316, S. 327 und passim
114 Vgl. ebd., S. 83 und S. 100
115 Vgl. ebd., S. 309
116 Vgl. ebd., S. 305
117 Vgl. ebd., S. 95
118 Eine Tabelle informiert über die Zahl der Kraftwagen von 1926. Vgl. ebd., S. 199; Tabelle über den deutschen Außenhandel, vgl. ebd., S. 334; Tabelle zum Einkommen in der deutschen Volkswirtschaft, vgl. ebd., S. 340
119 *Arbeiterzeitung Schaffhausen*, 12.6.1938, zit. in: Ebd., S. 381 f.
120 Per Nyström: Krig och Krig, in: *Afton Tidningen*, 31.10.1944
121 Müssener 1974 (Anm. 12), S. 309
122 Müssener 1991 (Anm. 69), S. 110
123 Vgl. Hans-Ludwig Beelte: Exilpublizistik in Skandinavien, in: Hanno Hardt/Elke Hilscher/Winfried B. Lerg: Presse im Exil. Beiträge zur Kommunikationsgeschichte des deutschen Exils 1933–1945 (Dortmunder Beiträge zur Zeitungsforschung; Bd. 30), München/New York/London/Paris 1979, S. 280

Allerdings waren die erreichten Verkaufszahlen gering, im Dezember 1948 teilte ihm sein Verlag KF mit, dass drei seiner Bücher („Fred utan säkerhet", „Sovietunion och Komintern", „Trillingarnas republik") unverkäuflich seien.[124]

Eine von Rück verfasste Biografie Trotzkis wollte der Verlag 1947 nicht mehr drucken[125] und seine Versuche Anfang 1948, in Oslo einen weiteren Verleger für seine Werke zu finden, blieben genauso erfolglos.[126]

7.6 Die Sowjetunion verliert ihre Faszination

Zwei großangelegte und materialreiche Bücher über die Sowjetunion schrieb Rück während des Krieges. War dieses Land für ihn immer noch das Paradies der Werktätigen? Hatte er Kenntnis von der brutalen und rücksichtslosen Terrorherrschaft Stalins? Und wie beurteilte er die kurze deutsch-russische Zusammenarbeit?

Sein erstes Buch über Russland schrieb Rück zusammen mit dem Emigranten und ehemaligen KPD-Mitglied Siegmund (Siggi) Neumann,[127] der seit 1938 in Stockholm lebte und sich in weit stärkerem Maß als Rück der Sozialdemokratie zuwandte. Ihre Zusammenarbeit war in der „Landesgruppe deutscher Gewerkschafter in Schweden" entstanden, in der beide Mitglieder der Stockholmer Ortsgruppe waren und der sogenannten linken Opposition angehörten. 1941/42 verfassten Neumann und Rück ein Buch mit dem Titel: „Kolossen på stålfötter. Den ryska industrimaktens utveckling och problem" (Der Koloss auf Stahlfüßen. Entwicklung und Probleme der russischen Industriemacht).[128] Es erschien mit zeitlicher Verzögerung erst 1945 im KF-Verlag, als die Rote Armee bereits in Deutschland einmarschiert war. Das Buch knüpfte an das in Schweden seit dem Überfall der Wehrmacht auf die SU erwachte öffentliche Interesse an. Das im Buchtitel verwendete Bild von den „Stahlfüßen" weist darauf hin, dass Rück und Neumann diesen Staat als industrielle Großmacht sahen, die sich auf ihre Schwerindustrie stützte. Sie untersuchten die ökonomische Entwicklung Russlands von 1918 bis zur Durchführung der Fünfjahrespläne und beendeten ihre Darstellung mit der Umorientierung der Außenpolitik, die im Hitler-Stalin-Pakt zum Ausdruck kam. Die bürokratischen Betriebsleitungen, die lähmenden Kompetenzstreitigkeiten zwischen Unternehmen und staatlichen Behörden, die geringe Arbeitsproduktivität in Industrie und Landwirtschaft wurden kritisch hervorgehoben. Der Lebensstandard der Bevölke-

---

124 Brief Hermann Stolpe (KF) vom 22.12.1948 an Fritz Rück, in: ARAB, NL Fritz Rück, Vol. 3, K
125 Vgl. Brief Fritz Rück vom 18.9.1947 an den KF-Verlag, in: Ebd.
126 Vgl. Brief Hermann Stolpe (KF) vom 11.3.1948 an Fritz Rück, in: Ebd.
127 Neumann (1907–1960) wurde 1934 aus der KPD ausgeschlossen und hatte in Stockholm enge Verbindungen zur KPO, nach Kriegsende wurde er in der SPD aktiv. Vgl.: Klaus Mertsching: Siegmund (Siggi) Neumann, in: Neue Deutsche Biographie, Bd. 19: Nauwach – Pagel, Berlin 1999, S. 161
128 S. Neumann och Friedrich Rück: Kolossen på stålfötter. Den ryska industrimaktens utveckling och problem, Stockholm 1945. Eine (unvollständige) Übersetzung des Buches befindet sich im Eco-Archiv, allerdings fehlen die Seiten 148–311.

rung sei auf einem niedrigen Niveau,[129] zudem erschwere das Einparteiensystem „die Entfaltung demokratischer Kritik und die Entstehung neuer demokratischer Organe".[130]

Die Kollektivierung der Landwirtschaft sowie die forcierte Industrialisierung seit 1927 fanden weitgehend die Zustimmung der Autoren. Sie bezeichneten die SU unter Stalin immer noch als „revolutionären Rätestaat", der im Rahmen der Fünfjahrespläne eine sozialistische Offensive durchgeführt habe.[131] Wegen der „Akkumulation von Reichtum in den Händen der Bauern", nämlich der Kulaken, habe eine „Renaissance des Kapitalismus"[132] gedroht. Das den wohlhabenden Bauern zugefügte Unrecht erwähnten die Autoren nicht. Sie betonten, dass der Widerstand dieser Klasse „in offenem Kampf"[133] gebrochen werden musste, „die Entkulakisierung war der Kaiserschnitt bei der Geburt der Kollektive."[134] Die Bolschewiki wurden gelobt, sie seien

> „keine weltfremden Utopisten, sondern ausgezeichnete Kenner der Nationalökonomie, und sie waren sich der Überlegenheit des Großbetriebs über den Kleinbetrieb, auch in der Landwirtschaft, sehr wohl bewusst."[135]

Eine neue Ära, ein kultureller Aufbruch habe begonnen:

> „Überall wird angestrengt gearbeitet, es wird geschrieben, gedichtet, es werden auf zahllosen Gebieten neue Entdeckungen gemacht. Nur in der Renaissance hat man eine derartige Aktivität gekannt, eine solche Intensität und Vielgestaltung des Schaffens."[136]

Die spektakulären Schauprozesse von 1936–1938, die mit der Verurteilung, Verbannung und Erschießung altgedienter Bolschewiki wie z. B. Trotzki, Sinowjew, Radek und Bucharin endeten, waren in Schweden bekannt und wurden von der SAP kritisch beurteilt.[137] Auch Emigranten wie August Enderle und Paul Olberg verfassten ablehnende Stellungnahmen, doch Rück und Neumann verteidigten die kaltblütigen Repressionen.[138] Lediglich in einer kurzen Bemerkung wiesen sie auf die „Ausschaltung ehemaliger Oppositioneller" hin.[139] An den Mechanismus von

---

129 Vgl. ebd., S. 345 ff.
130 Ebd., S. 348
131 Vgl. ebd., S. 146
132 Ebd., S. 122
133 Ebd., S. 139
134 Ebd., S. 141
135 Ebd., S. 128
136 Ebd., S. 128
137 Vgl. schriftliche Mitteilung Helmut Müssener vom 3.2.2013 an die Verfasserin
138 Vgl. Hermann Weber: Bemerkungen zu den kommunistischen Säuberungen, in: Ders./Ulrich Mählert (Hrsg.): Terror. Stalinistische Parteisäuberungen 1936–1953, Paderborn 1998, S. 21 f.
139 Neumann/Rück 1945 (Anm. 128), S. 324

„Parteisäuberungen" hatte Rück sich schon früh gewöhnt, er glaubte, dass sie notwendig seien zum Schutz des Sozialismus.[140]

Auch zu einer Kritik an den außenpolitischen Maßnahmen Stalins konnten Rück und Neumann sich nicht durchringen. Durch den Abschluss des deutsch-russischen Nichtangriffspakts von 1939 habe die SU Zeit gewonnen, um die Verteidigungsfähigkeit des Landes zu stärken. Auch die Besetzung des Baltikums 1939/40 rechtfertigten die beiden Autoren: Die russische Wirtschaft brauche die Häfen an der Ostsee für den Handel, auch sei die nationale Unabhängigkeit der baltischen Länder eine Utopie, die historischen Verbindungen zu Russland seien stark.[141] Trotz „unangenehmer" Begleiterscheinungen bei der Angliederung, die von den beiden Autoren nicht näher genannt wurden, warben sie um Verständnis für die Politik Stalins. Die russische Besetzung Ostpolens und der Winterkrieg gegen Finnland 1939/40 blieben unerwähnt.

Im letzten Kapitel wurde auf die gravierenden Folgen der Invasion Hitlers für die SU hingewiesen. Durch die Zerstörungen sei ein schneller Aufstieg des Landes nach dem Krieg unwahrscheinlich.[142] Rücks und Neumanns Sympathien für das ihrer Ansicht nach sozialistische Land waren also immer noch sehr groß, die Großmachtpolitik Stalins erschien ihnen notwendig angesichts der Bedrohung durch das faschistische Deutschland. Seit 20 Jahren war Rück als Kommunist daran gewöhnt, Kritik an der Sowjetunion in reflexhafter Weise als „antisowjetisch" abzuwehren.[143] Auch andere linkssozialistische Politiker beurteilten damals, ähnlich wie Rück und Neumann, den Aufstieg der SU mit Anerkennung und hielten deren Verfassung für fortschrittlich und zukunftsweisend.[144]

Auch dieses Buch wurde in schwedischen Zeitungen überwiegend positiv beurteilt. Rück war nun in Gewerkschaftskreisen als Autor bekannt und geschätzt, die *Upsala Nya Tidning* schrieb 1945, er habe „eines der besten Bücher des Herbstes"[145] vorgelegt. Allerdings sei es nicht für ein breites Publikum, sondern eher für „Studienzirkel" geeignet.

Aktueller Anlass für die Entstehung des zweiten Russlandbuches von 1943 „Sovjetunionen och Komintern" (Sowjetunion und Komintern)[146] war die Auflösung der Kommunistischen Internationale (KI) in demselben Jahr. Im Vergleich zum vorherigen Buch hatte sich Rücks Standpunkt deutlich weiterentwickelt. Nun kritisierte er die „Irrtümer" Stalins, er hatte inzwischen erkannt, dass die Außenpolitik der SU nicht mehr von der Kraft der Ideen, sondern von den eigenen nationalen Interessen geleitet war. Er verwies darauf, dass die KI sich schon bald nach

---

140 Michael Rohrwasser: Der Stalinismus und die Renegaten. Die Literatur der Exkommunisten, Stuttgart 1991, S. 129
141 Vgl. Neumann/Rück 1945 (Anm. 128), S. 340f.
142 Vgl. ebd., S. 347
143 Vgl. Jörg J. Bachmann: Zwischen Paris und Moskau. Deutsche bürgerliche Linksintellektuelle und die stalinistische Sowjetunion 1933–1939 (Mannheimer Historische Forschungen; Bd. 7), Mannheim 1995, S. 439
144 Vgl. Rainer Behring: Demokratische Außenpolitik für Deutschland. Die außenpolitischen Vorstellungen deutscher Sozialdemokraten im Exil 1933–1945 (Beiträge zur Geschichte des Parlamentarismus und der politischen Parteien; Bd. 117), Düsseldorf 1999, S. 590, Anm. 79
145 *Upsala Nya Tidning*, 17.11.1945, in: ARAB, NL Fritz Rück, Vol. 16
146 Fritz Rück: Sovjetunionen och Komintern, Stockholm 1943

7.6 Die Sowjetunion verliert ihre Faszination

ihrer Entstehung den außenpolitischen Interessen der SU unterworfen habe, Paul Levi, den Rück als „ett av dess bästa huvuden" (einen der besten Köpfe) bezeichnete, habe vergeblich dagegen protestiert.[147] Beim III. Weltkongress der KI (den Rück selbst miterlebte, was er aber unerwähnt ließ), sei Sinowjew wie ein dogmatischer „partipåve"[148] (Parteipapst) aufgetreten, dieser sei für die Vergiftung der inneren Atmosphäre der Organisation verantwortlich. Die gescheiterte deutsche Oktoberrevolution 1923 bezeichnete Rück als Wendepunkt, weil Brandler und Thalheimer verdrängt wurden und Thälmann von Stalin zu seinem deutschen Vertrauensmann aufgebaut wurde.[149] In der SU sei eine neue Klasse von Bürokraten entstanden, das russische Parlament vollziehe nur „zeremonielle" Handlungen wie auch der deutsche Reichstag unter Hitler.[150] Mehrfach betonte er, dass Stalin die SU in einen „totalitären" Staat" verwandelt habe, dessen Struktur dem der faschistischen Staaten ähnlich sei.[151] Durch das Eingreifen der SU im Spanischen Bürgerkrieg seien viele kritische Kommunisten durch Geheimdienstmethoden ausgeschaltet worden.[152] Immer noch hielt er es für möglich, dass es eine Verschwörung der alten Bolschewisten gegen Stalin gegeben haben könnte.[153] Doch nun verurteilte er die extreme Rücksichtslosigkeit der Moskauer Prozesse, bei denen auch Emigranten liquidiert wurden. Nur sehr langsam entstand bei Rück die Erkenntnis von dem ungeheuren Ausmaß des Stalinschen Terrors.

Auch die sowjetische Außenpolitik analysierte er in diesem Buch kritischer und differenzierter als im ersten Russlandbuch. Wieder rechtfertigte er die Teilung Polens, ausgehandelt 1939 im Hitler-Stalin-Pakt und die Besetzung Finnlands und des Baltikums als notwendige Vorbereitung der SU

Abb. 19: *Titelblatt des Buchs über die Sowjetunion (1943)*

---

147 Vgl. ebd., S. 45
148 Ebd., S. 53
149 Vgl. ebd., S. 99 ff.
150 Vgl. ebd., S. 169
151 Vgl. ebd., S. 84 und S. 175
152 Vgl. ebd., S. 172
153 Vgl. ebd., S. 156

auf den Kampf gegen den Faschismus.[154] Doch dieser Krieg habe nichts zu tun mit den alten revolutionären Zielen, er sei ein Machtkampf zwischen den beiden großen Kontinentalmächten Russland und Deutschland. Das letzte Buchkapitel entstand kurz nach der Moskauer Konferenz der drei alliierten Außenminister vom Oktober 1943. Erst als Stalin im Begriff war, ein Bündnis mit den kapitalistischen Staaten einzugehen,[155] erkannte Rück, dass die Idee der Weltrevolution jetzt endgültig keine Rolle mehr spielte, es gehe nur noch um die Verteilung der Macht. Stalin sei in die Fußstapfen der „tsarismens traditioner" getreten.[156] Zum Schluss stellte er die zweifelnde Frage, ob die Zusammenarbeit dieser ungleichen Partner von Dauer sein könnte: „Men hur längt stäcker sig gemensamheten?"[157]

In einem Leserbrief in dem kommunistischen Blatt *Ny Dag* reagierte der Emigrant und KPD-Anhänger Alfred Noll scharf auf Rücks Kritik an der SU, er warf ihm „maskerad sovjethets"[158] (maskierte, d.h. versteckte Sowjethetze) vor. Er beschmutze das Land, das in heroischer Weise täglich den Faschismus bekämpfe, er mache die Arbeit von Goebbels. Seit der Veröffentlichung der beiden Russlandbücher galt Rück als Spezialist in Fragen der sowjetischen Partei- und Staatsgeschichte. So bat ihn der jüdische, nach Schweden emigrierte Schriftsteller Alfred Michaelis um Hilfe bei der Recherche nach einem Stalinzitat. Er fürchtete, bei einem Vortrag von Stalinisten angegriffen zu werden.[159]

Rücks letztes schwedisches Buch erschien aus Anlass der hundertjährigen Wiederkehr des Erscheinens des Kommunistischen Manifests im Jahr 1948. Entsprechend seiner „Streifzug-Methode" untersuchte er die Entwicklung der politischen Ideen von Rousseau bis Marx. Der Titel seines Buches lautete „Utopister och realister. Från Rousseau till Marx" (Utopisten und Realisten. Von Rousseau bis Marx) und erschien wieder im KF-Verlag.[160] Darin übte er deutliche Kritik an den Zuständen in der SU, wo der Marxismus nur noch theoretische Bedeutung habe. Rück hoffte auf das Entstehen eines neuen Kommunismus, „in dem die Forderung ‚Proletarier aller Länder, vereinigt Euch!' sich verbinde mit der Losung ‚Alle Menschen sind Brüder'".[161] Auch dieses Buch wurde in Schweden gut aufgenommen. Der seit 1946 amtierende sozialdemokratischen Ministerpräsidenten Tage Erlander bedankte sich in einem Brief an Rück für die Zusendung eines Exemplars und meinte anerkennend, es sei eine „interessanta arbete".[162]

---

154 Vgl. ebd., S. 174
155 Vgl. ebd., S. 178 ff.
156 Ebd., S. 176
157 Ebd. S. 178
158 *Ny Dag*, 12.4.1945, in: ARAB, NL Fritz Rück, Vol. 16. Noll ging nach dem Krieg in die SBZ und arbeitete für das Ministerium für Staatssicherheit.
159 Vgl. Brief Alfred Michaelis vom 22.10.1948 an Rück, in: ARAB, NL Fritz Rück, Vol. 3, M. Michaelis nannte Rück in der Anrede „Genosse".
160 Das deutsche Manuskript wurde von Ulrich Herz aus Uppsala in die schwedische Sprache übersetzt. Vgl. Brief Ulrich Herz vom 31.8.1947 an Fritz Rück, in: ARAB, NL Fritz Rück, Vol. 3, H
161 Zit. nach: Müssener 1974 (Anm. 12), S. 332
162 Brief Tage Erlander vom 6.4.1948 an Fritz Rück, in: ARAB, NL Fritz Rück, Vol. 3, E

7.7 Die deutsche Emigrantenszene wird aktiv

Im Laufe des Krieges änderte sich in der schwedischen Öffentlichkeit die Einstellung gegenüber den Emigranten. Die Besetzung Dänemarks und Norwegens war deutlicher Beweis für die aggressiven Pläne des Naziregimes. Nach den Niederlagen der Wehrmacht bei Stalingrad und El Alamein wandte sich Schweden den Alliierten, den zukünftigen Siegermächten, zu. Für die deutschen Emigranten bedeutete dies eine spürbare Verbesserung ihrer Lage, sie erhielten Rede- und Pressefreiheit und konnten sich politisch betätigen. Ein vielfältiges Gruppen- und Vereinsleben blühte auf, wobei sich das bekannte Spektrum der politischen Linken aus der Zeit vor 1933 rekonstituierte. SPD und KPD, KPO und SAP, Leninbund und Syndikalisten luden ein zu Versammlungen, Vorträgen und Diskussionen. Zehn meist nur hektografierte Zeitschriften und Mitteilungsblätter erschienen zwischen 1943 und 1956, es entstand ein „buntscheckiges" Bild.[163]

Dennoch verließ Rück nur selten seine Schreibstube,[164] bei politischen Veranstaltungen trat er nicht in Erscheinung.[165] Er führte weiterhin ein zurückgezogenes Leben. Seit 1942 versammelte sich in Stockholm eine „Internationale Gruppe demokratischer Sozialisten", die als „Kleine Internationale" in die Geschichte des schwedischen Exils einging. Mitglieder waren u. a. der Schwede Gunnar Myrdal,[166] der Norweger Martin Tranmæl,[167] die Emigranten Bruno Kreisky[168] aus Österreich und Stefan Szende aus Ungarn. Die deutschen Mitglieder waren Fritz Bauer,[169] Irmgard und August Enderle,[170] Fritz Tarnow,[171] Kurt Heinig[172] und Martin Krebs.[173] Willy Brandt war ehrenamtlicher Generalsekretär, er hatte dort eine Schlüsselrolle inne. Dieser internationale Kreis diskutierte über Kriegs- und Nachkriegsprobleme, es existieren bedauerlicherweise keine Mitgliederlisten. Brandt und Szende erwähnten Rück in ihren Erinnerungsschriften nicht.[174] Seine Teilnahme an den Diskussionen dieses Gesprächskreises ist lediglich in einem Protokoll bezeugt.

---

163 Helmut Müssener: Exil in Schweden. Ausstellungskatalog, hrsg. von der Akademie der Künste, Berlin 1986, S. 8
164 Vgl. schriftliche Mitteilung Artur Schober vom 30.8.1994 an die Verfasserin
165 Vgl. Müssener 1974 (Anm. 12), S. 442
166 Myrdal (1898–1987), schwedischer Ökonom und Handelsminister, setzte sich für eine großzügigere schwedische Flüchtlingspolitik ein. Er schrieb 1934 zusammen mit seiner Frau Alva das Buch „Kris i befolkningsfrågan", welches dazu führte, dass in Schweden Sozialhilfe für Familien eingeführt wurde.
167 Tranmæl (1879–1967), norwegischer Arbeiterführer, förderte Brandt in der Zeit seines skandinavischen Exils.
168 Kreisky (1911–1990) war von 1970 bis 1983 Bundeskanzler der Republik Österreich.
169 Bauer (1903–1968) war als hessischer Generalstaatsanwalt am Zustandekommen der Auschwitz-Prozesse beteiligt.
170 Enderle (1887–1959), Mitbegründer der KPO, später SAP, Journalist und Gewerkschafter, arbeitete in Schweden als Dreher. Seine Frau Irmgard (1895–1985) betätigte sich publizistisch und gewerkschaftlich.
171 Der Gewerkschaftsführer Tarnow (1880–1951) und ehemalige SPD-Reichstagsabgeordnete wurde 1933 aus der Gestapohaft befreit und emigrierte 1940 nach Schweden.
172 Heinig (1886–1956) war Journalist und ehemaliger Haushaltsexperte der SPD-Reichstagsfraktion.
173 Krebs (1892–1971) war sozialdemokratischer Gewerkschafter.
174 Vgl. Willy Brandt: Draußen. Schriften während der Emigration, hrsg. von Günter Struve, München 1966, S. 287 f.; Szende 1975 (Anm. 6), S. 256 ff.

In einer Sitzung am 1. Oktober 1943 äußerte sich Rück skeptisch gegenüber den weitgespannten Plänen für einen internationalen Zusammenschluss von Sozialisten nach Kriegsende.[175] Seine negativen persönlichen Erfahrungen mit der Instrumentalisierung der Komintern durch die SU, die er gerade in seinem Buch analysierte und beschrieb, konnte er nicht vergessen. Trotzdem war er der Meinung, dass auch in Zukunft eine Internationale zur Vermeidung von Kriegen wichtig sei, doch diese müsse sich „auf den Boden der sozialen Revolution"[176] stellen. Auch wenn dieser internationale Zirkel keinen nennenswerten Einfluss auf die Entwicklung in Europa nach 1945 ausüben konnte, entstanden auf der persönlichen Ebene wichtige Beziehungen und Freundschaften.[177] So schickte Rück beispielsweise im Jahr 1948 eines seiner Bücher an Myrdal – damals Leiter der Europäischen Wirtschaftskommission der Vereinten Nationen (UNO) – verbunden mit der Bitte, es weiterzuempfehlen.[178]

Wie aus Briefen zu entnehmen ist, trat Rück im Jahr 1943 in die schwedische SAP(S) ein.[179] Vielleicht erhielt er dadurch die Chance, in der sozialdemokratischen Zeitung *Afton Tidningen* zu publizieren.[180] Zwei Jahre später, der Krieg war gerade zu Ende gegangen, entschied sich Rück, wieder der deutschen SPD beizutreten. Die Gründe, weshalb er – wie viele andere Linkssozialisten in der Exilzeit – diesen Schritt vollzog, sind nicht bekannt. Schätzte er den Wert einer Organisation so hoch, dass er seine tief wurzelnden Vorbehalte gegenüber dieser Partei zu überwinden versuchte? War ihm bewusst, dass die Zersplitterung der Arbeiterbewegung für den Erfolg der Nationalsozialisten mitverantwortlich war?[181]

Dieser Eintritt in die SPD war der dritte und endgültig letzte in seinem Leben, eine jahrelange politische und weltanschauliche Entwicklung war vorausgegangen. Rück wurde aktives Mitglied der Exil-Landesgruppe „Vereinigung deutscher Sozialdemokraten in Schweden".[182] Wie auch in anderen Exilgruppen gab es dort die typischen Streitereien und Rivalitäten.[183] Die schwedische SPD-Landesgruppe wurde geleitet von dem strikten Antikommunisten Heinig, der gegen den deutlichen Willen des SPD-Vorstands im Londoner Exil (Sopade) die Aufnahme linkssozialistischer Mitglieder ablehnte. Als im Oktober 1944 die ehemaligen SAP-Mitglieder der „Kleinen Internationale" Brandt, Szende, Bauer und das Ehepaar Enderle ihre Aufnahmeanträge in die SPD stellten, gab Heinig erst nach einem „Machtwort" Erich Ollenhauers aus London seinen

---

175 Vgl. Protokoll 1.10.1943, zit. nach: Klaus Misgeld: Die „Internationale Gruppe demokratischer Sozialisten" in Stockholm 1942–1945. Zur sozialistischen Friedensdiskussion während des Zweiten Weltkriegs, Uppsala 1976, S. 140, Anm. 36
176 Vgl. Fritz Rück: Die Schwierigkeiten einer rationalen Lösung der Friedensfragen, 1943 (Typoskript), in: ARAB, NL Fritz Rück, Vol. 15
177 Vgl. Szende 1975 (Anm. 6), S. 262
178 Vgl. Brief Gunnar Myrdal vom 21.4.1948 an Fritz Rück, in: ARAB, NL Fritz Rück, Vol. 3, M
179 Vgl. Brief Fritz Rück vom 3.4.1948 an Gunnar Myrdal, in: ARAB, NL Gunnar Myrdal, Vol. 29
180 Im Jahr 1944 publizierte Rück dort drei Artikel.
181 Vgl. Julia Angster: Konsenskapitalismus und Sozialdemokratie. Die Westernisierung von SPD und DGB von 1940 bis 1965 (Ordnungssysteme. Studien zur Ideengeschichte der Neuzeit; Bd. 13), München 2003, S. 342
182 Vgl. Brief Fritz Rück vom 3.4.1948 an Gunnar Myrdal, in: ARAB, NL Gunnar Myrdal, Vol. 29
183 Vgl. Brigitte Seebacher-Brandt: Ollenhauer. Biedermann und Patriot, Berlin 1984, S. 267 f.

Widerstand dagegen auf.[184] Möglicherweise verzögerte sich aus diesem Grund Rücks Parteieintritt, denn auch er hatte eine kommunistische Vergangenheit.

Rücks häufige Parteiwechsel und seine eigenwilligen Positionen machten es seinen Zeitgenossen schwierig, ihn politisch einzuordnen. Müssener meinte, Rück sei im Grunde ein „KPO-Mann" gewesen,[185] doch seine Mitarbeit an der KPO-Zeitung *Revolutionäre Briefe* war nur sehr kurz.[186]

7.8 Kontroversen in der Exilgewerkschaft

Seit November 1942 beteiligte sich Rück aktiv an den Diskussionen der Landesgruppe deutscher Gewerkschafter in Schweden (LG). Gefördert vom schwedischen Gewerkschaftsbund LO hatten sich schon vor Kriegsbeginn deutsche Exil-Gewerkschafter in Schweden zusammengeschlossen.[187] In der LG fanden sich alle Gruppierungen der deutschen Arbeiterbewegung wieder, auch die nach Schweden emigrierten Kommunisten.[188] Der siebenköpfige Vorstand bestand vorwiegend aus Sopade-Mitgliedern,[189] zentrale Figur war der angesehene ehemalige SPD-Reichstagsabgeordnete und Holzarbeiterführer Tarnow.[190] In verschiedenen Städten wurden Arbeitskreise gebildet, in denen lebhafte Diskussionen über verschiedene Wege zum Wiederaufbau der Gewerkschaften in Deutschland und über das Verhältnis zu den Alliierten geführt wurden.[191] Tarnow rechnete mit einem schnellen Neubeginn der Gewerkschaftsarbeit und war sogar bereit, die zentralistischen Organisationsstrukturen der faschistischen Deutschen Arbeitsfront (DAF) zu übernehmen.[192]

---

184 Vgl. ebd.
185 Vgl. Helmut Müssener: Von Bert Brecht bis Peter Weiss. Die kulturelle deutsch-sprachige Emigration nach Schweden 1933–1945 in: Wulf Koepke/Michael Winkler: Exilliteratur 1933–1945 (Wege der Forschung; Bd. 647), Darmstadt 1989, S. 223
186 Josef Bergmann, der für das Erscheinen der Zeitung verantwortlich war, nannte Rück als Mitarbeiter, sein Bruder Theodor Bergmann hält dies für ausgeschlossen. Vgl. Müssener 1974 (Anm. 12), S. 442
187 Vgl. Dieter Günther: Gewerkschafter im Exil. Die Landesgruppe deutscher Gewerkschafter in Schweden von 1938–1945 (Schriftenreihe für Sozialgeschichte und Arbeiterbewegung; Bd. 28), Marburg 1982, S. 49 ff.; Peters 1984 (Anm. 27), S. 170; Lorenz/Petersen 1998 (Anm. 7), S. 40
188 Vgl. Heike Bungert: Das Nationalkomitee und der Westen. Die Reaktion der Westalliierten auf das NKFD und die Freien Deutschen Bewegungen 1943–1948 (Transatlantische Historische Studien; Bd. 9), Stuttgart 1997, S. 87
189 Vorsitzender war der Sozialdemokrat Krebs. Vgl. Karl-Werner Schunck: Exil in Skandinavien: Anneliese Raabke und Martin Krebs – Zwei Emigrantenschicksale (Demokratische Geschichte: Jahrbuch für Schleswig-Holstein/Gesellschaft für Politik und Bildung Schleswig-Holstein e. V.; Bd. 1), Kiel 1986, S. 257
190 Tarnow wird das Zitat von der SPD als „Arzt am Krankenbett des Kapitalismus" (1931) zugeschrieben. Vgl. http://www.linksnet.de/de/artikel/25978, download am 18.5.2011
191 Vgl. Müssener 1991 (Anm. 69), S. 103
192 Vgl. Dieter Lange: Fritz Tarnows Pläne zur Umwandlung der faschistischen Deutschen Arbeitsfront in Gewerkschaften, in: ZfG, Jg. 24 (1976), H. 1, S. 156 f.

Rück, Mitglied der Stockholmer Ortsgruppe der LG, bildete dort mit seinem Schwager Janus und seinem Freund und Koautor Neumann eine sogenannte Opposition.[193] Eine Mitgliederversammlung vom 22. April 1943 wählte ihn auf Vorschlag von Janus als Vertreter dieser „Opposition" als achtes Vorstandsmitglied in den Landesvorstand,[194] auf der ersten Landeskonferenz der LG im Februar 1944 trat er als Sprecher dieser Oppositionsgruppe auf.[195] Tarnow machte in seinem Referat über den Wiederaufbau der deutschen Gewerkschaften den Vorschlag, eng mit den Besatzungsmächten zusammenzuarbeiten, Rück protestierte vehement dagegen.[196] Er war der Meinung, dass eine sozialistische Demokratie nur gegen den Willen der Alliierten durchgesetzt werden könne. Der Kapitalismus sei am Ende, der politische Wiederaufbau nach dem Krieg müsse von der Basis her erfolgen:

> „Ich bin jedoch der Meinung, dass eine wirkliche Demokratie in Deutschland nur aufgebaut werden kann, wenn alle kapitalistischen Kräfte beseitigt werden. Wir werden deshalb alles darauf einstellen müssen, dass die Gewerkschaften erst in langwieriger Arbeit für die sozialistische Demokratie zu kämpfen haben werden. Aus diesem Grunde muss man der demokratischen Diskussion und dem Willen der Massen freie Hand geben. Tarnow will eine zentrale Leitung haben. [...] Eine solche Leitung hat keine Legitimation gegenüber den Arbeitern. Sie wird in ein Abhängigkeitsverhältnis von den Okkupationsmächten geraten."[197]

Rück misstraute zentralistischen Organisationen, er setzte seine Hoffnung in die „Massen", deren Aktivität keinesfalls gebremst werden dürfe:

> „In der früheren Bewegung hatten wir eine Überzentralisation. 1933 wartete deshalb die Masse auf ein Signal von oben. Dieses Signal zu einer Erhebung gegen die Machtergreifung der Nationalsozialisten kam aber nicht. Wäre diese Überzentralisation nicht vorhanden gewesen, hätte die Geschichte vielleicht einen anderen Verlauf genommen."[198]

---

193 Vgl. Müssener 1974 (Anm. 12), S. 124 f. Zu dieser „Opposition" gehörten Trotzkisten, ehemalige Mitglieder der KPO und eher rechte Sozialdemokraten. Vgl. Siegfried Mielke/Matthias Frese: Die Gewerkschaften im Widerstand und in der Emigration 1933–1945 (Quellen zur Geschichte der deutschen Gewerkschaftsbewegung im 20. Jahrhundert; Bd. 5), Frankfurt 1999, S. 62
194 Vgl. Rundbrief der Auslandsvertretung der deutschen Gewerkschaften, Landesgruppe Schweden, Jg. 1, Nr. 6 (Mai 1943), S. 5; Müssener 1974 (Anm. 12), S. 120
195 Vgl. Rundbrief der Landesvertretung der deutschen Gewerkschaften, Landesgruppe Schweden, Jg. 2, Nr. 3 (März 1944), S. 2
196 Vgl. Auslandsvertretung deutscher Gewerkschaften (ADG) Landesgruppe Schweden: Protokoll der Ersten Landeskonferenz der deutschen Gewerkschafter in Schweden am 26. und 27. Februar 1944, Stockholm 1944, S. 31
197 Ebd.
198 Ebd.

7.8 Kontroversen in der Exilgewerkschaft

Der kommunistische Emigrant Karl Mewis, der in der SU die Schutzmacht der befreiten, zum Sozialismus strebenden Völker sah, kritisierte Rücks Misstrauen gegenüber den Alliierten.[199] Neumann dagegen unterstützte ihn in allen Punkten und sprach ebenfalls die Hoffnung aus, dass die deutsche Arbeiterklasse nach dem verlorenen Krieg die Chance einer „Machtübernahme"[200] nutzen werde. Auch gemäßigte Gewerkschafter stimmten der Position der Stockholmer Linksopposition zu, deshalb konnte am Ende der Landeskonferenz ein Memorandum zum „Neuaufbau der deutschen Gewerkschaften" ohne Gegenstimmen angenommen werden.[201]

Trotzdem wollte Rück sich am Ende dieser Landeskonferenz nicht mehr als Kandidat für die Landesleitung zur Verfügung stellen und schränkte sein weiteres Engagement für die LG ein, über seine Gründe äußerte er sich nicht. Mit dem Argument, dass die „Opposition" ein Drittel der Mitglieder der Stockholmer Ortsgruppe vertrete, befürwortete er die Wahl Neumanns als Vertreter der „Opposition" in den Vorstand, doch dieser erhielt nicht die notwendigen Stimmen.[202]

Ein Jahr später, am 26. Januar 1945, bei der Jahreshauptversammlung der Stockholmer Ortsgruppe der LG trat Rück wieder in Erscheinung, die Streitpunkte waren dieselben geblieben. Zusammen mit 42 LG-Mitgliedern[203] unterschrieb er ein Protestschreiben gegen eine vom Vorstand erarbeitete „Erklärung über unsere Stellung zu den Alliierten".[204] Die Unterzeichner des Protestschreibens forderten einen radikalen Umbau der Verhältnisse in Deutschland:

> „Die bedingungslose Vernichtung des Nazismus [...] gehört zur Grundeinstellung jedes Sozialisten. Aber ‚bedingungslose Vernichtung des Nazismus' ist eine leere Phrase, wenn in diesem Zusammenhang nicht nachdrücklichst auf die ökonomischen und sozialen Wurzeln des deutschen Imperialismus und Faschismus und auf die objektiven Voraussetzungen für deren dauerhafte Überwindung hingewiesen wird. Verzichtet man darauf, so degradiert man das andere Deutschland zum Werkzeug der alliierten Großmächte."[205]

---

199 Vgl. ebd. S. 33
200 Ebd., S. 35
201 Vgl. Rundbrief der Landesvertretung der deutschen Gewerkschaften, Landesgruppe Schweden, Jg. 2, Nr. 4 (April 1944), abgedruckt in: Mielke/Frese 1999 (Anm. 193), Dok. 188
202 Vgl. Auslandsvertretung deutscher Gewerkschaften (ADG), Landesgruppe Schweden: Protokoll der Ersten Landeskonferenz der Deutschen Gewerkschafter in Schweden 1944, Stockholm 1944, S. 32; Müssener 1974 (Anm. 12), S. 122
203 Darunter befanden sich die Brüder Josef und Theodor Bergmann, Ulrich Cohn, Ernst Galanti, Richard Janus, Kurt Neumann, Siggi Neumann, Franz Osterroth, Kurt Stechert. Vgl. Günther 1982 (Anm. 187), S. 56
204 Vgl. Müssener 1974 (Anm. 12), S. 124f.
205 Protestschreiben gegen die „Erklärung über unsere Stellung zu den Alliierten" vom 25.1.1945 (Typoskript), in: ARAB, NL Fritz Rück, Vol. 2

Die Resolution führte zu heftigen Debatten,[206] Tarnow gelang es, die Wogen des Protests zu glätten und die Oppositionellen weiterhin in die Diskussionen der LG einzubinden.[207]

Doch die zahlreichen Modelle der Emigranten für eine deutsche Nachkriegspolitik standen im luftleeren Raum und hatten nicht die geringste Chance einer Verwirklichung.[208] Anfang 1945 wurde klar, dass das deutsche Volk sich nicht aus eigener Kraft von der nationalsozialistischen Diktatur befreien konnte und die Okkupationsmächte den Frieden und die Nachkriegsverhältnisse nach ihren Vorstellungen gestalten würden. Bei den Emigranten machte sich eine „gewisse Resignation"[209] bemerkbar, im Dezember löste sich die LG auf, obwohl sie noch 362 Mitglieder zählte.[210]

Als Kenner des Emigrantenlebens sah Müssener in dem Widerstreit der Meinungen eine „Unfähigkeit zum Kompromiss".[211] Trotzdem bleibt festzuhalten, dass Rück in Schweden aktives Mitglied der Gewerkschaftsbewegung wurde und persönliche Verbindungen anknüpfte, die auch nach seinem Exil weiterbestanden. Eine enge und lebenslängliche Freundschaft verband Rück mit dem Journalisten Max Barth, der von 1940 bis Mai 1941 in großer Armut in Schweden lebte und tagelang im Bett blieb, um Kräfte und Lebensmittel zu sparen.[212] Barth wurde ein wichtiger Mitarbeiter bei der später von Rück in Stuttgart geleiteten Gewerkschaftszeitung *Druck und Papier*. Auch die in Schweden geknüpften Kontakte zu Neumann und Enderle setzten sich bis in die fünfziger Jahre fort, das Netzwerk des späteren gewerkschaftlichen Zehnerkreises im Deutschen Gewerkschaftsbund (DGB) ist ein Beispiel für ein Fortbestehen dieser Beziehungen.

Doch als Fazit der Organisationsbemühungen des 17-jährigen Exils kann gelten, was Rück selbstkritisch in dem Gedicht „Deutsche Emigranten" ausdrückte: „Wir haben uns gespalten/und spalten lustig weiter fort./Wo zwölf von uns sich halten,/sind zwölf Parteien schon am Ort."[213]

---

206 Vgl. Müssener 1974 (Anm. 12), S. 125
207 Tarnow schrieb einen ausgleichenden Artikel. Vgl. Mitteilungsblatt der Landesgruppe deutscher Gewerkschafter in Schweden, Jg. 3, H. 3 (März 1945)
208 Vgl. Müssener 1986 (Anm. 163), S. 13; Wolfgang Benz: Konzeptionen für die Nachkriegsdemokratie. Pläne und Überlegungen im Widerstand, im Exil und in der Besatzungszeit, in: Thomas Koebner/Gert Sauermeister/Sigrid Schneider (Hrsg.): Deutschland nach Hitler. Zukunftspläne im Exil, Opladen 1987, S. 210
209 Müssener 1974 (Anm. 12), S. 122
210 Vgl. Mitteilungsblatt der Landesgruppe deutscher Gewerkschafter in Schweden, Jg. 3, H. 13 (Dezember 1945)
211 Müssener 1986 (Anm. 163), S. 9
212 Vgl. Will Schaber: Profile der Zeit. Begegnungen in sechs Jahrzehnten, hrsg. von Manfred Bosch, Eggingen 1992, S. 84
213 Fritz Rück: Der Mensch ist frei, Stuttgart 1955, S. 26

7.9 Mit dem Blick nach Deutschland

Nur rund 30 % der deutschen Emigranten haben nach Schätzungen Müsseners Schweden nach 1945 wieder verlassen.[214] Diejenigen, die mit einem schwedischen Ehepartner zusammenlebten, kehrten in der Regel nicht nach Deutschland zurück.[215] Auch Rück hatte in Schweden durch Arbeit, Familie, Hausbesitz und Freunde Wurzeln geschlagen, eine starke Bindung an das Land war entstanden, dessen Staatsbürger er geworden war. Mit seinen journalistischen und schriftstellerischen Arbeiten und durch seine Vorträge beim gewerkschaftlichen Arbeiterbildungswerk Arbetarnas bildningsförbund (ABF) in Stockholm und in verschiedenen Provinzstädten war es ihm gelungen, Anerkennung zu finden.[216] Er hatte einen Lebensstandard erreicht, der in etwa dem entsprach, den er in Deutschland vor 1933 gehabt hatte.[217] Seine Bindung an die neue Heimat war so stark, dass ihm die Rückkehr in die „Unsicherheit einer Ruinenlandschaft"[218] wenig verlockend erschien. Er genoss das Gefühl, den schwedischen Pass in der Tasche zu haben, der ihm Sicherheit gab. Im Frühjahr 1948 flog Rück in die Schweiz, wo er sich mit Freunden und Auftraggebern für publizistische Arbeiten traf. In einem Züricher Hotel ließ er spät in der Nacht die letzten 15 Jahre an sich vorüberziehen und brachte handschriftlich seine Gedanken zu Papier. Zufriedenheit und bescheidener Stolz spricht aus den folgenden Zeilen:

> „So wurde ich schwedischer Bürger und es ist, offen gesprochen, ein angenehmes Gefühl, wieder einmal ein anständiges Papier in der Tasche zu haben und außerdem zu wissen, dass man in Schweden sich wirklich eine neue Heimat geschaffen hat. Man hat nicht nur einen neuen Pass, sondern ein kleines Häuschen in einem Vorort von Stockholm, man verdient, was man braucht und inzwischen etwas mehr – lange Jahre war es meistens weniger – in dem Häuschen sitzt eine Frau, [...] sie spricht vorläufig nur schwedisch und das tun auch die fünf Kinder, die dort und in der Umgebung herumspringen und den etwas unschwedisch klingenden Namen „Rück" tragen. Aber [...] da der Name seit einigen Jahren sowohl in den Buchläden Stockholms und in der Arbeiterpresse regelmäßig erscheint, verliert dieses Moment seine Bedeutung."[219]

---

214 Vgl. Müssener 1974 (Anm. 12), S. 99
215 Vgl. Einhart Lorenz: Arbeit und Lernprozesse linker deutscher Sozialisten im skandinavischen Exil, in: Ders. et al. 1998 (Anm. 7), S. 226
216 Vgl. Brief ABF vom 20.9.1947 an Fritz Rück, in: ARAB, NL Fritz Rück, Vol. 3, A. 1947 referierte Rück über deutsche Außenpolitik, sein Honorar betrug 60 Kronen.
217 Vgl. Brief Fritz Rück vom 31.5.1954 an das Landesamt für die Wiedergutmachung Stuttgart, in: StAL, EL 350 ES 14346
218 Einhart Lorenz: Die Remigration aus Skandinavien ins Nachkriegsdeutschland, in: Robert Bohn/Jürgen Elvert/Karl Christian Lammers (Hrsg.): Deutsch-skandinavische Beziehungen nach 1945 (Historische Mitteilungen im Auftrage der Ranke-Gesellschaft; Beiheft 31), Stuttgart 2000, S. 144
219 Fritz Rück: Züricher Spaziergänge, 13.3.1948, S. 10 f.

Rücks Mitstreiter Neumann entschied sich schon früh für eine Remigration und arbeitete für den Vorstand der SPD in Hannover, wo sich das Büro Dr. Kurt Schumacher zur Parteizentrale der SPD der Westzonen entwickelte. In seinen Rundbriefen an die Freunde in Schweden beschrieb Neumann die katastrophalen Lebensumstände in der britischen Zone. Seiner Meinung nach könne man in Deutschland nur überleben, wenn man keine Familie ernähren müsse und regelmäßig mit Hilfspaketen versorgt werde.[220]

Rück war also über die Situation in der westdeutschen SPD gut informiert, als im November 1947 eine 30 Mann starke Delegation mit Schumacher,[221] Ollenhauer und Franz Neumann nach Schweden reiste und von der deutschen Exilgruppe in Stockholm empfangen wurde. Übersetzer und Vermittler war Heinig. Rück hielt einen Vortrag über historische und außenpolitische Themen,[222] weitere Redner waren Szende und Otto Friedländer, der damals Landesvorsitzender der Vereinigung war.[223] Deutlich kritisierte Schumacher die Zustände in der Sowjetischen Besatzungszone (SBZ), Rück stimmte ihm zu. Auch er war der Meinung, dass die Sozialistische Einheitspartei Deutschlands (SED) ein von den Sowjets gelenktes Instrument war, unter dem Etikett des Sozialismus würden dort Knechtschaft und Völkerhass auferstehen.[224] Als Anfang 1949 in Ostberlin Briefmarken mit dem Bildnis von Liebknecht und Luxemburg herausgegeben wurden, stellte Rück fest, dass die Ostzone „himmelweit" entfernt sei von den alten spartakistischen Idealen. Um die beiden ermordeten Sozialisten habe sich ein „Wust von Legenden" gebildet, dies sei „blinde Heldenverehrung".[225]

Im Mai 1949 wurde in Bonn das Grundgesetz verkündet, die ersten Wahlen zum Deutschen Bundestag sollten im September stattfinden. Alfred Nau, Mitglied des Bundesvorstands der SPD wandte sich in einem Brief an Rück mit der Bitte, den bevorstehenden schwierigen Wahlkampf von Schweden aus mit Geld zu unterstützen.[226] Im August 1949 konnte Rück in einem Schreiben die Überweisung von 300 Kronen ankündigen, der ehemalige Skandinavienemigrant Siegfried Ortloff, inzwischen Mitglied im SPD-Vorstand, bedankte sich dafür im Namen des gesamten deutschen Parteivorstandes.[227] Seltsamerweise beschwerte sich Ortloff im Januar 1950 in einem Brief an den in Schweden lebenden Genossen Arthur Neidhart, dass Rück es versäumt habe, die 300 Kronen, die für den Wahlkampf der SPD in Deutschland gespendet worden waren,

---

220 Vgl. Briefe von Siggi Neumann vom 7.3. und 29.3.[1946] an Fritz Rück, in: ARAB, NL Fritz Rück, Vol. 3, N
221 Zu Schumachers Schwedenreise vgl. Merseburger 1995 (Anm. 33), S. 357
222 Vgl. Mitteilungsblatt des Landesvorstands der Vereinigung deutscher Sozialdemokraten in Schweden, Nr. 1, 2.1.1948
223 Friedländer (1897–1954) war linker Sozialdemokrat und von Beruf Journalist. Als er in Schweden starb, informierte Walter Pöppel Rück über seinen Tod und bat ihn darum, einen Nachruf für Friedländer zu schreiben. Vgl. Brief Walter Pöppel vom 5.2.1954 an Fritz Rück, in: ARAB, NL Fritz Rück, Vol. 3, P
224 Vgl. Mitteilungsblatt des Landesvorstands der Vereinigung deutscher Sozialdemokraten in Schweden, Nr. 1, 7.2.1949
225 Ebd.
226 Vgl. Brief Alfred Nau vom 11.5.1949 an Fritz Rück, in: ARAB, NL Fritz Rück, Vol. 3, S
227 Vgl. Brief Siegfried Ortloff vom 23.9.1949 an Fritz Rück, in: Ebd.

zu überweisen. Rück habe diese „Lotterwirtschaft" zu verantworten.[228] Unklar bleibt, wie es zu dieser Anschuldigung kam.

1949 ließ Rück sich in den Landesvorstand der Vereinigung deutscher Sozialdemokraten in Schweden wählen, sein Freund Pöppel wurde Kassierer[229] und war damit verantwortlich für die schwierigen Geldtransfers nach Deutschland.[230] Rück übernahm eine journalistische Aufgabe und redigierte das alle sechs Wochen erscheinende „Mitteilungsblatt". Im September 1949 kommentierte er dort die ersten Bundestagswahlen.[231] Mit dem von der SPD erreichten Wahlergebnis von 29,2 % war er zufrieden. Der SPD-Fraktion im ersten Bundestag gehörten sieben Skandinavien-Remigranten an, aber diese Tatsache erwähnte Rück nicht.

Es ist anzunehmen, dass Rück in Stockholm zum ersten Mal mit führenden Mitgliedern der kurz zuvor gegründeten westdeutschen Gewerkschaft IG Druck und Papier Kontakt aufnahm. Im Mai 1949 reisten die Vorsitzenden dieser Gewerkschaft Christian Fette und Hein (Heinrich) Hansen sowie Paul Döbbeling[232] nach Schweden, um dort vom 11.–13. Mai am Gründungskongress der Internationalen Graphischen Föderation (IGF) teilzunehmen.[233] Fette und Döbbeling wurden in die Fachgruppenvorstände der IGF gewählt. Rück war bei diesem Gründungskongress nicht anwesend, er studierte lediglich das Protokoll, später nahm er selbst an mehreren IGF-Kongressen teil.[234]

7.10 Denkanstöße des Exils

Am Ende seines Lebens, im Vorwort zu seiner Schrift „November 1918", stellte Rück fest: „Einen starken Einfluss auf meine Entwicklung übte die Beobachtung der schwedischen Praxis einer konsequenten Reformpolitik aus."[235] Er fühlte sich angezogen von diesem Land und seiner von Freiheit, Gerechtigkeit und Solidarität geprägten Kultur, dies verstärkte bei ihm den Prozess der Abwendung von seinen festgefahrenen dogmatischen Positionen. Immer wieder wies er in Artikeln und in Reden auf seine schwedischen Erfahrungen und Erkenntnisse hin. Schon 1937 schrieb er in einem unveröffentlichten Manuskript, dass Schweden „eine Straße allmählichen Aufstiegs zu besseren Lebensverhältnissen, zu sozialen Reformen und politischer Reife" gehe,

---

228 Vgl. Brief Siegfried Ortloff vom 11.1.1950 an Arthur Neidhardt, in: Ebd.
229 Vgl. Mitteilungsblatt des Landesvorstands der Vereinigung deutscher Sozialdemokraten in Schweden, Nr. 2, April 1949, in: ARAB, NL Fritz Rück, Vol. 2
230 15 % der Beitragssumme der schwedischen Exil-SPD musste nach Westdeutschland überwiesen werden. Vgl. Brief Siegfried Ortloff vom 11.1.1950 an Arthur Neidhardt, in: ARAB, NL Fritz Rück, Vol. 3
231 Fritz Rück: Nach den deutschen Wahlen, in: Mitteilungsblatt des Landesvorstands der Vereinigung deutscher Sozialdemokraten in Schweden, Nr. 3, September 1949, in: ARAB, NL Fritz Rück, Vol. 17
232 Er war Vorsteher des Gaus Württemberg-Baden der IG Druck und Papier.
233 Die IGF war eine allgrafische Internationale, der sich verschiedene nationale Verbände anschlossen.
234 Vgl. Industriegewerkschaft Druck und Papier: Protokoll über den zweiten ordentlichen Verbandstag im Gewerkschaftshaus in Hamburg vom 29. Juni bis 3. Juli 1952, Stuttgart o. J. [1952], S. 124
235 Fritz Rück: November 1918. Die Revolution in Württemberg, Stuttgart 1958, S. 4

eine katastrophale Zuspitzung von Gegensätzen sei dem Land erspart geblieben.[236] In einem Artikel in der *Stuttgarter Zeitung* unter der Überschrift „Volksgemeinschaft oder Klassenkampf. Die soziale Situation in Schweden" ging er noch weiter und formulierte seine Überzeugung von der Überholtheit der alten marxistischen Klassenkampftheorie.[237] In Schweden habe das Bürgertum begriffen, dass man die Gewerkschaften und ihre Vertreter ernst nehmen müsse, deshalb sei dort das Interesse an radikalen Lösungen abgeflaut.

Bei einem Deutschlandbesuch 1950 hatte Rück Kontakte zu dem Kreis um die neue Zeitschrift *Funken*, die in der jungen Bundesrepublik Denkanstöße für eine linkssozialistische Politik geben wollte.[238] Fritz Lamm, ehemaliges SAP-Mitglied und seit 1948 aus dem Exil nach Stuttgart zurückgekehrt,[239] beauftragte ihn 1950, für die *Funken* einen Aufsatz zu dem Thema „Reformismus und Radikalismus in der Arbeiterbewegung" zu schreiben.[240] Rück nahm die Gelegenheit wahr, seine neue in den Jahren des Exils entstandene Position zur Diskussion zu stellen. Er empfahl den deutschen Genossen einen „reformistischen Weg" zu gehen, dies müsse „zielbewusste Taktik" sein und nicht die „Kapitulationsstimmungen einer satt und müde gewordenen Führerschicht"[241] verhüllen. Durch den „Radikalismus alter Prägung" seien die Kommunisten zunehmend in Abhängigkeit zu den „taktischen Schachzügen" der russischen Politik geraten. Die SU war für Rück eine „Diktatur des Staatsapparats über alle soziale Klassen", sie bedeute eine „völlige Aushöhlung der Demokratie". Deshalb sei der reformistische Weg der „einzige, der die Demokratie und den Frieden retten und einen humanistischen Sozialismus" verwirklichen könne. Der Linkssozialist Lamm widersprach Rück im Februar 1951 in einem temperamentvollen *Funken*-Artikel.[242] Er empfahl ihm, nicht vom „friedlichen Hineinwachsen" in den Sozialismus zu träumen, denn die Arbeiterklasse in den skandinavischen Wohlfahrtsstaaten sei bereits in eine Art Dornröschenschlaf gefallen.[243]

Schließlich sei noch erwähnt, dass Rücks Einstellung gegenüber Frauen sich in Schweden geändert hatte. Er hatte dort erlebt, dass die Gleichberechtigung der Geschlechter eine Selbstverständlichkeit war.[244] Es war ihm aufgefallen, dass in Schweden das Kindergeld vierteljährlich an die Frauen ausbezahlt wurde, die dadurch einen größeren finanziellen Spielraum bekamen. Durch eigene berufliche Tätigkeit sei ihr Selbstbewusstsein gewachsen und sie beteiligten sich an politi-

---

236 Vgl. Fritz Rück, o. O. und o. J. [1937] (Typoskript), in: ARAB, NL Fritz Rück, Vol. 17
237 Vgl. *Stuttgarter Zeitung*, Jg. 6, 25.5.1950
238 Vgl. Karljo Kreter: Sozialisten in der Adenauer-Zeit. Die Zeitschrift „Funken". Von der heimatlosen Linken zu innerparteilichen Opposition in der SPD, Hamburg 1986, S. 69
239 Zu Lamms Rolle als Initiator der *Funken* vgl. Michael Benz: Der unbequeme Streiter Fritz Lamm. Jude, Linkssozialist, Emigrant 1911–1977, Essen 2007, S. 343 ff.
240 Vgl. *Funken*, Jg. 1, H. 5 (Oktober 1950), S. 6 f.
241 Ebd.
242 Vgl. *Funken*, Jg. 1, H. 9 (Februar 1951), S. 14 ff.
243 Zu der Auseinandersetzung zwischen Rück und Lamm vgl. Kreter 1986 (Anm. 238), S. 64 ff.
244 Vgl. Fritz Rück: Frauen in Schweden, o. O. und o. J. [1947] (Typoskript), in: ARAB, NL Fritz Rück, Vol. 17

schen, sozialen und kulturellen Diskussionen. Er stellte fest, dass für eine lebendige Demokratie „die tätige, mitwirkende und mitberatende Frau"[245] wichtig sei.

Trotz aller Zustimmung und Anerkennung war Rück kein unkritischer Schweden-Schwärmer. In unveröffentlichten Schriften beschrieb er die Schattenseiten des schwedischen Sozialstaates. Der Mittelstand sei „beherrscht von einem bedrückenden Gefühl der Langeweile", die Städte seien „aufgeblähte Dörfer mit Industrie".[246] Es gebe eine kulturelle Verflachung und eine gewisse Selbstzufriedenheit der Arbeiterbewegung, vorherrschend sei die Einstellung: „Wir haben es weit gebracht!" Eine nationale Abschließung sei die Folge, ebenso ein Nachlassen der internationalen Zusammenarbeit. In einem anderen Manuskript stellte er fest, dass es auch in Schweden Ausbeutung und hohe Profite gebe, das Land sei kein Paradies.[247]

Freundschaftliche Kontakte pflegte Rück in Schweden zu dem ehemaligen Spartakisten und Malervagabunden Hans Tombrock, dessen Lebenslauf gewisse Parallelen mit seiner eigenen Biografie aufweist.[248] Tombrocks Zeichnungen und Bilder wurden in Schweden auf Ausstellungen in Volkshäusern und anderen Lokalen der Arbeiterbewegung gezeigt.[249] Als Tombrock 1946 sein schwedisches Exil verließ und wieder nach Deutschland zurückkehrte, schickte Rück Pakete an den Not leidenden Maler, dafür erhielt er von ihm überschwänglichen Dank: „So ein Paket ist eine wirkliche Rettung aus der Not des trockenen Brotes und der schlechten Wassersuppe."[250]

Rücks Verbundenheit mit Schweden war auch nach seiner Remigration noch so groß, dass er 1957, sieben Jahre nach seiner Rückkehr nach Stuttgart, seinen gesamten Nachlass, der zahlreiche persönliche Dokumente und unveröffentlichte Manuskripte enthält, dem Arbetarrörelsens Arkiv (ARAB) in Stockholm überließ, sein Freund Tage Lindbom war damals Leiter des Archivs.[251]

7.11 Rückkehr

Zwei Wochen nach Kriegsende, am 25. Mai 1945, kritisierte Rück auf einer Sitzung der LG in Stockholm, dass es eine Tendenz gebe, sozialistische Flüchtlinge von Deutschland fernzuhalten, er war bereit, für das Recht der Emigranten auf Rückkehr zu kämpfen.[252] Es blieb ihm nicht verborgen, dass in der deutschen Bevölkerung massive Ressentiments gegenüber Emigranten vorhanden

---

245 Ebd.
246 Fritz Rück: In der Provinz, o. O. und o. J. (Typoskript), in: ARAB, NL Fritz Rück, Vol. 16
247 Vgl. Fritz Rück, o. O. und o. J. (Typoskript), in: ARAB, NL Fritz Rück, Vol. 17
248 Tombrock (1895–1966) war das 16. Kind einer Bergarbeiterfamilie. Er wurde 1919 als Spartakist verhaftet, lebte einige Jahre auf der Landstraße und begann im Gefängnis zu malen und zu zeichnen. Er hatte 1929 in Stuttgart eine Vagabundenkunst-Ausstellung organisiert. Vgl. Walter Fähnders/Henning Zimpel (Hrsg.): Die Epoche der Vagabunden. Texte und Bilder 1900–1945, Essen 2009, S. 295
249 Vgl. Rainer Noltenius (Hrsg.): Bertolt Brecht und Hans Tombrock. Eine Künstlerfreundschaft im skandinavischen Exil, Essen 2004, S. 127
250 Brief Hans Tombrock vom 8.12.1947 an Fritz Rück, in: ARAB, NL Fritz Rück, Vol. 3, S
251 Vgl. Brief ARAB vom 8.4.1957 an Fritz Rück, in: ARAB, NL Fritz Rück, Vol. 3, A
252 Vgl. Protokoll vom 25.5.1945 der LG, Ortsgruppe Stockholm, in: Landesgruppe deutscher Gewerkschafter in Schweden, in: ARAB, NL Fritz Rück, Vol. 2

waren, sogar bei Gewerkschaften und SPD bestand an einer Rückkehr linker Aktivisten in den ersten Nachkriegsjahren wenig Interesse.[253] Häufig wurde in der Öffentlichkeit Misstrauen geäußert gegenüber Remigranten, die „von den Logen und Parterreplätzen des Auslands der deutschen Tragödie" zugesehen hätten und erst wieder zurückkehrten, als die Gefahr vorüber war.[254] Bei dem Besuch Schumachers in Schweden 1947 brachten die Emigranten das Problem ihrer Heimkehr zur Sprache, der deutsche SPD-Vorsitzende reagierte zurückhaltend.[255] Die Besatzungsmächte erschwerten die Einreise nach Deutschland durch zahlreiche Einschränkungen und Auflagen.[256] Eine politische Unbedenklichkeitsbescheinigung musste vorgewiesen werden, eine tatsächliche oder vermeintliche Zusammenarbeit mit Kommunisten wirkte sich in den westlichen Besatzungszonen negativ aus. In Anspielung auf diese restriktive Politik der Siegermächte schrieb Rück 1948:

> „Es liegt einem richtigen Schwaben [...] nicht, den Hausknecht für fremde Herren zu spielen. Ich merke das aus vereinzelten Briefen früherer Freunde in Stuttgart, die mitten drin in dem ganzen Dreck stecken, ob mit oder ohne eigene Schuld will ich hier nicht erörtern. Aber in den Dreck hineinzusteigen, nachdem man sich unter dreizehn teilweise sehr schwierigen Emigrationsjahren eine Position geschaffen hatte – nein danke!"[257]

Erst als der beherrschende Einfluss der Besatzungsmächte nachgelassen hatte, wagte Rück mit seiner Familie einen Neuanfang in Stuttgart.[258]

Entscheidend für Rücks allmählich sich entwickelnde Bereitschaft zur Rückkehr waren mit Sicherheit die Einladungen und Aufforderungen früherer Freunde. Bei einem Deutschlandbesuch 1950 hatte er ein Treffen mit Neumann, der inzwischen zum Mitglied des Parteivorstands der SPD aufgestiegen und Leiter des Referats Betriebsgruppenarbeit geworden war.[259] Durch

---

253 Vgl. Jörg Wollenberg: Rückkehr unerwünscht, in: Matthias Brosch (Hrsg.): Exklusive Solidarität. Linker Antisemitismus in Deutschland, Berlin 2007, S. 267
254 Vgl. dazu: Daniela Münkel: „Alias Frahm" – Die Diffamierungskampagnen gegen Willy Brandt in der rechtsgerichteten Presse, in: Claus-Dieter Krohn/Axel Schildt (Hrsg.): Zwischen den Stühlen? Remigranten und Remigration in der deutschen Medienöffentlichkeit der Nachkriegszeit (Hamburger Beiträge zur Sozial- und Zeitgeschichte; Bd. 39), Hamburg 2002, S. 399 ff.; Hans-Georg Lehmann: Rückkehr nach Deutschland? Motive, Hindernisse und Wege von Remigranten, in: Claus-Dieter Krohn/Patrik von zur Mühlen: Rückkehr und Aufbau nach 1945. Deutsche Remigranten im öffentlichen Leben Nachkriegsdeutschlands, Marburg 1997, S. 52 f.
255 Vgl. Karl-Werner Schunck: Exil in Skandinavien: Martin Krebs (Demokratische Geschichte: Jahrbuch für Schleswig-Holstein/Gesellschaft für Politik und Bildung Schleswig-Holstein e. V.; Bd. 2), Kiel 1987, S. 330
256 Vgl. Marita Krauss: Heimkehr in ein fremdes Land. Geschichte der Remigration nach 1945, München 2001, S. 70
257 Fritz Rück: Züricher Spaziergänge, 13.3.1948, S. 9 f.
258 Seit 1949 konnten die deutschen Behörden eigenständig über die Einreise der Emigranten entscheiden. Die Datierung der Remigration Rücks auf das Jahr 1946 ist falsch. Vgl. Hermann Weber/Andreas Herbst: Deutsche Kommunisten. Biographisches Handbuch 1918 bis 1945, Berlin 2008², S. 755 f.
259 Vgl. Brief Siggi Neumann vom 14.3.1950 an Fritz Rück, in: ARAB, NL Fritz Rück, Vol. 3, S

7.11 Rückkehr

Briefe informierte er Rück über interne gewerkschaftliche Vorgänge.[260] Auch ehemalige Weggefährten nahmen Kontakt mit ihm auf, so beispielsweise der ehemalige SAP-Genosse Willy Sauter, der drei Jahre in Dachau inhaftiert war und nach dem Krieg bis 1950 Vorsitzender der SPD-Ortsgruppe Ulm war. Sauter hatte Artikel von Rück gelesen und fand sein Buch „Friede ohne Sicherheit" in einer amerikanischen Bibliothek.[261] Sein Jugendfreund Emil Birkert war seit März 1949 württembergischer Landesleiter des Touristenvereins „Die Naturfreunde". Er erinnerte ihn in seinen Briefen an die Erlebnisse ihrer Wanderschaft und an die Ereignisse der Revolution in Stuttgart. Dabei erwähnte er den Musikpavillon, von dem aus Rück im November 1918 zu den Massen gesprochen hatte. Erstaunlicherweise stand er noch, inmitten von Trümmern.[262]

Trotzdem brauchte Rück als Familienvater eine solide finanzielle Grundlage. In seinem Nachlass finden sich Hinweise auf verschiedene Reisen nach Deutschland und in die Schweiz, bei denen er versuchte, eine

Abb. 20: *Ehepaar Rück am Bahnhof (1950)*

Stelle als Journalist zu finden. 1948 bat er Gunnar Myrdal, ihm einen Arbeitsplatz bei der UNO in Genf zu vermitteln.[263] Myrdals ablehnende Antwort ist nicht überliefert. Ende 1946 verfasste Rück für einen amerikanischen Radiosender in Hamburg Beiträge über Schweden,[264] 1948 schrieb er für einen schweizerischen Radiosender ebenfalls Kurzberichte über sein skandinavisches Exilland.[265] Im April und Mai 1950 konnte er drei Leitartikel in der *Stuttgarter Zeitung* publizieren,

---

260 Brief Siggi Neumann vom 10.1.1951 an Fritz Rück, in: Ebd. Neumann redete vertraulich von dem „Alten in Düsseldorf", womit er den DGB-Vorsitzenden Hans Böckler meinte.
261 Vgl. Brief Willy Sauter vom 19.1.1949 an Fritz Rück, in: Ebd.
262 Vgl. Brief Emil Birkert vom 6.9.1946 an Fritz Rück, in: ARAB, NL Fritz Rück, Vol. 3, B
263 Vgl. Brief Fritz Rück vom 3.4.1948 an Gunnar Myrdal, in: ARAB, NL Gunnar Myrdal, Vol. 29
264 Vgl. Brief Broadcasting Section, ISC Branch, Zonal Executive Offices vom 3.12.1946 an Fritz Rück, in: ARAB, NL Fritz Rück, Vol. 3, B
265 Vgl. Brief Studio Radio Bern vom 3.11.1948 an Fritz Rück, in: ARAB, NL Fritz Rück, Vol. 3, S

doch daraus entwickelte sich keine feste Mitarbeit.[266] Auch dem Süddeutschen Rundfunk bot er 1950 an, als Schweden-Korrespondent zu arbeiten, die Absage war höflich, aber definitiv.[267] Auch zur Zusammenarbeit mit einer Gewerkschaft zeigte er Bereitschaft und verhandelte mit dem Vorstand der IG Metall über eine Tätigkeit als Gastlehrer an einer Gewerkschaftsschule.[268]

Schließlich erhielt Rück eine durch einen tragischen Unfall frei gewordene Stelle als Redakteur der Gewerkschaftszeitung *Druck und Papier*. Sein Vorgänger Willi Hilbig war im September 1950 nach dem Freiburger Verbandstag tödlich verunglückt,[269] der 45-Jährige stürzte in die Tiefe, weil der Fahrstuhl in seinem Hotel einen technischen Defekt hatte.[270] In der Stellenausschreibung in *Druck und Papier* wurden von dem neuen Redakteur „rednerische Befähigung" und „umfassende Kenntnisse"[271] in allen Gewerkschaftsfragen verlangt. Rück bewarb sich und auf einer Arbeitstagung des Zentralvorstands der IG Druck und Papier im November 1950 in Schmitten im Taunus wurde er einstimmig als Nachfolger Hilbigs gewählt.[272] Es dauerte noch einige Monate, bis auch seine Frau sich entschloss, mit vier Kindern nach Stuttgart zu kommen. Der jüngste Sohn Jan Otto musste in Schweden zurückbleiben, er wurde in einem Kinderheim betreut, – zweifellos eine bittere Entscheidung für die Eltern.[273] Die Einreise nach Deutschland im Februar 1951 verlief problemlos, Rück erhielt beim Büro der Alliierten Hochkommission in Stockholm ein Visum für sich und seine Angehörigen.[274] Vermutlich trug seine SPD-Mitgliedschaft dazu bei, das Prüfverfahren zu verkürzen.[275]

Rücks Schwager Janus blieb in Schweden, ebenso die Freunde Walter und Jenny Pöppel, sie übernahmen das Haus der Familie Rück in Älvsjö.[276]

266 Vgl. Brief Stuttgarter Zeitung vom 13.6.1950 an Fritz Rück, in: Ebd. Mit Sicherheit wurde dies unterstützt von Lamm, der damals als Redaktionssekretär bei der *Stuttgarter Zeitung* arbeitete. Vgl. Benz 2007 (Anm. 239), S. 269f.
267 Vgl. Brief Prager, Chef der Dramaturgie des Süddeutschen Rundfunks, vom 6.6.1950 an Fritz Rück, in: ARAB, NL Fritz Rück, Vol. 3, S
268 Vgl. Brief Alois Wöhrle/Vorstand der IGM vom 28.7.1950 an Fritz Rück, ARAB, Vol. 3, M. Im Oktober 1950 hielt sich Rück in Stuttgart auf, er wollte mit Dr. Schwarz (Hauptverwaltung der IG Metall) nach Düsseldorf fahren zur Besichtigung und Besprechung bei den Mannesmann-Röhrenwerken. Vgl. Brief Dr. Schwarz vom 20.10.1950 an Fritz Rück, in: Ebd.
269 Vgl. *Druck und Papier*, Jg. 2, Nr. 18, 15.9.1950, S. 289
270 Vgl. Christian Fette: Zehn Jahre Industriegewerkschaft Druck und Papier, hrsg. vom Zentralvorstand der Industriegewerkschaft Druck und Papier, Stuttgart 1959, S. 46
271 Stellenangebot in: *Druck und Papier*, Jg. 2, Nr. 19, 1.10.1950, S. 328
272 Vgl. *Druck und Papier*, Jg. 2, Nr. 22, 15.11.1950, S. 378
273 Vgl. Brief Städtisches Jugendamt Stockholm (Stockholms stads Barnavardsnämnd) vom 29.9.1952 an Fritz Rück, in: ARAB, NL Fritz Rück, Vol. 3, S
274 Vgl. Brief Allied High Commission Permit Office for Germany, Stockholm vom 16.2.1951 an Fritz Rück, in: ARAB, NL Fritz Rück, Vol. 3, A
275 Vgl. Lorenz 1997 (Anm. 27), S. 90; Krauss 2001 (Anm. 256), S. 72
276 Vgl. Brief Brief Walter Pöppel vom 2.10.1951 an Fritz Rück, in: ARAB, NL Fritz Rück, Vol. 3, P

8. Die fünfziger Jahre in Stuttgart

8.1 Politischer Gewerkschaftsfunktionär

8.1.1 Schwieriger Neubeginn

Rücks Freunde hatten Mühe, für ihn und seine Familie in der stark zerstörten Stadt Stuttgart eine Wohnung zu finden.[1] Ende 1950 bis Anfang 1951 wohnte Rück einige Monate bei Freunden im Stuttgarter Westen.[2] Als er endlich dem Landesamt für Wiedergutmachung nachweisen konnte, dass er 1933 in der Schweiz als politischer Flüchtling anerkannt worden war, erhielt er eine sogenannte Wohnungsbevorrechtigung.[3] Trotzdem musste die Familie 1951 nach der Übersiedlung nach Deutschland noch für ein paar Wochen ein Naturfreundehaus im Schwarzwald als Notquartier beziehen, bis endlich eine Wohnung in der Wilhelm-Blos-Straße 36 im Stuttgarter Norden gefunden war.[4] Auch die Suche nach einer Schule für die vier „Schwedenkinder", die noch kein Deutsch konnten, war schwierig. Schließlich wurden sie in die private Werkschule Merz aufgenommen, eine Klasse unter ihrem Alter. Die Töchter Birgitta und Mona besuchten später staatliche Schulen, die beiden Söhne die Waldorfschule.[5] Die Ausgaben für das Schulgeld belasteten das Familienbudget.[6] Der aus der Emigration zurückgekehrte Journalist Max Barth, der damals noch in Stuttgart wohnte, gab den Kindern in den ersten Monaten Nachhilfeunterricht in Deutsch.[7] Er stellte fest, dass besonders die beiden Jungen große Schwierigkeiten beim Sprachenlernen hatten.[8]

Zeitgenossen berichteten, dass in der Familie Rück schwedische Sitten und Gebräuche gepflegt wurden. Im Dezember wurde das Lucia-Fest gefeiert, dabei trug eine Tochter den Lichterkranz auf dem Kopf.[9] Britta Rück lebte sehr zurückgezogen, Besucher waren beeindruckt von dem großen Webstuhl, der in ihrem Zimmer stand. Von der sozialdemokratischen Frauengruppe

---

1 Vgl. Briefe Gerhard Korth (Landgerichtspräsident a. D.) vom 19.6.1951 und 27.6.1951 an Karl Haug, in: ARAB, NL Fritz Rück, Vol. 3
2 Im Oktober 1950 wohnte Rück in Stuttgart bei Familie Spandey in der Steinenhausenstraße 30. Vgl. Brief Siggi Neumann vom 15.10.1950 an Fritz Rück, in: ARAB, NL Fritz Rück, Vol. 3
3 Vgl. Brief Dr. Rosenthal vom 12.3.1951 an Fritz Rück, in: Ebd. In Württemberg-Baden gab es ein Landesgesetz zur Wiedergutmachung nationalsozialistischen Unrechts, das 1949 als Bundesrecht übernommen wurde.
4 Vgl. Interview der Verfasserin mit Mona Mayer am 16.8.1995 in Stockholm
5 Die älteste Tochter Birgitta ging Anfang 1956 wieder nach Schweden zurück, um dort das Abitur zu machen. Vgl. Brief Fritz Rück vom 3.2.1956 an Otto Osswald, in: ARAB, Vol. 3
6 Die Ausbildungskosten der Kinder betrugen im Jahr 1957 350 DM, dies war eine wichtige Begründung für Rücks Wiedergutmachungsanspruch. Vgl. Brief Fritz Helmstädter vom 17. 4 1957 an das Justizministerium Baden-Württemberg, in: StAL, EL 350 ES 14346, S. 1 f.
7 Die Lebenswege von Rück und Barth kreuzten sich an mehreren Punkten. Wie Rück hatte Barth 1932 in Stuttgart eine eigene kleine Zeitung gegründet, lebte seit 1940 im schwedischen Exil und kam 1950 nach Stuttgart zurück. 1952 zog er sich in seinen Geburtsort Waldkirch im Schwarzwald zurück, wo er in bescheidenen Verhältnissen lebte.
8 Vgl. Brief Max Barth vom 7.9.1951 an Fritz Rück, in: ARAB, NL Fritz Rück, Vol. 3, B
9 Vgl. Interview der Verfasserin mit Lilo Weindl am 18.2.1999 in Aachen

Abb. 21: *Gewerkschaftshaus in Stuttgart, Rücks Arbeitsplatz in der Roten Straße*

in Stuttgart-Nord wurde sie zur stellvertretenden Vorsitzenden gewählt.[10] Ihr Mann war stark eingespannt in seine Arbeit und hatte nur wenig Zeit für seine Familie.[11]

Rücks Arbeitsplatz in Stuttgart befand sich in dem von 1930–1933 erbauten Gewerkschaftshaus in der Roten Straße 2 A, heute zu finden an der Ecke zwischen Theodor-Heuss-Straße und Willi-Bleicher-Straße.[12] In dem großen Gebäude waren damals die Hauptvorstände von drei Einzelgewerkschaften untergebracht.[13]

---

10 Vgl. Hans-Ulrich Simon et al.: Hundert Jahre Norden. Die Geschichte des SPD- Ortsvereins Stuttgart-Nord 1890–1999, Stuttgart o. J. [1990], S. 82
11 Vgl. Interview der Verfasserin mit Fritz Henker am 26.10.1995 in Stuttgart
12 Vgl. Werner Skrentny/Rolf Schwenker/Sybille und Ulrich Weitz (Hrsg.): Stuttgart zu Fuß. 20 Stadtteil-Streifzüge durch Geschichte und Gegenwart, Tübingen 2005, S. 89
13 Es waren die Gewerkschaften Druck und Papier, Leder und Öffentliche Dienste, Transport und Verkehr. Vgl. DGB-Bundesvorstand (Hrsg.): Protokoll Gründungskongress des Deutschen Gewerkschaftsbundes, München, 12. bis 14. Oktober 1949, Düsseldorf 1949, S. 388 f.

8.1 Politischer Gewerkschaftsfunktionär

Im Januar 1951 stellte sich Rück den Lesern von *Druck und Papier* vor,[14] wobei er offensichtlich bemüht war, seiner Biografie eine gewerkschaftliche Kontinuität zu verleihen. Sein Engagement für Spartakusbund und KPD erwähnte er nicht. Er hob seine Mitarbeit an verschiedenen Gewerkschaftszeitungen hervor, beispielsweise seine kulturgeschichtlichen Beiträge in der Verbandszeitung des Typografenbundes *Das Schiff*, auch wenn er dort im Jahr 1925 nur zwei Artikel geschrieben hatte.[15] Unerwähnt ließ er seine KPD-Broschüren und die mehr als 40 Artikel in der *Roten Fahne*, dafür hätte ein großer Teil seiner Leserschaft kein Verständnis aufgebracht. Zum ersten Mal bezeichnete er sich an dieser Stelle als „Parlamentsberichterstatter".[16] Eine erstaunliche Aussage, wenn man weiß, dass Rück sich nie sonderlich für Parlamente interessierte! Er konnte nicht offen über seine Vergangenheit sprechen in einer Zeit, als man Kommunismus für schlimmer hielt als Pornografie. Der Begriff „Parlamentsberichterstatter" klingt neutral und unverfänglich. Auch Emil Birkert, der Rücks Lebenslauf genau kannte, machte 1959 in seinem Nachruf zum Tod des Freundes dieselbe schwammige Angabe.[17] Rück musste also der Tatsache Rechnung tragen, dass es nach 1945 in allen Gesellschaftsschichten Ressentiments gegen Kommunisten und Emigranten gab,[18] denen man Feigheit oder sogar Kollaboration mit dem Feind unterstellte.[19]

Als 1953 ein bundeseinheitliches Entschädigungsgesetz verabschiedet wurde, zögerte Rück fast ein Jahr, bevor er im Mai 1954 einen Wiedergutmachungsantrag schrieb.[20]

8.1.2 Westdeutsche Gewerkschaften nach Kriegsende

Nicht nur Rück, sondern mit ihm viele seiner Zeitgenossen glaubten, dass sich nach dem Zusammenbruch des NS-Regimes die Chance biete, die Wirtschafts- und Gesellschaftsordnung in Deutschland neu zu gestalten. Hans Böckler stellte auf einer Gewerkschaftskonferenz in Hannover 1946 fest: „Der Kapitalismus liegt in seinen letzten Zügen."[21] Millionen Deutsche traten in die Gewerkschaften ein, dort fanden sie Möglichkeiten der politischen Betätigung außerhalb der nicht sehr beliebten Parteien.[22] Die Besatzungsmächte lenkten den Gewerkschaftsaufbau,

---

14 Vgl. *Druck und Papier*, Jg. 3, Nr. 2, 15.1.1951, S. 25
15 *Das Schiff*, H. 8, August 1925, *Das Schiff*, H. 10, Oktober 1925
16 *Druck und Papier*, Jg. 3, Nr. 2, 15.1.1951, S. 25
17 Vgl. *Aufstieg*, Jg. 27, H. 12 (Dezember 1959), S. 236
18 Vgl. Marita Krauss: Die Rückkehr der „Hitlerfrischler". Die Rezeption von Exil und Remigration in Deutschland als Spiegel der gesellschaftlichen Entwicklung nach 1945, in: GWU, Jg. 48, H. 3, März 1997, S. 151 ff.
19 Vgl. Sven Papcke: Exil und Remigration als öffentliches Ärgernis. Zur Soziologie eines Tabus, in: Claus-Dieter Krohn et al. (Hrsg.): Exil und Remigration (Exilforschung; Bd. 9), München 1991, S. 11
20 Vgl. Brief Fritz Rück vom 31.5.1954, in: StAL, EL 350 ES 14364, S. 5. Rück schrieb nur, dass er durch die Emigration Ansprüche an die Angestelltenversicherung verloren habe.
21 Zit. nach: Ulrich Borsdorf: Hans Böckler. Arbeit und Leben eines Gewerkschafters von 1875 bis 1945 (Schriftenreihe der Hans-Böckler-Stiftung), Köln 1982, S. 337
22 Vgl. Theo Pirker: Die blinde Macht. Die Gewerkschaftsbewegung in Westdeutschland. Teil 1: 1945–1952. Vom „Ende des Kapitalismus" zur Zähmung der Gewerkschaften, München 1979, S. 55

1946 erließ der Alliierte Kontrollrat eine Direktive zur Gründung von Gewerkschaften nach dem einfachen Organisationsprinzip: ein Betrieb – eine Gewerkschaft.[23] Die zahlreichen Berufsverbände und weltanschaulichen Richtungsgewerkschaften der Zeit vor 1933 wurden durch Industrieverbände und Einheitsgewerkschaften ersetzt.[24] Der Zusammenschluss der Gewerkschaftsmitglieder in einen einheitlichen Dachverband über alle ideologischen und berufsspezifischen Grenzen hinweg gilt als ein „Markstein in der Entwicklung".[25] Eine Ausnahme waren die Angestellten, sie bildeten eine eigene Gewerkschaft, die Deutsche Angestellten-Gewerkschaft (DAG). Auch in der SBZ erfolgte der Aufbau der Gewerkschaften nach demselben Prinzip, doch die Gründung eines gesamtdeutschen Gewerkschaftsbundes über alle vier Zonengrenzen hinweg scheiterte.[26] Es ist anzunehmen, dass Rück den Zusammenschluss „seines" Buchdruckerverbandes – dem er seit 1913 angehörte – mit anderen grafischen Verbänden Westdeutschlands aufmerksam verfolgte. Die IG Druck und Papier wurde auf dem ersten Trizonalen Verbandstag in München vom 29. November bis 1. Dezember 1948 gegründet, sie sollte während der letzten neun Lebensjahre sein wichtigstes berufliches und politisches Tätigkeitsfeld werden.[27] Als erster Vorsitzender wurde Christian Fette gewählt, Hein Hansen wurde zweiter Vorsitzender. Beide waren derselbe Geburtsjahrgang wie Rück, sie hatten sich während der NS-Diktatur am gewerkschaftlichen Widerstand in Deutschland beteiligt.[28] Der fünfköpfige Zentralvorstand, dem Rück bis zu seinem Tod angehörte, hatte seinen Sitz in Stuttgart, die Geschäftsstelle befand sich seit Januar 1949 in der Roten Str. 2 A.[29] Laut Satzung war die oberste Instanz der IG Druck und Papier der Verbandstag (ab 1952 erhielt er die Bezeichnung Gewerkschaftstag), an zweiter Stelle standen Zentralvorstand und Zentralausschuss,[30] dann folgten die Gaue,[31] Bezirke und Ortsvereine.[32] Die Amtszeit des Redakteurs der Gewerkschaftszeitung *Druck und Papier* währte von einem ordentlichen Gewerkschaftstag zum nächsten, er musste sich alle zwei bzw. drei Jahre einer Wiederwahl stellen. Es war Ausdruck der traditionell hohen Wertschätzung der Arbeit des Chefredakteurs, dass er Mitglied

23 Vgl. ebd., S. 45; Klaus Schönhoven: Die deutschen Gewerkschaften, Frankfurt 1987, S. 204
24 Vgl. Siegfried Mielke: Die Neugründung der Gewerkschaften in den westlichen Besatzungszonen – 1945 bis 1949, in: Hans-Otto Hemmer/Kurt Thomas Schmitz (Hrsg.): Geschichte der Gewerkschaften in der Bundesrepublik Deutschland. Von den Anfängen bis heute, Köln 1990, S. 22
25 Pirker, Teil 1 1979 (Anm. 22), S. 48
26 Vgl. Schönhoven 1987 (Anm. 23), S. 200 f.
27 Vgl. Helga Zoller: Wachsen und Werden der Industriegewerkschaft Druck und Papier, in: Dies./Dieter Schuster (Red.): Aus Gestern und Heute wird Morgen. Ans Werk – der Weg ist noch weit, aber er lohnt sich, hrsg. von der Industriegewerkschaft Medien, Druck und Papier, Publizistik und Kunst aus Anlaß ihres 125jährigen Bestehens, Stuttgart 1992, S. 159
28 Hein Hansen (1895–1971) war vier Jahre in KZ-Haft.
29 Vgl. Zoller 1992 (Anm. 27), S. 165. In den Protokollen des Zentralvorstands wurden lediglich Beschlüsse festgehalten. Vgl. schriftliche Mitteilung Rüdiger Zimmermann vom 18.10.2012 an die Verfasserin
30 Der Zentralausschuss sollte die Tätigkeit des Zentralvorstands überwachen.
31 Bei Gründung gehörten acht Gaue zur IG Druck und Papier: Bayern, Hessen, Niedersachsen, Nordmark, NRW, Rheinland-Pfalz, Südbaden und Württemberg-Baden
32 Die IG Druck und Papier verabschiedete ihre Satzung auf dem 1. Verbandstag in Freiburg im September 1950. Vgl. http://library.fes.de/prodok/fa 97–00826.pdf, download am 6.2.2012

8.1 Politischer Gewerkschaftsfunktionär

des Zentralvorstands wurde und damit einen Platz im Machtzentrum der Gewerkschaft erhielt.[33] Am 4. Februar 1949 erschien die erste Nummer des Zentralorgans *Druck und Papier* mit einer monatlichen Auflage von 50.000 Stück, ab 1950 wurde das Blatt vierzehntägig herausgegeben. Nicht einmal jedes zweite Mitglied konnte in den Anfangsjahren diese auf schlechtem Papier gedruckte Zeitung erhalten, der Vorstand bat um Weitergabe der gelesenen Blätter.

Im Oktober 1949, kurz nach der ersten Bundestagswahl, konstituierte sich ebenfalls in München der Deutsche Gewerkschaftsbund (DGB) als Dachverband der 16 Einzel- und Industriegewerkschaften.[34] Er hatte im Jahr seiner Gründung über 4,9 Millionen Mitglieder, die sehr ungleich auf die 16 Einzelgewerkschaften verteilt waren. Die IG Druck und Papier mit ihren damals 114.400 Mitgliedern gehörte zu den kleineren DGB-Gewerkschaften und umfasste nur 2,3 % der Gesamtmitgliedschaft.[35] Das Münchner Grundsatzprogramm enthielt Forderungen, die auf eine grundsätzliche Neuordnung der Wirtschaft zielten: Überführung der Schlüsselindustrien in Gemeineigentum, eine zentrale volkswirtschaftliche Planung, Gleichberechtigung von Arbeit und Kapital und Mitbestimmungsrechte der Gewerkschaften.[36] Mit knapper Mehrheit entschieden sich die Delegierten für die Stadt Düsseldorf als Sitz des DGB, der erfahrene und beliebte Böckler wurde zum Vorsitzenden gewählt. Höchstes Organ war der alle zwei bzw. drei Jahre einberufene Bundeskongress, die Geschäfte zwischen den Kongressen führte der Bundesvorstand. Vierteljährlich tagte der Bundesausschuss, meist in Düsseldorf, an den Sitzungen dieses Gremiums nahm Rück seit 1952 teil.

Die ältere Garde der Gewerkschafter war eng mit der SPD verbunden.[37] Auch Remigranten bekleideten Führungspositionen im DGB, doch ihr Einfluss war begrenzt.[38] Rücks acht Jahre älterer Freund August Enderle wurde Chefredakteur der DGB-Funktionärszeitschrift *Die Quelle* und übernahm 1951 die Leitung der Berufsgruppe der Journalisten und Schriftsteller, die in jenem Jahr aus der Gewerkschaft Kunst zur IG Druck und Papier überwechselte.[39]

Die IG Druck und Papier war in fünf Berufsgruppen gegliedert: Buchdruck und Schriftgießerei; Chemigrafie, Flachdruck und übrige Bildherstellung; Buchbinderei und Papierverarbeitung;

---

33 Vgl. § 18 der Satzung der IG Druck und Papier 1950, in: Ebd., S. 16. Diese Bestimmung war eine Besonderheit der IG Druck und Papier. Vgl. schriftliche Mitteilung Rüdiger Zimmermann vom 11.5.2012 an die Verfasserin
34 Vgl. Werner Müller: Die Gründung des DGB, der Kampf um die Mitbestimmung, programmatisches Scheitern und der Übergang zum gewerkschaftlichen Pragmatismus, in: Hemmer/Schmitz 1990 (Anm. 24), S. 90
35 Vgl. Protokoll Gründungskongress 1949 (Anm. 13), S. 281
36 Vgl. ebd., S. 320 ff.; Heinrich Potthoff: Gewerkschaften in den Nachkriegszeiten, in: Lernen aus dem Krieg? Deutsche Nachkriegszeiten 1918 und 1945 (Beiträge zur Friedensforschung, hrsg. von Gottfried Niedhart und Dieter Riesenberger), München 1992, S. 136
37 Vgl. Pirker, Teil 1 1979 (Anm. 22), S. 214
38 Außer Rück gehörten dazu die Remigranten Walter Fabian, Werner Hansen, Hans Jahn, Adolf Ludwig und Ludwig Rosenberg. Vgl. Hans-Georg Lehmann: In Acht und Bann. Politische Emigration, NS-Ausbürgerung und Wiedergutmachung am Beispiel Willy Brandts, München 1976, S. 173
39 Vgl. *Druck und Papier*, Jg. 3, Nr. 6, 15.3.1951, S. 83

grafische Hilfsarbeiter und Hilfsarbeiterinnen und schließlich die Angestellten.[40] Unermüdlich kämpfte Rück in seinen Artikeln gegen wieder auflebende separatistische Bestrebungen von Beschäftigten der grafischen Gewerbe und gegen die Rückkehr zum alten Berufsverbandsprinzip. Der traditionsreiche Deutsche Senefelderbund (DSB) versuchte 1952 eine Neugründung als Organisation der Lithografen und begann eine eigenständige Tarifpolitik.[41] Erst Jahre später begab sich der DSB wieder unter das Dach der IG Druck und Papier.[42] Rück bezeichnete den Senefelderbund als „Splitterorganisation", als Relikt der alten Berufsverbände vor 1933.[43] Die gewerkschaftliche Einheit war ihm wichtig, häufig klagte er über Schwierigkeiten mit den Angestellten, die vorwiegend in der DAG und nur zu einem geringen Teil im DGB organisiert waren.[44] Beim Zeitungsstreik von 1952 hatte seiner Meinung nach die Streikbrechertätigkeit der Senefelder[45] und die Passivität der Angestellten die Schlagkraft der Gewerkschaften eingeschränkt.[46] Die DAG bezeichnete er als eine „ziemlich demagogische Konkurrenzorganisation".[47]

8.1.3 Sozialist trotz Antikommunismus

Als Rück im Januar 1951 seine Tätigkeit als Redakteur in Stuttgart begann, beschleunigte der Korea-Boom die konjunkturelle Entwicklung, die Arbeitslosigkeit sank kontinuierlich. Sozialistische Kritiker der Wirtschaftsordnung wurden angesichts der guten Wirtschaftsdaten unglaubwürdig, zudem hatten die Verhältnisse in der DDR keinerlei Anziehungskraft. In der erstarrenden Frontstellung des Kalten Krieges war jegliche Gesellschaftskritik dem Verdacht ausgesetzt, dem Ostblock in die Hände zu spielen.[48] Die KPD verkümmerte schon bald zu einer „politischen Sekte".[49] Sozialistisches Denken verschwand fast ganz aus der Öffentlichkeit und wurde zuneh-

---

40 Vgl. Christian Fette: Zehn Jahre Industriegewerkschaft Druck und Papier, hrg. vom Zentralvorstand der Industriegewerkschaft Druck und Papier, Stuttgart 1959, S. 40
41 Alois Senefelder (1771–1834) ist der Erfinder der Lithografie. Der Senefelderbund wurde 1873 gegründet und existierte bis 1933. Vgl. Gerhard Beier: Schwarze Kunst und Klassenkampf, Bd. 1: Vom Geheimbund zum königlich-preußischen Gewerkverein (1830–1890), Frankfurt/Wien/Zürich 1966, S. 78 f. und S. 445
42 Zu der erfolglosen Tarifpolitik des DSB vgl. Reiner Kalbitz: Gewerkschaftliche Tarifpolitik in den Jahren des Wirtschaftswunders, in: Hemmer/Schmitz 1990 (Anm. 24), S. 243 und Zoller 1992 (Anm. 27), S. 169
43 Vgl. *Druck und Papier*, Jg. 7, Nr. 2, 15.1.1955, S. 25
44 Vgl. Industriegewerkschaft Druck und Papier: Protokoll über den zweiten ordentlichen Verbandstag im Gewerkschaftshaus in Hamburg vom 29. Juni bis 3. Juli 1952, Stuttgart o.J. [1952], S. 178
45 Vgl. *Druck und Papier*, Jg. 4/Sondernummer, 12.12.1952, S. 467
46 Vgl. DGB-Bundesvorstand (Hrsg.): Protokoll des Vierten Ordentlichen Bundeskongresses Hamburg 1956, Düsseldorf 1956, S. 561
47 Ebd., S. 560
48 Vgl. Jürgen Seifert: Sozialistische Demokratie als „schmaler Weg". Kooperation in der Redaktion der Zeitschrift „Sozialistische Politik" (1955–1961), in: Ders./Heinz Thörmer/Klaus Wettig (Hrsg.): Soziale oder sozialistische Demokratie? Beiträge zur Geschichte der Linken in der Bundesrepublik. Freundesgabe für Peter von Oertzen zum 65. Geburtstag, Marburg 1989, S. 25
49 Gregor Kritidis: Linkssozialistische Opposition in der Ära Adenauer. Ein Beitrag zur Frühgeschichte der Bundesrepublik Deutschland, Hannover 2008, S. 34

8.1 Politischer Gewerkschaftsfunktionär

mend kriminalisiert.[50] Auch prominente Gewerkschaftsführer betonten immer wieder ihre prinzipiell antikommunistische Einstellung.[51] Dass die Bedingungen für eine Verwirklichung des Sozialismus sich total gewandelt hatten, formulierte Rück auf dem Dritten DGB-Bundeskongress 1954 in Frankfurt:

> „Als wir früher von ‚Aktionen', Aufrollen der Macht, sprachen, da haben wir oft an eine revolutionäre Taktik gedacht und geglaubt. Daß wir heute für ein Land wie die Bundesrepublik Deutschland eine revolutionäre Taktik nicht einschlagen und befürworten können, das liegt an zwei historischen Ereignissen: Einmal an der Entwicklung, die die russische Revolution genommen hat; denn was sich dort unter dem Begriff ‚Sozialismus' herausgebildet hat, das ist nicht das, was wir wollen und wünschen. Das zweite ist, daß die Entwicklung des Kapitalismus im Westen durch die ungeheure Produktivität [...] die Möglichkeit geschaffen hat, auf dem Kompromißweg eine Lösung der sozialen Frage durchzusetzen."[52]

Obwohl Rück die „Wir"-Form verwendete, kann dies als Beschreibung seiner eigenen politischen Entwicklung verstanden werden. Seine marxistische Grundeinstellung war geblieben und er verleugnete sie auch vor großem Publikum nicht, häufig zitierte er zustimmend die Grundprinzipien der Klassiker Marx und Engels.[53] Offen kritisierte er, dass die „Unternehmerinteressen die Politik der Regierung in jeder Frage bestimmen".[54] Besonders die Freie Demokratische Partei (FDP) betrachtete Rück als verlängerten Arm der Unternehmer, der Liberalismus sei in Deutschland schon mit „Knochenerweichung" auf die Welt gekommen.[55] Er bestritt nicht die guten Wirtschaftsdaten, aber er warnte vor einer „scheinheiligen Glorifizierung des Wirtschaftswunders."[56]

Eine Zusammenarbeit mit anderen Linkssozialisten innerhalb des DGB schien Rück nicht wichtig gewesen zu sein, dies zeigte sein Verhalten gegenüber dem bis 1955 einflussreichen linken Wirtschaftstheoretiker Victor Agartz. Dieser war von Böckler und auch von Kurt Schumacher gefördert worden und hatte bei der Ausformulierung der sozialistischen Zielsetzungen des Münchner DGB-Programms eine wichtige Rolle gespielt.[57] Er galt als programmatischer Vordenker der Gewerkschaften und leitete seit 1948 das Wirtschaftswissenschaftliche Institut des

---

50 Vgl. Richard Heigl: Oppositionspolitik. Wolfgang Abendroth und die Entstehung der Neuen Linken (1950–1968), Hamburg 2008, S. 68
51 Vgl. Helga Grebing: Gewerkschaften: Bewegung oder Dienstleistungsorganisation – 1955 bis 1965, in: Hemmer/Schmitz 1990 (Anm. 24), S. 156
52 DGB-Bundesvorstand (Hrsg.): Protokoll des Dritten Ordentlichen Bundeskongresses Frankfurt a. M. 1954, Düsseldorf 1954, S. 479
53 Vgl. *Druck und Papier*, Jg. 7, Nr. 1, 1.1.1955, S. 11
54 *Druck und Papier*, Jg. 4, Nr. 15, 1.8.1952, S. 281
55 Vgl. *Druck und Papier*, Jg. 3, Nr. 19, 1.10.1951, S. 297 f. und *Druck und Papier*, Jg. 4, Nr. 12, 15.6.1952, S. 225
56 *Druck und Papier*, Jg. 10, Nr. 1, 1.1.1958, S. 4
57 Vgl. Josef Kaiser: Der Deutsche Gewerkschaftsbund 1949 bis 1956 (Quellen zur Geschichte der deutschen Gewerkschaftsbewegung im 20. Jahrhundert; Bd. 11), Köln 1996, S. XXXVII

DGB (WWI). Die Rede von Agartz auf dem DGB-Kongress 1951 in Essen bezeichnete Rück in einem Leitartikel in *Druck und Papier* als „reichlich akademisch".[58] Starke Vorbehalte hatte er gegenüber der von Agartz entwickelten Theorie der „expansiven Lohnpolitik", mit der die Unternehmer zu verstärkten Rationalisierungsbemühungen gezwungen werden sollten.[59] Rück widersprach Agartz, er war der Meinung, dass Lohnpolitik allein nicht genüge, er empfahl stattdessen, „das System Erhard" durch eine „gelenkte Wirtschaft" abzulösen.[60] Auf dem Frankfurter DGB-Kongress 1954 hielt Agartz eine dreistündige klassenkämpferische Rede und erhielt großen Beifall.[61] Rück ließ sich von dieser Begeisterung nicht mitreißen, Agartz war ihm zu gemäßigt:

> „An unserem Aktionsprogramm und an den Ausführungen des Kollegen Agartz fehlte gewissermaßen die letzte Folgerung. Wir müssen den Kampf um eine andere Machtverteilung an den politisch entscheidenden Kommandostellen der Bundesrepublik aufnehmen und durchführen. [...] In anderen Ländern ist man sich über diese Frage ziemlich klar; dort weiß man, dass, wenn die Gewerkschaften Programme aufstellen, dies zugleich Regierungsprogramme sein müssen."[62]

Rück hatte für die Bundesrepublik Deutschland (BRD) die Vision einer „Arbeiterregierung", die – ähnlich wie in Schweden – die politische Macht übernimmt und die Interessen der Gewerkschaften durchsetzt.[63]

Als Marxist war Agartz besonders für katholische Gewerkschaftsmitglieder ein Ärgernis, sie drohten dem DGB mit Abspaltung.[64] Ein Jahr nach seiner Frankfurter Rede wurde Agartz vom DGB als Leiter des WWI entlassen, eine bis heute unaufgeklärte Briefaffäre brachte ihn zu Fall.[65] Diese Entscheidung war innerhalb der Gewerkschaften umstritten, doch Rück hielt sich zurück. In *Druck und Papier* machte er der Gewerkschaftsführung lediglich den Vorwurf, einen „Mangel an Fingerspitzengefühl" gezeigt zu haben und die Entlassung dieses offensiv auftretenden Gewerkschaftsintellektuellen „mit den Methoden eines beamtenrechtlichen Disziplinarverfahrens" gelöst zu haben, dies habe die „Unzulänglichkeit der jetzigen Führung des DGB"[66] ins Licht der Öffentlichkeit gebracht. Ein Jahr später bedauerte Rück das Ausscheiden von Agartz, doch er

---

58   *Druck und Papier*, Jg. 3, Nr. 14, 15.7.1951, S. 217. Auch von anderen Gewerkschaftern wurde Agartz als „Intellektueller" abgelehnt. Vgl. Klaus Kempter: Eugen Loderer und die IG Metall. Biografie eines Gewerkschafters, Filderstadt 2003, S. 18
59   Vgl. Hans Willi Weinzen: Gewerkschaften und Sozialismus. Naphtalis Wirtschaftsdemokratie und Agartz' Wirtschaftsneuordnung, Frankfurt/New York 1982, S. 221
60   Vgl. *Druck und Papier*, Jg. 3, Nr. 14, 15.7.1951, S. 218
61   Vgl. Theo Pirker: Die blinde Macht. Die Gewerkschaftsbewegung in Westdeutschland. Teil 2: 1953–1960. Weg und Rolle der Gewerkschaften im neuen Kapitalismus, Berlin 1979, S. 137 ff.
62   Redebeitrag Rücks, in: Protokoll Bundeskongress 1954 (Anm. 52), S. 480
63   Vgl. Protokoll Bundeskongress 1956 (Anm. 46), S. 425
64   Vgl. Weinzen 1982 (Anm. 59), S. 164
65   Vgl. Kritidis 2008 (Anm. 49), S. 361
66   *Druck und Papier*, Jg. 7, Nr. 21, 1.11.1955, S. 402

8.1 Politischer Gewerkschaftsfunktionär

Abb. 22 (oben): *Delegation der IG Druck und Papier auf dem 3. DGB-Bundeskongress in Frankfurt (1954), Rück ist 4. v. r.*
Abb. 23 (unten): *Rück auf dem DGB-Kongress (1954), vorne 1. v. r. (neben Hein Hansen)*

fügte hinzu, dass dieser selbst dem Bundesvorstand seine „Ausmusterung"[67] erleichtert habe. 1957 wurde Agartz wegen angeblich hochverräterischer Kontakte zu Funktionären des Freien Deutschen Gewerkschaftsbundes der DDR (FDGB) verhaftet und angeklagt, dann aus Beweismangel freigesprochen. Über diesen Prozess äußerte Rück sich in *Druck und Papier* nicht.

Auch auf das vom Bundesverfassungsgericht ausgesprochene KPD-Verbot vom 17. August 1956 und die darauf folgenden Razzien, Beschlagnahmungen und Verhaftungen von Kommunisten reagierte Rück nicht.[68] Eine Mehrheit der Westdeutschen akzeptierte das KPD-Verbot.[69] Auch der DGB befürwortete dieses und unterließ es, für seine kommunistischen Mitglieder einzutreten. Im September 1956 erschien in *Druck und Papier* ein Artikel von Heinz Esslinger, Redakteur der Gewerkschaftszeitung der IG Textil und Bekleidung, in dem er das Verbot deutlich als eine „beachtliche Fehlentscheidung" bezeichnete.[70] Seine Argumente waren klassisch liberal: Weltanschauungen könne man nicht verbieten, Kommunisten würden in den Untergrund getrieben, man verteidige die Demokratie mit den Mitteln, die schon die Nazis angewendet hätten, die KPD mit ihrer „lächerlich geringen Stärke" sei keine Gefahr für den Bestand der Bundesrepublik.[71] Diese Argumente könnten auch der Haltung von Rück entsprochen haben, aber er war vorsichtig und zog es vor, den Artikel eines Redakteur-Kollegen abzudrucken.

Zur „Verteidigung" seiner marxistischen Weltanschauung machte Rück den Versuch, den Stalinismus für die negativen Aspekte des Parteikommunismus sowjetischer Prägung verantwortlich zu machen. Als Barth 1952 in einem Artikel in *Druck und Papier* feststellte, dass die SU auf dem Weg zur „Faschisierung" sei,[72] widersprach Rück dieser Aussage in der nächsten Nummer. Es gebe Berührungspunkte zwischen Stalinismus und Faschismus, die Unterschiede jedoch seien entscheidend:

> „Die Sowjetunion kann sich mit oder ohne dramatische Szenenveränderungen zu neuen Formen und neuen Inhalten entwickeln, in die das Ergebnis der großen revolutionären Umwälzung eingehen kann – Stalins Herrschaft und die Diktatur des Politbüros sind nicht das Wesentliche an ihr."[73]

Die Oktoberrevolution betrachtete er immer noch als Zeitenwende, ohne Stalin wäre der sowjetische Kommunismus zweifellos ein besserer Kommunismus. Im Jahr 1958, zwei Jahre nach den

---

67 *Druck und Papier*, Jg. 8, Nr. 19, 1.10.1956, S. 367
68 Vgl. Jens Ulrich Klocksin: Kommunisten im Parlament. Die KPD in Regierungen und Parlamenten der westdeutschen Besatzungszonen und der Bundesrepublik Deutschland (1945–1956), Bonn 1994², S. 309
69 Vgl. Josef Foschepoth: Rolle und Bedeutung der KPD im deutsch-deutschen Systemkonflikt, in: ZfG, Jg. 56 (2008), H. 11, S. 900
70 *Druck und Papier*, Jg. 8, Nr. 17, 1.9.1956, S. 326
71 Bereits seit 1951 war die politische Arbeit der KPD durch ein Strafrechtsänderungsgesetz illegalisiert worden. Vgl. Klocksin 1994 (Anm. 68), S. 271 ff.
72 *Druck und Papier*, Jg. 4, Nr. 15, 1.8.1952, S. 298
73 *Druck und Papier*, Jg. 4, Nr. 16, 15.8.1952, S. 313

8.1 Politischer Gewerkschaftsfunktionär

Entstalinisierungsbemühungen Chruschtschows, war Rücks Einschätzung realistischer geworden:

> „Mit seinem neuen Siebenjahresplan will Chruschtschow alles, was früher geschaffen wurde, übergipfeln. Diese Sucht zum Gigantischen war schon immer ein schwacher Punkt des Systems, das wie gewöhnlich dazu zwang, die Arbeitsleistungen zu steigern, die Kritik mundtot zu halten, den Terror im Innern zu verstärken und gleichzeitig nach außen als starke Kraft aufzutreten."[74]

So musste Rück Stück für Stück seine großen Erwartungen und Hoffnungen korrigieren, doch bis zu seinem Tod hielt er an der Überzeugung fest, dass die SU die Kraft aufbringen werde, die Tradition des Stalinismus auszumerzen.[75]

Auf persönlicher Ebene gab es noch Verbindungen zu Weggefährten und Freunden aus der kommunistischen Zeit. Dies beweist ein Briefwechsel aus den vierziger und fünfziger Jahren mit der linken antistalinistischen KPD-Vorsitzenden Ruth Fischer,[76] die ihn in Stuttgart besuchte, die Begegnung fand im Juni 1956 in der Wohnung von Fritz Lamm statt.[77] Die ehemalige Spartakistin Rosi Frölich bat Rück, einen Artikel über den spanischen Cellisten Pablo Casals zu schreiben, sie berief sich auf ihre „uralte Bekanntschaft".[78] Zu den Weggefährten, die sich für ein Leben in der DDR entschieden hatten wie Jacob Walcher und Albert Schreiner, war die Verbindung abgebrochen.

8.1.4 Druckerstreiks und Betriebsverfassungsgesetz

Nach dem Scheitern der Sozialisierungspläne rückte die Forderung nach Mitbestimmung in den Vordergrund der Gewerkschaftsarbeit.[79] Als Rück im Januar 1951 sein Amt als Gewerkschaftsredakteur in Stuttgart antrat, setzte sich der DGB unter der Führung des auch von Rück geschätzten Böckler dafür ein, die von der britischen Militärregierung 1947 verfügte paritätische Mitbestimmung in der Montanindustrie zu verteidigen und auf andere Wirtschaftszweige auszudehnen. Nach Androhung gewerkschaftlicher Kampfmaßnahmen und nach dramatischen Verhandlungen zwischen Adenauer und Böckler im Januar 1951 konnten die Gewerkschaften zwar die Mitbestim-

---

74 *Druck und Papier*, Jg. 10, Nr. 23, 1.12.1958, S. 426
75 Vgl. *Druck und Papier*, Jg. 11, Nr. 20, 15.10.1959, S. 385
76 Vgl. Briefe Ruth Fischer vom 22.10.1949 und 17.7.1957 an Fritz Rück, in: ARAB, NL Fritz Rück, Vol. 3, F
77 Vgl. Michael Benz: Der unbequeme Streiter Fritz Lamm. Jude, Linkssozialist, Emigrant 1911–1977, Essen 2007, S. 376. Der sozialistische Gewerkschafter und Naturfreund Lamm (1911–1977) wohnte in der Weißenhofsiedlung in Stuttgart.
78 Brief Rosi Frölich vom 21.11.1956 an Fritz Rück, in: ARAB, NL Fritz Rück, Vol. 3, H
79 Vgl. Potthoff 1992 (Anm. 36), S. 136

mung im Montanbereich verteidigen, doch die weiter gesteckten Ziele wurden nicht erreicht.[80] Nach dem Tod Böcklers wurde Fette, der Vorsitzende der IG Druck und Papier, auf dem außerordentlichen DGB-Kongress in Essen im Juni 1951 zum neuen Vorsitzenden gewählt.

Rück unterstützte den Kampf der Gewerkschaften um Mitbestimmung, denn sie sei „Konsequenz der Erfahrungen, die von deutschen Gewerkschaften in den 34 Jahren seit dem November 1918 gesammelt wurden."[81] Rück sah die Gefahr einer langsam erstarkenden Restauration im westdeutschen Teilstaat.[82] Im Frühjahr 1952 plante die Adenauer-Regierung ein neues Betriebsverfassungsgesetz (BVG), es kam zu einer breiten vom DGB initiierten Protestwelle. Doch der christliche Flügel des DGB lehnte einen Angriff auf die von der CDU/CSU mitgetragene Bundesregierung ab und drohte mit Abspaltung.[83] Im Bürgertum war das Streikrecht damals juristisch umstritten, es galt als Nötigung des aus demokratischen Wahlen hervorgegangenen Parlaments.[84] Rück setzte sich vehement dagegen zur Wehr, dass man den Gewerkschaften einen „totalen Führungsanspruch" unterstellte.[85]

Die IG Druck und Papier, deren Mitgliedschaft als diszipliniert galt, wurde von der DGB-Leitung unter Fette dazu ausersehen, die Zeitungsverlage und -druckereien im ganzen Bundesgebiet am 28. und 29. Mai 1952 zu bestreiken.[86] Zwei Tage lang erschienen – mit wenigen Ausnahmen – keine Zeitungen.[87] Es war einer der wenigen Streiks der Bundesrepublik, der nicht auf Einkommensverbesserungen abzielte, sondern politischen Druck auf Regierung und Parlament ausüben sollte, er war ein eindrucksvoller Höhepunkt der Protestaktionen gegen das BVG.[88] Am 31. Mai dankte Rück in *Druck und Papier* den „Kollegen" für die disziplinierte Durchführung des Streiks.[89] Am 15. Juni wies er energisch die Versuche der Zeitungsverleger zurück, den Streik für ungesetzlich erklären zu lassen und Schadensersatzansprüche zu stellen.[90] Aber er kritisierte auch die KPD-Anhänger, die eigenmächtig Flugblätter an die Streikenden verteilt hatten und betonte, dass die Streikleitung die „feurigen Sympathietelegramme aus der Ostzone"[91] nicht beantworte.

---

80 Vgl. Schönhoven 1987 (Anm. 23), S. 214; Adolf Brock: Hauptphasen der Gewerkschaftspolitik nach 1945, in: Ders. (Hrsg.): Gewerkschaften am Kreuzweg. Ausgewählte Beiträge aus den „Arbeitsheften der Sozialwissenschaftlichen Vereinigung", Berlin 1973, S. 66 f.
81 *Druck und Papier*, Jg. 4, Nr. 11, 1.6.1952, S. 201
82 Vgl. *Druck und Papier*, Jg. 4, Nr. 17, 1.9.1952, S. 321 f.
83 Der relativ unbedeutende christliche DGB-Flügel erhielt dadurch ein überproportionales Gewicht. Vgl. Kritidis 2008 (Anm. 49), S. 355
84 Vgl. Michael Schneider: Kleine Geschichte der Gewerkschaften. Ihre Entwicklung in Deutschland von den Anfängen bis heute, Bonn 2000², S. 276
85 Vgl. *Druck und Papier*, Jg. 4, Nr. 17, 1.9.1952, S. 321 f.
86 Pirker, Teil 1 1979 (Anm. 22), S. 268
87 Vgl. Fette 1959 (Anm. 40), S. 48
88 Vgl. Zoller 1992 (Anm. 27), S. 166; Brock 1973 (Anm. 80), S. 71
89 Vgl. *Druck und Papier*, Jg. 4, Nr. 11, 1.6.1952, S. 201
90 Der DGB und die Druckergewerkschaft wurden wegen Behinderung der Presse- und Meinungsfreiheit angeklagt und dazu verurteilt, den Zeitungsverlegern den wirtschaftlichen Schaden zu erstatten. Vgl. *Druck und Papier*, Jg. 7, Nr. 16, 1.8.1955
91 *Druck und Papier*, Jg. 4, Nr. 12, 15.6.1952, S. 226

8.1 Politischer Gewerkschaftsfunktionär

Doch der DGB-Vorstand unter Fette setzte seine Strategie auf Verhandlungen mit der Bundesregierung und brach alle Aktionen ab. Als im Juli 1952 das BVG vom Bundestag verabschiedet wurde, verschlechterten sich die Rechte der Arbeitnehmer.[92] Für die Gewerkschaften und ihren Vorsitzenden Fette war es eine empfindliche Niederlage. In einem kämpferischen Leitartikel vom 1. August 1952 sprach Rück ganz offen von einem „Gefühl der Enttäuschung" über die Nachricht von der „Durchpeitschung des Betriebsverfassungsgesetzes im Parlament".[93] Er gab zu, dass die Gegner die „überlegene Taktik" und den „greifbaren Erfolg" aufweisen konnten. Doch sei es „die billige Art, nur auf Christian Fette zu schimpfen." Sowohl der Bundesvorstand als auch der Bundesausschuss des DGB (dem er selbst angehörte) mit den Vorsitzenden fast aller Einzelgewerkschaften hätten zu lange gezögert und dann lediglich wirkungslose Drohungen ausgesprochen, anstatt gewerkschaftliche Kampfmittel einzusetzen. Der DGB schlage mit der Faust auf den Tisch und erkläre nachher, dass es nicht so schlimm gemeint war. Er bedauerte, dass diese „verhüllte Niederlage" die Arbeiter an ihrer Führung zweifeln lasse. Die Regierung des „Herrn Adenauer" kritisierte er als „großkapitalistischen Interessenträger" und zog daraus eine radikale Konsequenz:

> „Die Erkenntnis, dass dieses ganze System der Regierung und Gesetzgebung verschwinden muß, um einer Demokratie Platz zu machen, die das Wohl und die Aufwärtsentwicklung der arbeitenden Menschen als oberste Richtschnur ihrer Entscheidungen wählt, ist in den letzten Monaten stark gewachsen in der Bundesrepublik."[94]

Es klingt wie eine Erinnerung an vergangene Zeiten. Am Ende des Artikels drückte er sich gemäßigter aus, er wünschte sich lediglich eine „gründliche Ummöblierung an der Regierungsspitze wie im Parlament." Nur wenn die Gewerkschaften die volle Mitbestimmung durchsetzen, könne die Bonner „Pseudodemokratie" zu einer echten Demokratie werden.[95] Diese Stellungnahme provozierte lebhafte Reaktionen. In seinem Sommerurlaub in Schweden im August 1952 erhielt er Briefe aus Stuttgart, die ihm wegen seiner Kritik am DGB Lob und Anerkennung aussprachen.[96] Auch Barth berichtete ihm von positiven Reaktionen aus Journalistenkreisen.[97] Im *Badischen Tagblatt* vom 1. August 1952 wurde auf der ersten Seite Rücks Artikel wiedergegeben. Lob kam auch von dem erfahrenen Gewerkschaftsjournalisten Enderle, der ihm aus seinem Urlaubsort an der Ostsee schrieb, dass er sich als Redakteur schon einen „bestimmten Ruf" verschafft habe.[98]

---

92 Vgl. Borsdorf 1982 (Anm. 21), S. 15; Brock 1973 (Anm. 80), S. 73
93 *Druck und Papier*, Jg. 4, Nr. 15, 1.8.1952, S. 281
94 Ebd.
95 Vgl. *Druck und Papier*, Jg. 4, Nr. 17, 1.9.1952, S. 321 f.
96 Vgl. Brief Landesredakteur *Welt der Arbeit* vom 2.8.1952 an Fritz Rück, in: ARAB, NL Fritz Rück, Vol. 3, V-W
97 Vgl. Brief Max Barth vom 4.8.1952 an Fritz Rück, in: ARAB, NL Fritz Rück, Vol. 3, B
98 Brief August Enderle vom 11.8.1952 an Fritz Rück, in: Ebd.

Gleichzeitig mahnte er ihn zur Vorsicht und gab ihm den Rat, nicht alles öffentlich auszusprechen, was er denke.[99]

Beim Zweiten Bundeskongress des DGB im Oktober 1952 in Berlin stand die Krisenbewältigung nach Verabschiedung des BVG im Vordergrund der Debatten.[100] Die Verantwortung für die Niederlage wurde an die Person Fettes geknüpft. Als Nachfolger dieses glücklosen Vorsitzenden wurde Walter Freitag von der IG Metall gewählt. Doch die Führungskrise innerhalb des DGB dauerte an, es herrschte Ratlosigkeit.[101] Die Enttäuschung Rücks über das Scheitern der gewerkschaftlichen Aktionen gegen das BVG muss sehr tief gewesen sein. Noch zwei Jahre später erinnerte er auf dem Frankfurter DGB-Kongress an diese Niederlage.[102] Und in einer Rede in Haltern bei Recklinghausen im Rahmen der Ruhrfestspiele im Jahr 1955 wertete er rückblickend die Verabschiedung des BVG als „historischen Wendepunkt".[103] Er konstatierte, dass die Machtverhältnisse sich zugunsten der konservativen Kräfte verschoben hätten. Noch gravierender war es für ihn, dass der DGB seine Neuordnungspläne aufgab und sich aus dem politischen Raum zurückzog.

Abb. 24: *Rück als DGB-Redner (o. D.)*

Im Dezember 1952 kam es wieder zu einem Streik im grafischen Gewerbe, es ging um maßvolle Lohnforderungen.[104] In den *Gewerkschaftlichen Monatsheften*, dem theoretischen Diskussionsorgan des DGB, analysierte Rück fachkundig die Tarifpolitik.[105] Er begründete die Lohnforderungen nicht mit dem steigenden Lebenshaltungskostenindex, sondern mit der Tatsache, dass die Arbeiter der Druckindustrie an der wachsenden Prosperität ihrer Branche beteiligt werden wollten.[106] Diese Streikbewegung erfasste Druckereien im ganzen Bundesgebiet und wurde von

---

99 Vgl. Brief August Enderle vom 4.10.1951 an Fritz Rück, in: Ebd.
100 Vgl. DGB-Bundesvorstand (Hrsg.): Protokoll des Zweiten Ordentlichen Bundeskongresses Berlin 13. bis 17. Oktober 1952, Düsseldorf 1952, S. 459; Bericht Rücks, in: *Druck und Papier*, Jg. 4, Nr. 21, 1.11.1952, S. 401
101 Schönhoven 1987 (Anm. 23), S. 216; Müller 1990 (Anm. 34), S. 133
102 Vgl. Protokoll Bundeskongress 1954 (Anm. 52), S. 479
103 *Druck und Papier*, Jg. 7, Nr. 16, 15.8.1955, S. 306. Manuskript der Rede, in: ARAB, NL Fritz Rück, Vol. 7, S. 243–254
104 Vgl. Kalbitz 1990 (Anm. 42), S. 220 f.
105 Vgl. *Gewerkschaftliche Monatshefte*, Jg. 4, H. 1 (Januar 1953), S. 16
106 Vgl. Richard Burkhardt: Ein Kampf ums Menschenrecht. Hundert Jahre Tarifpolitik der Industriegewerkschaft Druck und Papier und ihrer Vorgängerorganisationen seit dem Jahre 1873, hrsg. vom Hauptvorstand

der Öffentlichkeit aufmerksam verfolgt und wieder vorwiegend negativ beurteilt. Die Unternehmer, zusammengeschlossen in der Arbeitsgemeinschaft der Graphischen Verbände (AGV) zogen alle Register und behaupteten, dass in der IG Druck und Papier „kommunistische Elemente" am Werk seien.[107] Trotz dieser demagogischen Behauptung und trotz der unklaren Haltung des DGB-Vorsitzenden Freitag konnte die Druckergewerkschaft ein zufriedenstellendes Ergebnis erzielen.

Das Jahr 1953 brachte einen weiteren Dämpfer für die Gewerkschaften. Die Niederschlagung des Arbeiteraufstands in der DDR verstärkte die antikommunistische Stimmung und nach dem überwältigenden Wahlsieg Adenauers bei der zweiten Bundestagswahl im September zerschlugen sich endgültig die Hoffnungen des DGB, mit Hilfe einer SPD-Regierung die Neuordnungspläne von 1949 durchsetzen zu können. Rück stellte auf dem Bundeskongress 1954 fest, dass der DGB seit zwei Jahren an Gewicht in der öffentlichen Meinung verloren habe.[108]

8.1.5 Außenseiter im gewerkschaftlichen Zehnerkreis

Die Abwendung des DGB von den sozialistischen Grundsätzen seines Münchner Programms vollzog sich in kleinen Schritten, Siggi Neumann, Rücks Freund aus den Jahren des schwedischen Exils unterstützte aktiv diese Entwicklung. Er leitete das für Betriebe und Gewerkschaften zuständige Referat des SPD-Parteivorstands, wo er den von Agartz angeführten sozialistischen Flügel des DGB bekämpfte und einen strikt antikommunistischen Kurs befürwortete. Sein Ziel war es, dem DGB nach dem verlorenen Kampf um die Mitbestimmung mit einem lohn- und sozialpolitischen Aktionsprogramm eine neue, erfolgversprechende Perspektive zu geben.[109] Deshalb lud er im Oktober 1952 zehn DGB-Gewerkschaftsfunktionäre, die vor 1933 sozialistischen oder kommunistischen Parteien angehört hatten, zu regelmäßigen Besprechungen, es entstand der sogenannte Zehnerkreis.[110] Dazu gehörten der aufstrebende Zweite Vorsitzende der Industriegewerkschaft Metall (IGM) Otto Brenner, der DGB-Landesvorsitzende von Nordrhein-Westfalen (NRW) Werner Hansen und Kuno Brandel, Redakteur der IGM-Zeitung *Metall*. Dieses informelle Netzwerk betrieb erfolgreich hinter den Kulissen personelle und programmatische Arbeit, es richtete sich gegen den sozialistischen Flügel des DGB um Agartz.[111] Die Mitglieder dieses Kreises waren geprägt von ihren Exilerfahrungen, auch Rück wurde aufgefordert, sich diesem Kreis anzuschließen. Neumann bezeichnete in einem Memorandum für den SPD-Vorstand 1952

---

      der Industriegewerkschaft Druck und Papier, Stuttgart 1974, S. 139
107 *Druck und Papier*, Jg. 4/Sondernummer, 12.12.1952, S. 465
108 Vgl. Protokoll Bundeskongress 1954 (Anm. 52) 1954, S. 112
109 Vgl. Julia Angster: Konsenskapitalismus und Sozialdemokratie. Die Westernisierung von SPD und DGB von 1940 bis 1965 (Ordnungssysteme. Studien zur Ideengeschichte der Neuzeit; Bd. 13), München 2003, S. 399 und S. 440
110 Vgl. Julia Angster: Der Zehnerkreis. Remigranten in der westdeutschen Arbeiterbewegung, in: Exil. Forschung – Erkenntnisse – Ergebnisse, Jg. 18 (1998), S. 27 und S. 33
111 Vgl. Kritidis 2008 (Anm. 49), S. 43 f.

seinen ehemaligen Koautor Rück als zuverlässigen gewerkschaftlichen Stützpunkt der SPD in diesem Zehnerkreis.[112] Aber gleichzeitig warnte er auch davor, in ihm einen getreuen Gefolgsmann der SPD zu sehen, er sei nämlich ein Mann von „außerordentlicher Labilität".[113] Er kannte Rück schon lange und wusste, dass dieser sich auf keine vorgegebene Linie festlegen lassen würde. Die Einladung zu den Diskussionen dieses Zehnerkreises kam nicht von Neumann, sondern von Brandel.[114] Es überrascht nicht, dass Rück schon nach wenigen Monaten im Februar 1953 wieder austrat.[115] In einem Brief an Brenner kommentierte Neumann das Ausscheiden Rücks damit, dass dieser ein „individualistischer Außenseiter"[116] sei. Damit hatte er Rück zwar richtig charakterisiert, aber mit Sicherheit waren es politische Gründe, die sein Ausscheiden bewirkten, den Antikommunismus und den gewerkschaftlichen Aktionismus von Neumann und Brenner unterstützte er nicht.[117] Der Zehnerkreis setzte die Aufstellung eines Aktionsprogramms für den DGB durch, Rück war nicht bereit, diesen Strategiewechsel zu unterstützen.

Auf dem Dritten Bundeskongress in Frankfurt im Oktober 1954 wurde eine 30-köpfigen Programmkommission eingesetzt, der auch Rück als stellvertretender Vorsitzender der IG Druck und Papier angehörte. Bei der Diskussion des Entwurfs eines Aktionsprogramms im Bundesausschuss in Düsseldorf im März 1955 übte Rück Kritik daran, das Protokoll nennt seine Gründe nicht.[118] Er hatte Einwände gegen eine Beschränkung der Gewerkschaften auf tarifpolitische Aktivitäten, für ihn standen politische Aufgaben an erster Stelle. Er erklärte 1954 in einer Rede auf dem Gewerkschaftstag der IG Druck und Papier, dass das neue DGB-Aktionsprogramm nicht das sozialistische Münchener Grundsatzprogramm ersetzen könne.[119]

Dennoch wurde das Aktionsprogramm vom Bundesausschuss einstimmig angenommen[120] und am 1. Mai 1955 als Postwurfsendung an alle Haushalte verteilt. Darin war vom Fernziel einer Überwindung des Kapitalismus nicht mehr die Rede, die Tarifpolitik sollte nun Kernaufgabe gewerkschaftlichen Handelns sein.[121] Als Einstieg in die 40-Stunden-Woche wurde im folgenden Jahr die Maikampagne des DGB unter die populäre Losung „Samstag gehört Vati mir" gestellt.[122]

---

112 Vgl. Memorandum von Neumann für den SPD-Vorstand zur Situation im DGB nach dem Bundeskongress vom 22.10.1952, zit. nach: Kaiser 1996 (Anm. 57), Dok. 54, S. 379
113 Ebd.
114 Ebenso wie Rück war Brandel (1907–1983) vor 1933 KPD-Mitglied, auf Grund der Erfahrungen im Spanischen Bürgerkrieg hatte er sich vom Kommunismus abgewandt.
115 Vgl. Angster 2003 (Anm. 109), S. 398. Er wurde durch Karl Hauenschild, Jugendsekretär der IG Chemie, ersetzt.
116 Brief Siggi Neuman vom 3.2.1953 an Otto Brenner, zit. nach: Klaus Schönhoven/Hermann Weber: Die Industriegewerkschaft Metall in den Jahren 1956 bis 1963 (Quellen zur Geschichte der deutschen Gewerkschaftsbewegung im 20. Jahrhundert; Bd. 10), Köln 1991, S. XXXV
117 Vgl. Angster 1998 (Anm. 110), S. 32; Burkhardt 1974 (Anm. 106), S. 141
118 Vgl. Kaiser 1996 (Anm. 57), Dok. 83, S. 677 und S. 680
119 Vgl. Industriegewerkschaft Druck und Papier: Protokoll über den dritten ordentlichen Gewerkschaftstag im Städtischen Saalbau in Essen vom 20. September bis 24. September 1954, Stuttgart o. J. [1954], S. 183
120 Vgl. Kaiser 1996 (Anm. 57), Dok. 83, S. 681
121 Vgl. Müller 1990, (Anm. 34), S. 147; Brock 1973 (Anm. 80), S. 75
122 Vgl. Grebing 1990 (Anm. 51), S. 175

Das einprägsame Plakat des DGB erschien zum ersten Mal in *Druck und Papier*.[123] 1957 forderte Rück in der *Welt der Arbeit* einen schulfreien Samstag.[124] Für die Beschäftigten der Druckindustrie war es ein Erfolg, als zum 1. Oktober 1956 die Wochenarbeitszeit auf 45 Stunden verkürzt wurde. In einem Leitartikel warnte Rück davor, sich auf den Lorbeeren auszuruhen.[125] Er sah die mit den tariflichen Erfolgen verbundenen Gefahren:

> „Wir haben nämlich zu verzeichnen, dass alle die sozialen Gesetze, die bei uns beschlossen werden, immer zwei Seiten haben. Die eine Seite ist vielleicht eine gewisse Sicherung der sozialen Existenz, aber die andere Seite ist eine Bindung und Einengung der Initiative und Entwicklungsmöglichkeit. Das gilt für die Tätigkeit der Betriebsräte im Betriebsverfassungsgesetz, das gilt für unsere Rentengesetzgebung, für die ganze Sozialversicherung. [...] Das Tarifvertragsgesetz enthält ebenso auch eine ganze Reihe von Hemmungen, es bindet die Arbeiter und macht sie schadensersatzpflichtig [...]. Der Arbeiter kann sich nicht mehr rühren, er ist durch eine Unzahl von Gesetzen gewissermaßen in ein Netz eingespannt, und diese Situation gilt auch für die Gewerkschaften."[126]

Rück kannte das alte Dilemma: Durch Reformen, die materiellen Wohlstand brachten, wurden die Arbeiter ruhiggestellt und an das System gebunden.

8.1.6 Gewerkschaften brauchen eine eigene Kultur

Auf der Tagung der Gaubildungsleiter 1953 übte Rück offen Kritik an dem niedrigen kulturellen Stand des Gemeinschaftslebens:

> „Hier können wir ruhig sagen, dass wir uns auf dem Gebiet des Gefühlslebens in einer Periode der ausgesprochenen Barbarei befinden. Wenn man die Impulse in einem großen Teil der Gemeinschaftsabende betrachtet, so ist es wirklich Barbarei. [...] Man findet Gefallen an der übelsten Form der Unterhaltung, man ist vergnügt an der blödesten Form des Gesprächs."[127]

Er beschrieb zwei Extreme, nämlich den „fachsimpelnden Kollegen" und den „blödelnden Lustigmacher", dessen Humor sich auf das „Gebiet der Dutzenderotik" beschränke. Rück stellte fest, dass die kulturellen Traditionen der Arbeiterbewegung abgebrochen seien, an diese wollte er wieder anknüpfen. Er verwies auf seine eigenen Erlebnisse in der Jugendbewegung vor 1914, in der

---

123 *Druck und Papier*, Jg. 8, Nr. 8, 15.4.1956, S. 145
124 Vgl. *Welt der Arbeit,* Jg. 8, 12.7.1957
125 Vgl. *Druck und Papier*, Jg. 8, Nr. 15, 1.8.1956, S. 281
126 *Druck und Papier*, Jg. 7, Nr. 16, 15.8.1955, S. 306
127 *Druck und Papier*, Jg. 5, Nr. 4, 15.2.1953, S. 71

man fröhlich feierte und sich verliebte, „aber etwas Wertvolles war dabei, was bei uns heute fast vollständig fehlt." Er empfahl nachdrücklich, den Alkoholkonsum einzuschränken. „In unseren Veranstaltungen sollte man etwas mehr darauf achten, dass das Saufen nicht verbreitet wird." Die Frage der Freizeitgestaltung sei wichtig, die Feierstunden müssten gut geplant werden, die Jugend solle „Spielgruppen" bilden, singen und die Satire pflegen, das gebe „Stoff zum Denken".[128] Von der modernen Unterhaltungsmusik hielt er nichts, den „lärmenden Robotertanz amerikanischer Krachmusik"[129] lehnte er ab.

Es war die Absicht Rücks, aus der *Druck und Papier* ein kulturell anspruchsvolles Blatt zu machen, das den Lesern nicht nur Informationen, sondern auch Bildung und Kultur bot und gleichzeitig für Unterhaltung sorgte. Die Leitartikel auf der ersten Seite der Zeitung schrieb Rück meistens selbst. Auf dem Zweiten Verbandstag der IG Druck und Papier im Juni 1952 in Hamburg erläuterte er den Delegierten die Prinzipien seiner Pressearbeit:

> „Man hat im Anfang zum Beispiel gegen die Einführung von Bildern protestiert. [...] Wir haben auf der anderen Seite die Feststellung gemacht, daß wir eben einen sehr großen Anteil von Kollegen haben, die im Grunde genommen all die sozialen und auch die politische Artikel überhaupt nicht lesen; aber wenn sie ein nettes Bild finden, etwas zur Unterhaltung finden, dann fangen sie an, die Zeitung zu lesen, und allmählich lesen sie auch etwas mehr. Nun, dieses Unterhaltungsbedürfnis muß auch befriedigt werden. Es bindet einen Teil der Kollegen an die Zeitung."[130]

Dieses Konzept erwies sich langfristig als erfolgreich. Ohne Gegenkandidat wurde Rück auf diesem Verbandstag fast einstimmig zum Redakteur gewählt, er erhielt 170 von 172 Stimmen.[131] Auch zwei Jahre später, auf dem Dritten Gewerkschaftstag in Essen erreichte er wieder ein gutes Wahlergebnis, nämlich 182 von 191 abgegebenen Stimmen.[132]

Ein wichtiges Anliegen Rücks war die Präsentation moderner Kunst in der von ihm redigierten Zeitung. Ihm war bewusst, dass er dabei auf Widerstand stoßen würde, denn durch den Nationalsozialismus sei das kulturelle und künstlerische Niveau herabgedrückt worden und das, was in 15 Jahren eingehämmert wurde, sitze noch in den Köpfen.[133] Im März 1951 ließ Rück die expressionistische Grafik des modernen Schweizer Künstlers Louis Weber abdrucken[134] und im November 1951 erschien Picassos Gemälde „Mutter und Kind". In seinem kommentierenden Artikel untersuchte Rück die Ursachen für die Ablehnung der modernen Kunst durch die Deutschen. Er erblickte darin

---

128 Ebd.
129 *Druck und Papier*, Jg. 8, Nr. 4, 15.2.1956, S. 73
130 Protokoll Verbandstag 1952, (Anm. 44), S. 371
131 Vgl. ebd., S. 391. Rück berichtete selbst über diesen Verbandstag. Vgl. *Druck und Papier*, Jg. 4, Nr. 14, 15.7.1952, S. 269
132 Vgl. Protokoll Gewerkschaftstag 1954 (Anm. 119), S. 476
133 Vgl. Protokoll Verbandstag 1952 (Anm. 44), S. 369
134 Vgl. *Druck und Papier*, Jg. 3, Nr. 6, 15.3.1951, S. 87

8.1 Politischer Gewerkschaftsfunktionär

> „eine Nachwirkung des Propagandafeldzugs gegen die ‚entartete Kunst'. Es ist kein Zufall, dass die Anbeter des Idyllischen und Heroischen in der darstellenden Kunst, nämlich die Diktatoren und ihre intellektuellen Hofnarren [...] Meister destruktiver Vernichtung menschlicher Werte gewesen sind."[135]

Picasso habe gerade den Angehörigen der grafischen Berufe viel zu sagen:

> „Schließlich sind wir doch zeit unseres Lebens damit beschäftigt, dreidimensionale Erscheinungen in zwei Dimensionen wiederzugeben, aus Tiefenperspektive Fläche zu gestalten und in Schwarz oder Weiß so zu verteilen, dass in ihnen das ganze Universum eingefangen wird."[136]

Seine Kunst schöpfe Picasso aus der Tiefe seiner Seele, dort hole er Formen hervor, wie sie auch Kinder hervorbringen. In der nächsten Nummer von *Druck und Papier* empörte sich ein bayerischer Leser:

> „Allen anatomischen Gesetzmäßigkeiten ins Gesicht schlagend, bleibt das zu erahnende Gebilde ein einziger Ekel. Was als Auge erkannt werden soll, glotzt uns mit viehischer Seelenlosigkeit erschreckend und entsetzend an. [...] Man erschauert vor so viel entmenschter Vergewaltigung in unserer uferlos gewordenen Zeit."[137]

Weitere Leserbriefe folgten, in denen gegen die abstrakte Kunst protestiert wurde, da sie aus dem Ausland komme und den Deutschen aufgedrängt werde.[138] Rück antwortete darauf und beschrieb einen Besuch im Atelier des von ihm geschätzten Stuttgarter Malers Rudolf Müller.[139] Als Rück vier Jahre später eine Zeichnung von George Grosz[140] und ein Gemälde von Otto Dix[141] abdrucken ließ, erhob sich kein Protest mehr.

Seine Leserschaft war so heterogen wie die Einheitsgewerkschaften. Probleme hatte Rück zuweilen mit christlich eingestellten Mitgliedern, auf dem Gewerkschaftstag von 1952 sprach er offen über dieses Problem:

---

135 *Druck und Papier*, Jg. 3, Nr. 21, 1.11.1951, S. 333
136 Ebd., S. 334
137 *Druck und Papier*, Jg. 3, Nr. 22, 15.11.1951, S. 352
138 Protest des Lesers Siegfried Gebauer wegen eines Holzschnitts von Rudolf Müller (Stuttgart), vgl. *Druck und Papier*, Jg. 4, Nr. 3, 1.2.1952, S. 50. Protest des Lesers H. Spazek gegen Picasso-Gemälde, vgl. *Druck und Papier*, Jg. 7, Nr. 3, 1.2.1955, S. 61 mit Antwort der Redaktion
139 Vgl. *Druck und Papier*, Jg. 3, Nr. 23, 1.12.1951, S. 396
140 *Druck und Papier*, Jg. 7, Nr. 11, 1.6.1955, S. 210
141 *Druck und Papier*, Jg. 7, Nr. 13, 1.7.1955, S. 245

„Ich bekam als Redakteur in der Zeitung während der anderthalb Jahre bei verschiedenen Fällen Proteste einer gewissen Gruppe unserer Kollegen. Es waren die Kollegen, die weltanschaulich dem Christentum nahestehen oder konfessionell gebunden sind. Diese Kollegen lesen die Zeitung sehr genau [...] und es gibt darüber hinaus gewisse zentrale Überwachungsstellen, die ebenfalls die Zeitung daraufhin prüfen, ob sie wirklich in Weltanschauungsfragen neutral ist."[142]

Lebhafte Kritik löste ein Leitartikel Rücks aus, in dem er die Kirche aufforderte, sich nicht in den aktuellen Bundestagswahlkampf einzumischen.[143] Ein Leser widersprach ihm entschieden und wandte sich an ihn: „Sie dürfen nicht glauben, dass wir alles schlucken, was Sie uns auftischen. [...] Lassen Sie die Kirche in Ruhe, sie ist uns heilig, wir lassen sie nicht mit Schmutz bewerfen!"[144] Ein anderer Leser bezeichnete ein Weihnachtsgedicht von Peter Wedding, das sich gegen nationalen Egoismus wandte,[145] als „blasphemisch" und drohte mit Gewerkschaftsaustritt „aus Gewissensgründen".[146]

Rück sorgte für Themenvielfalt und Abwechslung in „seiner" Zeitung. Die literarischen Beiträge übernahm er von dem nach London emigrierten österreichischen Journalisten und Übersetzer Joseph Kalmer. Er erhielt von Rück viele Gelegenheiten, internationale literarische Werke in *Druck und Papier* zu veröffentlichen.[147] So wurden den deutschen Lesern französische (Victor Hugo), italienische (Ignazio Silone), spanische,[148] englische, arabische[149] und sogar bengalische Autoren[150] vorgestellt. Die Rubrik „Sprachecke" ließ Rück von Barth bearbeiten, dort wurden hochkomplexe Probleme der Rechtschreibung aufgegriffen, mit denen Setzer und Drucker konfrontiert waren.[151] Neuerscheinungen der Büchergilde Gutenberg wurden vorgestellt, kritische, linke Autoren zur Lektüre empfohlen.[152] In der ersten, von Rück herausgegebenen Nummer von *Druck und Papier* stellte er den Lesern unter dem abgekürzten Pseudonym P. W. das erfolgreiche Kinderbuch von Kurt Held (i. e. Kurt Kläber) „Die rote Zora und ihre Bande" und diverse Märchenbände von Lisa Tetzner vor.[153] Sein eigenes Buch „Friede ohne Sicherheit" rezensierte Barth

---

142 Protokoll Verbandstag 1952 (Anm. 44), S. 368
143 Vgl. *Druck und Papier*, Jg. 9, Nr. 8, 15.4.1957, S. 153
144 *Druck und Papier*, Jg. 9, Nr. 11, 1.6.1957, S. 230
145 Vgl. *Druck und Papier*, Jg. 8, Nr. 24, 15.12.1956, S. 465
146 *Druck und Papier*, Jg. 9, Nr. 13, 1.7.1957, S. 266
147 Vgl. Brief Joseph Kalmer vom 17.5.1956 an Fritz Rück, ARAB, NL Fritz Rück, Vol. 3, K
148 „Der Leuchtturm" von Arturo Barea, in: *Druck und Papier*, Jg. 7, Nr. 9, 1.5.1955, S. 180 f.
149 „Die Mutter" von Mahmut Tejmur, aus dem Arabischen übersetzt von Mursi Saad el-Din und Josef Kalmer, in: *Druck und Papier*, Jg. 7, Nr. 13, 1.7.1955, S. 256 f.
150 „Fährmann Tarini" von Taraschankar Banerdschi, aus dem Bengalischen übersetzt von N. Devi und Josef Kalmer, in: *Druck und Papier*, Jg. 7, Nr. 19, 1.10.1955, S. 373 f.; „Die Klageweiber" von Pupul Dschajakar, in: *Druck und Papier*, Jg. 7, Nr. 7, 1.4.1955, S. 135 ff.
151 Vgl. *Druck und Papier*, Jg. 4, Nr. 5, 1.3.1952, S. 83. Es wurde beispielsweise die Frage erörtert, ob man den Namen des Bundespräsidenten mit -ss oder mit -ß zu schreiben habe.
152 Vgl. *Druck und Papier*, Jg. 9, Nr. 19, 1.10.1957, S 376
153 Vgl. *Druck und Papier*, Jg. 3, Nr. 2, 15.1.1951, S. 31

verständlicherweise mit Wohlwollen und Bewunderung.[154] Eher weitschweifig und belehrend waren Rücks Artikel mit dem Titel „Literarische Streifzüge", in denen er einzelne Epochen der Literatur- und Kunstgeschichte kurz charakterisierte.

Es gab die Rubrik „Frauenthemen" mit Artikeln über Erziehungsfragen,[155] Haushalt, Gymnastik, Mode.[156] Viele Artikel richteten sich an Jugendliche, sie stammen aus der Feder von Egon Lutz.[157] Dieser junge Gewerkschafter, den Rück in die Kunst des Schreibens einführte, wurde 1960 sein Nachfolger als Redakteur von *Druck und Papier*.[158] Seiten mit Bildern aus europäischen Hauptstädten sollten die Reiselust wecken, Länder wie Jugoslawien,[159] Tunesien[160] und Island[161] wurden den Lesern vorgestellt. Und schließlich diente eine Kolumne mit humorvollen Anekdoten und Stilblüten der Erheiterung der Leser.[162]

Rück verstand es, Maler, Zeichner und Fotografen zu gewinnen, die „seine" Zeitung künstlerisch bereicherten. Er selbst besuchte Abendkurse an der nach Kriegsende wiedergegründeten Freien Kunstschule Stuttgart, dort knüpfte er Kontakte mit Dozenten und Schülern. Immer wieder erschienen in *Druck und Papier* die expressiven Zeichnungen und Holzschnitte von Rudolf Müller,[163] dem Mitbegründer dieser modernen Kunstschule, die von den Nationalsozialisten aufgelöst worden war.

Rück machte dort Bekanntschaft mit der 1923 in Riga geborenen Malerin Ruth von Hagen-Torn, die sich nach dem Krieg in Stuttgart niedergelassen hatte. Rück schätzte das zeichnerische Talent der jungen Frau und bat sie, für *Druck und Papier* Karikaturen und Zeichnungen zu entwerfen. Daraus entwickelte sich eine freundschaftliche und für beide fruchtbare und nützliche Beziehung. Hagen-Torn zeichnete nach den Anweisungen Rücks, und wenn sie ihre Werke bei Rück in der Roten Straße ablieferte, bekam sie sofort ihr Honorar.[164] Ihre mit H. T. unterzeichneten Werke prägten sehr stark das Erscheinungsbild der Gewerkschaftszeitung und unterstrichen die inhaltlichen Aussagen.[165] Rücks Nichte Sina Janus war Fotografin, sie lieferte aktuelle Bilder

---

154 Vgl. *Druck und Papier*, Jg. 3, Nr. 8, 15.4.1951, S. 290 f.
155 Es wurden Probleme behandelt wie z. B. „Brauchen unsere Kinder Taschengeld". Vgl. *Druck und Papier*, Jg. 7, Nr. 16, 15.8.1955, S. 311
156 Vgl. z. B. *Druck und Papier*, Jg. 4, Nr. 5, 1.3.1952, S. 88. Verfasserinnen waren u. a. Erna Donat, Erika Gaupmann, Lilo Weindl.
157 Lutz (1934–2011), Sohn von deutschen Emigranten in der Schweiz, aufgewachsen in einem Kinderheim. Er schätzte Rück als aufrechten Antifaschisten. Von Beruf war er Schriftsetzer und Redakteur, später lange Jahre Bundestagsabgeordneter der SPD.
158 Vgl. *Druck und Papier*, Jg. 12, Nr. 5, 1.3.1960, S. 82
159 Vgl. *Druck und Papier*, Jg. 7, Nr. 5, 1.3.1955, S. 97
160 Vgl. *Druck und Papier*, Jg. 7, Nr. 7, 1.4.1955, S. 139
161 Vgl. *Druck und Papier*, Jg. 7, Nr. 13, 1.7.1955, S 259
162 Vgl. *Druck und Papier*, Jg. 4, Nr. 3, 1.2.1952, S. 55
163 Entwurf eines Wandteppichs im Gustav-Siegle-Haus Stuttgart, in: *Druck und Papier*, Jg. 7, Nr. 2, 15.1.1955, S. 31
164 Vgl. Interview der Verfasserin mit Ruth von Hagen-Torn am 26.10.1995 in Stuttgart
165 Allein im Jahr 1955 zeichnete sie 30 Karikaturen für *Druck und Papier*.

Abb. 25 (oben): *Passbild (1953)*

Abb. 26 (links): *Porträt Fritz Rück von Rudolf Müller (Öl auf Leinwand)*

aus Schweden.¹⁶⁶ Viele Artikel stammen von seinem Freund Barth, der sich mit den Autorenhonoraren mühsam über Wasser hielt.¹⁶⁷ Barth setzte sich für die Abschaffung der immer noch gültigen Prügelstrafe an Schulen ein,¹⁶⁸ kritisierte die menschenverachtenden Zustände in Jugendheimen und Jugendgefängnissen¹⁶⁹ und wandte sich gegen den Ruf nach Wiedereinführung der Todesstrafe.¹⁷⁰ Rück schätzte die unangepasste und eigenwillige Haltung von Barth.¹⁷¹

---

166 Moderne Skulptur, in: *Druck und Papier*, Jg. 3, Nr. 10, 1.6.1951, S. 157; Fotoseite mit Werken des Bildhauers Carl Milles im Millesgorden in Stockholm, in: *Druck und Papier*, Jg. 7, Nr. 19, 1.10.1955, S. 371
167 Barth bedankte sich für ein Lebensmittelpaket mit Kaffee und Stumpen. Vgl. Brief Max Barth vom 23.12.1952 an Fritz Rück, in: ARAB, NL Fritz Rück, Vol. 3, B
168 Vgl. *Druck und Papier*, Jg. 9, Nr. 22, 15.11.1957, S. 432
169 Vgl. *Druck und Papier*, Jg. 7, Nr. 13, 1.7.1955, S. 250
170 Vgl. *Druck und Papier*, Jg. 9, Nr. 19, 1.10.1957, S. 379
171 Rück gratulierte Barth zum 60. Geburtstag. Vgl. *Druck und Papier*, Jg. 8, Nr. 2, 15.1.1956, S. 33

8.1 Politischer Gewerkschaftsfunktionär

Die zahlreichen Leserbriefe beantwortete er persönlich, 1952 stellte er fest, dass er von seinen Lesern immer mehr Zustimmung bekomme.[172] Schon Anfang 1951 konstatierte ein Kollege von der Redaktion der *Quelle*, der Funktionärszeitschrift des DGB, dass *Druck und Papier* eine völlig neue Zeitschrift sei, die sowohl inhaltlich als auch typografisch ein hohes Niveau habe.[173] Auch von Enderle bekam Rück Anerkennung für seine journalistische Arbeit.[174] In einem Nachruf schrieb der Schriftsteller Siegfried Schwerdtfeger, dass Rück „seine" Zeitung über den engen Bereich des „Gewerkschaftlichen" gehoben und den Lesern geistige Nahrung gegeben habe.[175]

Als literarische Vorbilder empfahl Rück den jungen Gewerkschaftern Arbeiterdichter, die er selbst in seiner Jugendzeit geschätzt hatte: Heinrich Heine, Ferdinand Freiligrath, Otto Krille, Ernst Preczang, Julius Zerfaß, Bruno Schönlank. Sogar Max Barthel pries er als „großen Lyriker" mit „feinem Sprachgefühl".[176] Rück sorgte für die Aufführung des chorischen Festspiels von Schönlank „Wir schaffen alle Hand in Hand" auf dem Verbandstag der IG Druck und Papier in Hamburg.[177] Der nach Ostberlin remigrierte Bertolt Brecht gehörte nach Auffassung Rücks nicht in die Reihe der empfehlenswerten Autoren. Als dieser 1956 starb, brachte Rück in einem Gedicht seine Abneigung gegen dessen großbürgerlichen Habitus zum Ausdruck: „Den Schellenbaum und ein kühles Gehirn,/ein zuckendes Herz und die dicke Brasil,/ein zynischer Kerl vom Zeh bis zur Stirn,/so sagt er der Welt: Ich kann und ich will."[178]

8.1.7 Kampf gegen Wiederbewaffnung

Die Entmilitarisierung Deutschlands durch die Alliierten nach 1945 entsprach dem Willen der großen Mehrheit der Bevölkerung, bis weit in bürgerliche Kreise hinein wurde eine Wiederbewaffnung abgelehnt.[179] Die Debatte um die Remilitarisierung war ein zentraler Konflikt der frühen Bundesrepublik, er polarisierte den DGB, der zu keiner einheitlichen Linie fand.[180] Gewerkschaftsführer wie Böckler, Fette und Freitag akzeptierten den Aufbau einer westdeutschen Armee, deren Aufgabe sie darin sahen, die Aggressionen des Ostens abzuwehren.[181] Auch innerhalb des Zehnerkreises gab es verschiedene Auffassungen: Brandel und Hansen befürwor-

---

172 Vgl. Protokoll Verbandstag 1952 (Anm. 44), S. 370
173 Vgl. Brief Heiner St[ecke] vom 22.2.1951 an Fritz Rück, in: ARAB, NL Fritz Rück, Vol. 3, Q
174 Vgl. Brief August Enderle vom 13.2.1951 an Fritz Rück, in: ARAB, NL Fritz Rück, Vol. 3, V-W
    Enderle kritisierte einen Artikel von Barth in *Druck und Papier* vom 1.6.1952, in dem dieser die Berufsgruppe der Journalisten als „Schreiber" diskreditierte. Rück hätte das Manuskript durchlesen sollen. Vgl. Brief Enderle vom 16.6.1952 an Fritz Rück, in: ARAB, NL Fritz Rück, Vol. 3, B
175 Vgl. *Druck und Papier*, J. 11, Nr. 24, 15.12.1959, S. 468
176 *Wir sind jung*, Jg. 10 (1957), H. 1
177 Vgl. *Druck und Papier*, Jg. 4, Nr. 14, 15.7.1952, S. 265
178 *Druck und Papier*, Jg. 8, Nr. 17, 1.9.1956, S. 335
179 Vgl. Hans-Ulrich Wehler: Deutsche Gesellschaftsgeschichte, Bd. 5: Bundesrepublik und DDR, München 2008, S. 17
180 Vgl. Angster 1998 (Anm. 110), S. 38
181 Vgl. Pirker, Teil 1 1979 (Anm. 22), S. 235

teten einen westdeutschen Verteidigungsbeitrag, Brenner war dagegen.[182] Rück war – nach Meinung des Stuttgarter Gewerkschaftssekretärs Fritz Henker (IGM) – einer der „Wortführer der Aufrüstungsgegner".[183] Die Arbeiter hätten auf seine Zeitung gewartet, um seine Argumente zu erfahren.

Auf den Bundeskongressen des DGB von 1952 und 1954 wurde von den Delegierten deutliche Kritik an den staatlichen Wiederaufrüstungsplänen geübt.[184] In Bayern entstand innerhalb des DGB eine starke antimilitaristische Protestbewegung, auf einer außerordentlichen Landesbezirkskonferenz im Februar 1952 in München wurde den zur Verteidigung der Wiederaufrüstungspläne herbeigeeilten DGB-Spitzenfunktionären eine Abfuhr erteilt. Es war eine regelrechte Rebellion der mittleren und unteren Gewerkschaftsebene in Bayern.[185] Rück unterstützte deren Aktion mit der Veröffentlichung der bayerischen Entschließung in vollem Wortlaut in *Druck und Papier*.[186] Als im Februar 1952 der Bundestag eine Einbeziehung der Bundesrepublik in das westliche Verteidigungssystem beschloss,[187] schrieb Rück in *Druck und Papier* einen temperamentvollen Leitartikel mit der Überschrift „Die Arbeiter sagen NEIN".[188] Er betrachtete die deutsche Aufrüstung als „gefährliches Experiment", welches das Konfliktpotential zwischen Ost und West erhöhe und die Gefahr eines dritten Weltkriegs vergrößere. Er war der Meinung, dass Adenauer mit der Aufrüstung vom „Fiasko" seiner inneren Politik, von seinem Versagen in sozialen und wirtschaftlichen Fragen ablenken wolle. Auf dem Gewerkschaftstag im Sommer 1952 in Hamburg verteidigte er seinen Artikel. Er habe als Redakteur das Recht „klar Stellung zu nehmen", auch wenn der Bundesvorstand des DGB die Diskussion über den Wehrbeitrag zurückstellen wolle.[189]

Die Remilitarisierungsgegner hatten einen schweren Stand, oft wurden sie als prorussisch oder als kommunistisch diffamiert, damit musste Rück rechnen.[190] Im Oktober 1954 lehnte der DGB-Kongress offiziell einen deutschen Wehrbeitrag ab, jedoch ohne Maßnahmen zur Mobilisierung der Mitglieder zu planen. Eine von Brenner eingebrachte und mehrheitlich angenommene Resolution sah in der Wiederaufrüstung die Gefahr des Heraufziehens eines militaristischen Obrigkeitsstaats.[191] Auch Rück befürchtete die Rückkehr reaktionärer und faschistischer Tendenzen:

---

182 Vgl. Pirker, Teil 2 1979 (Anm. 61), S. 135 ff.
183 Interview der Verfasserin mit Fritz Henker am 26.10.1995 in Stuttgart
184 Vgl. Schneider 2000 (Anm. 84), S. 302
185 Vgl. Parker, Teil 1 1979 (Anm. 22), S. 236
186 *Druck und Papier*, Jg. 4, Nr. 5, 1.3.1952, S. 82
187 Vgl. Paul Sauer: Demokratischer Neubeginn in Not und Elend. Das Land Württemberg-Baden von 1945 bis 1952, Ulm 1978, S. 477
188 *Druck und Papier*, Jg. 4, Nr. 4, 15.2.1952, S. 65
189 Vgl. Protokoll Verbandstag 1952 (Anm. 44), S. 369
190 Vgl. Siegfried Thomas: Die SPD-Führung und die imperialistische Außenpolitik. Außenpolitische Opposition der SPD-Führung 1949 bis 1955, in: Deutsche Außenpolitik, Jg. 15, H. 3 (Mai/Juni 1970), S. 419
191 Vgl. Pirker, Teil 2 1979 (Anm. 61), S. 136

8.1 Politischer Gewerkschaftsfunktionär

„Wir [...] sehen in einer neuen Armee, die auf Grund der gegebenen Voraussetzungen überwiegend von Offizieren und wahrscheinlich auch von Unteroffizieren aufgebaut und geführt wird, die aktive Nationalsozialisten oder Dulder des faschistischen Systems waren, keine Gewähr gegen außen- und innenpolitische Abenteuer- oder Diktaturmethoden."[192]

Er habe nicht vergessen, dass die Reichswehr in den zwanziger Jahren „die rechtsradikale Kampfbewegung hochpäppelte."[193] Enderle war in diesem Punkt ganz anderer Meinung, er hoffte auf demokratische Einwirkungsmöglichkeiten auf das Heer und empfahl der Gewerkschaftsbewegung eine konstruktive Mitarbeit.[194] Rück ließ diese Stellungnahme Enderles in *Druck und Papier* noch vor seinem eigenen Beitrag abdrucken, die Leser sollten selbst die Argumente abwägen und eine Entscheidung treffen. Rück seinerseits unterstützte die Aktionen der Jugend gegen die Wiederaufrüstung der BRD. Auch wenn dieser Kampf erfolglos blieb, wurde ein Potential an politischer Erfahrung weitergegeben, an das die Abrüstungs- und Friedensbewegung Ende der sechziger Jahre anknüpfen konnte.[195]

8.1.8 Die „Höllenkräfte der Atomkriegsführung"

Schon in Rücks Kriminalroman von 1936 ist die Rede von der Forschung mit Atomkernen, die unheimliche Figur des Täters bedient sich dieser für die Rüstung wichtigen Technik. Später wies Rück immer wieder auf die gefährlichen Folgen von Atombombenversuchen hin, in zwei DGB-Zeitschriften berichtete er von einem radioaktiven Regen, der am 1. Mai 1957 nach Atombombenversuchen auf München niedergefallen sei und der das Erbgut der Menschen auf Generationen hinaus schädigen könne.[196] Ein atomarer Konflikt habe katastrophale Wirkung für Deutschland, von beiden Seiten kämen die Angriffe: „[...] dann ist es am besten, wir machen Schluss und beginnen Kognak zu trinken, denn dann hat es keinen Wert mehr, zu diskutieren."[197]

Ende 1956 war die Absicht der Bundesregierung bekannt geworden, die Bundeswehr mit taktischen, auf dem Gefechtsfeld einzusetzenden Atomwaffen auszurüsten. Adenauer spielte diese Tatsache herunter, er sagte im April 1957, es handle sich um „eine Weiterentwicklung der Artillerie".[198] Gewerkschaften und SPD zeigten zunächst keine Reaktion. Doch als sich am 12. April 1957 im Göttinger Manifest 18 weltbekannte deutsche Atomphysiker gegen Herstellung, Erprobung und Einsatz von Atomwaffen wandten, schloss sich der Bundesvorstand des DGB auf Initiative von Brenner an und sprach sich ebenfalls gegen Atomwaffen aus. Im Jahr 1958 entstand eine breite, auch von der SPD unterstützte Kampagne, in der die Bevölkerung unter

---

192 *Druck und Papier*, Jg. 6, Nr. 24, 15.12.1954, S. 446
193 Ebd.
194 Vgl. ebd., S. 445
195 Vgl. Brock 1973 (Anm. 80), S. 74
196 Vgl. *Ausblick*, Jg. 4, H. 5 (Mai 1957), S. 66
197 *Mitteilungen für Funktionäre der Industriegewerkschaft Druck und Papier*, Jg. 1, H. 7 (Oktober 1957), S. 23 f.
198 Zit. nach: Grebing 1990 (Anm. 51), S. 159

dem Motto „Kampf dem Atomtod" zum Widerstand aufgerufen wurde. Seit Ostern 1958 und in den Wochen danach fanden zahlreiche Großkundgebungen statt, auch die Naturfreundejugend (NFJ) unterstützte die Kampagne mit Elan.[199] Trotzdem stimmte der Bundestag im März 1958 gegen die Stimmen der SPD der atomaren Bewaffnung der Bundeswehr zu. Rück konnte an den zahlreichen Aktionen in diesem Jahr nicht teilnehmen, er lag drei Monate im Krankenhaus.[200] In seinen schlaflosen Nächten entwarf er mehrere Artikel zur Unterstützung der Kampagne. Er war der Meinung, dass die Gewerkschaften durch hohe Lohnforderungen eine Erhöhung der Rüstungsausgaben verhindern könnten, die „Höllenkräfte der Atomkriegsführung" seien mit allen Mitteln zu bekämpfen.[201] Als die SPD in der Debatte über die Atombewaffnung von CDU-Politikern als „halbkommunistisch" beschimpft wurde, interpretierte Rück dies als Zeichen für das Wiedererwachen des ihm wohlbekannten Antibolschewismus.[202] Die Aufrüstungsbefürworter sah er in der Traditionslinie des Dritten Reichs: „Die merkwürdige Struktur der herrschenden Staatspartei in der Bundesrepublik hat es so manchem ermöglicht, die noch vor 20 Jahren Wotan Menschenopfer darbrachten, nun als christliche Demokraten in der politischen Arena aufzutreten."[203] Andererseits musste Rück eingestehen, dass auch in der SU die „strategischen Grundgedanken einer militanten Weltrevolution"[204] noch vorhanden seien. Der Osten verhärte sich wieder, von Chruschtschows Revisionspolitik sei nicht viel übriggeblieben, sogar eine Rückkehr zu „Formen des Stalinismus" könne festgestellt werden.[205] Allerdings sei der „Antikapitalismus" des Ostens weniger „offensiv" als der Antibolschewismus des Westens.[206] Diese Feststellung liest sich wie ein letzter, schwacher Versuch, der SU eine positive Seite abzugewinnen.

In seinem letzten Jahresrückblick in *Druck und Papier* im Januar 1959 musste Rück resigniert feststellen, dass die Eingliederung der Bundesrepublik in die Front der mit Atomwaffen versehenen Staaten Tatsache geworden sei.[207] Er schrieb: „Noch nie hat die Menschheit mit offenen Augen vor einem so tiefen Abgrund gestanden wie gerade jetzt."[208] Das Engagement vieler Gewerkschafter in der Frage der Atombewaffnung der Bundeswehr führte zu einer Zerreißprobe innerhalb des DGB.[209] Als der CDU-nahe Flügel mit Spaltung drohte, wich der DGB zurück.

---

199 Vgl. Jochen Zimmer: Das Abseits als vermiedener Irrweg. Die Naturfreundebewegung in der westdeutschen Friedens- und Ökologiebewegung bis zum Ende der APO, in: Heinz Hoffmann/Jochen Zimmer (Hrsg.): Wir sind die grüne Garde. Geschichte der Naturfreundejugend (Schriftenreihe des Archivs der Arbeiterjugendbewegung; Bd. 11), Essen 1986, S. 123
200 Vgl. *Druck und Papier*, Jg. 10, Nr. 10, 15.5.1958, S. 180. Der Leserschaft wurde kurz mitgeteilt, dass Rück sich seit Wochen im Krankenhaus befinde.
201 Vgl. *Druck und Papier*, Jg. 10, Nr. 12, 15.6.1958, S. 217
202 Vgl. *Druck und Papier*, Jg. 10, Nr. 11, 1.6.1958, S. 193
203 Ebd.
204 *Druck und Papier*, Jg. 10, Nr. 1, 1.1.1958, S. 4
205 Vgl. *Druck und Papier*, Jg. 10, Nr. 11, 1.6.1958, S. 193
206 Vgl. ebd.
207 Vgl. *Druck und Papier*, Jg. 11, Nr. 1, 1.1.1959, S. 5
208 Ebd.
209 Vgl. Grebing 1990 (Anm. 51), S. 161

8.1 Politischer Gewerkschaftsfunktionär

Für ihn hatte die Bewahrung der gewerkschaftlichen Einheit Vorrang vor der Frage der atomaren Aufrüstung.

8.1.9 Umstrittenes Thema „Ostkontakte"

Die SED-Führung legte großen Wert auf gute Zusammenarbeit mit führenden westlichen Gewerkschaftsfunktionären, zur Kontaktpflege wurde schon 1950 eine Westabteilung des FDGB geschaffen.[210] Die westdeutschen Gewerkschaften lehnten „Ostkontakte" ihrer Mitglieder ab, alle stattfindenden Begegnungen wurden vom Verfassungsschutz beobachtet. In der Atmosphäre des Antikommunismus und der sich verfestigenden deutschen Spaltung wurde es als eine Art Todsünde betrachtet, den Lockrufen der anderen Seite zu folgen. Rück und diejenigen, die in den frühen fünfziger Jahren Besuche und Gespräche mit Kollegen aus der DDR nüchtern und sachlich betrachteten, wurden oft der „kommunistischen Unterwanderung" verdächtigt. Die IG Druck und Papier beschloss 1950 auf dem Freiburger Verbandstag ein Kontaktverbot zu „Ostzonen"-Gewerkschaftern. Offensichtlich hielt Rück sich nicht daran, denn in seinem Redebeitrag auf dem Gewerkschaftstag 1954 in Essen berichtete er offen über seine Erfahrungen mit den Ost-Kollegen. Er betonte grundsätzlich die Verbundenheit mit den Ostgewerkschaften, Kontakte mit einzelnen FDGB-Kollegen seien wertvoll. Einschränkend fügte er hinzu, dass diese Verbindungen grundsätzlich der Genehmigung durch die verantwortlichen Instanzen des DGB bedürften.[211] Die negativen Erfahrungen, die er gemacht hatte, verschwieg er nicht:

> „Da kamen einige Vertreter des Vorstandes von Druck und Papier der Ostzone nach Stuttgart. Sie haben mit Kollegen vom Zentralvorstand gesprochen, sie haben alle möglichen Kollegen besucht, die sie von früher her kannten. [...] Aber nachher haben wir einen Durchschlag des Berichts zu sehen bekommen, den diese Abgesandten nach ihrer Rückkehr abgefasst haben – und darin war alles durch die Bank verfälscht worden. [...] Die Berichte, die sie von solchen Besprechungen machen, sind gefärbt vom Willen der Auftraggeber."[212]

Zwei Jahre später, im September 1956 kam es zu einem Eklat. Rück, Mitglied der Antragskommission, sprach auf dem vierten Gewerkschaftstag der IG Druck und Papier in Frankfurt wieder über das umstrittene Thema der Kontaktaufnahme mit der „Ostzone".[213] Als Berichterstatter

---

210 Diese Westabteilung änderte mehrfach den Namen, ab 1950: Büro für deutsche Gewerkschaftseinheit, danach: Büro für gesamtdeutsche Gewerkschaftseinheit
211 Vgl. Protokoll Gewerkschaftstag 1954 (Anm. 119), S. 184
212 Ebd., S. 184 f.
213 Vgl. Industriegewerkschaft Druck und Papier: Protokoll über den vierten ordentlichen Gewerkschaftstag im Palmengarten in Frankfurt a. M. vom 9. September bis 14. September 1956, Stuttgart o. J. [1956], S. 195 ff. In diesem Zusammenhang verwendete Rück zum ersten Mal die Bezeichnung „Deutsche Demokratische Republik". Ebd,. S. 196

machte er den Vorschlag, in Zukunft eine „freie ungehinderte Aussprache in Ost und West" zuzulassen.[214] Der zweite Westberliner Landesbezirksvorsitzende der IG Druck und Papier Karl Richter, ein „beinharter" Antikommunist,[215] sprach sich vehement dagegen aus, er fürchtete, dass gewerkschaftliche Kontakte zu einer Stärkung des SED-Regimes beitragen könnten.[216] Rück zeigte zwar Verständnis für die Gewerkschaftskollegen aus Westberlin, die, wie er es formulierte, im „vordersten Schützengraben"[217] stünden, trotzdem warb er in einer von lebhaften Zurufen unterbrochenen Rede für die Annahme der vorgelegten Entschließung:

> „Den Standpunkt des ‚Njet', den Standpunkt, wir stützen das Regime in dem Augenblick, wo wir Verhandlungen mit ihm aufnehmen, hat ja die USA schon 1919 bei der Entstehung der Sowjetunion eingenommen. Es hat sich aber gezeigt, dass sie mit diesem Standpunkt auf die Dauer nicht weiterkommen konnte. Man wird auch heute damit nicht weiterkommen. Und wir sollten doch eins nicht vergessen: Die Katholiken von Ostdeutschland und Westdeutschland, die treffen sich! (Sehr gut!) [...] Ich glaube, durch das ewige ‚Njet' kann man nichts auflockern. Wir sollten vielmehr den Versuch machen, einen Kontakt aufzunehmen. Wir können ja jederzeit wieder davon zurücktreten! (Lachen. – Zuruf: Junge! Junge! – Weitere Zurufe).[218]

Die in diesem Jahr erfolgte „Verdammung des Stalinregimes" durch Chruschtschow und die „Aufdeckung alles dessen, was sich da drüben ereignet hat" gab Rück Anlass zu der Hoffnung, dass „Bastionen der Diktatur" aufgegeben werden könnten. Einschränkend fügte er hinzu, dass es für ihn keine „absolute Sicherheit" gebe.[219] Unmittelbar vor der Abstimmung über diese Entschließung musste Rück noch einmal deutlich darauf hinweisen, dass er sich nicht mit dem „System in der Ostzone" identifiziere.[220] Die Zustimmung zu der Entschließung war äußerst knapp, noch am Nachmittag des dritten Verhandlungstages verlas der Vorsitzende Hein Hansen mehrere eingegangene Protestschreiben aus Mitgliederkreisen.[221] Zudem meldete sich Rücks Westberliner Widersacher Richter zu Wort und beschwerte sich darüber, dass Rück als Berichterstatter seine eigene Meinung so stark in den Vordergrund gestellt habe.[222] Rück erhielt am Ende des Gewerkschaftstags bei den Wahlen zum Redakteur die Quittung für seine umstrittene Haltung, es war sein schlechtestes Ergebnis, obwohl es keinen Gegenkandidat gab. Von den 218 Delegierten

---

214 Ebd., S. 683
215 Schriftliche Mitteilung Rüdiger Zimmermann vom 6.5.2012 an die Verfasserin
216 Vgl. Protokoll Gewerkschaftstag 1956 (Anm. 213), S. 207. Richter äußerte auch in Geschäftsordnungsfragen seine Opposition zu Rück. Vgl. Redebeitrag Richter, in: Ebd., S. 339 f.
217 Ebd., S. 196
218 Ebd., S. 197 f.
219 Ebd., S. 197
220 Ebd., S. 276
221 Ebd., S. 338 f.
222 Ebd., S. 339 f.

stimmten 54 mit einem weißen Stimmzettel,²²³ zwei Jahre zuvor hatte es nur 9 Stimmenthaltungen gegeben.²²⁴ Die Berliner Gruppe hatte also Anhänger gefunden, doch Rück kommentierte den Stimmenverlust mit Witz und Gelassenheit, das Protokoll vermerkt „Starker Beifall".²²⁵

Einen Monat später, im Oktober 1956, nahm Rück am DGB-Kongress in Hamburg teil. Dort wurde beschlossen, Kontakte mit dem FDGB zu verbieten, Rück äußerte sich nicht mehr zu diesem heiklen Thema. Richter hingegen sah sich in seiner Haltung bestärkt, in zahlreichen Versammlungen in Westberlin warb er um Zustimmung für seine Haltung. In einem Brief an Hansen ging er voll auf Konfrontation: „Nunmehr wäre es [...] an der Zeit, den Eskapaden des Kollegen Rück, die sich schließlich immer wieder gegen uns richten, Einhalt zu gebieten. [...] Wir wollen nicht RÜCK- sondern vorwärts."²²⁶

Abb. 27: *Delegierte der IG Druck und Papier bei DGB-Bundeskongress in Hamburg (1956), Rück ist in der vorderen Reihe l. v. r.*

223 Ebd., S. 634
224 Vgl. Protokoll Gewerkschaftstag 1954 (Anm. 119) S. 476
225 Protokoll Gewerkschaftstag 1956 (Anm. 213), S. 635
226 Brief Karl Richter vom 12.10.1956 an den Zentralvorstand der Industriegewerkschaft Druck und Papier, z. Hd. d. Kollegen Hansen, in: KRV, NL Karl Richter, 14 C

Die Niederschlagung des ungarischen Volksaufstands im November 1956 bewirkte bei Rück ein Umdenken, seine mit der Entstalinisierung verbundenen Erwartungen hatten sich nicht erfüllt. Trotzdem empfing er im Februar 1957 noch den FDGB-Funktionär Willi Palm in seinem Stuttgarter Büro. Dieser musste nach seiner Rückkehr darüber Bericht erstatten. In einer Akte der Westabteilung des FDGB befindet sich ein Dankesbrief von Palm an Rück, in dem er ihm für seine „unkomplizierte" Haltung gegenüber den ostdeutschen Kollegen dankte.[227] Als „Belohnung" für seine Gesprächsbereitschaft erhielt Rück eine Einladung zur Leipziger Frühjahrsmesse 1957, mit Sicherheit ist er ihr nicht gefolgt. Im Oktober 1957 kam es wieder zu Kontakten mit Palm, die aus Sicht der ostdeutschen Funktionäre unbefriedigend verliefen. Palm stellte in seinem Bericht fest, dass Rück keine Bereitschaft mehr gezeigt habe, die Kontakte zum FDGB weiterzuführen.[228] Er habe grundsätzliche Einwände gegen die SED erhoben, weil sie nicht von ihrem stalinistischen Kurs abrücke und eisern an der Diktatur des Proletariats festhalte. Ende 1957 brach Rück seine „Ostkontakte" ab. Als Palm im Februar 1958 mit einem Kollegen wieder nach Stuttgart kam, suchten sie ihn am Abend in seiner Wohnung auf, trafen ihn aber nicht an. Resigniert stellten die beiden FDGB-Funktionäre in ihrem obligatorischen Bericht fest, dass Rück nicht zu Gesprächen bereit sei.[229]

Im Januar 1959 reiste Rück nach Westberlin. Die IG Druck und Papier hatte eine Vorstandstagung in diese Stadt einberufen, sie wollte dadurch ihre Verbundenheit mit der Westberliner Druckgewerkschaft bekräftigen. Dabei war auch ein Treffen mit Vertretern des FDGB vorgesehen, die Unterredung fand am 21. Januar 1959 statt. Rück und zwei weitere Vorstandsmitglieder der IG Druck und Papier nahmen daran teil.[230] Aber eine wirkliche Annäherung kam nach Auffassung von Rück nicht zustande, in seinem Leitartikel in *Druck und Papier* erklärte er, dass es keine freien Diskussionen mit „ostzonalen" Funktionären geben könne, weil sich diese mit dem „schematischen Wiederkäuen" der sowjetischen Standpunkte begnügten.[231] Jede freie Meinungsbildung werde durch das „Sowjetsystem" unterbunden. Resignierend stellte er fest, dass Gespräche auf höchster Ebene geführt werden müssten, doch dort seien die Befürworter des Kalten Krieges tonangebend.

Trotzdem gehörte Rück nicht zu den Verfechtern einer strikten Abgrenzung. Als der Bundesausschuss des DGB im Februar 1959 diesen Besuch der IG Druck und Papier in Westberlin kritisierte und eine Entschließung über die Ablehnung von Kontakten mit dem FDGB verabschiedete, enthielt Rück sich der Stimme.[232]

---

227 Vgl. Brief Willi Palm vom 12.2.1957 an Fritz Rück, in: SAPMO-BArch DY 39/934
228 Vgl. Bericht Willi Palm über Besuch in Stuttgart am 3./4.10.1957, in: Ebd.
229 Vgl. Bericht Willi Palm über Besuch in Stuttgart am 11.–14.2.1958, in: Ebd.
230 Vgl. *Stuttgarter Zeitung*, Jg. 15, 4.2.1959
231 Vgl. *Druck und Papier*, Jg. 11, Nr. 3, 1.2.1959, S. 42
232 Vgl. Jens Hildebrandt/Boris Schwitzer (Bearb.): Der Deutsche Gewerkschaftsbund 1956–1963 (Quellen zur Geschichte der deutschen Gewerkschaftsbewegung im 20. Jahrhundert; Bd. 12), Bonn 2005, Dok. 51, S. 434f.

8.1.10 Ständig auf Reisen

Für ein Leben außerhalb des Berufs blieb Rück nicht viel Zeit übrig. In einem Brief an Neumann von 1954 seufzte er: „Es ist dauernd etwas los und man ist sehr wenig zu Hause."[233]
Es ist schlicht unmöglich, Rücks vielfältige Reiseaktivitäten aufzuzählen. Er konnte seine Arbeit nicht nur am Schreibtisch erledigen, häufig war er unterwegs, besuchte Konferenzen, Tagungen und Kongresse im In- und Ausland und hielt Vorträge und Reden auf Gau-,[234] Bezirks-[235] und Ortsveranstaltungen. Er wollte kein abgehobener Funktionär sein, der Kontakt mit Gewerkschaftskollegen war ihm wichtig. Auf dem Verbandstag der IG Druck und Papier 1952 betonte er:

> „Ich habe immer gemerkt, das Wertvollste ist, wenn man den Kontakt mit den Gauen oder Bezirken draußen irgendwie selbst bekommt. Ich habe auf meinen Vortragsreisen mit Kollegen oft Stunden gesprochen und gemerkt, man bekommt bedeutend mehr zu erfahren über das innere Leben der Organisation als von den ganzen Briefen und Zeitungsstapeln, die täglich auf der Redaktion einlaufen."[236]

Als Gewerkschaftsredakteur und geschäftsführendes Vorstandsmitglied der IG Druck und Papier hatte er in einer Vielzahl von DGB-Gremien mitzuarbeiten. Er war Mitglied des Bundesausschusses des DGB, der in vierteljährlichem Turnus einberufen wurde.[237] Dieses Gremium empfand Rück als „ineffektiv", die Tagesordnung sei so „vollgestopft", dass entscheidende Fragen nicht besprochen werden könnten.[238] Außerdem war er Mitglied im Presseausschuss, in der Großen Tarifkommission[239] und im Bundesangestelltenausschuss des DGB.[240]
Am liebsten reiste Rück mit dem Zug. Auf seine Gesundheit nahm er dabei keine Rücksicht. Nach Auskunft seines Neffen Benno Bernert konnte er stundenlang stehen und bekam dabei im Halbschlaf ein wenig Erholung.[241] Um Zeit und Geld zu sparen, benützte er seit Mitte der fünfziger Jahre auch das Auto. Er tat dies nur sehr ungern und musste sich immer wieder rechtfertigen. Seinem Freund Fritz Lamm erklärte er, weshalb man seine Autofahrten nicht als bourgeoise Anwandlungen betrachten dürfe:

---

233 Brief Fritz Rück vom 3.7.1954 an Siggi Neumann, in: AdsD, NL Siegmund (Siggi) Neumann, 420, 1/ SNAA000013
234 Auf dem Gautag der IG Druck und Papier Baden-Württemberg 1956 in Karlsruhe informierte Rück die Delegierten über den Stand der Tarifverhandlungen. Vgl. *Druck und Papier*, Jg. 8, Nr. 14, 15.7.1956, S. 278
235 Beim Bezirkstreffen der IG Druck und Papier im Hotel „Rütli" in Bielefeld hielt Rück 1957 die Festansprache. Vgl. *Mitteilungen der Industriegewerkschaft Druck und Papier Bezirk Bielefeld*, Nr. 8/9, Aug/Sept. 1957
236 Protokoll Verbandstag 1952 (Anm. 44) S. 373
237 Vgl. Hildebrandt/Schwitzer 2005 (Anm. 232), S. 9
238 Vgl. Bundeskongress 1954 (Anm. 52), S. 113
239 Vgl. *Druck und Papier*, Jg. 8, Nr. 14, 15.7.1956; Fette 1959 (Anm. 40), S. 127
240 Vgl. *Druck und Papier*, Jg. 7, Nr. 15, 1.8.1955, S. 301; Protokoll Verbandstag 1952 (Anm. 44) S. 178
241 Vgl. Brief Benno Bernert vom 3.10.1993 an die Verfasserin

„Ich möchte noch hinzufügen, dass dieses Autofahren kein Vergnügen ist, sondern eine Pflicht, der ich persönlich so oft wie möglich durch Benutzung der Eisenbahn aus dem Weg zu gehen versuche. Wenn man so zwanzigmal die Strecke Stuttgart-Frankfurt oder Stuttgart-Düsseldorf oder Stuttgart-Hannover in einem Wagen gefahren ist, in dem 4 Personen sitzen, die sonst durchaus nicht das Bedürfnis haben, sich längere Zeit zu unterhalten, so wird gerade diese Seite des Dienstbetriebs alles andere als eine Ausschweifung in die Bourgeoisie empfunden."[242]

Abb. 28: *Rück in England (1952)*

Auch nach seiner Remigration waren die vielfältigen Verbindungen zu seinen Exilländern Schweiz und Schweden nicht abgebrochen. Auf Einladung des schwedischen[243] und schweizerischen Typografenbundes nahm er an Kongressen in Stockholm und Basel teil.[244] Im Juni 1952 reiste er nach Südengland zu einem Kongress der Internationalen Graphischen Föderation (IGF) in Bournemouth, er hatte im April dem Sekretär Charles Woerler seine Hilfe als Dolmetscher angeboten.[245] Auf der Rückreise von seinem Sommerurlaub in Schweden nahm er Anfang September 1952 an einem Kongress des dänischen Buchdruckerverbandes in Kopenhagen teil,[246] er war in Begleitung seiner Frau Britta und seiner Tochter.

Um das Arbeitspensum Rücks zu veranschaulichen, soll exemplarisch sein Terminkalender für das Jahr 1955 rekonstruiert werden, Rück wurde in diesem Jahr 60 Jahre alt. Obwohl weder ein DGB-Kongress noch ein

---

242 Brief Fritz Rück vom 22.6.1955 an Fritz Lamm, in: DEA, NL Fritz Lamm, EB 2002/005
243 Vgl. Brief Svenska Typografförbundets Styrelse vom 23.5.1952 an Fritz Rück, in: ARAB, NL Fritz Rück, Vol. 3
244 Werner Perrenoud vom Schweizerischen Typopraphenbund lud ihn zu einem Besuch in Basel ein. Vgl. Brief Werner Perrenoud vom 23.7.1952 an Fritz Rück, in: ARAB, NL Fritz Rück, Vol. 3, H. 1954/55 fand in Basel ein Gewerkschaftskongress statt, Frau und Tochter Birgitta begleiteten ihn und wohnten – aus Kostengründen – bei Rücks Schwester Anna Bernert. Vgl. Brief Benno Bernert an die Verfasserin vom 3.10.1993
245 Vgl. Brief Charles Woerler vom 21.4.1952 an Fritz Rück, in: ARAB, NL Fritz Rück, Vol. 7
246 Vgl. Brief Dansk Typograf-Forbund vom 4.7.1952 an Industriegewerkschaft Druck und Papier, in: ARAB, NL Fritz Rück, Vol. 3; Brief Heinrich Hansen vom 11.7.1952 an den Dänischen Typografenbund, in: Ebd.

8.1 Politischer Gewerkschaftsfunktionär 321

Gewerkschaftstag stattfand, hatte Rück zahlreiche Verpflichtungen. Seine Anwesenheit bei zwei Sitzungen des Bundesausschusses in der Stromstaße 8 in Düsseldorf im Februar und im Oktober ist in den Protokollen dokumentiert.[247] Zu Beginn des Jahres 1955 nahm er an einer Konferenz der IG Druck und Papier im neu eröffneten Gewerkschaftshaus in Hörste im Teutoburger Wald teil.[248] Im Februar hielt er im Naturfreundehaus „Steinknickle" ein Grundsatzreferat und als die Pariser Verträge im Bundestag debattiert wurden, sprach er auf einer Protestkundgebung in Stuttgart.[249] Im Frühjahr unternahm er eine Reise nach Schweden[250], er schrieb dort für die schwedische Buchdruckerzeitung den Artikel „Aktuella löneproblem i Tyskland".[251] Wieder zurück in Stuttgart, sprach er auf einer Landeskonferenz der Naturfreunde.[252] Im April reiste er von Stuttgart nach Amsterdam zur Konferenz des Exekutivkomitees der IGF,[253] am Ende des Monats nahm er an einer Gautagung der Korrektoren der IG Druck und Papier in Mainz teil.[254] Im Mai organisierte er, wie schon im Jahr zuvor, in Hörste einen deutsch-skandinavischen Studienkreis, wo er die wichtige Tätigkeit eines Übersetzers übernahm.[255] Im nächsten Monat besuchte Rück einen belgischen Bucharbeiterkongress in Brüssel, er genoss die Reise durch die Ardennen.[256] Einige Wochen später war er in Nürnberg, wo er bei einer Angestelltentagung der IG Druck und Papier über die Schwierigkeiten bei der Organisierung der „Büroarbeiter" referierte.[257] Im August hielt er bei einem vom DGB im Rahmen der Ruhrfestspiele arrangierten „Europäischen Gespräch" in Haltern ein Grundsatzreferat.[258] In diesem Monat fand er auch noch Zeit, sich in Mannheim zum Bundesvorsitzenden des Touristenvereins „Die Naturfreunde" (TVdN) wählen zu lassen, anschließend fuhr er in einen kurzen Sommerurlaub nach Schweden. Im September tagte in Luzern der Dritte Kongress der IGF, Rück war dabei.[259] Für die Teilnehmer gab es einen schönen Ausflug um den Vierwaldstätter See und in das Berner Oberland, aber es waren auch

247 Am 17.2.1955 drängte Rück auf eine Forderung nach gesetzlicher Regelung der Vierzig-Stunden-Woche. Vgl. Kaiser 1996 (Anm. 57), Dok. 82, S. 664. Am 11.10.1955 ging es um organisatorische Fragen. Vgl. ebd., Dok. 94, S. 741 und S. 743
248 Vgl. *Druck und Papier*, Jg. 7, Nr. 2, 15.1.1955, S. 25. Das Bergheim Hörste wurde 1954 als Bildungs- und Freizeitstätte der IG Druck und Papier in der Nähe von Detmold eröffnet, es war „neuzeitlich und behaglich" eingerichtet. Vgl. *Druck und Papier*, Jg. 7, Nr. 1, 1.1.1955, S. 19
249 Vgl. *Aufstieg*, Jg. 23, H. 4 (April 1955), S. 71
250 Vgl. Brief Axel Janås vom 22.3.1955 an Rück, in: ARAB, NL Fritz Rück, Vol. 3, S
251 *Svensk Typograftidning*, Jg. 68 (1955), Nr. 7
252 Vgl. *Aufstieg*, Jg. 23, H. 5 (Mai 1955), S. 88 ff.
253 Vgl. *Druck und Papier*, Jg. 7, Nr. 9, 1.5.1955, S. 169
254 Vgl. *Druck und Papier*, Jg. 7, Nr. 15, 1.8.1955, S. 300
255 Vgl. *Druck und Papier*, Jg. 7, Nr. 11, 1.6.1955, S. 206. Ende 1954 bedankte sich Janås für zwei „wunderbare" Wochen, die er im Mai 1954 in Hörste mit Rück erlebt habe. Vgl. Brief Axel Janås vom 23.12.1954 an Fritz Rück, in: ARAB, NL Fritz Rück, Vol. 3, S
256 Vgl. *Druck und Papier*, Jg. 7, Nr. 12, 15.6.1955, S. 235
257 Vgl. *Druck und Papier*, Jg. 7, Nr. 15, 1.8.1955, S. 301
258 Vgl. *Druck und Papier*, Jg. 7, Nr. 16, 15.8.1955, S. 305. Manuskript der Rede in: ARAB, NL Fritz Rück, Vol. 7, S. 243–254
259 Vgl. *Druck und Papier*, Jg. 7, Nr. 19, 1.10.1955, S. 362

viele „ernste und wichtige Probleme" zu debattieren.[260] Die technologische Entwicklung der Setz- und Druckmaschinen zwang besonders die Handsetzer zu gewaltigen Umstellungsleistungen, Rück setzte sich für die Interessen dieser von Rationalisierung bedrohten Berufsgruppe ein.[261]

In einem Bericht über einen Kongress des Schwedischen Typografenverbandes in Stockholm konnte er eine ehrliche persönliche Bemerkung nicht unterdrücken: „Man würde lieber schwimmen oder im Wald spazieren gehen als im Kongreßsaal sitzen."[262]

8.1.11 Letzte Auftritte bei Kongressen

Vom 7. bis 12. September 1959 fand in Stuttgart in der großen Halle auf dem Killesberg der Fünfte DGB-Bundeskongress statt, eröffnet von dem DGB-Vorsitzenden Willi Richter.[263] Walter Fabian erinnerte sich 20 Jahre später: „Fritz Rück war schon vom Tode gezeichnet, und er wusste, dass seine Krankheit unheilbar war. Aber das hinderte ihn nicht, den anstrengenden Beratungen von Anfang bis Ende mit größter Aufmerksamkeit zu folgen und eine temperamentvolle Diskussionsrede zu halten."[264] Rück wandte sich direkt gegen Georg Leber, den jungen, aufstrebenden Vorsitzenden der mitgliederstarken IG Bau-Steine-Erden, der den DGB auf Kosten der kleineren Gewerkschaften zentralisieren wollte. Noch einmal erwachte Rücks Kampfgeist.[265] Er betonte, mit deutlichen Spitzen gegen Leber, dass man gewisse Verschiedenheiten der traditionell gewachsenen Einzelgewerkschaften akzeptieren müsse, jede habe das Recht auf eigene Tarifpolitik und eigene Sozialkassen.[266] In seinem Redebeitrag übte Rück grundsätzliche Kritik an der DGB-Spitze:

> „Dass man in der Frage der Atombewaffnung der Bundesrepublik nichts getan hat nach den ersten Demonstrationen und dass man auch sonst in verschiedener Beziehung keine Politik, die ein klares Ziel hatte, durchführte, das hängt damit zusammen, dass der heutige DGB, das heißt seine Leitung, sehr stark unter dem Einfluss der bestehenden Machtverhältnisse seine Entscheidungen trifft und sich diesen Machtverhältnissen […] unterordnet und anpasst."[267]

---

260 Vgl. ebd.
261 Vgl. *Druck und Papier*, Jg. 7, Nr. 20, 15.10.1955, S. 387
262 *Druck und Papier*, Jg. 8, Nr. 16, 15.8.1956, S. 305
263 Vgl. DGB-Bundesvorstand (Hrsg.): Protokoll des Fünften Ordentlichen Bundeskongresses Stuttgart 1959, Düsseldorf 1959. Richter wurde 1956 Nachfolger von Walter Freitag.
264 *Druck und Papier,* Jg. 31, Nr. 24, 15.12.1979
265 Vgl. Hildebrandt/Schwitzer 2005 (Anm. 232), S. 22
266 Vgl. Protokoll Bundeskongress 1959 (Anm. 263), S. 343
267 Ebd., S. 344

8.1 Politischer Gewerkschaftsfunktionär

Abb. 29: *Rück am Schreibtisch mit Zeitung und Telefon (1959)*

Für seinen zum Schluss ausgesprochenen Wunsch, die Gewerkschaftsbewegung solle „aus dem Zustand der Schwäche, der Halbheiten und der Unzulänglichkeiten herauskommen",[268] erhielt er Beifall.

In drei Artikeln in *Druck und Papier* brachte er seine Kritik am DGB und am Verlauf des Stuttgarter Kongresses zum Ausdruck.[269] Die Gewerkschaftszentrale nannte er nach ihrer Adresse in Düsseldorf in abwertendem Ton „Stromstraße". Die Stimmung im Saale sei „lustlos" gewesen, man hätte die Berichte der Ressorts „absitzen" müssen. Die unteren und mittleren Funktionäre seien unzufrieden mit den geringen Finanzen und der eingeschränkten Entscheidungsfreiheit. Auf dem Kongress habe eine „Stimmung stiller Empörung" geherrscht, führende Leute wie Leber und der „gewichtige" Adolph Kummernuss, Vorsitzender der Gewerkschaft Öffentliche Dienste Transport und Verkehr (ÖTV) hätten sich in den Vordergrund gespielt. Man gebe den Vertriebenenverbänden, die sich als „Vorkämpfer der antikommunistischen Phalanx betrachten", zu viel

---

268 Vgl. ebd., S. 345
269 Vgl. *Druck und Papier*, Jg. 11, Nr. 19, 1.10.1959, S. 366

Einfluss. Über den DGB-Vorsitzenden Richter schrieb Rück: „Man hatte mitunter den Eindruck, als sei er manchen Problemen eher aus dem Wege gegangen, als sie zu lösen."[270]

Zwei Wochen später reiste Rück zu seinem letzten Kongress nach Hannover, wo vom 20. bis 26. September 1959 der fünfte Gewerkschaftstag der IG Druck und Papier stattfand. Rück war nicht mehr Mitglied der Antragskommission, hielt aber neun Redebeiträge.[271] Als es am zweiten Verhandlungstag zu der immer wieder aufflammenden Debatte über Kontakte mit den ostdeutschen Gewerkschaften kam, legte er ausführlich dar, weshalb er trotz aller Kritik an Stalin, der „mit brutalem Sadismus herrschte", immer noch daran festhalte, dass „der Sozialismus eine Zukunft hat".[272] Er hoffe, dass einzelne kommunistische Länder wie Polen, Jugoslawien und China eine eigenständige Entwicklung nehmen und dass sich daraus „etwas Neues" ergeben könnte. „Es besteht immer die Gefahr, dass man, wenn man sich gegen den Kommunismus abgrenzt, dann in das andere Extrem, nämlich in einen fanatischen Antikommunismus verfällt."[273] Und er erinnerte daran, dass vor 40 Jahren die Mörderbande, die Liebknecht tötete, vom Antibolschewismus angetrieben war. Überraschend und prophetisch klingt der Appell Rücks zwei Jahre vor dem Bau der realen Mauer in Berlin: „Wir müssen mitwirken, um die Mauer zwischen Ost und West abzutragen".[274]

Der Verhandlungsleiter rügte ihn, er hatte seine Redezeit um vier Minuten überschritten. Trotzdem beeindruckte sein Auftreten viele Kongressteilnehmer, er erhielt für seine eigenwilligen Ausführungen mehrfach ausdrückliche Zustimmung.[275] Noch 40 Jahre später erinnerte sich die Delegierte Lilo Weindl an den Inhalt dieser Rede, in der Rück „den Kommunismus in Schutz genommen habe".[276] Zum Schluss wurde er ein letztes Mal mit 189 von 222 Stimmen zum Redakteur gewählt.[277] In seiner Dankesansprache stellte er fest, dass mit diesem guten Ergebnis die Spannungen des Frankfurter Gewerkschaftstages von 1956 beseitigt seien. „Es ist gute Demokratie, solche Auseinandersetzungen zu führen." Es war die letzte Anerkennung für seine journalistische Arbeit, er erhielt sie acht Wochen vor seinem Tod.

---

270 *Druck und Papier*, Jg. 11, Nr. 17, 1.9.1959, S. 323
271 Vgl. Industriegewerkschaft Druck und Papier: Protokoll vom fünften ordentlichen Gewerkschaftstag vom 20. bis 26. September 1959 in Hannover, Stuttgart o. J. [1959], S. 332 ff.; S. 372; S. 544; S. 566; S. 675; S. 676; S. 680; S. 711 ff.; S. 736
272 Ebd., S. 335
273 Ebd., S. 334
274 Ebd., S. 335
275 Vgl. ebd., S. 337; S. 338; S. 342; S. 343
276 Interview der Verfasserin mit Lilo Weindl am 18.2.1999 in Aachen. Lilo Weindl war Gaufrauenleiterin der IG Druck und Papier.
277 Vgl. ebd., S. 736

8.1.12 Die NS-Vergangenheit ist noch lebendig

Das Bewusstsein von Schuld und die Verantwortung für die Verbrechen des NS-Regimes war in den fünfziger Jahren kaum vorhanden. Diejenigen, die von einer „unbewältigten Vergangenheit" sprachen, wurden als Nestbeschmutzer diskreditiert.[278] Rück nannte die Zeit des Dritten Reiches etwas unpräzise als „Jahre der dunklen Knechtschaft".[279] Den millionenfachen Mord an den europäischen Juden thematisierte er nicht. Doch er beobachtete und kritisierte die Strategien der nationalsozialistischen Eliten, die Kriegsende, Besatzungszeit und Entnazifizierungsverfahren gut überstanden und wieder in Ämter und Besitz zurückkehrten. In *Druck und Papier* schrieb er darüber nur andeutungsweise, vermutlich musste er Rücksicht nehmen auf christdemokratische Gewerkschaftsmitglieder.[280] Jedoch in dem von ihm herausgegebenen Funktionärsblatt der IG Druck und Papier fand er dazu klare Worte:

> „Das Problem ist nicht ausgestanden, es wird wiederkommen. Wenn wir unsere schöne Bundesrepublik betrachten, so ist ja eines der interessantesten politischen Ergebnisse, dass beispielsweise alle die früheren Nazisten am Anfang versucht haben, kleine Parteien zu bilden, da und dort in Klubs, Stahlhelm- und SS-Treffen sich zusammenzufinden. [...] Sie haben bald gemerkt, es ist doch viel klüger, in die größte Partei, die es gibt, zu gehen. Und in dieser größten Partei, in der CDU, sitzen sie heute in allen möglichen und einflussreichen Positionen. Und wer dort nicht unterschlüpfte, sitzt an wichtigen Stellen des Wirtschaftsapparats. [...] Frühere Offiziere sind heute Industriemanager – und viele von ihnen sind immer noch überzeugte Nazis."[281]

In einem Referat auf einer Naturfreundekonferenz warnte er deutlich davor, dass die alten Anhänger des Herrenmenschentums wieder „aus gewissen Winkeln der Bundesrepublik" hervorkriechen, wo sie sich einige Jahre versteckt hielten.[282]

Der Blick Rücks ging in die Zukunft. Da trotz der guten Konjunktur mit Wirtschaftskrisen zu rechnen sei, könne der Nationalsozialismus in neuer Form wiederauferstehen und die Demokratie beseitigen. Das antigewerkschaftliche Denken der Gegenwart sei ein Relikt aus der NS-Zeit, diesen Zusammenhang formulierte er in einer Rede in vorsichtigen Worten:

> „Ich bin erst 1950 nach 13-jähriger Abwesenheit in Schweden in die Bundesrepublik gekommen. Die Atmosphäre hier war eine ganz andere, und sie ist inzwischen nicht besser

---

278 Vgl. Wolfgang Benz: Zum Umgang mit der nationalsozialistischen Vergangenheit in der Bundesrepublik, in: Jürgen Danyel (Hrsg.): Die geteilte Vergangenheit. Zum Umgang mit Nationalsozialismus und Widerstand in beiden deutschen Staaten (Zeithistorische Studien; Bd. 4), Berlin 1995, S. 51 f.
279 *Aufstieg*, Jg. 21, H. 10 (Oktober 1953), S. 185
280 Vgl. Pirker, Teil 2 1979 (Anm. 61), S. 190
281 *Mitteilungen für Funktionäre der Industriegewerkschaft Druck und Papier*, Jg. 1, H. 8 (November 1957), S. 19
282 Vgl. *Aufstieg*, Jg. 21, H. 10 (Oktober 1953), S. 182

geworden. In dieser Bundesrepublik lebt die alte Einstellung der Jahre 1933 bis 1945 unter der Oberfläche weiter, und es geschieht immer häufiger, dass sie auch an der Oberfläche sichtbar wird. Gewerkschaften, das ist etwas, was man nicht ernst nimmt, was nicht ganz stubenrein ist, Gewerkschaften, man muss sie haben, aber man hat sie ungern. [...] Das ist gewissermaßen die allgemeine Einstellung in Kreisen, die sehr bestimmend sind."[283]

Als Bundesjustizminister Thomas Dehler (FDP) in einer Rundfunkrede die Gewerkschaften für den Zusammenbruch der Weimarer Republik verantwortlich machte, verwies Rück in dem Artikel „Die Schuldfrage" auf die „illustre Gesellschaft" von Industriellen und Bankern, die Hitler den Weg in die Reichskanzlei ebneten.[284] Ein antigewerkschaftliches Flugblatt der FDP ordnete er in die „Propagandistentradition" von Joseph Goebbels ein.[285]

Wegen Sklavenarbeit und Plünderung von Wirtschaftsgütern wurde der Industrielle Alfried Krupp von Bohlen und Halbach 1948 zu einer Haftstrafe von zwölf Jahren verurteilt, schon 1951 entließ man ihn vorzeitig aus dem Kriegsverbrechergefängnis, sein Vermögen wurde ihm zurückgegeben. Als Rück in *Druck und Papier* dagegen protestierte, schrieb ein Essener Bürger und langjähriger Werksangehöriger von Krupp einen wütenden Leserbrief mit dem Vorwurf, dass durch die gehässige Verunglimpfung seiner Firma der „Frieden innerhalb unserer deutschen Schicksalsgemeinschaft" gefährdet werde.[286] Rück erwiderte unmittelbar darauf, dass man die Interessen der Besitzerfamilie nicht mit den Interessen der Beschäftigten gleichsetzen dürfe. Entscheidend sei die Tatsache, dass die Krupp'sche Firmenleitung während des Krieges zahlreiche Verbrechen an Kriegsgefangenen, Deportierten und KZ-Insassen begangen habe. Er widerlegte die Entschuldigung Krupps für sein Handeln, der behauptete, unter Druck gesetzt worden zu sein. „Wenn nicht so viele Würdenträger privater und öffentlicher Natur sich bereitwillig für die Durchführung der Anweisungen von oben eingesetzt hätten [...] dann wäre vieles unterlassen worden, was heute noch die Ereignisse dieser Jahre zu einem Schandfleck der deutschen Geschichte macht."[287] Nachdrücklich lehnte er auch die Forderung nach einem Schlussstrich unter die Taten des NS-Regimes ab: „Es gibt Dinge, die wir im Interesse der weiteren Entwicklung der Demokratie in der Bundesrepublik nicht vergessen oder mit dem Honig einer falschen Kompromissbereitschaft überstreichen wollen."[288]

---

283 *Druck und Papier*, Jg. 7, Nr. 16, 15.8.1955, S. 306
284 Vgl. *Druck und Papier*, Jg. 3, Nr. 21, 1.11.1951, S. 329
285 Vgl. *Druck und Papier*, Jg. 4, Nr. 12, 15.6.1952, S. 226
286 *Druck und Papier*, Jg. 4, Nr. 20, 15.10.1952, S. 383 f.
287 Ebd.
288 Ebd.

8.1.13 Das freie Schweden – die „vermuckerte" Bundesrepublik

Rücks schwedisches Exil brachte ihm einen wichtigen „lebensgeschichtlichen Erfahrungsvorsprung", den er für seine gewerkschaftliche und kulturelle Arbeit nutzbar machte.[289] Häufig verwies er in Reden und Artikeln auf die Erfahrungen und Beobachtungen, die er dort gemacht hatte, er verwendete allerdings nie die Begriffe „Exil" oder „Emigration" sondern bezeichnete Schweden als das Land, in dem er sich „aufgehalten" habe.[290] Er musste vorsichtig sein, ihm war bewusst, dass es auch in Gewerkschaftskreisen viele Ressentiments gegenüber den Emigranten und ihren gutgemeinten Ratschlägen gab.[291] Auch beklagte er sich darüber, dass es in Deutschland viele Verbote und Tabus gebe, z. B. dürfen die Kirchen nicht kritisiert werden.[292]

Immer wieder zog er Vergleiche zwischen den schwedischen und den deutschen Gewerkschaften. Das Grundprinzip des DGB von der parteipolitischen Neutralität und Unabhängigkeit lehnte er ab, denn dies habe zur Folge, dass sich die Parteien innerhalb des Gewerkschaftsbundes „ihre Schlachten liefern."[293] In Schweden hingegen bestehe eine traditionelle Einheit von sozialdemokratischer und gewerkschaftlicher Arbeiterbewegung, der Einfluss der Gewerkschaften auf die sozialdemokratischen Regierungen sei unbestritten.[294] Als bei den Bundestagswahlen 1953 die Hoffnungen der Gewerkschaften auf eine SPD-Regierung nicht erfüllt wurden, wiederholte Rück in einer Rede auf dem Dritten Gewerkschaftstag 1954 in Essen seine Überzeugung: „Schweden hat einen glücklichen Zustand. Dort ist Arbeiterpartei und Gewerkschaftsbewegung im Großen und Ganzen eins. [...] Nur durch diese Einheit war es möglich, das aufzubauen, was man dort geschaffen hat."[295] Diese skandinavische Tradition der fest etablierten Zusammenarbeit habe der schwedischen Arbeiterschaft einen „entscheidenden Einfluss auf die Wirtschaft und die Steuerquellen des Staates" verschafft, dort gebe es beispielsweise eine progressive Besteuerung der hohen Vermögen, die in die Sozialkassen fließe.[296]

---

289 Vgl. Angster 1998 (Anm. 110), S. 26
290 *Druck und Papier*, Jg. 7, Nr. 16, 15.8.1955, S. 306
291 Jan Foitzik: Die Rückkehr aus dem Exil und das politisch-kulturelle Umfeld der Reintegration sozialdemokratischer Emigranten in Westdeutschland, in: Manfred Briegel/Wolfgang Frühwald (Hrsg.): Die Erfahrung der Fremde. Kolloquium des Schwerpunktprogramms „Exilforschung" der Deutschen Forschungsgemeinschaft, Weinheim 1988, S. 270
292 Vgl. *Mitteilungen für Funktionäre der Industriegewerkschaft Druck und Papier*, Jg. 1, H. 7 (Oktober 1957), S. 17 ff.
293 *Druck und Papier*, Jg. 4, Nr. 17, 1.9.1952, S. 321. Vgl. dazu Klaus Misgeld: Folgen des Exils: Wechselseitiges Lernen und besseres gegenseitiges Verstehen, in: Einhart Lorenz et al. (Hrsg.): Ein sehr trübes Kapitel? Hitlerflüchtlinge im nordeuropäischen Exil 1933–1950 (IZRG-Schriftenreihe; Bd. 2), Hamburg 1998, S. 412
294 Vgl. *Druck und Papier*, Jg. 4, Nr. 17, 1.9.1952, S. 321. Auch Brandt wies auf die enge Zusammenarbeit von Gewerkschaften und sozialdemokratischer Partei in Schweden hin. Vgl. Klaus Misgeld: Willy Brandt und Schweden – Schweden und Willy Brandt, in: Einhart Lorenz (Hrsg.): Perspektiven aus den Exiljahren (Schriftenreihe der Bundeskanzler-Willy-Brandt-Stiftung; H. 7), Berlin 2000, S. 62
295 Protokoll Gewerkschaftstag 1954 (Anm. 119), S. 132
296 Vgl. Manuskript der Rede „Europäische Gespräche", in: ARAB, NL Fritz Rück, Vol. 7, S. 249

Immer wieder brachte Rück zum Ausdruck, wie sehr er dieses Land liebte und bewunderte. Stockholm bezeichnete er als eine „wunderbare Stadt", der kurze „Freudenrausch des schwedischen Sommers" bedeute „Lust am Dasein".[297] Im Jahr 1952 wurde in Deutschland ein schwedischer Film aufgeführt, in dem zwei Liebende beim Nacktbaden in einem See gezeigt wurden.[298] Diese Szene galt als anstößig und unmoralisch, doch Rück verteidigte den Film: „Für unsere vermuckerte Bundesrepublik ist es allerdings eine Tat, so etwas im Bild zu zeigen, ein frischer Windzug aus freieren Gegenden."[299] Er stellte fest, dass man bei der Erziehung in Schweden weniger autoritär sei und dass die Frauen größere Selbständigkeit und mehr Rechte hätten als in Deutschland. Die Forderung nach Gleichberechtigung der Geschlechter war in Westdeutschland nicht verwirklicht, auch der DGB war von Männern dominiert. 1954 waren 30 % der Mitglieder der IG Druck und Papier Frauen, doch als Delegierte beim Gewerkschaftstag waren sie nur mit etwas über 6 % vertreten.[300] Die Journalistin Anne-Marie Fabian (1920–1993) erzählte in ihren Erinnerungen, wie Rück ihren Berufseinstieg aktiv förderte. Sie war ihm auf einer Tagung von Gewerkschaftsredakteuren beim DGB-Bundesvorstand begegnet und schrieb: „Ich glaube, ich war außer den Sekretärinnen das einzige weibliche Wesen dort und kam mir sehr verloren vor. Neben mir saß ein älterer Kollege, der mich aus den Augenwinkeln heraus genau musterte und dann ein Gespräch mit mir begann."[301] Rück schlug der jungen Frau vor, einen Artikel zum Thema Kindergeld zu schreiben. Sie war unsicher, ob sie dazu fähig sei, aber Rück ermutigte sie, streckte ihr die Hand hin und sie willigte ein. „Er gab mir, einer Niemandin, diese Chance." Dafür war sie ihm dankbar, sie arbeitete später als freie Mitarbeiterin für *Druck und Papier,* wo sie für die Rubrik „Sozialpolitische Umschau" schrieb. Rück unterstützte sie mit Kritik – er schrieb meistens nur einen Satz auf ein abgerissenes Kalenderblatt – und machte ihr Mut:

> „,Bloß keine Sozialtante werden – politisch urteilen' schrieb er z. B. Ihm habe ich also zu verdanken, dass ich bereits während des Studiums journalistisch tätig wurde. [...] Er hat meinen Berufsweg sieben Jahre begleitet. 1959 ist er an Lungenkrebs gestorben. Er hat mich vor seinem Tode noch auf die Schwierigkeiten einer freiberuflichen Existenz [...] hingewiesen."[302]

Rücks Frauenbild war eine Mischung aus modernen und konservativen Ansichten. In einem unveröffentlichten, sehr persönlichen Manuskript machte er sich Gedanken über Rolle und Aussehen der idealen Frau:

---

297 *Druck und Papier,* Jg. 4, Nr. 17, 1.9.1952, S. 322
298 „Sie tanzte nur einen Sommer" (1951), Regie: Arne Mattsson. Hauptdarstellerin: Ulla Jacobsson
299 *Druck und Papier,* Jg. 4, Nr. 19, 1.10.1952, S. 361 f.
300 Vgl. Protokoll Gewerkschaftstag 1954 (Anm. 119), S. 440
301 Anne-Marie Fabian: Der Traum vom Lernen, in: Inge Stolten (Hrsg.): Der Hunger nach Erfahrung. Frauen nach '45, Berlin/Bonn 1981, S. 54 f.
302 Ebd.

„Ich möchte eine Partei der Frauen gründen, denn Männer haben seit Adam nachgewiesenermaßen genug Unfug gestiftet. [...] Ich möchte Frauen sehen, die nicht nur tüchtig, sondern charmant sind; die nicht nur selbständig sind, sondern ein wenig hilflos tun, nicht nur kameradschaftlich, sondern auch hingebend und bezaubernd sind und keine zinnoberroten Finger- und Fußnägel haben."[303]

Von Rücks Verbundenheit mit Schweden zeugt auch sein Briefwechsel, er ließ seine Kontakte und Verbindungen zu den schwedischen Gewerkschaften nicht abreißen. Axel Janås, Redakteur der Gewerkschaftszeitung *Svensk Typograftidning* forderte Rück immer wieder auf, Artikel für seine Zeitung zu schreiben,[304] schwedische Reisedelegationen in Stuttgart zu empfangen, schwedische Typografen-Kongresse zu besuchen und in der zentralen schwedischen Gewerkschaftsschule, die sich auf der Schäreninsel Runö befand, Kurse zu halten.[305] Während des Druckerstreiks im Frühsommer 1952 begleitete Rück eine Gruppe des schwedischen Buchdruckerverbandes auf einer Deutschlandreise, er kümmerte sich um die Kollegen, auch wenn seine Zeit knapp war.[306] Er organisierte einen Besuch in der Schuhfabrik Salamander in Kornwestheim und eine Schiffsreise auf dem Neckar, die schwedischen Buchdrucker lobten die Gastfreundschaft. Als Rück zu einem Buchdruckerkongress im August 1952 nach Stockholm eingeladen wurde,[307] reiste er mit Frau und Kindern in die alte Heimat. Anschließend machte die Familie dort einen Erholungsurlaub, sie wohnte bei Signe Sjögren, einer Verwandten von Britta Rück.[308] Auch 1954 und 1957 begleitete Rück Delegationen der schwedischen Buchdrucker auf Reisen durch Deutschland und die Schweiz.[309]

8.1.14 Ein begabter Redner

Auf sein äußeres Erscheinungsbild habe Rück wenig Wert gelegt, berichtete seine Kollegin und Mitarbeiterin Lilo Weindl. Doch von seiner rednerischen Gabe war sie sehr beeindruckt. Zu dem Hamburger Kongress der Naturfreunde Internationale (NFI) traf er verspätet ein. Als Weindl ihn am Flughafen abholte, informierte sie ihn über den Inhalt der Referate seiner beiden Vor-

---

303 Fritz Rück: Rede an das XX. Jahrhundert, o. O. und o. J. (Typoskript), S. 1 f., in: ARAB, NL Fritz Rück, Vol. 13
304 Vgl. Brief Axel Janås vom 24.11.1954 an Rück, in: ARAB, NL Fritz Rück, Vol. 3, S; Brief Bertil Nilsson vom 1.10.1954 an Rück, in: Ebd.
305 Vgl. Brief Axel Janås vom 24.11.1954 an Rück, in: Ebd. Ein Nachruf von Axel Janås in Svensk Typograftidning hebt Rücks Kursleitertätigkeit in Runö hervor.
306 Vgl. Brief Albin Heppling vom 24.6.1952 an Fritz Rück, in: ARAB, NL Fritz Rück, Vol. 3, H
307 Brief Svenska Typografförbundets Styrelse vom 23.5.1952 an Fritz Rück, in: ARAB, NL Fritz Rück, Vol. 3, K
308 Vgl. Briefe Inge Noller vom 2.8.1952 und 15.8.1952 an Fritz Rück, in: ARAB, NL Fritz Rück, Vol. 3, N; Brief Max Barth vom 4.8.1952 an Fritz Rück, in: ARAB, NL Fritz Rück, Vol. 3, B
309 Vgl. Brief Axel Janås vom 5.8.1954 und 6.3.1957 an Rück, in: ARAB, NL Fritz Rück, Vol. 3, S

Abb. 30: *Rück als Redner (o. D.)*

redner, worauf Rück eine improvisierte Rede hielt, die sich nahtlos daran anschloss.[310] Auch Lamm bewunderte den Vortragsstil seines Freundes. Seine Reden seien „in blendendem Stil" vorgetragen und gut fundiert, auch wenn er sie nur kurz zuvor auf einem Stück Papier konzipiert hatte, dies gelinge ihm mit „leichter Hand".[311] Mit seiner „weithin schallenden Stimme" habe er seine Zuhörer beeindruckt, so ein Nachruf der IGF von 1960.[312] Seine temperamentvollen Auftritte hatten oft polarisierende Wirkung, es gab lebhafte Diskussionen nach seinen Referaten und Vorträgen.[313] Als er auf dem Gewerkschaftstag der IG Druck und Papier in Frankfurt über das schwierige Thema gerechter Tarife für die einzelnen Berufssparten referierte, sagte seine Nachrednerin beeindruckt: „Nach einer so großartigen Rede ist es für mich schwer, meine Stellungnahme abzugeben."[314] Humorvolle und witzige Beiträge wurden positiv aufgenommen, zuweilen vermerkte das Protokoll Zwischenrufe wie: „Bravo! und starker Beifall", oft auch „Heiterkeit".[315] Auf allen Gewerkschaftstagen seit 1951 erhielt er das Vertrauen der Delegierten.

8.2 Eigenwilliges SPD-Mitglied

8.2.1 Die „roten Fritzen" in Stuttgart

Schumacher war der beherrschende und unumstrittene Vorsitzende der Nachkriegs-SPD, kompromisslos, oft auch starrsinnig übte er Kritik an den Alliierten und an der Adenauer-Regierung.[316] Seine charismatische Persönlichkeit verhinderte innerparteiliche Diskussionen. Theo Pirker, ein kritischer Soziologe und Mitarbeiter von Agartz, beschrieb die Stimmung in der Partei: „Der Partei hing der Geist der Müdigkeit und des Missmuts, der Selbstbemitleidung und der Selbstgerechtigkeit an."[317] Mit Misstrauen beobachtete Schumacher das Treiben der drei linken „Stuttgarter Fritzen" Rück, Helmstädter[318] und Lamm, wie sich die sozialdemokratische Historikerin Susanne Miller erinnerte.[319] Als Schumacher im August 1952 starb, würdigte Rück den Verstorbenen in *Druck und Papier* nur mit einer Kurzmeldung, eine Lobeshymne, die manche von ihm erwarteten, wurde es nicht.[320] Schwerpunkt von Rücks Tätigkeit war die Gewerkschaft,

---

310 Vgl. Interview der Verfasserin mit Lilo Weindl am 18.2.1999 in Aachen
311 Brief Fritz Lamm vom 18.9.1955 an Herbert Faller, in: DEA, NL Fritz Lamm, EB 2002/005
312 Vgl.: ARAB, NL Fritz Rück, Vol. 18
313 Vgl. Nachruf von Birkert in: *Naturfreundeecho*, Jg. 2 , Nr. 6, November/Dezember 1959, S. 2
314 Protokoll Gewerkschaftstag 1956 (Anm. 213), S. 352
315 Ebd., S. 635
316 Vgl. Peter Merseburger: Der schwierige Deutsche. Kurt Schumacher. Eine Biographie, Stuttgart 1995, S. 334
317 Theo Pirker: Die SPD nach Hitler. Die Geschichte der Sozialdemokratischen Partei Deutschlands 1945–1964, München 1965, S. 150
318 Fritz Helmstädter (1904–1971) war seit 1954 Stuttgarter Kreisvorsitzender und Landtagsabgeordneter, er wurde 1959 Rücks Nachfolger als Vorsitzender des TVdN.
319 Vgl. Jochen Zimmer: Spurensuche. Grüne Sozialisten der Weimarer- und Adenauerzeit, in: *Grüner Weg*, Jg. 13, Juni 1999, S. 20
320 Vgl. *Druck und Papier*, Jg. 4, Nr. 17, 1.9.1952, S. 325. Rück weilte im August 1952 mit seiner Familie in Schweden, seine Sekretärin Inge Noller schlug ihm vor, Schumacher ausführlich zu würdigen. Vgl. Brief Inge

zudem war er – wie auch Lamm – aktives Mitglied des SPD-Ortsvereins Stuttgart-Nord.[321] In Mitgliederversammlungen, die in der Gaststätte „Apostel" stattfanden, referierte er über Wiederaufrüstung und Deutschlandpolitik. 1954 wurde er auf dem Landesparteitag in Reutlingen zusammen mit Heinz Kluncker und Lilo Weindl für drei Jahre zum stellvertretenden Stuttgarter Kreisvorsitzenden gewählt.[322] Auf zwei SPD-Parteitagen vertrat er als Delegierter den Bezirk Südwest. Lamm, der das Stuttgarter Parteileben als „tot und langweilig" erlebte, begrüßte Rücks Wahl in den Kreisvorstand, in einem privaten Brief schrieb er, sein neuer Mitstreiter sei „links, politisch und formatvoll", er bringe „frischen Wind".[323] Im Kreisvorstand der SPD Stuttgart, dessen Sekretariat sich in der Werastraße 10 befand, gab es oft lebhafte Diskussionen zwischen Rück, Lamm und Henker, die eine linke Opposition gegen die „biedere Stuttgarter Parteiführung" bildeten.[324]

Rück unterstützte die Jugendarbeit, gemeinsam mit Lamm hielt er Kurse und Schulungen bei den Jungsozialisten und der sozialistischen Jugendorganisation „Die Falken".[325] Er blieb nicht bei der Theorie stehen, aktiv beteiligte er sich an der Protestbewegung gegen die Wiederaufrüstung. Im Dezember 1956 wurde er von linken Jugendgruppen in Ulm (Jungsozialisten, Naturfreundejugend, Kriegsdienstgegner und „Falken") zu einem Vortrag eingeladen, er sollte zum Thema „Schluss mit der Politik der Stärke" im Mohrensaal des Gewerkschaftshauses am Weinhof sprechen. Mit Werbelautsprechern fuhren die Jugendlichen durch die Stadt und sorgten für einen vollen Saal. Rück erinnerte an die Großmachtpolitik Wilhelms II., die Deutschland in die Katastrophe geführt habe. Die modernen Atom- und Wasserstoffbomben seien eine gewaltige Bedrohung, die Welt bewege sich am Rand eines Krieges. Die Diskussion verlief turbulent, zwei lärmende Kontrahenten mussten aus dem Saal gebracht werden.[326]

Die Stuttgarter Parteileitung der SPD wollte nicht hinnehmen, dass die Referenten Rück und Lamm, die sich beide offen zum Sozialismus bekannten, Einfluss auf die Jugendlichen nahmen und sorgte dafür, dass die beiden im März 1957 auf der Kreisdelegiertenversammlung nicht mehr in die Parteileitung gewählt wurden.[327] Als Redakteur der IG Druck und Papier und als Bundes-

---

Noller vom 21.8.1952 an Fritz Rück, in: ARAB, NL Fritz Rück, Vol. 3, N

321 Vgl. Simon et al. 1990 (Anm. 10), S. 80 ff. Kritidis 2008 (Anm. 49), S. 65 schreibt, dass Rück in den SPD-Ortsvorstand gewählt worden sei. Dafür konnten allerdings keinerlei Belege gefunden werden.

322 Vgl. Todesanzeige der SPD Kreis Stuttgart vom 21/22.11.1959, in: ARAB, NL Fritz Rück, Vol. 14; SPD-Pressedienst P/XIV/264 vom 20.11.1959, in: AdsD, Sammlung Personalia 8269

323 Brief Fritz Lamm vom 10.3.1954 an Erna Blomeyer, in: DEA, NL Fritz Lamm, EB 2002/005

324 Interview der Verfasserin mit Fritz Henker am 26.10.1995 in Stuttgart. Vgl. dazu: Siegfried Bassler (Hrsg.): Mit uns für die Freiheit. 100 Jahre SPD in Stuttgart, Stuttgart/Wien 1987, S. 130

325 Im Juni 1954 hielt Rück auf einer Schulungsveranstaltung auf dem Raichberg ein Referat mit dem Titel: „Der Mensch im modernen Industriebetrieb". Vgl. *Der rote Falke*. Organ der Sozialistischen Jugend Deutschlands, Unterbezirk Stuttgart, Jg. 1, Nr. 2, 1.6.1954, S. 6; vgl. Benz 2007 (Anm. 77), S. 327

326 Vgl. *Schwäbische Donauzeitung*, Jg. 12, Nr. 282, 5.12.1956; Klaus Beer: Auf den Feldern von Ulm. In den wechselnden Winden von Adenauer bis Willy Brandt, Blaubeuren 2008, S. 43

327 Vgl. Benz 2007 (Anm. 77), S. 324

8.2 Eigenwilliges SPD-Mitglied

vorsitzender der Naturfreunde fehlte es Rück aber nicht an Möglichkeiten, seine Positionen zu vertreten.

8.2.2 Ist Wiederaufrüstung denkbar?

Wie die Gewerkschaften, so war auch die SPD gegenüber den Wiederaufrüstungsplänen der Regierung Adenauer zutiefst gespalten. In den Parlamenten unterstützte sie die Wehrgesetzgebung, musste aber andererseits Rücksicht nehmen auf den in den eigenen Reihen und in der Bevölkerung vorhandenen Widerstand gegen die Remilitarisierung.[328] Die Bundestagswahl vom September 1953 bestätigte Adenauers Kurs der Westintegration und der Wiederaufrüstung. Rück, bekannt als Aufrüstungsgegner, fuhr im Juli 1954 als Delegierter des Bezirks Südwest zum SPD-Parteitag nach Berlin.[329] Auch der schwedische Ministerpräsident Tage Erlander nahm in Begleitung seines Sekretärs Olof Palme an diesem Parteitag teil.[330] Erlander erwähnte in seiner Ansprache die sozialdemokratischen Flüchtlinge, die nach 1933 in Schweden Aufnahme gefunden hatten und von denen außer Rück eine ganze Reihe auf dem Parteitag erschienen waren.[331]

Es entbrannte eine heftige und verwirrende Debatte über die Sicherheits- und Deutschlandpolitik. Der Parteivorsitzende Erich Ollenhauer und der rechte Flügel forderten als Konsequenz der Wahlniederlage eine Anpassung an die Politik der Bundesregierung. In seinem Hauptreferat schloss Ollenhauer die Möglichkeit eines deutschen Wehrbeitrags nicht grundsätzlich aus.[332] Rück war der erste Redner nach dem Parteivorsitzenden, in seiner auf zehn Minuten begrenzten Rede äußerte er zum ersten Mal Einschränkungen seiner kompromisslosen Ablehnungshaltung von 1952.[333] Er gab sogar seinem Vorredner darin recht, dass auch Deutschland seine Staatsform, die er als „echte Demokratie" bezeichnete, mit militärischen Mitteln verteidigen müsse:

> „Wir sind für die Verteidigung der Demokratie, und man wird auch der Frage des Aufbaus eines Wehrapparats nähertreten müssen – später einmal, wenn die Frage der nationalen Souveränität und die Frage eines Friedensvertrags für Deutschland gelöst ist.

---

328 Vgl. Gerhard Stuby: Die SPD während des Kalten Krieges bis zum Godesberger Parteitag (1949–1959), in: Jutta von Freyberg et al.: Geschichte der deutschen Sozialdemokratie, Köln 1989³, S. 376
329 Weitere Aufrüstungsgegner waren: Peter Blachstein, Fritz Baade, Walter Möller-Dostali, Josef Grunner und Olaf Ratge. Vgl. ebd., S. 396, Anm. 120
330 Vgl. Klaus Misgeld: Sozialdemokratie und Außenpolitik in Schweden. Sozialistische Internationale, Europapolitik und die Deutschlandfrage 1945–1955 (Campus Forschung; Bd. 392), Frankfurt/New York 1984, S. 448
331 Neben Rück waren dies Arno Behrisch, Peter Blachstein, Willy Brandt, Paul Bromme, Ernst Paul, Luise Sassnick und Herbert Wehner. Vgl. ebd., S. 452
332 Vgl. Vorstand der SPD (Hrsg.): Protokoll der Verhandlungen des Parteitags der Sozialdemokratischen Partei Deutschlands vom 20. bis 24. Juli 1954 in Berlin, Berlin-Grunewald 1954, S. 54 ff.; Peter Müller: Das „Volkspartei"-Konzept der SPD, in: Das Ende der Arbeiterbewegung in Deutschland? Ein Diskussionsband zum sechzigsten Geburtstag von Theo Pirker, Opladen 1984, S. 391
333 Vgl. Protokoll Parteitag 1954 (Anm. 332), S. 71 ff.

Wenn das dann noch möglich oder notwendig ist – infolge der technischen Entwicklung – sich mit einem militärischen Apparat zu umgeben, [...] dann glaube ich, könnte man einen wirklichen Apparat zur Verteidigung der Demokratie aufbauen."[334]

Rück erklärte nicht, was er sich unter einem „wirklichen Apparat zur Verteidigung der Demokratie" vorstellte. Die Remilitarisierung war für ihn denkbar geworden, doch sie sollte auf einen späteren Zeitpunkt verschoben werden. Erst wenn die nationale Frage gelöst und ein Friedensvertrag geschlossen sei, dürfe eine Armee aufgebaut werden. Diese Ziele lagen natürlich in weiter Ferne! Im folgenden Hauptteil seiner Rede argumentierte Rück deutlich gegen die Aufrüstungspläne. In der gegenwärtigen Weltlage sah er – im Gegensatz zu Ollenhauer – Anzeichen dafür, dass eine „gewisse internationale Entspannung" eingetreten sei.[335] Diese dürfe nicht durch die geplante deutsche Wiederbewaffnung erschwert werden. Deutschland habe keine Veranlassung, sich in den „Zweifrontenkampf der großen Weltmächte" einzugliedern. Die militärische und politische Einbindung in ein kollektives Verteidigungssystem lehnte er ab, denn dies bedeute eine „unerhörte Erschwerung für die Schaffung der Einheit Deutschlands".[336] Er wiederholte seine Befürchtung, dass eine deutsche Armee ein Wiedererstarken faschistischer Kräfte im Innern zur Folge habe könnte. Denn diese beabsichtigten, die Bundesrepublik zu einer „europäischen Ordnungszelle" zu machen, so wie man „in der Weimarer Republik Bayern als Ordnungszelle von Deutschland verstanden hat".[337] Rücks Redebeitrag wurde viermal von lebhaftem Beifall unterbrochen, sein Freund Lamm äußerte sich zufrieden mit seinem Auftritt.[338]

Die verwirrenden Diskussionen des Berliner Parteitags brachten keine klare Entscheidung für oder gegen die Wiederbewaffnung.[339] Schließlich wurde eine schwammige Kompromissformel gefunden, die Zugeständnisse an alle Richtungen in der Partei machte.[340] Die Unterzeichnung der Pariser Verträge im Oktober 1954, die die Aufstellung einer westdeutschen Armee und die Eingliederung in das nordatlantische Verteidigungsbündnis NATO fixierten, war eine bittere Niederlage für die Remilitarisierungsgegner.

---

334 Ebd., S. 72 f.
335 Rück meinte damit die Genfer Konferenz von 1954, bei der die Großmächte über eine Lösung des Indochinakonflikts verhandelten.
336 Protokoll Parteitag 1954 (Anm. 332), S. 73. Auch die SPD lehnte einen Eintritt in die NATO ab, sie ging davon aus, dass dies die Chancen auf eine Überwindung der deutschen Teilung erheblich mindern würde. Vgl. Alexander Muschik: Die beiden deutschen Staaten und das neutrale Schweden. Eine Dreiecksbeziehung im Schatten der offenen Deutschlandfrage 1949–1972 (Nordische Geschichte; Bd. 1), Münster 2005, S. 78
337 Protokoll Parteitag 1954 (Anm. 332), S. 72
338 Vgl. Brief Fritz Lamm vom 2.9.1954 an Adolf Schröder, in: DEA, NL Fritz Lamm, EB 2002/005
339 Vgl. Thomas 1970 (Anm. 190), S. 406 ff.
340 Vgl. Udo F. Löwke: Für den Fall, dass... Die Haltung der SPD zur Wehrfrage 1949–1955, Hannover 1969, S. 171

8.2.3 SPD-Parteitag 1956

Im Juli 1956 fuhr Rück wieder als Vertreter des Bezirks Südwest zum SPD-Parteitag nach München. Die Delegierten hofften voller Optimismus, dass der Stern Adenauers im Sinken sei und die SPD bei den nächsten Bundestagswahlen im Jahr 1957 gute Chancen habe, aus der Opposition herauszukommen. Es herrschte eine harmonische Grundstimmung, Ollenhauer bediente sowohl den radikalen als auch den gemäßigten Flügel, nach Rücks Einschätzung zeigte sich keine „nennenswerte Linke".[341] Diese Situation forderte ihn dazu heraus, mit einer kurzen und sehr persönlich gehaltenen Rede „gegen den Strom zu schwimmen".[342] Abweichend vom Tagesordnungspunkt „Automatisierung" sprach er über seine kommunistische Vergangenheit und über den Wandel seiner Anschauungen. Es waren locker zusammengefügte Gedankengänge, er lenkte den Blick zurück auf die Zeit nach der Oktoberrevolution, die er als junger Kommunist erlebt hatte:

„Ich bin ja als Mitglied des Spartakusbundes aus dem Ersten Weltkrieg aus dem Widerstand gegen die Kriegsbewilligungspolitik in die kommunistische Bewegung gekommen. Wir haben damals die große Perspektive gesehen, die 1918 aufgestellt wurde: dass ein agrarisches Russland und ein industrialisiertes Deutschland zusammen einen solchen Sektor eines sozialistischen Aufbaus geben, der die Weltpolitik beeinflussen könnte. Es ist anders gekommen bei uns."[343]

Offen berichtete er vor den 386 Delegierten über seine Erlebnisse im bolschewistischen Russland:

„Als ich im Jahre 1921 auf dem Dritten Kongress der Komintern in Moskau war, da fühlte ich damals, [...] wie der ungeheure Unterschied zwischen den Kulturstufen in Russland und im Westen einwirkte [...] auf alles, was sich dort abspielte. Der Stalinismus war doch gar nichts anderes als der Versuch, die modernste Theorie auf ein barbarisches Land aufzupfropfen und nun mit Peitschenschlägen dieses Land in die modernste Entwicklung hineinzuzwingen. [...] Entscheidend für den Stalinismus ist die Auffassung: Der Zweck heiligt die Mittel, [...] ganze Generationen können als Treppenstufen benutzt werden."[344]

Nach dem mahnenden ersten Glockenzeichen des Vorsitzenden Waldemar von Knoeringen machte Rück noch drei Vorschläge zur Lockerung des strengen Regimes der „Ostzone", doch nach

---

341 *Druck und Papier*, Jg. 8, Nr. 15, 1.8.1956, S. 294
342 Ebd.
343 Vorstand der SPD (Hrsg.): Protokoll der Verhandlungen des Parteitags der Sozialdemokratischen Partei Deutschlands vom 10. bis 14. Juli 1956 in München, München o. J. [1956], S. 79
344 Ebd.

zwei weiteren Glockenzeichen musste er widerstrebend seine Ausführungen beenden.³⁴⁵ Es verwundert, dass Rück, kurz vor dem KPD-Verbot durch das Bundesverfassungsgericht im August 1956, so offen über seine Erfahrungen als Spartakist und Kominternmitglied redete. Mit seinem persönlichen Rückblick auf eine längst vergangene Zeit wollte er an die geschichtliche Entwicklung des Sowjetsystems erinnern und „in diesem verkrampften und geteilten Nachkriegsdeutschland" um Verständnis werben für eine Annäherung zwischen Ost und West. Zurückgekehrt nach Stuttgart dämpfte er auf einer Bezirksversammlung die „bombastischen Hoffnungen" der Genossen auf einen Wahlsieg,³⁴⁶ die Ergebnisse der Bundestagswahlen im folgenden Jahr sollten ihm recht geben.

Abb. 31: *Rück (o. D.)*

In die Diskussion um ein neues Grundsatzprogramm der SPD, die schon seit 1954 geführt wurde, hat sich Rück nicht eingeschaltet. Im September 1957 versuchte sein Freund Lamm, die sozialistischen Kräfte innerhalb der SPD zu sammeln, um zu verhindern, dass diese Partei ihre marxistischen Grundlagen völlig aufgibt. Rück wurde Ende 1957 als Teilnehmer einer geplanten innerparteilichen Konferenz vorgeschlagen.³⁴⁷ Doch er hatte im Jahr 1958 nicht mehr die Energie, sich in die Programmdiskussion einzuschalten. Wenige Tage vor seinem Tod wurde das Godesberger Programm verabschiedet, mit dem sich die SPD ihrer klassenkämpferischen Tradition entledigte und sich als Volkspartei präsentierte.

8.3 Bundesvorstand des Touristenvereins „Die Naturfreunde"

8.3.1 Rücks Weg in die Naturfreundebewegung

Es ist ein Zufall, dass der TVdN im Geburtsjahr Rücks 1895 in Wien gegründet wurde. Bei seiner Gesellenwanderung nach Österreich im Jahr 1914 machte der junge Rück zusammen mit seinem Freund Birkert in der Buchdruckerherberge in Linz Bekanntschaft mit den Pionieren der Natur-

---

345 Vgl. ebd., S. 80
346 Vgl. Brief Fritz Lamm vom 28.7.1956 an Erna Blomeyer, in: DEA, NL Fritz Lamm, EB 2002/005
347 Vgl. Kritidis 2008 (Anm. 49), S. 413

8.3 Bundesvorstand des Touristenvereins „Die Naturfreunde"

freundebewegung.[348] Von Österreich breitete sich die Naturfreundebewegung gewissermaßen „in Apostelmanier" aus, wandernde Mitglieder gründeten auch in Deutschland neue Ortsgruppen.[349] Die Ortsgruppe Stuttgart entstand im April 1910, das „Steinknickle" bei Heilbronn wurde 1913 als erstes württembergisches Naturfreundehaus eingeweiht.[350] Die deutschen Naturfreunde lösten sich erst in den zwanziger Jahren von der Zentrale in Wien und bildeten einen eigenen nationalen Verband.[351] Eine Geschäftsstelle wurde in Nürnberg eingerichtet, seit 1921 amtierte dort Reichsleiter Franz Xaver Steinberger, der sich zur SPD bekannte.[352] In diesen Jahren hatte Rück keinen Kontakt zum TVdN. In den Jahren der nationalsozialistischen Diktatur war die Organisation verboten, die Häuser wurden beschlagnahmt.[353] Nach Kriegsende wurde das eigenständige sozialdemokratische und kommunistische Vereinswesen nicht mehr wiederbelebt,[354] Rück beklagte häufig die „Traditionslosigkeit" der neuen westdeutschen Arbeiterbewegung und den Verlust geistiger Werte.[355] Der einzige wiedergegründete Arbeiterkulturverband war der TVdN, dort begegnete Rück alten Freunden und Weggefährten.[356] Sein Jugendfreund Birkert setzte sich als Landesbildungsleiter und seit 1949 als Landesvorsitzender der württembergischen Naturfreunde für den Wiederaufbau der Organisation ein.[357] In zahlreichen Briefen bemühte er sich, die Verbindung zu Rück in Schweden wieder aufzunehmen.[358] 1946 klagte er über die schwierige Aufbauarbeit in Stuttgart, den Mangel an führenden Männern, die schlechten Ernährungsverhältnisse und – nicht unwichtig – mangelhaftes Schuhwerk.[359] Aufreibend war auch der Kampf um die Rückgabe der von den Nazis geraubten und verwüsteten Häuser. Im August 1946 konnte der Landesverband Nord-Württemberg[360] die erste Nachkriegsausgabe seines traditionellen Mitteilungsblatts *Aufstieg* im Format eines Schulhefts drucken, die amerikanische Militärregierung

---

348 Vgl. Emil Birkert: Von der Idee zur Tat. Aus der Geschichte der Naturfreundebewegung, Heilbronn o. J. [1970], S. 29
349 Vgl. Dagmar Günther: Wandern und Sozialismus. Zur Geschichte des Touristenvereins „Die Naturfreunde" im Kaiserreich und in der Weimarer Republik, Hannover 2003, S. 7
350 Vgl. *Aufstieg*, Jg. 18, H. 10 (Oktober 1950), S. 379
351 Vgl. Augustin Upmann/Uwe Rennspieß: Organisationsgeschichte der deutschen Naturfreundebewegung bis 1933, in: Jochen Zimmer (Hrsg.): Mit uns zieht die neue Zeit. Die Naturfreunde. Zur Geschichte eines alternativen Verbandes in der Arbeiterkulturbewegung, Köln 1984, S. 72 f.
352 Vgl. Hartmann Wunderer: Der Touristenverein „Die Naturfreunde" – eine sozialdemokratische Kulturorganisation (1895–1933), in: IWK Jg. 13 (1977), H. 4, S. 518
353 Vgl. Jochen Zimmer: „Mit uns zieht die neue Zeit", in: Zimmer 1984 (Anm. 351), S. 18
354 Vgl. Jochen Zimmer: „...an der grauen Stadt vorüberzieh'n!". Kurzer Lehrgang der Geschichte der sozialdemokratischen Jugendgruppen, in: Ders. (Hrsg.): Lagerfeuer im Atomzeitalter. Gewerkschaftliche und sozialdemokratische Jugendgruppen unter dem Einfluß der APO, Duisburg 2009, S. 55 f.
355 Vgl. *Aufstieg*, Jg. 18, H. 8 (August 1950) S. 353; *Druck und Papier*, Jg. 8, Nr. 8, 15.4.1956, S. 152
356 Albert Kern war Mitglied der Stuttgarter FJO und wurde nach 1945 Landesvorsitzender der württembergischen Naturfreunde. Vgl. Emil Birkert: Am Rande des Zeitgeschehens, Stuttgart 1983, S. 210
357 Birkert wurde 1927 aus der KPD ausgeschlossen und gehörte dann der KPO an.
358 Vgl. Birkert 1983 (Anm. 356), S. 217
359 Brief Emil Birkert vom 6.9.1946 an Fritz Rück, in: ARAB, NL Fritz Rück, Vol. 3, B
360 Dieser vereinigte sich 1949 mit dem Landesverband Süd-Württemberg.

gab die Genehmigung.³⁶¹ Schriftleiter war Birkert, er schickte diese Zeitschrift auch nach Schweden. So wurde Rück Mitglied der nord-württembergischen Naturfreunde³⁶² und bot Birkert in einem Brief seine Mitarbeit an:

> „Liebe Genossen! Ich habe mich außerordentlich gefreut, Eure Zeitschrift zu Gesicht zu bekommen, die trotz ihrer geringen Möglichkeiten ein leuchtendes Zeugnis geistigen Aufbauwillens ist. [...] Es ist uns im Auslande völlig klar, dass eine der Hauptaufgaben im jetzigen Deutschland darin besteht, den geistigen Schutt wegzuräumen, der sich angesammelt hat. [...] Soweit es mir möglich ist, will ich mithelfen, dass Ihr aus der Isolierung herauskommen könnt, die ja dauernd auf die Sinne drücken muss. Ihr könnt also auf mich als Mitarbeiter rechnen. – Ich werde in der schwedischen Presse über Eure Arbeit berichten."³⁶³

Schon in der zweiten Nummer des *Aufstieg* erschien ein Gedicht von Rück.³⁶⁴ Birkert ermunterte ihn: „Es tut seine Wirkung. Ein alter bekannter Name taucht wieder auf, einer von denen, die man für verschollen hielt."³⁶⁵ Er bat um weitere Beiträge, ein Reisebericht „würde zweifellos einschlagen".³⁶⁶ Im Herbst 1948 veröffentlichte Rück in der schwedischen Holz- und Waldarbeiterzeitung *SIA* einen längeren Artikel über die Wiederaufbauarbeit in Württemberg. Dieser wurde im Januar 1949 im *Aufstieg* unter seinem Pseudonym Peter Wedding in schwedischer und in deutscher Sprache abgedruckt.³⁶⁷ Rück hob hervor, dass es wichtig sei, „besonders die Jugend aus der Erniedrigung der Hitlerzeit zu erheben und anzuknüpfen an dem wertvollen geistigen Gut der deutschen Arbeiterbewegung." Er war allerdings der Meinung, dass die kulturellen Vorbilder in der Zeit vor dem Ersten Weltkrieg gesucht werden sollten, die „Auflösungstendenzen" der Weimarer Republik seien zu vermeiden. Dieser Bericht fand Beachtung, Birkert schrieb: „Ein allgemeines Rätselraten hat begonnen, wer wohl der Peter Wedding sein möge, der die Verhältnisse unseres Ländchens so gut kennt."³⁶⁸ Für das Jahr 1949 lud er Rück zu einer Vortragsreise durch Württemberg ein. Birkert war der Meinung, dass Rück, der in anderen Ländern Erfahrungen sammeln konnte, einen Vorsprung hatte, während die Mitglieder des Vereins zwölf Jahre lang von allen Möglichkeiten der Weiterentwicklung abgeschlossen waren.³⁶⁹

---

361 Vgl. Birkert 1970 (Anm. 348), S. 116
362 Vgl. Nachruf von Emil Birkert, in: *Aufstieg*, Jg. 27, H. 12 (Dezember 1959), S. 236
363 Brief Fritz Rück vom 13.12.1946 an Emil Birkert. Zit. nach: Birkert 1970 (Anm. 348), S. 177
364 Vgl. *Aufstieg*, Jg. 14, H. 2 (September 1946), S. 18
365 Brief Emil Birkert vom 6.9.1946 an Fritz Rück, in: ARAB, NL Fritz Rück, Vol. 3, B
366 Ebd.
367 Peter Wedding: En tysk kulturorganisation (Eine deutsche Kulturorganisation), in: *SIA*, 1948, abgedruckt und übersetzt in: *Aufstieg*, Jg. 17, H. 1 (Januar 1949), S. 12 ff.
368 Brief Emil Birkert vom 2.1.1949 an Fritz Rück, in: ARAB, NL Fritz Rück, Vol. 3, B
369 Vgl. Julia Angster: Wertewandel in den Gewerkschaften. Zur Rolle gewerkschaftlicher Remigranten in der Bundesrepublik der 1950er Jahre, in: Claus-Dieter Krohn/Patrik von zur Mühlen: Rückkehr und Aufbau nach 1945. Deutsche Remigranten im öffentlichen Leben Nachkriegsdeutschlands, Marburg 1997, S. 133

In Stuttgart-Feuerbach trat Rück im März 1950 zum ersten Mal als Redner auf einer Landeskonferenz der württembergischen Naturfreunde auf und hielt ein Referat über sein Lieblingsthema „Die kulturellen Aufgaben der Naturfreunde". Er beschrieb die schwierige Lage nach dem Krieg:

> „In den deutschen Städten gibt es viel Schutt, es gibt aber noch viel mehr seelischen Schutt. [...] Die Welt geht nicht einer harmonischen Periode entgegen. Der Gegensatz zwischen Ost und West liegt wie eine schwarze Wolke hinter allem. Daneben herrscht das Gefühl vor, dass man machtlos ist."[370]

Über den Zustand der Naturfreundeorganisation hatte er sich genauere Kenntnisse verschafft:

> „Die Zusammensetzung unserer Mitgliedschaft ist erfreulich, und die Naturfreundebewegung ist wahrscheinlich die gesündeste Organisation in ganz Deutschland. Bei den Gewerkschaften und den Parteien fehlt die Jugend. Das zeigt, es ist den Naturfreunden gelungen, die Jugend heranzuziehen, sie mitzubekommen, und dies ist ein guter Anfang."[371]

8.3.2 Rück wird Bundesvorsitzender

Als sich im August 1949 die zehn westdeutschen Landesverbände der Naturfreunde zusammenschlossen und eine Bundesleitung Westdeutschland bildeten, behielt diese ihren Sitz in Nürnberg. Auch die Wahl des 70-jährigen Steinberger zum Bundesvorsitzenden war eine deutliche Anknüpfung an die Zeit vor 1933. Dieser altgediente Funktionär aus Franken hatte im März 1933, als der Organisation Verbot und Enteignung drohten, den neuen Machthabern seinen Willen zur Zusammenarbeit bekundet und versucht, die Existenz des TVdN durch das Angebot der Eingliederung in einen völkischen Wanderverein zu sichern. Als Steinbergers Pläne scheiterten, arrangierte er sich mit der nationalsozialistischen Kulturpolitik. Er selbst setzte seine Funktionärstätigkeit im Führerrat des gleichgeschalteten Fränkischen Albvereins fort, in den er sechs Naturfreundehäuser einbrachte.[372] Nach dem Krieg bekannte er sich wieder zu den Zielen der sozialistischen Arbeiterbewegung, vermied aber eine Politisierung der Verbandsarbeit.

Im Jahr 1955 war es höchste Zeit für einen Neuanfang. Wenn man die Unterbrechung von 1933 bis 1949 abzieht, hatte Steinberger das Amt des TVdN-Vorsitzenden 18 Jahre lang inne. Neue Impulse für die Vereinsarbeit waren von ihm nicht zu erwarten. Hinzu kam, dass er 1954

---

370 *Aufstieg*, Jg. 18, H. 8 (August 1950), S. 354 f.
371 Ebd. Fritz Lamm bezeichnete das Referat als „reichlich oberflächlich". Brief Fritz Lamm an Joseph Lang vom 1.4.1950, in: AdsD, NL Joseph Lang, Ordner Lamm 1949
372 Vgl. Christiane Dulk/Jochen Zimmer: Die Auflösung des Touristenvereins „Die Naturfreunde" nach dem März 1933, in: Zimmer 1984 (Anm. 351), S. 114 f.

wegen Unterschlagung von Geldern aus der Vereinskasse von einem Nürnberger Schöffengericht rechtskräftig verurteilt worden war.[373] In der Organisation entstand dadurch „starke Unruhe".[374] Auch die Bundesjugendleitung drängte auf ein Grundsatzgespräch. Vermutlich von Birkert arrangiert, trafen sich Mitglieder des Bundesausschusses und Jugendleiter der Länder am 12. Februar 1955 im Naturfreundehaus „Steinknickle" im Mainhardter Wald bei Heilbronn zu einem Grundsatzgespräch. Obwohl Rück erst seit wenigen Jahren in der Vereinsarbeit der Naturfreunde aktiv war, wurde er vom linken Landesverband Württemberg als Kandidat ins Gespräch gebracht.[375] Mit einem sprachlich geschliffenen und inhaltlich überzeugenden Referat gewann er das Vertrauen seiner Zuhörer. 1959 schrieb Birkert über dieses Treffen: „Atemlose Stille herrschte im Saal. Der Stil, die Formulierungen des Redners faszinierten. Jeder, der dabei war, fühlte, hier sprach ein Mann von überragendem Format."[376] So entstand der Wunsch, ihn als Kandidaten für die Bundesleitung zu gewinnen.[377] Bei einem Spaziergang am nächsten Tag teilte Birkert dem Freund mit, dass er von den Genossen aus der Nordmark als Vorsitzender vorgeschlagen worden sei. Rück antwortete zustimmend und fügte hinzu, dass ihn „bei einer solch gesunden Bewegung die kulturelle Arbeit reizen könnte".[378]

Einige Wochen später auf der Landeskonferenz der württembergischen Naturfreunde in Stuttgart-Münster kritisierte Rück vorsichtig den Bundesvorsitzenden Steinberger. Er habe die von unten kommenden Aktivitäten versickern lassen und sie nicht in die Gesamtbewegung eingeordnet. Bergsteiger, Fotografen und auch die Jugend müssten besser integriert werden.[379] Vom 26.–28. August 1955 fand die 4. Bundesversammlung des TVdN in Mannheim statt. Steinberger gab in seinem Rechenschaftsbericht zu, dass es heftige Kritik an seiner Arbeit gegeben habe, als Beispiel nannte er die mangelhafte Zusammenarbeit mit den Landesverbänden. Die Unterschlagungsvorwürfe erwähnte er nicht, er sprach lediglich über sein hohes Alter (79 Jahre). Auch Rück übte Zurückhaltung und würdigte ihn auf der Bundesversammlung als einen „Pionier der Naturfreundebewegung". Er selbst hingegen wurde von seinen Anhängern als „unerbittlicher Gegner der Nazis" vorgestellt, seine 17-jährige Emigration bezeuge zweifelsfrei seine antifaschistische Haltung.[380] Die Delegierten wählten ihn mit nur wenigen Gegenstimmen zum neuen Bundesvorsitzenden, der Landesverband Bayern stand noch hinter Steinberger und war in der neuen Bundesleitung nicht

---

373 Vgl. Hans-Gerd Marian: Von der Reichsleitung zur Bundesleitung der Naturfreunde, in: Bruno Klaus Lampasiak: Naturfreund sein heißt Mensch sein. Naturfreunde im Widerstand 1933 bis 1945, Berlin 2013, S. 43 f.
374 Birkert 1970 (Anm. 348), S. 152
375 Vgl. mündliche Auskunft von Walter Buckpesch am 17.11.2012 an die Verfasserin
376 Nachruf auf Fritz Rück, in: *Naturfreundeecho*, Jg. 2, Nr. 6 (November/Dezember 1959), S. 2
377 Vgl. *Aufstieg*, Jg. 23, H. 3 (März 1955), S. 37 f.
378 Emil Birkert: Das Jubiläumsjahr 1955, o. O. und o.J (Typoskript), S. 121, in: StadtAS, 1012, Nr. 82
379 Vgl. Referat von Fritz Rück auf der 10. Konferenz der Landesgruppe Württemberg am 27.3.1955 in Stuttgart-Münster, in: *Aufstieg*, Jg. 23, H. 5 (Mai 1955), S. 91
380 Vgl. *Wandern und Bergsteigen*, Jg. 6, H. 6 (November/Dezember 1955), S. 13

8.3 Bundesvorstand des Touristenvereins „Die Naturfreunde" 341

Abb. 32: *Rück als neuer Bundesvorsitzender im Mannheimer Rosengarten*
V.l.n.r.: Willi Buckpesch, Emil Birkert, Fritz Rück, August Schuy, Ernst Moser (NFI) und Eugen Eberle

vertreten.[381] So konnten die Führungspositionen mit linken Naturfreunden neu besetzt werden, sie kamen vorwiegend aus Württemberg und Hessen. Rücks Stellvertreter waren Emil Birkert und Ludwig Becker,[382] dazu kam der hessische Landesvorsitzende Willi Buckpesch.[383] Als Bundeskassierer wurde Fritz Helmstädter gewählt, Lilo Weindl übernahm das Amt der Schriftführerin.

Auf der Bundesjugendkonferenz in Berlin in demselben Jahr setzten sich ebenfalls die Linken durch. Bundesjugendleiter wurden Herbert Faller und Walter Buckpesch,[384] unterstützt von Kurt Albrecht (Bundesjugendsekretär), Klaus Vack und Ernst Rohm. Diese Jugendfunktionäre bezeichneten ihr Verhältnis zur Bundesleitung unter Rück als „reibungslos" und „solidarisch".[385] So bedeutete die Wahl Rücks nicht nur einen personellen Wechsel und eine Verjüngung der

---

381 Wie tief der Gegensatz war, zeigt die Tatsache, dass noch im Jahr 1967 der Landesverband Bayern keine Delegierten zur Bundesversammlung entsandte. Vgl. mündliche Auskunft von Walter Buckpesch am 17.11.2012 an die Verfasserin
382 Ludwig Becker (1892–1974), damals IGM-Bevollmächtigter aus Schwenningen, war vor 1933 Landtagsabgeordneter der KPD und lange Jahre in KZ-Haft in Welzheim und Buchenwald. Vgl. Birkert 1983 (Anm. 356), S. 170f.
383 Willi Buckpesch (geb. 1893) aus Offenbach war Mitglied der KPD.
384 Walter Buckpesch (geb. 1924) war von 1974–1980 Oberbürgermeister von Offenbach.
385 Vgl. mündliche Auskunft von Kurt Albrecht am 14.11.2012 und von Walter Buckpesch am 17.11.2012 an die Verfasserin

Leitung, sie wurde auch als politischer Sieg der „Anti-Blümle-Pflücker" verstanden und gedeutet.[386] Allerdings erinnerte der neue Bundesvorsitzende einige Monate später im *Aufstieg* doch etwas vage an die bittere Erbschaft, die der alte Nürnberger Bundesvorstand hinterlassen habe.[387] Anfang 1956 schrieb Rück etwas deutlicher in der Bundeszeitschrift der deutschen Naturfreunde *Wandern und Bergsteigen*, dass die Gefühle der Dankbarkeit für den Einsatz seines Vorgängers Steinberger gedämpft würden durch dessen gerichtliche Verurteilung, darüber dürfe man nicht den Mantel der Verschwiegenheit decken.[388] Eine weitere Erblast war mit Sicherheit die offene Baustelle des Kanzelwandhauses bei Oberstorf, das sich 1955 in halbfertigem Zustand befand und dessen Fertigstellung die Finanzen der Gesamtorganisation aufzuzehren drohte.[389]

Als äußeres Zeichen des Neuanfangs wurde in Mannheim beschlossen, die Geschäftsstelle von Nürnberg nach Stuttgart zu verlegen. Da die bayerischen Delegierten es ablehnten, den Ortswechsel finanziell zu unterstützen, erklärte sich der hessische Landesverband bereit, auf sein Mitteilungsblatt *Luginsland* zu verzichten und die freigewordenen Gelder für die neue Geschäfts-

Abb. 33: *Rück spricht auf NFI-Kongress in Hamburg (1956)*

386 Vgl. Karljo Kreter: Sozialisten in der Adenauer-Zeit. Die Zeitschrift „Funken". Von der heimatlosen Linken zu innerparteilichen Opposition in der SPD, Hamburg 1986, S. 198
387 Vgl. *Aufstieg*, Jg. 23, H. 12 (Dezember 1955), S. 235
388 Vgl. *Wandern und Bergsteigen*, Jg. 7, H. 1 (Januar/Februar 1956), S. 3
389 Vgl. Bericht Fritz Rück zur Bundesversammlung des TVdN in Gelsenkirchen 1957, S. 2; Emil Birkert: Das Jubiläumsjahr 1955, o. O. und o. J. (Typoskript), S. 120, in: StadtAS, 1012, Nr. 82

stelle in Stuttgart zur Verfügung zu stellen.[390] In einem neu erbauten Hochhaus in Stuttgart-Nord gegenüber dem Pragfriedhof konnten geeignete Räume für die Bundesgeschäftsstelle gefunden werden. Für seine Tätigkeit als Bundesvorstand erhielt Rück monatlich 100 Mark Aufwandsentschädigung, damit sollten Reise- und Übernachtungskosten abgedeckt werden.[391]

Auch in der NFI übernahm Rück die Nachfolge Steinbergers. Im September 1955 wurde er zum Vizepräsidenten gewählt,[392] ein Jahr später wurde er Mitglied des Zentralausschusses.[393]

8.3.3 Von der Wanderherberge zum Kulturheim

Die fünfziger Jahre brachten der westdeutschen Bevölkerung steigenden Wohlstand, mehr Freizeit und neue kulturelle Bedürfnisse. Die zunehmende allgemeine Motorisierung und Reisetätigkeit veränderten das traditionelle Wandern der Naturfreunde. Darauf mussten der TVdN und sein neuer Bundesvorsitzender Rück reagieren. „Naturfreunde gestalten die Freizeit" war die Losung der Mannheimer Bundesversammlung wie auch der Titel von Rücks Grundsatzrede, in der er eine politische und kulturelle Neuorientierung der Vereinsarbeit ankündigte.[394] Rück forderte, dass in den Naturfreundehäusern ein lebendiges Kulturleben stattfinden müsse. Der Hüttenwart, für Speise, Trank und Übernachtung zuständig, brauche eine Ergänzung durch einen Kulturwart. Ein- und Zweibettzimmer sollten die großen Matratzenlager ersetzen.[395] Immer wieder kritisierte Rück den „kilometerfressenden industriellen Reisebetrieb". Eindrücklich schilderte er, wie er im Naturfreundehaus Hahnenschnabel in Heidenheim eine Gruppe Busreisender beobachtet habe, die dem „Italienfimmel" verfallen seien:

> „Die Leute sitzen fast den ganzen Tag in diesem blöden Autobus, [...] sie sehen weder eine Blume noch sonst etwas, sie schlucken Staub und kommen dann abends in ein Naturfreundehaus, wo man nur eine geringe Übernachtungsgebühr zu bezahlen hat. Dabei meckern sie noch kräftig, dass für die neunzig Pfennig nicht für alle Einzelzimmer zur Verfügung standen."[396]

Statt zu sinnlosem Dahinrasen – Rück meinte achtzig Kilometer in der Stunde – solle man das Fahrzeug zur Anfahrt zu benutzen und die Reise mit einer „Fußwanderung oder einer kulturell

---

390 Vgl. mündliche Auskunft von Fritz Amann am 20.9.2012 an die Verfasserin
391 Vgl. Interview der Verfasserin mit Lilo Weindl am 18.2.1999 in Aachen
392 Vgl.: Jochen Zimmer: Kleine internationale Chronik der Naturfreundejugend seit 1943, Oer-Erkenschwick 1993, S. 34
393 Vgl. Bruno Klaus Lampasiak/Leo Gruber/Manfred Pils: Berg frei – Mensch frei – Welt frei! Eine Chronik der Naturfreundebewegung von den Anfängen der Arbeiterbewegung bis zum Zeitalter der Globalisierung (1895–2005), Wien [2005], S. 195
394 Vgl. Fritz Rück: Naturfreunde gestalten die Freizeit. Ein Beitrag zur Frage der Arbeitszeitverkürzung, Stuttgart 1955
395 Vgl. ebd., S. 11
396 Ebd., S. 12

betonten Gemeinschaftsarbeit" verbinden.³⁹⁷ Trotzdem wurde auf der Bundesversammlung in Mannheim der Motorisierung Rechnung getragen und eine neue Sparte mit der Bezeichnung „Motorwandern und Zelten" gegründet.

Konsequenz der Neuorientierung des TVdN im Jahr von Rücks Amtsantritt war die Gründung des Verlags „Freizeit und Wandern", in dem Zeitschriften, Propagandamaterial und Bücher herausgegeben wurden. Württembergische Ortsgruppen stellten der Bundesleitung rund 20.000 DM aus ihren Wiedergutmachungsgeldern zur Verfügung.³⁹⁸ Der Verlag bezog ebenfalls sein Domizil in der Friedhofstraße in Stuttgart-Nord, Rück war verantwortlicher Verlagsleiter. Die „kulturschaffende" und „ideologisch aufklärende" Tätigkeit des Verlags lag ihm sehr am Herzen.³⁹⁹ Er rief dazu auf, in jeder Ortsgruppe sogenannte Literaturobmänner zu bestimmen, die für den Absatz der Bücher und Schriften verantwortlich sein sollten. Die Schriftenreihe „Bibliothek der Naturfreunde" sollte den Mitgliedern fundiertes Wissen vermitteln. Häufig schrieb Rück das Vorwort zu den Büchern.⁴⁰⁰ Als erster Band erschien 1956 sein eigenes Buch über Schweden.⁴⁰¹ Rück verwendete nicht allzu viel Sorgfalt für die Überarbeitung des Manuskripts, das er einige Jahre zuvor in Schweden verfasst hatte, eine Gewerkschaftskollegin tippte es noch einmal ab.⁴⁰² Das Buch hatte nur einen geringen Erfolg, langatmige Abschweifungen und blasse, schematische Formulierungen wirken ermüdend.⁴⁰³ Wichtig für die Bildungs- und Kulturarbeit der Naturfreunde waren die Zeitschriften der Bundesleitung. *Wandern und Bergsteigen* erschien zweimonatlich in einer Auflage von 46.000 Exemplaren.⁴⁰⁴ Auch die *Kinderpost* für die Arbeit der Kindergruppen hatte eine hohe Auflage und wurde typografisch neu gestaltet.⁴⁰⁵ Ab 1958 konnte das *Naturfreunde-Echo,* ein Mitteilungsblatt für Funktionäre, herausgegeben werden.

Um einer möglichen Isolation der Naturfreunde entgegenzuwirken, empfahl Rück die Zusammenarbeit mit Gewerkschaften und anderen fortschrittlichen Organisationen sowie die Bildung von Kulturkartellen. Mitarbeiter aus den Kreisen der Intellektuellen (Historiker, Lehrer, Geologen, Geografen, Botaniker) sollten herangezogen werden.⁴⁰⁶ Eine Zusammenarbeit mit der KPD jedoch wollte Rück nicht zulassen, denn diese würde sich den machtpolitischen Interessen des „östlichen Machtblocks" unterordnen.⁴⁰⁷

---

397 *Aufstieg,* Jg. 24, H. 10 (Oktober 1956), S. 182
398 Vgl. Birkert 1970 (Anm. 348), S. 154
399 Vgl. *Naturfreunde-Echo,* Jg. 1, Nr. 6 (November/Dezember 1958), S. 1
400 Beispielsweise Vorwort zu: Wilhelm Schmid: Wandlungen und Höhepunkte der Kunst, Stuttgart 1958; Vorwort zu: Ernst Mühlbach: Gilt Darwins Lehre noch heute? 100 Jahre Abstammungslehre, Stuttgart 1959
401 Fritz Rück: Tausendjähriges Schweden. Von der Wikingerzeit zur sozialen Reform, Stuttgart 1956
402 Vgl. Interview der Verfasserin mit Lilo Weindl am 18.2.1999 in Aachen
403 Als Beispiel sei genannt: „Das Christentum hielt seinen Einzug in Schweden. Es bot die passende Ideologie für die Aufrichtung der feudalen Herrschaftsgewalt." In: Rück 1956 (Anm. 401), S. 43
404 Der Sitz der Redaktion von *Wandern und Bergsteigen* wurde erst später nach Stuttgart verlegt, Redakteur war Hans Ebert. Vgl. *Wandern und Bergsteigen,* Jg. 11, H. 6 (November/Dezember 1959), S. 2
405 Vgl. Bericht Fritz Rück zur Bundesversammlung des TVdN in Gelsenkirchen 1957, S. 5
406 Vgl. *Wandern und Bergsteigen,* Jg. 8, H. 5 (September/Oktober 1956), S. 2; *Wandern und Bergsteigen,* Jg. 9, H. 1 (Januar/Februar 1957), S. 2
407 Vgl. *Aufstieg,* Jg. 23, H. 5 (Mai 1955), S. 89

8.3.4 „Wir haben die beste Jugend"

Als Rück von Schweden nach Deutschland zurückkehrte, begegnete er einer jungen Generation, deren Welt wie ein Kartenhaus zusammengestürzt war. Rück war zunächst pessimistisch und meinte, die Jugend sei skeptisch geworden und wolle nichts von Politik wissen.[408] Doch als er erlebte, wie sich seit den frühen fünfziger Jahren innerhalb des TVdN eine aktive und auf Eigenständigkeit bedachte Jugendorganisation entwickelte, änderte er seine Meinung. Bis 1952 waren in Westdeutschland über 1.000 Naturfreundejugendgruppen entstanden, ihr Anteil an der gesamten Mitgliedschaft betrug 40 %. Bei ihrer ersten Bundeskonferenz auf dem Hohen Meißner bei Kassel gab sich die NFJ ein dezidiert antimilitaristisches Programm.[409] Diese Entwicklung war für Rück ein hoffnungsvolles Zeichen, am Ende seiner Mannheimer Rede stellte er fest, dass die Naturfreunde „die beste Jugend, den besten Nachwuchs" hätten.[410] Im März 1955 schrieb er im *Aufstieg*: „Die Frage des Nachwuchses in Form von Bildung von Jugendabteilungen ist in der Naturfreundebewegung vielleicht am besten von allen Organisationen gelöst."[411] Bisweilen stand Rück vor dem Problem, das Selbständigkeitsstreben der Jugend zu respektieren und sie gleichzeitig unter dem Dach der Gesamtorganisation zu halten. Als 1956 die Naturfreundejugend der Landesgruppe Westfalen in einer Zeitschrift die SPD als „Totengräber der Demokratie" bezeichnete, beschwerte sich das Vorstandsmitglied der SPD Fritz Heine in einem Brief an Rück über diesen Angriff.[412] Rück gab zu, dass dieser Artikel und andere „ultralinke Seitensprünge" ihm schon „allerhand Kummer" bereitet hätten, dass aber die Landesverbände weitestgehend Autonomie hätten. Er schob die Verantwortung auf die bisherige Bundesleitung in Nürnberg, die „alle Autorität verloren" habe. Die neue Bundesleitung müsse „in langer und zäher Arbeit" eine „gemeinsame Plattform" aller Landesverbände entwickeln.[413] Rück respektierte die Freiheit der NFJ und wusste dabei zu verhindern, dass aus der Jugendbewegung ein zweiter linker Verein wurde.[414]

Ein jahrelanges Streitthema war die von der Jugend dringend gewünschte Fertigstellung des Kanzelwandhauses, das in einer wunderschönen, aber schwer zugänglichen Ski- und Wanderregion im Allgäu lag und in dem die Jugendlichen Skifreizeiten und internationale Begegnungen durchführten. Bereits in dem halbfertigen Gebäude wurden in unverputzten Räumen internationale Work-Camps abgehalten, auf den Betonboden legte man Zeitungspapier, die Türöffnungen waren mit Wolldecken verhängt.[415] Bis 1957 empfing man dort Jugendliche aus der DDR und der Tschechoslowakei. Die Opferbereitschaft und die Leistungen der NFJ beim Transport der

---

408 Vgl. *Aufstieg*, Jg. 18, H. 8 (August 1950), S. 354
409 Vgl. Zimmer 1986 (Anm. 199), S. 105
410 Rück 1955 (Anm. 394), S. 16
411 *Aufstieg*, Jg. 23, H. 5 (Mai 1955), S. 89
412 Vgl. Brief Fritz Heine vom 8.6.1956 an Fritz Rück, in: AdsD, Bestand SPD-PV, 2/PVAJ000646
413 Vgl. Brief Fritz Rück vom 16.6.1956 an Fritz Heine, in: Ebd.
414 Vgl. Referat von Fritz Rück auf der 10. Konferenz der Landesgruppe Württemberg am 27.3. 1955 in Stuttgart-Münster, in: *Aufstieg*, Jg. 23, H. 5 (Mai 1955), S. 91
415 Vgl. mündliche Auskunft von Walter Buckpesch am 17.11.2012 an die Verfasserin

Baumaterialien und beim Ausbau des Hauses waren groß, dies beeindruckte Rück.[416] Bei der Bundesversammlung in Gelsenkirchen 1957 gab es eine lebhafte Debatte über die ungesicherte Finanzierung des Baus.[417] Kurt Kreiselmeyer, der rührige Bundesjugendsekretär der NFJ, reiste durch die Lande und sammelte eifrig Spenden. Rück unterstützte ihn, er bezeichnete die erfolgreiche Sammlung als Beweis für die Einheit und Solidarität der Naturfreundeorganisation.[418] Vermutlich war es Rück zu verdanken, dass auch die IG Druck und Papier ein Darlehen in Höhe von 100.000 Mark gewährte.[419] Nach zehnjähriger Bauzeit konnte das Haus mit 1,2 Millionen Mark aus Spenden, günstigen Krediten und staatlichen Fördermitteln aus dem Bundesjugendplan fertig gestellt werden. Die offizielle Einweihung war am 14. Juni 1959, die Gäste waren durch Regen und Nebel heraufgestiegen. Architekt Günther Schukat übergab Rück den Schlüssel. Mit seinen 170 Betten wurde das Kanzelwandhaus ein wichtiger Stützpunkt für junge und ältere Bergsteiger und Skifahrer. Es war Eigentum der westdeutschen Bundesorganisation, belastete aber die Finanzkraft der Organisation auf Jahre hinaus. Rück scheint sich über die Wirtschaftlichkeit des großen Hauses wenig Gedanken gemacht zu haben.

8.3.5 Schutz von Natur und Mensch

In der Aufbaueuphorie der Jahre des Wirtschaftswunders gab es wenige, die Umweltzerstörungen wahrnahmen und darauf reagierten.[420] Dies galt auch für die SPD und die Gewerkschaften. Bei Rück finden sich sehr früh Hinweise auf seine Sensibilität für Umweltprobleme. Als Flüchtling in der Schweiz blickte er von einer Terrasse in Basel auf den Rhein und beklagte die Vergiftung der Fische durch die Abwässer der chemischen Fabriken.[421]

Schon 1952 kritisierte Rück im *Aufstieg* die Ausplünderung der Naturschätze in fernen Ländern, z. B. die Abholzung der Urwälder Afrikas, er fürchtete, dass ein „Reservoir von ursprünglicher Kraftentfaltung der Natur" dadurch verloren ginge. Eine sozialistische Lösung des Umweltproblems hielt er für nötig: „Die Schätze der Erdoberfläche müssen verwaltet und kol-

---

416 Das Haus verfügte damals über keine Zufahrt, es gab nur einen Materiallift. Vgl. mündliche Auskunft von Fritz Amann am 20.9.2012 an die Verfasserin; *Aufstieg*, Jg. 21, H. 10 (Oktober 1953), S. 184
417 Vgl. *Wandern und Bergsteigen*, Jg. 9, H. 6 (November/Dezember 1957), S. 21
418 Vgl. *Naturfreunde-Echo*, Jg. 1, Nr. 6 (November/Dezember 1958), S. 1
419 Vgl. Fritz Rück: Bericht der Bundesgruppe des TV Naturfreunde, Berichtsjahr 1958, in: ARAB, NL Fritz Rück, Vol 16
420 Vgl. Hans Peter Schmitz: Naturschutz – Landschaftsschutz – Umweltschutz. Der Touristenverein „Die Naturfreunde" als ökologisches Frühwarnsystem der Arbeiterbewegung, in: Zimmer 1984 (Anm. 351), S. 188; Wulf Erdmann: Mit dem Wandern fing es an. Kurze Geschichte der Naturfreunde, in: Ders./Jochen Zimmer (Hrsg.): Hundert Jahre Kampf um die freie Natur. Illustrierte Geschichte der Naturfreunde, Essen 1991, S. 33
421 Vgl. Peter Wedding (i. e. Fritz Rück): Der Reichstag brennt. Verse eines deutschen Emigranten, 1935 (Typoskript), 11. Gedicht: „Auf der Terrasse in Basel", in: StadtASch, NL Walter Bringolf, D IV 01.08

8.3 Bundesvorstand des Touristenvereins „Die Naturfreunde"

lektiv organisiert werden."[422] Bei seiner ersten Rede als Bundesvorsitzender in Mannheim sprach er über die Schattenseiten des Großstadtlebens und der Motorisierung:

> „Ob man durch Mannheim oder durch Stuttgart oder durch eine andere Stadt geht, der Mensch ist ein gejagtes Wild, das aufpassen muss, ob von rechts oder von links, hinten oder vorn ein Auto kommt oder ein Motorrad. Unsere Städte sind für den täglich und wöchentlich sich ungeheuer steigernden Motorbetrieb nicht gebaut. In diesen Städten müssen die Menschen [...] Tag für Tag die Benzindünste einatmen."[423]

Er liebte die sauberen Badeseen Schwedens und prangerte den desolaten Zustand der deutschen Gewässer an:

> „Es gibt heute fast keinen Fluß mehr in Deutschland, in dem man baden kann, es gibt bald keinen See mehr, in den man sich hineinlegen kann. [...] Die Fabriken konnten ihre Abwässer in die Flüsse, in die Seen hineinleiten, die Dörfer und Städte verwendeten die Flußbetten als Dunggruben. Im Neckar, im Rhein, wer kann da noch baden, ohne zu riskieren soundso viele Millionen von Bazillen in sich aufzunehmen und die verschiedensten Krankheitskeime aufzufischen."[424]

Er erkannte bereits, dass die „sinnlose Abholzung ganzer Landschaften" nicht nur Luft und Wasser vergiftet, sondern auch die Fruchtbarkeit des Bodens zerstört, Hungersnöte seien zu erwarten. Die Ursache der Schäden sah er im „Raubbau der kapitalistischen Produktionsweise".[425]

Rück konnte sich nur schwer mit der zunehmenden Motorisierung abfinden. 1959 äußerte er die Befürchtung, dass „der Motor seine Diktatur auch in den Wäldern und in der Nähe von Naturfreundehäusern aufrichtet".[426] Trotzdem sorgte er dafür, dass die Naturfreunde sich auf das neue Verkehrsmittel einstellten, indem Campingplätze und Parkplätze in der Nähe von Naturfreundehäusern angelegt wurden.

Zum Thema Atomenergie hatte der neue Bundesvorsitzende eine kritische Haltung. Seit 1955 durfte in der Bundesrepublik im Bereich der Kernphysik wieder geforscht werden. Um den Rückstand gegenüber den traditionellen Atommächten schnell aufzuholen, wurde ein Atomministerium geschaffen, die Leitung erhielt Franz Josef Strauß. Es herrschte Aufbruchstimmung, die neue Technologie sollte billige Energie und Wohlstand für alle liefern. Rück warnte in Mannheim:

---

422 *Aufstieg*, Jg. 20, H. 6 (Juni 1952), S. 114
423 Rück 1955 (Anm. 394), S. 7
424 Ebd., S. 9
425 Ebd.
426 *Wandern und Bergsteigen*, Jg. 11, H. 5 (September/Oktober 1959), S. 2

„Wir sehen, wie jetzt, nachdem bisher die Atomkraft eine Angelegenheit der Regierungen war, [...] das Großkapital eine neue Gewinnmöglichkeit wittert und wir sehen, wie man auch die Atomkraft dem privaten Kapital ausliefern will. Damit wird die [...] Macht dieses Privatkapitals ungeheuer gestärkt werden, wenn auch dieser Zweig der modernen Produktion, der ja an und für sich durch seine Größe und Gefährlichkeit und Bedeutung nach einer Sozialisierung, nach einer gemeinsamen Bewirtschaftung schreit, wenn auch dieser Zweig den privaten Interessen überlassen wird."[427]

In seinem Referat auf der Bundesversammlung in Gelsenkirchen 1957 wandte er sich gegen das „Atomgeschehen mit seinen entsetzlichen Auswirkungen". Bei der Entwicklung und Anwendung der friedlichen Atomenergie sei die allergrößte Kontrolle notwendig, denn das „Problem der Atomabfälle ist heute schon ein außerordentlich ernstes Problem."[428] Und seiner Zeit weit vorauseilend sagte er auf der Bundesversammlung: „Sehen wir uns doch einmal das Gebiet der Nahrungsmittelproduktion an, wie viel da gemanscht und schlechtgemacht wird. Auch hier wird das

Abb. 34: *Rück spricht vor Bundesausschuss in Gelsenkirchen (1957)*

427 Ebd., S. 10 f.
428 *Naturfreunde-Echo*, Jg. 1, Nr. 1 (Januar/Februar 1958), S. 1

8.3 Bundesvorstand des Touristenvereins „Die Naturfreunde" 349

Gewinnstreben zu sehr in den Vordergrund gestellt."[429] Rück forderte die Naturfreunde dazu auf, Pionierarbeit zu leisten, andere Organisationen mitzuziehen und zu kämpfen, denn der Schutz von Natur und Landschaft bedeute gleichzeitig auch Schutz des Menschen.[430]

Sein Motto „Wir müssen überall Protestbewegungen entfesseln" wurde von den Naturfreunden umgesetzt. Viele Mitglieder beteiligten sich in den fünfziger Jahren mit Erfolg an Umweltschutz-Aktionen. So konnte die Umwandlung des Vogelbrutgebiets Knechtsand in der Nordsee in ein militärisches Übungsgelände verhindert werden, die Wutachschlucht im Schwarzwald blieb erhalten und der Verkauf eines Berges auf der Schwäbischen Alb, des Hörnle bei Bad Urach, an eine Zementfabrik wurde gestoppt.[431] Rück unterstützte diese Aktionen in Reden und Artikeln, wobei er eine Zusammenarbeit mit Aktivisten aus anderen Kreisen empfahl.

8.3.6 Eine sozialistische Kulturorganisation

Rücks Amtszeit als Bundesvorsitzender dauerte vier Jahre, er wurde auf den Bundeskongressen in Gelsenkirchen (1957) und Darmstadt (1959) wiedergewählt. Die beiden letzten Jahre seiner Amtszeit waren überschattet von seiner Krankheit. Lilo Weindl berichtete, dass Rück bereits 1957 den Bundeskongress in Gelsenkirchen nicht mehr selbst vorbereiten konnte, Birkert habe im Hintergrund gewirkt.[432] Trotzdem gab er eine Pressekonferenz, hielt ein Referat zum Thema „Die kulturellen Aufgaben der Naturfreundebewegung" und legte einen umfangreichen Tätigkeitsbericht vor.[433] Auf der Bundesversammlung in Darmstadt zwei Jahre später war er sichtbar geschwächt von seiner Krankheit, die Leitung des Kongresses fiel ihm schwer.[434] Trotzdem wurde er einstimmig per Akklamation in seinem Amt bestätigt.[435] Eine Woche später reiste er zu einem NFI-Kongress nach Amsterdam, wo er wenige Wochen vor seinem Tod in den Zentralausschuss gewählt wurde.

In seinem letzten Geschäftsbericht 1959 in Darmstadt äußerte er sich zufrieden mit der äußeren Bilanz der Organisation. Die Mitgliederzahl sei zwar nicht sensationell, aber doch beachtlich gestiegen.[436] In den drei Jahren von 1955 bis 1958 hatte sie sich von 81.000 auf fast 91.000 erhöht, die Zahl der Häuser war von 320 auf 330 gewachsen. Rück bedauerte es, dass in der Industriearbeiterschaft nicht genügend neue Mitglieder geworben werden konnten.[437] Er fürchtete, dass der Charakter der Naturfreundebewegung durch den Beitritt von Mitgliedern, die „gewisse Vorteile

---

429 Ebd., S. 2
430 Vgl. ebd.; *Aufstieg*, Jg. 25, H. 11 (Nov. 1957), S. 188
431 Vgl. Birkert 1970 (Anm. 348), S. 141 f.
432 Vgl. Interview der Verfasserin mit Lilo Weindl am 18.2.1999 in Aachen
433 Vgl. *Wandern und Bergsteigen*, Jg. 9, H. 6 (November/Dezember 1957), S. 20
434 Vgl. *Der Wegweiser*, Zeitung des Touristenvereins „Die Naturfreunde" Bezirksverband Kassel, Folge 1, Januar 1960
435 Vgl. Niederschrift der VI. Bundesversammlung vom 4.–6.9.1959 in Darmstadt (Typoskript), S. 32
436 Vgl. Geschäftsbericht des Bundesvorsitzenden Fritz Rück, o. J. [1959], S. 8, in: ARAB, NL Fritz Rück, Vol. 16
437 Vgl. Niederschrift der VI. Bundesversammlung vom 4.–6.9. 1959 in Darmstadt (Typoskript), S. 12

bei Reisen oder Wanderungen erlangen wollen [...] verändert, verflacht oder verwässert wird".[438] Sowohl in Gelsenkirchen als auch in Darmstadt kritisierte er die mangelnde Geschlossenheit der Organisation und den Egoismus vieler Orts- und Landesgruppen.[439] Er wünschte sich eine verbesserte Zusammenarbeit der Landesleitungen mit der Bundesleitung und eine bessere Mitwirkung der Ortsgruppen. Auch klagte er darüber, dass besonders die ländlichen Ortsgruppen politische Aktionen ablehnten und sich auf Wandertätigkeit, Geselligkeit und Naturkunde beschränkten.[440] Mit denselben Problemen hatte auch schon sein Vorgänger Steinberger zu kämpfen. Ein weiteres Problem war die notwendige Modernisierung der Naturfreundehäuser und ihre Anpassung an die neuen Aufgaben. 1957 hatte die Bundesversammlung die Schaffung einer Interessengemeinschaft aller Naturfreundehäuser beschlossen. Mit Bedauern stellte Rück fest, dass dieser Plan gescheitert sei, die lokalen Sonderinteressen seien nicht zu überwinden.

Ein lange umstrittenes Thema innerhalb des TVdN war das sozialistische Grundverständnis der Mitglieder. Die NFI hatte 1950 auf ihrem konstituierenden Kongress in Celerina (Schweiz) erklärt, was unter Sozialismus zu verstehen sei, nämlich „die Vergesellschaftung der vornehmsten Produktions- und Verkehrsmittel".[441] Diese Erklärung war auch in die Satzung des TVdN aufgenommen worden.[442] Für Rück war dies kein Lippenbekenntnis. Bei seiner Amtsübernahme als Bundesvorsitzender und ein Jahr später auf dem Hamburger NFI-Kongress betonte er, dass der TVdN eine „sozialistische Kulturorganisation" sei.[443] Wiederholt kam es während seiner Amtszeit zu Protesten gegen die Betonung des sozialistischen Charakters der Naturfreundebewegung.[444] Um Klarheit zu schaffen, berief er am 11. Januar 1958 führende Funktionäre und Mitarbeiter zu einem Grundsatzgespräch nach Stuttgart. Dort wurde beschlossen, am bisherigen sozialistischen Selbstverständnis festzuhalten. Man wolle im Rahmen des Grundgesetzes gegen die „konzentrierte Kapitalmacht", die „rücksichtslose Verwüstung der Natur" und gegen die Drohung des Atomkriegs kämpfen.[445] Rück konnte mit diesem Ergebnis zufrieden sein.

8.4 Rückblick auf den November 1918

Die Arbeiterschaft hat den 9. November 1918 nie als Tag der Befreiung gefeiert. Rück hingegen beschäftigte sich immer wieder mit diesem Thema. Er stellte fest, dass in anderen westlichen Staa-

---

438 Referat Fritz Rück „Die Aufgaben der Naturfreundebewegung", gehalten am III. Nachkriegskongress der NFI in Hamburg vom 9.–12.8.1956, Zürich 1957, S. 16
439 Vgl. Referat Rücks in Gelsenkirchen, abgedruckt in: Naturfreunde-Echo, Jg. 1, Nr. 1 (Januar/Februar 1958), S. 2; Geschäftsbericht des Bundesvorsitzenden Fritz Rück, o. J. [1959], S. 6, in: ARAB, NL Fritz Rück, Vol. 16
440 Vgl. *Wandern und Bergsteigen*, Jg. 10, H. 1 (Januar/Februar 1958), S. 2
441 Zit. nach: Lampasiak/Gruber/Pils 2005 (Anm. 393), S. 48
442 *Aufstieg*, Jg. 23, H. 10 (Oktober 1955), S. 172
443 Vgl. *Aufstieg*, Jg. 23, H. 9 (September 1955), S. 154; Rück 1957 (Anm. 438), S. 16
444 Vgl. Geschäftsbericht des Bundesvorsitzenden Fritz Rück, o. J. [1959], S. 4, in: ARAB, NL Fritz Rück, Vol. 16
445 Vgl. ebd., S. 6

8.4 Rückblick auf den November 1918

ten Revolutionen und Bürgerkriege als nationale Gedenktage gefeiert würden, doch in der Bundesrepublik spreche man kaum mehr über dieses Thema, „man geniert sich gewissermaßen".[446]

Zum 35. Jahrestag betrachtete Rück in *Druck und Papier* dieses Ereignis aus einer gewerkschaftlichen Perspektive.[447] Seine eigene Rolle als Spartakist in Stuttgart ließ er unerwähnt, vermutlich erwartete er von seiner Leserschaft im Jahr 1953 kein Verständnis für seinen revolutionären Einsatz. Er verglich die Zeit nach dem Ersten Weltkrieg mit der Lage Deutschlands nach der Besetzung durch die vier Siegermächte. Man liest mit Erstaunen, dass Rück vor diesem Hintergrund zu einer positiven Einschätzung der Novemberrevolution gelangte. 1918 seien wichtige soziale Forderungen durchgesetzt worden und man habe die Grundlagen „einer entwicklungsfähigen Demokratie" geschaffen. Nach 1918 sei die soziale und geistige Atmosphäre aufgeschlossener gewesen, „die arbeitenden Menschen waren aktiver und selbstbewusster als nach der Niederlage des Jahres 1945." In der Gegenwart würden die Siegermächte diktieren, wie die Demokratie zu gestalten sei, es herrsche eine „Mischung aus Anpassung, Proteststimmung und Passivität".[448] Erklärbar ist Rücks neue Wertschätzung der Weimarer Republik mit seiner Ablehnung der Politik der Besatzungsmächte und seinem Unbehagen in dem autoritär erstarrten Klima der frühen Bonner Republik.

Zu einer differenzierteren Betrachtung der positiven wie auch negativen Folgen des November 1918 kam Rück fünf Jahre später in seinem Gedenkartikel in *Druck und Papier*.[449] Er verwies auf die sozialen Errungenschaften von 1918, das Frauenwahlrecht, den Achtstundentag, das Koalitionsrecht und das Betriebsrätegesetz. Doch die sozialen und politischen Erschütterungen hätten zu einer Machtkonzentration in großkapitalistischen Kreisen geführt, die dann Hitler die Macht überließen. Als Rück diesen Artikel schrieb, lag er nach einer schweren Operation im Krankenhaus, dort verfasste er zu diesem Thema die bereits mehrfach zitierte, 32 Seiten umfassende autobiografische Broschüre, nur auf sein Gedächtnis gestützt, ohne Bücher und Nachschlagewerke anderer Autoren zu benutzen. Auch hatte er nie in seinem Leben die Gelegenheit gehabt, entsprechende Archivbestände von Polizei und Behörden zu studieren. In der Einleitung schrieb er:

„Die damaligen Ereignisse haben sich so tief in die Erinnerung eingegraben und der eigene Standpunkt wie die kritische Stellungnahme anderer sind mir so gegenwärtig, dass auch ohne ein erneutes Studium einschlägiger Literatur eine Schilderung der Vorbereitungen zur Novemberrevolution und des Verlaufs ihrer wichtigsten Etappe gegeben werden kann."[450]

---

446 *Aufstieg*, Jg. 27, H. 11 (November 1959), S. 215
447 Vgl. *Druck und Papier*, Jg. 5, Nr. 22, 15.11.1953, S. 409
448 Ebd.
449 Vgl. *Druck und Papier*, Jg. 10, Nr. 21, 1.11.1958, S. 385
450 Fritz Rück: November 1918. Die Revolution in Württemberg, Stuttgart 1958, S. 5

Diese kurze Schrift ist ein persönliches und lebendiges, in der Literatur oft zitiertes Erinnerungsbuch. Ausführlich schilderte er darin seine Kindheits- und Jugenderlebnisse, die frühe Sozialisation in Familie und Jugendgruppe und sein Engagement für die Spartakisten. Sie endet mit seinem Rückzug aus dem Arbeiter- und Soldatenrat und der bitteren Erkenntnis, dass die Revolution gescheitert sei und kein neues Wirtschafts- und Gesellschaftssystem etabliert werden konnte.[451] Über demokratische und soziale Errungenschaften nach 1918/19 machte er an dieser Stelle keine Aussagen mehr.

Schon lange fühlte Rück sich herausgefordert durch die Verleumdungen des württembergischen Landeshistorikers Karl Weller, der ihn als geisteskrank bezeichnet hatte.[452] Er nahm auch Stellung zu der feindseligen und diffamierenden Haltung seiner Zeitgenossen Blos, von Köhler und Keil. Durch ihre „blindwütige Agitation" sei das Wort „Spartakist" zum Schimpfwort geworden. Doch es dürfe kein „einseitiges" Bild entstehen, die Fehler und Irrtümer der offiziellen Geschichtsschreibung müssten korrigiert werden.[453] Der Hass auf den Bolschewismus, wie er damals entstanden war, blieb auch in den fünfziger Jahren eine „beliebig verwendbare Universalwaffe".[454] Und selbstbewusst formulierte Rück eine Rechtfertigung seiner spartakistischen Ziele: „Es ist heute leicht, festzustellen, was damals Illusion und Wirklichkeit war, wobei in manchen Illusionen – auf längere Dauer gesehen – mehr Wirklichkeit steckt als in faulen Kompromissen der Realpolitiker."[455] Auf jeden Fall zeigte er sich stolz darauf, zu dem Teil der Arbeiterbewegung gehört zu haben, in dem die „stärksten und wertvollsten Kräfte" der revolutionären Bewegung zusammengefasst waren. Mit dieser provozierenden Aussage bot er dem herrschenden Antikommunismus die Stirn.

8.5 Abschied

Am Ende seines Lebens, das ihm viele Enttäuschungen und Niederlagen gebracht hatte, war Rück keineswegs resigniert. In seinem Nachlass findet sich ein undatiertes Manuskript mit der Überschrift: „Rede an das XX. Jahrhundert", es enthält seine unkonventionelle Sichtweise von Krankheit und Tod:

> „Ich will mich nicht betreuen lassen. [...] In die Krankenkasse und Lebensversicherung will ich nicht. Nie! Wenn ich einmal sterbe, dann aus Versehen, oder an Altersschwäche und ganz für mich privat, zu Hause und ohne Arzt. Da stirbt's sich leichter, billiger und

---

451   Ebd., S. 30
452   Vgl. ebd., S. 3
453   Vgl. ebd., S. 4
454   Wolfgang Niess: Metamorphosen einer Revolution. Das Bild der deutschen Revolution von 1918/19 in der deutschen Geschichtsschreibung, Diss. Stuttgart 2011, S. 379
455   Rück 1958 (Anm. 450), S. 5

8.5 Abschied

genau so sicher. Aber ich will nicht für eine Partei sterben, noch fürs Volk, noch für die Freiheit, noch für ein Ideal."[456]

Abb. 35: *Rück, von seiner Krankheit gezeichnet (1959)*

Trotz seiner Abneigung gegen die Medizin musste sich Rück seit April 1958 in ärztliche Behandlung begeben, eine schwere Lungenkrankheit machte sich bemerkbar. Er wurde in einer Klinik bei der Solitude operiert, später dann in das Cannstatter Robert-Bosch-Krankenhaus verlegt, wo er von W. A. Müller, dem Chefarzt der Inneren Abteilung, behandelt wurde.[457] Im Dezember 1958 konnte er wieder seine Redaktionsarbeit aufnehmen, aber seiner Familie und seinen Freunden war seit Januar 1959 klar, dass seine Krankheit unheilbar war.[458] Auch Rück wusste dies, er sprach darüber mit seinen Mitarbeitern in humorvoller Weise. Im Herbst 1959 äußerte er den Wunsch, auf dem Gewerkschaftstag in Hannover noch einmal gewählt zu werden, bevor er „abfahre".[459] Seiner Mitarbeiterin brachte er kurz vor seinem Tod einen Strauß Nelken und entschuldigte sich bei ihr für sein nicht immer „nettes" Verhalten. So wurde Rück keineswegs unvorbereitet mitten aus seinem Arbeitsleben gerissen. Er verstarb in den Abendstunden des 18. November 1959, zwei Tage zuvor hatte er noch an seinem Redaktionstisch gearbeitet.

Eine große Trauergemeinde nahm am 24. November Abschied von dem beliebten „Gewerkschafter, Politiker, Dichter und Maler", auf allen Naturfreundehäusern wehten die Fahnen auf Halbmast.[460] Hansen sprach für die IG Druck und Papier, Franz Lepinski ehrte ihn im Namen des DGB-Bundesvorstands Düsseldorf und hob seine „hinreißende rednerische Begabung" und den „geschliffenen Stil seiner Feder" hervor. Birkert erinnerte an „fünf Jahrzehnte freundschaftlicher Verbundenheit". Helmstädter hob seine kritische und eigenwillige Haltung hervor. Ein Vertreter der „Falken" sprach dem Verstorbenen Dank aus, Egon Lutz trug ein Gedicht aus Rücks Gedicht-

---

456 Fritz Rück: Rede an das XX. Jahrhundert, o. O. und o. J. (Typoskript), S. 1, in: ARAB, NL Fritz Rück, Vol. 13
457 Vgl. Brief W. A. Müller vom 3.1.1959 an Fritz Rück, in: ARAB, NL Fritz Rück, Vol. 3, R
458 Vgl. Brief Fritz Lamm vom 21.12.1958 an Erna Blomeyer, in: DEA, NL Fritz Lamm, EB 2002/005
459 Interview der Verfasserin mit Lilo Weindl am 18.2.1999 in Aachen
460 Vgl. *Druck und Papier*, Jg. 11, Nr. 24, 15.12.1959, S. 468

band „Der Mensch ist frei" vor. Trauergäste aus dem Ausland waren gekommen, Delegationen der Naturfreunde aus der Schweiz, Österreich und Frankreich, Theo Wanner aus Schaffhausen als Vertreter der NFI und Charles Woerler, Sekretär der IGF. Eine Ortsgruppe von der Schwäbischen Alb ließ einen versteinerten schwarzen Ammonit als Grabstein aufstellen.

Nach Rücks Tod wurde der bisherige Kassierer Helmstädter vom Bundesausschuss mit der Weiterführung der Geschäfte beauftragt. Er wurde Rücks Nachfolger als Bundesvorsitzender der Naturfreunde, als Redakteur von *Druck und Papier* folgte ihm der junge Lutz, ein Generationswechsel fand statt.[461]

---

461 Vgl. *Druck und Papier*, Jg. 12, Nr. 5, 1.3.1960, S. 84

9. Epilog
9.1 „Wer schreiben kann, kann auch zeichnen"

Schon früh zeigte Rück Interesse an bildender Kunst, 1915 besuchte er zum ersten Mal ein Maleratelier in Stuttgart. Die Privatbibliothek, die er sich in den zwanziger Jahren angelegt hatte, bezeugt sein kunsthistorisches Interesse. Er besaß nicht nur Bücher von Malern und Zeichnern, die der Arbeiterbewegung nahe standen, er interessierte sich auch für moderne, sozial engagierte bürgerliche Künstler wie Honoré Daumier, Auguste Rodin, Vincent van Gogh, Max Liebermann, George Grosz, Heinrich Zille und Frans Masereel. Im Exil in Schweden zeigte er sich tief beeindruckt von den Werken des bekannten Bildhauers Carl Eldh. In den fünfziger Jahren besuchte er Kurse an der Freien Kunstschule in Stuttgart, wo er den Maler Rudolf Müller und die Malerin Ruth von Hagen-Torn kennen und schätzen lernte. Er selbst hatte künstlerisches Talent und war der Überzeugung, dass jeder Mensch, der schreiben kann, auch zeichnen könne. Als Bundesvorsitzender der Naturfreunde machte er deshalb den Vorschlag, Wanderungen mit Übungen im Zeichnen und Malen zu verbinden.[1] Dies könne dazu beitragen, ganzheitliche Persönlichkeiten zu bilden. Immer wieder beobachteten seine Mitarbeiter, dass er den Schreibtisch verließ und zum Pinsel griff. Es kam auch vor, dass er im Laufe von langen Sitzungen Porträtskizzen der Anwesenden zu Papier brachte.[2]

Im April 1960 wäre Rück 65 Jahre alt geworden, zu seinen Ehren wurde in diesem Monat im DGB-Haus in Stuttgart eine Ausstellung mit etwa 50 seiner Bilder organisiert. Die Eröffnungsrede hielt Otto Schlesinger, Sekretär des Zentralvorstandes der IG Druck und Papier.[3] Der Grafiker und Designer Klaus Basset führte als Sachverständiger durch die Ausstellung und hob die große Wandlungsfähigkeit des Künstlers und die Vielfalt seiner malerischen Ausdrucksmittel hervor. Heitere kleine Ölbilder, hauptsächlich schwedische und schweizerische Landschaftsmotive zeigend, wechselten mit figürlichen Kompositionen ab, in denen der expressionistische Einfluss deutlich zu erkennen ist. Viele Bilder stammten aus Rücks schwedischer Exilzeit. Sie zeigten die Stadt Stockholm mit der Engelbrechtkirche, ein „Sommerhaus" oder ein „Schwedisches Gehöft". Immer wieder gelangen ihm heitere und unbeschwerte Gemälde wie „Karneval" oder „Jongleur". Ein häufiges Thema waren Kinder: „Kinderzimmer", „Spielzeug", „Mona", „Schwedische Kinder". Das Ölgemälde „Der kleine Napoleon" wurde von Basset als Rücks bestes Bild bezeichnet. Es zeigt einen jungenhaften uniformierten Soldaten mit Dreispitz.[4] Aus vielen Bildern sprechen Melan-

---

1 Vgl. Fritz Rück: Naturfreunde gestalten die Freizeit. Ein Beitrag zur Frage der Arbeitszeitverkürzung, Stuttgart 1955, S. 14
2 Vgl. Protokoll Angestellten-Ausschuss der Chemie-Funktionäre in Frankfurt vom 11.4.1953, in: ARAB, NL Fritz Rück, Vol. 11
3 Vgl. Katalog zur Ausstellung „Bilder eines Autodidakten", in: ARAB, NL Fritz Rück, Vol. 7. Die Liste enthält 50 Gemälde, 12 davon waren verkäuflich, die Preise betrugen zwischen 300 und 600 DM.
4 Dieses Ölgemälde schenkte Rück der Malerin Ruth von Hagen-Torn, „Der kleine Napoleon" befand sich bis zu ihrem Tod in ihrem Besitz.

Abb. 36: *Rück als Maler*   Abb. 37: *Der kleine Napoleon (Öl auf Leinwand)*

cholie und Resignation. Seine Frau Britta berichtete bei der Ausstellung, wie sie immer wieder düstere Gemütslagen ihres Mannes erlebte.[5]

9.2 Dichter und Schriftsteller

Obwohl die meisten Bücher Rücks von den Rezensenten gelobt und zur Lektüre empfohlen wurden, fanden sie wenig Käufer. Wiederholt bot der Autor seine Manuskripte verschiedenen Verlagen an. Der Briefwechsel mit vielen Absagen ist in seinem Nachlass erhalten. Der Rowohlt-Verlag lehnte 1956 die Übersetzung und Herausgabe der in Schweden erschienenen Schrift „Utopister och realister" ab mit der Begründung, sie sei für die deutschen Leser „zu schwierig".[6] In den fünfziger Jahren fehlten ihm Geduld und Zeit, um an längeren Texten zu feilen.[7] Rücks Lyrik

---

5   Vgl. Klaus Basset: Der unbekannte Fritz Rück, in: *Wandern und Bergsteigen*, Jg. 12, H. 6 (November/Dezember 1960), S. 10 f.
6   Brief Redaktion Rowohlt deutsche Enzyklopädie vom 9.7.1956 an Fritz Rück, in: ARAB, NL Fritz Rück, Vol. 3, R
7   Vgl. Interview der Verfasserin mit Lilo Weindl am 18.2.1999 in Aachen

hingegen fand bei den Lesern größere Anerkennung. Seine Gedichte waren bekannt und beliebt; sogar Jahre nach seinem Tod wurden sie in den Zeitungen der Naturfreunde und der IG Druck und Papier abgedruckt.[8] Als er für seinen Gedichtband „Der Mensch ist frei" keinen Verleger fand, ließ er ihn 1955 im Selbstverlag drucken.

In der DDR-Literaturwissenschaft wurden an Rücks Kriegs- und Revolutionslyrik vorwiegend politische Maßstäbe angelegt. Er erhielt Lob, weil er das „durch die Revolution entstandene neue Lebensgefühl der werktätigen Massen" gut zum Ausdruck gebracht habe.[9] Doch die Einschränkung folgte umgehend: Sein Reformismus habe verhindert, dass er die „trotz der Niederlage objektiv vorhandene revolutionäre Perspektive" dichterisch gestalten konnte.[10] Der ostdeutsche Literaturkenner Alfred Klein bezeichnete Rück als einen der „Schöpfer der deutschen Revolutionsdichtung".[11] Rücks Parteinahme für die „proletarisch-revolutionären Kräfte" war für Klein entscheidend, für ihn zählte die richtige, nämlich die kommunistische Gesinnung mehr als die literarische Qualität. Auch in einem neueren von DDR-Literaturwissenschaftlern verfassten Lexikon wurden Rücks Gedichte aus der Revolutionszeit noch einmal ausführlich besprochen und eine nahezu vollständige Liste seiner im Exil entstandenen Werke angefügt.[12]

9.3 „Ohne Scheu vor Fürstenthronen"

Auf seine ersten Lebensjahrzehnte zurückblickend beschrieb Rück 1935 in treffender Weise seinen eigenen Charakter: „Der Hass auf Knechtsinn und Niedertracht/hat meine Gedanken beflügelt./ Ich habe immer, bei Tag und Nacht/gehetzt und aufgewiegelt."[13] Diese Haltung beobachteten in den Novembertagen 1918 auch seine Gegner von der rechten SPD in Stuttgart. Rücks Auftreten diente ihnen als abschreckendes Beispiel für die sogenannte bolschewistische Gefahr, die es zu bekämpfen galt. Der erste Artikel, den er für die *Rote Fahne* schrieb, war kämpferisch und polemisch; Rosa Luxemburg kritisierte Rücks jugendlich-ungestümes Wesen.[14] Rückblickend und selbstkritisch sagte er 1953 auf einer Landeskonferenz der Naturfreunde: „Wir waren früher in der Arbeiterbewegung einmal fanatische Marxisten."[15]

---

8   Noch bis 1972 wurden im *Aufstieg* Gedichte von ihm gedruckt.
9   Lexikon sozialistischer deutscher Literatur. Von den Anfängen bis 1945. Monographisch-biographische Darstellungen, Leipzig 1964², S. 438
10 Ebd.
11 Vgl. Alfred Klein: Im Auftrag ihrer Klasse. Weg und Leistung der deutschen Arbeiterschriftsteller 1918–1933 (Beiträge zur Geschichte der deutschen sozialistischen Literatur im 20. Jahrhundert; Bd. 3), Berlin/Weimar 1972, S. 100
12 Simone Barck et al. (Hrsg.): Lexikon der sozialistischen Literatur. Ihre Geschichte in Deutschland bis 1945, Stuttgart/Weimar 1994, S. 405 f. Rücks Roman „Nebengeräusche" erschien 1936 in Bern, fälschlicherweise wird Berlin als Erscheinungsort angegeben.
13 Peter Wedding (i. e. Fritz Rück): Der Reichstag brennt. Verse eines deutschen Emigranten, 1935 (Typoskript), 19. Gedicht: „Testament eines Rebellen", in: StASch, NL Walter Bringolf, D IV 01.08
14 Vgl. Brief Rosa Luxemburg vom 29.11.1918 an Clara Zetkin, in: Rosa Luxemburg: Gesammelte Briefe, Bd. 5, Berlin (Ost) 1984, S. 419
15 *Aufstieg*, Jg. 21, H. 10 (Oktober 1953), S. 182

In seiner zweiten Lebenshälfte wandelte sich sein Temperament. Mit dem Goethe-Zitat „Begeisterung kann man nicht einpökeln wie Heringsware" umschrieb er 1959 in seinem letzten Artikel in der Naturfreunde-Zeitschrift *Aufstieg* seine Entwicklung.[16] Die leidvollen Erfahrungen des Exils, die langsam wachsende Enttäuschung über die Entwicklung der SU unter Stalin und vielleicht auch die Verantwortung für seine große Familie bewirkten diese Veränderung. Doch Rück blieb bis zu seinem Lebensende eine engagierte, vorwärtstreibende und zugleich auch polarisierende Persönlichkeit. Der Sozialdemokrat Franz Osterroth, der Rück im Exil in Schweden kennengelernt hatte, charakterisierte ihn 1960 als eine der „eigenwilligsten Persönlichkeiten der deutschen Arbeiterbewegung."[17] Seit seinem lange hinausgezögerten Austritt aus der KPD wollte Rück sich an keine politische Partei und an keine gewerkschaftliche Gruppierung über einen längeren Zeitraum hinweg binden. Er war ein „individualistischer Außenseiter" geworden.[18] Innerhalb des DGB vertrat er mündlich und schriftlich seine Meinung, auch wenn diese nicht mit der Linie des Bundesvorstands übereinstimmte. Für die Gewerkschaftsführung war er zweifellos ein unbequemer Mitarbeiter. Offen sprach er über die konservativ erstarrte Atmosphäre der Bonner Republik und über das Weiterleben der NS-Ideologie. Zeitgenossen hoben hervor, dass er „Mut zu eigener Meinung" besessen habe,[19] und „ohne Scheu vor Fürstenthronen" aufgetreten sei.[20] Immer wieder forderte er konservative Mitglieder der IG Druck und Papier heraus. Als sein Freund und Gesinnungsgenosse Fritz Lamm sich im Jahr 1952 ebenfalls für eine Stelle als Gewerkschaftssekretär interessierte, lehnte der Gewerkschaftsvorsitzende Hein Hansen dessen Einstellung ab und begründete dies unumwunden: „Du bist uns zu politisch. Wir haben schon an Fritz Rück genug."[21]

Rücks Integrität und Aufrichtigkeit fand auch über seinen Tod hinaus Anerkennung und Wertschätzung. Als sichtbares Zeichen dafür beteiligte sich die als schwäbisch-sparsam geltende IG Druck und Papier an den Kosten der Rückreise seiner Witwe nach Schweden und übernahm für 20 Jahre die Finanzierung der Grabpflege.[22]

---

16   *Aufstieg*, Jg. 27, H. 11 (November 1959), S. 215
17   Franz Osterroth: Biographisches Lexikon des Sozialismus, Bd. 1: Verstorbene Persönlichkeiten, Hannover 1960, S. 251
18   Brief Siggi Neuman vom 3.2.1953 an Otto Brenner, zit. nach: Klaus Schönhoven/Hermann Weber: Die Industriegewerkschaft Metall in den Jahren 1956 bis 1963 (Quellen zur Geschichte der deutschen Gewerkschaftsbewegung im 20. Jahrhundert; Bd. 10), Köln 1991, S. XXXV
19   Nachruf von Siegfried Schwerdtfeger, in: *Druck und Papier*, Jg. 11, Nr. 24, 15.12.1959, S. 468
20   *Die Feder*. Zeitschrift der IG Druck und Papier, Berufsgruppe der Journalisten, Jg. 7 (1959), H. 11/12, S. 170
21   Zit. nach: Michael Benz: Der unbequeme Streiter Fritz Lamm. Jude, Linkssozialist, Emigrant 1911–1977, Essen 2007, S. 276; Gregor Kritidis: Linkssozialistische Opposition in der Ära Adenauer. Ein Beitrag zur Frühgeschichte der Bundesrepublik Deutschland, Hannover 2008, S. 77
22   Vgl. schriftliche Mitteilung Rüdiger Zimmermann vom 18.10.2012 an die Verfasserin

9.4 Ein „Vertreter der alten Garde"

Rück betrachtete den Beginn des Ersten Weltkriegs als tiefe Zäsur in seinem Leben. Für ihn war er das Ende seiner Jugend. Obwohl ihm persönlich das Erlebnis der Front erspart blieb, fühlte er sich als Angehöriger der „Generation Erster Weltkrieg". 1914 habe man die Arbeiterjugend in die Gräuel der Schützengräben getrieben. Die „zarten Ansätze" des neuen Lebensgefühls seien von den „schweren Stiefeln der marschierenden Regimenter" zertreten worden.[23] 1928 schrieb er in der *Roten Fahne*: „Sie ließen uns liegen in Dreck und Blut/vier Jahre lang./Wir waren zum Schießen und Hauen gut/in Flandern, in Finnland, am Schwarzen Meer/fraß unser Marsch die Städte leer/[...]/ließen wir Leben und Blut."[24] Rückblickend war er der Meinung, dass sich im Kaiserreich ein neues proletarisches Lebensgefühl herausgebildet habe.[25]

Zweifellos verklärte Rück in seinen Erinnerungen die Zeit des untergegangenen Kaiserreichs und vergaß Gefängnis und Unterdrückung. Obwohl er ein Gegner jeglicher Unfreiheit und Entrechtung war, finden sich bei ihm autoritäre Denk- und Verhaltensmuster aus der wilhelminischen Epoche. So bezeichnete er sich in den zwanziger Jahren als „Soldat der Revolution".[26] Sein Gedicht „Rotfront!" drückt dieses Gefühl deutlich aus: „Unser Wille, geboren im Pulverdampf/auf dem Schlachtfeld, in Dreck und Gefahr,/ließ uns wachsen, Jahr für Jahr,/Und keiner, der müde und feige war./Uns stählte der tägliche Kampf".[27] Geschlossenheit, Disziplin und die Bereitschaft, für die Arbeiterpartei zu arbeiten und zu kämpfen, waren im Denken und Handeln seiner Generation fest verankert.[28] So erklärt sich die zehn Jahre dauernde Anpassung Rücks an die autoritären Strukturen der KPD und der Komintern. Und auch in der letzten Dekade seines Lebens hielt er, trotz fundamentaler politischer Differenzen, an seiner Mitgliedschaft in der SPD fest.

In den zwanziger Jahren beobachtete und erlebte Rück als Feuilletonist der *Roten Fahne* das lebendige und innovative kulturelle Leben Berlins. Er lehnte die künstlerischen und wissenschaftlichen Leistungen der Avantgarde ab. Bedeutende Intellektuelle nahm er nicht wahr, er ignorierte linke Schriftsteller wie Kurt Tucholsky, Carl von Ossietzky oder Erwin Piscator, den kommunistischen Regisseur der von ihm besuchten Berliner Volksbühne. Die Relativitätstheorie Albert Einsteins verdammte er als „konterrevolutionär", eine Begründung hierfür schien ihm nicht nötig gewesen zu sein.[29] 1945, als Rück sich an die Kultur der zwanziger Jahre erinnerte, hatte sich seine Einstellung nur wenig geändert. Immer noch sah er in dieser Zwischenkriegszeit überwiegend „destruktive Tendenzen" und Nihilismus, der in den Schützengräben des Ersten

---

23 Fritz Rück: Die Morgenröte einer europäischen Kulturgemeinschaft, o. O. und o. J. (Typoskript), in: ARAB, NL Fritz Rück, Vol. 13
24 *Die Rote Fahne*, Jg. 11, Nr. 92/Feuilleton, 19.4.1928
25 *Druck und Papier*, Jg. 7, Nr. 10, 15.5.1955, S. 194
26 *Die Rote Fahne*, Jg. 5, Nr. 118, 10.3.1922
27 *Die Rote Fahne*, Jg. 11, Nr. 92/Feuilleton, 19.4.1928
28 Vgl. Franz Walter: Die SPD. Vom Proletariat zur Neuen Mitte, Berlin 2002, S. 77
29 Vgl. *Die Rote Fahne*, Jg. 10, Nr. 289, 9.12.1927

Weltkriegs entstanden sei. Für ihn waren Literatur, Musik und bildende Künste von „Instabilität" geprägt.[30] Der jungen Nachkriegsgeneration der fünfziger Jahre empfahl Rück wieder die alten Arbeiterdichter seiner Jugendzeit. Dagegen nannte er einen Autor wie Bertolt Brecht einen Zyniker und Zigarrenraucher.[31] Nur wenige bürgerliche Denker und Dichter fanden seine uneingeschränkte Bewunderung. Den schwedischen Dramatiker August Strindberg bewunderte er 1955 als „titanische Persönlichkeit" und den Philosophen Immanuel Kant als ein Genie von „himmelstürmendem Idealismus".[32] Keinen Gefallen fand Rück an modernen Rhythmen. Unterhaltungsmusik lehnte er als „amerikanische Krachmusik"[33] ab. Aufgeschlossen für die Moderne zeigte sich Rück im Bereich der bildenden Kunst, die durch die Propaganda der NSDAP zutiefst herabgesetzt worden war. Er schätzte sie und verteidigte sie gegen Kritiker. Auch wenn Rück in den fünfziger Jahren die Erscheinungsformen der neuen Kultur des Konsums ablehnte, vor dem „Diktat des Motors"[34] warnte und sich über den „Italienfimmel" lustig machte, erscheint es nicht gerechtfertigt, dass der SPD-Pressedienst ihn nach seinem Ableben als „Vertreter der alten Garde" bezeichnete.[35]

Rück war sich der Tatsache bewusst, dass vieles von dem, was vor 1914 geschaffen worden war, nicht mehr in die neue Zeit passte. Im *Aufstieg* der Naturfreunde findet sich 1953 sein Eingeständnis, dass man die Lyrik seiner Jugendzeit nicht mehr verwenden könne. Für das Neuzuschaffende fand er allerdings nur allgemeine Worte:

> „Wir können nicht mehr mit der früheren Terminologie oder Phraseologie arbeiten, sondern wir müssen eine neue Sprache finden. Diese neue Sprache muss verständlich für alle Wanderfreunde sein, sie soll aber zugleich auch konzentriert sein, sie muss dichterisch erfüllt und dichterisch erschaffen sein."[36]

Immer wieder suchte er den Kontakt zu den fragenden und suchenden Jugendlichen in den Organisationen der Arbeiterbewegung. Er kritisierte autoritäre Erziehungsmethoden und unterstützte berufstätige Frauen. Seine Frau Britta, eine Schwedin, hatte ihm den Blick dafür geschärft.[37] Für die Kinder- und Jugendzeitungen der Naturfreunde und der IG Druck und Papier schrieb er umfangreiche Artikel, in denen er sein Wissen und seine Fähigkeiten weitergab.[38] Fraglich ist allerdings, ob er mit dem Thema: „Warum und wie soll der klassenbewusste Arbeiter wandern?"

---

30 Vgl. Fritz Rück: 1918–1939. Friede ohne Sicherheit, Stockholm 1945, S. 13
31 Vgl. *Druck und Papier*, Jg. 8, Nr. 17, 1.9.1956, S. 335
32 *Druck und Papier*, Jg. 7, Nr. 7, 1.4.1955, S. 129
33 *Druck und Papier*, Jg. 8, Nr. 4, 15.2.1956, S. 73
34 *Wandern und Bergsteigen*, Jg. 11, H. 5 (September/Oktober 1959), S. 2
35 Vgl. SPD-Pressedienst P/XIV/264 vom 20.11.1959, in: AdsD, Sammlung Personalia 8269
36 *Aufstieg*, Jg. 21, H. 10 (Oktober 1953), S. 184
37 Vgl. *Mitteilungen für Funktionäre der Industriegewerkschaft Druck und Papier*, Jg. 1, H. 2 (Mai 1957) und Jg. 1, H. 4 (Juli 1957)
38 Vgl. Nachruf in: *Ausblick*, Jg. 6, H. 12 (Dezember 1959), S. 178

den Geschmack seiner jungen Leser traf.[39] 1957 hielt er vor Studenten der Universität Tübingen ein Referat über Mitbestimmung und Sozialisierung.[40] Zeitgenossen bestätigten, dass Rück das Selbständigkeitsstreben der jungen Generation unterstützte und Verständnis für ihr Bedürfnis nach Freiheit und Eigenständigkeit hatte.[41] Rücks Persönlichkeit, die sich in den Jahren der Verfolgung und des Exils gewandelt und gefestigt hatte, wirkte über seinen Tod hinaus. In seiner Amtszeit als Bundesvorsitzender des TVdN förderte er Jugendfunktionäre wie beispielsweise Herbert Faller und Klaus Vack, die später Initiatoren und Organisatoren der Friedensbewegung wurden.

9.5 Abwendung vom Kommunismus

Rück musste mehrmals im Laufe seines Lebens Abschied nehmen von politischen Überzeugungen und parteilichen Bindungen. Rasch, aber nicht ohne innere Kämpfe trennte er sich 1914 von der SPD. Die Ablösung von der KPD hingegen dauerte länger und war weitaus schwieriger. Dieser Prozess begann lange vor seinem Austritt Ende 1929 und setzte sich fort bis nach Stalins Tod. Auf dem SPD-Parteitag von 1956 resümierte er offen, dass es schwer gewesen sei, „aus dem Kommunismus auszutreten", denn „er umfasst seine Anhänger wie eine Kirche ihre Glaubensgenossen."[42] Rück schrieb 1952: „Es ist unser Schicksal, das Schicksal einer Generation, [...] dass wir von der ‚russischen Frage' nicht loskommen."[43] Seit 1918 war er mitgerissen worden vom Schwung der russischen Revolution und verteidigte sie fast reflexartig gegen den Antibolschewismus, der auch in der SPD stark war. Wie viele Linksintellektuelle (Heinrich Mann, Lion Feuchtwanger, Johannes R. Becher) rechtfertigte auch Rück die blutigen Repressionen der Moskauer Schauprozesse in den dreißiger Jahren. In seinem Exil in der Schweiz hoffte er auf die Hilfe Stalins im Kampf der Antifaschisten gegen Hitler. Später, im Jahr 1939, stimmte er dem deutsch-russischen Nichtangriffspakt zu, weil er ihn für einen Schachzug Stalins zur Zeitgewinnung hielt. Er rechtfertigte sogar die Teilung Polens und die Besetzung Finnlands durch die sowjetische Armee. Erst 1943 reifte bei ihm die Erkenntnis, dass Stalin in die Fußstapfen der imperialen Politik der Zaren getreten war und dass er durch blinde Anbetung des Machtgedankens „den Ideengehalt des Sozialismus bis auf den Kern" vergiftet habe.[44] Stalin habe die idealistischen und humanitären Traditionen des Sozialismus zertreten und habe die Komintern zum Instrument der russischen Interessen degra-

---

39 *Wir sind jung*, Jg. 10 (1957), S. 11 f.
40 Vgl. *Mitteilungen für Funktionäre der Industriegewerkschaft Druck und Papier*, Jg. 1, H. 2 (Mai 1957), S. 1 ff.; SAPMO-BArch, DY 30/VI 2/10.02/196
41 Vgl. Klaus Beer: Junger Sozialdemokrat in Ulm 1953–1960. Aus dem Innenleben der Ulmer SPD jener Zeit, Dresden 1998, S. 19; Mündliche Mitteilung Buckpesch 17.11.2012 an die Verfasserin
42 Vorstand der SPD (Hrsg.): Protokoll der Verhandlungen des Parteitags der Sozialdemokratischen Partei Deutschlands vom 10. bis 14. Juli 1956 in München, Bonn 1956, S. 80
43 *Druck und Papier*, Jg. 4, Nr. 16, 15.8.1952, S. 313
44 Fritz Rück: Marxismus und Arbeiterbewegung, o. O. und o. J. (Typoskript), in: ARAB, NL Fritz Rück, Vol. 13

diert. Trotzdem hoffte er 1952 wieder, dass die SU sich nach dem Ableben Stalins auf die „große revolutionäre Umwälzung" zurückbesinnen und den Sozialismus weiterentwickeln würde.[45] Ein Jahr später stellte er resignierend fest, dass die Entwicklung in eine ganz andere Richtung gegangen war. Er beklagte sich:

> „Man kann heute das Wort Sozialismus kaum noch gebrauchen, weil es so diskreditiert worden ist. Ich war in Frankfurt auf einer Tagung von Verlegern, die linksgerichtet waren. Es wurde dort festgestellt, dass auf der großen Frankfurter Buchmesse es fast kein Buch gegeben hat, das sich mit Problemen des Sozialismus oder des Marxismus beschäftigte. Man wagt heute nicht mehr, darüber zu schreiben. [...] Diese Werte sind irgendwie zerstört worden."[46]

Bei seiner Rückkehr aus dem Exil war es für Rück nicht opportun, mit dem Kommunismus in Verbindung gebracht zu werden. Obwohl er immer wieder Stellung gegen den starken Antikommunismus in Westdeutschland bezog, konnte er dennoch nicht offen über seine KPD-Mitgliedschaft sprechen. Erst in seinen späteren Jahren bekannte er sich zu seinen Aktivitäten als Spartakist vor und während der Novemberrevolution. In einer Rede auf dem Münchener SPD-Parteitag 1956 erklärte er, wie er Kommunist geworden war und betonte, dass er heute die barbarischen Methoden Stalins verabscheue.[47] Rücks unorthodoxe marxistische Gesinnung war allgemein bekannt. Vermutlich hätte er in keiner anderen Gewerkschaft als in der linken, relativ kleinen IG Druck und Papier als Redakteur arbeiten können.[48] Seine Stellung dort war nicht unumstritten. Allerdings ließ er sich von den Anfeindungen gegen sich nicht beirren. Einen weiteren Abschnitt seiner Vergangenheit musste Rück ebenfalls mit Vorsicht und Zurückhaltung behandeln. Der Begriff „Emigrant" löste in der westdeutschen Öffentlichkeit negative Assoziationen aus. Die Vorwürfe reichten von Feigheit bis zu Landesverrat.[49] Wenn Rück beispielsweise vor Gewerkschaftern über die Verhältnisse in Schweden sprach, dann war dies nicht sein ehemaliges „Exil", er nannte es vage „ein anderes Land".[50]

---

45 Vgl. *Druck und Papier*, Jg. 4, Nr. 16, 15.8.1952, S. 313
46 Fritz Rück: Wirtschaft und Gesellschaft nach dem 2. Weltkrieg, in: ARAB, NL Fritz Rück, Vol. 15
47 Vgl. Protokoll Parteitag 1956 (Anm. 42), S. 78 ff.
48 Vgl. schriftliche Mitteilung Rüdiger Zimmermann vom 24.5.2012 an die Verfasserin
49 Vgl. Hans Georg Lehmann: Rückkehr nach Deutschland? Motive, Hindernisse und Wege von Remigranten, in: Claus-Dieter Krohn/Patrik von zur Mühlen: Rückkehr und Aufbau nach 1945. Deutsche Remigranten im öffentlichen Leben Nachkriegsdeutschlands, Marburg 1997, S. 52
50 Vgl. DGB-Bundesvorstand (Hrsg.): Protokoll des Dritten Ordentlichen Bundeskongresses Frankfurt a. M. 1954, Düsseldorf 1954, S. 480

9.6 Ausblick

Die hochgesteckten Ziele seiner ersten Lebenshälfte musste Rück Stück für Stück zurücknehmen. Er erlebte nicht nur die Enttäuschung von 1918/19 und später den Verlust von politischer Orientierung und Heimat. Auch in den fünfziger Jahren gab es für ihn zahlreiche politische Rückschläge. Der Kampf der Gewerkschaften um Mitbestimmung ging verloren, die Remilitarisierung Westdeutschlands konnte nicht verhindert werden, zweimal erlebte er einen für ihn unerwarteten Wahlsieg der CDU. SPD und Gewerkschaften passten sich peu à peu den politischen und wirtschaftlichen Gegebenheiten an. Im Todesjahr Rücks vollzog die SPD eine tiefe Kehrtwende, als sie die Marktwirtschaft und die Westintegration akzeptierte und sich von ihrer marxistischen Tradition verabschiedete.[51] 1963 folgte der DGB mit seinem „Düsseldorfer Programm" den Grundzügen der neuen Linie der SPD.

Damit endet die Biografie Rücks, aber nicht die Geschichte seines Lebens. Seine farbige und faszinierende Persönlichkeit, seine nonkonformistische Haltung, seine Ablehnung obrigkeitsstaatlicher Traditionen wirkte auf Jugendliche der fünfziger Jahre authentisch und vorbildhaft. Sein antimilitaristisches und ökologisches Denken bot Anknüpfungspunkte für die linke Friedens- und Umweltbewegung, die sich in dem Jahrzehnt nach seinem Tod entwickelte. In seinem letzten Neujahrsgruß für die Naturfreunde wünschte er sich 1959: „Auslüften, gründlich auslüften sollte man diesen Planeten, allerdings nicht mit Atombomben, sondern mit freien Gedanken und kühnem Wollen."[52] Rück selbst gab dafür ein Beispiel, denn er brachte in seinen beiden so unterschiedlichen Lebenshälften als Kommunist und als Gewerkschafter frischen Wind in die Arbeiterbewegung.

---

51 Vgl. Hans-Ulrich Wehler: Deutsche Gesellschaftsgeschichte, Bd. 5: Bundesrepublik und DDR, München 2008, S. 162
52 *Aufstieg*, Jg. 27, Nr. 2 (Februar 1959), S. 23

Stationen seines Lebens

1895	Am 15. April in Gaisburg bei Stuttgart geboren, sein Vater Johannes Rück war Schreiner.
1900	Die Familie Rück mietet eine Wohnung in der neugebauten Eduard-Pfeiffer-Siedlung Ostheim
1909	Konfirmation in der evangelischen Lukaskirche in Ostheim
	Lehre als Schriftsetzer in Stuttgart
	Mitglied in der Freien Jugendorganisation Stuttgart (FJO)
	Freundschaft mit Emil Birkert
1913	Gehilfenprüfung als Schriftsetzer
	Eintritt in den Buchdruckerverband
	Eintritt in die SPD
	Kontakte zum linken Parteiflügel um Clara Zetkin und Fritz Westmeyer
	Aufbruch zur 1. Wanderschaft
1914	Aufbruch zur 2. Wanderschaft, Rück erlebt den Kriegsausbruch in Linz und Wien
1915	Rekrutenausbildung
	Schwere Nierenoperation im Lazarett in Cannstatt
1916	Im Dezember als „kriegsunbrauchbar" aus dem Heer entlassen
1917	Beginn der journalistischen Tätigkeit, Rück übernimmt die Leitung des *Sozialdemokrat*, die Zeitung des linken Flügels des SPD
	Teilnahme am Gründungsparteitag der USPD in Gotha
	Rede bei einem illegalen Treffen, Untersuchungshaft in Stuttgart, Verurteilung vor dem Landgericht Stuttgart am 24. Oktober zu drei Monaten Gefängnis
1918	4. November: Redner und Verhandlungsführer bei Massendemonstrationen in Stuttgart. Wahl zum Vorsitzenden des ersten Arbeiter- und Soldatenrates. Verfasst mit August Thalheimer die erste Nummer der kurzlebigen Stuttgarter *roten Fahne*.
	7.–9. November: erneute Inhaftierung
	9. November: Ablehnung des Eintritts in die Provisorische Regierung
	10. November: Rücktritt vom Vorsitz des Arbeiter- und Soldatenrats
	Ende November: Aufenthalt in Berlin, erster Artikel in dem Zentralorgan der KPD *Die Rote Fahne*
1919	Im Januar Teilnahme an der Besetzung des Tagblattgebäudes in Stuttgart
	Verhaftung, fünf Monate Untersuchungshaft
	Freispruch in einem Schwurgerichtsprozess in Stuttgart
	Im Oktober Teilnahme am 2. Parteitag der KPD

1920	Im Februar Teilnahme am 3. Parteitag der KPD in Karlsruhe-Durlach Im April Teilnahme am 4. Parteitag der KPD in Berlin 29. April: Heirat mit Dora geb. Hofmann in Leipzig Im Oktober erste Theaterkritik in der *Roten Fahne* Im November Teilnahme am 5. Parteitag der KPD in Berlin Im Dezember Teilnahme am 6. Parteitag der KPD in Berlin (Vereinigungsparteitag)
1921	Im Juni Teilnahme am III. Weltkongress der Kommunistischen Internationale in Moskau als Berichterstatter der Roten Fahne. Reise durch den Süden Russlands
1922	Wandernder Agitator und Redakteur in Jena, Augsburg und Chemnitz
1925	Aufenthalt in Moskau Abfassung der Erinnerungsschrift: *Aus dem Tagebuch eines Spartakisten* Eröffnung einer Buchhandlung in Berlin-Wedding
1926	Agitation für den Volksentscheid zur Fürstenenteignung
1929	Rück verlässt die KPD
1930	Kurze Mitgliedschaft in der SPD (Berlin-Wedding)
1931	Eintritt in die SAP, linker kommunistischer Flügel
1932	Redner bei antifaschistischer Kundgebung in Stuttgart Teilnahme am 1. Parteitag der SAP in Berlin Ausschluss aus der SAP wegen eines Aufrufs zum Boykott der Reichstagswahlen vom Juli 1932 Schreiben an das ZK der KPD, bittet vergeblich um Wiederaufnahme in die Partei Im Herbst Rückkehr nach Stuttgart
1933	Im März Flucht nach Basel, wechselnde Unterkünfte in Bern Im September Anerkennung als politischer Flüchtling
1934	Gemeinsame Wohnung mit Jenny Grimm, ständige polizeiliche Überwachung Publiziert unter verschiedenen Pseudonymen
Mai 1937	Ankunft in zweitem Exilland Schweden
1939	Britta Sjögren, eine junge Frau tritt in sein Leben Im Dezember 1939 Geburt der Tochter Birgitta
1941	Heirat mit Britta Sjögren, Geburt der Drillinge Alf Robert, Per Friedrich und Solveig Monica Zusammenarbeit mit dem Kooperativa Förbundets-Verlag, der sieben Bücher von ihm herausgeben wird
1943	Eintritt in die Sozialdemokratische Partei Schwedens SAP(S) Im April Wahl in den Vorstand der Landesgruppe Deutscher Gewerkschafter in Schweden (LG)

1944	Einzug ins eigene Haus in Älvsjö bei Stockholm
1945/ 1946	Eintritt in die SPD
1947	Rück erhält schwedische Staatsbürgerschaft
1950	Reisen nach Deutschland Erfolgreiche Bewerbung für die freigewordene Stelle des Redakteurs des Gewerkschaftsblattes *Druck und Papier*
1951	Schwedische Großfamilie findet in Stuttgart eine Wohnung
1952	Im Mai Proteststreik der IG Druck und Papier gegen Entwurf des BVG Wahl mit großer Mehrheit zum Redakteur von *Druck und Papier*
1954	SPD-Landesparteitag in Reutlingen, Wahl zum stellvertretenden Kreisvorsitzenden der Stuttgarter SPD Teilnahme am SPD-Parteitag in Berlin
1955	Im Februar Funktionärsversammlung im Naturfreundehaus Steinknickle, Rück wird gebeten, das Amt des Bundesvorsitzenden des Touristenvereins „Die Naturfreunde" zu übernehmen Wahl zum Bundesvorsitzenden des TVdN
1956	SPD-Parteitag in München
1958	Krankenhausaufenthalt wegen schwerer Lungenentzündung und Rippfellentzündung Erinnerungsschrift „November 1918", geschrieben im Krankenhaus
1959	Wiederwahl zum Bundesvorsitzenden des TVdN 18. November: Tod in Stuttgart 24. November: Trauerfeier auf dem Pragfriedhof
	Britta Rück kehrt nach Schweden zurück.

Abkürzungen

AAJB	Archiv der Arbeiterjugendbewegung (Oer-Erkenschwik)
ABF	Arbetarnas Bildningsförbund (Arbeiterbildungsverein)
ADG	Auslandsvertretung der deutschen Gewerkschaften
ADGB	Allgemeiner Deutscher Gewerkschaftsbund (bis 1933)
AdsD	Archiv der sozialen Demokratie (Bonn)
Agitprop	Agitation und Propaganda
AGV	Arbeitsgemeinschaft Graphischer Verbände
APuZ	Aus Politik und Zeitgeschichte. Beilage zur Wochenzeitung *Das Parlament*
ARAB	Arbetarrörelsens arkiv och bibliotek (Stockholm)
BAR	Schweizerisches Bundesarchiv (Bern)
BAZ	Bayerische Arbeiterzeitung
Bd.	Band
Bl.	Blatt
BPRS	Bund proletarisch-revolutionärer Schriftsteller
BRD	Bundesrepublik Deutschland
BzG	Beiträge zur Geschichte der (deutschen) Arbeiterbewegung
BVG	Betriebsverfassungsgesetz
CDU	Christlich Demokratische Union
CSU	Christlich Soziale Union
DAF	Deutsche Arbeitsfront
DAG	Deutsche Angestellten-Gewerkschaft
DDR	Deutsche Demokratische Republik
DEA	Die Deutsche Bibliothek, Deutsches Exilarchiv 1933–1945 (Frankfurt)
DFG	Deutsche Friedensgesellschaft
DGB	Deutscher Gewerkschaftsbund
DVA	Deutsche Verlags-Anstalt (Stuttgart)
EcoA	Eco-Archiv (Hofgeismar; jetzt AdsD)
EJPD	Eidgenössisches Justiz- und Polizeidepartement (Bern)
EKKI	Exekutive der Kommunistischen Internationale
EVG	Europäische Verteidigungsgemeinschaft
FB	Familienbogen
FDGB	Freier Deutscher Gewerkschaftsbund (DDR)
FDKB	Freier deutscher Kulturbund (Schweden)
FDP	Freie Demokratische Partei
FJO	Freie Jugendorganisation

GBV	Geschäftsführender Bundesvorstand
GdSt	Gegen den Strom (Zeitschrift)
Gestapo	Geheime Staatspolizei
GMH	Gewerkschaftliche Monatshefte
GStAPK	Geheimes Staatsarchiv Preußischer Kulturbesitz (Berlin)
GWU	Geschichte in Wissenschaft und Unterricht
HStAS	Hauptstaatsarchiv Stuttgart
IAH	Internationale Arbeiterhilfe
IfZ	Institut für Zeitgeschichte (München)
IG	Industriegewerkschaft
IGF	Internationale Graphische Föderation
IGM	Industriegewerkschaft Metall
IHV	Internationale Hilfsvereinigung (KPO)
Inprekorr	Internationale Presse-Korrespondenz
ISK	Internationaler Sozialistischer Kampfbund
IWK	Internationale wissenschaftliche Korrespondenz zur Geschichte der deutschen Arbeiterbewegung
IZRG	Institut für schleswig-holsteinische Zeit- und Regionalgeschichte
KAPD	Kommunistische Arbeiter-Partei Deutschlands
KF	Kooperativa Förbundets Bokförlag (Verlag in Schweden)
Komintern	Kommunistische Internationale (III. Internationale)
KPD	Kommunistische Partei Deutschlands
KPdSU(B)	Kommunistische Partei der Sowjetunion (Bolschewiki) 1925–1952
KPO	Kommunistische Partei Deutschlands (Opposition)
Kr	Schwedische Krone
KRV	Karl-Richter-Verein (Berlin)
LG	Landesgruppe deutscher Gewerkschafter in Schweden
LO	Landesorganisationen i Sverige, Schwedischer Gewerkschaftsbund
MSPD	Mehrheitssozialdemokratische Partei Deutschlands
NATO	North Atlantic Treaty Organization
NEP	Neue Ökonomische Politik
NFI	Naturfreunde Internationale
NFJ	Naturfreundejugend
NL	Nachlass
N.N.	ohne Namen
NSDAP	Nationalsozialistische Deutsche Arbeiterpartei
ÖTV	Gewerkschaft Öffentliche Dienste, Transport und Verkehr
o.J.	ohne Jahr
o.Nr.	ohne Nummer
o.O.	ohne Ort

PA	Privatarchiv
PV	Parteivorstand
Q	Quadrangel, Vierecknummer in Archivalien
RAS	Riksarkivet Stockholm
RGASPI	Russländisches Staatsarchiv für sozialpolitische Geschichte (Moskau)
RGI	Rote Gewerkschaftsinternationale
RGO	Revolutionäre Gewerkschaftsopposition
RHD	Rote Hilfe Deutschland
RKP(B)	Russische Kommunistische Partei (Bolschewiki) 1918–1925
SAP(S)	Socialdemokratiska Arbetarepartiet (Schweden)
SA	Sturmabteilung
SAP(D)	Sozialistische Arbeiterpartei (Deutschlands)
SAPMO	Stiftung Archiv der Parteien und Massenorganisationen der DDR im Bundesarchiv (Berlin-Lichterfelde)
SAZ	Sozialistische Arbeiter-Zeitung (Presseorgan der SAP)
SBZ	Sowjetische Besatzungszone Deutschlands
SED	Sozialistische Einheitspartei Deutschlands
SFH	Schweizerische Flüchtlingshilfe
SGB	Schweizerischer Gewerkschaftsbund
SIA	Skogsindustriarbetaren (Waldarbeiter-Zeitung)
SJV	Sozialistischer Jugendverband
Sopade	Parteivorstand der SPD im Exil (1943–1945)
SPD	Sozialdemokratische Partei Deutschlands
SPS	Sozialdemokratische Partei der Schweiz
SS	Schutzstaffel
SSA	Schweizerisches Sozialarchiv (Zürich)
StaatALe	Staatsarchiv Leipzig
StadtALe	Stadtarchiv Leipzig
StadtAS	Stadtarchiv Stuttgart
StadtASch	Stadtarchiv Schaffhausen
StAL	Staatsarchiv Ludwigsburg
SU	Sowjetunion
TVdN	Touristenverein „Die Naturfreunde"
UNO	Vereinte Nationen
USPD	Unabhängige Sozialdemokratische Partei Deutschlands
VVN	Vereinigung der Verfolgten des Naziregimes
WWI	Wirtschaftswissenschaftliches Institut des DGB
ZfG	Zeitschrift für Geschichtswissenschaft
ZK	Zentralkomitee
ZWLG	Zeitschrift für Württembergische Landesgeschichte

Quellenverzeichnis

Archive

Archiv der sozialen Demokratie (AdsD), Bonn
  NL Arthur Crispien
  NL Joseph Lang
  NL Siegmund (Siggi) Neumann
  Sammlung Personalia 8269
  SPD-PV Nr. 2/PVAJ000646

Archiv des Südwestrundfunks, Stuttgart
  Interview Fritz Schindler mit Emil Birkert und Wilhelm Kohlhaas, Erstsendung am 14.11.1978 im Süddeutschen Rundfunk Stuttgart, Prod. Nr. 7830590000

Arbetarrörelsens arkiv och bibliotek, Stockholm (ARAB)
  NL Fritz Rück, Vol. 1–20
  NL Gunnar Myrdal
  Flüchtlingshilfe der Arbeiterbewegung (Arbetarrörelsens Flyktlingshjälp), Gr. 596, Gr. 603
  Schwedischer Typographenverband (Svensk Typografförbundet)

Archiv der Vereinigung der Verfolgten des Naziregimes – Bund der Antifaschisten. Landesverband Baden-Württemberg e. V. (Archiv der VVN), Stuttgart
  Akte über die Entschädigungssache Dora Schelble-Hofmann

Deutsche Nationalbibliothek, Deutsches Exilarchiv 1933–1945 (DEA), Frankfurt
  NL Fritz Lamm EB 2002/005

Eco-Archiv. Studienarchiv Arbeiterkultur und Ökokogie (EcoA), Hofgeismar [Jetzt: AdsD, Bonn]
  Die Naturfreunde, LV Württemberg
  Hans Westmeyer (Typoskript)
  Erinnerungsbericht Thomas Pusch
  Deutsche Übersetzung von Fritz Rück/Siggi Neumann: Koloss auf Stahlfüssen

Geheimes Staatsarchiv Preußischer Kulturbesitz (GStAPK), Berlin
  Ministerium des Innern, I. HA Rep. 77

Hauptstaatsarchiv Stuttgart (HStAS)
    Revolutionsarchiv E 135a und b
    Innenministerium E 150
    Sozialdemokratische Jugendorganisationen Bü 2048
    Verhalten der Sozialdemokratie während des Krieges Bü 2051
    Tätigkeit der Sozialdemokraten in Stuttgart Bü 2053
    Heeresarchiv M 10
    NL Kurt Schimmel P 2

Karl-Richter-Verein e. V. (KRV), Berlin
    NL Karl Richter

Riksarkivet Stockholm (RAS)
    Einbürgerungsakte (Medborgarsakt)

Russländisches Staatsarchiv für sozialpolitische Geschichte, Moskau (RGASPI)
    (Rossiski Gosudarstwenny Archiv Sozialnoi-polititscheskoi Istorii)
    III. Kongress der Komintern: Bestand 430
    Vertretung der KPD im EKKI: Bestand 495

Stiftung Archiv der Parteien und Massenorganisationen der DDR im Bundesarchiv (SAPMO-BArch), Berlin-Lichterfelde
    Kommunistische Partei Deutschlands RY 1
    Sozialistische Arbeiterpartei Deutschlands RY 13/II
    Unabhängige Sozialdemokratische Partei Deutschlands RY 19
    Oberreichsanwalt beim Reichsgericht R 3003
    Reichssicherheitshauptamt R 58
    ZK der SED/Westabteilung DY 30
    Industriegewerkschaft Druck und Papier Westabteilung DY 39
    NL Jacob Walcher NY 4087
    NL Emil Eichhorn NY 4131
    NL Wilhelm Eildermann NY 4251/58
    Flugblattsammlung SgY 2/17
    Erinnerungsbericht Fritz Ulm SgY 30/0960
    Erinnerungsbericht Recha Rothschild SgY 30/1115
    Erinnerungsbericht Willy Sägebrecht SgY 30/1276
    Erinnerungsbericht Jacob Walcher SgY 30/1301
    Erinnerungsbericht Alexander Abusch SgY 30/1400

Schweizerisches Bundesarchiv, Bern (BAR)
  Eidgenössische Fremdenpolizei E 4264 1988/2, Bd. 361
  Polizeidienst E 4320(B) 1991/243, Bd. 31

Schweizerisches Sozialarchiv Zürich (SSA)
  Schweizerische Gewerkschaftszeitungen
  SFH Registerkarte W 81

Staatsarchiv Leipzig (StALei)
  Meldekartei PP-M-1060

Staatsarchiv Ludwigsburg (StAL)
  Wiedergutmachungsakte Fritz und Dora Rück EL 350 ES 14346

Stadtarchiv Augsburg (StadtAA)
  Familienbogen: Rück, Friedrich Adam

Stadtarchiv Leipzig (StadtALei)
  Kapitelakten, Personalangelegenheiten Kap. 10

Stadtarchiv Stuttgart (StadtAS)
  Archiv der Stuttgarter Arbeiterbewegung: Bestand 1012

Stadtarchiv Schaffhausen (StadtASch)
  NL Walter Bringolf D IV 01.08

Mitteilungen, schriftlich (s) und mündlich (m)

Albrecht, Kurt, Ostfildern, 14.11.2012 (m)
Amann, Fritz, Karben, 20.9.2012 (m)
Bergmann, Theo, Stuttgart, 7.9.1995 und 1.11.2010 (m)
Bernert, Benno, Reinach, 3.10. 1993 (s) und 3.11. 1994 (m)
Blessing, Elmar, Stuttgart, 25.1.2008 (m)
Buckpesch, Walter, Offenbach, 17.11.2012 (m)
Gohl, Ulrich, Stuttgart, 22.10.2001 (s)
von Hagen-Torn, Ruth, Stuttgart, 7.9.1995 und 16.10.1995 (m)
Hausser, Alfred, Stuttgart, 21.11.1994 (s)
Henker, Fritz, Stuttgart, 26.10.1995 (m)
Janus, Sina, Weil der Stadt, 26.9.1993 und 29.9.1995 (m)
Klug, Rudi, Hertlingshausen, 14.6.2004 (s)

Kohlhaas, Wilhelm, Stuttgart, 4.6.1993 (s)
Mayer, Mona, Stockholm, 16.8.1995 (m)
McCarthy, Ursula, Bern, 25.5.1997 und 18.8.1997 (m und s)
Pollak, Eva, Solna, 30.8.1995 (m)
Schaber, Will, New York, 11.2.1994 (s)
Schober, Artur, Stuttgart, 30.8.1994 (s)
Scholze, Manfred, Bro, 30.8.1995 (m)
Vatlin, Alexander, Moskau, 10.10.1996 (s)
Weber, Hermann, Mannheim, 20.8.1998 (s)
Weindl, Lilo, Aachen, 18.2.1999 (m)
Zimmermann, Rüdiger, Bonn, 6.5.2012, 11.5.2012 und 18.10.2012 (s)

Zeitungen und Zeitschriften

Afton Tidningen. Sozialdemokratische schwedische Tageszeitung, 1944, 1945, 1947, 1948, 1949, 1950
Arbeiterstimme. Tageszeitung der Kommunistischen Partei Deutschlands, Sektion der Kommunistischen Internationale für Ostsachsen, 1926, 1927, 1928, 1929
Arbeiterzeitung Schaffhausen, 1937, 1938, 1939
Aufstieg. Mitteilungsorgan des Touristenvereins „Die Naturfreunde" für den Gau Württemberg [später: Monatsschrift, Mitteilungsblatt bzw. Informationsorgan des Touristenvereins „Die Naturfreunde" LV Württemberg], 1946–1959
Ausblick. Jugendbeilage von *Druck und Papier*, 1957
Bayerische Arbeiterzeitung, Augsburg, 1922
Beklädnadsfolket, schwedische Textilarbeiterzeitung, 1948, 1951
Berner Tagwacht. Offizielles Publikationsorgan der sozialdemokratischen Partei der Schweiz, 1934, 1936, 1937, 1938, 1940
Braunschweigische sozialistische Landeskorrespondenz. Amtliches Organ der Presse- und Propagandaabteilung des Arbeiter- und Soldatenrats, 1918
Das Schiff. – Leipzig, 1925
Der Aufstieg. Illustrierte Familienzeitschrift zur Unterhaltung und Belehrung des Schweizervolkes, 1936, 1937, 1938, 1941, 1942
Der Bücherkreis. Zeitschrift für Literatur und Kunst, 1931
Der Kämpfer. Organ der K.P.D. (Sektion der Kommunistischen Internationale), Bezirk Sachsen, Chemnitz, 1923
Der Öffentliche Dienst. Zeitung des Schweizerischen Verbandes des Personals Öffentliche Dienste, 1937
Der rote Helfer. Organ der Roten Hilfe Deutschlands, 1927
Der Sozialdemokrat. Mitteilungsblatt des Unabhängigen Sozialdemokratischen Vereins Stuttgart (USPD), 1915, 1917, 1918

Die Front. Zeitschrift für Arbeiter-Bewegung, Politik, Wirtschaft und Kultur, 1928, 1929
Die Internationale. Zeitschrift für Praxis und Theorie des Marxismus, 1926, 1927
Die Junge Garde. Zentralorgan der neu gegründeten Freien Sozialistischen Jugend Deutschlands, 1918, 1920
Die rote Fahne. Mitteilungsblatt des Stuttgarter Arbeiter- und Soldatenrats, Zentralorgan sämtlicher Arbeiter- und Soldatenräte Württembergs, 1918
Die Rote Fahne. Zentralorgan der KPD, 1918, 1920, 1921, 1922, 1923, 1925, 1926, 1927, 1928, 1929
Die Welt am Abend, 1928, 1929, 1930
Druck und Papier. Zentralorgan der Industriegewerkschaft Druck und Papier, 1950–1959
Fackföreningsrörelsen. Organ för Landsorganisationen i Sverige, 1940
Funken. Aussprachehefte radikaler Sozialisten, 1950
Gewerkschaftliche Monatshefte. Zeitschrift für soziale Theorie und Praxis, 1952, 1953
Internationale Pressekorrespondenz (Inprekorr). Informationsblatt der Komintern, Deutsche Ausgabe, 1922, 1926, 1929
Jugend-Internationale. Kampforgan der Kommunistischen Jugendinternationale, 1919
Kulturwille. Monatsblätter für Kultur der Arbeiterschaft, Arbeiterbildungsinstitut Leipzig, 1930, 1931
Luginsland. Zeitschrift des Touristenvereins „Die Naturfreunde", LV Hessen, 1953, 1955
Magazin für alle. Hrsg.: Universumbücherei für Alle, 1929
Metallarbetaren. Schwedische Metallarbeiterzeitung, 1937, 1938, 1939, 1940
Mitteilungen für Funktionäre der Industriegewerkschaft Druck und Papier, 1957
Mitteilungsblatt der Landesgruppe deutscher Gewerkschafter in Schweden, 1945
Mitteilungsblatt des Landesvorstands der Vereinigung deutscher Sozialdemokraten in Schweden, 1949
National-Zeitung (Basel), 1937
Naturfreunde-Echo. Mitteilungen für Funktionäre und Mitarbeiter der deutschen Naturfreundebewegung, 1958
Neue Arbeiterzeitung. Organ der KPD für die Gebiete Hannover-Braunschweig, Westfalen-Lippe und Hessen-Waldeck, 1929
Rote Revue. Zeitschrift für Politik, Wirtschaft und Kultur. Vordenken und nachdenken, 1936, 1937, 1938
Rundbrief der Auslandsvertretung der Deutschen Gewerkschaften Landesgruppe Schweden 1943, 1944
Schweizerische Bau- und Holzarbeiterzeitung, 1938
Schweizerische Metallarbeiterzeitung, 1936, 1937, 1938, 1939, 1940, 1941
Skogsindustriarbetaren (SIA), schwedische Bau- und Holzarbeiterzeitung, 1948, 1953
Social-Demokraten, 1937
Sozialistische Arbeiterzeitung. Zentralorgan der Sozialistischen Arbeiterpartei Deutschlands, 1931, 1932

Stuttgarter Zeitung, 1950

Süddeutsche Arbeiter-Zeitung. Organ der Kommunistischen Partei Deutschlands, Bezirk Württemberg, 1929

Svensk Typograftidning, 1941, 1942, 1943, 1944, 1945, 1946

Tiden. Tidskrift för socialistik kritik och politik. Theoretische Zeitung der schwedischen Sozialdemokratie, 1937, 1950

Tribunal. Zentralorgan der Roten Hilfe Deutschlands gegen den Faschismus, Klassenjustiz und weißen Terror, 1930

Volksrecht. Sozialdemokratisches Volksblatt. Offizielles Organ der sozialdemokratischen Partei der Schweiz und des Kantons Zürich sowie des Gewerkschaftskartells Zürich, 1936, 1938, 1942

Wandern und Bergsteigen. Zeitschrift der deutschen Naturfreunde, 1955, 1956, 1957, 1958, 1959, 1963

Welt der Arbeit, 1950, 1957

Wir sind jung. Schulungsheft für die Naturfreundejugend und Kindergruppen, 1956, 1957, 1958

Bibliografie Fritz Rück

Bücher und Broschüren

1920
- Vom 4. August bis zur russischen Revolution. Ein Beitrag zur Geschichte der kommunistischen Bewegung in Deutschland, Stuttgart-Degerloch/Leipzig 1920

1926
- ФРИЦ РЮКК: ИЗ ДНЕВНИКА СПАРТАКОВЦА, МОСКВА ЛЕЛАТЕЛБСТВО (Aus dem Tagebuch eines Spartakisten, Moskau-Leningrad, 1926)
- Reiche Fürsten, arme Leute. Der Volksentscheid für die entschädigungslose Enteignung der Fürsten, hrsg. vom Ausschuss für Fürstenenteignung, Berlin o. J. [1926]
- Steigender Reichtum – wachsende Not. Der Kampf der deutschen Arbeiterklasse gegen Rationalisierung und Kriegsgefahr, herausgegeben vom ZK der KPD, Berlin o. J. [1926]

1927
- Von Nürnberg bis Kiel. Der Bankrott der sozialdemokratischen Koalitionspolitik, Berlin 1927

1928
- Von Bismarck bis Hermann Müller. Vom Sozialistengesetz zur Koalitionsregierung. Der Weg der deutschen Sozialdemokratie vom Sozialistengesetz zum Panzerkreuzer A 1878–1928, Berlin 1928
- Johannes R. Becher/Kurt Kläber/Fritz Rück (Hrsg.): Kampfgenoss. Ein Buch für die proletarische Jugend, Berlin 1928

1931
- Der Wedding in Wort und Bild, Berlin 1931

1936
- (Leo Kipfer) Der Schachzug des Toten, Bern 1936
- (Leo Kipfer) Das unmöblierte Haus und 115 andere Anekdoten aus zwei Jahrtausenden, Bern 1936
- (Leo Kipfer) Nebengeräusche. Kriminalroman zwischen London und Genf, Bern 1936

1942
- Schweiz på vakt (Die Schweiz auf Wache), Stockholm 1942

1943
- 1918. Kampen om Europa och fredsdiskussionen (Der Kampf um Europa und die Friedensdiskussion), Stockholm 1943
- Sovjetunionen och Komintern (Sowjetunion und Komintern), Stockholm 1943

1944
- Fritz Rück und Britta Sjögren-Rück: Trillingarnas republik. Tre år i vått och torrt (Die Republik der Drillinge. Drei Jahre durch Nass und Trocken), Stockholm 1944
- Fred utan säkerhet (Friede ohne Sicherheit). 1919–1939, Stockholm 1944

1945
- 1919–1939. Friede ohne Sicherheit, Stockholm 1945
- S. Neumann och Friedrich Rück: Kolossen på stålfötter. Den ryska industrimaktens utveckling och problem (Der Koloss auf Stahlfüßen. Entwicklung und Probleme der russischen Industriemacht), Stockholm 1945

1948
- Utopister och realister. Från Rousseau till Marx (Utopisten und Realisten. Von Rousseau bis Marx), Stockholm 1948

1954
- 1919–1939. Friede ohne Sicherheit, Frankfurt 1954

1955
- Naturfreunde gestalten die Freizeit. Ein Beitrag zur Frage der Arbeitszeitverkürzung, Rede des ersten Vorsitzenden der Bundesleitung des Touristenvereins „Die Naturfreunde" auf der Bundesversammlung in Mannheim vom 26. bis 28. August 1955, Stuttgart 1955

1956
- Die Aufgaben der Naturfreundebewegung, Hamburg 1956
- Tausendjähriges Schweden. Von der Wikingerzeit zur sozialen Reform, Stuttgart 1956

1958
- November 1918. Die Revolution in Württemberg, Stuttgart 1958

Unveröffentlichte autobiografische Schriften

1919
- Blätter aus einem Tagebuch, Gefängnis in Rottenburg Mai 1919 (Typoskript), in: ARAB, NL Fritz Rück, Vol. 8

1921
- Fahrt durch die Ukraine. Aus einem Tagebuch, o. O. 1921 (Typoskript), in: ARAB, NL Fritz Rück, Vol. 8

Nach 1933
- Peter Wedding (i. e. Fritz Rück): Otto Bessinger. Skizzen von der Jahrhundertwende. A Der Vater war Möbelschreiner, B Das neue Jahr, C Anfänge, D Wanderschaft, E Auf eigenen Füßen, F Krieg, G Auf Vorposten, H Der Sturm bricht los, o. O. und o. J. (Typoskript), in: ARAB, NL Fritz Rück, Vol. 8
- Fritz Rück: Autobiographische Skizzen, o. O. und o. J. (Typoskript), in: ARAB, NL Fritz Rück, Vol. 8

Nach 1937
- Fritz Rück: Gibt es einen Mittelweg? o. O. und o. J. (Typoskript), in: ARAB, NL Fritz Rück, Vol. 16
- Fritz Rück: Die Werkstatt des Todes. Die schwedische Kanonenfabrik Bofors, o. D. (Typoskript), in: ARAB, NL Fritz Rück, Vol. 16
- Fritz Rück: Die Schwierigkeiten einer rationalen Lösung der Friedensfragen, 1943 (Typoskript), in: ARAB, NL Fritz Rück, Vol. 15
- Fritz Rück: Frauen in Schweden, o. O. und o. J. [1947] (Typoskript), in: ARAB, NL Fritz Rück, Vol. 17
- Fritz Rück: In der Provinz, o. O. und o. J. (Typoskript), in: ARAB, NL Fritz Rück, Vol. 16

1948
- Fritz Rück: Züricher Spaziergänge. Alte Geschichten, Zürich 13.3.1948, in: ARAB, NL Fritz Rück, Vol. 10

Nach 1950
- Fritz Rück: Rede an das XX. Jahrhundert, o. O. und o. J. (Typoskript), in: ARAB, NL Fritz Rück, Vol. 13

Aufsätze und Artikel

1915
- (Bambino) Traumwandler, in: *Der Sozialdemokrat*, Jg. 2, Nr. 22, 8.5.1915

1917
- Ostern, in: *Der Sozialdemokrat*, Jg. 4, Nr. 14, 7.4.1917, S. 1
- Arbeiterbildungsfragen, in: *Der Sozialdemokrat*, Jg. 4, Nr. 19, 12.5.1917, S. 1 f.
- Nicht in den Sumpf, in: *Der Sozialdemokrat*, Jg. 4, Nr. 40, 6.10.1917

1918
- (August Thalheimer/Fritz Rück) Der 4. November, in: *Der Sozialdemokrat*, Jg. 5, Nr. 44, 6.11.1918
- Die Jugend erwacht, in: *Die rote Fahne*, Jg. 1, Nr. 6, 20.11.1918
- Den Genossen und Genossinnen Stuttgarts zum Abschied, in: *Die rote Fahne*, Jg. 1, Nr. 8, 22.11.1918
- Die Stuttgarter Jugend im Krieg und in der Revolution, in: *Die Junge Garde*, Jg. 1, Nr. 1, 27.11.1918
- (Juvenis) Der Weg zum Nichts, in: Die *Rote Fahne*, Jg. 1, Nr. 13, 28.11.1918
- Aufruf zur Bildung einer sozialistischen Volkshochschule, in: *Braunschweigische sozialistische Landeskorrespondenz*, Jg. 1, Nr. 1, 17.12.1918
- (Fritz Rück/Robert Gehrke) Die Diktatur in Taschenformat, in: *Braunschweigische sozialistische Landeskorrespondenz*, Jg. 1, Nr. 5, 21.12.1918

1919
- Ein Streifzug durch das Gebiet der sozialistischen Theorie, in: *Jugend-Internationale*, Nr. 14, September/Oktober 1919, S. 11 f.

1920
- Proletarisches Theater, in: *Die Rote Fahne*, Jg. 3, Nr. 210/Beilage, 17.10.1920

1921
- Der Hamlet-Film, in: *Die Rote Fahne*, Jg. 4, Nr. 74, 14.2.1921
- Die kulturelle Hungersnot, in: *Die Rote Fahne*, Jg. 4, Nr. 564, 9.12.1921

1922
- Im Vorzimmer, in: *Die Rote Fahne*, Jg. 5, Nr. 43, 26.1.1922
- Franz Mehring als Politiker, in: *Die Rote Fahne*, Jg. 5, Nr. 49, 29.1.1922
- Musik und Film, in: *Die Rote Fahne*, Jg. 5, Nr. 74, 13.2.1922
- Verfluchter Segen, in: *Die Rote Fahne*, Jg. 5, Nr. 97, 26.2.1922

- Volkssymphoniekonzert, in: *Die Rote Fahne*, Jg. 5, Nr. 100, 28.2.1922
- Die Fälscher von Max Brod, in: *Die Rote Fahne*, Jg. 5, Nr. 100, 28.2.1922
- Filmschau: Die Gezeichneten, in: *Die Rote Fahne*, Jg. 5, Nr. 114, 8.3.1922
- Die erste Begegnung mit Leo Jogiches, in: *Die Rote Fahne*, Jg. 5, Nr. 118, 10.3.1922
- Der Streik der deutschen Eisenbahner und die Gewerkschaftsbürokratie, in: *Inprekorr*, Jg. 2 (1922), H. 15, S. 121
- Neuformierung der bayrischen Konterrevolution, in: *Inprekorr*, Jg. 2 (1922), H. 28, S. 220
- Adolf Warski: „Rosa Luxemburgs Stellung zu den taktischen Problemen der Revolution", Buchbesprechung in: *Inprekorr*, Jg. 2 (1922), H. 50, S. 402
- Die Partei der Menschewiki in der russischen Revolution, in: *Inprekorr*, Jg. 2 (1922), H. 68, S. 530
- Bayern und Deutschland, in: *Inprekorr*, Jg. 2 (1922), H. 156, S. 995
- Die Offensive des Kapitals und die Einheitsfront des Proletariats, in: *Inprekorr*, Jg. 2 (1922), H. 163, S. 1096

1923
- Proletarisches Drama: „Großstadt", Chorwerk von Bruno Schönlank, in: *Die Rote Fahne*, Jg. 6, Nr. 21, 26.1.1923
- (Von unserem Stuttgarter Mitarbeiter) Sozialdemokraten als Kampfgenossen der Faschisten in Württemberg, in: *Der Kämpfer*, Jg. 6, Nr. 14, 17.1.1923
- (Juvenis) Vor dem Zusammenbruch, in: *Der Kämpfer*, Jg. 6, Nr. 83, 10.4.1923
- (Juvenis) Die revolutionäre Lösung, in: *Der Kämpfer*, Jg. 6, Nr. 91, 19.4.1923
- (Juvenis) Die deutsche Sozialdemokratie rettet die Bourgeoisie, in: *Der Kämpfer*, Jg. 6, Nr. 93, 21.4.1923
- (Juvenis) Jubiläen. 9 Jahre Sarajewo. 4 Jahre Abreise der deutschen Delegierten nach Versailles, in: *Der Kämpfer*, Jg. 6, Nr. 149, 2.7.1923

1925
- Wurzeln und Triebkräfte der Kunst, in: *Das Schiff*, H. 8, August 1925
- Vom Bandornament zum Konstruktivismus, in: *Das Schiff*, H. 10, Oktober 1925
- Ein proletarischer Dichter, in: *Die Rote Fahne*, Jg. 8, Nr. 227, 2.10.1925
- Arbeiterkalender für 1926, in: *Die Rote Fahne*, Jg. 8, Nr. 257, 6.11.1925

1926
- Die Partei und ihre Kritiker, in: *Die Internationale*, Jg. 9, H. 2, 15.1.1926, S. 33 ff.
- Die linke Sozialdemokratie in Sachsen, in: *Die Internationale*, Jg. 9, H. 5, 1.3.1926, S. 152 ff.
- Rundschau: SPD, in: *Die Internationale*, Jg. 9, H. 8, 15.4.1926, S. 249
- Die Krise der deutschen Sozialdemokratie, in: *Die Internationale*, Jg. 9, H. 9, 5.5.1926, S. 261 ff.
- Rundschau: SPD. Parteitag der 23, in: *Die Internationale*, Jg. 9, H. 11/12, 20.6.1926, S. 373 f.
- Rundschau: SPD, in: *Die Internationale*, Jg. 9, H. 16, 15.8.1926, S. 506 f.

- Der Reichskongress der Werktätigen in Berlin, in: *Inprekorr*, Jg. 6, H. 151, 10.12.1926

1927

- Die Spaltung der deutschen Sozialdemokratie. Zur Gründungskonferenz der USP in Gotha (2.–6. April 1917), in: *Die Rote Fahne*, Jg. 10, Nr. 78, 3.4.1927
- Der Kieler Parteitag der SPD, in: *Die Internationale*, Jg. 10, H. 10, 15.5.1927, S. 297 ff.
- Kompagnie Albrecht, in: *Die Rote Fahne*, Jg. 10, Nr. 148/Feuilleton, 26.6.1927
- Mobilmachung, in: *Die Rote Fahne*, Jg. 10, Nr. 178, 31.7.1927
- Nimm Partei! in: *Arbeiterstimme*, Jg. 3, Nr. 220, 20.9.1927
- Der Hindenburg-Tag, in: *Inprekorr*, Jg. 7, H. 97, 4.10.1927, S. 2083
- „Peer Gynt" in der Volksbühne, in: *Die Rote Fahne*, Jg. 10, Nr. 255/Feuilleton, 29.10.1927
- Schieber des Ruhms. – Erstaufführung der Volksbühne, in: *Die Rote Fahne*, Jg. 10, Nr. 269/Feuilleton, 15.11.1927
- Aktionsprogramm und Produktionskontrolle, in: *Die Internationale*, Jg. 10, H. 22, 25.11.1927, S. 716 ff.
- Materialismus und Empiriokritizismus. Ein neuer Lenin-Band, in: *Die Rote Fahne*, Jg. 10, Nr. 289/Feuilleton, 9.12.1927
- Clara Zetkin, in: *Der rote Helfer*, Jg. 3 (1927), Nr. 7, S 2 f.

1928

- Karl Liebknecht und Rosa Luxemburg in der ‚Roten Fahne', in: *Die Rote Fahne*, Jg. 11, Nr. 11/Feuilleton, 13.1.1928
- Karl Liebknecht und Rosa Luxemburg in der ‚Roten Fahne', in: *Arbeiterstimme*, Jg. 4, Nr. 12, 14.1.1928
- Am Grabe Lenins, in: *Arbeiterstimme*, Jg. 4, Nr. 18, 21.1.1928
- Achtzehnhundertachtundvierzig. Revolutionstage in Paris, Berlin und Wien, in: *Die Welt am Abend*, Jg. 6, Nr. 65, 16.3.1928
- Die erste Maifeier. Der 1. Mai vor 36 Jahren, in: *Die Rote Fahne*, Jg. 11, Nr. 102/Feuilleton, 1.5.1928
- Unterm Sozialistengesetz. Das Organ der Unterdrückten – Eine illegale Zeitung unterm Sozialistengesetz, in: *Die Welt am Abend*, Jg. 6, Nr. 244, 17.10.1928
- Das Proletariat und die „radikalen Literaten", in: *Die Front*, Jg. 1, H. 4 (Dezember 1928), S. 9 ff.

1929

- Vor Gericht, in: *Arbeiterstimme*, Jg. 5, Nr. 22, 26.1.1929
- Die Romane des Edgar Wallace, in: *Die Rote Fahne*, Jg. 12, Nr. 23/Feuilleton, 27.1.1929
- Lenin und die deutschen Arbeiter, in: *Die Rote Fahne*, Jg. 12, Nr. 53/Feuilleton, 3.3.1929
- Lenin, der Meister der Technik, in: *Die Front*, Jg. 2, H. 6 (März 1929), S. 181 f.
- Das große Kommando Scharnhorsts, in: *Die Welt am Abend*, Jg. 7, Nr. 87, 15.4.1929

- Rot Front, in: *Arbeiterstimme*, Jg. 5, Nr. 106, 8.5.1929
- Kampf gegen den Krieg. Erinnerungen aus 1914–18, in: *Arbeiterstimme*, Jg. 5, Nr. 153, 4.7.1929
- Der Hauptfeind steht im eigenen Land. Erzählungen aus der Kriegszeit, in: *Die Rote Fahne*, Jg. 12, Nr. 130, 21.7.1929, Fortsetzungen in Nr. 131, 23.7.1929; Nr. 132, 24.7.1929; Nr. 133, 25.7. 1929; Nr. 134, 26.7.1929; Nr. 135, 27.7.1929; Nr. 136, 28.7.1929; Nr. 137, 30.7.1929 und Nr. 138, 31.7.1929
- Die Sozialdemokratie und der Krieg, in *Neue Arbeiterzeitung*, Jg. 9, Nr. 174, 28.7.1929
- Verstärkte Aktivität der deutschen Nationalsozialisten, in: *Inprekorr*, Jg. 9, H. 75, 13.8.1929, S. 1746
- Fahrt durch die Tatra, in: *Die Welt am Abend*, Jg. 7, Nr. 208, 6.9.1929, Fortsetzung in Nr. 210, 8.9.1929 und Nr. 222, 23.9.1929
- Es wird Herbst, in: *Die Welt am Abend*, Jg. 7, Nr. 216, 16.9.1929
- Über den Brenner, in: *Die Welt am Abend*, Jg. 7, Nr. 240, 14.10.1929
- Briefe aus Österreich (I). Die Mission Schobers, in: *Inprekorr*, Jg. 9, H. 93, 1.10.1929, S. 2239
- Briefe aus Österreich (II). Der Aufmarsch der Heimwehr, in: *Inprekorr*, Jg. 9, H. 93, 1.10.1929, S. 2240
- Briefe aus Österreich (III). Die Heimwehr in der Steiermark, in: *Inprekorr*, Jg. 9, H. 95, 8.10.1929, S. 2287
- Briefe aus Österreich (IV). Der Heimwehrschutz in Kärnten, in: *Inprekorr*, Jg. 9, H. 95, 8.10.1929, S. 2288
- Briefe aus Österreich (V). An der Wiege der Heimwehren, in: *Inprekorr*, Jg. 9, H. 96, 11.10.1929, S. 2301
- Briefe aus Österreich (VI). Die österreichische Krise, in: *Inprekorr*, Jg. 9, Nr. 96, 11.10.1929, S. 2302 f.
- Das Rattennest. Oskar Wöhrles neuer Roman, in: *Die Welt am Abend*, Jg. 7, Nr. 255, 31.10.1929
- Die Eroberung Berlins, in: *Die Welt am Abend*, Jg. 7, Nr. 263, 9.11.1929
- Am Rande der Großstadt, in: *Magazin für alle*, Jg. 4, H. 11 (November 1929), S. 19 ff.
- Die Sozialfaschisten, in: *Süddeutsche Arbeiterzeitung*, Jg. 16, Nr. 296, 18.12.1929, S. 6

1930

- Im proletarischen Wedding, in: *Die Welt am Abend*, Jg. 8, Nr. 76, 31.3.1930
- Tippelbrüder. Wanderschaft in Bebels Todesjahr, in: *Kulturwille*, Jg. 7, H. 6 (Juni 1930), S. 102 f.
- Begegnungen mit Richtern, Bullen und 8-Groschenjungen. Eine Geschichte aus der Kriegszeit, in: *Tribunal*, Jg. 6, Nr. 2 (März 1930)
- Das verbotene Wort (I). Buchdruckerkunst und Bauernkrieg, in: *Tribunal*, Jg. 6, Nr. 3 (April 1930)
- Das verbotene Wort (II). Zeitung und Pamphlet in der französischen Revolution, in: *Tribunal*, Jg. 6, Nr. 5 (Juni 1930)
- Das verbotene Wort (III). Die Reaktion im Vormärz, in: *Tribunal*, Jg. 6, Nr. 6 (Juni 1930)

- Der gelbe Koffer. Aus der Zeit des Sozialistengesetzes, in: *Tribunal*, Jg. 6, Nr. 7 (Juli 1930)
- Maulwürfe. Arbeit gegen den Krieg in der schwersten Zeit, in: *Tribunal*, Jg. 6, Nr. 8 (August 1930)
- Die Stunde vor dem Schlafengehen, in: *Tribunal*, Jg. 6, Nr. 12 (Oktober 1930)
- Herr Seidenberger wird Faschist, in: *Tribunal*, Jg. 6, Nr. 14 (November 1930)

1931
- 1848. Skizzen zu einem Film. Als Beispiel für die, die Filmmanuskripte schreiben wollen, in: *Der Bücherkreis*, Jg. 7, H. 1 (Januar 1931)
- Einführung in die marxistische Literatur. Die Aktualität des ersten Bandes des „Kapital", in: *Kulturwille*, Jg. 8, H. 7/8 (Juli/August 1931), S. 116
- Sozialistische Literatur, in: *Kulturwille*, Jg. 8, H. 10 (Oktober 1931), S. 154
- Revolutionäre Außenpolitik, in: *SAZ*, Jg. 1, Nr. 30, 6.12.1931
- Ein Schritt vorwärts – zwei Schritte zurück – Reichskonferenz der KPO, in: *SAZ*, Jg. 1, Nr. 41, 19.12.1931

1932
- Unsere Stellung zur III. Internationale, in: *SAZ*, Jg. 2, Nr. 69, 20.3.1932
- Sozialismus in einem Lande, in: *SAZ*, Jg. 2, Nr. 73, 25.3.1932

1934
- (N.N.) Hegel in Bern (I), Der junge Hauslehrer, in: *Berner Tagwacht*, Jg. 42, Nr. 89/Beilage, 18.4.1934
- (N.N.) Hegel in Bern (II), Das Berner Patriziat, in: *Berner Tagwacht*, Jg. 42, Nr. 90/Beilage, 19.4.1934
- (N.N.) Hegel in Bern (III), Die Ratsbesetzung von 1795, in: *Berner Tagwacht*, Jg. 42, Nr. 91/Beilage, 20.4.1934
- (N.N.) Hegel in Bern (IV), Die Kritik des Christentums, in: *Berner Tagwacht*, Jg. 42, Nr. 92/Beilage, 21.4.1934

1935
- (Leo Kipfer) Ahnenkult, in: *Automobilrevue*, Die bunte Seite, Nr. 87, 1935

1936
- (Peter Wedding) Kampf der wachsenden Kriegsgefahr! in: *Rote Revue*, Jg. 15, H. 12 (August 1936), S. 421 ff.
- (Otto Benninger) Die ursprüngliche Demokratie der Schweiz, in: *Rote Revue*, Jg. 16, H. 3 (November 1936), S. 106 ff.

- (Peter Wedding) Die Morgenröte einer europäischen Kulturgemeinschaft. Streifzüge durch Literatur und Kunst, in: *Volksrecht*, Unterhaltungsbeilage *Der Sonntag*, Jg. 12, Nr. 24, 13.6.1936 und Nr. 25, 20.6.1936
- (Otto Bessinger) Die Brunnen von Bern. Streifzüge durch die Kulturgeschichte einer Stadt, in: *Der öffentliche Dienst*, Jg. 29, Nr. 27, 3.7.1936, Fortsetzungen in Nr. 28, 10.7.1936 und Nr. 29, 17.7.1936
- (Otto Bessinger) Baumalleen und Grünanlagen, in: *Der öffentliche Dienst*, Jg. 29, Nr. 44, 30.10.1936, Fortsetzungen in Nr. 45, 6.11.1936 und Nr. 46, 13.11.1936
- (Otto Bessinger) Ulrich Zwingli, der Leutepriester von Zürich, in: *Der Aufstieg*, o. J. [1936]
- (Otto Bessinger) Baumalleen und Grünanlagen, drei Fortsetzungen, in: *Der Aufstieg*, o. J. [1936]
- (Peter Wedding) Stimmungsbild, in: *Berner Tagwacht*, Jg. 44, Nr. 242, 15.10.1936

1937

- (Otto Benninger) Der Verfall der ursprünglichen Schweizerdemokratie, in: *Rote Revue*, Jg. 16, H. 5 (Januar 1937), S. 161 ff.
- Bauer und Arbeiter, in: *Schweizerische Metallarbeiterzeitung*, Jg. 36, Nr. 20, 15.5.1937
- (Otto Bessinger) Aus der Geschichte des Kantons Schwyz, in: *Der Aufstieg*, 3 Fortsetzungen, o. J. [1937]
- Kopenhagen, in: *Schweizerische Metallarbeiterzeitung*, Jg. 36, Nr. 22, 29.5.1937
- Bei den schwedischen Metallarbeitern, in: *Schweizerische Metallarbeiterzeitung*, Jg. 36, Nr. 23, 5.6.1937
- (Peter Wedding) Sonntag in Stockholm, in: *Schweizerische Metallarbeiterzeitung*, Jg. 36, Nr. 24, 12.6.1937
- (Leo Kipfer) Das Gesicht einer Stadt, in: *National-Zeitung*, 9.6.1937 und in: *Arbeiterzeitung Schaffhausen*, Jg. 19, 8.9.1937
- Hos carl Eldh, in: *Social-Demokraten*, 4.7.1937
- En stads ansikte, in: *Social-Demokraten,* 9.7.1937
- I skärgården, in: *Social-Demokraten,* 13.7.1937
- Mat och dryck, in: *Social-Demokraten,* 14.7.1937
- Promenad i staden, in: *Social-Demokraten,* 17.7.1937 und 21.7.1937
- (P. W.) Tysklands krig på etervågorna, in: *Social-Demokraten,* 23.7.1937
- (Otto Bessinger) Licht und Schatten. Reisebilder aus dem Norden, in: *Der öffentliche Dienst*, Jg. 30, Nr. 33, 13.8.1937
- (Leo Kipfer) Besuch bei Carl Eldh, Bildhauer, in: *Der öffentliche Dienst*, Jg. 30, Nr. 33, 13.8.1937
- (Peter Wedding) Ein Gang durch die Stadt Stockholm, in: *Schweizerische Metallarbeiterzeitung*, Jg. 36, Nr. 33, 14.8.1937
- (P. W.) Ein langer Weg. Die Entwicklung der schwedischen Arbeiterbewegung, in: *Arbeiterzeitung Schaffhausen*, Jg. 19, September 1937

- (Peter Wedding) Eskilstuna. Eine schwedische Metallarbeiterstadt, in: *Arbeiterzeitung Schaffhausen*, Jg. 19, 8.9.1937
- (P. W.) Beim schwedischen Sozialminister. Vorausschauende Sozialpolitik in der Konjunktur, in: *Arbeiterzeitung Schaffhausen*, Jg. 19, Nr. 225/Beilage, 24.9.1937
- (Peter Wedding) Das Lied der Maschinen, in: *Arbeiterzeitung Schaffhausen*, Jg. 19, Oktober 1937
- (Leo Kipfer) Där Rademacher gjorde början, in: *Social-Demokraten*, 9.9.1937
- (Leo Kipfer) Vid en Mellanstation, in: *Social-Demokraten*, 11.9.1937
- (Leo Kipfer) Stockholmsbilder, in: *Social-Demokraten,* 11.9.1937
- (Leo Kipfer) Trä träkol och konstsiden, in: *Social-Demokraten*, 16.9.1937
- (Leo Kipfer) Ett samtal om vår kulturs öde, in: *Social-Demokraten*, 19.9.1937
- (Leo Kipfer) Maskinernas sang, in: *Social-Demokraten*, 26.9.1937
- (Peter Wedding) Eindrücke in Oslo, in: *Berner Tagwacht*, Jg. 45, 8.9.1937
- (Otto Bessinger) Peter Ochs. Das alte Basel und seine Geschichtsschreiber, in: *Der Aufstieg*, H. 43, 26.11.1937, Fortsetzungen in H. 44, 3.12.1937 und H. 45, 10.12.1937
- (Peter Wedding) Lohnbewegungen in der schwedischen Metallindustrie, in: *Schweizerische Metallarbeiterzeitung*, Jg. 36, Nr. 48, 27.11.1937
- (Leo Kipfer) Die Wohnbaupolitik einer aufblühenden Stadt, in: *Der öffentliche Dienst*, Jg. 30, November 1937
- (Peter Wedding) In den Schären, in: *Schweizerische Metallarbeiterzeitung*, Jg. 36, Nr. 51, 18.12.1937
- (Leo Kipfer) Metallarbetarna i Schweiz, in: *Metallarbetaren*, Nr. 25, 1937
- (Leo Kipfer) Twå schweitziska proletärdiktare, in: *Metallarbetaren*, Nr. 27, 1937
- (Leo Kipfer) En historik från krigstidens Tyskland, in: *Metallarbetaren*, Nr. 42, 1937
- (Leo Kipfer) Metallarbetet i antiken, in: *Metallarbetaren*, Nr. 49/50, 1937
- Agrarproblemen och bondepolitik i Schweiz, in: *Tiden*, 1937
- (Peter Wedding) Naziststaten kalkylerar fel med England, in: *Social-Demokraten*, o. J. [1937]

1938

- (Otto Bessinger) Peter Ochs. Seine Reise nach Paris, in: *Der Aufstieg*, H. 50, 14.1.1938, Fortsetzungen in H. 51, 21.1.1938 und H. 52, 28.1.1938
- (P. W.) Vor dem Ende der Konjunktur? Schweden rüstet gegen eine neue Krise, in: *Berner Tagwacht*, Jg. 46, 11.1.1938
- (Peter Wedding) Umwälzung in der Automobilindustrie, in: *Schweizerische Metallarbeiterzeitung*, Jg. 37, Nr. 3, 22.1.1938
- (Peter Wedding) Industriespionage, in: *Schweizerische Metallarbeiterzeitung*, Jg. 37, Nr. 12, 26.3.1938
- (Peter Wedding) Politische Heerschau in Schweden. Die innern und äußern Probleme der Demokratie, in: *Schaffhauser Arbeiterzeitung*, Jg. 20, Mai 1938
- (P. W.) Fragen der Verteidigungsbereitschaft, in: *Arbeiterzeitung Schaffhausen*, Jg. 20, 12.6.1938

- (Otto Bessinger) Peter Ochs in Paris. Das Schicksal der Schweiz wird bestimmt, in: *Der Aufstieg*, Jg. 46, 24.6.1938, Fortsetzungen 1.7.1938 und 8.7.1938
- (Otto Bessinger) Peter Ochs in Paris. Die Revolutionierung der Schweiz, in: *Der Aufstieg*, Jg. 46, 22.7.1938, Fortsetzungen 29.7.1938 und 5.8.1938
- (Otto Bessinger) Peter Ochs der „Konstitutionsmacher", in: *Der Aufstieg*, Jg. 46, 2.12.1938
- (Otto Bessinger) Peter Ochs. Aufstieg im Direktorium. Die Freiheit wächst nicht auf Bajonetten, in: *Der Aufstieg*, Jg. 46, 9.12.1938, Fortsetzung 16.12.1938
- (Otto Bessinger) Die Eisenbahnen der Schweiz. Ein Streifzug durch ihre Entwicklung und Probleme, in: *Der Aufstieg*, o. J. [1938]
- (Peter Wedding) Das Fest der Dreissigtausend, in: *Schweizerische Metallarbeiterzeitung*, Jg. 37, Nr. 31, 6.8.1938
- (P. W.) Mensch der Zukunft, in: *Arbeiterzeitung Schaffhausen*, Jg. 20, August/September 1938
- (Peter Wedding) Die Wohnungsfrage in Schweden, in: *Schweizerische Bau- und Holzarbeiterzeitung*, Jg. 17, Nr. 33, 16.8.1938
- Brief aus Schweden, in: *Schweizerische Metallarbeiterzeitung*, Jg. 37, Nr. 37, 17.9.1938
- Schweden im Umbau, in: *Rote Revue*, Jg. 18, H. 1, September 1938, S. 27 ff.
- Die schwedische Sozialdemokratie, in: *Rote Revue*, Jg. 18, H. 2, Oktober 1938, S. 56 ff.
- (Leo Kipfer) Under Hitlers järnhäl, in: *Metallarbetaren*, Nr. 38, 1938
- (Leo Kipfer) Avtalsfrågor och socialpolitik i tredje rike, in: *Metallarbetaren*, Nr. 44, 1938
- (Peter Wedding) Utmönstringen av arbetsplats representanter i Tyskland, in: *Metallarbetaren*, Nr. 45, 1938
- (Leo Kipfer) Socialpolitik och socialförsäkring i Tyskland, in: *Metallarbetaren*, Nr. 46, 1938

1939
- Nach fünfzig Jahren. Der spezifische Charakter der schwedischen Sozialdemokratie, in: *Arbeiterzeitung Schaffhausen*, Jg. 21, 28.4.1939
- (Peter Wedding) Gang durch den Stockholmer Hafen, in: *Schweizerische Metallarbeiterzeitung*, Jg. 38, Nr. 34, 26.8.1939
- (Peter Wedding) Arbeiterfragen in Schweden, in: *Schweizerische Metallarbeiterzeitung*, Jg. 38, Nr. 49, 9.12.1939
- (Leo Kipfer) De näringspolitiska problemen i Tyskland, in: *Metallarbetaren*, Nr. 11, 1939
- (Leo Kipfer) Efter seks års Hitler-diktatur, in: *Metallarbetaren*, Nr. 15, 1939
- (Leo Kipfer) Den sociala frågan i Tyskland, in: *Metallarbetaren*, Nr. 28, 1939
- (Leo Kipfer) Kriget börjar, in: *Metallarbetaren*, Nr. 35 und Nr. 36, 1939
- (Leo Kipfer) Försvarsberedskapen i Schweiz, in: *Metallarbetaren*, Nr. 39, 1939
- (Leo Kipfer) Rationaliseringsproblemen i Sovjetunionen, in: *Metallarbetaren*, Nr. 43, 1939
- (Leo Kipfer) Arbetsproduktivitet och löner i Sovjetunionen, in: *Metallarbetaren*, Nr. 47, 1939

1940
- (Peter Wedding) Der finnisch-russische Krieg, in: *Berner Tagwacht*, Jg. 48, Nr. 20, 25.1.1940

- (Leo Kipfer) Brief aus Stockholm, in: *Schweizerische Metallarbeiterzeitung*, Jg. 39, Nr. 11, 16.3.1940
- Schweiz under første krigsåret, in: *Fackföreningsrörelsen*, Oktober 1940
- (Leo Kipfer) En krigskyrkogård, in *Metallarbetaren*, Nr. 2, 1940
- (P. W.) Tyskland och Europas återuppbyggnad, in: *Metallarbetaren*, 1940

1941
- Birgitta und die Drillinge, *Der Aufstieg*, Jg. 49, 1941
- (Peter Wedding) Brief aus Schweden, in: *Schweizerische Metallarbeiterzeitung*, Jg. 40, Nr. 4, 25.1.1941
- (Otto Bessinger) Europäische Grossraumwirtschaft. Der Versuch Napoleon Bonapartes und sein Scheitern, in: *Der Aufstieg*, Jg. 49, 31.1.1941, Fortsetzung 7.2.1941
- (Otto Bessinger) Weltpolitik und Weltwirtschaft. Streifzüge durch aktuelle und historische Probleme, in: *Der Aufstieg*, Jg. 49, 9.3.1941, Fortsetzungen 14.3.1941, 21.3.1941, 28.3.1941 und 18.4.1941
- Den europeiska kulturens morgongryning, in: *Svensk Typografitidning*, Jg. 54, 3.5.1941

1942
- (Otto Bessinger) Illegale Drucksachen in Kriegs- und Sturmzeiten, in: *Der Aufstieg*, Jg. 50, 16.1.1942
- Der 1. Mai in Skandinavien, in: *Volksrecht*, Jg. 45, 7.5.1942
- Finnland und der Krieg im Osten, in: *Volksrecht*, Jg. 45, 14.5.1942
- Die Lastenverteilung in Schweden, in: *Volksrecht*, Jg. 45, 15.8.1942
- Den röda tråden från Bismarck till Hitler, in: *Svensk Typografitidning*, Jg. 55 (1942), Nr. 32

1943
- Den tyska novemberrevolutionen 1918, in: *Svensk Typografitidning*, Jg. 56, 6.11.1943

1944
- Världspolitiska perspektiv. Diskussion om Atlantdeklarationen, in: *Svensk Typografitidning*, Jg. 57, 6.5.1944
- De stora nationernas relationer, in: *Svensk Typografitidning*, Jg. 57, 13.5.1944
- Bildande av västblock livsfraga för England, in: *Afton Tidningen*, 6.11.1944
- Morgenthauplanen en ‚allvarlig mojlighet'. in: *Afton Tidningen*, 21.11.1944
- Alltjämt brister i allierad samordning, in: *Afton Tidningen*, 28.12.1944

1945
- Sverige och Europa, in: *Svensk Typografitidning*, Jg. 58 (1945), Nr. 13
- Även USA bromsar västblockplanerna, in: *Afton Tidningen*, 19.7.1945

1946
- Besuch auf Gotland, in: *Der Aufstieg*, Jg. 54, Nr. 36
- Den sovjetryska säkringspolitiken, in: *Svensk Typograftidning*, Jg. 59, Nr. 14, 6.4.1946
- För eller emot socialismen. Marxisten-humanisten Engbergs tal och skrifter, in: *Svensk Typograftidning*, Jg. 59, Nr. 34/35, 24.–31.8.1946
- En generations väg. Till Arthur Engbergs „Tal och skrifter", in: *Svensk Typograftidning*, Jg. 59 (1946), Nr. 42
- Ryssavtalet och Amerika, in: *Svensk Typograftidning*, Jg. 59 (1946), Nr. 44
- Några grunddrag i arbetarrörelsens historia, in: *Svensk Typograftidning*, Jg. 59, Nr. 49, 7.12.1946

1947
- Die Morgenröte einer europäischen Kulturgemeinschaft. Streifzüge durch Literatur und Kunst. Vom Naturalismus zum Patriotismus, in: *Aufstieg*, Jg. 15, H. 5 (Mai 1947), S. 75
- Dagen efter. Där kriget gått fram, in: *Svensk Typograftidning*, Jg. 60 (1947), Nr. 4
- Den offentliga opinionen, in: *Afton Tidningen*, 17.5.1947
- Tysklands öde, in: *Afton Tidningen*, 6.6.1947
- Planekonomi och demokrati, in: *Afton Tidningen*, 17.7.1947
- Från Göteborgs horisont, in: *Afton Tidningen*, 8.8.1947
- Fyrtio år efterå, in: *Afton Tidningen*, 3.9.1947
- Ruhr och Europa, in: *Afton Tidningen*, 25.9.1947
- Stalinregimens roll, in: *Afton Tidningen*, 11.12.1947
- Teknik och romantik, in: *Afton Tidningen*, 17.12.1947

1948
- Det historiska Perspektivet, in: *Beklädnadsfolket*, Nr. 3, 1948
- Snabbvisit i Schweiz, in: *Beklädnadsfolket*, Nr. 9, 1948
- Der sista Bropelaren, in: *Afton Tidningen*, 14.4.1948
- Tyskland och Frankrike, in: *SIA*, Nr. 13, 1948
- Berlin och Moskva, in: *SIA*, Nr. 18, 1948
- Stalins Politik, in: *Afton Tidningen*, 26.5.1948
- Idédebatti i Brunnsvik, in: *Afton Tidningen*, 12.7.1948
- Nya problem, in: *Afton Tidningen*, 16.8.1948
- Samhällets expansion, in: *Afton Tidningen*, 26.8.1948
- Tankar på Tåg, in: *SIA*, Nr. 6, 1948
  Dirigerad Ekonomi, in: *SIA*, Nr. 7, 1948
- Den Skandinaviska Positionen, in: *SIA*, Nr. 9, 1948
- Ein Echo aus Schweden, in: *Aufstieg*, Jg. 17, H. 1 (Januar 1949), S. 12 ff.

1949
- Om Rosa Luxemburg, in: *Afton Tidningen*, 17.1.1949

- Gottfried Kellers värdshus, in: *Afton Tidningen*, 22.1.1949
- Über K. Liebknecht und R. Luxemburg, in: Mitteilungsblatt des Landesvorstands der Vereinigung deutscher Sozialdemokraten in Schweden, 7.2.1949
- Gustav Landauer, in: *Afton Tidningen*, 3.6.1949
- En tysk socialdemokrat, in: *Afton Tidningen*, 12.7.1949
- Flyktingsfragan och nationalism, in: *Afton Tidningen*, 5.8.1949

1950
- Sozialdemokratische Außenpolitik, in: *Stuttgarter Zeitung*, Jg. 6, 14.4.1950
- Für den Frieden, in: *Stuttgarter Zeitung*, Jg. 6, 25.4.1950
- Die Schweiz im Schatten der Weltpolitik. Reisebericht unseres schwedischen Mitarbeiters Fritz Rück, in: *Welt der Arbeit*, Jg. 1, 19.5.1950
- Volksgemeinschaft oder Klassenkampf. Die soziale Situation in Schweden, in: *Stuttgarter Zeitung*, Jg. 6, 25.5.1950
- Die kulturellen Aufgaben der Naturfreunde. Auszug aus dem Referat des Genossen Fritz Rück – Stockholm auf der Landeskonferenz am 25./26. März 1950 im Freizeitheim Feuerbach, in: *Aufstieg*, Jg. 18, H. 8 (August 1950), S. 351 ff.
- Bavarias Skugga, in: *Afton Tidningen*, 4.6.1950
- Adenauer och Schumacher, in: *Tiden*, Nr. 10, 1950
- Reformismus und Radikalismus in der Arbeiterbewegung, in: *Funken*, Jg. 1, H. 5 (Oktober 1950), S. 6f.

1951
- Revolutionen och folksuveräniteten, in: *Beklädnadsfolket*, Nr. 2, 1951
- Proletärer i alla länder, förenen Eder, in: *Beklädnadsfolket*, Nr. 4, 1951
- (P.W.) Zum 1. Mai, in: *Aufstieg*, Jg. 19, H. 5 (Mai 1951), S. 66
- Wir stellen vor, in: *Druck und Papier*, Jg. 3, Nr. 2, 15.1.1951, S. 24
- (Peter Wedding) Nietzsche und Burckhardt. Am Scheideweg europäischer Kulturtradition, in: *Druck und Papier*, Jg. 3, Nr. 2, 15.1.1951, S. 26
- (P.W.) Technik und Romantik, in: *Druck und Papier*, Jg. 3, Nr. 3, 1.2.1951, S. 37
- (P.W.) Die Morgenröte der europäischen Kultur, *in: Druck und Papier,* Jg. 3, Nr. 3, 1.2.1951, S. 41 f.
- Ein Briefwechsel, in: *Druck und Papier*, Jg. 3, Nr. 4, 15.2.1951, S. 52 f.
- (P.W.) Vom Universalismus zum Nationalismus, in: *Druck und Papier*, Jg. 3, Nr. 4, 15.2.1951, S. 59 f.
- Neuzeitliche Graphik, in: *Druck und Papier*, Jg. 3, Nr. 6, 15.3.1951, S. 81
- Über Sprache und Stil, in: *Druck und Papier*, Jg. 3, Nr. 9, 1.5.1951, S. 138
- Zum 1. Mai, in: *Aufstieg*, Jg. 19, H. 5 (Mai 1951), S. 66
- (N.N.) Aufgaben des DGB. Zum außerordentlichen Bundeskongress in Essen, in: *Druck und Papier*, Jg. 3, Nr. 13, 1.7.1951, S. 201 f.

- Am Rande geschrieben, in: *Druck und Papier*, Jg. 3, Nr. 13, 1.7.1951, S. 203
- Aktive Lohnpolitik genügt nicht, in: *Druck und Papier*, Jg. 3, Nr. 14, 15.7.1951, S. 217 f.
- Bemerkungen, in: *Druck und Papier*, Jg. 3, Nr. 16, 15.8.1951, S. 249 f.
- Zur Lage, in: *Druck und Papier*, Jg. 3, Nr. 18, 15.9.1951, S. 281 f.
- Die Aufgabe der Gewerkschaften, in: *Druck und Papier*, Jg. 3, Nr. 19, 1.10.1951, S. 297 f.
- Um den Frieden, in: *Druck und Papier*, Jg. 3, Nr. 20, 15.10.1951, S. 313 f.
- Die Schuldfrage, in: *Druck und Papier*, Jg. 3, Nr. 21, 1.11.1951, S. 329 f.
- Über den Maler Picasso, in: *Druck und Papier*, Jg. 3, Nr. 21, 1.11.1951, S. 333 f.
- (N. N.) Zwischen Paris und Bonn, in: *Druck und Papier*, Jg. 3, Nr. 22, 15.11.1951, S. 345 f.
- Fritz Tarnow, Nachruf, in: *Druck und Papier*, Jg. 3, Nr. 22, 15.11.1951, S. 351
- Leserbrief, in: *Druck und Papier*, Jg. 3, Nr. 22, 15.11.1951, S. 352
- Zentrale Lohnpolitik, in: *Druck und Papier*, Jg. 3, Nr. 23, 1.12.1951, S. 361 f.
- Besuch im Atelier, in: *Druck und Papier*, Jg. 3, Nr. 23, 1.12.1951, S. 369 f.

1952

- Misshandelte Natur, in: *Aufstieg*, Jg. 20, H. 6 (Juni 1952), S. 114
- (Peter Wedding) Die sozialistische Weltanschauung, in: *Aufstieg*, Jg. 20, H. 8 (August 1952), S. 155 ff.
- Zu zwei Bildern, in: *Druck und Papier*, Jg. 4, Nr. 2, 15.1.1952, S. 33
- Die Arbeiter sagen NEIN! in: *Druck und Papier*, Jg. 4, Nr. 4, 15.2.1952, S. 65
- Verschärfung der Gegensätze, in: *Druck und Papier*, Jg. 4, Nr. 12, 15.6.1952, S. 225
- Zwei Tage Zeitungsstreik, in: *Druck und Papier*, Jg. 4, Nr. 12, 15.6.1952, S. 226
- Zentralorgan, in: *Druck und Papier*, Jg. 4, Nr. 14, 15.7.1952, S. 269 f.
- Kraftprobe mit Konsequenzen, in: *Druck und Papier*, Jg. 4, Nr. 15, 1.8.1952, S. 281
- Unsere Stellung zur IGF. Bericht des Kollegen Fritz Rück, in: *Druck und Papier*, Jg. 4, Nr. 15, 1.8.1952, S. 287 f.
- (N. N.) Bruno Dressler, Nachruf in: *Druck und Papier*, Jg. 4, Nr. 16, 15.8.1952, S. 305
- Ist die Sowjetunion faschistisch? in: *Druck und Papier*, Jg. 4, Nr. 16, 15.8.1952, S. 313
- Von draußen gesehen, Molstaberg (Schweden), 21. August 1952, in: *Druck und Papier*, Jg. 4, Nr. 17, 1.9.1952, S. 321 f.
- Schwedischer Typographenkongreß, in: *Druck und Papier*, Jg. 4, Nr. 17, 1.9.1952, S. 322 f.
- Dänischer Typographenkongreß, in: *Druck und Papier*, Jg. 4, Nr. 19, 1.10.1952, S. 354
- Sie tanzte nur einen Sommer, Bemerkungen zu einem Film, in: *Druck und Papier*, Jg. 4, Nr. 19, 1.10.1952, S. 361 f.
- Der Fall Krupp, in: *Druck und Papier*, Jg. 4, Nr. 20, 15.10.1952, S. 383
- Der Berliner Bundeskongress, in: *Druck und Papier*, Jg. 4, Nr. 21, 1.11.1952, S. 401
- Gewerkschaften und Außenpolitik, in: *GMH*, Jg. 3, H. 4, April 1952
- (Fritz Rück) Der Streik im graphischen Gewerbe, in: *Druck und Papier*, Jg. 4/Sondernummer, 12.12.1952, S. 465 ff.

1953
- Kulturaufgaben der Naturfreunde-Bewegung. Referat des Genossen Fritz Rück bei der Landeskonferenz des TV „Die Naturfreunde" am 18. und 19. April 1953 in Geislingen, in: *Aufstieg*, Jg. 21, H. 10 (Oktober 1953), S. 181 ff.
- Schlechte Verlierer. Die *Graphische Woche* nach dem Streik", in: *Druck und Papier*, Jg. 5, Nr. 3, 1.2.1953, S. 42
- Kulturarbeit der Gewerkschaft, Referat des Kollegen Fritz Rück auf der Tagung der Gaubildungsleiter, in: *Druck und Papier*, Jg. 5, Nr. 4, 15.2.1953, S. 69 ff.
- (N. N.) Rebellion in der Ostzone, in: *Druck und Papier*, Jg. 5, Nr. 13, 1.7.1953, S. 233
- Kämpfer und Gestalter, in: *Druck und Papier*, Jg. 5, Nr. 15, 1.8.1953, S. 281 f.
- Ernst Reuter, Nachruf, in: *Druck und Papier*, Jg. 5, Nr. 20, 15.10.1953, S. 362
- (N. N.) Der neunte November, in: *Druck und Papier*, Jg. 5, Nr. 22, 15.11.1953, S. 409
- Moderne Malerei, in: *Druck und Papier*, Jg. 5, Nr. 24, 15.12.1953, S. 475
- Der Streik im graphischen Gewerbe, in: *GMH*, Jg. 4, H. 1 (Januar 1953), S. 14 ff.
- Utrikeskrönika, Tankar efter helgdagarna, in: *SIA*, Nr. 1, 16.–30.1.1953
- Utrikeskrönika. Efter Stalin, in: *SIA*, o. J. [1953]
- Utrikeskrönika. Striden om Europafördraget, in: *SIA*, o. J. [1953]
- Utrikeskrönika. Formosa och Europa, in: *SIA*, o. J. [1953]
- Utrikeskrönika. Efter presidentvalet, in: *SIA*, o. J. [1953]

1954
- (Peter Wedding) Technik und Romantik, in: *Aufstieg*, Jg. 22, H. 3 (März 1954), S. 35 f.
- Gautag in Stuttgart, in: *Druck und Papier*, Jg. 6, Nr. 15, 1.8.1954, S. 285
- Warum sind wir dagegen? in: *Druck und Papier*, Jg. 6, Nr. 24, 15.12.1954, S. 445 f.

1955
- Aktuella löneproblem i Tyskland, in: *Svensk Typograftidning*, Jg. 68 (1955), Nr. 7
- (Peter Wedding) Friedrich Schiller. Gedenken an den 150. Todestag, in: *Aufstieg*, Jg. 23, H. 5 (Mai 1955), S. 82
- Der Standort der Naturfreunde. Referat von Fritz Rück auf der 10. Konferenz der Landesgruppe Württemberg am 27. März 1955 in Stuttgart-Münster, in: *Aufstieg*, Jg. 23, H. 5 (Mai 1955), S. 88 ff.
- Die Brunnen von Bern. Streifzüge durch die Kulturgeschichte einer Stadt, in: *Aufstieg*, Jg. 23, H. 8 (August 1955), S. 135 ff., Fortsetzung in H. 9 (September 1955), S. 157 ff.
- Ein neuer Abschnitt, Ansprache nach Wahl zum Bundesvorsitzenden, in: *Aufstieg*, Jg. 23, H. 9 (September 1955), S. 154
- Emil Birkert – ein Sechzigjähriger, in: *Aufstieg*, Jg. 23, H. 10 (Oktober 1955), S. 174 f.
- Aufgaben der Naturfreundebewegung, in: *Wandern und Bergsteigen*, Jg. 6, H. 6 (November/Dezember 1955), S. 2
- Meissner-Beschluss der NFJ, in: *Luginsland*, Jg. 18, H. 4 (April 1955), S. 3 ff.

Aufsätze und Artikel

- Vom alten ins neue Jahr, in: *Druck und Papier*, Jg. 7, Nr. 1, 1.1.1955, S. 11
- Der Einsatz der Industriegewerkschaft, in: *Druck und Papier*, Jg. 7, Nr. 2, 15.1.1955, S. 25
- Politischer Nebel über Europa, in: *Druck und Papier*, Jg. 7, Nr. 4, 15.2.1955, S. 65 Literarische Streifzüge: August Strindberg, in: *Druck und Papier*, Jg. 7, Nr. 7, 1.4.1955, S. 129
- Fahrt in den Frühling, in: *Druck und Papier*, Jg. 7, Nr. 8, 15.4.1955, S. 145
- Literarische Streifzüge: Die Morgenröte einer europäischen Kulturgemeinschaft (I). Die führende Rolle Frankreichs, in: *Druck und Papier*, Jg. 7, Nr. 8, 15.4.1955, S. 153
- Literarische Streifzüge: Die Morgenröte einer europäischen Kulturgemeinschaft (II). Die künstlerische Kultur des wilhelminischen Zeitalters, in: *Druck und Papier*, Jg. 7, Nr. 9, 1.5.1955, S. 175
- Fritz Rück wird 60 Jahre alt, in: *Druck und Papier*, Jg. 7, Nr. 9, 1.5.1955, S. 182
- Literarische Streifzüge: Die Morgenröte einer europäischen Kulturgemeinschaft (III). Vom Naturalismus zu Patriotismus, in: *Druck und Papier*, Jg. 7, Nr. 10, 15.5.1955, S. 193
- Literarische Streifzüge: Zur Psychologie des Kriminalromans, in: *Druck und Papier*, Jg. 7, Nr. 11, 1.6.1955, S. 215 f.
- Literarische Streifzüge: „Wir leben alle so gerne für das Vaterland!", in: *Druck und Papier*, Jg. 7, Nr. 12, 15.6.1955, S. 233 f.
- Brüssel und die Ardennen. Eindrücke vom belgischen Bucharbeiterkongress, in: *Druck und Papier*, Jg. 7, Nr. 12, 15.6.1955, S. 235
- Der Korrektorenberuf und sein Nachwuchs, in: *Druck und Papier*, Jg. 7, Nr. 15, 1.8.1955, S. 300
- Gewerkschaften und Politik, in: *Druck und Papier*, Jg. 7, Nr. 16, 15.8.1955, S. 305 f.
- Kongress der IGF, in: *Druck und Papier*, Jg. 7, Nr. 19, 1.10.1955, S. 362
- Zur Lage der Handsetzer, in: *Druck und Papier*, Jg. 7, Nr. 19, 1.10.1955, S. 362
- Der Fall Agartz, in: *Druck und Papier*, Jg. 7, Nr. 21, 1.11.1955, S. 402
- Emil Birkert – ein Sechzigjähriger, in: *Aufstieg*, Jg. 23. H. 10 (Oktober 1955), S. 174 f.
- Aufgaben der Naturfreundebewegung, in: *Wandern und Bergsteigen,* Jg. 6, H. 6 (November/Dezember 1955), S. 2

1956

- Rückblick und Ausschau, in: *Wandern und Bergsteigen*, Jg. 7, H. 1 (Januar/Februar 1956), S. 3
- Unsere Werbung im Frühjahr, in: *Wandern und Bergsteigen*, Jg. 8, H. 2 (März/April 1956), S. 3
- Mann über Bord, in: *Druck und Papier*, Jg. 8, Nr. 1, 1.1.1956, S. 4
- Max Barth, in: *Druck und Papier*, Jg. 8, Nr. 2, 15.1.1956, S. 33
- Berufsgruppen und Sparten in der Industriegewerkschaft, in: *Druck und Papier*, Jg. 8, Nr. 4, 15.2.1956, S. 65
- Heinrich Heine und die Gegenwart, in: *Druck und Papier*, Jg. 8, Nr. 4, 15.2.1956, S. 73
- Bericht von einer Reise nach dem Norden, in: *Druck und Papier*, Jg. 8, Nr. 5, 1.3.1956, S. 81
- Leo Trotzki, in: *Druck und Papier*, Jg. 8, Nr. 5, 15.3.1956, S. 113

- Der DGB-Pressedienst über Professor Abendroth, in: *Druck und Papier*, Jg. 8, Nr. 10, 15.5.1956, S. 188
- Um Lohn und Arbeitszeit wird verhandelt, in: *Druck und Papier*, Jg. 8, Nr. 13, 1.7.1956, S. 241
- Die Redaktionssitzung, in: *Druck und Papier*, Jg. 8, Nr. 13, 1.7.1956, S. 249
- Auf dem Wege zur Verantwortung. Der Parteitag der SPD in München, in: *Druck und Papier*, Jg. 8, Nr. 15, 1.8.1956, S. 294
- Die internationale Bedeutung der Arbeitszeitverkürzung, in: *Druck und Papier*, Jg. 8, Nr. 16, 15.8.1956, S. 305
- Wichtige Aufgaben und Probleme des Gewerkschaftstages, in: *Druck und Papier*, Jg. 8, Nr. 17, 1.9.1956, S. 323 f.
- Aus der Geschichte der Gewerkschaftsbewegung (I), in: *Druck und Papier*, Jg. 8, Nr. 17, 1.9.1956, S. 339 f., Fortsetzung in Nr. 18, 15.9.1956, S. 352 f.
- Julius Zerfaß, Nachruf, in: *Druck und Papier*, Jg. 8, Nr. 8, 15.4.1956, S. 152
- 45-Stunden-Woche für 90.000 Beschäftigte in der Papierverarbeitung, in: Druck und Papier, Jg. 8, Nr. 18, 15.9.1956, S. 345
- Gruppenakkord im Buchdruckgewerbe, in: *Druck und Papier*, Jg. 8, Nr. 18, 15.9.1956, S. 350
- Der Kongreß des Deutschen Gewerkschaftsbundes, in: *Druck und Papier*, Jg. 8, Nr. 19, 1.10.1956, S. 367 f.
- Machtpolitik in Ost und West, in: *Druck und Papier*, Jg. 8, Nr. 22, 15.11.1956, S. 425
- Es geht auch in 40 Stunden. Ein Beitrag zum Problem der 40-Stunden-Woche für Lehrlinge, in: *Wir sind jung*, Jg. 9 (1956), H. 2, S. 3

1957

- Gedanken müssen Wirklichkeit werden! Hinweise zum Jahreswechsel, in: *Wandern und Bergsteigen*, Jg. 9, H. 1 (Januar/Februar 1957), S. 2 f.
- Wie arbeite ich einen Vortrag aus? In: *Wir sind jung*, Jg. 10 (1957), S. 11 f.
- „Von unten auf". Gedanken über Arbeiterdichtung, in: *Wir sind jung*, Jg. 10 (1957), H. 1, S. 5 ff.
- Der Mai ist gekommen, in: *Ausblick,* Jg. 4, H. 5 (Mai 1957), S. 66
- Miteigentum, Sozialreform und Planwirtschaft, nach einem Referat von Fritz Rück vor Tübinger Studenten, in: *Mitteilungen für Funktionäre der Industriegewerkschaft Druck und Papier*, Jg. 1, H. 2 (Mai 1957), Fortsetzung in H. 4 (Juli 1957)
- Die kulturpolitische Bedeutung der Bildungsarbeit, in: *Mitteilungen für Funktionäre der Industriegewerkschaft Druck und Papier*, Jg. 1, H. 5 (August 1957), Fortsetzungen in H. 6 (September 1957), H. 7 (Oktober 1957) und in H. 8 (November 1957)
- Wahljahr 1957, in: *Druck und Papier*, Jg. 9, Nr. 1, 1.1.1957, S. 2
- Der Streik der Metallarbeiter in Schleswig-Holstein, in: *Druck und Papier*, Jg. 9, Nr. 3, 1.2.1957, S. 41
- Von der Tagung der Internationalen Graphischen Föderation, in: *Druck und Papier*, Jg. 9, Nr. 3, 1.2.1957, S. 42

Aufsätze und Artikel

- Die veruneinigten Staaten Europas, in: *Druck und Papier*, Jg. 9, Nr. 5, 1.3.1957, S. 81 f.
- Gewerkschaften und die Bundestagswahl, in: *Druck und Papier*, Jg. 9, Nr. 6, 15.3.1957, S. 105
- Neue Entscheidungen reifen heran, in: *Druck und Papier*, Jg. 9, Nr. 7, 1.4.1957, S. 129
- Fragen und Antworten, in: *Druck und Papier*, Jg. 9, Nr. 8, 15.4.1957, S. 153 f.
- Der Lohntarif im graphischen Gewerbe wird gekündigt, in: *Druck und Papier*, Jg. 9, Nr. 10, 15.5.1957, S. 193 f.
- Miteigentum und Volksaktie – der Wahlschlager der Regierungspartei, in: *Druck und Papier*, Jg. 9, Nr. 11, 1.6.1957, S. 209 f.
- Eine Journalistenreise durchs Schwabenland, in: *Druck und Papier*, Jg. 9, Nr. 11, 1.6.1957, S. 216
- 6,2 Prozent Lohnerhöhung im graphischen Gewerbe, in: *Druck und Papier*, Jg. 9, Nr. 15, 1.8.1957, S. 289
- Der alte Mann und sein Volk, in: *Druck und Papier*, Jg. 9, Nr. 16, 15.8.1957, S. 313 f.
- Parteisekretär Chruschtschow auf Reisen, in: *Druck und Papier*, Jg. 9, Nr. 17, 1.9.1957, S. 329 f.
- Die Bundesrepublik nach den Wahlen, in: *Druck und Papier*, Jg. 9, Nr. 19, 1.10.1957, S. 361
- Der Satellit – die Preiswelle – Tarifverhandlungen, in: *Druck und Papier*, Jg. 9, Nr. 20, 15.10.1957, S. 385 f.
- Weitere Arbeitszeitverkürzung ist notwendig, in: *Druck und Papier*, Jg. 9, Nr. 21, 1.11.1957, S. 401
- Nicht die Löhne treiben die Preise hinauf, in: *Druck und Papier*, Jg. 9, Nr. 22, 15.11.1957, S. 425
- Keine Zurückstellung der gewerkschaftlichen Forderungen, in: *Druck und Papier*, Jg. 9, Nr. 23, 1.12.1957, S. 441 f.
- Geschichte und Politik, in: *Druck und Papier*, Jg. 9, Nr. 23, 1.12.1957, S. 449 f.
- Tarifverhandlungen unter starkem Druck, in: *Druck und Papier*, Jg. 9, Nr. 24, 15.12.1957, S. 465 f.
- (P. W.) Wochenende ohne Kinder?, in: *Welt der Arbeit*, Jg. 8, 12.7.1957
- Stockholm – die Hauptstadt des Reiches , in: *Parlament*, Nr. 32, 21.8.1957

1958
- Verstärkter Einsatz im Jahre 1958, in: *Wandern und Bergsteigen*, Jg. 10, H. 1 (Januar/Februar 1958), S. 2
- Der kulturelle Einsatz der Naturfreundebewegung, Referat des Bundesvorsitzenden Fritz Rück auf der Bundesversammlung in Gelsenkirchen, in: *Naturfreunde-Echo*, Jg. 1, Nr. 1 (Januar/Februar 1958), S. 1 f.
- Wo stehen wir? in: *Naturfreunde-Echo*, Jg. 1, Nr. 6 (November/Dezember 1958), S. 1 f.
- Gedanken zum Jahresende, in: *Druck und Papier*, Jg. 10, Nr. 1, 1.1.1958, S. 4
- Korrekturen der Lohn- und Sozialpolitik sind notwendig, in: *Druck und Papier*, Jg. 10, Nr. 2, 15.1.1958, S. 25 f.
- Wer soll den Gürtel enger schnallen? in: *Druck und Papier*, Jg. 10, Nr. 3, 1.2.1958, S. 41 f.
- Alte und neue Wege zur Vermögensbildung, in: *Druck und Papier*, Jg. 10, Nr. 4, 15.2.1958, S. 65 f.

- Arbeitskonflikte und Diskussionen um Preise und Löhne, in: *Druck und Papier*, Jg. 10, Nr. 5, 1.3.1958, S. 81
- Monopolistische Preispolitik gefährdet die Konjunktur, in: *Druck und Papier*, Jg. 10, Nr. 6, 15.3.1958, S. 97
- Volksbewegung gegen die Atomgefahr, in: *Druck und Papier*, Jg. 10, Nr. 6, 15.3.1958, S. 97 f.
- Auf dem Wege zum Faschismus, in: *Druck und Papier*, Jg. 10, Nr. 11, 1.6.1958, S. 193
- Die Lohnverhandlungen im graphischen Gewerbe gescheitert, in: *Druck und Papier*, Jg. 10, Nr. 12, 15.6.1958, S. 217
- Die Aufgaben der demokratischen Kräfte, in: *Druck und Papier*, Jg. 10, Nr. 15, 1.8.1958, S. 273
- Industriegewerkschaft und Berufsverbände, in: *Druck und Papier*, Jg. 10, Nr. 16, 15.8.1958, S. 289
- Streifzug durch ein halbes Jahrhundert, in: *Druck und Papier*, Jg. 10, Nr. 17, 1.9.1958, S. 314 f.
- Furcht vor der Zukunft, in: *Druck und Papier*, Jg. 10, Nr. 18, 15.9.1958, S. 329
- Unabhängige Gewerkschaften sind notwendig, in: *Druck und Papier*, Jg. 10, Nr. 19, 1.10.1958, S. 345
- Ist politische Betätigung ein Verbrechen? in: *Druck und Papier*, Jg. 10, Nr. 20, 15.10.1958, S. 369 f.
- Die Novemberrevolution 1918, in: *Druck und Papier*, Jg. 10, Nr. 21, 1.11.1958, S. 385 f.
- Ein Fallstrick um den Hals, in: *Druck und Papier*, Jg. 10, Nr. 22, 15.11.1958, S. 409
- Der Seitensprung des Dr. Schäffer, in: *Druck und Papier*, Jg. 10, Nr. 23, 1.12.1958, S. 426
- Einheitsfront für Berlin – Kein Burgfrieden in der Bundesrepublik, in: *Druck und Papier*, Jg. 10, Nr. 24, 15.12.1958, S. 450
- Vierzig Jahre zuvor. November 1918, in: *Wir sind jung*, Jg. 11 (1958), H. 4, S. 7 f.

1959

- Sicherheit in der Kameradschaft, in: *Aufstieg*, Jg. 27, Nr. 2 (Februar 1959), S. 23
- Gilt Darwins Lehre noch? Vorwort zu: Ernst Mühlbach, in: *Aufstieg*, Jg. 27, Nr. 7 (Juli 1959), S. 135
- Wer stellt die Weichen? In: *Aufstieg*, Jg. 27, Nr. 7 (Februar 1959), S. 30
- November, in: *Aufstieg*, Jg. 27, Nr. 11 (November 1959), S. 215
- *Wandern und Bergsteigen* im neuen Kleid, in: *Wandern und Bergsteigen*, Jg. 11, H. 6 (November/Dezember 1959), S. 2
- Das Jahr 1958. Gedanken am Jahresende, in: *Druck und Papier*, Jg. 11, Nr. 1, 1.1.1959, S. 5
- Die Warnung aus Frankreich, in: *Druck und Papier*, Jg. 11, Nr. 2, 15.1.1959, S. 25 f.
- Verhandlungen und Diskussionen, in: *Druck und Papier*, Jg. 11, Nr. 3, 1.2.1959, S. 42
- Die Freiheit und ihre Retter, in: *Druck und Papier*, Jg. 11, Nr. 5, 1.3.1959, S. 81 f.
- Keine Atomwaffen in der Bundesrepublik, in: *Druck und Papier*, Jg. 11, Nr. 6, 15.3.1959, S. 105 f.
- Auf dem Wege zur Präsidialdiktatur, in: Druck und Papier, Jg. 11, Nr. 8, 15.4.1959, S. 145
- Siebzig Jahre nachher, in: *Druck und Papier*, Jg. 11, Nr. 9, 1.5.1959, S. 162

- Baut Schulen statt Kasernen! in: *Druck und Papier*, Jg. 11, Nr. 10, 15.5.1959, S. 185 f.
- Die Gewerkschaftsjugend fordert offene Diskussion, in: *Druck und Papier*, Jg. 11, Nr. 11, 1.6.1959, S. 201
- Werden die Konsequenzen gezogen? in: *Druck und Papier*, Jg. 11, Nr. 12, 15.6.1959, S. 225
- Der Lohntarif wird gekündigt, in: *Druck und Papier*, Jg. 11, Nr. 13, 1.7.1959, S. 241 f.
- Ein Briefwechsel, in: *Druck und Papier*, Jg. 11, Nr. 13, 1.7.1959, S. 248
- Kritische Hochsommertage, in: *Druck und Papier*, Jg. 11, Nr. 15, 1.8.1959, S. 282
- Der Stuttgarter Kongreß, in: *Druck und Papier*, Jg. 11, Nr. 17, 1.9.1959, S. 323 f.
- Eröffnung des DGB-Kongresses, in: *Druck und Papier*, Jg. 11, Nr. 18, 15.9.1959, S. 346
- Die Reform des DGB, in: *Druck und Papier*, Jg. 11, Nr. 19, 1.10.1959, S. 366
- Vorbereitung des allgemeinen Selbstmords, in: *Druck und Papier*, Jg. 11, Nr. 20, 15.10.1959, S. 385
- Neue Technik und alte soziale Probleme, in: *Druck und Papier*, Jg. 11, Nr. 21, 1.11.1959, S. 401 f.
- Außenpolitik – Steigerung der Lebenshaltungskosten – Tarifpolitik, in: *Druck und Papier*, Jg. 11, Nr. 22, 15.11.1959, S. 425 f.

Gedichte, Gedichtsammlungen, Stücke

1915
- (Caro Bambino) Mai 1915, in: *Der Sozialdemokrat*, Jg. 2, Nr. 21, 5.5.1915, S. 4

1917
- Fackelträger, in: *Der Sozialdemokrat*, Jg. 4, Nr. 31, 4.8.1917
- (Bambino) Der Felsblock, in: *Der Sozialdemokrat*, Jg. 4, Nr. 36, 8.9.1917
- (Bambino) Herbstgedanken, in: *Der Sozialdemokrat*, Jg. 4, Nr. 41, 13.10.1917
- (Bambino) Vorwärts, in: *Der Sozialdemokrat*, Jg. 4, Nr. 43, 27.10.1917
- (Bambino) Wintersonnwende, in: *Der Sozialdemokrat*, Jg. 4, Nr. 51, 22.12.1917

1918
- (Bambino) Nur Mut!, in: *Der Sozialdemokrat*, Jg. 5, Nr. 42, 19.10.1918
- Fritz Rück: Kerkerblumen. Gedichte aus der Kriegszeit, Stuttgart 1918

1919
- Berlin!, in: Edwin Hoernle (Hrsg.): Aufstand! Unseren Toten gewidmet, Stuttgart-Degerloch o. J. [1919]

1920
- Berlin. Die Geschichte zweier Monate, in: *Die Junge Garde*, Jg. 2, Nr. 11, 17.1.1920
- Fritz Rück: Feuer und Schlacken. Gedichte aus Krieg und Revolution, Stuttgart 1920

1921
- Groß-Berlin. 6. Dezember 1918, in: *Die Rote Fahne*, Jg. 4, Nr. 557/Beilage, 6.12.1921
- Blutweihnachten 1918, in: *Die Rote Fahne*, Jg. 4, Nr. 591/Beilage, 25.12.1921
- Das vierte Jahr. Gedichte aus Sowjetrussland, in: *Die Rote Fahne*, Jg. 4, Nr. 592, 27.12.1921

1922
- Rosa Luxemburg, in: *Die Rote Fahne*, Jg. 5, Nr. 25, 15.1.1922
- Generalstreik, in: *Die Rote Fahne*, Jg. 5, Nr. 58, 3.2.1922
- Der Lokomotivführer, in: *Die Rote Fahne*, Jg. 5, Nr. 69, 10.2.1922
- Moskau, in: *Die Rote Fahne*, Jg. 5, Nr. 97, 26.2.1922
- Der Erbe, in: *Die Rote Fahne*, Jg. 5, Nr. 100, 28.2.1922

1925
- China, in: *Die Rote Fahne*, Jg. 8, Nr. 136, 18.6.1925

1926
- Pfingstaufmarsch, in: *Die Rote Fahne*, Jg. 9, Nr. 118/Feuilleton, 23.5.1926
- Pfingstaufmarsch, in: *Arbeiterstimme*, Jg. 2, Nr. 118, 25.5.1926
- Streik im Hafen, in: *Die Rote Fahne*, Jg. 9, Nr. 220/Feuilleton, 3.10.1926

1927
- Weltgewitter, in: *Die Rote Fahne*, Jg. 10, Nr. 55, 6.3.1927

1928
- Neun Jahre! Zum Todestag Rosa Luxemburgs und Karl Liebknechts, in: *Die Rote Fahne*, Jg. 11, Nr. 13/Feuilleton, 15.1.1928
- Rot Front!, in: *Die Rote Fahne*, Jg. 11, Nr. 92/Feuilleton, 19.4.1928
- Die Hamsterpartie. Eine kleine Geschichte aus Deutschland, in: *Arbeiterstimme*, Jg. 4, Nr. 181, 4.8.1928

1930
- Besuch in Leipzig, in: *Kulturwille*, Jg. 7, H. 11 (November 1930), S. 33
- Eine Frau denkt nach, in: *Kulturwille*, Jg. 7, H. 11 (November 1930), S. 208
- Berlin, in: Heinz Cagan (Hrsg.): Deutsche Dichter im Kampf. Sammlung revolutionärer Dichtung, Moskau 1930

1933
- (Peter Wedding) Silvester 1933. Photographien auf der unsichtbaren Platte, Gedichte, 1933 (Typoskript)

Gedichte, Gedichtsammlungen, Stücke 399

1934
- (Peter Wedding) Der Mann auf der Brücke. Ein Spiel aus der Gegenwart in 7 Bildern, o. J. [1934] (Typoskript)

1935
- (Peter Wedding) Der Reichstag brennt. Verse eines deutschen Emigranten, 1935 (Typoskript)
- (Peter Wedding) Adolf I. Ein Heldenlied aus Deutschlands größter Zeit, o. O. und o. J. (Typoskript), in: ARAB, NL Fritz Rück, Vol. 9

1936
- (Peter Wedding) Der junge Arbeiter, in: *Schweizerische Metallarbeiterzeitung*, Jg. 35, Nr. 12, 21.3.1936
- (Peter Wedding) Holzfäller, in: *Schweizerische Metallarbeiterzeitung*, Jg. 35, Nr. 22, 30.5.1936
- (Peter Wedding) Bahnhof, in: *Schweizerische Metallarbeiterzeitung*, Jg. 35, Nr. 27, 4.6.1936
- (Peter Wedding) Der Kran, in: *Schweizerische Metallarbeiterzeitung*, Jg. 35, Nr. 34, 22.8.1936
- (Peter Wedding) Nach dem Urlaub, in: *Volksrecht*, Unterhaltungsbeilage *Der Sonntag*, Jg. 12, Nr. 34, 22.8.1936
- (Peter Wedding) Der Illegale, in: *Volksrecht*, Unterhaltungsbeilage *Der Sonntag*, Jg. 12, Nr. 35, 29.8.1936
- (Peter Wedding) Die Arbeiter, in: *Volksrecht*, Unterhaltungsbeilage *Der Sonntag*, Jg. 12, Nr. 37, 12.9.1936
- (Peter Wedding) Die Lust am Werke, in: *Berner Tagwacht*, Jg. 44, Nr. 236, 8.10.1936
- (Peter Wedding) Ruf der Jugend, in: *Berner Tagwacht*, Jg. 44, Nr. 241, 14.10.1936
- (Peter Wedding) Das Tor, in: *Schweizerische Metallarbeiterzeitung*, Jg. 35, Nr. 42, 17.10.1936
- (Peter Wedding) Ein alter Brauch, in: *Volksrecht*, Unterhaltungsbeilage *Der Sonntag*, Jg. 12, Nr. 44, 31.10.1936

1937
- (Peter Wedding) Frühlingsanfang, in: *Schweizerische Metallarbeiterzeitung*, Jg. 36, Nr. 12, 20.3.1937
- (Peter Wedding) Die Hamsterpartie, Eine kleine Geschichte aus Deutschland, in: *Schweizerische Metallarbeiterzeitung*, Jg. 36, Nr. 14, 3.4.1937
- (Peter Wedding) Die Aare rauscht, in: *Schweizerische Metallarbeiterzeitung*, Jg. 36, Nr. 21, 22.5.1937
- (Peter Wedding) Dikter, in: *Social-Demokraten*, 13.6.1937
- (Peter Wedding) Augen, in: *Schweizerische Metallarbeiterzeitung*, Jg. 36, Nr. 25, 19.6.1937
- (Peter Wedding) Schwedisches Arbeiterlied, in: *Schweizerische Metallarbeiterzeitung*, Jg. 36, Nr. 46, 13.11.1937

1938
- (Peter Wedding) Weg und Ziel, in: *Volksrecht*, Februar 1938

1946
- Europa, in: *Aufstieg*, Jg. 14, H. 2 (September 1946), S. 18

1949
- Im November. Stimme aus der Emigration, in: *Aufstieg*, Jg. 17, H. 11 (November 1949), S. 179

1950
- (Fritz Rück) Wanderlied. Den schwäbischen Naturfreunden zum 40jährigen Bestehen gewidmet, in: *Aufstieg*, Jg. 18, H. 10 (Oktober 1950), S. 378
- (Peter Wedding) Jeder Tag, in: *Druck und Papier*, Jg. 3, Nr. 8, 15.4.1951, S. 120
- (Peter Wedding) Der neue Mensch, in: *Druck und Papier*, Jg. 3, Nr. 20, 15.10.1951, S. 322

1952
- (Peter Wedding) Die Mutter, in: *Druck und Papier*, Jg. 4, Nr. 15, 1.8.1952, S. 295
- (Peter Wedding) Spätsommer, in: *Druck und Papier*, Jg. 4, Nr. 17, 1.9.1952, S. 326
- (Peter Wedding) Die alte Kirche, in: *Druck und Papier*, Jg. 4, Nr. 17, 1.9.1952, S. 327

1953
- (Peter Wedding) Frauenhände, in: *Druck und Papier*, Jg. 5, Nr. 17, 1.9.1953, S. 315
- (Peter Wedding) Herbst, in: *Druck und Papier*, Jg. 5, Nr. 20, 15.10.1953, S. 369

1954
- (Peter Wedding) An einem Meilenstein, in: *Druck und Papier*, Jg. 6, Nr. 1, 1.1.1954, S. 9
- (Peter Wedding) Die Frau am 1. Mai, in: *Druck und Papier*, Jg. 6, Nr. 9, 1.5.1954, S. 159
- (Peter Wedding) Herbst, in: *Druck und Papier*, Jg. 6, Nr. 18, 15.9.1954, S. 323

1955
- Der Mensch ist frei. Gedichte, Stuttgart 1955
- (Peter Wedding) Am Kreuzweg, in: *Druck und Papier*, Jg. 7, Nr. 1, 1.1.1955, S. 11
- (Peter Wedding) Die große Stadt, in: *Druck und Papier*, Jg. 7, Nr. 3, 1.2.1955, S. 58
- (P. W.) Vielleicht, in: *Druck und Papier*, Jg. 7, Nr. 7, 1.4.1955, S. 129
- (Peter Wedding) Maifeier, in: *Druck und Papier*, Jg. 7, Nr. 9, 1.5.1955, S. 161
- (Peter Wedding) Beim Wein, in: *Druck und Papier*, Jg. 7, Nr. 11, 1.6.1955, S. 215
- (Peter Wedding) Bergdorf, in: *Druck und Papier*, Jg. 7, Nr. 13, 1.7.1955, S. 249
- Dan Anderson: Eines Spielmanns Heimfahrt, Gedicht aus dem Schwedischen übertragen von Fritz Rück, in: *Druck und Papier*, Jg. 7, Nr. 13, 1.7.1955, S. 249

1956

- (Peter Wedding) Neujahr 1956, in: *Aufstieg*, Jg. 24, H. 1 (Januar 1956), S. 2
- (Peter Wedding) Der neue Mensch, in: *Druck und Papier*, Jg. 8, Nr. 2, 15.1.1956, S. 33
- (Peter Wedding) Des Dichters Tod, in: *Druck und Papier*, Jg. 8, Nr. 3, 1.2.1956, S. 49
- (Peter Wedding) Bert Brecht, in: *Druck und Papier*, Jg. 8, Nr. 17, 1.9.1956, S. 335
- (Peter Wedding) Verbrennen wird man einst die Uniformen, in: *Druck und Papier*, Jg. 8, Nr. 24, 15.12.1956, S. 465

1958

- (Peter Wedding) Fred Work. Moderne Ballade, in: *Druck und Papier*, Jg. 10, Nr. 7, 1.4.1958, S. 129

1959

- Silvesterglocken, in: *Druck und Papier*, Jg. 11, Nr. 1, 1.1.1959, S. 11

Posthum veröffentlichte Gedichte

- Vorweihnacht, *Druck und Papier*, Jg. 11, Nr. 24, 15.12.1959, S. 465
- Einmal ..., *Wandern und Bergsteigen*, Jg. 15, H. 1 (Januar/Februar 1963), S. 4
- Gegen den Strom, *Aufstieg*, Jg. 33. H. 9 (September 1965), S. 260
- (Peter Wedding) Nach dem Urlaub, *Aufstieg*, Jg. 34, H. 11 (November 1966)
- Nachtwanderung, *Aufstieg*, Jg. 35, H. 11 (November 1967), S. 357
- Zu neuen Ufern ..., *Aufstieg*, Jg. 37, H. 12 (Dezember 1967), S. 245
- Maifeier, *Aufstieg*, Jg. 40, H. 5 (Mai 1972), S. 117

Literaturverzeichnis

Biografische und bibliografische Hilfsmittel, Handbücher, Lexika

Barck, Simone et al. (Hrsg.): Lexikon der sozialistischen Literatur. Ihre Geschichte in Deutschland bis 1945, Stuttgart/Weimar 1994

Bartel, Horst (Hrsg.): Sachwörterbuch der Geschichte Deutschlands und der deutschen Arbeiterbewegung, Bd. 1: A – K, Berlin (Ost) 1969

Eberlein, Alfred: Die Presse der Arbeiterklasse und der sozialen Bewegungen. Von den dreißiger Jahren des 19. Jahrhunderts bis zum Jahr 1967. Bibliographie und Standortverzeichnis der deutschen, der österreichischen und der schweizerischen Arbeiter- Gewerkschafts- und Berufsorganisationen, Bd. 2 und Bd. 4, Frankfurt 1969

Fricke, Dieter: Handbuch zur Geschichte der deutschen Arbeiterbewegung 1869 bis 1917, Bd. 1, Berlin (Ost) 1987

Killy, Walther/Vierhaus, Rudolf (Hrsg.): Deutsche Biographische Enzyklopädie, Bd. 8: Plett – Schmidseder, München 1998

Koszyk, Kurt/Eisfeld, Gerhard: Die Presse der deutschen Sozialdemokratie. Eine Bibliographie, Bonn 1980

Lexikon sozialistischer deutscher Literatur. Von den Anfängen bis 1945. Monographisch-biographische Darstellungen, Leipzig 1964²

Maas, Lieselotte: Handbuch der deutschen Exilpresse 1933–1945, hrsg. von Eberhard Lämmert, Bd. 4: Die Zeitungen des deutschen Exils in Europa von 1933 bis 1945 in Einzeldarstellungen, München/Wien 1990

Mertsching, Klaus: Siegmund (Siggi) Neumann, in: Neue Deutsche Biographie, Bd. 19: Nauwach – Pagel, Berlin 1999 Meyer, Thomas et al. (Hrsg.): Lexikon des Sozialismus, Köln 1986

Meyer, Thomas et al. (Hrsg.): Lexikon des Sozialismus, Köln 1986

Osterroth, Franz: Biographisches Lexikon des Sozialismus, Bd. 1: Verstorbene Persönlichkeiten, Hannover 1960

Raith, Anita/Theil, Bernhard: Stellvertretendes Generalkommando XIII. (Königl. Württ.) Armeekorps. Inventar des Bestandes M 77/1 im Hauptstaatsarchiv Stuttgart (Veröffentlichungen der Staatlichen Archivverwaltung Baden-Württemberg; Bd. 41), Stuttgart 1993

Röder, Werner/Strauss, Herbert A. (Hrsg.): Biographisches Handbuch der deutschsprachigen Emigration nach 1933, Bd. 1: Politik, Wirtschaft, Öffentliches Leben, München/New York/London/Paris 1980

Schalm, Annelie: Ruth Fischer – eine Frau im Umbruch des internationalen Kommunismus 1920–1927, in: Biographisches Handbuch zur Geschichte der Kommunistischen Internationale. Ein deutsch-russisches Forschungsprojekt, hrsg. von Michael Buckmiller und Klaus Meschkat, Berlin 2007, S. 129–147

Schulze, Hagen: Weimar. Deutschland 1917–1933 (Die Deutschen und ihre Nation; Bd. 4), Berlin 1982

Schwarzmaier, Hansmartin et al. (Hrsg.): Handbuch der baden-württembergischen Geschichte, Bd. 3: Vom Ende des Alten Reiches bis zum Ende der Monarchien (Veröffentlichung der Kommission für geschichtliche Landeskunde in Baden-Württemberg), Stuttgart 1992

Schwitzer, Boris: Fritz Rück, in: Neue Deutsche Biographie, Bd. 22: Rohmer – Schinkel, Berlin 2005, S. 207 f.

Vatlin, Alexander: Zur Frage der „Russifizierung" der Komintern, in: Biographisches Handbuch zur Geschichte der Kommunistischen Internationale. Ein deutsch-russisches Forschungsprojekt, hrsg. von Michael Buckmiller und Klaus Meschkat, Berlin 2007, S. 329–345

Weber, Hermann/Herbst, Andreas: Deutsche Kommunisten. Biographisches Handbuch 1918 bis 1945, Berlin 2004[1] und 2008[2]

Quellensammlungen, Chroniken, Protokolle, Adressbücher

Adreß- und Geschäftshandbuch der Königlichen Haupt- und Residenzstadt Stuttgart für das Jahr 1900, Stuttgart

Adreß- und Geschäftshandbuch der Königlichen Haupt- und Residenzstadt Stuttgart mit der Vorstadt Berg, der Karlsvorstadt Heslach und dem Vorort Gablenberg für das Jahr 1905, Stuttgart

Adreß- und Geschäftshandbuch der Königlichen Haupt- und Residenzstadt Stuttgart mit dem Stadtbezirk Cannstatt, der Vorstadt Berg, der Karlsvorstadt Heslach, den Vororten Gablenberg und Gaisburg, der Vorstadt Untertürkheim und dem Vorort Wangen für das Jahr 1907, Stuttgart

Adreß- und Geschäftshandbuch der Königlichen Haupt- und Residenzstadt Stuttgart mit dem Stadtbezirk Cannstatt, dem Stadtteil Ostheim, der Vorstadt Berg, der Karlsvorstadt Heslach, den Vororten Gablenberg und Gaisburg, der Vorstadt Untertürkheim und den Vororten Wangen und Degerloch für das Jahr 1910, Stuttgart

Auslandsvertretung Deutscher Gewerkschaften (ADG) Landesgruppe Schweden: Protokoll der Ersten Landeskonferenz der deutschen Gewerkschafter in Schweden am 26. und 27. Februar 1944, Stockholm 1944

Bericht über den 2. Parteitag der Kommunistischen Partei Deutschlands (Spartakusbund) vom 20. bis 24. Oktober 1919, o. O. und o. J.

Bericht über den 3. Parteitag der KPD (Spartakusbund) vom 25. und 26. Februar 1920, o. O. und o. J.

Bericht über den 4. Parteitag der Kommunistischen Partei Deutschlands (Spartakusbund) am 14. und 15. April 1920, Berlin o. J.

Bericht über den 5. Parteitag der Kommunistischen Partei Deutschlands (Sektion der Kommunistischen Internationale) vom 1. bis 3. November 1920 in Berlin, Leipzig/Berlin 1921

Bericht über die Verhandlungen des IX. Parteitags der Kommunistischen Partei Deutschlands (Sektion der Kommunistischen Internationale), abgehalten in Frankfurt am Main vom 7. bis 10. April 1924, Berlin 1924

Bericht über die Verhandlungen des XI. Parteitags der Kommunistischen Partei Deutschlands (Sektion der Kommunistischen Internationale), abgehalten in Essen vom 2. bis 7. März 1927, hrsg. vom ZK der Kommunistischen Partei Deutschlands, Berlin 1927

Bericht über die Verhandlungen des Vereinigungsparteitages der U.S.P.D. (Linke) und der K.P.D. (Spartakusbund) vom 4. bis 7. Dezember 1920 in Berlin, hrsg. von der Zentrale der Vereinigten Kommunistischen Partei Deutschlands, Leipzig/Berlin 1921

Cordes, Günter (Bearb.): Krieg, Revolution, Republik. Die Jahre 1918 bis 1920 in Baden und Württemberg. Eine Dokumentation, Ulm 1978

DGB-Bundesvorstand (Hrsg.): Protokoll Gründungskongress des Deutschen Gewerkschaftsbundes, München 12. bis 14. Oktober 1949, Düsseldorf 1949

DGB-Bundesvorstand (Hrsg.): Protokoll des Zweiten Ordentlichen Bundeskongresses Berlin 13. bis 17. Oktober 1952, Düsseldorf 1952

DGB-Bundesvorstand (Hrsg.): Protokoll des Dritten Ordentlichen Bundeskongresses Frankfurt a. M. 1954, Düsseldorf 1954

DGB-Bundesvorstand (Hrsg.): Protokoll des Vierten Ordentlichen Bundeskongresses Hamburg 1956, Düsseldorf 1956

DGB-Bundesvorstand (Hrsg.): Protokoll des Fünften Ordentlichen Bundeskongresses Stuttgart 1959, Düsseldorf 1959

Dörrich, Walter/Schönhoven, Klaus (Bearb.): Die Industriegewerkschaft Metall in der frühen Bundesrepublik (Quellen zur Geschichte der deutschen Gewerkschaftsbewegung im 20. Jahrhundert; Bd. 10), Köln 1991

Hildebrandt, Jens/Schwitzer, Boris (Bearb.): Der Deutsche Gewerkschaftsbund 1956–1963 (Quellen zur Geschichte der deutschen Gewerkschaftsbewegung im 20. Jahrhundert; Bd. 12), Bonn 2005

Industriegewerkschaft Druck und Papier: Protokoll über den zweiten ordentlichen Verbandstag im Gewerkschaftshaus in Hamburg vom 29. Juni bis 3. Juli 1952, Stuttgart o. J. [1952]

Industriegewerkschaft Druck und Papier: Protokoll über den dritten ordentlichen Gewerkschaftstag im Städtischen Saalbau in Essen vom 20. September bis 24. September 1954, Stuttgart o. J. [1954]

Industriegewerkschaft Druck und Papier: Protokoll über den vierten ordentlichen Gewerkschaftstag im Palmengarten in Frankfurt a. M. vom 9. September bis 14. September 1956, Stuttgart o. J. [1956]

Industriegewerkschaft Druck und Papier: Protokoll vom fünften ordentlichen Gewerkschaftstag vom 20. bis 26. September 1959 in Hannover, Stuttgart o. J. [1959]

Institut für Marxismus-Leninismus beim ZK der SED (Hrsg.): Dokumente und Materialien zur Geschichte der deutschen Arbeiterbewegung, Reihe II: 1914–1945, Bd. 2: November 1917-Dezember 1918, Berlin (Ost) 1957

Quellensammlungen, Chroniken, Protokolle, Adressbücher

Institut für Marxismus-Leninismus beim ZK der SED (Hrsg.): Dokumente und Materialien zur Geschichte der deutschen Arbeiterbewegung. Reihe II: 1914–1918, Bd. 2, Berlin (Ost) 1958
Institut für Marxismus-Leninismus beim ZK der SED (Hrsg.): Spartakusbriefe, Berlin (Ost), 1958
Institut für Marxismus-Leninismus beim ZK der SED (Hrsg.): Geschichte der deutschen Arbeiterbewegung, Bd. 3: 1917–1923, Berlin (Ost) 1966
Institut für Marxismus-Leninismus beim ZK der SED (Hrsg.): Geschichte der deutschen Arbeiterbewegung, Chronik Teil II: 1917–1945, Berlin (Ost) 1966
Kaiser, Josef (Bearb.): Der Deutsche Gewerkschaftsbund 1949 bis 1956 (Quellen zur Geschichte der deutschen Gewerkschaftsbewegung im 20. Jahrhundert; Bd. 11), Köln 1996
Kohlhaas, Wilhelm: Chronik der Stadt Stuttgart 1913–1918 (Veröffentlichungen des Archivs der Stadt Stuttgart; Bd. 16), Stuttgart 1967
Ders.: Chronik der Stadt Stuttgart 1918–1933 (Veröffentlichungen des Archivs der Stadt Stuttgart; Bd. 17), Stuttgart 1964
Kolb, Eberhard/Schönhoven, Klaus (Bearb.): Regionale und lokale Räteorganisationen in Württemberg (Quellen zur Geschichte der Rätebewegung in Deutschland 1918/19; Bd. 2), Düsseldorf 1976
Kommunistische Partei Deutschlands (Spartakusbund) (Hrsg.): Spartakusbriefe, Bd. 2, Berlin 1920
Krohn, Claus-Dieter et al. (Hrsg.): Handbuch der deutschsprachigen Emigration 1933–1945, Darmstadt 1998
Luxemburg, Rosa/Laschitza, Annelies (Hrsg.): Rosa Luxemburg und die Freiheit der Andersdenkenden. Extraausgabe des unvollendeten Manuskripts „Zur russischen Revolution" und anderer Quellen zur Polemik mit Lenin (Institut für Geschichte der Arbeiterbewegung), Berlin 1990
Michael, Berthold/Schepp, Heinz-Hermann (Hrsg.): Politik und Schule von der Französischen Revolution bis Gegenwart. Eine Quellensammlung zum Verhältnis von Gesellschaft, Schule und Staat im 19. und 20. Jahrhundert, Bd. 1, Frankfurt 1973
Mielke, Siegfried/Frese, Matthias: Die Gewerkschaften im Widerstand und in der Emigration 1933–1945 (Quellen zur Geschichte der deutschen Gewerkschaftsbewegung im 20. Jahrhundert; Bd. 5), Frankfurt 1999
Parteivorstand der Sozialistischen Arbeiter-Partei (Hrsg.): Protokoll des ersten Reichs-Parteitags der Sozialistischen Arbeiterpartei Deutschlands in Berlin 25.–28. März 1932, o. O. und o. J. [Berlin 1932]
Protokoll des III. Kongresses der Kommunistischen Internationale (Bibliothek der Kommunistischen Internationale; Bd. XXIII), Hamburg 1921
Protokoll über die Verhandlungen des Gründungs-Parteitags der U. S. P. D. vom 6. bis 8. April 1917 in Gotha. Mit Anhang: Bericht über die Gemeinsame Konferenz der Arbeitsgemeinschaft und der Spartakusgruppe vom 7. Januar 1917 in Berlin, hrsg. von Emil Eichhorn, Berlin 1921

Reichsausschuss der Werktätigen (Hrsg.): Resolutionen und Beschlüsse des Reichskongresses der Werktätigen, abgehalten in Berlin 3.–5. Dezember 1926, Berlin 1926

Schönhoven, Klaus/Weber, Hermann: Die Industriegewerkschaft Metall in den Jahren 1956 bis 1963 (Quellen zur Geschichte der deutschen Gewerkschaftsbewegung im 20. Jahrhundert; Bd. 10), Köln 1991

Stern, Leo (Hrsg.): Archivalische Forschungen zur Geschichte der Deutschen Arbeiterbewegung, Bd. 4/II: Die Auswirkungen der Großen Sozialistischen Oktoberrevolution auf Deutschland, Berlin (Ost) 1959

Vorstand der SPD (Hrsg.): Protokoll der Verhandlungen des Parteitags der Sozialdemokratischen Partei Deutschlands vom 20. bis 24. Juli 1954 in Berlin, Berlin-Grunewald 1954

Vorstand der SPD (Hrsg.): Protokoll der Verhandlungen des Parteitags der Sozialdemokratischen Partei Deutschlands vom 10. bis 14. Juli 1956 in München, München o. J. [1956]

Walter, Eva/Pfündel, Thomas: Die Stuttgarter Straßennamen, hrsg. vom Presse- und Informationsamt der Landeshauptstadt Stuttgart, Stuttgart 1992

Weber, Hermann (Hrsg.): Der deutsche Kommunismus. Dokumente 1915–1945, Köln 1973³

Ders. (Hrsg.): Die Gründung der KPD. Protokoll und Materialien des Gründungsparteitags der Kommunistischen Partei Deutschlands 1918/19. Mit einer Einführung zur angeblichen Erstveröffentlichung durch die SED, Berlin 1993

Erinnerungsschriften, Briefe, zeitgenössische Schriften

Abusch, Alexander: Der Deckname. Memoiren, Berlin 1981

Barth, Emil: Aus der Werkstatt der deutschen Revolution, Berlin 1919

Barthel, Max: Kein Bedarf an Weltgeschichte, Wiesbaden 1950

Beer, Klaus: Auf den Feldern von Ulm. In den wechselnden Winden von Adenauer bis Willy Brandt, Blaubeuren 2008

Ders.: Junger Sozialdemokrat in Ulm 1953–1960. Aus dem Innenleben der Ulmer SPD jener Zeit, Dresden 1998

Benjamin, Hilde: Georg Benjamin. Eine Biographie, Leipzig 1982

Birkert, Emil: Von der Idee zur Tat. Aus der Geschichte der Naturfreundebewegung, Heilbronn o. J. [1970]

Ders.: Am Rande des Zeitgeschehens, Stuttgart 1983

Blos, Wilhelm: Denkwürdigkeiten aus der Umwälzung. Von der Monarchie zum Volksstaat. Zur Geschichte der Revolution in Deutschland, insbesondere in Württemberg, Bd. 1, Stuttgart 1923

Brandt, Willy: Draußen. Schriften während der Emigration, hrsg. von Günter Struve, München 1966

Bringolf, Walter: Mein Leben. Weg und Umweg eines Schweizer Sozialdemokraten, Zürich 1965

Crispien, Arthur/Hörnle, Edwin/Walcher, Jacob: Im Kampf um unsere Grundsätze. Tatsachenmaterial zum Gewaltstreich des Landesvorstandes der Sozialdemokraten Württembergs gegen die politische Redaktion der Schwäbischen Tagwacht, Stuttgart 1914

Dittmann, Wilhelm: Erinnerungen, bearb. und eingel. von Jürgen Rojahn (Quellen und Studien zur Sozialgeschichte; Bd. 14/2), Frankfurt/New York 1995

Ebbinghaus, Christof von: Die Memoiren des Generals von Ebbinghaus, Stuttgart 1928

Eildermann, Wilhelm: Jugend im Ersten Weltkrieg. Tagebücher, Briefe, Erinnerungen, Berlin (Ost) 1972

Ders.: Als Wanderredner der KPD unterwegs. Erinnerungen an die ersten Jahre der KPD 1919–1920, Berlin (Ost) 1977

Engel, Gerhard: Rote in Feldgrau. Kriegs- und Feldpostbriefe junger linkssozialdemokratischer Soldaten des Ersten Weltkriegs, Berlin 2008

Fabian, Anne-Marie: Der Traum vom Lernen, in: Inge Stolten (Hrsg.): Der Hunger nach Erfahrung. Frauen nach '45, Berlin/Bonn 1981, S. 47–59

Fabian, Walter: Klassenkampf um Sachsen. Ein Stück Geschichte 1918–1930, Löbau 1930

Frölich, Paul: 10 Jahre Krieg und Bürgerkrieg, Bd. 1: Der Krieg, Berlin 1924

Gehrke, Robert/Seeboth, Robert: 50 Jahre Novemberrevolution. Eine Dokumentation über die revolutionären Kämpfe der Braunschweiger Arbeiter am Vorabend der November-Revolution, Helmstedt 1968

Globig, Fritz: ... aber verbunden sind wir mächtig. Aus der Geschichte der Arbeiterjugendbewegung, Berlin (Ost) 1958

Götz, Karl: Am hellen Mittag. Frohe Jugend in einer ernsten Zeit, Mühlacker 1977[2]

Hahn, Paul: Erinnerungen aus der Revolution in Württemberg: „Der Rote Hahn, eine Revolutionserscheinung", Stuttgart 1923

Illustrierte Geschichte der deutschen Revolution, Berlin 1929

Keil, Wilhelm: Erlebnisse eines Sozialdemokraten, Bd. 1, Stuttgart 1947 und Bd. 2, Stuttgart 1948

Köhler, Ludwig von: Zur Geschichte der Revolution in Württemberg. Ein Bericht, Stuttgart 1930

Levi, Paul: Unser Weg. Wider den Putschismus. Mit Anhang: Die Lehren eines Putschversuchs von Karl Radek, Berlin 1921

Luxemburg, Rosa: Gesammelte Briefe, Bd. 5, Berlin (Ost) 1984

Meyer-Leviné, Rosa: Im inneren Kreis. Erinnerungen einer Kommunistin in Deutschland von 1920–1933, Frankfurt 1982

Müller, Richard: Geschichte der deutschen Revolution, Bd. 1: Vom Kaiserreich zur Republik und Bd. 2: Die Novemberrevolution, Berlin 1979[2]

Münzenberg, Willi: Die dritte Front. Aufzeichnungen aus 15 Jahren proletarischer Jugendbewegung, Berlin 1930

Ders.: Der Spartakistenprozeß in Stuttgart, Stuttgart o. J. [1919]

Ders.: Die sozialistischen Jugendorganisationen vor und während des Krieges, Berlin 1919

Retzlaw, Karl: Spartakus. Aufstieg und Niedergang. Erinnerungen eines Parteiarbeiters, Frankfurt 1972²
Schaber, Will: Profile der Zeit. Begegnungen in sechs Jahrzehnten, hrsg. von Manfred Bosch, Eggingen 1992
Stetter, Hans: Aus dem Leben eines Proletariers, Stuttgart 1961 (Typoskript)
Szende, Stefan: Zwischen Gewalt und Toleranz. Zeugnisse und Reflexionen eines Sozialisten, Frankfurt/Köln 1975
Turek, Ludwig: Ein Prolet erzählt. Lebensschilderung eines deutschen Arbeiters, Halle/Leipzig 1985
Walcher, Jacob: Die revolutionären Ereignisse in Stuttgart, in: 1918 – Erinnerungen von Veteranen der deutschen Gewerkschaftsbewegung an die Novemberrevolution (1914–1920), in: Die Novemberrevolution 1918 und die deutschen Gewerkschaften, 2. Halbband, Berlin (Ost) 1958, S. 491–515
Ders.: Mein Lebensweg. Biographie-Zeitabschnitt: 1887–1920, o. O. und o. J. [Wain 2004]

Sekundärliteratur

Abendroth, Wolfgang: Sozialgeschichte der europäischen Arbeiterbewegung, Frankfurt 1965
Adam, Thomas: Arbeitermilieu und Arbeiterbewegung in Leipzig 1871–1933 (Demokratische Bewegungen in Mitteldeutschland, hrsg. von Helga Grebing/Hans Mommsen/Karsten Rudolph; Bd. 8), Köln/Weimar/Wien 1999
Angress, Werner T.: Die Kampfzeit der KPD 1921–1923, Düsseldorf 1973
Angster, Julia: Der Zehnerkreis. Remigranten in der westdeutschen Arbeiterbewegung, in: Exil. Forschung – Erkenntnisse – Ergebnisse, Jg. 18 (1998), H. 1, S. 26–47
Dies.: Konsenskapitalismus und Sozialdemokratie. Die Westernisierung von SPD und DGB von 1940 bis 1965 (Ordnungssysteme. Studien zur Ideengeschichte der Neuzeit; Bd. 13), München 2003
Dies.: Wertewandel in den Gewerkschaften. Zur Rolle gewerkschaftlicher Remigranten in der Bundesrepublik der 1950er Jahre, in: Claus-Dieter Krohn/Patrik von zur Mühlen (Hrsg.): Rückkehr und Aufbau nach 1945. Deutsche Remigranten im öffentlichen Leben Nachkriegsdeutschlands, Marburg 1997, S. 111–138
Arlt, Wolfgang/Heinze, Manfred/Uhlemann, Manfred (Bearb.): Deutschlands junge Garde. Erlebnisse aus der Geschichte der Arbeiterjugendbewegung von den Anfängen bis zum Jahre 1945, Berlin (Ost) 1959
Armenat, Gabriele: Frauen aus Braunschweig, Braunschweig 1991
Arnold, Volker: Rätebewegung und Rätetheorien in der Novemberrevolution. Räte als Organisationsformen des Kampfes und der Selbstbestimmung, Hamburg 1985

Bachmann, Jörg J.: Zwischen Paris und Moskau. Deutsche bürgerliche Linksintellektuelle und die stalinistische Sowjetunion 1933–1939 (Mannheimer Historische Forschungen; Bd. 7), Mannheim 1995

Bartel, Walter: Die Linken in der deutschen Sozialdemokratie im Kampf gegen Militarismus und Krieg, Berlin (Ost) 1958

Bassler, Siegfried (Hrsg.): Mit uns für die Freiheit. 100 Jahre SPD in Stuttgart, Stuttgart/Wien 1987

Battel, Franco: „Wo es hell ist, dort ist die Schweiz". Flüchtlinge und Fluchthilfe an der Schaffhauser Grenze zur Zeit des Nationalsozialismus (Schaffhauser Beiträge zur Geschichte, hrsg. vom Historischen Verein des Kantons Schaffhausen; Bd. 77/2000), Zürich 2000

Bayerlein, Bernhard H. (Hrsg.): Deutscher Oktober 1923. Ein Revolutionsplan und sein Scheitern (Archive des Kommunismus – Pfade des XX. Jahrhunderts; Bd. 3), Berlin 2003

Becker, Jens: August Thalheimer. Früher Kritiker der Stalinisierung, in: Theodor Bergmann/Mario Keßler (Hrsg.): Ketzer im Kommunismus. 23 biographische Essays, Hamburg 2000, S. 75–100

Ders.: Heinrich Brandler. Eine politische Biographie. Giessener sozialwissenschaftliche Dissertation, Hamburg 2001

Beelte, Hans-Ludwig: Exilpublizistik in Skandinavien, in: Hanno Hardt/Elke Hilscher/Winfried B. Lerg: Presse im Exil. Beiträge zur Kommunikationsgeschichte des deutschen Exils 1933–1945 (Dortmunder Beiträge zur Zeitungsforschung; Bd. 30), München/New York/London/Paris 1979, S. 254–315

Behring, Rainer: Demokratische Außenpolitik für Deutschland. Die außenpolitischen Vorstellungen deutscher Sozialdemokraten im Exil 1933–1945 (Beiträge zur Geschichte des Parlamentarismus und der politischen Parteien; Bd. 117), Düsseldorf 1999

Beier, Gerhard: Schwarze Kunst und Klassenkampf, Bd. 1: Vom Geheimbund zum königlich-preußischen Gewerkverein (1830–1890) (Geschichte der Industriegewerkschaft Druck und Papier und ihrer Vorläufer seit dem Beginn der modernen Arbeiterbewegung), Frankfurt/Wien/Zürich 1966

Benz, Michael: Der unbequeme Streiter Fritz Lamm. Jude, Linkssozialist, Emigrant 1911–1977, Essen 2007

Benz, Wolfgang: Konzeptionen für die Nachkriegsdemokratie. Pläne und Überlegungen im Widerstand, im Exil und in der Besatzungszeit, in: Thomas Koebner/Gert Sauermeister/Sigrid Schneider (Hrsg.): Deutschland nach Hitler. Zukunftspläne im Exil, Opladen 1987, S. 201–213

Ders.: Zum Umgang mit der nationalsozialistischen Vergangenheit in der Bundesrepublik, in: Jürgen Danyel (Hrsg.): Die geteilte Vergangenheit. Zum Umgang mit Nationalsozialismus und Widerstand in beiden deutschen Staaten (Zeithistorische Studien; Bd. 4), Berlin 1995, S. 47–60

Ders.: Süddeutschland in der Weimarer Republik. Ein Beitrag zur deutschen Innenpolitik 1918–1923 (Beiträge zu einer historischen Strukturanalyse Bayerns im Industriezeitalter; Bd. 4), Berlin 1970

Beradt, Charlotte: Paul Levi. Ein demokratischer Sozialist in der Weimarer Republik, Frankfurt 1969

Berger, Peter: Brunonia mit rotem Halstuch, Hannover 1979

Bergmann, Theodor: Die Thalheimers. Geschichte einer Familie undogmatischer Marxisten, Hamburg 2004

Ders.: Friedrich Westmeyer in der Stuttgarter Arbeiterbewegung, in: BzG, Jg. 40 (1998), H. 2, S. 100–113

Ders.: Friedrich Westmeyer – einer aus dem Kreis um Rosa Luxemburg, in: Narihiko Ito/Annelies Laschitza/Ottokar Luban: Rosa Luxemburg im internationalen Diskurs. Internationale Rosa-Luxemburg-Gesellschaft in Chicago, Tampere, Berlin und Zürich (1998–2000), Berlin 2002, S. 102–118

Ders./Haible, Wolfgang/Iwanowa, Galina: Friedrich Westmeyer. Von der Sozialdemokratie zum Spartakusbund – eine politische Biographie, Hamburg 1998

Ders.: „Gegen den Strom". Geschichte der KPD(Opposition), Hamburg 2001

Ders. (Hrsg.): Klassenkampf und Solidarität – Geschichte der Stuttgarter Metallarbeiter, Hamburg 2007

Bittel, Christoph: Heidenheim im Umbruch. Eine württembergische Kleinstadt im politischen Wandel 1918–1920, Heidenheim 2004

Blessing, Elmar: Chronik 400 Jahre Schulgeschichte. 50 Jahre Realschule Ostheim, Stuttgart 1987

Ders.: Chronik Gaisburg. Vom Weingärtnerdorf zum Arbeiterwohnort. Festschrift der Raichberg-Realschule, Stuttgart 1989

Ders.: „Man soll im übrigen den Gaisburgern nicht drohen." Zum 100. Jahrestag der Eingemeindung Gaisburgs nach Stuttgart, Stuttgart 2001

Bock, Hans Manfred: Geschichte des ‚linken Radikalismus' in Deutschland. Ein Versuch, Frankfurt 1976

Ders.: Syndikalismus und Linkskommunismus von 1919–1923. Ein Beitrag zur Sozial- und Ideengeschichte der frühen Weimarer Republik, Darmstadt 1993

Bödeker, Hans Erich: Biographie. Annäherungen an einen gegenwärtigen Forschungs- und Diskussionsstand, in: Ders. (Hrsg.): Biografie schreiben (Göttinger Gespräche zur Geschichtswissenschaft; Bd. 18), Göttingen 2003, S. 9–63

Boll, Friedhelm: Massenbewegungen in Niedersachsen 1906–1920. Eine sozialgeschichtliche Untersuchung zu den unterschiedlichen Entwicklungstypen Braunschweig und Hannover (Veröffentlichungen des Instituts für Sozialgeschichte Braunschweig), Bonn 1981

Bonjour, Edgar: Geschichte der Schweizerischen Neutralität. Vier Jahrhunderte eidgenössischer Außenpolitik, Bd. 3: (1930–1939), Basel 1970[4]

Borsdorf, Ulrich: Hans Böckler. Arbeit und Leben eines Gewerkschafters von 1875 bis 1945 (Schriftenreihe der Hans-Böckler-Stiftung), Köln 1982
Borst, Otto: Stuttgart. Geschichte der Stadt, Stuttgart 1986³
Bosch, Manfred: Bohème am Bodensee. Literarisches Leben am See von 1900 bis 1950, Lengwil am Bodensee 1997²
Bourdieu, Pierre: Die biographische Illusion [Original 1986], in: BIOS. Zeitschrift für Biographieforschung, Oral History und Lebensverlaufsanalysen, H. 1 (1990), S. 75–81
Brandstätter, Horst/Holwein, Jürgen (Hrsg.): Dichter sehen eine Stadt. Texte und Bilder aus 250 Jahren, Stuttgart 1989
Brandt, Peter/Rürup, Reinhard: Volksbewegung und demokratische Neuordnung in Baden 1918/19. Zur Vorgeschichte und Geschichte der Revolution, hrsg. von den Stadtarchiven Karlsruhe und Mannheim, Sigmaringen 1991
Brauneck, Manfred (Hrsg.): Die Rote Fahne. Kritik, Theorie, Feuilleton 1918–1933, München 1973
Bremer, Jörg: Die Sozialistische Arbeiterpartei Deutschlands (SAP). Untergrund und Exil 1933–1945 (Campus Forschung; Bd. 35), Frankfurt/New York 1978
Brock, Adolf: Hauptphasen der Gewerkschaftspolitik nach 1945, in: Ders. (Hrsg.): Gewerkschaften am Kreuzweg. Ausgewählte Beiträge aus den „Arbeitsheften der Sozialwissenschaftlichen Vereinigung", Berlin 1973, S. 31–89
Bungert, Heike: Das Nationalkomitee und der Westen. Die Reaktion der Westalliierten auf das NKFD und die Freien Deutschen Bewegungen 1943–1948 (Transatlantische Historische Studien; Bd. 9), Stuttgart 1997
Burkhardt, Richard: Ein Kampf ums Menschenrecht. Hundert Jahre Tarifpolitik der Industriegewerkschaft Druck und Papier und ihrer Vorgängerorganisationen seit dem Jahre 1873, hrsg. vom Hauptvorstand der Industriegewerkschaft Druck und Papier, Stuttgart 1974

Carr, Edward Hallett: The Interregnum 1923–1924. A History of Soviet Russia, Londen 1960
Cartarius, Ulrich: Zum Einfluß der polnischen Arbeiterbewegung auf die Entwicklung der „Radikalen Linken" im Deutschland des Ersten Weltkriegs. Leo Jogiches-Tyszka contra Lenin, in: Zeitschrift für Ostforschung. Länder und Völker im östlichen Mitteleuropa, Jg. 29 (1980), H. 1, S. 193–223
Chlada, Marvin/Haible, Wolfgang (Hrsg.): Fritz Rück und die Revolution 1918, Berichte und Gedichte aus bewegten Zeiten, Aschaffenburg 1999
Christ-Gmelin, Maja: Die württembergische Sozialdemokratie 1890–1914. Ein Beitrag zur Geschichte des Reformismus und Revisionismus in der deutschen Sozialdemokratie, Diss. Stuttgart 1976
Clark, Jon: Bruno Schönlank und die Arbeitersprechchorbewegung (Schriften des Fritz-Hüser-Instituts für deutsche und ausländische Arbeiterliteratur der Stadt Dortmund. Reihe 2: Forschungen zur Arbeiterliteratur; Bd. 1) Köln 1984

Dähn, Horst: Rätedemokratische Modelle. Studien zur Rätediskussion in Deutschland 1918–1919 (Marburger Abhandlungen zur Politischen Wissenschaft; Bd. 30), Meisenheim am Glan 1975

Drabkin, Jakow: Rosa Luxemburg und die Kommunistische Internationale, in: Narihiko Ito/Annelies Laschitza/Ottokar Luban: Rosa Luxemburg im internationalen Diskurs. Internationale Rosa-Luxemburg-Gesellschaft in Chicago, Tampere, Berlin und Zürich (1998–2000), Berlin 2002, S. 138–143

Dragowski, Jürgen: Die Geschichte der Büchergilde Gutenberg in der Weimarer Republik 1924–1933, Essen 1992

Drechsler, Hanno: Die Sozialistische Arbeiterpartei Deutschlands (SAPD). Ein Beitrag zur Geschichte der deutschen Arbeiterbewegung am Ende der Weimarer Republik (Marburger Abhandlungen zur Politischen Wissenschaft; Bd. 2), Meisenheim am Glan 1965

Dulk, Christiane/Zimmer, Jochen: Die Auflösung des Touristenvereins „Die Naturfreunde" nach dem März 1933, in: Jochen Zimmer (Hrsg.): Mit uns zieht die neue Zeit. Die Naturfreunde. Zur Geschichte eines alternativen Verbandes in der Arbeiterkulturbewegung, Köln 1984, S. 112–117

Eberts, Erich: Arbeiterjugend 1904–1945. Sozialistische Erziehungsgemeinschaft. Politische Organisation, Frankfurt 1980

Ek, Sverker: Die Ästhetik des Widerstands. Antinazistische Theateraufführungen auf schwedischer Bühne 1935–1945, in: Helmut Müssener (Hrsg.): Antikriegsliteratur zwischen den Kriegen (1919–1939) in Deutschland und Schweden (Acta Universitatis Stockholmiensis; Bd. 35), Stockholm 1987, S. 92–129

Engelsing, Rolf: Analphabetentum und Lektüre. Zur Sozialgeschichte des Lesens in Deutschland zwischen feudaler und industrieller Gesellschaft, Stuttgart 1973

Erdmann, Wulf: Mit dem Wandern fing es an. Kurze Geschichte der Naturfreunde, in: Ders./Jochen Zimmer (Hrsg.): Hundert Jahre Kampf um die freie Natur. Illustrierte Geschichte der Naturfreunde, Essen 1991, S. 10–36

Ernst, Max: Die Ulmer Garnison in der Revolution 1918/1919, in: Ulm und Oberschwaben, Zeitschrift für Geschichte und Kunst (Mitteilungen des Vereins für Kunst und Altertum in Ulm und Oberschwaben; Bd. 39), Ulm 1970

Fähnders, Walter/Rector, Martin: Linksradikalismus und Literatur. Untersuchungen zur Geschichte der sozialistischen Literatur in der Weimarer Republik, Bd. 1, Reinbek 1974

Ders./Zimpel, Henning (Hrsg.): Die Epoche der Vagabunden. Texte und Bilder 1900–1945, Essen 2009

Fette, Christian: Zehn Jahre Industriegewerkschaft Druck und Papier, hrsg. vom Zentralvorstand der Industriegewerkschaft Druck und Papier, Stuttgart 1959

Fiedler, Gudrun: Jugend im Krieg. Bürgerliche Jugendbewegung, Erster Weltkrieg und sozialer Wandel 1914–1923 (Edition Archiv der deutschen Jugendbewegung; Bd. 6), Köln 1989

Flechtheim, Ossip K.: Die KPD in der Weimarer Republik. Mit einer Einleitung von Hermann Weber, Frankfurt 1969

Ders.: Die KPD in der Weimarer Republik. Mit einer Einleitung von Sigrid Koch-Baumgarten, Hamburg 1986

Ders. (Hrsg.): Vergangenheit im Zeugenstand der Zukunft (Bibliothek Soziales Denken des 19. und 20. Jahrhunderts), Berlin 1991

Flecken, Margarete: Arbeiterkinder im 19. Jahrhundert. Eine sozialgeschichtliche Untersuchung ihrer Lebenswelt, Weinheim/Basel 1981

Flemming, Jens: Der 1. Mai und die deutsche Arbeiterbewegung. Politische Demonstration und sozialistische Festtagskultur, in: Uwe Schultz (Hrsg.): Das Fest. Eine Kulturgeschichte von der Antike bis zur Gegenwart, München 1988, S. 341–351

Foitzik, Jan: Die Rückkehr aus dem Exil und das politisch-kulturelle Umfeld der Reintegration sozialdemokratischer Emigranten in Westdeutschland, in: Manfred Briegel/Wolfgang Frühwald (Hrsg.): Die Erfahrung der Fremde. Kolloquium des Schwerpunktprogramms „Exilforschung" der Deutschen Forschungsgemeinschaft, Weinheim 1988, S. 255–270

Ders.: Zwischen den Fronten. Zur Politik, Organisation und Funktion linker politischer Kleinorganisationen im Widerstand 1933 bis 1939/40 unter besonderer Berücksichtigung des Exils (Reihe: Politik- und Gesellschaftsgeschichte/Forschungsinstitut der Friedrich-Ebert-Stiftung; Bd. 16), Bonn 1986

Foschepoth, Josef: Rolle und Bedeutung der KPD im deutsch-deutschen Systemkonflikt, in: ZfG, Jg. 56 (2008), H. 11, S. 889–909

Fricke, Reiner: Spaltung, Zerschlagung, Widerstand. Die Arbeitersportbewegung Württemberg in den 20er und 30er Jahren (Wissenschaftliche Schriftenreihe/Institut für Sportgeschichte Baden-Württemberg e. V.; Bd. 1), Schorndorf 1995

Friedemann, Peter: „Wie munter und ordentlich wir unsere Feste zu feiern verstehen.". Gewerkschaftsfeste vor 1914, in: Dieter Düding/Peter Friedemann/Paul Münch (Hrsg.): Öffentliche Festkultur. Politische Feste in Deutschland von der Aufklärung bis zum Ersten Weltkrieg, Reinbek 1988, S. 373–389

Fritton, Michael Hugh: Literatur und Politik in der Novemberrevolution 1918/1919, Frankfurt/Bern/New York 1986

Fuchs, Andreas: „Der Kaiser hat abgedankt". Die Auswirkungen der „Novemberrevolution" 1918 auf die Gemeinde Langenargen; Vortrag zum Themenkreis „Heimat", gehalten am 23.7.1998 im Kavalierhaus Langenargen anläßlich des 25-jährigen Jubiläums des Landkreises Bodenseekreis, Langenargen 2006

Fülberth, Georg: Proletarische Partei und bürgerliche Literatur. Auseinandersetzungen in der deutschen Sozialdemokratie der II. Internationale über Möglichkeiten und Grenzen einer sozialistischen Literaturpolitik, Neuwied/Berlin 1972

Gallo, Max: Rosa Luxemburg. Eine Biographie, Zürich 1993

Grass, Martin: Exil 1933-1945 in Skandinavien. Quellen und Archive in Schweden, in: Hans Uwe Petersen (Hrsg.): Hitlerflüchtlinge im Norden. Asyl und politisches Exil (Veröffentlichung des Beirats für Geschichte der Arbeiterbewegung und Demokratie in Schleswig-Holstein; Bd. 7), Kiel 1991, S. 297-311

Grebing, Helga: Geschichte der deutschen Arbeiterbewegung. Von der Revolution 1848 bis ins 21. Jahrhundert, Berlin 2007

Dies.: Gewerkschaften: Bewegung oder Dienstleistungsorganisation – 1955 bis 1965, in: Hans-Otto Hemmer/Kurt Thomas Schmitz (Hrsg.): Geschichte der Gewerkschaften in der Bundesrepublik Deutschland. Von den Anfängen bis heute, Köln 1990, S. 149-182

Greiffenhagen, Sylvia: Die württembergischen Sozialdemokraten im Ersten Weltkrieg und in der Weimarer Republik (1914-1933), in: Jörg Schadt/Wolfgang Schmierer (Hrsg.): Die SPD in Baden-Württemberg und ihre Geschichte. Von den Anfängen der Arbeiterbewegung bis heute (Schriften zur politischen Landeskunde Baden-Württembergs; Bd. 3), Stuttgart/Berlin/Köln/Mainz 1979, S. 160-191

Gröschel, Roland: Ein Jahrhundert sozialistische Jugendinternationale (SJI). Wie die SJI entstand, in: Mitteilungen. Archiv der Arbeiterjugendbewegung, Jg. 25 (2007), H. 2, S. 6-9

Groh, Dieter: Negative Integration und revolutionärer Attentismus. Die deutsche Sozialdemokratie am Vorabend des Ersten Weltkriegs, Frankfurt/Berlin/Wien 1973

Gross, Babette: Willi Münzenberg. Eine politische Biografie, Leipzig 1991

Grossmann, Kurt R.: Emigration. Geschichte der Hitler-Flüchtlinge 1933-1945, Frankfurt 1969

Günther, Dagmar: Wandern und Sozialismus. Zur Geschichte des Touristenvereins „Die Naturfreunde" im Kaiserreich und in der Weimarer Republik, Hannover 2003

Günther, Dieter: Gewerkschafter im Exil. Die Landesgruppe deutscher Gewerkschafter in Schweden von 1938-1945 (Schriftenreihe für Sozialgeschichte und Arbeiterbewegung; Bd. 28), Marburg 1982

Gutsche, Willibald (Hrsg.):Deutschland im ersten Weltkrieg, Bd. 2: Januar 1915 bis Oktober 1917, Berlin (Ost) 1968

Haible, Wolfgang: Debatte: Linke Kommunalpolitik, in: *Sozialismus*, Jg. 21, H. 9 (September 1994), S. 20 f.

Haible, Wolfgang/Chlada, Marvin: August Thalheimer – Zur Erinnerung an einen revolutionären Kommunisten, in: Utopie kreativ, H. 97/98 (November/Dezember 1998), S. 108-110

Hantsch, Simone: Das Alphatier. Aus dem Leben der Gertrud Duby-Blom (Biographien europäischer Antifaschisten, hrsg. von Ulla Plener), Berlin 1999

Harrer, Jürgen: Die Sozialdemokratie in Novemberrevolution und Weimarer Republik, in: Jutta von Freyberg et al.: Geschichte der deutschen Sozialdemokratie, Köln 1989³, S. 68-190

Heigl, Richard: Oppositionspolitik. Wolfgang Abendroth und die Entstehung der Neuen Linken (1950-1968), Hamburg 2008

Heintz, Günter (Hrsg.): Deutsche Arbeiterdichtung 1910-1933, Stuttgart 1974

Hempel-Küter, Christa: Die Tages- und Wochenpresse der KPD im deutschen Reich von 1918 bis 1933. Mit einem Titelverzeichnis und einem Personenregister, in: IWK, Jg. 23 (1987), H. 1, S. 27–79

Henicke, Hartmut: Der Kampf der Stuttgarter Linken gegen die opportunistische Zersetzung der deutschen Sozialdemokratie in den Jahren 1910 bis 1914, Diss. Berlin (Ost) 1985

Ders.: Die Stuttgarter Parteiorganisation als Zentrum der Linken im Kampf gegen den Krieg 1911 bis 1914, in: BzG, Jg. 27 (1985), H. 6, S. 800–804

Ders.: Die Weltkriegsrevolution, das Schisma in der deutschen Sozialdemokratie und die Stuttgarter Linken, in: Jahrbuch für Forschungen zur Geschichte der Arbeiterbewegung, Jg. 6 (2007), Nr. 3, S. 33–47

Hetzer, Gerhard: Die Industriestadt Augsburg. Eine Sozialgeschichte der Arbeiteropposition, in: Martin Broszat/Elke Fröhlich/Anton Grossmann (Hrsg.): Bayern in der NS-Zeit, Bd. 3: Herrschaft und Gesellschaft im Konflikt. Teil B, München 1981, S. 1–233

Hickethier, Knut: Arbeiterpresse, in: Wolfgang Ruppert (Hrsg.): Die Arbeiter. Lebensformen, Alltag und Kultur von der Frühindustrialisierung bis zum „Wirtschaftswunder", München 1986, S. 307–316

Hippen, Reinhard: Satire gegen Hitler. Kabarett in Exil, Zürich 1986

Hirschinger, Frank: „Gestapoagenten, Trotzkisten, Verräter". Kommunistische Parteisäuberungen in Sachsen-Anhalt 1918–1953 (Schriften des Hannah-Arendt-Instituts für Totalitarismusforschung, hrsg. von Gerhard Besier; Bd. 27), Göttingen 2005

Hoernle, Edwin: Grundfragen proletarischer Erziehung, hrsg. von Lutz von Werder und Reinhart Wolff, Darmstadt 1969

Hoffmann, Dirk: Sozialismus und Literatur. Literatur als Mittel politisierender Beeinflussung im Literaturbetrieb der sozialistisch organisierten Arbeiterklasse des Deutschen Kaiserreiches 1876–1918, Bd. 1 und Bd. 2, Diss. Münster 1978

Hoffrogge, Ralf: Richard Müller. Der Mann hinter der Novemberrevolution (Geschichte des Kommunismus und Linkssozialismus, hrsg. von Klaus Kinner; Bd. 7), Berlin 2008

Höpfner, Edith: Stuttgarter Arbeiterbewegung. Zwischen Republik und Faschismus, Stuttgart 1984

Huber, Ernst Rudolf: Deutsche Verfassungsgeschichte seit 1789, Bd. 5: Weltkrieg, Revolution und Reichserneuerung 1914–1919, Stuttgart/Berlin/Köln/Mainz 1978

Jahnke, Karl Heinz: „Wach auf!": 1904 – Gründung der ersten Arbeiterjugendvereine in Deutschland, Rostock 2004

Jens, Walter: Ein Jud aus Hechingen. Requiem für Paul Levi, Stuttgart 1992

Kalbitz, Rainer: Gewerkschaftliche Tarifpolitik in den Jahren des Wirtschaftswunders, in: Hans-Otto Hemmer/Kurt Thomas Schmitz (Hrsg.): Geschichte der Gewerkschaften in der Bundesrepublik Deutschland. Von den Anfängen bis heute, Köln 1990, S. 183–247

Ders.: Die Ära Otto Brenner in der IG Metall (Schriftenreihe der Otto-Brenner-Stiftung; Nr. 77), Frankfurt 2001

Kan, Aleksandr Sergeevič: Geschichte der skandinavischen Länder (Dänemark, Norwegen, Schweden), Berlin (Ost) 1978

Kempter, Klaus: Eugen Loderer und die IG Metall. Biografie eines Gewerkschafters, Filderstadt 2003

Keßler, Mario: Die kommunistische Linke und die Weimarer Republik, in: APuZ, H. 32/33 (12.8.1994), S. 20–30

Kinner, Klaus: Marxistische deutsche Geschichtswissenschaft 1917–1933. Geschichte und Politik im Kampf der KPD (Schriften des Zentralinstituts für Geschichte; Bd. 58), Berlin (Ost) 1982

Kirn, Daniel: Soldatenleben in Württemberg 1871–1914. Zur Sozialgeschichte des deutschen Militärs (Krieg in der Geschichte, hrsg. von Stig Förster/Bernhard R. Kroener/Bernd Wegner; Bd. 46), Paderborn/München/Wien/Zürich 2009

Klein, Alfred: Im Auftrag ihrer Klasse. Weg und Leistung der deutschen Arbeiterschriftsteller 1918–1933 (Beiträge zur Geschichte der deutschen sozialistischen Literatur im 20. Jahrhundert; Bd. 3), Berlin/Weimar 1972

Kling, Gertrud: Die Novemberrevolution 1918 und der Kampf um die Verteidigung der Demokratie im Frühjahr 1919 in Württemberg, Diss. Halle 1967

Klocksin, Jens Ulrich: Kommunisten im Parlament. Die KPD in Regierungen und Parlamenten der westdeutschen Besatzungszonen und der Bundesrepublik Deutschland (1945–1956), Bonn 1994²

Koch-Baumgarten, Sigrid: Aufstand der Avantgarde – die Märzaktion der KPD 1921, Frankfurt/New York 1986

Kocka, Jürgen: Arbeitsverhältnisse und Arbeiterexistenzen. Grundlagen der Klassenbildung im 19. Jahrhundert (Geschichte der Arbeiter und der Arbeiterbewegung in Deutschland seit dem Ende des 18. Jahrhunderts; Bd. 2), Bonn 1990

Ders.: Einführung und Auswertung, in: Ulrich Engelhardt (Hrsg.): Handwerker in der Industrialisierung. Lage, Kultur und Politik vom späten 18. bis ins frühe 20. Jahrhundert (Industrielle Welt. Schriftenreihe des Arbeitskreises für moderne Sozialgeschichte, hrsg. von Werner Conze; Bd. 37), Stuttgart 1984, S. 461–468

Ders.: Klassengesellschaft im Krieg. Deutsche Sozialgeschichte 1914–1918 (Kritische Studien zur Geschichtswissenschaft, hrsg. von Helmut Berding et al.; Bd. 8), Göttingen 1978

Ders.: Struktur und Persönlichkeit als methodologisches Problem der Geschichtswissenschaft, in: Michael Bosch (Hrsg.): Persönlichkeit und Struktur in der Geschichte. Historische Bestandsaufnahme und didaktische Implikationen, Düsseldorf 1977, S. 152–169

Kolb, Eberhard: Die Arbeiterräte in der deutschen Innenpolitik 1918–1919 (Beiträge zur Geschichte des Parlamentarismus und der politischen Parteien; Bd. 23), Düsseldorf 1962

Ders.: 1918/19: Die steckengebliebene Revolution, in: Carola Stern/Heinrich August Winkler (Hrsg.): Wendepunkte deutscher Geschichte 1848–1945, Frankfurt 1980, S. 87–109

Komander, Gerhild H. M.: Der Wedding. Auf dem Weg von Rot nach Bunt, Berlin 2006

Komját, Irén: Die Geschichte der Inprekorr. Zeitung der Kommunistischen Internationale (1921–1939), Frankfurt 1982

Kommer, Raimund: Exilpublizistik in der Schweiz, in: Hanno Hardt/Elke Hilscher/Winfried B. Lerg: Presse im Exil. Beiträge zur Kommunikationsgeschichte des deutschen Exils 1933–1945 (Dortmunder Beiträge zur Zeitungsforschung; Bd. 30), München/New York/London/Paris 1979, S. 97–122

Kontny, Barbara: Die Erscheinungsweise der „Roten Fahne". November 1918-Oktober 1923, in: BzG, Jg. 26 (1984), H. 4, S. 508–511

Dies.: Die Erscheinungsweise der „Roten Fahne". November 1923-Februar 1933, in: BzG, Jg. 27 (1985), H. 1, S. 77–82

Korn, Karl: Die Arbeiterjugendbewegung. Einführung in ihre Geschichte. Erster Teil, Berlin 1922

Koszyk, Kurt: Deutsche Pressepolitik im Ersten Weltkrieg, Düsseldorf 1968

Ders.: Zwischen Kaiserreich und Diktatur. Die sozialdemokratische Presse von 1914 bis 1933, Heidelberg 1958

Kracauer, Siegfried: Die Biographie als neubürgerliche Kunstform, o. J. [1930], in: Ders.: Das Ornament der Masse, Frankfurt 1977, S. 75–80

Krause, Hartfrid: USPD. Zur Geschichte der Unabhängigen Sozialdemokratischen Partei Deutschlands (Studien zur Gesellschaftstheorie), Frankfurt/Köln 1975

Krauss, Marita: Die Rückkehr der „Hitlerfrischler". Die Rezeption von Exil und Remigration in Deutschland als Spiegel der gesellschaftlichen Entwicklung nach 1945, in: GWU, Jg. 48, H. 3 (1997), S. 151–160

Dies.: Heimkehr in ein fremdes Land. Die Geschichte der Remigration nach 1945, München 2001

Kreter, Karljo: Sozialisten in der Adenauer-Zeit. Die Zeitschrift „Funken". Von der heimatlosen Linken zu innerparteilichen Opposition in der SPD, Hamburg 1986

Kritidis, Gregor: Linkssozialistische Opposition in der Ära Adenauer. Ein Beitrag zur Frühgeschichte der Bundesrepublik Deutschland, Hannover 2008

Kruse, Wolfgang: Burgfrieden 1914: Der „Verrat" schlechthin? in: Simone Barck/Ulla Plener (Hrsg.): Verrat. Die Arbeiterbewegung zwischen Trauma und Trauer, Berlin 2009, S. 18–25

Kuckuk, Karin: Im Schatten der Revolution. Lotte Kornfeld (1896–1974) – Biografie einer Vergessenen, Bremen 2009

Kuhn, Axel: „Der Rote Wedding" – Geschichte eines antifaschistischen Kampfliedes, in: Demokratie- und Arbeitergeschichte, Jahrbuch 1, hrsg. von der Franz Mehring Gesellschaft, Weingarten 1980, S. 116–125

Ders.: Die deutsche Arbeiterbewegung, Stuttgart 2004

Kuhn, Elmar L.: Rote Fahnen über Oberschwaben. Revolution und Räte 1918/19, in: ZWLG, Jg. 56 (1997), S. 241–317

Kurz, Thomas: Feindliche Brüder im deutschen Südwesten. Sozialdemokraten und Kommunisten in Baden und Württemberg von 1928 bis 1933 (Berliner Historische Studien; Bd. 23), Berlin 1996

Ders.: „Blutmai". Sozialdemokraten und Kommunisten im Brennpunkt der Berliner Ereignisse von 1929, Berlin/Bonn 1988

Lampasiak, Bruno Klaus/Gruber, Leo/Pils, Manfred: Berg frei – Mensch frei – Welt frei! Eine Chronik der internationalen Naturfreundebewegung von den Anfängen der Arbeiterbewegung bis zum Zeitalter der Globalisierung (1895–2005), Wien [2005]

Lange, Dieter: Fritz Tarnows Pläne zur Umwandlung der faschistischen Deutschen Arbeitsfront in Gewerkschaften, in: ZfG, Jg. 24 (1976), H. 1, S. 150–167

Langkammer, Claus: Ministeraudienz mit Handgranaten, in: *Stuttgarter Zeitung*, Jg. 34, 7.11.1978

Laschitza, Annelies: Die Liebknechts. Karl und Sophie – Politik und Familie, Berlin 2007

Lefèvre, Manfred: Von der proletarisch-revolutionären zur sozialistisch-realistischen Literatur. Literaturtheorie und Literaturpolitik deutscher kommunistischer Schriftsteller vom Ende der Weimarer Republik bis in die Volksfrontära, (Stuttgarter Arbeiten zur Germanistik; Nr. 51), Stuttgart 1980

Lehmann, Hans Georg: In Acht und Bann. Politische Emigration, NS-Ausbürgerung und Wiedergutmachung am Beispiel Willy Brandts, München 1976

Ders.: Rückkehr nach Deutschland? Motive, Hindernisse und Wege von Remigranten, in: Claus-Dieter Krohn/Patrik von zur Mühlen: Rückkehr und Aufbau nach 1945. Deutsche Remigranten im öffentlichen Leben Nachkriegsdeutschlands, Marburg 1997, S. 39–70

Lerch, Edith: Die Maifeiern der Arbeiter im Kaiserreich, in: Dieter Düding/Peter Friedemann/Peter Paul Münch (Hrsg.): Öffentliche Festkultur. Politische Feste in Deutschland von der Aufklärung bis zum Ersten Weltkrieg, Reinbek 1988, S. 352–372

Link, Werner: Die Geschichte des Internationalen Jugend-Bundes (IJB) und des Internationalen Sozialistischen Kampf-Bundes (ISK). Ein Beitrag zur Geschichte der Arbeiterbewegung in der Weimarer Republik und im Dritten Reich (Marburger Abhandlungen zur Politischen Wissenschaft; Bd. 1), Meisenheim am Glan 1964

Lööw, Helene: Der institutionelle und organisierte Widerstand gegen die Flüchtlinge in Schweden. 1933–1945, in: Hans Uwe Petersen (Hrsg.): Hitlerflüchtlinge im Norden. Asyl und politisches Exil (Veröffentlichung des Beirats für Geschichte der Arbeiterbewegung und Demokratie in Schleswig-Holstein; Bd. 7), Kiel 1991, S. 123–144

Lorenz, Einhart: Arbeit und Lernprozesse linker deutscher Sozialisten im skandinavischen Exil, in: Einhart Lorenz et al. (Hrsg.): Ein sehr trübes Kapitel? Hitlerflüchtlinge im nordeuropäischen Exil 1933–1950 (IZRG-Schriftenreihe; Bd. 2), Hamburg 1998, S. 197–230

Ders.: Die Remigration aus Skandinavien ins Nachkriegsdeutschland, in: Robert Bohn/Jürgen Elvert/Karl Christian Lammers (Hrsg.): Deutsch-skandinavische Beziehungen nach 1945 (Historische Mitteilungen im Auftrage der Ranke-Gesellschaft; Beiheft 31), Stuttgart 2000, S. 140–151

Ders.: Politische und wissenschaftliche Wirkung des Exils in Skandinavien, in: Exil, Jg. 17 (1997), H. 1, S. 86–97

Ders./Petersen, Hans-Uwe: Fremdenpolitik und Asylpraxis, in: Einhart Lorenz et al. (Hrsg.): Ein sehr trübes Kapitel? Hitlerflüchtlinge im nordeuropäischen Exil 1933–1950 (IZRG-Schriftenreihe; Bd. 2), Hamburg 1998, S. 17–42

Löwenthal, Richard: Russland und die Bolschewisierung der deutschen Kommunisten, in: APuZ, H. 10 (4.4.1964), S. 3–13

Löwke, Udo F.: Für den Fall, dass... Die Haltung der SPD zur Wehrfrage 1949–1955, Hannover 1969

Luban, Ottokar: Die Auswirkungen der Jenaer Jugendkonferenz 1916 und die Beziehungen der Zentrale der revolutionären Arbeiterjugend zur Führung der Spartakusgruppe, in: Archiv für Sozialgeschichte, Bd. 11, Hannover 1971, S. 185–223

Ders.: Neue Forschungsergebnisse über die Spartakuskonferenz im Oktober 1918, in: Ulla Plener (Hrsg.): Die Novemberrevolution 1918/1919 in Deutschland. Für bürgerliche und sozialistische Demokratie. Allgemeine, regionale und biographische Aspekte. Beiträge zum 90. Jahrestag der Revolution, Berlin 2009, S. 68–78

Ders.: Rosa Luxemburgs Demokratiekonzept. Ihre Kritik an Lenin und ihr politisches Wirken 1913–1919 (Rosa-Luxemburg-Forschungsberichte; Bd. 6), Leipzig 2008

Ders.: Rosa Luxemburg, Spartakus und die Massen. Vier Beispiele zur Taktik der Spartakusgruppe bzw. des Spartakusbundes, in: Theodor Bergmann, Wolfgang Haible (Hrsg.): Reform – Demokratie – Revolution. Zur Aktualität von Rosa Luxemburg. Supplement der Zeitschrift „Sozialismus", H. 5 (1997), S. 11–27

Ders.: Spartakusgruppe, revolutionäre Obleute und die politischen Massenstreiks in Deutschland während des Ersten Weltkriegs, in: Mitteilungsblatt des Instituts für soziale Bewegungen, H. 40 (2008), S. 23–38

Ders.: Zwei Schreiben der Spartakuszentrale an Rosa Luxemburg (Juni 1917; 5. November 1918), in: Archiv für Sozialgeschichte, Bd. 11, Hannover 1971, S. 225–240

Ludwig, Carl: Die Flüchtlingspolitik der Schweiz in den Jahren 1933–1955. Bericht an den Bundesrat 1957, Basel 1966

Lupp, Björn-Erik: Von der Klassensolidarität zur humanitären Hilfe. Die Flüchtlingspolitik der politischen Linken 1930–1950, Zürich 2006

Mahal, Günther: Naturalismus (Deutsche Literatur im 20. Jahrhundert; Bd. 1), München 1975

Mai, Gunther: Die Sozialstruktur der württembergischen Soldatenräte 1918/1919, in: IWK, Jg. 14 (1978), H. 1, S. 3–28

Ders.: Die Sozialstruktur der württembergischen Arbeiter- und Bauernräte 1918/1919, in: IWK, Jg. 15 (1979), H. 3, S. 375–404

Ders.: Kriegswirtschaft und Arbeiterbewegung in Württemberg 1914–1918 (Industrielle Welt; Bd. 35), Stuttgart 1983

Mallmann, Klaus-Michael: Kommunisten in der Weimarer Republik. Sozialgeschichte einer revolutionären Bewegung, Darmstadt 1996

Marian, Hans-Gerd: Von der Reichsleitung zur Bundesleitung der Naturfreunde, in: Bruno Klaus Lampasiak: Naturfreund sein heißt Mensch sein. Naturfreunde im Widerstand 1933 bis 1945, Berlin 2013, S. 25–45

McCarthy, Adolf: Robert Grimm. Der schweizerische Revolutionär, Bern/Stuttgart 1989

Merseburger, Peter: Der schwierige Deutsche. Kurt Schumacher. Eine Biographie, Stuttgart 1995

Ders.: Willy Brandt 1913–1992. Visionär und Realist, Stuttgart/München 2002

Messerschmidt, Beate: „…von Deutschland herübergekommen"? Die „Büchergilde Gutenberg" im Schweizer Exil, München 1989

Meyer, Frank: Schreiben für die Fremde. Politische und kulturelle Publizistik des deutschsprachigen Exils in Norwegen und Skandinavien 1933–1940, Essen 2000

Mielke, Siegfried: Die Neugründung der Gewerkschaften in den westlichen Besatzungszonen – 1945 bis 1949, in: Hans-Otto Hemmer/Kurt Thomas Schmitz (Hrsg.): Geschichte der Gewerkschaften in der Bundesrepublik Deutschland. Von den Anfängen bis heute, Köln 1990, S. 19–83

Miller, Susanne: Burgfrieden und Klassenkampf. Die deutsche Sozialdemokratie im Ersten Weltkrieg (Beiträge zur Geschichte des Parlamentarismus und der politischen Parteien; Bd. 53), Düsseldorf 1974

Dies.: Die Bürde der Macht. Die deutsche Sozialdemokratie 1918–1920 (Beiträge zur Geschichte des Parlamentarismus und der politischen Parteien; Bd. 63), Düsseldorf 1978

Misgeld, Klaus: Die „Internationale Gruppe demokratischer Sozialisten" in Stockholm 1942–1945. Zur sozialistischen Friedensdiskussion während des Zweiten Weltkriegs, Uppsala 1976

Ders.: Folgen des Exils: Wechselseitiges Lernen und besseres gegenseitiges Verstehen, in: Einhart Lorenz et al. (Hrsg.): Ein sehr trübes Kapitel? Hitlerflüchtlinge im nordeuropäischen Exil 1933–1950 (IZRG-Schriftenreihe; Bd. 2), Hamburg 1998, S. 399–416

Ders.: Sozialdemokratie und Außenpolitik in Schweden. Sozialistische Internationale, Europapolitik und die Deutschlandfrage 1945–1955 (Campus Forschung; Bd. 392), Frankfurt/New York 1984

Ders.: Willy Brandt und Schweden – Schweden und Willy Brandt, in: Einhart Lorenz (Hrsg.): Perspektiven aus den Exiljahren (Schriftenreihe der Bundeskanzler-Willy-Brandt-Stiftung; H. 7), Berlin 2000, S. 49–68

Mittag, Jürgen: Wilhelm Keil (1870–1968). Sozialdemokratischer Parlamentarier zwischen Kaiserreich und Bundesrepublik. Eine politische Biographie (Beiträge zur Geschichte des Parlamentarismus und der politischen Parteien; Bd. 131), Düsseldorf 2001

Mittenzwei, Werner: Exil in der Schweiz (Kunst und Literatur im antifaschistischen Exil 1933–1945; Bd. 2), Leipzig 1981

Mück, Hans-Dieter: „Roter Verschwörerwinkel" am „Grünen Weg". Der „Uracher Kreis" Karl Raichles; Sommerfrische für Revolutionäre des Worts, 1918–1931; zur Ausstellung im Haus am Gorisbrunnen, 24. August bis 22. September 1991, hrsg. von der Stadt Bad Urach 1991

Mühle, Hans: Das proletarische Schicksal. Ein Querschnitt durch die Arbeiterdichtung der Gegenwart, Gotha 1929

Müller, Ernst: Kleine Geschichte Württembergs, Stuttgart 1949

Müller, Peter: Das „Volkspartei"-Konzept der SPD, in: Das Ende der Arbeiterbewegung in Deutschland? Ein Diskussionsband zum sechzigsten Geburtstag von Theo Pirker (Schriften des Zentralinstituts für sozialwissenschaftliche Forschung der Freien Universität Berlin; Bd. 43), Opladen 1984, S. 386–406

Müller, Werner: Die KPD in ihrem ersten Jahr, in: Alexander Gallus (Hrsg.): Die vergessene Revolution von 1918/19, Göttingen 2010, S. 160–186

Müller, Werner: Die Gründung des DGB, der Kampf um die Mitbestimmung, programmatisches Scheitern und der Übergang zum gewerkschaftlichen Pragmatismus, in: Hans-Otto Hemmer/Kurt Thomas Schmitz (Hrsg.): Geschichte der Gewerkschaften in der Bundesrepublik Deutschland. Von den Anfängen bis heute, Köln 1990, S. 85–147

Münkel, Daniela: „Alias Frahm" – Die Diffamierungskampagnen gegen Willy Brandt in der rechtsgerichteten Presse, in: Claus-Dieter Krohn/Axel Schildt (Hrsg.): Zwischen den Stühlen? Remigranten und Remigration in der deutschen Medienöffentlichkeit der Nachkriegszeit (Hamburger Beiträge zur Sozial- und Zeitgeschichte; Bd. 39), Hamburg 2002, S. 397–418

Muschik, Alexander: Die beiden deutschen Staaten und das neutrale Schweden. Eine Dreiecksbeziehung im Schatten der offenen Deutschlandfrage 1949–1972 (Nordische Geschichte; Bd. 1), Münster 2005

Müssener, Helmut: Von Bert Brecht bis Peter Weiss. Die kulturelle deutsch-sprachige Emigration nach Schweden 1933–1945, in: Wulf Koepke/Michael Winkler: Exilliteratur 1933–1945 (Wege der Forschung; Bd. 647), Darmstadt 1989, S. 216–240

Ders.: Exil in Schweden. Politische und kulturelle Emigration nach 1933, München 1974

Ders.: Exil in Schweden. Ausstellungskatalog, hrsg. von der Akademie der Künste, Berlin 1986

Ders.: Exil in Schweden, in: Hans Uwe Petersen (Hrsg.): Hitlerflüchtlinge im Norden. Asyl und politisches Exil 1933–1945 (Veröffentlichung des Beirats für Geschichte der Arbeiterbewegung und Demokratie in Schleswig-Holstein; Bd. 7), Kiel 1991, S. 92–121

Ders.: Die Exilsituation in Skandinavien, in: Manfred Durzak (Hrsg.): Die deutsche Exilliteratur 1933–1945, Stuttgart 1973, S. 114–134

Ders.: „Meine Heimstatt fand ich hoch im Norden" – „Schweden ist gut – für die Schweden". Aspekte geglückter und missglückter Integration in Schweden nach 1933, in: Wolfgang Frühwald/Wolfgang Schieder (Hrsg.): Leben im Exil. Probleme der Integration deutscher Flüchtlinge im Ausland 1933–1945, Hamburg 1981, S. 39–53

Nettl, Peter: Rosa Luxemburg, Köln/Berlin 1967

Neuschl, Sylvia: Geschichte der USPD in Württemberg oder Über die Unmöglichkeit einig zu bleiben, Esslingen 1983

Niehuss, Merith: Die Stellung der Sozialdemokratie im Parteiensystem Bayerns, Württembergs und Badens, in: Gerhard A. Ritter (Hrsg.): Der Aufstieg der deutschen Arbeiterbewegung.

Sozialdemokratie und Freie Gewerkschaften im Parteiensystem und Sozialmilieu des Kaiserreichs (Schriften des Historischen Kollegs; Bd. 18), München 1990, S. 103–126

Niemann, Heinz: Gründung und Entwicklung der SAP bis zum I. Parteitag (1931–1932), in: Ders. (Hrsg.): Auf verlorenem Posten? Zur Geschichte der Sozialistischen Arbeiterpartei. Zwei Beiträge zur Geschichte des Linkssozialismus in Deutschland, Berlin 1991, S. 97–182

Ders./Arndt, Helmut: Die sozialistische Arbeiterpartei Deutschlands 1931–1933. Ein Beitrag zur Geschichte des Linkssozialismus in der Weimarer Republik (Beiträge zur wissenschaftlichen Weltanschauung, hrsg. von der Sektion Marxismus-Leninismus der Humboldt-Universität zu Berlin, Heft 21), Berlin (Ost) 1988

Niess, Wolfgang: Metamorphosen einer Revolution. Das Bild der deutschen Revolution von 1918/19 in der deutschen Geschichtsschreibung, Diss. Stuttgart 2011

Noltenius, Rainer (Hrsg.): Bertolt Brecht und Hans Tombrock. Eine Künstlerfreundschaft im skandinavischen Exil, Essen 2004

Oberloskamp, Eva: Fremde neue Welten. Reisen deutscher und französischer Linksintellektueller in die Sowjetunion 1917–1939 (Quellen und Darstellungen zur Zeitgeschichte; Bd. 84), München 2011

Oertzen, Peter von: Betriebsräte in der Novemberrevolution. Eine politikwissenschaftliche Untersuchung über Ideengehalt und Struktur der betrieblichen und wirtschaftlichen Arbeiterräte in der deutschen Revolution 1918/19 (Beiträge zur Geschichte des Parlamentarismus und der politischen Parteien; Bd. 25), Düsseldorf 1963

Opel, Fritz: Der Deutsche Metallarbeiter-Verband während des ersten Weltkriegs und der Revolution (Schriftenreihe der Otto-Brenner-Stiftung, Nr. 20), Köln 1980

Palmier, Jean-Michel: Quelques remarques sur les techniques de propagande de Willi Münzenberg, in: Willi Münzenberg. Un homme contre. Actes d'un Colloque International, Aix-en-Provence 1992, S. 39–57

Papcke, Sven: Exil und Remigration als öffentliches Ärgernis. Zur Soziologie eines Tabus, in: Claus-Dieter Krohn et al. (Hrsg.): Exil und Remigration (Exilforschung; Bd. 9), München 1991, S. 9–24

Papineau, David (Hrsg.): Philosophie. Eine illustrierte Reise durch das Denken, Darmstadt 2006

Peters, Jan: Exilland Schweden. Deutsche und schwedische Antifaschisten 1933–1945, Berlin (Ost) 1984

Peukert, Detlev J.K.: „Mit uns zieht die neue Zeit...". Jugend zwischen Disziplinierung und Revolte, in: August Nitschke et al. (Hrsg.): Jahrhundertwende. Der Aufbruch in die Moderne 1880–1930, Bd. 1, Reinbek 1990, S. 176–202

Pirker, Theo: Die blinde Macht. Die Gewerkschaftsbewegung in Westdeutschland. Teil 1: 1945–1952. Vom „Ende des Kapitalismus" zur Zähmung der Gewerkschaften, Berlin 1979

Ders.: Die blinde Macht. Die Gewerkschaftsbewegung in Westdeutschland. Teil 2: 1953–1960. Weg und Rolle der Gewerkschaften im neuen Kapitalismus, Berlin 1979

Ders.: Die SPD nach Hitler. Die Geschichte der Sozialdemokratischen Partei Deutschlands 1945–1964, München 1965

Potthoff, Heinrich: Gewerkschaften in den Nachkriegszeiten, in: Lernen aus dem Krieg? Deutsche Nachkriegszeiten 1918 und 1945 (Beiträge zur Friedensforschung, hrsg. von Gottfried Niedhart und Dieter Riesenberger), München 1992, S. 121–139

Prager, Eugen: Geschichte der USPD. Entstehung und Entwicklung der Unabhängigen Sozialdemokratischen Partei Deutschlands, Berlin 1921

Preuß, Reinhard: Verlorene Söhne des Bürgertuns. Linke Strömungen in der deutschen Jugendbewegung 1913–1919 (Edition Archiv der deutschen Arbeiterbewegung; Bd. 8), Köln 1991

Puschnerat, Tânia: Clara Zetkin: Bürgerlichkeit und Marxismus. Eine Biographie, Essen 2003

Quack, Sibylle: Geistig frei und niemandes Knecht. Paul Levi – Rosa Luxemburg. Politische Arbeit und persönliche Beziehung, Köln 1983

Renz, Peter: Friedrichshafen. Eine deutsche Stadt am See, Tübingen 2008

Reuter, Elke et al. (Hrsg.): Luxemburg oder Stalin. Schaltjahr 1928 – Die KPD am Scheideweg. Eine kommentierte Dokumentation (Geschichte des Kommunismus und Linkssozialismus, hrsg. von Klaus Kinner; Bd. 4), Berlin 2003

Ritter, Gerhard A./Tenfelde, Klaus: Arbeiter im Deutschen Kaiserreich 1871–1914 (Geschichte der Arbeiter und der Arbeiterbewegung in Deutschland seit dem Ende des 18. Jahrhunderts; Bd. 5), Bonn 1992

Ders.: „Der lange Weg". Die Anfänge des Wohlfahrtsstaates in Deutschland, in: August Nitschke et al. (Hrsg.): Jahrhundertwende. Der Aufbruch in die Moderne 1880–1930, Bd. 1, Reinbek 1990, S. 121–146

Rohrwasser, Michael: Der Stalinismus und die Renegaten. Die Literatur der Exkommunisten, Stuttgart 1991

Rosenhaft, Eve: Beating the Fascists? The German Communists and Political Violence 1929–1933, Cambridge/London/New York 1983

Rossmeissl, Dieter: „Revolutionäre ohne Revolution." Sozialdemokratie, in: Wolfgang Ruppert (Hrsg.): Die Arbeiter. Lebensformen, Alltag und Kultur von der Frühindustrialisierung bis zum „Wirtschaftswunder", München 1986, S. 392–408

Rother, Bernd: Die Sozialdemokratie im Land Braunschweig 1918 bis 1933 (Veröffentlichungen des Instituts für Sozialgeschichte Braunschweig, Bonn), Bonn 1990

Rülcker, Christoph: Ideologie der Arbeiterdichtung 1914–1933. Eine wissenssoziologische Untersuchung, Stuttgart 1970

Ruppert, Wolfgang: „Heute soll Sonne sein. Heute soll ruhen die Hand". Das Arbeiterfest des 1. Mai, in: Ders. (Hrsg.): Die Arbeiter. Lebensformen, Alltag und Kultur von der Frühindustrialisierung bis zum „Wirtschaftswunder", München 1986, S. 238–250

Saldern, Adelheid von: Wer ging in die SPD? Zur Analyse der Parteimitgliedschaft in wilhelminischer Zeit, in: Gerhard A. Ritter (Hrsg.): Der Aufstieg der deutschen Arbeiterbewegung. Sozialdemokratie und Freie Gewerkschaften im Parteiensystem und Sozialmilieu des Kaiserreichs (Schriften des Historischen Kollegs; Bd. 18), München 1990, S. 161–183

Sauer, Paul: Demokratischer Neubeginn in Not und Elend. Das Land Württemberg-Baden von 1945 bis 1952, Ulm 1978

Scheck, Manfred: Zwischen Weltkrieg und Revolution. Zur Geschichte der Arbeiterbewegung in Württemberg 1914–1920, Köln/Wien 1981

Scheiding, Ernst: Das erste Jahr der Revolution (bis zur Ratifizierung des Friedensvertrags am 10. Januar 1920), Leipzig 1920

Schlemmer, Hannelore: Die Rolle der Sozialdemokratie in den Landtagen Badens und Württembergs und ihr Einfluß auf die Entwicklung der Gesamtpartei zwischen 1890 und 1914, Diss. Freiburg 1953

Schlimper, Jürgen: Theorie und Praxis des sozialistischen Journalismus, in: Wissenschaftliche Hefte der Sektion Journalistik an der Karl-Marx-Universität Leipzig, Jg. 1983, H. 2/3, S. 94–100

Schmidt, Uwe: „Ein redlicher Bürger redet die Wahrheit frei und fürchtet sich vor niemand". Eine Geschichte der Demokratie in Ulm, Aschaffenburg 2007

Schmitz, Hans Peter: Naturschutz – Landschaftsschutz – Umweltschutz. Der Touristenverein „Die Naturfreunde" als ökologisches Frühwarnsystem der Arbeiterbewegung, in: Jochen Zimmer (Hrsg.): Mit uns zieht die neue Zeit. Die Naturfreunde. Zur Geschichte eines alternativen Verbandes in der Arbeiterkulturbewegung, Köln 1984, S. 184–204

Schneider, Hartmut: Die sozialistische Jugendbewegung. Ihre Geschichte, ihr Wesen, ihre Ziele und ihre Formen, Diss. Köln 1952

Schneider, Michael: Kleine Geschichte der Gewerkschaften. Ihre Entwicklung in Deutschland von den Anfängen bis heute, Bonn 2000²

Schneider, Sigrid: „Im Bestreben, unerwünschten Zuzug fernzuhalten" – Carl Mischs verhinderte Rückkehr aus dem Exil, in: Koebner, Thomas/Rotermund, Erwin (Hrsg.): Rückkehr aus dem Exil. Emigranten aus dem Dritten Reich in Deutschland nach 1945. Essays zu Ehren von Ernst Loewy, Marburg 1990, S. 83–94

Scholze, Siegfried: Die Entwicklung der revolutionären Arbeiterjugendbewegung von der Jenaer Osterkonferenz 1916 bis zum Internationalen Jugendtag im September 1916, Diss. Greifswald 1968

Ders.: Karl Liebknecht und die Jenaer Jugendkonferenz Ostern 1916, in: ZfG, Jg. 19 (1971), H. 8, S. 1016–1033

Ders.: Karl Liebknecht und die revolutionäre Arbeiterjugendbewegung in den Jahren des ersten Weltkriegs, in: BzG, Jg. 14 (1972), H. 1, S. 20–34

Schönhoven, Klaus: Die deutschen Gewerkschaften, Frankfurt 1987

Schottes, Christoph: Die Friedensnobelpreiskampagne für Carl von Ossietzky in Schweden (Schriftenreihe des Fritz Küster-Archivs), Oldenburg 1997

Schreiner, Albert: Auswirkungen der Großen Sozialistischen Oktoberrevolution auf Deutschland vor und während der Novemberrevolution, in: Die Oktoberrevolution und Deutschland. Protokoll der wissenschaftlichen Tagung in Leipzig vom 25. bis 30. November 1957, Bd. 1, Berlin 1958, S. 17–42

Schulin, Ernst: Der Erste Weltkrieg und das Ende des alten Europa, in: August Nitschke et al. (Hrsg.): Jahrhundertwende. Der Aufbruch in die Moderne 1880–1930, Bd. 1, Reinbek 1990, S. 369–403

Schulz, Kristina: Die Schweiz und die literarischen Flüchtlinge 1933–1945 (Deutsche Literatur. Studien und Quellen, hrsg. von Beate Kellner und Claudia Stockinger; Bd. 9), Berlin 2012

Schumacher, Gabriele: Die Entwicklung der Stuttgarter Linken im Kampf gegen den imperialistischen Krieg und die „Burgfriedenspolitik" der Opportunisten (1914–1917), Diss. Berlin (Ost) 1987

Schunck, Karl-Werner: Exil in Skandinavien: Anneliese Raabke und Martin Krebs – Zwei Emigrantenschicksale (Demokratische Geschichte: Jahrbuch für Schleswig-Holstein/Gesellschaft für Politik und Bildung Schleswig-Holstein e. V.; Bd. 1), Kiel 1986, S. 237–290

Ders.: Exil in Skandinavien: Martin Krebs (Demokratische Geschichte: Jahrbuch für Schleswig-Holstein/Gesellschaft für Politik und Bildung Schleswig-Holstein e. V.; Bd. 2), Kiel 1987, S. 329–348

Schüren, Ulrich: Der Volksentscheid zur Fürstenenteignung 1926. Die Vermögensauseinandersetzung mit den depossedierten Landesherren als Problem der deutschen Innenpolitik unter besonderer Berücksichtigung der Verhältnisse in Preußen (Beiträge zur Geschichte des Parlamentarismus und der politischen Parteien; Bd. 64), Düsseldorf 1978

Schwinghammer, Gerhard (Hrsg.): Will Schaber. Weltbürger aus Heilbronn, Heilbronn 1986

Schwitanski, Alexander J.: Die Kautskys und die Arbeiterjugendbewegung, in: Mitteilungen des Archivs der Arbeiterjugendbewegung, Jg. 29 (2011), H. 2, S. 4–9

Seebacher-Brandt, Brigitte: Ollenhauer. Biedermann und Patriot, Berlin 1984

Seelmann-Eggebrecht, Ulrich: Die Exilsituation in der Schweiz, in: Manfred Durzak (Hrsg.): Die deutsche Exilliteratur 1933–1945, Stuttgart 1973, S. 101–113

Seifert, Jürgen: Sozialistische Demokratie als „schmaler Weg". Kooperation in der Redaktion der Zeitschrift „Sozialistische Politik" (1955–1961), in: Ders./Heinz Thörmer/Klaus Wettig (Hrsg.): Soziale oder sozialistische Demokratie? Beiträge zur Geschichte der Linken in der Bundesrepublik. Freundesgabe für Peter von Oertzen zum 65. Geburtstag, Marburg 1989, S. 21–31

Seyfart-Stubenrauch, Michael: Erziehung und Sozialisation in Arbeiterfamilien, 2 Bde., Frankfurt 1985

Sheppard, Richard: Avantgarde und Arbeiterdichter in den Hauptorganen der deutschen Linken 1917–1922 (Bibliographien zur Literatur- und Mediengeschichte; Bd. 4), Frankfurt/Berlin/Bern/New York/Paris/Wien 1995

Simon, Hans-Ulrich et al.: Hundert Jahre Norden. Die Geschichte des SPD-Ortsvereins Stuttgart-Nord 1890–1999, Stuttgart o. J. [1990]

Skrentny, Werner/Schwenker, Rolf/Weitz, Sybille und Ulrich (Hrsg.): Stuttgart zu Fuß. 20 Stadtteil-Streifzüge durch Geschichte und Gegenwart, Tübingen 2005

Stadelmaier, Martin: Zwischen Langemark und Liebknecht. Arbeiterjugend und Politik im 1. Weltkrieg (Schriftenreihe des Archivs der Arbeiterjugendbewegung; Bd. 10), Bonn 1986

Stader, Frank (Bearb.): Die deutsche Presse von der Großen Sozialistischen Oktoberrevolution bis zum Ende der revolutionären Nachkriegskrise (1917–1923) (Geschichte der deutschen Presse. Karl-Marx-Universität Leipzig, Sektion Journalistik; H. 10), Leipzig 1980

Stahlberger, Peter: Der Züricher Verleger Emil Oprecht und die deutsche politische Emigration 1933–1945, Zürich 1970

Steinbach, Lothar: Lebenslauf, Sozialisation und „erinnerte Geschichte", in: Lutz Niethammer (Hrsg.): Lebenserfahrung und kollektives Gedächtnis. Die Praxis der „Oral History", Frankfurt 1980, S. 291–322

Steinbach, Peter: Die Entwicklung der deutschen Sozialdemokratie im Kaiserreich im Spiegel der historischen Wahlforschung, in: Gerhard A. Ritter (Hrsg.): Der Aufstieg der deutschen Arbeiterbewegung. Sozialdemokratie und Freie Gewerkschaften im Parteiensystem und Sozialmilieu des Kaiserreichs (Schriften des Historischen Kollegs; Bd. 18), München 1990, S. 1–35

Steinberg, Hans-Josef: Sozialismus und deutsche Sozialdemokratie. Zur Ideologie der Partei vor dem 1. Weltkrieg, Bonn-Bad Godesberg 1972

Stock, Ernst/Walcher, Karl: Jacob Walcher (1887–1970). Gewerkschafter und Revolutionär zwischen Berlin, Paris und New York, Berlin 1998

Stuby, Gerhard: Die SPD während des Kalten Krieges bis zum Godesberger Parteitag (1949–1959), in: Jutta von Freyberg et al.: Geschichte der deutschen Sozialdemokratie, Köln 1989³, S. 358–425

Stürmer, Michael: Das ruhelose Reich. Deutschland 1866–1919 (Die Deutschen und ihre Nation; Bd. 3), Berlin 1983

Surmann, Rolf: Die Münzenberg-Legende. Zur Publizistik der revolutionären deutschen Arbeiterbewegung 1921–1933, Köln 1983

Szöllösi-Janze, Margit: Lebens-Geschichte – Wissenschafts-Geschichte. Vom Nutzen der Biographie für Geschichtswissenschaft und Wissenschaftsgeschichte, in: Berichte zur Wissenschaftsgeschichte; Bd. 23, H. 1 (März 2000), S. 17–35

Teubner, Hans: Exilland Schweiz. Dokumentarischer Bericht über den Kampf emigrierter deutscher Kommunisten 1933–1945, Frankfurt 1975

Thomas, Siegfried: Die SPD-Führung und die imperialistische Außenpolitik. Außenpolitische Opposition der SPD-Führung 1949 bis 1955, in: Deutsche Außenpolitik, Jg. 15, H. 3 (Mai/Juni 1970), S. 406–423

Tjaden, Karl Hermann: Struktur und Funktion der „KPD-Opposition" (KPO). Eine organisationssoziologische Untersuchung zur „Rechts"-Opposition im deutschen Kommunismus zur

Zeit der Weimarer Republik (Marburger Abhandlungen zur Politischen Wissenschaft; Bd. 4), Meisenheim am Glan 1964

Tormin, Walter: Zwischen Rätediktatur und sozialer Demokratie. Die Geschichte der Rätebewegung in der deutschen Revolution 1918/1919 (Beiträge zur Geschichte des Parlamentarismus und der politischen Parteien; Bd. 4), Düsseldorf 1954

Tosstorff, Reiner: Profintern – Die Rote Gewerkschaftsinternationale 1921–1937, Paderborn 2004

Trommler, Frank: Sozialistische Literatur in Deutschland. Ein historischer Überblick, Stuttgart 1976

Tutas, Herbert E.: Nationalsozialismus und Exil. Die Politik des Dritten Reiches gegenüber der deutschen politischen Emigration 1933–1939, München/Wien 1975

Ullrich, Volker: Der ruhelose Rebell: Karl Plättner 1893–1945. Eine Biographie, München 2000

Ders.: Vom Augusterlebnis zur Novemberrevolution. Beiträge zur Sozialgeschichte Hamburgs und Norddeutschlands im Ersten Weltkrieg 1914–1918, Bremen 1999

Unabhängige Expertenkommission Schweiz – Zweiter Weltkrieg (Hrsg.): Die Schweiz und die Flüchtlinge zur Zeit des Nationalsozialismus (Veröffentlichungen der Unabhängigen Expertenkommission Schweiz – Zweiter Weltkrieg; Bd. 17), Zürich 2001

Upmann, Augustin/Rennspieß, Uwe: Organisationsgeschichte der deutschen Naturfreundebewegung bis 1933, in: Jochen Zimmer (Hrsg.): Mit uns zieht die neue Zeit. Die Naturfreunde. Zur Geschichte eines alternativen Verbandes in der Arbeiterkulturbewegung, Köln 1984, S. 66–111

Vatlin, Alexander: Die Komintern 1919–1929: historische Studien (Studien zur Geschichte der Komintern, hrsg. von Ricarda Johnson; Bd. 1), Mainz 1993

Vogel, Jesko: Der sozialdemokratische Parteibezirk Leipzig in der Weimarer Republik: Sachsens demokratische Tradition, Teil 1 (Schriftenreihe Studien zur Zeitgeschichte; Bd. 52), Hamburg 2006

Voigt, Christian: Robert Grimm. Kämpfer Arbeiterführer Parlamentarier, Bern 1980

Walter, Franz: Die SPD. Vom Proletariat zur Neuen Mitte, Berlin 2002

Walter, Hans-Albert: Deutsche Exilliteratur 1933–1950, Bd. 2: Europäisches Appeasement und überseeische Asylpraxis, Stuttgart 1984

Ders.: Deutsche Exilliteratur 1933–1950, Bd. 3: Internierung, Flucht und Lebensbedingungen im Zweiten Weltkrieg, Stuttgart 1988

Weber, Hermann: Die Wandlung des deutschen Kommunismus. Die Stalinisierung der KPD in der Weimarer Republik, 2 Bde., Frankfurt 1969

Ders.: Bemerkungen zu den kommunistischen Säuberungen, in: Ders./Ulrich Mählert (Hrsg.): Terror. Stalinistische Parteisäuberungen 1936–1953, Paderborn 1998, S. 1–31

Ders.: Hauptfeind Sozialdemokratie. Strategie und Taktik der KPD 1929–1933, Düsseldorf 1982

Ders.: Zwischen kritischem und bürokratischem Kommunismus. Unbekannte Briefe von Clara Zetkin, in: Archiv für Sozialgeschichte, Bd. 11, Hannover 1971, S. 417–448

Wehler, Hans-Ulrich: Deutsche Gesellschaftsgeschichte, Bd. 5: Bundesrepublik und DDR, München 2008

Weinzen, Hans Willi: Gewerkschaften und Sozialismus. Naphtalis Wirtschaftsdemokratie und Agartz' Wirtschaftsneuordnung, Frankfurt/New York 1982

Weitz, Ulrich: Salonkultur und Proletariat. Eduard Fuchs – Sammler, Sittengeschichtler, Sozialist (Kulturwissenschaftliche Bibliothek, hrsg. von Dieter Schütz; Bd. 2), Stuttgart 1991

Weller, Karl: Die Staatsumwälzung in Württemberg 1918–1920, Stuttgart 1930

Wenzel, Otto: 1923. Die gescheiterte deutsche Oktoberrevolution, Münster 2003

Wette, Wolfram: Militarismus in Deutschland. Geschichte einer kriegerischen Kultur, Frankfurt 2008

Wichers, Hermann: Im Kampf gegen Hitler. Deutsche Sozialisten im Schweizer Exil 1930–1940, Zürich 1994

Wieland, Lothar: „Wieder wie 1914!". Heinrich Ströbel (1869–1944). Biografie eines vergessenen Sozialdemokraten, Bremen 2009

Winkler, Heinrich August: Der Schein der Normalität. Arbeiter und Arbeiterbewegung in der Weimarer Republik 1924 bis 1930 (Geschichte der Arbeiter und der Arbeiterbewegung in Deutschland seit dem Ende des 18. Jahrhunderts, hrsg. von Gerhard A. Ritter; Bd. 10), Berlin/Bonn 1985

Ders.: Der Weg in die Katastrophe. Arbeiter und Arbeiterbewegung in der Weimarer Republik 1930–1933 (Geschichte der Arbeiter und der Arbeiterbewegung in Deutschland seit dem Ende des 18. Jahrhunderts, hrsg. von Gerhard A. Ritter; Bd. 11), Berlin/Bonn 1987

Ders.: Von der Revolution zur Stabilisierung. Arbeiter und Arbeiterbewegung in der Weimarer Republik 1918 bis 1924 (Geschichte der Arbeiter und der Arbeiterbewegung in Deutschland seit dem Ende des 18. Jahrhunderts, hrsg. von Gerhard A. Ritter; Bd. 9), Berlin/Bonn 1984

Ders.: Weimar 1918–1933. Die Geschichte der ersten deutschen Demokratie, München 1998

Witte, Bernd: Arbeiterautobiographien, in: Arbeiterdichtung. Analysen-Bekenntnisse-Dokumentationen, hrsg. von der Österreichischen Gesellschaft für Kulturpolitik, Wuppertal 1973, S. 37–46

Wohlgemuth, Heinz: Die Entstehung der Kommunistischen Partei Deutschlands. Ein Überblick, Berlin (Ost) 1968

Ders.: Karl Liebknecht. Eine Biographie, Berlin (Ost) 1973

Wollenberg, Jörg: Rückkehr unerwünscht, in: Matthias Brosch (Hrsg.): Exklusive Solidarität. Linker Antisemitismus in Deutschland, Berlin 2007, S. 263–184

Wuerth, Dieter: Radikalismus und Reformismus in der sozialdemokratischen Arbeiterbewegung Göppingens 1910 bis 1919, Göppingen 1978

Wunderer, Hartmann: Der Touristenverein „Die Naturfreunde" – eine sozialdemokratische Kulturorganisation (1895–1933), in: IWK Jg. 13 (1977), H. 4, S. 506–520

Zanoli, Marco: Zwischen Klassenkampf, Pazifismus und Geistiger Landesverteidigung. Die Sozialdemokratische Partei der Schweiz und die Wehrfrage 1920–1939 (Züricher Beiträge zur Sicherheitspolitik und Konfliktforschung, hrsg. von Andreas Wenger; Nr. 69), Zürich 2003

Zeeb, Werner: Die Abdankung König Wilhelms II. von Württemberg und sein Scheidegruß vom 30. November 1918, in: Schwäbische Heimat, Jg. 57 (2006), H. 4, S. 413–416

Zimmer, Jochen: „...an der grauen Stadt vorüberzieh'n!". Kurzer Lehrgang der Geschichte der sozialdemokratischen Jugendgruppen, in: Ders. (Hrsg.): Lagerfeuer im Atomzeitalter. Gewerkschaftliche und sozialdemokratische Jugendgruppen unter Einfluß der APO, Duisburg 2009

Ders.: „Mit uns zieht die neue Zeit", in: Ders. (Hrsg.): Mit uns zieht die neue Zeit. Die Naturfreunde. Zur Geschichte eines alternativen Verbandes in der Arbeiterkulturbewegung, Köln 1984, S. 12–30

Ders.: Kleine internatonale Chronik der Naturfreundejugend seit 1943, Oer-Erkenschwick 1993

Ders.: Spurensuche. Grüne Sozialisten der Weimarer- und Adenauerzeit, in: Grüner Weg, Jg. 13, Juni 1999, S. 20 f.

Ders.: Das Abseits als vermiedener Irrweg. Die Naturfreundebewegung in der westdeutschen Friedens- und Ökologiebewegung bis zum Ende der APO, in: Heinz Hoffmann/Jochen Zimmer (Hrsg.): Wir sind die grüne Garde. Geschichte der Naturfreundejugend (Schriftenreihe des Archivs der Arbeiterjugendbewegung; Bd. 11), Essen 1986, S. 93–170

Zoller, Helga: Wachsen und Werden der Industriegewerkschaft Druck und Papier, in: Dies./Dieter Schuster (Red.): Aus Gestern und Heute wird Morgen. Ans Werk – der Weg ist noch weit, aber er lohnt sich, hrsg. von der Industriegewerkschaft Medien, Druck und Papier, Publizistik und Kunst aus Anlaß ihres 125jährigen Bestehens, Stuttgart 1992, S. 159–180

Abstract

This thesis attempts to reconstruct the biography of Fritz Rueck (1895–1959) and present it in a chronological way. The years 1914, 1918, 1933, and 1945 constitute major dates in German history during the first half of the twentieth century. They are also major markers in the life of Fritz Rueck. As a young "Spartakist" he led the revolutionary movement in Stuttgart for a few weeks. For more than four decades, he worked as a journalist for the workers' press, first in Germany, later in Switzerland and Sweden. Many articles and publications provide information on his life and the development of his political ideas and convictions. Apart from this major source, the thesis is based on unpublished autobiographical material by Rueck, in which he described his childhood and youth, the experiences made during the war, and the period leading up to the mass demonstrations of November 4, 1918, in Stuttgart. Two volumes of poetry, published in 1918 and 1920, reflect both personality and political ideas of the enthusiastic revolutionary. Unfortunately, there is very little autobiographical material for the period after 1918. The author, therefore, used her personal interviews with contemporaries of Rueck, made almost 20 years ago, as an additional source.

Rueck was born in 1895 as the son of a carpenter in Stuttgart's East. He was very much influenced by his social democratic family. He joined the Free Socialist Youth where he studied the basics of Marxism. Rueck hoped to become a poet of the working class, and his work as a printer (Schriftsetzer) did not provide him any fulfillment. He was surprised, even deeply shocked, when the Social Democratic Party (SPD) in the Reichstag approved the war bonds as demanded by the government. The activities of leftist opponents of the war were brutally suppressed after the start of World War I, and Rueck was arrested twice. His experiences in the army and later on in the field hospital were very depressing for him and increased his bitterness. Because of a severe kidney problem, he was discharged from the army as unfit to serve. In 1917, he started to edit the left socialist "Social Democrat" and in this capacity met the leading "Spartakist" opponents of the war in Berlin. At the time when the empire collapsed, he was a diehard "Spartakist".

After the failure of the "Spartakists" in November 1918, Rueck worked in the service of the Communist Party (KPD), while being forced to be always on the move. When participating and speaking on the first party conferences of the young party, he argued enthusiastically for a workers' uprising (Aufstand) in Germany. In 1921, he travelled to Moscow as a delegate of the newspaper Rote Fahne to the Third World congress of the Komintern. There, he met Lenin, whom he admired very much. The Soviet Union as a myth was deeply anchored in his thinking. In 1926, during the period, when the KPD tried to establish a united front, he was very active. He wrote an information booklet and fought for the success of the initiative to disown the German nobility. The cooperation with the SPD in the context of a united front, however, was not continued. On the contrary, in a very doctrinaire fashion, Rueck participated in the struggle against the SPD until the end of the twenties. He became quickly aware of the hunger for power of the National Socialists, but he put the SPD on the same level as the NSDAP. Although he belonged to the right wing of the KPD, he only left the party at the end of 1929. In 1931, he joined the Socialist Worker's party (SAP), positioned between the SPD and the KPD. He had to leave this party, however, only a few months later because of his clear and uncompromising support of the Soviet Union.

In March 1933, Nazi terror forced him to seek refuge in Switzerland. Despite being forbidden to engage in political activities, Rueck wrote for the press of the unions and the Social Democrats, using an undercover name. When the police discovered his activities, he was no longer safe and had to leave the country. He moved on to Sweden, where he was able to quickly establish himself. He married Britta Elvira Sjoegren and the young family grew very quickly when the couple had triplets. He studied the Soviet Union and the "Komintern" in depth and came to the conclusion that it was Stalin's reckless use of power and oppression which had led to the defeat of the communist workers' movement. Together with German emigrants he participated in discussions about a new European socialist order after the war. Only in 1951, and after having long been very hesitant, if not reluctant, did he finally decide to return to West Germany. He succeeded to build a new professional and political career in Stuttgart. He worked as a journalist for the Union's paper Druck und Papier and continued his journalistic career which he had never given up. At the same time, he was a very engaging speaker and therefore able to convey very particular positions. As the head of the federal office of the association "Naturfreunde" (friends of nature) he was able to contribute some important cultural-political ideas emerging nation-wide discussions. He criticized the transformation to a society based on cars, as well as the destruction of the natural environment. His political hopes for a renaissance of the workers' movement in a Germany liberated from National Socialism were soon frustrated. He participated as a delegate in two party conventions of the SPD and took clear positions in a number of central conflicts during the early years of the Federal Republic. He left a permanent imprint in the youth-organizations of the unions, the SPD, and the "Naturfreunde". He clearly was not only a political, but also an intellectual leader.

Marxism remained the basis of his world view, despite the split and the defeat of the workers' movement. However, after his return to Germany, he no longer joined a new left-socialist party. Instead, he opted to become an individualist outsider.

Personenregister

Die *kursiv* gesetzten Seitenzahlen beziehen sich auf die Fußnoten der jeweiligen Seite.

Abel, Peter 100
Abusch, Alexander 182
Adenauer, Konrad 299, 301, 303, 312 f., 333, 335
Agartz, Victor 295 f., 298, 303, 331
Albrecht, Kurt 341
Alexander, Gertrud 173
Angress, Werner T. 169

Balzari, Polizeispitzel 238, 244, 249
Bambino [i. e. Fritz Rück] S. 17, 59, 62, 109
Barth, Emil 95, 115
Barth, Max 220, 280, 289, 298, 301, 308, 310
Barthel, Max 42 ff., 46, 48, 59, 135, 149 ff., 153, 155, 174, 240 f., 311
Basset, Klaus 355
Bauer, Fritz 275 f.
Bauer, Gustav *104*, 161
Bauer, Otto 179, *191*
Bebel, August 26, 35, 38, 45, 48
Becher, Johannes R. 177, 245, 361
Becker, Ludwig 341
Beelte, Hans-Ludwig 269
Benninger, Otto [i. e. Fritz Rück] 17, 244, 246, 249
Bernert, Anna 24, 27, 59, 90 f., 222 f., 234
Bernert, Benno 319
Bernstein, Eduard 86, 98
Bessinger, Otto [i. e. Fritz Rück] 17, 155, 244
Bethmann-Hollweg, Theobald von 52

Birkert, Emil 12, 15, 40, 42, 48, 57, 59, 70, 76, 78, 135, 149, 185, 198, 219, 287, 291, 336 ff., 340 f., 349, 353
Blos, Wilhelm 14, 125 ff., 133 f., 138, 150 ff., 157, 194, 352
Böckler, Hans 291, 293, 295, 299 f., 311
Borchardt, Julian 59, 77, 99, 159
Brandel, Kuno 303 f., 311
Brandler, Heinrich 72, 167 ff., 182 ff., 186 f., 198 f., 216, 219, 273
Brandt, Willy 275 f.
Brantig, Hjalmar 256
Braun, Otto 52, 179, *191*
Brecht, Bertolt 173, 311, 360
Brenner, Otto 303 f., 312 f.
Bringolf, Walter 14, 165, 229, 237
Brod, Max 175
Brüning, Heinrich 213
Bucharin, Nicolai 271
Buckpesch, Walter 341
Buckpesch, Willi 341
Busch, Ernst 245
Busch, Wilhelm 67

Casals, Pablo 299
Cézanne, Paul 247
Chlada, Marvin 16
Chruschtschow, Nikita 299, 314, 316
Clausewitz, Carl von 90
Cohn, Ulrich 15
Colsmann [Generaldirektor] 111

Crispien, Arthur 36 f., 55 f., 61, 74 f., 77, 79 f., 92, 125, 127 ff., 131, 148, 150, 152, 154, 216, 228
Crispien, Charlotte 59 f., 69, 74 f.
Cuno, Wilhelm 183

Dahl, Sven 265
Darwin, Charles *23*, 26 f., 41
Daumier, Honoré 355
Däumig, Ernst 115, 165, 167
Degas, Edgar 247
Dehler, Thomas 326
Dehmel, Richard 109, 247
Delacroix, Eugène 138
Delbrück, Hans 90
Dietz, J. H. W. 21
Dittmann, Wilhelm 73, 83 f., 142
Dix, Otto 307
Döbbeling, Paul 283
Dostojewski, Fjodor 155
Dötschmann, Wilhelm 182
Doyle, Arthur Conan 242
Drvenitzky, Viktor 187
Duby, Gertrud 207, 209, 211, 215
Duncker, Hermann 37, 144, 193
Duncker, Käte 37, 72, 94

Ebbinghaus, Christof von 129, 133
Eberlein, Hugo 72, 144, 167, 169
Ebert, Friedrich 40, 56, 60, *125*, 143, 150, 241
Eichler, Willi 217
Eildermann, Wilhelm 180
Einstein, Albert 179, 359
Eisenstein, Sergej 174
Eisner, Kurt 123, 139, 147
Eldh, Carl 256, 355
Enderle, August 271, 275 f., 280, 293, 301, 311, 313
Enderle, Irmgard 275 f.
Engelhardt, Franz 36 f., 71, 75, 113, 163

Engels, Friedrich 41, *44*, 46, 90, 208, 295
Erlander, Tage 274, 333
Esslinger, Heinz 298
Ewert, Arthur 193
Eyth, Max 41

Fabian, Anne-Marie 328
Fabian, Walter *293*, 322
Fahr [Leutnant] 150
Faller, Herbert 341, 361
Faßhauer, Minna 146
Fette, Christian 283, 292, 300 ff., 311
Feuchtwanger, Lion 361
Fischer, Ruth 185, 188, 199, 299
Fischer, Ulrich *131*, 148, 150, 152
Frank, Ludwig 39, 53, 58
Franz Joseph, Kaiser 200
Freiligrath, Ferdinand 42, 44, 61, 173, 311
Freitag, Walter 302 f., 311, *322*
Freud, Sigmund 155
Friedländer, Otto 282
Fritton, Michael Hugh 138
Frölich, Paul 167, 199, 198, *201*, 207, 212
Frölich, Rosi 82 f., 299

Gehring, Rudolf *129*, 132
Gehrke, Robert 146 f.
Geschke, Ottomar 187
Globig, Fritz 72
Goebbels, Joseph 274, 326
Goethe, Johann Wolfgang von 41, 67
Gogh, Vincent van 355
Götz, Karl 98
Grimm, Jenny 15, 169, 221, 226 f., *229*, 232, 237 ff., 243, 248 ff., 252, 260
Grimm, Robert 54, 71, 169, 237, 244, 250
Grimm, Rosa 165, 169, 232, 237
Groener, Wilhelm 143
Grosz, George 173, 307, 355

Haase, Hugo 52, 61, 73, 81, 83 f., 93, 98, 104, 142, 178
Hager-Torn, Ruth von 15, 309, 355
Hahn, Paul 133, 148, 150 f., 157
Haible, Wolfgang 16
Halbe, Erna 82
Hammer, Max 219
Hansen, Hein (Heinrich) 283, 292, 297, 316 f., 353, 358
Hansen, Werner *293*, 303, 311
Hansson, Per Albin 252
Häring, Karl Friedrich 56
Haug, Christian 81
Hauptmann, Gerhart 247
Hausen, Erich 209, 229
Hausenstein, Wilhelm 90
Heckert, Fritz 82 f., *104*, 167, 169, 178, 192
Heckscher, Eli F. 269
Hegel, Georg Wilhelm Friedrich 244 f.
Heiden, Konrad 269
Heine, Fritz 345
Heine, Heinrich 41 ff., 311
Heinig, Kurt 275 f., 282
Hellström, Gustaf 269
Helmstädter, Fritz 331, 341, 353 f.
Henker, Fritz 312, 332
Herbst, Andreas 16, 171
Herrmann, Matthäus 77, 87, 91, 100, 220
Herwegh, Georg 42
Herzfelde, Wieland 173
Heymann, Berthold 126, 130
Hilbig, Willi 288
Hitler, Adolf 202, 212, 241, 245, 257, 268, 273, 326, 351, 361
Hoernle, Edwin 37 f., 55 ff., 73 ff., 135, 140 f., 149, 152 ff., 154 f., 162 f., 174
Hoernle, Helene 149
Hofmann, Dora [Geburtsname von Dora Rück, siehe dort]
Hofmann, Wilhelm 160

Holl, Fritz 175
Hollenberg, Felix 67
Holz, Arno 247
Hornung, August 113
Hoschka, Ferdinand 36 f., 71, 75, 112 f., 115 f., 127
Hugo, Victor 308

Ibsen, Henrik 175

Janås, Axel 329
Janson, Evald 253 f.
Janus, Richard *23*, 42, 152 f., 209, 219, 223, 229, 252, 254, 278, 288
Janus, Sina *24*, 309
Jaurès, Jean 35
Jens, Walter 168
Jogiches, Leo *81*, 94 f., 97, 100, 105, 154, 158, 178
Juvenis [i. e. Fritz Rück] 17, 142, 183

Kalmer, Joseph 308
Kant, Immanuel 360
Kautsky, Karl 19, 21, 71, 86, 97 f., 142
Keil, Wilhelm 14, 22, *25*, *36*, 51, 54 ff., 70, 75, *113*, 118, 122, 124 f., 127, 129 f., 133 f., 138, 352
Keynes, John Maynard 269
Kinkel, Gottfried 81
Kipfer, Leo [i. e. Fritz Rück] 17, 242, 244, 249, 257
Kläber, Kurt 175 ff., 228, 308
Klein, Alfred 357
Kloß, Karl 22
Klincker, Heinz 332
Knickerbocker, Hubert R. 269
Knief, Johann 72, 82, 99
Knoeringen, Waldemar von 335
Köhler, Ludwig von 9, 118 f., 124 f., *129*, 133, 352

Kohlhaas, Wilhelm 118
Kolb, Eberhard 14
Kollwitz, Käte *189*
Krebs, Martin 275
Kreiselmeyer, Kurt 346
Kreisky, Bruno 275
Krille, Otto 36, 39, 42, 228, 311
Krupp von Bohlen und Halbach, Alfried 326
Kuczynski, Robert 189
Kummernuss, Adolph 323
Kummerow, Franz 150 ff.
Kunik, Erich 181 f.

Lamm, Fritz 15, 284, *288*, 299, 319, 331 f., 334, 336, *339*, 358
Lange, Gunnar 265
Langhoff, Wolfgang 240
Lassalle, Ferdinand 41
Laufenberg, Heinrich 59, 158 f.
Lautenschlager, Karl 149
Leber, Georg 322 f.
Ledebour, Georg 73, 81, *83*, 86, 93, 115, 178, 192, 210, 228 f.
Lenin, Wladimir I. 35, 82, 97, 164, 169 f., *172*, 178 f., 186, 198 f., 210, 231
Lensch, Paul 111 f.
Leonhard, Susanne 15
Lepinski, Franz 353
Levi, Paul 37, 95, 97, 105 f., 144, 155, 158 ff., 162, 164 ff., 168 f., 172, 183, 187, 195, 273
Leviné, Eugen 144, 154
Liebermann, Max 355
Liebknecht, Karl 37 ff., 47, 51 f., 55, 71 ff., 81, 94, 105, 110, 115, *126*, 138, 140 f., 143 f., 147, 152 f., 178, 188, 193, 197, *237*, 282, 324
Liebknecht, Theodor 71, 156 f.
Liliencron, Detlev von 42, 247
Lindau, Rudolf 72
Lindberg, Johannes 265

Lindbom, Tage 285
Lindemann, Hugo 122, 125, 157
Luban, Ottokar 105
Lubitsch, Ernst 174
Lundberg, Gunnar 266
Lutz, Egon 309, 353 f.
Luxemburg, Rosa 35 ff., 41, 71, 73, 81, 83, 94, 105 f., 132, 138, 140 ff., 144 f., 147, 153, 172, 175, 178, 188, 193, *237*, 282, 357

Mann, Heinrich 361
Marx, Karl 27, 30, 41, 47, 61, 90, 208, 274, 295
Masereel, Frans 355
Maslow, Arkadi 185, 188, 199
Matthiesen, Heinrich 112, 123
Mattutat, Hermann 126
Max von Baden, Prinz 104, 107
Mayer, Mona 15, 262, 289
Mehring, Franz 41, 72, *81*, 94 f., 173 f., 178
Mewis, Karl 279
Meyer, Ernst 72, 83, 86, 94, 104, 160 f., 164, 193
Michaelis, Alfred 274
Miller, Susanne 331
Mink, Karl 68
Möller, Gustav 255, 258
Müller, Hermann 184, 194 f.
Müller, Rudolf 307, 309 f., 355
Münzenberg, Willi 47, 61, 131 f., 140, 149, 151 ff., 157, 159 f., 169, *171*, 179, 193, 201
Münzer, Thomas 46
Müssener, Helmut 259, 269, 277, 280 f.
Myrdal, Gunnar 275 f., 287

Nagel, Otto 206
Napoleon Bonaparte, Kaiser 246
Nau, Alfred 282
Neidhart, Arthur 282
Neumann, Franz 282

Neumann, Siggi (Siegmund) 270 ff., 278 f., 280, 282, 286 f., 303 f., 319
Neuschl, Sylvia 14
Nielsen, Asta 174
Nietzsche, Friedrich 68, 87, 155
Nikolaus II., Zar 80
Nivoix, Paul 175
Nobs, Ernst 245, 247
Noll, Alfred 274
Noske, Gustav 157, 184, 194, 204
Notz, Friedrich 61, 73, 80
Nyström, Per 265, 269

Ochs, Peter 246
Oerter, Sepp 145 ff.
Olberg, Paul 271
Olden, Rudolf 269
Ollenhauer, Erich 276, 282, 333 ff.
Ortloff, Siegfried 282
Ossietzky, Carl von 173, 159, 359
Osterroth Franz 15, 358

Pagnol, Marcel 175
Palm, Willi 318
Palme, Olof 333
Pfeiffer, Eduard von 20
Picasso, Pablo 306 f.
Pieck, Wilhelm 115, 144, 162
Pirker, Theo 331
Piscator, Erwin 359
Poincaré, Raymond 183
Pöppel, Jenny 288
Pöppel, Walter 262, 283, 288
Preczang, Ernst 311

Radek, Karl 97, 145, 166, 169, 271
Rembrandt van Rijn 45
Richter, Karl 316 f.
Richter, Willi 322, 324
Rödel, Anna 59

Röder, Werner 16
Rodin, Auguste 355
Rohm, Ernst 341
Rosegger, Peter 200
Rosenfeld, Kurt 195, 207
Rosenhaft, Eve 202
Rothmund, Heinrich 225
Rothschild, Recha 182
Rousseau, Jean-Jacques 274
Rück, Alf Robert 262, 289
Rück, Anna [Geburtsname von Anna Bernert, siehe dort]
Rück, Birgitta 261, 264, 289, 320, 366
Rück, Britta 260 ff., 264 f., 281, 288 ff., 320, 329, 356, 360, 366
Rück, Dora 14, 69, 79, 108, *150*, 162, 180 f., 201, 204, 220, 222, 234 ff., 366
Rück, Friedericke 26 f., 87, 89, 91, 234, 236
Rück, Hedwig 24
Rück, Jan Otto 264, 288
Rück, Johannes 21, 23 ff., 26, 30 ff., 34 f., 77, 91 f.
Rück, Louise 23, 42
Rück, Per Friedrich 262, 289
Rück, Mona (Solveig Monica) [Geburtsname von Mona Mayer, siehe dort]
Rühle, Otto 72
Rüthel, Else 220

Sachs, Rudolf 147
Sauter, Willy 287
Schaber, Will 207, 209, 211, 220
Scheck, Manfred 14
Scheffel, Victor 67
Scheidemann, Philipp *104*, 184
Schelble, Friedrich 236
Scherrer, Walter 243, 250, *251*
Schiller, Friedrich 41, 107, 173
Schlesinger, Otto 355
Schneeberger, Oskar 228

Schneller, Ernst *189*, 193
Schnepf, Karl 152
Schönhoven, Klaus 14
Schönlank, Bruno 42, 174 f., 228, 311
Schopenhauer, Arthur 90
Schreiner, Albert *46*, 107 f., 112, *114*, 126 f., 131, *148*, 152 *218*, 299
Schukat, Günther 346
Schumacher, Kurt 196, 282, 286, 295, 331
Schumacher, Wilhelm 93, 113
Schumann, Georg 72
Schütz, Emil 146
Schwab, Wilhelm 40, 74, 136
Schwerdtfeger, Siegfried 311
Schwitzer, Boris 16
Seebacher, Karl 117, 119
Seigewasser, Hans 215
Severing, Carl 213
Seydewitz, Max 195, 207, 209 ff.
Siemsen, Anna 239
Silone, Ignazio 308
Sinowjew, Grigori J. 184, 186, 271, 273
Sjögren, Britta [Geburtsname von Britta Rück, siehe dort]
Sjögren, Signe 329
Spengler, Oswald 68
Stalin, Josef W. 186, *193*, 195, 197 f., 200, 209 f., 216, 235, 237, 245 f., 249, 270 ff., 298, 324, 358, 361 f.
Stampfer, Friedrich 58, 241
Stechert, Kurt 267
Steinberger, Franz Xaver 337, 339 f., 342 f., 350
Steiner, Rudolf 159
Sten, Hemming 265
Sternberg, Fritz *201*, 207, 211, 229
Stetter, David 129
Stetter, Hans 119
Stocker, Werner 249, 257
Strauß, Franz Josef 347

Strauss, Herbert A. 16
Strindberg, August 257, 265, 360
Ströbel, Heinrich 97, 143, 207
Szende, Erzsi 260
Szende, Stefan *253*, 260, 275 f., 282

Tarnow, Fritz 275, 277 f., 280
Tetzner, Lisa 308
Thalheimer, August *37*, 72, *77*, 95, 108, 112, 116 f., 119 f., 122 f., 125 ff., 140 ff., 144 f., 162, 167 ff., 184 ff., 187, 198 f., 216 f., 219, 273, 365
Thalheimer, Berta 72, 74, *79*, *237*
Thalheimer, Moritz *77*, 100
Thälmann, Ernst 185, 188, 193, 196, 198 f., 273
Tombrock, Hans 285
Tranmæl, Martin 275
Trotzki, Leo 184, 186, *193*, 210, 270 f.
Tucholsky, Kurt *130*, 154, 173, *189*, 359

Unfried, Emil 119, *123*, *130*, *132*, 150, 154

Vack, Klaus 341, 361
Vansittart, Robert Gilbert 259
Vogtherr, Ewald 73, 112 f.
Vorhölzer, Karl 124

Walcher, Jacob 36, f., 40 f., 55 f., 58, 70, 93, 105, *130*, 131 f., 145, 154, 159, 167 f., 185 ff., 198 f., 207, 210, 212, 215 f., 299
Wallace, Edgar 179
Wanner, Theo 354
Warski, Adolf 172
Weber, Hermann 15 f., 72, 171
Weber, Louis 306
Wedding, Peter [i. e. Fritz Rück] 17, 204, 242, 244, 246, 249, 257, 308, 338
Weidmann, Adolf 237
Weindl, Lilo 15, 324, 329, 332, 341, 349

Weinert, Erich 204, 245 f.
Weizsäcker, Karl Freiherr von 118, 122
Weller, Karl 133 f., 352
Wels, Otto 204
Westmeyer, Friedrich 36 f., 51, 61, 71, 73, 75 ff., 80, 100, 114, 365
Wilhelm II., Deutscher Kaiser und König von Preußen 31, 54, 102, 189, 192, 332
Wilhelm II., König von Württemberg 23, 114, 117 f., 125
Wittorf, John 198
Woerler, Charles 320, 354
Wöhrle, Oskar 42, *137*
Wolffheim, Fritz 158

Wolfstein, Rosi [Geburtsname von Rosi Frölich, siehe dort]
Wrangel, Pjotr N. 165 f., 171

Zerfass, Julius 311
Zetkin, Clara 22, 36, *42*, 51, 59, 76, 80, 85, 98, 140, 142, 162 ff., 167 ff., 172, *184*, *237*, 365
Ziegler, August *116*, 117 f.
Ziegler, Georg 119
Zille, Heinrich 206, 355
Zimmermann, Wilhelm 28
Zörgiebel, Karl 204
Zschocher, Margarete *79*, 108
Zschocher, Max 79, 108 f., 111 f., *124*, 150 f.
Zweiling, Klaus 207, 215

Abbildungsnachweis

- SAPMO, NL Eildermann: Abb. 1
- NaturFreunde: Abb. 2, 30, 32, 33, 34
- HStAS: Abb. 3
- Hermann Weber (1969): Abb. 6
- PA Elisabeth Benz: Abb. 10, 11, 12, 13, 14, 15, 16, 31
- PA Familie Rück-Herron: Abb. 20, 25, 26, 28, 29, 35, 37
- IG Druck und Papier: Abb. 21, 22, 23, 24, 27, 36